기본기가 탄탄한 자바 개발자
(제2판)

THE WELL-GROUNDED JAVA DEVELOPER, Second Edition

© J-Pub Co., Ltd. 2024 Authorized translation of the English edition © 2022 Manning Publications.
This translation is published by an sold by permission of Manning Publications.
The owner of all rights to publish and sell the same.

이 책의 한국어판 저작권은 대니홍 에이전시를 통한 저작권사와의 독점 계약으로 제이펍에 있습니다.
저작권법에 의해 한국 내에서 보호를 받는 저작물이므로 무단 전재와 무단 복제를 금합니다.

기본기가 탄탄한 자바 개발자(제2판)

1판 1쇄 발행 2024년 8월 14일

지은이 벤저민 J. 에번스, 제이슨 클라크, 마르테인 페르뷔르흐
옮긴이 김성원
펴낸이 장성두
펴낸곳 주식회사 제이펍

출판신고 2009년 11월 10일 제406-2009-000087호
주소 경기도 파주시 회동길 159 3층 / **전화** 070-8201-9010 / **팩스** 02-6280-0405
홈페이지 www.jpub.kr / **투고** submit@jpub.kr / **독자문의** help@jpub.kr / **교재문의** textbook@jpub.kr

소통기획부 김정준, 이상복, 안수정, 박재인, 송영화, 김은미, 배인혜, 권유라, 나준섭
소통지원부 민지환, 이승환, 김정미, 서세원 / **디자인부** 이민숙, 최병찬

진행 김은미 / **교정·교열** 이정화 / **내지 디자인** 이민숙 / **내지 편집** 북아이
용지 에스에이치페이퍼 / **인쇄** 한승문화사 / **제본** 일진제책사

ISBN 979-11-93926-27-7 (93000)
책값은 뒤표지에 있습니다.

※ 이 책은 저작권법에 따라 보호를 받는 저작물이므로 무단 전재와 무단 복제를 금지하며,
   이 책 내용의 전부 또는 일부를 이용하려면 반드시 저작권자와 제이펍의 서면 동의를 받아야 합니다.
※ 잘못된 책은 구입하신 서점에서 바꾸어드립니다.

제이펍은 여러분의 아이디어와 원고를 기다리고 있습니다. 책으로 펴내고자 하는 아이디어나 원고가 있는 분께서는
책의 간단한 개요와 차례, 구성과 지은이/옮긴이 약력 등을 메일(submit@jpub.kr)로 보내주세요.

The Well-Grounded Java Developer
Second Edition
기본기가 탄탄한 자바 개발자
(제2판)

벤저민 J. 에번스, 제이슨 클라크, 마르테인 페르뷔르흐 지음 / 김성원 옮김

Jpub
제이펍

차 례

CHAPTER 3

자바 17   67

PART II

한 발 더 들어가기   97

CHAPTER 4

클래스 파일과 바이트코드   99

CHAPTER **5** **자바 동시성 기초** 145

CHAPTER **6** **JDK 동시성 라이브러리** 206

자바 성능 이해하기 252

지은이·옮긴이 소개 _____

지은이

벤저민 J. 에번스_{Benjamin J. Evans}

레드햇의 자바 챔피언이자 수석 소프트웨어 엔지니어다. 이전에는 뉴렐릭New Relic에서 계측 부문 수석 아키텍트였으며, 마이크로소프트가 인수한 성능 도구 스타트업인 jClarity를 공동 창립했다. 또한 도이체 방크Deutsche Bank에서 상장 파생상품의 수석 아키텍트로, 모건 스탠리Morgan Stanley에서 수석 기술 강사로 근무했다. 자바 커뮤니티 프로세스 집행위원회Java Community Process Executive Committee에서 6년 동안 활동하면서 새로운 자바 표준을 정의하는 데 도움을 줬다.

6권의 저서를 집필했으며, 그중 《자바 최적화》(한빛미디어, 2019)와 《Java in a Nutshell》의 새로운 버전은 매달 수천 명의 개발자가 읽고 있다. 전 세계 기업 및 콘퍼런스에서 자바 플랫폼, 시스템 아키텍처, 성능 및 동시성 등의 주제로 정기적으로 연설하고 교육하고 있다.

제이슨 클라크_{Jason Clark}

깃허브의 소프트웨어 엔지니어다. 뉴렐릭의 수석 엔지니어 겸 아키텍트였으며, WebMD에서 닷넷 기반 웹 서비스를 구축하는 아키텍트였다. 저서로 《Java in a Nutshell, 8th Edition》(O'Reilly, 2023)이 있다. 정기적인 콘퍼런스 연사로 활동하고 있으며, 초보자와 학생을 위한 쉽고 재미있는 GUI 프로그래밍을 목표로 하는 오픈소스 프로젝트 Shoes에 기여하고 있다.

마르테인 페르뷔르흐Martijn Verburg

마이크로소프트 자바 엔지니어링 그룹의 수석 SWE 그룹 관리자다. 런던 자바 사용자 그룹(일명 LJC)의 공동 리더로, 세계 최고의 (오라클이 아닌) OpenJDK 배포판인 AdoptOpenJDK(현 이클립스 애드옵티움)를 공동 설립한 바 있다. 마르테인은 《The Well-Grounded Java Developer(기본기가 탄탄한 자바 개발자)》 제1판의 공동 저자이며, 여러 자바 표준 단체(JCP, Jakarta EE 등)의 위원으로 활동하고 있다.

옮긴이

김성원magiciankim@gmail.com

대학원에서 정보보안학을 전공했으며, 20년 넘게 컴퓨터 응용 프로그램 개발 분야에서 다양한 수준의 개발 경험을 쌓아왔다. 여러 언어로 애플리케이션을 개발하고 관리하면서 깊은 통찰을 얻었고, 이를 토대로 소프트웨어 개발과 관련된 책들을 번역하면서 항상 새로운 기술과 도전에 생각이 열려 있도록 노력해왔다. 기업에 소속해서는 소프트웨어 아키텍트로, 프로젝트 현장에서 프로젝트 리더 겸 시니어 개발자로 일하면서 아이디어를 현실로 구현해보고자 하고 있다.

이 책의 첫인상은 책의 분량이 엄청나다는 것이었습니다. 자바는 익숙한 언어였고, '지루해서 도중에 그만두고 싶지 않을까?' 하는 걱정도 됐습니다. 하지만 번역을 하면서 이 책이 자바 개발자로서 기초를 탄탄히 다지는 데 얼마나 중요한 자료인지 깨달았습니다. 개발 경력이 쌓이면서 느끼는 점은 기본기가 탄탄할수록 변화하는 기술 환경에 더 잘 적응할 수 있다는 것입니다. 이 책은 그런 면에서 자바 개발자라면 반드시 읽어야 할 필독서입니다.

이 책은 자바 8부터 17까지의 주요 기능과 변화를 체계적으로 설명합니다. 람다 표현식, 스트림 API, 모듈 시스템, Text 블록 등 최신 기능들을 실제 코드에 어떻게 적용할 수 있는지를 구체적으로 보여줍니다. 이러한 내용은 최신 자바 버전을 효과적으로 활용하고 싶은 개발자에게 매우 유용할 것입니다. 특히, JVM 언어들에 대한 폭넓은 탐구를 제공합니다. 코틀린, 클로저 같은 언어가 자바와 어떻게 상호작용하는지, 그리고 이러한 언어들을 언제 사용하는 것이 적절한지 설명합니다. 이를 통해 독자들은 JVM 생태계의 다양성을 이해하고, 각 프로젝트에 가장 적합한 도구를 선택할 수 있는 능력을 키울 수 있습니다. 이 책이 자바 개발자로서 독자들의 성장을 도와줄 훌륭한 길잡이가 될 수 있도록 전문 용어와 개념을 올바르게 전달하기 위해 많은 노력을 기울였으며, 독자들이 내용을 명확히 이해할 수 있도록 최선을 다했습니다.

이 책을 통해 자바의 세계를 더욱 깊이 탐구하고, 실무에서 유용하게 활용할 수 있기를 진심으로 바랍니다.

김성원

베타리더 후기 _____

김진영

자바를 메인으로 사용하는 개발자로서 미지근한 온도를 기대하고 손을 넣었다가 '앗, 뜨거워!' 하며 깜짝 놀란 느낌이었습니다. 학습 난이도가 상당하나 곁에 두고 더 진득하게 읽어볼 가치가 있는 책이라 생각합니다. 코틀린, 클로저 언어를 비롯하여 JVM과 klass 등 다양한 개념을 심도 깊게 다룹니다. 자바의 기본 개념과 사용법을 알고 있고, 이후 자바에 대해 더 깊이 학습하고 싶은 분에게 추천합니다.

박수빈(엔씨소프트)

책 제목이 다 표현하지 못할 정도로 자바의 기본기를 매우 탄탄하게 만들어주는 책입니다. 자바뿐 아니라 JVM, 프로그래밍에서 사용하는 여러 개념과 다른 언어 소개도 흥미로웠습니다. 이 책을 제대로 읽기 위해서는 시간이 많이 필요하겠지만, 그만큼 자바에 대해서는 부족하지 않은 내용으로 보답할 것입니다.

양성모(현대오토에버)

이 책은 자바 도전 과제 또는 심화 학습에 해당합니다. 자바 개발자가 반드시 이 책을 읽을 필요는 없지만, 마법처럼 보이는 자바의 기능을 깊이 이해하고 싶은 사람에게는 꼭 필요한 책입니다.

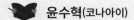 **윤수혁**(코나아이)

자바 8에서 다음 버전으로 넘어갈 때의 이점이 무엇인지 쉽게 이해할 수 있으며, 8에서 버전을 올리지 않아도 JVM에서 다른 언어를 이용하여 버전을 올린 듯한 방법을 구현하는 데에도 큰 도움이 되는 책입니다. 특히 자바의 새로운 부분이나 다중 언어로 개발을 진행하는 부분을 아주 기깔나게 설명해줍니다.

 이석곤((주)아이알컴퍼니)

자바 개발자로서 알아야 할 기본적인 개념부터 실제 프로젝트에서 활용할 수 있는 다양한 기술까지 폭넓게 다룹니다. 초보자도 쉽게 이해할 수 있도록 친절한 설명과 다양한 예제를 제공하며, 중급자 이상도 참고할 만한 깊이 있는 내용도 포함했습니다. 특히, 다양한 프로젝트 사례와 함께 실무에서 필요한 기술과 노하우를 배울 수 있어서 자바 개발자로서 역량을 향상하고자 하는 분에게 적극 추천합니다.

 이학인(대법원)

모던 자바 개발의 이론적인 측면과 실제 적용을 고려한 자바 생태계를 여행한 느낌을 받았습니다. 평소에 자바와 JVM을 더 깊게 알고 싶었는데 코틀린 및 클로저와 같은 다른 JVM 언어도 살펴볼 수 있어서 좋았습니다. 특히, 자바 동시성과 자바 성능 부분이 많은 도움이 됐습니다. 기본기가 탄탄한 자바 개발자가 될 수 있도록 도와주는 좋은 도서입니다.

 한상곤(부산대학교)

자바의 생태계 기술뿐만 아니라 JVM을 지탱하는 주요 테마를 다루고 있는 책입니다. 국내 자바 관련 개발자가 읽으면 굉장히 좋은 주제가 많습니다. 이 책은 순서대로 읽어도 좋지만, 관심 있는 주제가 있다면 먼저 읽어도 될 만큼 각 주제를 깊이 있게 소개합니다. 자바 및 코틀린 개발자에게 추천합니다.

제이펍은 책에 대한 애정과 기술에 대한 열정이 뜨거운 베타리더의 도움으로
출간되는 모든 IT 전문서에 사전 검증을 시행하고 있습니다.

추천 서문(하인츠 카부츠) _____

기본기가 탄탄한well-grounded? '폭 넓다well-rounded'는 의미인가? 팬데믹 2년이면 책 없이도 폭넓은 경험을 할 수 있을 것이다.

메리엄 웹스터Merriam-Webster에 따르면, 이 책의 제목에 사용된 'well-grounded'에 대해 '탄탄한 기초가 있는having a firm foundation'이라고 정의되어 있다. 나는 그 정의가 마음에 든다. 여러분은 스스로를 자바 전문가라고 부르기 위해 알아야 할 실질적인 지식, 즉 자바에 대한 탄탄한 기본기를 갖추고 싶을 것이다.

이 책은 훌륭한 책인 《The Well-Grounded Java Developer》의 개정판이다. 초판에서는 자바 7에 대해 알아야 할 모든 것을 가르쳐줬다. 아주 오래 전 일인 것 같다. 자바 7은 기껏해야 3년마다 언어에 기능이 추가되던 다른 시대에 속하는 언어였다. 그 당시에는 버전을 구분하는 것이 쉬웠다. 자바5? 제네릭과 열거형. 자바 7? `try-with-resource`. 자바 8? 스트림과 람다. 그렇게 편안하고 쉬웠던 시절은 오라클이 6개월 주기를 도입하면서 끝났다. `record`? 자바 14, 15, 17인가? 향상된 `switch`? 이미 자바 11에 있던 기능이라고 해야 하나?

빠른 릴리스 주기는 모험을 즐기는 회사에서 일하는 프로그래머에게 좋다. 6개월마다 새로운 장난감을 가지고 놀 수 있기 때문이다. 심지어 다음에 출시될 기능의 프리뷰를 사용해볼 수도 있다. 무수히 많은 새로운 기능은 프로그래머에게는 좋지만 작가에게는 그다지 좋지 않다. 잉크가 마르기도 전에 새로운 기능이 출시되면 많은 것들이 쓸모없어지기 때문이다.

벤저민, 제이슨, 마르테인은 이 새로운 자바 책으로 환상적인 작업을 해냈다. 기본 전제는 동일하게 유지된다. 내 방식으로 표현하자면 이렇다. '전문 자바 프로그래머를 고용하고 싶을 때, 그들이 이미 무엇을 알고 있기를 기대할까? 그들이 잘 알고 있다는 것을 증명하기 위해 어떤 기술이 필요

할까?'

이 새로운 버전의 책은 6개월의 출시 주기를 고려해서 최대한 최신의 내용을 담았다. 동시에 저자들은 새로운 내용으로 우리를 압도하지 않는다. 대부분의 기업이 여전히 이전 버전의 자바를 사용하고 있는 것이 엄연한 현실이다. 자바 18이 출시됐음에도 불구하고 많은 은행, 보험사, 정부 부처에서 여전히 자바 8을 사용한다.

이 책은 이전 버전보다 분량이 더 많아졌다. 글꼴은 조금 더 커졌지만, 우리 모두 9년이나 나이를 먹었으니까. 하지만 여백은 더 작아졌다. 상당수의 섹션에 완전히 새로운 내용이 추가됐다. 이것은 새로운 버전이 이전 버전을 쓸모없게 만들지 않는 한 가지 사례. 두 권 다 기본기가 탄탄한 자바 프로그래머의 책꽂이에 꽂혀 있을 만한 책이다.

벤저민 J. 에번스, 제이슨 클라크, 마르테인 페르뷔르흐는 자바 전문가다. 이들은 레드햇, 뉴렐릭, 마이크로소프트에서 자바 선임 직책을 맡고 있다. 이들의 집단적 지혜를 활용하자. 이 책은 우리가 취약한 부분을 발견하고 개선할 수 있도록 도와줄 것이다. 결국 충분한 노력을 기울이면 기본기가 탄탄한 자바 프로그래머가 될 수 있다.

하인츠 카부츠 Heinz Kabutz, 'The JavaSpecialists' Newsletter' 발행인

시작하며 _____

이 책의 초판은 은행 외환 부서에서 신규 개발자를 대상으로 작성한 교육 자료에서 시작됐다. 그 중 한 명인 벤은 시장에 있는 기존 책을 살펴보고 레벨업을 원하는 자바 개발자를 위한 최신 자료가 없음을 발견했다. 벤은 그 자료를 작성하는 도중, 결국은 그 빈자리를 메우는 책을 쓰고 있다는 깨달음에 이르렀고 마르테인을 초대하여 도움을 받아 함께 작업하게 됐다.

지금으로부터 10여 년 전, 즉 자바 7이 개발되고 있을 때 이 책의 초판을 썼지만 지금은 세상이 많이 달라졌다. 이에 따라 이 책은 초판과 크게 달라졌다. 원래의 주요 목표는 다음과 같은 것이었지만,

- 다중 언어 프로그래밍
- 의존성 주입
- 멀티스레드 프로그래밍
- 안정된 빌드 및 CI 사례
- 자바 7의 새로운 기능

2판을 집필하게 됐을 때 다음과 같은 몇 가지 변경이 필요하다는 것을 알게 됐다.

- 다중 언어 프로그래밍 간소화
- 함수형 프로그래밍에 대한 새로운 강조점 추가
- 멀티스레딩에 대한 논의 강화
- 빌드 및 디플로이먼트(컨테이너 포함)에 대한 다른 관점 제시
- 자바 11 및 17의 새로운 기능 소개

한 가지 매우 중요한 변화는 초판에서 논의된 세 가지 비자바 언어 중 하나로 스칼라가 포함됐다는 점이다(다른 언어로는 그루비와 클로저가 있다. 초판을 작성할 당시에 코틀린은 존재하지 않았다). 당시 스칼라를 탐색하던 많은 개발자가 '자바와 비슷하지만 더 나은 도구'를 찾고 있었으며, 이는 초판에서 제시했던 스칼라에 대한 관점이기도 하다.

하지만 그 이후로 세상은 변했다. 자바 8과 11이 대세로 자리 잡았고, '더 나은 도구'를 찾는 사람들은 대부분 코틀린을 작성한다(또는 그냥 자바를 고수한다). 그 사이 스칼라는 매우 강력한 정적 타입의 함수형 프로그래밍 우선의 JVM 언어가 됐다. 이는 이를 원하는 사람들에게는 좋지만, 시간이 지날수록 점점 더 복잡해지는 런타임과 자바와의 공통점이 점점 줄어드는 언어라는 비용이 수반된다.

이러한 발전은 '스칼라가 JVM에서 하스켈이 되고 싶어 한다'라는 문구로 함축된다. 이는 스칼라가 함수형 프로그래밍 언어인 하스켈의 영향을 받아 JVM상에서 비슷한 성격을 가지려는 노력을 의미하지만, 완전히 동일하게 보길 원한다는 것은 아니다. 따라서 두 번째 버전에서 그루비를 삭제하기로 결정한 후 스칼라를 유지할지 아니면 코틀린으로 대체할지에 대해 오랫동안 고민했다.

최종적으로 내린 결론은 기본적으로 스칼라가 나름의 함수형 프로그래밍 중심적인 방향으로 나아가고 있으며, 코틀린처럼 비자바 언어를 처음 접하는 자바 개발자에게 더 접근하기 쉬운 언어를 소개하고 싶다는 것이다. 이 때문에 딜레마에 빠졌다. 자바 사용자가 쉽게 접근할 수 있는 스칼라는 코틀린과 매우 유사하지만(일부 구문은 거의 동일하다), 두 언어의 철학과 지향하는 방향은 완전히 다르다. 스칼라가 무엇인지 충분히 깊이 있게, 즉 코틀린과 구별되도록 설명하는 것은 책에서 너무 많은 지면을 차지할 것이라고 생각했다.

따라서 최종 결정은 공간을 확보하고 나머지 언어(코틀린 및 클로저)를 더 깊이 있게 다루기 위해 3개 언어에서 2개로 줄이기로 했다. 이러한 이유로 가끔씩 스칼라에 대해 언급하긴 하지만 각 장은 물론이고 전체 절을 할애하지는 않는다.

클로저는 코틀린이나 자바와는 매우 다른 이야기이며 실제로도 매우 다른 언어다. 예를 들어 15장에서는 다른 언어에서 소개하는 많은 개념(예: 고차 함수 및 재귀)들이 이미 클로저에서는 일반적이고 흔히 사용되고 있기 때문에 어려움이 있을 수 있다. 자바와 코틀린에서 사용하는 템플릿을 따르기보다는 다른 방향으로 논의가 진행되는데, 기본적으로 클로저는 훨씬 더 함수 지향적인 언어이기 때문에 다른 언어와 똑같은 구조를 따르면 많은 부분에서 반복될 것이기 때문이다.

이 책을 통해 소셜 활동으로서의 소프트웨어 개발이라는 주제가 명확하게 전달되기를 바란다. 기술적인 측면도 중요하지만, 사람 간의 소통과 상호작용이라는 미묘한 문제도 그에 못지않게 중요하다고 믿는다. 이러한 측면을 한 권의 책으로 쉽게 설명하기는 어렵지만, 그 주제는 책 전반에 걸쳐 존재한다.

개발자는 기술에 대한 몰입과 계속 배우고자 하는 열정을 통해 커리어를 유지할 수 있다. 이 책에서 이러한 열정에 불을 붙일 수 있는 몇 가지 주제를 발견했기를 바란다. 이 책은 백과사전식 학습이 아닌 관광 여행에 가깝지만, 그 의도는 일단 여러분을 시작하게 한 다음, 상상력을 자극하는 주제에 대해 후속 연구를 할 수 있도록 하기 위한 것이다.

우리는 최근 자바 버전의 새로운 기능부터 현대 소프트웨어 개발의 모범 사례, 플랫폼의 미래까지 소개한다. 그 과정에서 자바 기술자로서의 여정과 관련이 있었던 몇 가지 주요 사항을 보여준다.

동시성, 성능, 바이트코드, 클래스 로딩은 우리를 가장 매료시킨 핵심 기술 중 일부다. 또한 다음과 같은 두 가지 이유로 JVM에서 새로운 비자바 언어에 대해 이야기한다.

- 전체 자바 에코시스템에서 비자바 언어의 중요성이 계속 커지고 있다.
- 다양한 언어가 가져다주는 다양한 관점을 이해하면 어떤 언어로 작성하든 더 나은 프로그래머가 될 수 있다.

무엇보다도 이 과정은 미래 지향적이며 여러분과 여러분의 관심사를 최우선으로 고려한 여정이다. 기본기가 탄탄한 자바 개발자가 되면 개발에 대한 참여와 통제력을 유지하고, 변화하는 자바 세계와 이를 둘러싼 에코시스템에 대해 더 많이 배울 수 있을 것이다. 지금 손에 들고 있는 이 책이 여러분에게 유용하고 흥미로운 경험이 되기를 바라며, 이 책을 읽는 동안 많이 자극받고 재미있기를 바란다. 이 책을 쓰는 과정은 확실히 즐거웠다.

이 책에 도움을 주신 분들께 감사의 인사를 전한다.

가장 뛰어난 개발 편집자였던 엘레샤 하이드Elesha Hyde, 기술 리뷰에서 훌륭한 작업을 해준 조너선 톰스Jonathon Thoms, 클래스 로딩 프로세스와 관련하여 매우 상세한 토론을 해준 앨릭스 버클리Alex Buckley, 동시성 장의 세부 내용에서 훌륭한 제안과 토론(심지어 PR까지) 그리고 멋진 서문까지 작성해준 하인츠 카부츠Heinz Kabutz에게 감사를 전한다. 초판을 작업할 때 영감과 도움을 주었을 뿐만 아니라 항상 실질적이고 실용적인 조언을 해주는 홀리 커민스Holly Cummins에게 감사를 전한다. 클로저 자료에 대한 토론을 해준 브루스 덜링Bruce Durling에게 감사를 전한다. 프로젝트 발할라의 현재 상태에 대한 세부적인 피드백을 해준 댄 하이딩가Dan Heidinga에게 감사를 전한다. 표트르 야기엘스키Piotr Jagielski, 루이 자코메Louis Jacomet, 요제프 바르토크József Bartók, 그리고 톰 트레산스키Tom Tresansky는 그래들Gradle이 실제로 어떻게 작동하는지에 대한 세부 정보와 그에 대한 정정을 해줬다. 감사를 전한다. 일부 장에서 매우 꼼꼼한 독해와 현명한 조언을 해준 앤드루 빈스톡Andrew Binstock에게 감사를 전한다.

매닝 출판사의 스태프에게도 감사의 인사를 전하고 싶다. 리뷰 편집자인 미하엘라 바티니치Mihaela Batinić, 기술 리뷰어인 마이클 할러Michael Haller, 프로젝트 편집자인 디어드레 히암Deirdre Hiam, 카피 편집자인 패멀라 헌트Pamela Hunt, 그리고 교정자인 제이슨 에버렛Jason Everett에게 감사를 전한다. 그리고 모든 리뷰어분들께도 감사의 말을 전하고 싶다. 여러분의 제안 덕분에 이 책이 더 좋아질 수 있었다. Adam Koch, Alain Lompo, Alex Gout, Andres Sacco, Andy Keffalas, Anshuman Purohit, Ashley Eatly, Christian Thoudahl, Christopher Kardell, Claudia Maderthaner, Conor Redmond, Dr. Irfan Ullah, Eddú Meléndez Gonzales, Ezra Simeloff, George Thomas,

Gilberto Taccari, Hugo da Silva Possani, Igor Karp, Jared Duncan, Javid Asgarov, Jean-François Morin, Jerome Meyer, Kent R. Spillner, Kimberly L Winston-Jackson, Konstantin Eremin, Matt Deimel, Michael Haller, Michael Wall, Mikhail Kovalev, Patricia Gee, Ramanan Natarajan, Raphael Villela, Satej Kumar Sahu, Sergio Edgar Martínez Pacheco, Simona Ruso.

제이슨, 마르테인, 벤저민

여러 해에 걸쳐 도움을 주신 많은 분께 감사를 전한다.

바보 같은 내 이야기로 중학교 영어 과목에서 특별 학점을 받게 해준 님모Nimmo 선생님께 감사의 인사를 전한다. 선생님의 격려 덕분에 평생 글쓰기의 길을 걷게 됐다고 해도 과언이 아니다.

독서에 대한 사랑과 그 사랑을 물려주신 어머니께 감사의 인사를 전한다. 그 사랑을 물려받게 돼 정말 기쁘다.

컴퓨터에 대한 사랑을 함께 해준 아버지께 감사의 인사를 전한다. 컴퓨터는 내게 직업뿐만 아니라 글을 쓰고 그 기쁨을 다른 사람들과 나눌 수 있는 기회를 제공해줬다.

벤저민에게는 무엇보다도 우리의 우정에 감사를 전한다. 당신의 그 놀라운 호기심과 열정에 이끌려 JVM에 더 깊이 빠져들게 돼 정말 즐거웠다. 그리고 이번 2판에 나를 초대해주어 감사하다. 예상했던 것보다 더 많은 작업이 필요했지만 결국에는 더 좋은 책이 됐다.

마지막으로 책을 만드는 기묘하고 멋진 과정 내내 변함없는 사랑과 지지를 보내준 아내 엠버와 아이들 코렐라인과 애셔에게 감사의 마음을 전한다.

제이슨 클라크

먼저 이번 2판에 나를 초대해준 벤저민과 제이슨에게 감사의 인사를 전하고 싶다. 두 사람의 공헌에 비하면 나의 공헌은 아주 미미했는데도 내 이름을 표지에 실어주어 정말 감사했다.

"이번에는 몇 가지 편집만 하면 돼요, 약속해요!"라고 말했을 때 미소로 화답해준 것은 말할 것도 없고, 지난 10년 동안 정신없이 바쁜 순간마다 큰 힘이 돼준 케리에게 감사를 전한다.

헌터에게, 당신의 삶에 대한 열정은 내가 왜 애초에 프로그래밍이라는 창조적인 기쁨에 빠져들게 됐는지를 상기시켜준다. 여러분도 어떤 길을 선택하든 인생에서 같은 기쁨을 찾길 바란다.

마이크로소프트의 자바 엔지니어링 그룹, 이클립스 애드옵티움 커뮤니티, 런던 자바 커뮤니티, 자바 챔피언 커뮤니티 등 일일이 언급할 수 없을 정도로 많은 분들께 감사를 전한다. 여러분은 매일 새로운 것을 배우고 다음 날 읽을 목록에 또 다섯 가지를 추가하게 해준다.

마르테인 페르뷔르흐

아무도 가지 않은 길에서 우리만의 길을 찾을 수 있을 거라는 확고한 믿음을 주신 부모님, 수와 마틴에게, 일러스트레이션과 예술적 비전, 그리고 또 다른 책을 통해 지칠 줄 모르는 지지와 이해를 보여준 아내 안나에게, 이 책 개발 중간에 노트북이 열려 있는 상태로 놔두면 기막히게 따뜻한 자리가 되는 것을 발견한 친구 마리아니토를 기리며, 우주선과 폭발 장면이 나오는 다른 방의 화면보다 훨씬 덜 재미있는 화면에 왜 내가 앉아서 그토록 매료되는지 궁금해하며 두려움을 극복한 호셀리토에게 감사를 전한다.

벤저민 J. 에번스

이 책에 대하여 _____

《기본기가 탄탄한 자바 개발자(제2판)》에 온 것을 환영한다. 이 책은 향후 10년을 책임질 자바 개발자로 거듭나기 위해 언어와 플랫폼에 대한 열정을 다시 불러일으키는 것을 목표로 한다. 그 과정에서 새로운 자바 기능을 발견하고, 테스트 중심 개발 및 컨테이너 기반 배포와 같은 필수적인 최신 소프트웨어 기술에 익숙해지고, JVM에서 비자바 언어 세계의 탐험을 시작할 수 있다.

먼저, 제임스 아이리James Iry가 블로그 게시물 '프로그래밍 언어의 간략하고 불완전하며 대부분 틀린 역사(http://mng.bz/2rz9)'에서 제공한 자바 언어에 대한 설명을 보자.

> 1996년: 제임스 고슬링James Gosling이 자바를 발명한다. 자바는 가비지 수집, 클래스 기반, 정적 유형, 단일 디스패치, 단일 구현 상속과 다중 인터페이스 상속을 지원하는 비교적 장황한 객체 지향 언어다. Sun은 자바의 참신함을 대대적으로 선전했다.

자바의 소개는 대부분 장난으로 C#에 동일한 글을 작성하기 위해 만든 것이지만, 언어에 대한 설명으로는 나쁘지 않다. 전체 블로그 게시물에는 다른 주옥 같은 내용도 많이 포함돼 있으며, 한가한 시간에 읽어볼 만한 가치가 있다.

하지만 30년이 다 되어가는 언어에 대해 왜 아직도 이야기하고 있을까? 확실히 안정적이지만 새롭거나 흥미로운 점이 많지 않다고 할 수 있을까?

그렇다면 이 책은 짧은 책이 될 것이지만, 우리가 여전히 자바에 대해 이야기하는 이유는 시장에서 매우 성공적인 것으로 입증된 몇 가지 핵심 설계 결정을 기반으로 구축할 수 있는 다음과 같은 능력이 자바의 가장 큰 강점이기 때문이다.

- 런타임 환경의 자동 관리(예: 가비지 컬렉션, JIT 컴파일)
- 간단한 구문과 핵심 언어에서 상대적으로 적은 개념
- 언어 진화에 대한 보수적인 접근 방식
- 라이브러리의 추가 기능과 복잡성
- 광범위하고 개방적인 에코시스템

단순한 코어 덕분에 개발자 커뮤니티에 합류하는 장벽이 낮아졌고, 광범위한 에코시스템 덕분에 초보자도 자신에게 필요한 기존 컴포넌트를 쉽게 찾을 수 있게 됐다. 이러한 특성 덕분에 자바 플랫폼과 언어는 역사적으로 느리게 변화하는 경향이 있었음에도 불구하고 강력하고 활기찬 상태를 유지해왔다. 강력한 일관성과 발전적인 변화의 조합은 소프트웨어 개발자들 사이에서 꽤 많은 팬을 확보한 것으로 나타났다.

책의 구성

이 책은 일반적으로 처음부터 끝까지 읽기 위해 설계됐지만, 특정 주제로 직접 뛰어들고 싶은 독자들도 있을 것이라고 생각한다. 따라서 우리는 그런 스타일의 독자도 수용할 수 있도록 최선을 다했다.

우리는 실습을 통한 학습을 강력히 권장하므로 독자들이 텍스트를 읽는 동안 책에 포함된 샘플 코드를 시도해보는 것을 추천한다. 이 절의 나머지 부분은 특정 주제로 직접 뛰어드는 스타일의 독자가 이 책에 접근하는 방법에 대해 다룬다.

이 책은 다음 다섯 부분으로 구성돼 있다.

- 버전 8부터 11까지, 그리고 그 이후
- 한 발 더 들어가기
- JVM에서 자바 외의 언어
- 빌드 및 디플로이먼트
- 자바의 새 영역

1부(1-3장)에는 최신 버전의 자바에 대한 세 개의 장이 포함돼 있다. 이 책은 전체적으로 자바 11 구문과 시맨틱을 사용하며, 11 이후 구문의 구체적인 사용법을 설명한다.

2부(4-7장)에서는 장막 뒤의 모습을 처음으로 엿볼 수 있다. 예술에서 확실하게 룰을 깨기 위해서는 먼저 룰을 알아야 한다는 말이 있다. 이 장에서는 자바 프로그래밍 언어의 규칙을 어떻게 처음 변경하고 깨뜨리는지에 대해 간략하게 설명한다.

3부(8-10장)에서는 JVM에서의 다중 언어 프로그래밍을 다룬다. 8장은 JVM에서 다른 언어의 분류와 사용에 대해 논의하면서 시작을 알리기 때문에 반드시 읽어야 한다.

다음 두 장에서는 자바와 유사한 OO 함수형 언어(코틀린)와 진정한 함수형 언어(클로저)를 다룬다. 이러한 장들은 독립적으로 읽을 수 있지만 함수형 프로그래밍을 처음 접하는 개발자는 순서대로 읽는 것이 좋다.

4부(11-14장)에서는 최신 프로젝트에서 수행하는 빌드, 배포 및 테스트를 소개하며, 독자가 JUnit과 같은 단위 테스트에 대해 최소한 기본적인 이해가 있다고 가정한다.

5부(15-18장)에서는 앞서 소개한 주제를 바탕으로 함수형 프로그래밍, 동시성, 플랫폼 내부에 대해 더 깊이 있게 살펴본다. 각 장은 독립적으로 읽을 수 있지만, 일부 절에서는 이전 장을 읽었거나 특정 주제에 대해 이미 알고 있다고 가정한다.

이 책은 언어와 플랫폼 모두에서 지식 기반을 최신화하고자 하는 자바 개발자를 대상으로 한다. 최신 자바가 제공하는 기능을 빠르게 익히고 싶다면 이 책이 적합하다.

함수형 프로그래밍, 동시성, 고급 테스트와 같은 주제에 대한 기술과 이해도를 높이고 싶다면 이 책을 통해 해당 주제에 대한 기초를 다질 수 있다. 이 책은 또한 자바 이외의 언어를 통해 무엇을 배울 수 있는지, 시야를 넓히는 것이 어떻게 더 나은 프로그래머가 될 수 있는지를 궁금해하는 개발자를 위한 책이기도 하다.

소스 코드

처음 다운로드하여 설치하려면 자바 17(또는 11)이 필요하다. 사용 중인 OS에 필요한 바이너리의 다운로드 및 설치 지침을 따르기만 하면 된다. 바이너리와 지침은 평소 사용하는 자바 공급업체에서 온라인으로 찾을 수 있으며, 이클립스 재단에서 운영하는 공급업체, 중립적인 Adoptium 프로젝트(https://adoptium.net/)에서도 찾을 수 있다.

자바 11(및 17)은 맥, 윈도우, 리눅스 및 기타 거의 모든 최신 OS 및 하드웨어 플랫폼에서 실행된다.

NOTE 자바 라이선스 등에 대한 자세한 내용이 궁금하다면 전체 내용을 확인할 수 있는 부록 A를 참고하자.

이 책에는 번호가 매겨진 코드와 일반 텍스트에 맞춰 소스 코드 예제가 많이 포함돼 있다. 두 경우 모두 소스 코드는 일반 텍스트와 구분하기 위해 이와 같은 고정 너비 글꼴로 서식이 지정돼 있다.

많은 경우 원본 소스 코드의 서식이 변경됐는데, 책에서 사용 가능한 페이지 공간에 맞게 줄 바꿈을 추가하고 들여쓰기를 다시 작업했다. 또한 코드가 텍스트에 설명돼 있을 때 소스 코드의 주석이 삭제된 경우가 많다. 코드 주석은 다양한 코드와 함께 제공돼 중요한 개념을 강조한다.

이 책의 라이브북(온라인) 버전(https://livebook.manning.com/book/the-well-grounded-java-developer-second-edition)에서 실행 가능한 코드들을 얻을 수 있다. 이 책의 예제에 대한 전체 코드는 매닝 웹사이트(https://www.manning.com/books/the-well-grounded-java-developer-second-edition)와 깃허브(https://github.com/well-grounded-java/resources)에서 다운로드할 수 있다.

하지만 대부분의 독자는 IDE에서 코드 샘플을 사용해보고 싶을 것이다. 자바 11 및 17과 최신 버전의 코틀린 및 클로저는 다음 주요 IDE의 최신 버전에서 잘 지원된다.

- 이클립스 IDE
- IntelliJ IDEA Community Edition(또는 Ultimate Edition)
- 아파치 넷빈즈

표지에 대하여 _____

책 표지에 실린 그림에는 〈A Posy Seller(작은 꽃다발 판매자)〉라는 제목이 붙어 있다. 이 삽화는 19세기 프랑스에서 출간된 실뱅 마레샬_{Sylvain Maréchal}의 화집에서 가져온 것이다. 책의 모든 그림을 손으로 정교하게 그리고 채색했다.

당시 사람들은, 어디에 살고 있으며, 무엇을 사고파는지, 어떤 계층에 속하는지를 단지 옷차림만으로도 쉽게 확인할 수 있었다. 매닝 출판사는 몇 세기 전 여러 지역의 다채로운 생활상을 보여주는 이러한 그림을 표지에 실어 IT 업계의 독창성과 진취성을 기리고자 한다.

PART

I

버전 8에서 11
그리고 그 이후

첫 세 개의 장은 자바 17로 업그레이드하는 방법에 대한 내용이다. 자바 11에 포함된 몇 가지 편의성 향상에 대한 내용으로 시작해서, 자바 8 이후 자바 생태계와 릴리스 주기가 어떻게 변화했는지, 그리고 다음 내용을 포함해, 이것이 개발자들에게 어떤 의미를 갖는지를 살펴볼 것이다.

- `var` 키워드
- 컬렉션 팩토리
- HTTP2를 지원하는 새로운 HTTP 클라이언트
- 단일 파일 소스 코드 프로그램

여기서 출발해서 수년 만에 자바 환경에서 가장 큰 변화인 **완전 모듈 시스템**full module system 추가에 대해 자세히 알아볼 수 있으며, 이 극적인 변화가 필요한 이유를 알게 될 것이다. 이것은 점진적으로 도입할 수 있도록 신중하게 설계됐으며, 개념 이해와 함께 애플리케이션과 라이브러리에서 이를 활용하는 방법을 알게 될 것이다.

새로운 릴리스 주기에 따라 자바 17에는 다음과 같은 중요한 새로운 언어적 기능이 대거 추가됐다.

- `Text` 블록
- `switch` 문
- `record`
- `sealed` 타입

1부를 마치면, 자연스럽게 자바 17로 생각하고 작성하게 되고, 그 새로운 지식을 이 책의 나머지 부분에서 사용할 수 있게 될 것이다.

PART I

From 8 to 11 and beyond!

모던 자바 소개

이 장의 주요 내용

- 플랫폼 및 언어로서의 자바
- 새로운 자바 릴리스 모델
- 향상된 타입 추론(var)
- 인큐베이팅 및 프리뷰 기능
- 언어 변경하기
- 자바 11의 작은 변경 사항

흥미진진한 시기, 2022년 자바에 오신 것을 환영한다. 2021년 9월에 최신 **장기 지원 버전**long-term support, LTS인 자바 17이 출시됐으며, 가장 먼저 그리고 가장 모험적인 팀들이 이 릴리스로 전환하기 시작했다.

이 글을 쓰는 시점에서 몇몇 선구적인 것들을 제외하면, 자바 애플리케이션은 거의 자바 11(2018년 9월 출시)과 훨씬 더 오래된 자바 8(2014년 출시)에서 실행되는 것들이 양분하고 있다. 특히 자바 11은 클라우드에 배포하는 팀에게 많은 장점을 제공하지만, 일부 팀에서는 도입이 다소 더디게 진행되고 있다.

따라서 이 책의 첫 부분에서는 자바 11과 17에서 도입된 일부 새로운 기능을 소개하는 데 시간을 할애할 예정이다. 이러한 논의가 자바 8에서 업그레이드를 꺼리는 일부 팀과 관리자들에게 최신 버전이 그 어느 때보다 개선됐다는 사실을 설득하는 데 도움이 되기를 바란다.

이 장의 초점은 자바 11이 될 것이다. 그 이유는 ① 시장 점유율이 가장 큰 장기 지원 버전이고, ② 아직 자바 17이 눈에 띄게 도입되지 않았기 때문이다. 하지만 3장에서는 자바 17의 새로운 기능을 소개하여 최신 버전으로 업데이트할 수 있도록 하겠다.

먼저 현대 자바의 핵심인 언어와 플랫폼의 이중성에 대해 논의해보자. 이는 이 책 전체에서 여러 차례 다시 다루게 되는 매우 중요한 사항이므로, 처음부터 제대로 이해하는 것이 중요하다.

1.1 언어와 플랫폼

자바Java라는 용어는 여러 가지 관련된 개념 중 하나를 지칭하거나 사람이 읽을 수 있는 프로그래밍 언어 또는 훨씬 더 광범위한 '자바 플랫폼'을 의미한다.

저자에 따라서 때로는 언어와 플랫폼을 구성하는 요소에 대해 약간씩 다른 정의를 내리는 경우가 있다. 이로 인해 둘 사이의 차이점과 어떤 것이 애플리케이션 코드가 사용하는 다양한 프로그래밍 기능을 제공하는지에 대한 명확성이 부족해 혼란이 발생할 수 있다.

이제 그 구분을 명확히 해보자. 이는 이 책에서 다루는 많은 주제의 핵심을 관통하는 개념이기 때문이다. 다음은 그 정의다.

- **자바 언어**: 자바 언어는 '이 책에 대하여' 절에서 가볍게 언급한 정적 타입의 객체지향 언어다. 아마도 이미 여러분에게는 매우 익숙할 것이다. 자바 언어로 작성된 소스 코드의 한 가지 분명한 점은 사람이 읽을 수 있다는 것이다(또는 그래야만 한다).
- **자바 플랫폼**: 플랫폼은 소프트웨어가 실행될 수 있는 환경을 제공하는 것으로, 자바 플랫폼에서는 (인간이 읽을 수 없는) 클래스 파일 형태로 제공된 코드를 링크하고 실행하는 JVMJava virtual machine이다. 자바 언어 소스 파일을 직접 해석하지 않고 먼저 클래스 파일로 변환해야 한다.

소프트웨어 시스템으로서 자바의 성공 원인 중 하나는 표준화라는 점이다. 이는 자바가 어떻게 작동해야 하는지 설명하는 **명세**specification가 있다는 것을 의미한다. 표준화는 서로 다른 공급 업체와 프로젝트 그룹이 이론상으로는 모두 같은 방식으로 작동하는 구현을 만들 수 있게 해준다. 명세는 서로 다른 구현이 동일한 작업을 처리할 때 얼마나 잘 수행할지에 대한 보장은 제공하지 않지만 결과의 정확성에 대한 보증을 제공할 수 있다.

자바 시스템에는 여러 가지 개별 사양이 적용되는데, 그중에서 가장 중요한 것은 **JLS**(자바 언어 사양)Java language specification와 **JVM 사양**(VMSpec)이다. 최신 자바에서는 이러한 분리를 매우 중요하게 생각하며, 실제로 VMSpec은 더 이상 JLS를 직접 참조하지 않는다. 이 책의 뒷부분에서 두 사양의 차이점에 대해 좀 더 자세히 설명하겠다.

[NOTE] 오늘날 JVM은 실제로 프로그램을 실행하는 데 있어 범용적이며 언어에 구애받지 않는다. 이것이 사양을 분리한 이유 중 하나다.

방금 설명한 이중성에 직면했을 때 한 가지 분명한 질문은 '그들 사이의 연결 고리는 무엇인가?'이다. 이 둘이 분리돼 있다면 어떻게 함께 모여 자바 시스템을 구성할 수 있을까?

언어와 플랫폼 간의 연결고리는 클래스 파일 형식(.class 파일)에 대한 공유된 정의다. 클래스 파일에 대한 진지한 연구는 그만한 보상을 준다(그리고 4장에서 이에 대해 설명한다). 실제로 훌륭한 자바 프로그래머가 되기 위한 방법 중 하나다. 그림 1.1에서 자바 코드가 생성되고 사용되는 전체 프로세스를 볼 수 있다.

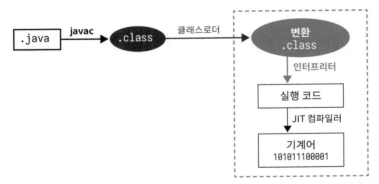

그림 1.1 자바 소스 코드는 .class 파일로 변환된 다음, 로드 시 조작된 후 JIT 컴파일된다.

그림에서 볼 수 있듯이 자바 코드는 사람이 읽을 수 있는 자바 소스로 시작해서 javac에 의해 .class 파일로 컴파일된 후 JVM에 로드load된다. 로드 과정에서 클래스를 조작하고 변경하는 것이 일반적인데, 가장 널리 사용되는 많은 자바 프레임워크가 클래스를 로드할 때 클래스를 변환해서 **인스트루먼테이션**instrumentation이나 자바 **모듈 식별**alternative lookup과 같은 동적 동작을 주입한다.

[NOTE] 클래스 로딩은 자바 플랫폼의 필수 기능이며 이에 대한 자세한 내용은 4장에서 배운다.

자바는 컴파일 언어인가? 아니면 인터프리트 언어인가? 자바에 대한 표준적인 그림은 JVM에서 실행되기 전에 .class로 컴파일되는 언어. 많은 개발자는 바이트코드가 JVM에 의해 해석되는 것으로 시작하지만 나중에 JIT~just-in-time~ 컴파일을 거치게 된다. 그러나 여기서 많은 사람이 바이트코드는 기본적으로 가상의 또는 단순화된 CPU를 위한 기계어 코드라는 다소 모호한 개념으로 이해한다.

실제로 JVM 바이트코드는 사람이 읽을 수 있는 소스 코드와 기계어 사이의 중간 단계에 가깝다. 컴파일러 이론의 기술 용어로 볼 때, 바이트코드는 실제 기계어가 아닌 **중간 언어**intermediate language, IL의 한 형태다. 이는 자바 소스를 바이트코드로 변환하는 과정이 C++이나 Go 프로그래머가 이해하는 컴파일과는 다르다는 것을 의미한다. 그리고 `javac`는 `gcc`와 같은 컴파일러가 아니라 자바 소스 코드를 위한 클래스 파일 생성기에 불과하다. 자바 생태계에서 실제 컴파일러는 JIT 컴파일러다. 이는 그림 1.1에서 확인할 수 있다

어떤 사람들은 자바 시스템을 '동적으로 컴파일되는' 시스템이라고 설명한다. 이는 중요한 컴파일이 빌드 프로세스 중 클래스 파일 생성이 아니라 런타임 시에 발생하는 JIT 컴파일임을 강조한다.

NOTE 소스 코드 컴파일러인 `javac`의 존재로 인해 많은 개발자는 자바를 정적이고 컴파일된 언어로 생각하지만, 자바 환경은 런타임에서 매우 동적으로 동작한다. 그저 표면 아래에 살짝 숨겨져 있을 뿐이다.

따라서 '자바는 컴파일 언어인가? 아니면 인터프리터 언어인가?'에 대한 정답은 '둘 다'이다. 이제 언어와 플랫폼의 구분이 더욱 명확해졌으므로, 새로운 자바 릴리스 모델에 대해 이야기해보겠다.

1.2 새로운 자바 릴리스 모델

자바는 항상 오픈소스 언어는 아니었지만 2006년 JavaOne 콘퍼런스에서 발표된 후 자바 자체의 소스 코드(Sun이 소스를 소유하지 않은 소수의 코드 제외)가 GPLv2+CE 라이선스(https://openjdk.java.net/legal/gplv2+ce.html)로 릴리스됐다.

이는 자바 6 릴리스 무렵의 이야기이며, 그 후 자바 7은 오픈소스 소프트웨어open source software, OSS 라이선스에 따라 개발된 첫 번째 자바 버전이었다. 이후 자바 플랫폼의 오픈소스 개발의 중심은 OpenJDK 프로젝트(https://openjdk.java.net)였으며, 현재까지 이어졌다.

프로젝트 논의의 대부분은 코드베이스의 전체적인 측면을 다루는 메일링 리스트에서 이뤄진

다. core-libs(코어 라이브러리)와 같은 영구적인 목록뿐만 아니라 lambda-dev(람다)와 같이 특정 OpenJDK 프로젝트의 일부로 형성된 후 특정 프로젝트가 완료되면 비활성 상태가 되는 일시적인 목록도 있다. 일반적으로 이러한 목록들은 가능한 새로운 기능을 논의하기 위한 관련 포럼으로, 더 넓은 커뮤니티의 개발자들이 자바의 새로운 버전을 제작하는 과정에 참여할 수 있도록 한다.

NOTE 썬 마이크로시스템즈Sun Microsystems는 자바 7이 출시되기 직전에 오라클에 인수됐다. 따라서 오라클의 모든 자바 릴리스는 오픈소스의 코드베이스를 기반으로 한다.

자바의 오픈소스 릴리스는 효과적으로 릴리스를 정의하는(예: 자바 8의 lambdas, 자바 9의 modules) 기능 중심의 릴리스 주기로 안착했다.

그러나 자바 9가 출시되면서 릴리스 모델이 변경됐다. 오라클은 자바 10부터 엄격한 시간 기반 모델에 따라 자바를 릴리스하기로 결정했다. 즉 OpenJDK는 이제 다음을 포함하는 **메인 라인**mainline[1] 개발 모델을 사용한다.

- 새로운 기능은 브랜치에서 개발되며 코드가 완성된 경우에만 병합된다.
- 릴리스는 엄격한 시간 주기에 따라 발생할 수 있다.
- 기능이 늦으면 릴리스를 지연시키지 않고 다음 릴리스로 이월된다.
- 현재 트렁크의 최신 상태는 이론상 항상 배포 가능해야 한다.
- 필요한 경우 긴급 수정안을 마련해서 언제든지 내보낼 수 있다.
- 별도의 OpenJDK 프로젝트가 장기적인 미래 방향을 탐험하고 연구하는 데 사용된다.

자바의 새로운 버전은 6개월마다 릴리스된다(기능 릴리스). 다양한 공급자(오라클, Eclipse Adoptium, 아마존, Azul 등)는 이러한 릴리스 중 하나를 장기 지원 버전 릴리스로 선택할 수 있다. 그러나 실제로는 모든 공급 업체가 3년마다 하나의 릴리스를 장기 지원 버전 릴리스로 지정하는 것을 따른다.

NOTE 2021년 말 장기 지원 버전 격차를 3년에서 2년으로 줄이기 위한 논의가 진행 중이다. 2024년에 자바 23이 아닌 2023년에 자바 21이 다음 장기 지원 버전으로 출시될 수도 있다.[2]

---

1   옮긴이 모든 개발자가 공유하는 하나의 메인 라인에서 코드를 관리하고, 개발자들이 각자 브랜치(branch)를 만들어서 작업하고, 작업이 완료되면 다시 메인 라인으로 병합(merge)하는 방식으로 개발을 진행하는 모델이다.
2   옮긴이 2024년 1월까지도 자바의 LTS 기간은 3년이며, 오라클은 2023년 9월19일 자바 21을 발표했다. 최소 8년간 성능, 안정성 및 보안 업데이트가 예정된 중요한 릴리스 중 하나다.

첫 번째 LTS 릴리스는 자바 11이었으며 자바 8은 소급해서 장기 지원 버전 릴리스 집합에 포함됐다. 오라클의 의도는 자바 커뮤니티가 정기적으로 업그레이드하면서 새로운 기능 릴리스가 나오면 이를 수용하도록 하는 것이었다. 그러나 실제로 커뮤니티(특히 기업 고객)는 이 모델에 반대하고, 대신 한 장기 지원 버전 릴리스에서 다음 장기 지원 버전 릴리스로 업그레이드하는 것을 선호한다.

물론 이러한 접근 방식은 새로운 자바 기능의 도입을 제한하고 혁신을 억누르는 결과를 가져온다. 그러나 엔터프라이즈 소프트웨어의 현실이 그렇기 때문에 많은 사람들은 여전히 자바 버전의 업그레이드를 중요한 작업으로 보고 있다.

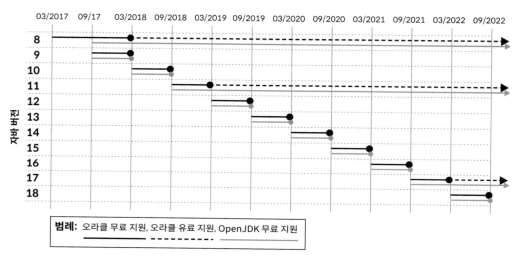

그림 1.2 최근 및 향후 릴리스의 시간 간격

그림 1.2에 표시된 릴리스 로드맵에는 6개월마다 주요 릴리스가 포함돼 있지만, 사용량이 많은 릴리스는 장기 지원 버전인 자바 17(2021년 9월에 릴리스), 자바 11(2021년 9월에 릴리스), 그리고 출시된 지 7년이 된 사전 모듈pre-module 릴리스인 자바 8 정도다. 자바 8과 자바 11은 거의 동일한 시장 점유율을 가지고 있으며 자바 11이 최근 50% 이상을 차지하면서 빠르게 성장한다. 자바 17의 채택은 자바 8에서 자바 11로 이동하는 것보다 훨씬 빠를 것으로 예상되는데, 모듈 시스템과 보안 제한으로 인한 가장 어려운 장애물들이 이미 이전 마이그레이션을 통해 극복됐을 것이기 때문이다.

새로운 릴리스 모델의 또 다른 중요한 변경 사항은 오라클이 배포에 대한 라이선스를 변경했다는 것이다. 오라클의 자바 개발 키트Java Development Kit, JDK는 OpenJDK 소스에서 빌드됐지만 바이너리는 OSS 라이선스에 따라 라이선스가 부여되지 않는다. 대신 오라클의 JDK는 독점 소프트웨어로,

JDK 11부터 오라클은 각 버전에 대해 6개월 동안만 지원 및 업데이트를 제공한다. 이는 오라클의 무료 업데이트에 의존했던 많은 사람들이 이제 다음과 같은 선택에 직면했음을 의미한다.

- 지원 및 업데이트를 위해 오라클에 비용을 지불하거나
- 오픈소스 바이너리를 생성하는 다른 배포판을 사용한다.

대안으로 생각해볼 만한 JDK 벤더로는 Eclipse Adoptium(이전의 AdoptOpenJDK), 알리바바 (Dragonwell), 아마존(Corretto), Azul 시스템즈(Zulu), IBM, 마이크로소프트, 레드햇Red Hat 그리고 SAP가 있다.

NOTE 저자 중 마르테인과 벤은 고품질의 무료 오픈소스 자바 바이너리 배포를 빌드하고 릴리스하기 위해 벤더 중립적인 Eclipse Adoptium 커뮤니티 프로젝트로 발전한 AdoptOpen-JDK 프로젝트의 설립에 도움을 줬다. 자세한 내용은 adoptium.net을 참조하자.

라이선스가 변경되고 제공 업체가 너무 많기 때문에 여러분과 여러분의 팀에 맞는 올바른 자바를 신중하게 선택해야 한다. 고맙게도 자바 생태계의 리더들이 매우 상세한 가이드를 작성했는데, 이 책의 부록 A에 요약돼 있다.

자바 릴리스 모델이 정기 릴리스를 사용하도록 변경됐지만 대다수의 팀은 여전히 JDK 8 또는 11을 실행한다. 이런 장기 지원 버전 릴리스는 커뮤니티(주요 공급업체 포함)에서 유지 관리하고 있으며 여전히 정기적인 보안 업데이트 및 버그 수정을 받는다. 장기 지원 버전에 대한 변경 사항은 의도적으로 범위가 작은 유지 보수 업데이트housekeeping update다. 보안 및 작은 버그 수정 외에도 최소한의 변경만 허용된다. 여기에는 장기 지원 버전 릴리스가 예상 수명 동안 계속해서 올바르게 작동하도록 하는 데 필요한 수정 사항이 포함된다. 이에는 다음과 같은 것이 포함된다.

- 새로운 일본의 연호 추가
- 시간대time zone 데이터베이스 업데이트
- TLS 1.3
- 대규모 최신 워크로드를 위한 저지연 가비지 컬렉션인 셰넌도어Shenandoah 추가

또 다른 필요한 변경 사항은 macOS용 빌드 스크립트가 애플 운영체제의 새로운 릴리스에서 계속 동작할 수 있게끔 최신 버전의 애플 Xcode 도구와 함께 작동하도록 업데이트하는 것이다.

JDK 8 및 11을 유지 보수하기 위한 프로젝트(업데이트 프로젝트라고도 한다)에는 새로운 기능을 **백포트**backport[3]할 수 있는 잠재적인 범위가 여전히 존재하지만 그 범위는 미미하다. 예를 들어 지침의 규칙 중 하나는 새로 이식된 기능이 프로그램 의미 체계를 변경하지 말아야 한다는 것이다. 허용되는 변경의 예로는 TLS 1.3 지원 또는 자바 실행 기록 장치Java Flight Recorder, JFR를 자바 8u272로 백포트하는 것을 포함할 수 있다.

이제 언어와 플랫폼의 차이점을 명확히 하고 새로운 릴리스 모델을 설명했으므로, 현대 자바의 첫 번째 기술적 특징을 살펴보겠다. 앞으로 소개할 새로운 기능은 개발자들이 자바의 거의 첫 번째 릴리스부터 요구해온 것으로, 자바 프로그램 작성에 수반되는 타이핑의 양을 줄일 수 있는 방법이다.

1.3 향상된 타입 추론(var 키워드)

자바는 전통적으로 장황한 언어[4]로 명성이 높았다. 그러나 최근 버전에서는 **타입 추론**type inference을 점점 더 많이 사용하도록 언어가 발전했다. 소스 코드 컴파일러의 이 기능을 사용하면 컴파일러가 프로그램의 일부 타입 정보를 자동으로 처리할 수 있다. 따라서 모든 것을 명시적으로 선언할 필요가 없다.

NOTE 타입 추론의 목적은 상용구 콘텐츠를 줄이고 중복을 제거해서 더 간결하고 읽기 쉬운 코드를 만드는 것이다.

이러한 추세는 제네릭 메서드가 도입된 자바 5에서 시작됐다. 제네릭 메서드는 제네릭 타입 인수에 대한 매우 제한된 타입 추론을 허용해서, 다음과 같이 필요한 정확한 타입을 명시적으로 제공하지 않아도 된다.

```
List<Integer> empty = Collections.<Integer>emptyList();
```

우측 항에서는 제네릭 타입 매개변수를 생략할 수 있다. 예를 들면 다음과 같다.

```
List<Integer> empty = Collections.emptyList();
```

3　옮긴이 특정 버전에서 새로 추가된 기능을 이전 버전에서도 사용할 수 있도록 포팅하는 것을 말한다.
4　옮긴이 자바 언어의 특징(특히 제네릭)으로, 개발자에게 코드 작성이 매우 길고 번거롭다는 의미다. 최근 타입 추론을 더 많이 사용하도록 발전해 코드를 간결하게 작성할 수 있다는 의미로 설명한다.

이렇게 제네릭 메서드를 호출하는 방식은 너무 익숙해서 많은 개발자들이 명시적인 타입 인수가 있는 형식을 기억하기 어려울 수도 있다. 이는 타입 추론이 그 역할을 잘하고 불필요한 코드를 제거해서 코드의 의미를 명확하게 한다는 의미이므로 좋은 징조다.

자바의 타입 추론에 대한 다음으로 중요한 개선은 제네릭 처리와 관련해서 자바 7에서 발생했다. 자바 7 이전에는 다음과 같은 코드를 보는 것이 일반적이었다.

```
Map<Integer, Map<String, String>> usersLists =
                    new HashMap<Integer, Map<String, String>>();
```

이는 userid(정수)로 식별되는 사용자가 있는데, 해당 사용자가 여러 가지 지정된 속성(문자열과 문자열의 매핑으로 모델링된)을 가지고 있음을 선언하는 매우 장황한 방법이다.

실제로 소스의 거의 절반이 중복된 문자들이고 어떤 가치도 추가하지 않는다. 따라서 자바 7부터는 다음과 같이 작성해서, 컴파일러가 오른쪽에 있는 타입 정보를 작성해 처리하도록 할 수 있다.

```
Map<Integer, Map<String, String>> usersLists = new HashMap<>();
```

컴파일러는 우측 표현식에 대한 올바른 타입을 찾아낸다. 이때 전체 타입을 정의하는 텍스트를 단순히 대체하는 것이 아니다.

NOTE 축약된 타입 선언이 다이아몬드처럼 보여서 이 형태를 **다이아몬드 구문**diamond syntax이라고 한다.

자바 8에서는 람다 표현식의 도입을 지원하기 위해 더 많은 타입 추론이 추가됐다. 다음 예제와 같이 타입 추론 알고리즘이 s의 타입이 String임을 결론지을 수 있다.

```
Function<String, Integer> lengthFn = s -> s.length();
```

현대 자바에서는 **로컬 변수 타입 추론**local variable type inference, LVTI, 즉 var이라고도 하는 기능이 도입돼 타입 추론이 한 단계 더 발전했다. 이 기능은 자바 10에서 추가됐으며, 개발자가 다음과 같이 값의 타입이 아닌 변수의 타입을 추론할 수 있도록 해준다.

```
var names = new ArrayList<String>();
```

이것은 var를 언어의 키워드가 아닌 예약된 매직magic 타입의 이름[5]으로 만들어 구현된다. 이론적으로 개발자는 여전히 var를 변수, 메서드, 패키지의 이름으로 사용할 수 있다.

NOTE var를 적절하게 사용할 때 나타나는 중요한 부작용은 (타입 정보와는 달리) 코드의 도메인이 다시 중요한 요인으로 부각된다는 것이다. 하지만 큰 힘에는 큰 책임이 따르듯이 var를 사용할 때는 코드를 읽을 미래의 사용자들을 돕기 위해 신중하게 변수의 이름을 지어야 한다.

반면, 이전에 타입의 이름으로 var를 사용하던 코드는 다시 컴파일해야 한다. 그러나 사실상 대부분의 자바 개발자들은 타입 이름이 대문자로 시작해야 한다는 관례를 따르므로, 기존에 var로 불리는 타입의 인스턴스 수는 매우 적을 것이다. 이는 다음 목록에 나와 있는 것과 같은 코드를 작성하는 것이 문법적으로 문제가 되지 않는다는 것을 의미한다.

코드 1.1 나쁜 코드

```java
package var;

public class Var {
  private static Var var = null;

  public static Var var() {
    return var;
  }

  public static void var(Var var) {
    Var.var = var;
  }
}
```

그리고 다음과 같이 호출한다.

```java
var var = var();
if (var == null) {
  var(new Var());
}
```

그러나 문제가 되지 않는다고 해서 합리적이라는 것은 아니다. 코드 1.1과 같은 코드를 작성하는 것은 다른 개발자들과 협업할 때 도움이 되지 않을 뿐만 아니라 코드 리뷰를 통과해서도 안 된다.

5 　[옮긴이] 자바에서 var는 변수의 타입으로 사용할 수 있지만, 이를 사용할 때는 var라는 이름을 직접 사용하는 대신 var를 의미하는 다른 이름으로 사용한다(예: var number = 10).

var의 의도는 자바 코드의 장황함을 줄이고 다른 언어에서 자바로 오는 프로그래머에게 친숙함을 주기 위해서다. 동적 타이핑을 도입한 것이 아니며 자바의 변수들은 항상 정적 타입을 유지한다. 단지 모든 경우에 명시적으로 작성할 필요가 없을 뿐이다.

자바에서의 타입 추론은 지역적이며, var의 경우 알고리즘은 로컬 변수의 선언만을 검사한다. 이는 필드, 메서드 인수, 반환 타입에는 사용할 수 없다는 것을 의미한다. 컴파일러는 일종의 **제약 조건 해결 알고리즘**form of constraint solving algorithm을 적용해서 작성한 코드의 모든 요구 사항을 충족할 수 있는 타입이 존재하는지 여부를 결정한다.

NOTE var는 소스 코드 컴파일러(javac)에서만 구현돼서 런타임이나 성능에는 전혀 영향을 미치지 않는다.

예를 들어 이 장의 코드 샘플의 lengthFn 선언에서 제약 조건 해결자는 메서드의 매개변수 s의 타입이 Function의 매개변수 타입으로 명시적으로 지정된 String과 호환돼야 한다고 추론할 수 있다. 물론 자바에서 String 클래스는 final로 정의돼 있기 때문에, 컴파일러는 s값의 타입이 정확히 String이라는 결론을 내릴 수 있다.

컴파일러가 타입을 추론할 수 있으려면 프로그래머가 제약 조건 방정식을 풀 수 있도록 충분한 정보를 제공해야 한다. 예를 들어 다음과 같은 코드에는 컴파일러가 fn 타입을 추론할 수 있는 충분한 타입 정보가 없으므로 컴파일되지 않는다.

```
var fn = s -> s.length();
```

컴파일러가 해결할 수 없는 중요한 경우 중 하나는 다음과 같다.

```
var n = null;
```

null은 모든 참조 타입의 변수에 할당할 수 있으므로 n이 어떤 타입일지 유추할 수 있는 정보가 없기 때문이다. 이런 경우 추론자가 해결해야 하는 타입 제약 조건 방정식을 **과소결정 연립방정식**underdetermined system[6]이라고 한다.

6 　옮긴이 알려지지 않은 변수나 미지수의 개수가 방정식이나 제약 조건의 개수보다 많은 상황이나 문제를 가리키는 말로, 시스템에 충분한 정보나 제약이 없어 유일한 해결책을 결정할 수 없는 상태를 의미한다.

다음과 같이 추론 결정을 내리기 위해 로컬 변수의 초기화 선언을 넘어 더 많은 코드를 검사하는 타입 추론 체계를 생각해볼 수 있다.

```
var n = null;
String.format(n);
```

사람이나 더 복잡한 추론 알고리즘은 `n`의 타입이 실제로 `String`이라고 결론 내릴 수 있다. `format()` 메서드는 문자열을 첫 번째 인수로 받기 때문이다.

매력적으로 보일 수도 있겠지만 소프트웨어의 다른 모든 것과 마찬가지로 얻는 것이 있으면 잃는 것도 있다. 복잡성이 높다는 것은 컴파일 시간이 길어지고 추론이 실패할 수 있는 원인이 다양해진다는 것을 의미한다. 이는 다시 프로그래머가 비지역적 타입의 추론을 올바르게 사용하기 위해 더 복잡한 직관력을 개발해야 한다는 것을 의미한다.

다른 언어에서는 이런 절충안을 선택할 수도 있겠지만 자바는 명확하다. 선언만 사용해서 타입을 추론한다. 로컬 변수 타입 추론은 복잡하고 긴 상용구 텍스트와 장황함을 줄이는 데 유용한 기술이다. 그러나 코드를 더 명확하게 만들기 위해 필요한 경우에만 사용해야 하며, 가능한 모든 경우에 사용하는 무딘 도구(**골든 해머 안티패턴**golden hammer antipattern)로 사용해서는 안 된다.

언제 로컬 변수 타입 추론(LVTI)을 사용할지에 대한 몇 가지 간단한 지침은 다음과 같다.

- 단순한 초기화에서, 오른쪽이 생성자constructor 또는 정적 팩토리 메서드에 대한 호출인 경우
- 명시적인 타입을 제거하면 반복되거나 중복된 정보가 삭제되는 경우
- 변수 이름만으로도 타입을 알 수 있는 경우
- 로컬 변수의 범위와 사용법이 짧고 간단한 경우

자바 언어의 핵심 개발자 중 한 명인 스튜어트 마크스Stuart Marks는 LVTI 사용에 대한 스타일 가이드에서 적용 가능한 모든 규칙을 제공하고 있는데, 해당 가이드는 http://mng.bz/RvPK에서 확인할 수 있다.

이 절을 마무리하기 위해 `var`의 더욱 고급 사용법 중 하나인 소위 **표현 불가능한 타입**nondenotable type에 대해 알아보겠다. 이 타입은 자바에서 유효한 타입이지만, 변수의 타입으로 나타낼 수는 없다. 대신, 할당되는 표현식의 타입으로 추론해야 한다. 자바 9에서 도입된 `jshell` 대화형 환경을 사용해 간단한 예를 살펴보겠다.

```
jshell> var duck = new Object() {
   ...>       void quack() {
   ...>           System.out.println("Quack!");
   ...>       }
   ...> }
duck ==> $0@5910e440

jshell> duck.quack();
Quack!
```

변수 `duck`은 특이한 타입을 가지고 있다. 이 변수는 사실상 `Object` 타입이지만 `quack()` 메서드로 확장된 형태다. 이 객체는 오리처럼 꽥꽥거릴 수 있지만, 해당 타입에는 이름이 없으므로 메서드 매개변수나 반환 타입으로 사용할 수 없다.

LVTI를 사용하면 표현 불가능한 타입을 만들 수 있다. 이를 통해 메서드 내에서 해당 타입을 사용할 수 있다. 당연히 이 타입은 지역 범위 밖에서 사용할 수 없으므로, 이 언어 기능의 전반적인 효용성은 제한적이다. 이것은 그냥 재미로 사용해보는 것에 가깝다.

이런 제한에도 불구하고 이것은 정적 타입 언어에서 **구조적 타이핑**structural typing, 동적 타입 언어에서는 **덕 타이핑**duck typing(특히 파이썬)으로 알려진 일부 다른 언어에 존재하는 기능을 자바가 어떻게 구현했는지를 엿볼 수 있다.

1.4 언어 및 플랫폼 변경

우리는 언어 변경과 관련하여 '무엇'뿐만 아니라 '왜'를 설명하는 것이 필수라고 생각한다. 새로운 자바 버전을 개발하는 과정에서 언어의 새로운 기능에 대한 관심은 많지만, 커뮤니티는 변경 사항을 완전히 엔지니어링하고 실전에 사용할 준비에 얼마나 많은 작업이 필요한지는 항상 이해하지 못하고 있다.

또한 자바처럼 성숙한 런타임에서는 언어 기능이 다른 언어나 라이브러리에서 발전해서 인기 있는 프레임워크로 옮겨간 다음에 언어나 런타임 자체에 추가되는 경향이 있다는 사실을 눈치챘을 것이다. 이번 글에서는 이 부분에 대해 조금 더 자세히 알아보고, 그 과정에서 몇 가지 오해가 불식되기를 기대해보자. 하지만 자바가 어떻게 발전해왔는지 관심이 없다면 1.5절로 건너뛰어서 바로 자바에서 변경된 사항을 알아봐도 된다.

자바 언어를 변경하는 데는 노력 곡선effort curve이 존재한다. 일부 구현은 다른 구현보다 엔지니어링 작업이 덜 필요하다. 그림 1.3에서는 서로 다른 변경 방법을 나타내고 각 방법으로 새로운 기능을 구현하는 데 필요한 상대적인 노력을 보여준다.

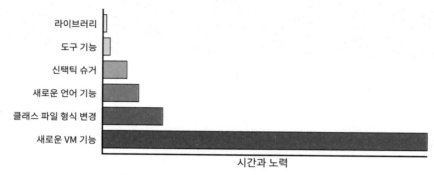

그림 1.3 다양한 방법으로 새로운 기능을 구현하는 것과 관련한 상대적 노력

일반적으로 최소한의 노력이 필요한 방법을 선택하는 것이 좋다. 새로운 기능을 라이브러리로 구현하는 것이 가능하다면, 대개 그렇게 하는 것이 좋다. 그러나 일부 기능은 라이브러리나 IDE 기능으로 구현하기 쉽지 않거나 불가능할 수 있다. 일부 기능은 더 깊숙이 플랫폼 내부에서 구현해야한다. 다음은 새로운 언어 기능에 대한 복잡성 척도에 최근 몇 가지 기능이 어떻게 적용되는지 보여준다.

- 라이브러리 변경: 컬렉션 팩토리 메서드(자바 9)
- 신택틱 슈거: 숫자 안의 밑줄(자바 7)
- 작은 새로운 언어 기능: `try-with-resources`(자바 7)
- 클래스 파일 형식 변경: 애너테이션(자바 5)
- 새로운 JVM 기능: 네스트메이트nestmates(자바 11)
- 새로운 주요 기능: 람다 표현식(자바 8)

이러한 복잡성 스케일에 따른 변경이 어떻게 이뤄지는지 자세히 살펴보겠다.

1.4.1 설탕 뿌리기

종종 언어의 기능을 설명하는 데 사용되는 문구가 **신택틱 슈거**syntactic sugar다. 즉 언어에 이미 존재하는 기능임에도 인간이 작업하기 쉬운 형식으로 제공된다.

일반적으로 신택틱 슈거 기능은 컴파일 프로세스 초기 단계에서 컴파일러의 프로그램 표현에서 제거되며, 이를 동일한 기능의 기본 표현으로 '설탕이 제거됐다desugared'라고 한다.

이런 문법적 변화를 언어에 쉽게 구현할 수 있는 이유는 상대적으로 적은 작업량이 필요하며 작업이 컴파일러에 대한 변경만 필요(자바의 경우 `javac` 컴파일러에 대한 변경만 필요)로 하기 때문이다.

이 단계에서 물어볼 수 있는 질문 중 하나가 '사양에 대한 작은 변경이란 무엇을 의미하는가?'이다. 자바 7에서 가장 간단한 변경은 `switch` 문에 문자열을 허용하기 위해, JLS 섹션 14.11에 'String'이라는 단어를 추가한 것이다. 이 변경은 매우 작은 변경이지만, 그럼에도 불구하고 사양의 여러 다른 측면에 영향을 미친다. 어떤 변경이든 결과를 초래하며, 이러한 결과는 언어 설계 전반에 걸쳐 추적돼야 한다.

1.4.2 언어 변경

모든 변경에 대해 수행해야 하는(또는 적어도 조사해야 하는) 전체 작업의 세트는 다음과 같다.

- JLS 업데이트
- 소스 컴파일러에서 프로토타입 구현
- 변경에 필수적인 라이브러리 지원 추가
- 테스트 및 예제 작성
- 문서 업데이트

또한 변경 사항이 JVM이나 플랫폼에 영향을 미치는 경우 다음 작업이 수행돼야 한다.

- VMSpec 업데이트
- JVM 변경 사항 구현
- 클래스 파일 및 JVM 도구에 지원 추가
- 리플렉션에 미치는 영향 평가
- 직렬화에 미치는 영향 평가
- 자바 네이티브 인터페이스Java native interface, JNI와 같은 네이티브 코드 구성 요소에 미치는 영향 평가

이 작업은 전체 언어 사양에 대한 변경의 영향을 고려한 후에 이뤄지는데, 그 양이 적지 않다.

변경 작업에서 가장 까다로운 부분은 타입 시스템이다. 이는 자바의 타입 시스템이 형편없기 때문이 아니다. 강력한 정적 타입 시스템을 가진 언어들은 그 타입 시스템 내 다양한 부분에서 상호작용이 많이 존재하기 때문이다. 이러한 부분을 수정하는 것은 예상치 못한 문제를 발생시키는 경향이 있다.

1.4.3 JSRs와 JEPs

자바 플랫폼을 변경하는 데 두 가지 주요 메커니즘이 사용되는데, 첫 번째는 **자바 커뮤니티 프로세스**Java community process, JCP에서 지정하는 **자바 스펙 요구서**Java specification request, JSR이다. 이는 외부 라이브러리와 내부 주요 플랫폼 API, 둘 모두의 표준 API를 결정하는 데 사용된다.

이것은 역사적으로 자바 플랫폼을 변경하는 유일한 방법이었으며, 이미 성숙한 기술에 대한 합의를 규정하는 데 가장 적합했다. 그러나 최근 몇 년 동안 변경을 빠르게(그리고 더 작은 단위로) 구현하려는 욕구로 인해 더 가벼운 대안으로 **JEP**JDK Enhancement Proposal가 개발됐다. 플랫폼(일명 엄브렐러umbrella) JSR은 이제 다음 버전의 자바를 대상으로 하는 JEP들로 구성된다. JSR 프로세스는 전체 생태계에 대한 추가적인 지적 재산 보호를 부여하는 데 사용된다.

새로운 자바 기능에 대해 논의할 때, 해당 JEP 번호로 예정된 기능이나 최신 기능을 참조하는 것은 종종 유용하다. 모든 JEP의 전체 목록(배포 또는 철회된 JEP 포함)은 https://openjdk.java.net/jeps/0에서 확인할 수 있다.

1.4.4 인큐베이팅과 프리뷰 기능

새로운 릴리스 모델 내에서 자바는 후속 릴리스에서 최종 확정하기 전에 제안한 기능을 시험해볼 수 있는 두 가지 메커니즘을 갖고 있다. 이러한 메커니즘의 목적은 더 나은 기능을 제공하기 위해 더 넓은 사용자 집단의 피드백을 수집하고, 기능이 자바의 영구적인 일부가 되기 전에 기능을 변경하거나 철회할 수 있도록 하기 위한 것이다.

인큐베이팅 기능incubating feature은 새로운 API와 해당 구현으로, 가장 단순한 형태로 독립적인 모듈로 제공하는 새로운 API에 불과하다(자바 모듈에 대한 자세한 내용은 2장에서 설명한다). 모듈 이름은 API가 일시적이며 기능이 최종 완성되면 변경될 것임을 분명하게 하도록 명명된다.

NOTE 인큐베이팅 기능의 미완성 버전에 의존하는 모든 코드는 해당 기능이 최종 버전이 되면 변경해야 한다.

인큐베이팅 기능에서 눈에 띄는 한 가지 예는 일반적으로 HTTP/2라고 하는 HTTP 프로토콜 버전 2에 대한 새로운 지원이다. 자바 9에서는 인큐베이터 모듈 `jdk.incubator.http`로 제공됐다. 이 모듈의 이름과 `java`가 아닌 `jdk.incubator` 네임스페이스의 사용은 이 기능이 비표준으로 변경될 수 있음을 명확히 했다. 이 기능은 자바 11에서 네임스페이스에 `java`가 존재하는 `java.net.http` 모듈로 이동하면서 표준화됐다.

> **NOTE** 18장에서 OpenJDK 프로젝트 코드명 파나마~Panama~의 일부인 Foreign Access API를 다룰 때 또 다른 인큐베이팅 기능을 만날 것이다.

이 접근 방식의 주요 장점은 인큐베이팅 기능이 하나의 네임스페이스로 격리될 수 있다는 것이다. 개발자들은 빠르게 기능을 사용해볼 수 있으며, 기능이 표준화되면 일부 코드를 수정, 재컴파일, 재링크하면 프로덕션 코드에서도 사용할 수 있다.

미완성 기능을 배포하는 데 사용하는 다른 메커니즘이 **프리뷰 기능**~preview feature~이다. 최신 자바 버전에서 제공하는 기능으로, 인큐베이팅 기능보다 더 깊은 수준에서 언어 자체의 일부로 구현된다. 이러한 기능은 다음과 같은 지원이 필요할 수 있다.

- `javac` 컴파일러
- 바이트코드 형식
- 클래스 파일과 클래스 로딩

이는 특정 플래그가 컴파일러와 런타임에 전달되는 경우에만 사용할 수 있다. 플래그를 활성화하지 않고 프리뷰 기능을 사용하려고 하면 컴파일할 때와 런타임할 때 모두 오류가 발생한다.

이로 인해 처리하기가 훨씬 더 (인큐베이팅 기능에 비해) 복잡해진다. 결론적으로 프리뷰 기능은 실제 프로덕션용으로 사용할 수 없다. 한 가지 이유는 이들이 최종 완성되지 않은 클래스 파일 형식의 버전으로 표현되며 자바 프로덕션 버전에서는 지원되지 않을 수도 있기 때문이다.

즉 프리뷰 기능은 실험, 개발자 테스트, 체험용에만 적합하다. 안타깝게도 거의 모든 배포에서는 최종 완성된 기능만 프로덕션용 코드에 사용할 수 있다.

자바 11에는 프리뷰 기능이 포함돼 있지 않다(`switch` 구문의 첫 번째 프리뷰 버전이 자바 12에 포함됨). 그래서 이 절에서 이러한 기능의 좋은 예를 드는 것이 어렵다. 하지만 3장에서 자바 17에 대해 논의할 때 프리뷰 버전에 대해 자세히 알아볼 것이다.

1.5 자바 11에서의 작은 변경 사항

자바 8 이후로 비교적 많은 새로운 작은 기능들이 후속 릴리스에 등장했다. 가장 중요한 몇 가지 사항을 빠르게 살펴보겠다. 자바 11을 처음 사용할 때면 이러한 기능들을 보게 될 것이다.

1.5.1 컬렉션 팩토리(JEP 213)

자주 요청되는 개선 사항은 **컬렉션 리터럴**collection literal(`list` 또는 `map`과 같은 객체의 단순 컬렉션)을 선언하는 간단하고 편리한 방법을 지원하도록 자바를 확장하는 것이다. 이는 많은 다른 언어가 이런 기능의 일부를 지원하고 있고, 자바 자체에서도 **배열 리터럴**array literal을 항상 지원해왔기 때문에 매력적으로 보인다. 예를 들면 다음과 같다.

```
jshell> int[] numbers = {1, 2, 3};
numbers ==> int[3] { 1, 2, 3 }
```

그러나 이러한 기능을 언어 수준에서 추가하는 것은 겉으로 보기에는 매력적일 수 있지만, 몇 가지 중요한 단점이 있다. 예를 들어 `ArrayList`, `HashMap`, `HashSet`은 대부분의 개발자에게 가장 익숙한 구현체이지만, 자바 `Collections`의 주요 설계 원칙 중 하나는 클래스가 아닌 인터페이스로 표시된다는 것이다. 서로 다른 구현이 가능하며 널리 사용된다.

즉 아무리 일반적이더라도 구체적인 구현과 직접 결합하는 새로운 구문이 있다면 의도한 설계 원칙과 반대된다는 것이다. 대신, 자바 8에서 인터페이스에 정적 메서드를 가질 수 있는 기능이 추가돼 이를 활용해서 해당 인터페이스에 간단한 팩토리 메서드를 추가하는 것으로 설계 결정이 이뤄졌다. 결과적으로 코드는 다음과 같이 작성된다.

```
Set<String> set = Set.of("a", "b", "c");
var list = List.of("x", "y");
```

이 방법은 언어 수준에서 지원을 추가하는 것보다 조금 더 장황하지만 구현 측면에서 복잡성 비용은 훨씬 적다. 이런 새로운 메서드는 다음과 같이 일련의 오버로드들로 구현된다.

```
List<E> List<E>.<E>of()
List<E> List<E>.<E>of(E e1)
List<E> List<E>.<E>of(E e1, E e2)
```

```
List<E> List<E>.<E>of(E e1, E e2, E e3)
List<E> List<E>.<E>of(E e1, E e2, E e3, E e4)
List<E> List<E>.<E>of(E e1, E e2, E e3, E e4, E e5)
List<E> List<E>.<E>of(E e1, E e2, E e3, E e4, E e5, E e6)
List<E> List<E>.<E>of(E e1, E e2, E e3, E e4, E e5, E e6, E e7)
List<E> List<E>.<E>of(E e1, E e2, E e3, E e4, E e5, E e6, E e7, E e8)
List<E> List<E>.<E>of(E e1, E e2, E e3, E e4, E e5, E e6, E e7, E e8, E e9)
List<E> List<E>.<E>of(E e1, E e2, E e3, E e4, E e5, E e6, E e7, E e8, E e9, E e10)
List<E> List<E>.<E>of(E... elements)
```

일반적인 경우(최대 10개의 요소)에는 해당 요소들을 나열한 메서드가 제공되며, 요소가 10개보다 더 많은 경우를 위해 **가변 인수**varargs 형태도 제공된다.

맵의 경우는 상황이 복잡한데, 두 개의 일반 매개변수(키 타입과 값 타입)가 있으므로 간단한 경우에는 다음과 같이 작성할 수 있다.

```
var m1 = Map.of(k1, v1);
var m2 = Map.of(k1, v1, k2, v2);
```

맵에 대해 가변 인수 형식과 동등하게 작성할 수 있는 간단한 방법은 없다. 대신 다음 코드와 같이 ofEntries()라는 다른 팩토리 메서드를 사용하고 entry()라는 정적 도우미 메서드와 결합하여 가변 인수 형태와 동등한 것을 제공한다.

```
Map.ofEntries(
    entry(k1, v1),
    entry(k2, v2),
    // ...
    entry(kn, vn));
```

개발자가 알아야 할 마지막 사항은 팩토리 메서드가 다음과 같이 변경할 수 없는immutable 타입의 인스턴스를 생성한다는 것이다.

```
jshell> var ints = List.of(2, 3, 5, 7);
ints ==> [2, 3, 5, 7]

jshell> ints.getClass();
$2 ==> class 자바.util.ImmutableCollections$ListN
```

이 클래스들은 변경할 수 없는 자바 컬렉션 인터페이스의 새로운 구현체다. `ArrayList`나 `HashMap`과 같은 익숙한 가변 클래스가 아니다. 이런 타입의 인스턴스를 수정하려고 시도하면 예외가 발생한다.

1.5.2 엔터프라이즈 모듈 제거(JEP 320)

시간이 지남에 따라 **자바 스탠다드 에디션(자바 SE)**Standard Edition에는 다음과 같은 **자바 엔터프라이즈 에디션(자바 EE)**Enterprise Edition의 일부인 몇몇 모듈이 추가됐다.

- JAXB
- JAX-WS
- CORBA
- JTA

자바 9에서 이런 기술을 구현한 다음의 패키지들은 비핵심 모듈로 옮겨졌고, 더 이상 사용되지 않아 제거됐다.

- java.activation(JAF)
- java.corba(CORBA)
- java.transaction(JTA)
- java.xml.bind(JAXB)
- java.xml.ws(JAX-WS, plus some related technologies)
- java.xml.ws.annotation(Common Annotations)

플랫폼을 간소화하기 위한 노력의 일환으로 자바 11에서 이러한 모듈들이 제거됐다. 도구와 집계에 사용되는 다음 세 가지 관련 모듈도 핵심 SE 배포에서 제거됐다.

- java.se.ee(앞의 6개 모듈용 관리자 모듈)
- jdk.xml.ws(tools for JAX-WS)
- jdk.xml.bind(tools for JAXB)

이런 기능을 사용하려면 자바 11 이상에서 빌드된 프로젝트는 이제 명시적으로 외부 의존성을 포함해야 한다. 이는 이런 API에 의존한 일부 프로그램이 자바 8에서는 깨끗하게 빌드됐지만, 자바

11에서 빌드하려면 빌드 스크립트를 수정해줘야 한다는 것을 의미한다. 11장에서 이 특정 문제를 더 자세히 살펴볼 것이다.

1.5.3 HTTP/2(자바 11)

현대에 이르러 HTTP 표준의 새로운 버전인 **HTTP/2**가 출시됐다. 우리는 1997년에 발표된, 유서 깊은 HTTP 1.1 사양을 업데이트하게 된 이유를 살펴볼 것이다. 그다음으로 자바 11을 통해 잘 단련된 개발자가 어떻게 HTTP/2의 새로운 기능과 성능을 사용할 수 있는지 살펴보겠다.

1997년에 나온 기술이라고 하면 예상할 수 있듯이 HTTP 1.1은 노후됐는데, 특히 최신 웹 애플리케이션의 성능과 관련해 다음과 같은 문제가 있다.

- 헤드 오브 라인 블로킹
- 단일 사이트로의 제한된 연결
- HTTP 제어 헤더의 성능 오버헤드

HTTP/2는 오늘날 웹이 실제로 동작하는 방식과 맞지 않는, 이런 근본적인 성능 문제를 해결하는 데 중점을 둔 프로토콜의 **전송 계층**transport level에 대한 업데이트다. 클라이언트와 서버 간 바이트 흐름 방식에 중점을 둔 HTTP/2는 실제로 요청/응답, 헤더, 상태 코드, 응답 바디와 같은 많은 익숙한 HTTP 개념을 변경하지 않았다. 이런 개념은 HTTP/2와 HTTP 1.1에서 의미상 동일하게 유지된다.

① 헤드 오브 라인 블로킹

헤드 오브 라인 블로킹head-of-line blocking, HOL blocking 문제를 보자. HTTP 통신은 TCP 소켓을 통해 이뤄진다. HTTP 1.1은 불필요한 연결 설립 비용을 반복하지 않기 위해 기본적으로 개별 소켓을 재사용하도록 돼 있지만, 프로토콜은 여러 요청이 소켓을 공유하는 경우에도 요청이 순서대로 반환되도록 했다(**파이프라이닝**pipelining으로 알려짐, 그림 1.4 참조). 이는 서버의 느린 응답이 이론적으로 더 빨리 반환될 수 있는 후속 요청을 차단하는 것을 의미한다. 이런 효과는 **애셋**asset을 다운로드할 때 브라우저 렌더링 지연과 같은 현상으로 쉽게 볼 수 있다. 같은 연결에서 한 번에 하나의 응답만을 처리하는 이 동작은 HTTP 기반의 서비스와 통신해야 하는 JVM 애플리케이션에 제한을 줄 수 있다.

HTTP/2는 그림 1.5와 같이 처음부터 동일한 연결에서 요청을 다중화하도록 설계됐다. 클라이언트와 서버 간 **다중 스트림**multiple stream이 항상 지원된다. 단일 요청의 헤더와 본문을 별도로 수신할 수도 있다.

이는 수십 년간 개발자들에게 자연스러운 것으로 여겨졌던 HTTP 1.1의 가정들을 근본적으로 바꿨다. 예를 들어 웹사이트에서 작은 애셋을 많이 전달하는 것이 커다란 번들을 한두 개 전달하는 것보다 나쁜 성능을 낸다는 것은 오랫동안 받아들여져왔다. 자바스크립트JavaScript, CSS, 이미지는 모두 여러 개의 파일을 한데 묶어 더 효율적으로 반환하는 일반적인 기술과 도구가 있다. HTTP/2에서 다중화된 응답을 사용하면 다른 느린 요청 때문에 애셋이 차단되지 않고, 작은 응답이 더 정확하게 캐시될 수 있어서 전반적으로 더 나은 사용자 경험을 제공한다.

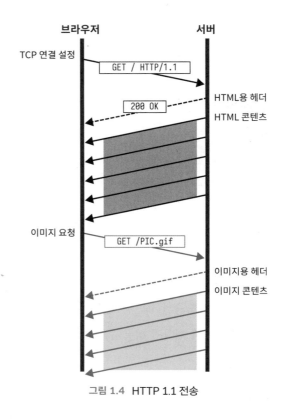

그림 1.4 HTTP 1.1 전송

2 제한된 연결

HTTP 1.1 사양에서는 서버에 대한 연결을 한 번에 두 개로 제한할 것을 권장한다. 이는 의무must가 아닌 권고should로 명시돼 있으며, 현재 웹브라우저는 흔히 도메인당 6~8개의 연결을 허용한다. 한 사이트에서 동시 다운로드에 대한 이런 제한으로 개발자들은 종종 여러 도메인으로 나누어 사이트 서비스를 제공하거나 앞서 언급한 번들링을 구현하는 경우가 많다.

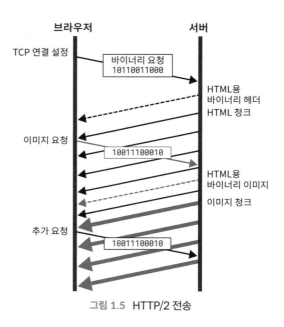

그림 1.5 HTTP/2 전송

HTTP/2는 이런 상황을 해결한다. 각 연결을 효과적으로 사용하여 원하는 만큼의 동시 요청을 수행할 수 있다. 브라우저는 특정 도메인에 대해 하나의 연결만 열지만 동일한 연결을 통해 동시에 많은 요청을 수행할 수 있다.

더 많은 동시 동작을 허용하기 위해 JVM 애플리케이션에서 HTTP 1.1 연결을 풀링해 사용했다면, HTTP/2는 더 많은 요청을 처리할 수 있는 또 다른 내장된 방법을 제공한다.

3 HTTP 헤더 성능

HTTP의 중요한 특징 중 하나는 요청과 함께 **헤더**header를 전송하는 기능이다. 헤더는 HTTP 프로토콜 자체가 상태를 유지하지 않지만, 애플리케이션에서 요청 간의 상태를 유지할 수 있게 해준다 (예: 사용자가 로그인한 사실).

HTTP 1.1의 **페이로드**payload는 클라이언트와 서버가 압축 알고리즘(일반적으로 gzip)에 대해 합의하면 압축할 수 있지만, 헤더는 압축되지 않는다. 점점 더 리치 웹 애플리케이션이 많아지고 요청이 잦아짐에 따라 더 큰 헤더를 반복하는 것은 문제가 될 수 있는데, 특히 대형 웹사이트에서는 더욱 두드러진다.

HTTP/2는 헤더의 새로운 이진 형식을 통해 이 문제를 해결한다. 프로토콜을 사용하는 사용자는 이에 대해 생각을 많이 할 필요가 없다. 헤더가 클라이언트와 서버 간에 전송되는 방식에 내장돼 있기 때문이다.

4 TLS의 모든 것

1997년에 HTTP 1.1은 오늘날 우리가 보는 것과는 매우 다른 인터넷 시대에 진입했다. 인터넷 상거래는 막 시작됐고 보안은 초기 프로토콜 설계에서 항상 최우선 관심사가 아니었다. 컴퓨팅 시스템은 암호화와 같은 작업을 수행하기에는 매우 많은 비용이 소요될 정도로 느렸다.

HTTP/2는 보안에 대한 더욱 높은 인식을 갖춘 2015년에 공식적으로 승인됐다. 또한 **TLS**(이전 버전에서는 SSL로 알려짐)를 통한 웹 요청의 유비쿼터스 암호화에 필요한 컴퓨팅 비용은 암호화 여부에 대한 대부분의 논쟁을 없앨 만큼 충분히 낮다. 이에 따라, 실제로 HTTP/2는 TLS 암호화만 지원한다(이론적으로는 평문 전송이 가능하지만, 주요 구현체들은 평문 전송을 제공하지 않는다).

이는 만료와 갱신 주기가 있는 인증서를 필요로 하기 때문에 HTTP/2를 배포하는 데 운영상 영향을 미친다. 기업에서는 이로 인해 인증서 관리의 필요성이 증가한다. 이런 필요에 대응해서 Let's

Encrypt(https://www.letsencrypt.org) 및 기타 사설용이라는 옵션이 늘어나고 있다.

5 기타 고려 사항

HTTP/2의 채택은 미래를 향한 추세이지만, 웹 전반에 걸쳐 배포가 빠르지는 않았다. 이러한 지연은 로컬 개발에도 영향을 미치는 암호화 요구 사항 외에도 다음과 같은 무리한 부분과 추가적인 복잡성 때문일 수도 있다.

- HTTP/2는 바이너리 전용인데, 불투명한 형식으로 작업하는 것은 어렵다.
- 로드 밸런서load balancer, 방화벽firewall, 디버깅 도구debugging tool와 같은 HTTP 계층의 제품은 HTTP/2를 지원하도록 업데이트해야 한다.
- 성능 향상은 주로 브라우저 기반 HTTP 사용을 대상으로 하고 있으며, HTTP를 통해 작동하는 백엔드 서비스는 업데이트에 대한 이점이 적을 수 있다.

6 자바 11에서 HTTP/2

몇 년 만에 새로운 HTTP 버전이 등장하자 JEP 110은 완전히 새로운 API를 도입하게 됐다. 많은 개발자가 HTTP 관련 요구 사항을 충족하기 위해 외부 라이브러리에 의존해왔기 때문에 JDK 내에서 `HttpURLConnection`을 대체(그러나 기존의 `HttpURLConnection`을 제거하지는 않는다)하면서도 사용 가능한 HTTP API를 '그대로' 제공하는 것을 목표로 한다.

결과적으로 HTTP/2 및 웹 소켓 호환 API는 인큐베이팅 기능으로 자바 9에 처음 소개됐다.[7] JEP 321에서 이를 `java.net.http`에 위치시켜 자바 11에 담았다. 새로운 API는 HTTP 1.1과 HTTP/2를 모두 지원하며, 호출된 서버가 HTTP/2를 지원하지 않는 경우 HTTP 1.1로 폴백할 수 있다.

새로운 API와의 상호작용은 `HttpRequest`와 `HttpClient` 타입에서 시작한다. 이들은 빌더를 통해 인스턴스화되며, 다음 코드와 같이 HTTP 호출을 실제로 수행하기 전에 구성configuration을 설정한다.

---

7 옮긴이 자바 9 인큐베이팅 기능으로 소개되어 자바 8에는 없는 기능이다. 자바 8의 출시 당시 HTTP/2와 웹소켓 표준이 정립되지 않았고, 지원을 위해 새로운 API가 필요했다. 이후 실험적인 백포트(새로운 기능이나 업데이트를 이전 버전의 소프트웨어에 추가하는 것)로 제공되긴 하나 정식으로 제공되는 것은 아니다.

```
var client = HttpClient.newBuilder().build();          요청을 위한 HttpClient
                                                        인스턴스를 생성한다.

var uri = new URI("https://google.com");               HttpRequest 인스턴스를 사용해서
var request = HttpRequest.newBuilder(uri).build();     구글에 대한 특정 요청을 생성한다

var response = client.send(                            HTTP 요청을 동기적으로 실행해서 그 응답을
    request,                                            저장한다. 이 줄은 요청이 완료될 때까지 블로킹된다.
    HttpResponse.BodyHandlers.ofString(                send 메서드는 응답 본문을 어떻게
        Charset.defaultCharset()));                    처리할지 알려주는 핸들러가 필요하다.
                                                        여기에서는 표준 핸들러를 사용해서
System.out.println(response.body());                   본문을 문자열로 반환한다.
```

이것은 API의 동기적 사용을 보여준다. 요청request과 클라이언트client를 생성한 후 send 메서드를 사용해서 HTTP 호출을 실행한다. JDK의 이전 HTTP API와 마찬가지로 전체 HTTP 호출이 완료될 때까지 **응답 객체**response object를 받지 못한다.

첫 번째 매개변수는 우리가 설정한 요청 객체다. 두 번째 매개변수는 자세히 살펴볼 필요가 있다. send 메서드는 항상 단일 타입을 반환하는 것을 기대하는 대신, 두 번째 매개변수는 응답을 처리하는 방법을 알려주는 HttpResponse.BodyHandler<T> 인터페이스의 구현을 제공할 것으로 기대한다. HttpResponse.BodyHandlers는 응답을 바이트 배열, 문자열 또는 파일로 받을 수 있는 몇가지 유용한 기본 핸들러를 제공한다. 그러나 이 동작을 사용자 정의하는 것은 BodyHandler의 구현만으로도 충분하다. 이 모든 구조는 java.util.concurrent.Flow 패키지의 게시publisher와 구독subscriber 메커니즘(반응형 스트림으로 알려진 프로그래밍 형식)을 기반으로 한다.

HTTP/2의 가장 큰 장점은 내장된 멀티플렉싱이다. 동기적인 send 메서드만 사용하면 이러한 장점을 실현하기 어려우므로 HttpClient는 sendAsync 메서드도 지원한다는 것은 놀랍지도 않다. sendAsync는 여기에 표시된 것처럼 플랫폼의 다른 부분에서 친숙할 수 있는 풍부한 일련의 기능들을 제공하는 HttpResponse를 감싼 CompletableFuture를 반환한다.

```
var client = HttpClient.newBuilder().build();

var uri = new URI("https://google.com");               전과 같이 클라이언트와
var request = HttpRequest.newBuilder(uri).build();     요청을 생성한다.

                                                        CompletableFuture.allOf를
var handler = HttpResponse.BodyHandlers.ofString();    써서 모든 요청이 완료될 때까지
CompletableFuture.allOf(                                기다린다.
    client.sendAsync(request, handler)                 sendAsync는 HTTP 요청을
        .thenAccept((resp) ->                          시작하지만 future를 반환하고
                                                        다음 호출을 차단하지 않는다.
            System.out.println(resp.body()),          future가 완료되면 thenAccept를
                                                        사용해서 응답을 받는다.
```

```
client.sendAsync(request, handler)  ◄─────────┐
    .thenAccept((resp) ->                      │
                 System.out.println(resp.body())),   ┌──────────────────────┐
client.sendAsync(request, handler)             │    │ 동일한 클라이언트를 재사용해서 │
    .thenAccept((resp) -> ◄────────────────────┘    │ 동시에 여러 요청을 할 수 있다.  │
                 System.out.println(resp.body())    └──────────────────────┘
).join();
```

여기서 요청과 클라이언트를 다시 설정하지만 호출을 세 번에 걸쳐 비동기적으로 반복한다.
`CompletableFuture.allOf`가 이 세 개의 future를 결합하므로 하나의 `join`으로 모두 완료될 때
까지 기다릴 수 있다.

여기서는 이 API의 두 가지 주요 진입점에 대해서만 설명했다. 타임아웃과 TLS 구성부터 `Http`
`Response.PushPromiseHandler`를 통한 HTTP/2 서버 푸시 수신과 같은 고급 비동기 기능에 이르
기까지 다양한 기능과 사용자 정의 기능을 제공한다.

future와 반응형 스트림을 기반으로 구축된 JDK의 새로운 HTTP API는 HTTP 영역에서 생태
계를 지배해온 대형 라이브러리들에 대한 매력적인 대안을 제공한다. 현대적인 비동기 프로그래
밍을 최우선에 둔 `java.net.http`는 웹이 발전하는 모든 곳에서 자바를 탁월한 위치에 있게끔
한다.

1.5.4 단일 소스 코드 프로그램(JEP 330)

자바 프로그램을 실행하는 일반적인 방법은 소스 코드를 클래스 파일로 컴파일한 다음, 클래스의
바이트코드를 해석하는 실행 컨테이너 역할의 가상머신 프로세스를 시작하는 것이다.

이는 소스 코드가 직접 해석되는 파이썬Python, 루비Ruby, 펄Perl과 같은 언어들과는 매우 다르다. 유
닉스 환경은 이런 타입의 **스크립트 언어**script language에 대한 오랜 역사를 가지고 있지만 자바는 전
통적으로 여기에 포함되지 않았다.

JEP 330 출시와 함께 자바 11은 프로그램을 실행하는 새로운 방법을 제공한다. 그림 1.6과 같이 소
스 코드는 메모리에서 컴파일된 다음, 디스크에 .class 파일을 생성하지 않고 인터프리터로 실행할
수 있다.

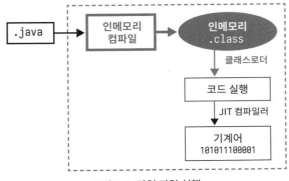

그림 1.6 단일 파일 실행

이는 파이썬 및 기타 스크립팅 언어와 같은 사용자 경험을 제공한다. 이 기능에는 다음과 같은 몇 가지 제약 사항이 있다.

- 단일 소스 파일에 있는 코드로 제한된다.
- 동일한 실행에서 추가적인 소스 파일을 컴파일할 수 없다.
- 소스 파일에 여러 클래스를 포함할 수 있다.
- 소스 파일에서 첫 번째 클래스를 진입점으로 선언해야 한다.
- 진입점 클래스에서 `main` 메서드를 정의해야 한다.

이 기능은 또한 소스 코드 호환성 모드(기본적으로 스크립트의 언어 수준)를 지시하기 위해 `--source` 플래그를 사용한다.

자바 파일 이름 지정 규칙에 따라 실행해야 하므로 클래스 이름이 파일 이름과 일치해야 한다. 그러나 자바 확장자는 런처launcher에 혼동을 줄 수 있으므로 사용하지 말아야 한다.

이런 타입의 자바 스크립트는 다음과 같이 **셔뱅**shebang[8] 라인을 포함할 수도 있다.

```
#!/usr/bin/java --source 11

public final class HTTP2Check {
    public static void main(String[] args) {
        if (args.length < 1) {
            usage();
```

8 　옮긴이　유닉스(UNIX)나 리눅스(LINUX) 운영체제에서 사용되는 스크립트 파일의 첫 번째 줄에 위치하는 특수한 주석으로, 주로 스크립트 파일에서 인터프리터를 지정하는 데 사용된다.

```
        }
            // HTTP 호출자 구현          ◀──── │ HTTP2Check의 전체 코드는
    }                                        │ 이 책의 리소스에서 제공된다.
}
```

파일을 실행 파일로 표시하고 다음과 같이 직접 호출할 수 있도록 필요한 매개변수를 제공한다.

```
$ ./HTTP2Check https://www.google.com
https://www.google.com: HTTP_2
```

이 기능이 스크립팅 언어의 완전한 경험을 자바에 제공하지는 않지만, 다른 프로그래밍 언어를 도입하지 않고 유닉스 전통의 간단하고 유용한 도구를 작성하는 방법은 될 수 있다.

요약

- 자바 언어와 플랫폼은 자바 생태계의 두 가지 (매우 밀접한) 개별 구성 요소다. 이 플랫폼은 자바 외에도 많은 언어를 지원한다.

- 자바 8 이후 자바 플랫폼은 새로운 시간 기반 릴리스 프로세스를 채택했다. 새로운 버전은 6개월마다 출시되며, 장기 지원 버전 릴리스는 2~3년마다 출시된다.

- 현재의 장기 지원 버전은 11과 17이며, 현재까지 자바 8도 지원한다.

- 이전 버전과의 호환성에 초점을 맞추고 있기 때문에 자바를 변경하는 것은 쉽지 않다. 라이브러리나 컴파일러에만 국한된 변경은 가상머신의 업데이트가 필요한 변경보다 훨씬 간단한 경우가 많다.

- 자바 11에는 업그레이드할 가치가 있는 많은 유용한 기능이 도입됐다.
  - 변수의 정의를 단순화하는 `var` 키워드
  - 리스트, 맵, 기타 컬렉션 생성을 단순화하는 팩토리 메서드
  - HTTP/2를 완벽하게 지원하는 새로운 `HttpClient` 구현
  - 클래스 파일로 컴파일하지 않고 바로 실행할 수 있는 단일 파일 프로그램

자바 모듈

1장에서 언급한 대로, 자바의 버전은 자바 9를 포함하여 이전까지 기능 중심의 릴리스 계획에 따라 제공됐다. 이러한 릴리스들은 종종 해당 릴리스를 정의하거나 강력하게 연관된 주요한 새로운 기능을 도입했다.

자바 9의 경우 그 기능은 자바 플랫폼 모듈(JPMS, Jigsaw 또는 그냥 '모듈'이라고도 함)이었다. 이는 수년 동안 논의됐던 자바 플랫폼의 주요 개선 사항이자 변경 사항이다. 원래는 2009/2010년에 자바 7의 일부로 출시될 가능성이 있었다고 생각했다.

이 장에서는 모듈이 필요한 이유뿐만 아니라 모듈화 개념을 명확하게 설명하는 데 사용되는 새로운 구문과 애플리케이션에서 모듈을 사용하는 방법에 대해 설명한다. 이렇게 하면 빌드할 때 JDK와 타사 모듈을 사용하고 앱 또는 라이브러리를 모듈로 패키징할 수 있다.

NOTE 모듈은 코드를 패키징하고 배포하는 새로운 방법인데, 이를 채택하면 애플리케이션을 개선할 수 있다. 그러나 최신 자바 기능(11 또는 17)을 사용하려는 경우에는 원하지 않는 한, 모듈을 즉시 채택할 필요가 없다.

모듈의 도입은 애플리케이션 아키텍처에 깊은 영향을 미치며, 모듈은 프로세스 풋프린트footprint, 시작 비용startup cost, 웜업 시간warmup time과 같은 측면에 관심이 있는 현대 프로젝트에 많은 장점을 제공한다. 모듈은 또한 복잡한 의존성으로 자바 애플리케이션을 괴롭히는 소위 **JAR 지옥**JAR hell 문제를 해결하는 데 도움이 될 수 있다. 한 번 알아보자.

2.1 배경 설명

모듈은 자바 9부터 도입된 자바 언어에서 기본적으로 새로운 개념이다. 모듈은 런타임에 의미를 가지는 응용 프로그램 배포 및 의존성의 단위다. 이는 다음과 같은 기존 자바 개념과 다르다.

- JAR 파일은 런타임에는 보이지 않으며, 단순히 클래스 파일들을 포함하고 있는 압축된 디렉터리다.
- 패키지는 실제로 접근 제어를 위해 클래스를 그룹화하기 위한 네임스페이스다.
- 의존성은 클래스 레벨에서만 정의된다.
- 접근 제어와 리플렉션이 결합돼 명확한 배포 단위 경계 없이 최소한의 시행으로, 근본적으로 개방적인 시스템을 생성한다.

반면에 모듈은 다음과 같은 특징을 가진다.

- 모듈은 모듈 간의 의존성 정보를 정의하므로 컴파일 또는 애플리케이션 시작 시점에서 모든 종류의 해결resolution과 연결linkage 문제를 감지할 수 있다.
- 적절한 캡슐화를 제공해서 내부 패키지와 클래스를 조작하려는 사용자로부터 안전하게 보호할 수 있다.
- 최신 자바 런타임에서 이해하고 사용할 수 있는 메타데이터가 포함된 적절한 배포 단위이며, 자바 타입 시스템에서(예: 리플렉션을 통해) 표현된다.

NOTE 모듈 이전에는 핵심 언어와 런타임 환경 내에서 수집된 의존성 메타데이터가 없었다. 대신 의존성 정보는 메이븐과 같은 빌드 시스템이나 JVM이 알지 못하거나 관심을 가지지 않는 OSGI나 JBoss 모듈과 같은 서드파티third-party 모듈 시스템에만 정의됐다.

자바 플랫폼 모듈은 버전 8에 존재했던 자바 세계에 누락된 개념을 구현한 것이다.

NOTE 자바 모듈은 종종 특별한 JAR 파일로 패키징되지만, 그 형식에 구속되지 않는다(나중에 다른 가능한 형식을 살펴볼 것이다).

모듈 시스템의 목표는 배포 단위(모듈)를 가능한 한 서로 독립적으로 만드는 것이다. 비록 실제 애플리케이션은 관련 기능(예: 보안)을 제공하는 모듈의 그룹에 종속될 수 있지만, 모듈은 개별적으로 로드 및 링크될 수 있도록 설계됐다.

2.1.1 프로젝트 직소

모듈 기능을 제공하기 위한 OpenJDK 내 프로젝트는 **프로젝트 직소**Project Jigsaw로 알려져 있다. 이 프로젝트는 다음과 같은 목표를 가지며 모든 기능을 갖춘 모듈화 설루션을 제공하는 것을 목표로 한다.

- JDK 플랫폼 소스 모듈화하기
- 프로세스 풋프린트 줄이기
- 애플리케이션 시작 시간 개선하기
- JDK와 애플리케이션 코드에서 모듈 사용할 수 있게 하기
- 자바에서 처음으로 진정한 의미의 엄격한 캡슐화 허용
- 이전에는 불가능했던 새로운 접근 제어 모드를 자바 언어에 추가하기

이러한 목표는 다시 JDK와 자바 런타임에 더욱 밀접하게 초점을 맞춘 후, 다음과 같은 다른 목표로 추진됐다.

- 단일 모놀리식 런타임 JAR(`rt.jar`) 끝내기
- JDK 내부를 적절히 캡슐화해서 보호하기
- 외부에 영향 없이 주요 내부의 변경 가능하게 하기(승인되지 않은 비JDK 사용을 막는 변경 포함)
- 모듈을 슈퍼 패키지로 도입하기

이러한 2차 목표는 플랫폼의 내부와 구현 측면에 더 밀접하게 연관돼 있기 때문에 좀 더 설명이 필요하다.

❶ 모놀리식이 아닌 모듈식 자바 런타임

기존의 JAR 형식은 기본적으로 클래스들을 포함하고 있는 zip 파일일 뿐이다. 이 형식은 플랫폼 초창기부터 사용됐으며 자바 클래스와 애플리케이션에 최적화되지 않았다. 플랫폼 클래스에 JAR 형식을 사용하지 않으면 시작 성능이 훨씬 향상되는 등 여러 분야에 도움이 될 수 있다.

모듈은 프로그램의 생명 주기에서 서로 다른 시점(각각 컴파일/링크 타임과 런타임)에 사용되는 두 가지 새로운 형식(JMOD 및 JIMAGE)을 제공한다.

JMOD 형식은 기존 JAR 형식과 다소 유사하지만, 자바 8에서처럼 별도의 공유 객체 파일을 제공하지 않고, 네이티브 코드를 단일 파일의 일부로 포함할 수 있도록 수정됐다. 메이븐에 모듈을 게시하는 등 대부분의 개발자의 경우, 자체 모듈을 JMOD보다는 모듈식 JAR로 패키징하는 것이 더 좋다.

JIMAGE 형식은 자바 런타임 이미지를 나타내는 데 사용된다. 자바 8 이전까지는 두 가지 런타임 이미지(JDK와 자바 실행 환경Java Runtime Environment, JRE)만 존재했지만, 이는 대부분 역사적 우연이었다. 오라클은 완전한 모듈화를 향한 디딤돌로 자바 8(및 콤팩트 프로파일)과 함께 Server JRE를 도입했다. 이 이미지는 기본적으로 서버 측 애플리케이션의 요구 사항에 맞춰 더 작은 공간을 차지하기 위해 일부 기능(예: GUI 프레임워크)을 제거했다.

모듈식 애플리케이션에는 프로그램 시작 전에 의존성 집합을 정확히 알 수 있을 만큼 충분한 메타데이터가 있다. 따라서 필요한 것만 로드하면 되므로 훨씬 더 효율적이다. 더 나아가 애플리케이션과 함께 제공할 수 있고 범용 자바의 전체 설치가 아닌 애플리케이션에 필요한 것만 포함된 사용자 정의 런타임 이미지를 정의할 수도 있다. 이 마지막 가능성은 이 장의 마지막 부분에서 `jlink` 도구를 볼 때 만나게 될 것이다.

지금은 자바 런타임 이미지에 대한 세부 정보를 표시하는 데 사용할 수 있는 `jimage` 도구를 만나 보겠다. 예를 들어 자바 15 전체 런타임(즉 JDK에 포함돼 있던 것)의 경우 다음 코드 샘플을 참조하자.

```
$ jimage info $JAVA_HOME/lib/modules
 Major Version:  1
 Minor Version:  0
 Flags:          0
 Resource Count: 32780
 Table Length:   32780
 Offsets Size:   131120
 Redirects Size: 131120
 Locations Size: 680101
```

```
Strings Size:    746471
Index Size:      1688840
```

또는 다음과 같다.

```
$ jimage list $JAVA_HOME/lib/modules
jimage: /Library/Java/JavaVirtualMachines/java15/Contents/Home/lib/modules

Module: java.base
    META-INF/services/java.nio.file.spi.FileSystemProvider
    애플/security/애플Provider$1.class
    애플/security/애플Provider$ProviderService.class
    애플/security/애플Provider.class
    애플/security/KeychainStore$CertKeychainItemPair.class
    애플/security/KeychainStore$KeyEntry.class
    애플/security/KeychainStore$T러스트edCertEntry.class
    애플/security/KeychainStore.class
    com/sun/crypto/provider/AESCipher$AES128_CBC_NoPadding.class
    ... many, many lines of output
```

rt.jar에서 벗어남으로써 시작 성능이 향상되고 애플리케이션에 필요한 부분만으로 최적화할 수 있다. 새로운 형식은 개발자에게 불투명하게 설계됐으며 구현에 따라 달라진다. 더 이상 rt.jar 내에 있는 JDK의 클래스 라이브러리를 다시 가져올 수 없다. 그러나 이는 모듈 시스템의 목표 중 하나인 자바 프로그래머의 플랫폼 내부 접근성을 줄이기 위한 하나의 단계에 불과하다.

❷ 내부의 캡슐화

자바 플랫폼과 사용자 간의 약속은 구현의 세부 사항이 아닌 인터페이스 수준에서 하위 호환성이 유지되도록 하는 항상 의도된 API 약속이다.

하지만 자바 개발자들은 약속을 지키지 않았고, 시간이 지남에 따라 공개적으로 사용하기 위해 만들어진 것이 아닌 플랫폼 구현의 일부를 사용하는 경향이 있었다.

이는 문제가 되는데, OpenJDK 플랫폼 개발자들은 사용자 애플리케이션을 손상시킬 염려 없이 새로운 기능과 더 나은 성능을 제공하기 위해 JVM과 플랫폼 클래스의 구현을 자유롭게 수정해서 미래에 대비하고 최신화할 수 있기를 원하기 때문이다.

플랫폼 내부를 크게 변경하는 데 있어 가장 큰 장애물은 자바 8에 존재하는 접근 제어에 대한 자바의 접근 방식이다. 자바는 공개(public), 비공개(private), 보호(protected), 패키지 비공개(package-private)만으로 접근 제어 수준을 정의하며, 이러한 수정자는 클래스 레벨 이상에서만 적용된다.

리플렉션이나 관련 패키지에 추가 클래스 생성 등 다양한 방법으로 이러한 제한을 우회할 수 있으며, 내부를 완벽하게 보호할 수 있는 완벽한(또는 증명된) 방법은 없다.

과거에는 내부 구조에 접근하기 위해 우회 방법을 사용하는 것이 타당하게 받아들여지는 경우가 많았다. 그러나 플랫폼이 성숙해지면서 원하는 거의 모든 기능에 액세스할 수 있는 공식적인 방법이 추가됐다. 따라서 보호되지 않는 내부 기능은 그에 상응하는 장점도 없이 플랫폼의 취약점이 됐으며, 모듈화는 이러한 레거시 문제를 해결하기 위한 한 가지 방법이었다.

요약하자면 프로젝트 직소는 런타임 크기를 줄이고, 시작 시간을 개선하고, 내부 패키지 간의 의존성을 정리하는 등 여러 가지 문제를 한 번에 해결할 수 있는 방법이었다. 이러한 문제는 점진적으로 해결하기 어려운(또는 불가능한) 문제였다. 특히 성숙한 소프트웨어 플랫폼에서는 이러한 유형의 시스템 전반nonlocal에 대한 개선 기회가 자주 오지 않기 때문에 직소 팀은 이러한 상황을 활용하고자 했다.

❸ 모듈식 JVM

이를 확인하기 위해 매우 간단한 다음 프로그램을 보자.

```java
public class StackTraceDemo {
    public static void main(String[] args) {
        var i = Integer.parseInt("Fail");
    }
}
```

이 코드를 컴파일하고 실행하면 다음과 같은 런타임 예외가 발생한다.

```
$ java StackTraceDemo
Exception in thread "main" java.lang.NumberFormatException:
  For input string: "Fail"
    at java.base/java.lang.NumberFormatException.forInputString(
    NumberFormatException.java:65)
    at java.base/java.lang.Integer.parseInt(Integer.java:652)
    at java.base/java.lang.Integer.parseInt(Integer.java:770)
    at StackTraceDemo.main(StackTraceDemo.java:3)
```

하지만 **스택 추적**stack trace 형식이 자바 8에서 사용되던 형식에서 다소 변경된 것을 확실히 알 수 있다. 특히 스택 프레임은 이제 패키지 이름, 클래스 이름, 라인 번호뿐만 아니라 모듈 이름(java. base)으로도 구분된다. 이는 플랫폼의 모듈적 특성이 널리 퍼져 있으며 가장 단순한 프로그램에도 존재한다는 것을 분명히 보여준다.

2.1.2 모듈 그래프

모듈화의 핵심은 모듈이 서로 의존하는 방식을 나타내는 **모듈 그래프**module graph다. 모듈은 몇 가지 새로운 구문을 통해 의존성을 명시하며, 이러한 의존성은 컴파일러와 런타임이 신뢰할 수 있는 확실한 보증이 된다. 한 가지 중요한 개념은 모듈 그래프는 **유향 비순환 그래프**directed acyclic graph, DAG 여야 하므로 수학적으로 순환 의존성이 있을 수 없다는 것이다.

[NOTE] 최신 자바 환경에서는 모든 애플리케이션이 모듈형 JRE 위에서 실행되므로 '모듈형 모드'와 '레거시 클래스 패스 모드' 같은 것은 존재하지 않는다.

모든 개발자가 모듈 시스템에 대한 전문가가 될 필요는 없지만, 기본기를 갖춘 자바 개발자라면 모든 프로그램이 JVM에서 실행되는 방식을 변경한 새로운 하위 시스템에 대한 실무 지식이 도움이 될 수 있다. 대부분의 개발자가 접하는 그림 2.1에 표시된 모듈 시스템의 첫 번째 보기를 살펴보겠다.

그림 2.1에서는 JDK의 주요 모듈 중 일부가 단순화된 보기를 볼 수 있다. java.base 모듈은 항상 모든 모듈의 의존성이라는 점에 유의하자. 모듈 그래프를 그릴 때 시각적 혼란을 줄이기 위해 java.base에 대한 암시적 의존성을 제거하는 경우가 많다.

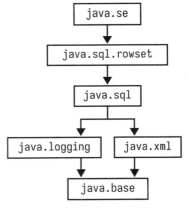

그림 2.1 JDK 시스템 모듈(단순화된 보기)

그림 2.1에서 볼 수 있는 깔끔하고 비교적 단순한 일련의 모듈 경계를 자바 8의 JDK 상태와 비교해볼 필요가 있다. 안타깝게도 모듈 이전에는 자바의 최상위 코드 단위가 패키지였으며, 자바 8에는 표준 런타임에 거의 1,000개에 달하는 패키지가 있었다. 이는 본질적으로 그래프를 그리는 것이 불가능하며, 그래프 내의 의존성이 너무 복잡해서 사람이 이해할 수 없을 정도였다.

모듈 이전의 JDK를 오늘날과 같이 잘 정의된 형태로 재구성하는 것은 쉽지 않았고, JDK 모듈화를 구현하는 데는 오랜 시간이 걸렸다. 자바 9는 2017년 9월에 출시됐지만, 이 기능의 개발은 그보다 오래된 자바 8 릴리스 트레인에서 시작됐다. 특히 모듈을 제공하기 위해 필요한 첫 단계로 다음과 같은 몇 가지 하위 목표가 있었다.

- JDK의 소스 코드 레이아웃 모듈화(JEP 201)
- 런타임 이미지의 구조 모듈화(JEP 220)
- JDK 패키지 간의 복잡한 구현 의존성 풀기

완성된 모듈 기능은 자바 9까지 제공되지는 않았지만 대부분의 정리 작업이 자바 8의 일부로 진행됐으며, 콤팩트 프로파일(이 장의 끝에서 다룰 예정)이라는 기능도 해당 릴리스의 일부로 출시할 수 있었다.

2.1.3 내부 보호하기

모듈이 해결해야 할 주요 문제 중 하나는 사용자 자바 프레임워크와 내부 구현의 세부 사항이 과도하게 결합돼 있다는 점이다. 예를 들어 이 자바 8 코드는 내부 클래스를 확장하여 저수준 **URL 정규화 도구**URL canonicalizer에 액세스한다.

다음 코드는 데모 용도로 모듈과 접근 제어에 대해 논의할 수 있는 구체적인 예제다. 실제로는 코드를 내부 클래스에 직접 액세스해서는 안 된다.

```
import sun.net.URLCanonicalizer;

public class MyURLHandler extends URLCanonicalizer {

    public boolean isSimple(String url) {
        return isSimpleHostName(url);
    }
}
```

URL 정규화 도구는 URL 표준에서 허용하는 다양한 형식 중에서 하나의 URL을 가져와 표준(정규) 형식으로 바꾸는 코드다. 표준 URL은 여러 가지 다른 URL에서 사용할 수 있는 콘텐츠의 위치를 가리키는 단일 표현이다. 자바 8을 사용해서 컴파일을 시도하면 다음과 같이 내부 API에 액세스한다는 경고가 표시된다.

```
$ javac MyURLHandler.java
MyURLHandler.java:1: warning: URLCanonicalizer is internal proprietary API
  and may be removed in a future release

import sun.net.URLCanonicalizer;
            ^
MyURLHandler.java:3: warning: URLCanonicalizer is internal proprietary API
  and may be removed in a future release

public class MyURLHandler extends URLCanonicalizer {
                                  ^
2 warnings
```

그러나 기본적으로 컴파일러는 여전히 액세스를 허용하며, 그 결과 JDK의 내부 구현에 긴밀하게 결합된 사용자 클래스가 생성된다. 이 연결은 취약하며 호출된 코드가 이동하거나 교체되면 끊어진다.

이러한 개방성을 악용하는 개발자가 많으면 배포된 라이브러리와 애플리케이션을 손상시킬 수 있기 때문에 내부를 변경하기 어렵거나 불가능한 상황이 발생할 수 있다.

NOTE URLCanonicalizer 클래스는 자체 패키지뿐만 아니라 여러 다른 패키지에서 호출돼야 하므로 패키지 비공개가 아닌 공개 클래스여야 하며, 이는 누구나 액세스할 수 있음을 의미한다.

매우 일반적인 이 문제에 대한 해결책은 자바의 접근 제어 모델을 한 번 변경하는 것이다. 이 변경 사항은 JDK를 호출하는 사용자 코드와 서드파티 라이브러리를 호출하는 애플리케이션에 모두 적용된다.

2.1.4 새로운 접근 제어에 대한 의미

모듈은 자바의 접근 제어 모델에 새로운 개념인 패키지 **엑스포트**export 개념을 추가한다. 자바 8 이전 버전에서는 모든 패키지의 공개 클래스에 있는 공개 메서드를 호출할 수 있다. 이를 다른 프로그래밍 언어에 대한 유명한 인용문에서 따와서 **샷건 프라이버시**shotgun privacy라고 부르기도 한다.

> 펄은 강제적인 프라이버시에 대한 집착이 없다. 펄은 샷건을 가지고 있기 때문이 아니라 초대되지 않았기 때문에 거실에 들어오지 않기를 바란다.[1]
>
> **래리 월**Larry Wall

---

1 (옮긴이) 펄 언어가 모듈화나 캡슐화와 같은 프라이버시 기능을 지원하지 않는다는 것을 비판하는 내용이다.

그러나 자바의 경우 샷건 프라이버시는 큰 문제였다. 점점 더 많은 라이브러리가 다른 방식으로 제공하기 어렵거나 불가능한 기능을 제공하기 위해 내부 API를 사용하고 있었고, 이는 플랫폼의 장기적인 보안을 해칠 위험이 있었다.

자바 8 이전에는 전체 패키지에 접근 제어를 적용할 방법이 없었다. 즉 JDK 팀은 공용 API를 정의할 수 없었고, 해당 API의 클라이언트가 이를 무력화하거나 내부 구현에 직접 연결할 수 없다는 것을 확실히 알 수 없었다.

패키지에서 `java`나 `javax`로 시작하는 모든 것이 공개 API이고 그 외의 모든 것은 내부 전용이라는 관습은 단지 관습일 뿐이다. 이미 살펴본 것처럼 가상머신이나 클래스 로딩 메커니즘은 이를 강제하지 않는다.

하지만 모듈을 사용하면 상황이 달라진다. 어떤 패키지가 모듈의 공용 API로 간주되는지를 나타내기 위해 `exports` 키워드가 도입됐다. 모듈형 JDK에서는 `sun.net` 패키지가 엑스포트되지 않으므로 이전 자바 8 URL 정규화 코드가 컴파일되지 않는다. 자바 11로 시도하면 다음과 같은 일이 발생한다.

```
$ javac src/ch02/MyURLHandler.java
src/ch02/MyURLHandler.java:3: error: package sun.net is not visible
import sun.net.URLCanonicalizer;
          ^
  (package sun.net is declared in module java.base, which does not export
      it to the unnamed module)
src/ch02/MyURLHandler.java:8: error: cannot find symbol
        return isSimpleHostName(url);
               ^
  symbol:   method isSimpleHostName(String)
  location: class MyURLHandler
2 errors
```

이러한 오류 메시지의 형식에 주목해야 한다. 오류 메시지는 `sun.net` 패키지가 더 이상 보이지 않는다고 명시하고 있으며, 컴파일러는 심볼조차도 볼 수 없다. 이는 자바 접근 제어가 작동하는 방식의 근본적인 변화다. 내보낸 패키지의 메서드에만 액세스할 수 있다. 더 이상 공개 클래스의 공개 메서드가 모든 코드에 자동으로 표시되는 일은 없다.

하지만 많은 개발자에게는 이 변경 사항이 보이지 않을 수도 있다. 규칙을 준수하는 자바 개발자라면 내부 패키지에서 API를 직접 호출한 적이 없을 것이다. 하지만 라이브러리나 프레임워크를 사용할 수도 있으므로 실제로 무엇이 변경됐는지 이해하고 FUD[2]를 피하는 것이 좋다.

> **NOTE** 적절한 캡슐화는 무료가 아니며, 모듈화 이전의 자바는 실제로 매우 개방적인 시스템이다. 모듈이 제공하는 더 구조화된 시스템에 직면했을 때 많은 자바 개발자가 추가 보호 기능 중 일부를 제약처럼 생각하거나 답답하다고 느끼는 것은 어쩌면 당연한 일이다. 자바 모듈의 이러한 새로운 의미를 인코딩하는 구문을 만나보자.

2.2 기본적인 모듈 구문

자바 플랫폼 모듈은 단일 엔티티로 선언되고 로드되는 패키지와 클래스의 모음인 개념적 단위로 정의된다. 각 모듈은 **모듈 기술자**module descriptor라고 하는 새로운 파일(`module-info.java` 파일)을 선언해야 하는데, 이 파일에는 다음 내용이 포함돼 있다.

- 모듈 이름
- 모듈 의존성
- 공개 API(내보낸 패키지)
- 리플렉션 액세스 권한
- 제공되는 서비스
- 소비되는 서비스

이 파일은 소스 계층구조 내에서 적절한 위치에 배치해야 한다. 예를 들어 메이븐 스타일 레이아웃에서 전체 모듈 이름(`wgjd.discovery`)은 다음의 디렉터리 구조의 예에 표시된 것처럼 `src/main/java` 바로 뒤에 나타나며 `module-info.java`와 패키지의 루트를 포함한다.

```
src
└── main
    └── java
        └── wgjd.discovery
            ├── wgjd
            |   └── discovery
            |       ├── internal
            |       |   ├── AttachOutput.java
            |       |   └── PlainAttachOutput.java
```

---

2 [옮긴이] 'Fear, Uncertainty, and Doubt'의 약어로, 대체로 부정확하거나 과장된 정보를 널리 퍼뜨리는 것을 뜻한다.

```
│                        ├── VMIntrospector.java
│                        └── Discovery.java
└── module-info.java
```

물론 예시는 패키지 디렉터리의 루트로 `src/main/java`를 지정하는 비모듈형 자바 프로젝트와는 약간 다르다. 그러나 모듈 루트 아래 패키지의 익숙한 계층구조는 여전히 볼 수 있다.

[NOTE] 모듈 프로젝트가 빌드되면 모듈 설명자는 `module-info.class`라는 클래스 파일로 컴파일되지만, 이 파일은 이름과 달리 실제로는 자바 플랫폼에서 볼 수 있는 일반적인 종류의 클래스 파일과는 상당히 다르다.

이 장에서는 모듈 설명자의 기본 지시문에 대해 다루지만 모듈이 제공하는 모든 기능을 자세히 알아보지는 않을 것이다. 특히 모듈의 서비스 측면에 대해서는 다루지 않겠다.

모듈 설명자의 간단한 예는 다음과 같다.

```
module wgjd.discovery {
  exports wgjd.discovery;

  requires java.instrument;
  requires jdk.attach;
  requires jdk.internal.jvmstat;
}
```

여기에는 `module`, `exports`, `requires`라는 세 가지 새로운 키워드가 있으며, 대부분의 자바 프로그래머가 알 수 있는 구문이다. `module` 키워드는 단순히 범위의 시작을 선언한다.

[NOTE] `module-info.java`라는 이름은 `package-info.java`를 연상시키는데, 어느 정도 관련이 있다. 패키지는 런타임에서 실제로 보이지 않기 때문에 전체 패키지에 적용하는 애너테이션 메타데이터에 대한 후크를 제공하기 위한 방법(해킹?)이 필요했다. 이 방법이 `package-info.java`였다. 모듈 세계에서는 훨씬 더 많은 메타데이터를 모듈에 연결할 수 있으므로 비슷한 이름을 선택했다. 새로운 구문은 실제로 JLS에 다음과 같이 설명된 **제한된 키워드**restricted keyword로 구성된다.

다음의 열 개의 문자열이 제한된 키워드다. `open`, `module`, `requires`, `transitive`, `exports`, `opens`, `to`, `uses`, `provides`, `with`. 이러한 문자열은 `ModuleDeclaration`(모듈 선언 구문) 및 `ModuleDirective`(모듈 선언 내 지시문)의 문법 규칙 내에서 최종적인 심볼로 사용될 경우에만 키워드로 토큰화된다.

쉽게 말해, 이런 새로운 키워드들은 모듈 메타데이터의 설명자에만 나타나고 일반 자바 소스에서는 키워드로 취급되지 않는다는 뜻이다. 그러나 자바 소스에서 이러한 단어를 사용하는 것이 기술적으로 합법적이더라도 자바 식별자로 사용하는 것은 피하는 것이 좋다. 이는 1장의 `var`에서 살펴본 것과 같은 상황이며, 이 책의 나머지 부분에서는 좀 더 느슨한 표현을 사용해서 키워드로 지칭할 것이다.

2.2.1 모듈 내보내기와 의존 모듈 선언하기

`exports` 키워드는 인수로 패키지 이름을 기대한다. 예를 들면 다음과 같다.

```
exports wgjd.discovery;
```

즉 예제 `discovery` 모듈은 `wgjd.discovery` 패키지를 내보내지만 설명자가 다른 패키지를 언급하지 않기 때문에 `wgjd.discovery.internal`은 내보내지 않으며 일반적으로 `discovery` 모듈 외부의 코드에서 사용할 수 없다.

모듈 설명자에서 여러 줄의 `exports`가 가능한데, 실제로 매우 일반적이다. 특정 외부 모듈만 모듈에서 지정된 패키지에 액세스할 수 있음을 나타내는 `exports ... to ...` 구문을 사용해서 더 세밀한 제어가 가능하다.

NOTE 단일 모듈은 모듈의 공개 API를 구성하고 재정의(예: 명령줄 스위치)를 사용하지 않는 한, 다른 모듈의 코드가 액세스할 수 있는 유일한 패키지인 하나 이상의 패키지를 내보낸다.

`requires` 키워드는 현재 모듈의 의존성을 선언하며 항상 패키지 이름이 아닌 모듈 이름이 인수로 필요하다. `java.base` 모듈에는 자바 런타임의 가장 기본적인 패키지와 클래스들이 포함돼 있다. 다음과 같이 `jmod` 명령으로 살펴볼 수 있다.

```
$ jmod describe $JAVA_HOME/jmods/java.base.jmod
java.base@11.0.3
exports java.io
exports java.lang
exports java.lang.annotation
exports java.lang.invoke
exports java.lang.module
exports java.lang.ref
exports java.lang.reflect
exports java.math
exports java.net
```

```
exports java.net.spi
exports java.nio
// ... many, many more lines of output
```

나열된 패키지들은 모든 자바 프로그램에서 사용되므로 `java.base`는 항상 모든 모듈의 암시적 의존성이여서 `module-info.java`에 명시적으로 선언할 필요가 없다. 이는 `java.lang`이 모든 자바 클래스에 대해 암시적으로 임포트되는 것과 거의 같은 방식이다.

모듈 이름에 대한 몇 가지 기본 규칙과 관례는 다음과 같다.

- 모듈은 글로벌 네임스페이스에 있다.
- 모듈 이름은 고유해야 한다.
- 가능하면 표준적으로 `com.company.project`를 사용한다.

모듈의 중요한 기본 개념 중 하나는 전이성이다. 이 개념은 모듈의 콘텍스트뿐만 아니라 자바의 보다 친숙한 라이브러리(즉 JAR 파일) 의존성(11장에서 다룰 예정)에서도 발생하므로 이 개념을 자세히 살펴보겠다.

2.2.2 전이성

전이성transitivity은 자바에만 한정된 용어가 아닌, 컴퓨팅 분야에서 자주 사용되는 일반적인 개념이다. 코드 유닛이 올바르게 작동하려면 다른 유닛들이 필요하고, 그 유닛들 자체가 다른 유닛들을 필요로 할 때 발생하는 상황을 묘사한다. 원래 코드에는 이러한 '한 단계 떨어진' 코드 단위가 언급되지 않을 수도 있지만, 이들이 존재하지 않으면 애플리케이션이 작동하지 않는다.

왜 이런 일이 발생하는지, 그리고 왜 중요한지 이해하기 위해 A가 B를 필요로 하는 두 개의 모듈 A와 B를 생각해보자. 이 경우에는 가능한 두 가지 경우가 있다.

- A는 B에서 직접적으로 의존해야 하는 어떤 타입도 내보내지export 않는다.
- A가 직접적으로 의존해야 하는 타입 일부 API에 B를 포함한다.

A가 B에 정의된 타입을 반환하는 메서드를 내보내는 경우, A의 클라이언트(A를 필요로 하는 모듈)도 B를 의존requires하지 않는 한 A를 사용할 수 없게 되며, 이는 A의 클라이언트에게 불필요한 오버헤드를 초래할 수 있다.

모듈 시스템은 이 문제를 해결하기 위해 몇 가지 간단한 구문(requires transitive)을 제공하는데, 이를 사용하면 모듈 A가 다른 모듈을 전이적으로 필요로 하는 경우, A에 종속된 모든 코드는 암시적으로 전이적 의존성도 함께 가져온다.

어떤 경우에는 requires transitive의 사용을 피할 순 없겠지만, 일반적으로 모듈을 작성할 때는 전이성 사용을 최소화하는 것이 모범 사례로 간주된다. 전이 의존성에 대해서는 11장에서 빌드 도구에 대해 설명할 때 더 자세히 설명하겠다.

2.3 모듈 로드하기

자바의 클래스 로딩에 대해서는 1장에서 처음 간략하게 언급했는데, 그 외에 다른 경험이 없더라도 걱정하지 말자. 지금 알아야 할 가장 중요한 것은 다음 네 가지 유형의 모듈이 존재하는데, 이중 일부는 로드 시 동작이 약간 다르다는 것이다.

- 플랫폼 모듈
- 애플리케이션 모듈
- 자동 모듈
- 이름 없는 모듈

반면에 이미 클래스 로딩에 익숙하다면 모듈의 등장으로 클래스 로딩이 작동하는 방식에서 몇몇 세부 사항이 변경됐다는 것을 알고 있을 것이다.

최신 JVM에는 모듈을 인식하는 클래스로더가 있으며, JRE 클래스가 로드되는 방식이 자바 8과 상당히 다르다. 한 가지 핵심 개념은 모듈(또는 모듈이 포함된 디렉터리)에 대한 일련의 경로인 **모듈 패스**module path다. 이는 기존 자바 클래스 패스와 유사하지만 별개의 개념이다.

[NOTE] 4장에서 클래스 로딩에 대해 제대로 다룬다. 초보자와 숙련자 모두에게 최신의 작업 방식을 소개할 것이다.

클래스 로딩에 대한 모듈식 접근 방식의 기본 원칙은 다음과 같다.

- 모듈은 과거 방식의 클래스 패스가 아닌 모듈 패스에서 해결한다.
- 시작 시 JVM은 비순환적이어야 하는 모듈 그래프를 확인한다.
- 하나의 모듈은 그래프의 루트이며 실행이 시작되는 곳이다. 여기에는 진입점이 될 메인 메서드가 있는 클래스를 포함한다.

이미 모듈화된 의존성을 **애플리케이션 모듈**application module이라고 하며 모듈 패스에 배치된다. 모듈화되지 않은 의존성은 익숙한 클래스 패스에 배치되며 마이그레이션 메커니즘을 통해 모듈 시스템에 적용된다.

모듈 해석은 깊이 우선 탐색을 사용하고 그래프가 비순환적이므로 해결 알고리즘은 선형 시간 내에 종료된다. 네 가지 유형의 모듈 각각에 대해 좀 더 자세히 살펴보겠다.

2.3.1 플랫폼 모듈

모듈형 JDK 자체의 모듈이다. 이러한 모듈은 자바 8에서는 모놀리식 런타임(`rt.jar`)의 일부였을 것이다(또는 `tools.jar`와 같은 보조 JAR일 수도 있다). 다음과 같이 `--list-modules` 플래그를 통해 사용 가능한 **플랫폼 모듈**platform module의 목록을 가져올 수 있다.

```
$ java --list-modules
java.base@11.0.6
java.compiler@11.0.6
...
java.xml@11.0.6
java.xml.crypto@11.0.6
jdk.accessibility@11.0.6
...
jdk.unsupported@11.0.6
...
```

이 코드는 그림 2.1에서 보았던 일부가 아닌 요약되지 않은 목록을 나열한다.

NOTE 모듈의 정확한 목록과 이름은 사용 중인 자바 버전에 따라 다르다. 예를 들어 오라클의 GraalVM 구현에는 `com.oracle.graal.graal_enterprise`, `org.graalvm.js.scriptengine` 및 `org.graalvm.sdk`와 같은 일부 추가적인 모듈이 있을 수 있다.

플랫폼 모듈은 일부 패키지를 지정된 모듈들에게만 내보내고 일반적으로 사용할 수 없도록 하는 **자격 제한 내보내기**qualified exporting 메커니즘을 많이 사용한다.

배포에서 가장 중요한 모듈은 항상 다른 모든 모듈의 암시적 의존성인 `java.base`다. 여기에는 `java.lang`, `java.util`, `java.io` 및 기타 다양한 기본 패키지들이 포함돼 있다. 이 모듈은 사실상 응용 프로그램을 실행할 수 있는 최소한의 자바 런타임에 해당한다.

반면에 **수집자 모듈**aggregator module은 어떤 코드도 가지지 않지만 바로 가기shortcut 메커니즘을 제공해서 애플리케이션이 매우 광범위한 의존성 집합을 일시적으로 가져올 수 있도록 하는 역할을 한다. 예를 들어 `java.se` 모듈은 전체 자바 SE 플랫폼을 가져온다.

2.3.2 애플리케이션 모듈

이러한 유형의 모듈은 애플리케이션의 모듈화된 의존성 또는 애플리케이션 자체를 나타내는 모듈이다. 이 유형의 모듈은 때로 **라이브러리 모듈**library module이라고도 불린다.

> [NOTE] 플랫폼 모듈과 애플리케이션 모듈 사이에는 기술적인 차이가 없다. 순전히 관점의 차이일 뿐이다. 이들을 로드하는 데 사용하는 클래스로더에 대해서는 4장에서 설명한다.

애플리케이션이 의존하는 서드파티 라이브러리는 애플리케이션 모듈이다. 예를 들어 JSON을 다루기 위한 `Jackson` 라이브러리는 버전 2.10부터 모듈화됐으며 애플리케이션(일명 라이브러리) 모듈로 간주된다.

애플리케이션 모듈은 일반적으로 플랫폼 모듈과 다른 애플리케이션 모듈에 모두 의존한다. 이러한 모듈의 의존성(예를 들어 `java.se`를 의존성)을 최대한 제한하고, 요구하지 않도록 하는 것이 좋다.

2.3.3 자동 모듈

모듈 시스템의 의도적인 설계 특징 중 하나는 모듈에서 클래스 패스를 참조할 수 없다는 것이다. 어떤 모듈이 아직 모듈화되지 않은 코드에 의존해야 하는 경우 이 제한은 문제가 될 수 있다.

해결책은 모듈화되지 않은 JAR 파일을 모듈 패스로 옮기고 클래스 패스에서 제거하는 것이다. 이렇게 하면 JAR이 **자동 모듈**automatic module이 된다. 모듈 시스템이 JAR의 이름에서 파생된 모듈의 이름을 자동으로 생성한다.

자동 모듈은 포함된 모든 패키지를 내보내고 모듈 패스에 있는 다른 모든 모듈을 자동으로 의존성으로 추가한다. 자동 모듈은 의존성을 명시적으로 선언하거나 API를 공개하지 않기 때문에 적절한 모듈 의존성 정보를 갖고 있지 않다. 즉 자동 모듈은 모듈 시스템에서 **일급 객체**first-class citizen가 아니며 진정한 자바 모듈과 동일한 수준의 보장을 제공하지 않는다.

JAR의 MANIFEST.MF 파일에 `Automatic-Module-Name` 항목을 추가해서 이름을 명시적으로 선언할 수 있다. 이는 개발자가 모듈 이름을 예약하고 모듈 코드와의 상호 운용을 통해 이점을 얻을 수 있기 때문에 자바 모듈로 마이그레이션할 때 중간 단계로 자주 수행된다.

예를 들어 `Apache Commons Lang` 라이브러리는 아직 완전히 모듈화되지는 않았지만 자동 모듈 명으로 `org.apache.commons.lang3`을 제공한다. 그러면 다른 모듈은 해당 모듈의 유지 관리자가 완전한 모듈로 전환을 완료하지 않았더라도 이 자동 모듈에 의존한다고 선언할 수 있다.

2.3.4 이름 없는 모듈

클래스 패스에 있는 모든 클래스와 JAR은 단일 모듈에 추가되는데, 이 모듈이 바로 **이름 없는 모듈** (`UNNAMED`)이다. 이는 이전 버전과의 호환성을 위해 수행되지만 일부 코드가 이름 없는 모듈에 항상 남아 있기 때문에 모듈 시스템의 효율성이 떨어질 수 있다는 단점이 있다.

완전한 비모듈식 앱(예: 자바 11 런타임 위에서 실행되는 자바 8 앱)의 경우 클래스 패스의 내용이 이름 없는 모듈에 덤프되고 루트 모듈은 `java.se`로 간주된다.

모듈화된 코드는 이름 없는 모듈에 의존할 수 없으므로 실제로 모듈은 클래스패스의 어떤 항목에도 종속될 수 없다. 이러한 상황을 해결하기 위해 자동 모듈이 자주 사용된다. 공식적으로, 이름 없는 모듈은 **프리모듈러**premodular 동작을 복제하기 때문에 JDK와 모듈 패스에 있는 모든 모듈에 종속된다.

2.4 첫 모듈형 앱 빌드하기

모듈형 애플리케이션의 첫 번째 예제를 만들어보자. 이를 위해서는 모듈 그래프(물론 DAG)를 작성해야 한다. 그래프에는 **루트 모듈**root module이 있어야 하며, 이 경우 앱의 진입점 클래스를 포함하는 모듈이다. 애플리케이션의 모듈 그래프는 루트 모듈의 모든 모듈 의존성에 대한 **전이적 폐쇄**transitive closure[3]다.

이 예제에서는 1장 마지막에 만든 HTTP 사이트 검사 도구를 모듈형 앱에 맞게 조정하겠다. 파일은 다음과 같이 배치된다.

---

3 [옮긴이] 어떤 요소가 다른 요소를 참조하고, 그 다른 요소가 또 다른 요소를 참조하는 것과 같이 참조(전이) 관계에 따라 모든 연결된 요소를 포함하는 개념이다. 이는 주어진 요소를 중심으로 그와 관련된 모든 요소를 포함하여 완전한 세트를 형성한다.

```
.
└── wgjd.sitecheck
    ├── wgjd
    │   └── sitecheck
    │       ├── concurrent
    │       │   └── ParallelHTTPChecker.java
    │       ├── internal
    │       │   └── rustEveryone.java
    │       ├── HTTPChecker.java
    │       └── SiteCheck.java
    └── module-info.java
```

모든 코드가 하나의 파일에 있어야 할 때처럼 정적 내부 클래스로 표현하지 않고 특정 관심사(예: TrustEveryone 공급자)를 자체 클래스로 분리한다. 또한 별도의 패키지로 분할해서 모든 패키지를 내보내지는 않을 것이다. 모듈 파일은 앞서 살펴본 것과 매우 유사하다.

```
module wgjd.sitecheck {
  requires java.net.http;
  exports wgjd.sitecheck;
  exports wgjd.sitecheck.concurrent;
}
```

java.net.http 모듈에 대한 의존성에 주목하자. 의존성이 누락됐을 때 어떤 일이 발생하는지 조사하기 위해 HTTP 모듈에 대한 의존성을 주석 처리하고 다음과 같이 javac을 사용하여 프로젝트를 컴파일해보겠다.

```
$ javac -d out wgjd.sitecheck/module-info.java \
    wgjd.sitecheck/wgjd/sitecheck/*.java \
    wgjd.sitecheck/wgjd/sitecheck/*/*.java
wgjd.sitecheck/wgjd/sitecheck/SiteCheck.java:8: error:
  package java.net.http is not visible
import java.net.http.*;
          ^
  (package java.net.http is declared in module java.net.http, but
      module wgjd.sitecheck does not read it)
wgjd.sitecheck/wgjd/sitecheck/concurrent/ParallelHTTPChecker.java:4:
  error: package java.net.http is not visible
import java.net.http.*;
          ^


// Several similar errors
```

이 실패는 모듈의 간단한 문제는 매우 쉽게 해결할 수 있다는 것을 보여준다. 모듈 시스템이 누락된 모듈을 감지하고 누락된 모듈을 의존성으로 추가하는 해결 방법을 제안하여 도움을 주려고 한다. 이렇게 변경하면 예상대로 모듈이 문제없이 빌드된다. 그러나 더 복잡한 문제는 컴파일 단계를 변경하거나 모듈 시스템을 제어하기 위한 스위치를 통해서 수동 개입을 해야 할 수도 있다.

2.4.1 모듈에 대한 명령줄 스위치

모듈을 컴파일할 때 다양한 **명령줄 스위치**command-line switch를 사용해서 컴파일과 실행의 모듈화 측면을 제어할 수 있다.

- `list-modules`: 모든 모듈의 목록을 인쇄한다.
- `module-path`: 모듈이 포함된 디렉터리를 하나 이상 지정한다.
- `add-reads`: 해결resolution에 `requires`를 추가한다.
- `add-exports`: 컴파일에 `exports`를 추가한다.
- `add-opens`: 런타임에 모든 타입에 대한 리플렉션을 통한 액세스를 활성화한다.
- `add-modules`: 기본 세트에 모듈 목록을 추가한다.
- `illegal-access=permit|warn|deny`: 리플렉션을 통한 접근 규칙을 변경한다.

2.4.3절에서 자세히 설명할 리플렉션과 관련된 한정자를 제외하고는 이미 대부분의 개념을 다루었다.

이러한 스위치 중 하나를 실제 사용해보겠다. 모듈 패키징과 관련된 일반적인 문제를 예로 들 것이며, 많은 개발자가 자신의 코드로 모듈을 사용하기 시작할 때 직면할 수 있는 실제 문제를 보여주는 예시다.

모듈 작업을 시작할 때 가끔 캡슐화를 깨야 하는 경우가 있다. 그 예로 자바 8에서 포팅됐던 애플리케이션에서 더 이상 엑스포트하지 않는 내부 패키지에 액세스하려고 할 수 있다.

예를 들어 **Attach API**를 사용해서 호스트에서 실행 중인 다른 JVM에 동적으로 연결하고 이에 대한 몇 가지 기본 정보를 보고하는 간단한 구조의 프로젝트를 생각해보자. 이 프로젝트는 이전 예제에서 본 것처럼 디스크에 다음과 같이 구성돼 있다.

```
.
└── wgjd.discovery
    ├── wgjd
    │   └── discovery
    │           ├── internal
    │           │   └── AttachOutput.java
    │           ├── Discovery.java
    │           └── VMIntrospector.java
    └── module-info.java
```

프로젝트를 컴파일하면 다음과 같은 일련의 오류가 발생한다.

```
$ javac -d out/wgjd.discovery wgjd.discovery/module-info.java \
  wgjd.discovery/wgjd/discovery/*.java \
  wgjd.discovery/wgjd/discovery/internal/*

wgjd.discovery/wgjd/discovery/VMIntrospector.java:4: error: package
  sun.jvmstat.monitor is not visible
import sun.jvmstat.monitor.MonitorException;
                  ^
  (package sun.jvmstat.monitor is declared in module jdk.internal.jvmstat,
    which does not export it to module wgjd.discovery)
wgjd.discovery/wgjd/discovery/VMIntrospector.java:5: error: package
  sun.jvmstat.monitor is not visible
import sun.jvmstat.monitor.MonitoredHost;
                ^
  (package sun.jvmstat.monitor is declared in module jdk.internal.jvmstat,
    which does not export it to module wgjd.discovery)
```

이런 문제는 다음과 같이 내부 API를 사용하는 프로젝트의 일부 코드로 인해 발생한다.

```java
public class VMIntrospector implements Consumer<VirtualMachineDescriptor> {

    @Override
    public void accept(VirtualMachineDescriptor vmd) {
        var isAttachable = false;
        var vmVersion = "";
        try {
            var vmId = new VmIdentifier(vmd.id());
            var monitoredHost = MonitoredHost.getMonitoredHost(vmId);
            var monitoredVm = monitoredHost.getMonitoredVm(vmId, -1);
            try {
                isAttachable = MonitoredVmUtil.isAttachable(monitoredVm);
                vmVersion = MonitoredVmUtil.vmVersion(monitoredVm);
```

```
            } finally {
                monitoredHost.detach(monitoredVm);
            }
        } catch (URISyntaxException | MonitorException e) {
            e.printStackTrace();
        }

        System.out.println(
                vmd.id() + '\t' + vmd.displayName() + '\t' + vmVersion +
                    '\t' + isAttachable);
    }
}
```

jdk.attach 모듈의 엑스포트된 인터페이스에는 `VirtualMachineDescriptor`와 같은 클래스가 포
함돼 있다(해당 클래스는 엑스포트된 패키지인 `com.sun.tools.attach`에 속한다). 그러나 우리가 의존하
는 다른 클래스(`sun.jvmstat.monitor`의 `MonitoredVmUtil`과 같은)는 접근할 수 없는 상태다. 다행히도
모듈 경계를 완화하고 엑스포트하지 않은 패키지에 액세스할 수 있는 방법을 제공하는 도구들이
있다.

이를 위해서는 컴파일 시 스위치(`--add-exports`)를 추가해서 `jdk.internal.jvmstat` 모듈의 내부
에 강제로 액세스해야 하는데, 이는 명시적으로 캡슐화를 깨트리는 것을 의미한다. 결과적으로 컴
파일 명령줄은 다음과 같이 구성된다.

```
$ javac -d out/wgjd.discovery \
  --add-exports=jdk.internal.jvmstat/sun.jvmstat.monitor=wgjd.discovery \
  wgjd.discovery/module-info.java \
  wgjd.discovery/wgjd/discovery/*.java \
  wgjd.discovery/wgjd/discovery/internal/*
```

`--add-exports`의 구문은 액세스가 필요한 모듈 및 패키지와 액세스 권한을 부여할 모듈의 이름
을 제공해야 한다.

2.4.2 모듈식 앱 실행하기

모듈이 등장하기 전까지는 다음 두 가지 방법만 자바 애플리케이션을 시작할 수 있었다.

```
java -cp classes wgjd.Hello
java -jar my-app.jar
```

이 두 가지 방법은 JAR 파일 내에서 클래스와 메인 클래스를 실행하는 것으로 자바 프로그래머라면 익숙할 것이다. 최신 자바에서는 프로그램을 시작하는 두 가지 방법이 더 추가됐다. 1.5.4절에서 단일 소스 파일 프로그램을 시작하는 새로운 방법을 살펴보았고, 이제 네 번째 방법으로 모듈의 메인 클래스를 시작하는 방법에 대해 알아보겠다. 실행 구문은 다음과 같다.

```
java --module-path mods -m my.module/my.module.Main
```

하지만 컴파일과 같이 추가적인 명령줄 스위치가 필요할 수 있다. 앞서 살펴본 **인트로스펙션** introspection[4] 예제를 예로 들어보겠다.

```
$ java --module-path out -m wgjd.discovery/wgjd.discovery.Discovery
Exception in thread "main" java.lang.IllegalAccessError:
  class wgjd.discovery.VMIntrospector (in module wgjd.discovery) cannot
    access class sun.jvmstat.monitor.MonitorException (in module
      jdk.internal.jvmstat) because module jdk.internal.jvmstat does not
        export sun.jvmstat.monitor to module wgjd.discovery
    at wgjd.discovery/wgjd.discovery.VMIntrospector.accept(
    VMIntrospector.java:19)
    at wgjd.discovery/wgjd.discovery.Discovery.main(Discovery.java:26)
```

이 오류를 방지하려면 다음과 같이 실제 프로그램 실행에 캡슐화 해제(캡슐화를 무위로 만드는) 스위치를 사용해야 한다.

```
$ java --module-path out \
  --add-exports=jdk.internal.jvmstat/sun.jvmstat.monitor=wgjd.discovery \
  -m wgjd.discovery/wgjd.discovery.Discovery

Java processes:
PID     Display Name      VM Version    Attachable
53407    wgjd.discovery/wgjd.discovery.Discovery    15-ea+24-1168    true
```

런타임 시스템에서 요청한 루트 모듈을 찾을 수 없는 경우, 이와 같은 예외가 발생할 것이다.

```
$ java --module-path mods -m wgjd.hello/wgjd.hello.HelloWorld
Error occurred during initialization of boot layer
java.lang.module.FindException: Module wgjd.hello not found
```

---

4   [옮긴이] 실행 중인 프로그램의 객체에 대한 정보를 검사하고 조작하는 기능이다.

이 간단한 오류 메시지에서도 JDK에 다음과 같은 새로운 것이 존재한다는 것을 볼 수 있다.

- `java.lang.module`을 포함한 패키지
- `FindException`을 포함한 예외

이는 모듈 시스템이 항상 즉각적으로 명확하지는 않더라도 모든 자바 프로그램 실행에 필수적인 부분이 됐다는 것을 다시 한번 보여준다.

다음 절에서는 모듈과 리플렉션의 상호작용에 대해 간략하게 소개하겠다. 이미 리플렉션에 익숙하다고 가정하지만, 익숙하지 않다면 지금은 이 절을 건너뛰고 클래스 로딩과 리플렉션에 대한 소개가 포함된 4장을 읽은 후에 다시 돌아와도 된다.

2.4.3 모듈 그리고 리플렉션

자바 8에서 개발자는 리플렉션을 사용하여 런타임의 거의 모든 것에 접근할 수 있다. 심지어 자바의 접근 제어 검사를 우회하여 다른 클래스의 비공개 메서드를 호출하는 방법도 있다(예: `setAccessible()` 기법).

이미 살펴본 것처럼 모듈은 접근 제어 규칙을 변경한다. 이는 리플렉션에도 적용되는데, 기본적으로 내보내진 패키지만 리플렉션을 통해 접근해야 한다는 것이 그 취지다.

그러나 모듈 시스템 개발자는 개발자에게 특정 패키지에 직접 액세스가 아닌 리플렉션을 통한 액세스가 필요할 때가 있다는 사실을 깨달았다. 이를 위해서는 명시적인 권한이 필요하며 `opens` 키워드를 사용해서 내부 패키지에 대한 리플렉션 전용 액세스를 제공한다. 개발자는 또한 `opens ... to ...` 구문을 사용해서 세분화된 액세스를 지정할 수 있는데, 명명된 패키지 집합이 특정 모듈을 리플렉션으로 열리게끔 허용할 수 있지만 더 일반적으로는 허용하지 않을 수 있다.

이것은 이제 이러한 타입의 리플렉션을 활용한 트릭이 배제됐음을 암시하는 것처럼 보인다. 진실은 조금 더 복잡한데, 명령줄 스위치 `--illegal-access`에 대한 논의를 통해 가장 잘 설명할 수 있다. 이 스위치는 `permit|warn|deny` 세 가지 설정이 있으며, 리플렉션에 대한 검사의 엄격함 정도를 정하는 데 사용된다.

모듈 시스템의 의도는 시간이 지남에 따라 전체 자바 생태계가 올바른 캡슐화(반사 포함)를 향해 진화해야 한다는 것이고, 어느 시점에는 이 스위치가 기본적으로 `deny`로 설정되고 최종적으로는 제거될 것이라는 것이다. 리플렉션 스위치가 갑자기 deny로 설정되면 자바 생태계의 상당 부분이 중단되고 '아무도 업그레이드하지 않을 것'이기 때문에 이러한 변화는 단기간에 일어날 수 없다.

그러나 자바 17이 출시되면서 자바 9 출시 후 이 같은 경고가 나온지 4년도 넘게 지났다. 이 정도면 충분한 시간이고 적당한 경고로도 충분한다. 이에 따라 자바 16에서는 --illegal -access의 기본 옵션을 deny로 변경하고 자바 17에서는 이 옵션의 효과를 완전히 제거하기로 결정했다.

> **NOTE** 리플렉션 캡슐화에 대한 이러한 변경은 8에서 17로 바로 마이그레이션하는 애플리케이션이 두 번의 업그레이드(8에서 11, 11에서 17)를 수행하는 애플리케이션보다 더 많은 문제를 겪을 수 있는 이유 중 하나다.

여전히 --add-opens 명령줄 옵션이나 JAR 파일의 **매니페스트**manifest 속성 Add-Opens을 사용해서 특정 패키지를 열 수 있다. 이 옵션은 리플렉션에 크게 의지하거나 아직 완전히 모듈화되지 않은 특정 라이브러리나 프레임워크에 필요할 수 있다. 그러나 전역적으로 액세스를 다시 활성화하는 무차별 대입 옵션은 자바 17에서 제거됐다.

이러한 전환에 도움이 되는 또 하나의 유용한 개념은 **개방형 모듈**open module이다. 이 간단한 선언은 완전히 개방된 리플렉션을 통한 액세스를 허용하는 데 사용되며, 모든 모듈의 패키지를 열어 리플렉션을 통한 액세스를 허용하지만 컴파일 시의 액세스는 허용하지 않는다. 이는 기존 코드 및 프레임워크와의 간단한 호환성을 제공하지만 더 느슨한 형태의 캡슐화다. 따라서 모듈식 빌드로 마이그레이션할 때 오픈 모듈을 사용하지 않거나 과도기적인 형태로만 사용하는 것이 가장 좋다. 17장에서는 모듈식 세계에서 리플렉션의 몇 가지 문제점을 보여주는 좋은 예인 Unsafe의 구체적인 사례에 대해 설명한다.

2.5 모듈을 위한 아키텍처

모듈은 코드를 패키징하고 배포하는 근본적으로 새로운 방식이다. 팀에서는 새로운 기능과 아키텍처의 이점을 최대한 활용하기 위해 몇 가지 새로운 관행을 도입해야 한다. 하지만 좋은 소식은 최신 자바를 사용하기 위해 곧바로 그렇게 할 필요는 없다는 것이다. 팀이 모듈을 본격적으로 채택할 준비가 될 때까지는 클래스 패스와 JAR 파일을 사용하는 기존의 (구식) 방법도 사용할 수 있다.

실제로 마크 레인홀드Mark Reinhold(오라클의 자바 수석 아키텍트)는 애플리케이션이 모듈성을 채택해야 하는 '필요성'에 대해 다음과 같이 말했다.

모듈로 전환할 필요가 없다.

모듈로 전환할 필요가 있었던 적도 없다.

자바 9 이상 릴리스는 이름 없는 모듈이라는 개념을 통해 기존의 클래스 패스에서 기존의 JAR 파일을 지원하며, 앞으로도 모듈이 사라지기 전까지는 그렇게 될 것이다.

모듈을 사용할지 여부는 전적으로 사용자에게 달려 있다.

큰 변화가 없는 대규모 레거시 프로젝트를 유지 보수하는 경우라면 굳이 노력할 가치는 없다.

마크 레인홀드(https://stackoverflow.com/a/62959016)

이상적인 세계에서는 모듈이 모든 새로운 앱에서 기본적으로 사용될 것이다. 하지만 실제로는 복잡할 수 있으므로 마이그레이션할 때 다음과 같은 프로세스를 따르는 것이 좋다.

1. 자바 11로 업그레이드한다(클래스 패스만 해당).
2. 자동 모듈 이름을 설정한다.
3. 모든 코드를 가지고 있는 **모놀리식 모듈**monolithic module을 도입한다.
4. 필요에 따라 개별 모듈로 분리한다.

일반적으로 3단계에서는 구현 코드가 너무 많이 노출된다. 즉 4단계 작업의 일부는 내부 및 구현 코드를 보관할 추가적인 패키지를 만들어 코드를 리팩터링하는 작업인 경우가 많다.

아직 자바 8을 사용 중이고 모듈식 빌드로 마이그레이션할 준비가 되지 않은 경우에도 다음과 같은 작업을 수행해서 마이그레이션을 위한 코드를 준비할 수 있다.

- MANIFEST.MF에 자동 모듈 이름을 도입한다.
- 배포 아티팩트에서 분할된 패키지를 제거한다.
- `jdeps` 및 콤팩트 프로파일을 사용해서 불필요한 의존성을 줄이다.

이 중 첫 번째 방법을 사용하기 위해서는 이 장의 앞부분에서 설명한 것처럼 명시적인 자동 모듈 이름을 사용하면 전환이 쉬워진다. 자동 모듈 이름은 모듈을 지원하지 않는 모든 자바 버전에서 무시하지만 라이브러리의 안정적인 이름을 예약하고 이름이 지정되지 않은 모듈에서 일부 코드를 이동할 수 있다. 또한 모듈이 사용할 이름을 이미 선점했기 때문에 라이브러리 소비자가 모듈로의 전환에 대비할 수 있다는 장점도 있다. 다른 두 가지 구체적인 권장 사항에 대해 자세히 살펴보자.

2.5.1 분할 패키지

개발자가 모듈을 사용하기 시작할 때 직면하는 일반적인 문제 중 하나는, 두 개 이상의 개별 JAR에 동일한 패키지에 속하는 클래스가 포함된 **분할 패키지**split package다. 비모듈식 애플리케이션에서는 런타임에 JAR 파일이나 패키지가 특별히 중요하지 않기 때문에 분할 패키지에 문제가 없다. 그러나 모듈식 환경에서는 패키지가 하나의 모듈에만 속해야 하며 분할할 수 없다.

기존 애플리케이션이 모듈을 사용하도록 업그레이드되고 분할된 패키지가 포함된 의존성이 있는 경우에는 이를 해결해야 하며, 이를 우회할 방법이 없다. 팀에서 제어하는 코드의 경우 이것은 추가적인 작업이 필요하지만 그리 어렵지는 않다. 한 가지 방법은 빌드 시스템에 의해 생성되는 특정 아티팩트(일반적으로 `-all` 접미사를 사용)를 사용하는 것이다. 이 아티팩트는 비모듈 버전과 함께 생성되며, 분할 패키지의 모든 부분을 포함하는 단일 JAR 파일로 구성된다.

외부 의존성의 경우 수정이 더 복잡할 수 있다. 서드파티 오픈소스 코드를 자동 모듈로 사용할 수 있는 JAR로 다시 패키징해야 할 수도 있다.

2.5.2 자바 8 콤팩트 프로파일

콤팩트 프로파일compact profile은 자바 8의 기능이다. 콤팩트 프로파일은 JVM과 JLS를 모두 구현해야 하는, 크기가 축소된 런타임 환경이다. 콤팩트 프로파일은 자바 9에 도입될 모듈화를 위한 유용한 디딤돌로 자바 8에 도입됐다.

콤팩트 프로파일에는 JLS에 명시적으로 언급된 모든 클래스와 패키지가 포함돼야 한다. 프로파일은 패키지의 목록이며, 일반적으로 전체 자바 SE 플랫폼에서 동일한 이름의 패키지와 동일하다. 몇 가지 예외는 있지만 명시적으로 언급된다.

프로파일의 주요 사용 사례 중 하나는 서버 애플리케이션이나 다른 환경의 기반으로 사용된다는 것이다. 이러한 환경에서는 불필요한 기능을 배포하는 것이 바람직하지 않다. 예를 들어 역사적으로 많은 보안 취약점이 자바의 GUI 기능, 특히 Swing 및 AWT와 관련이 있다. 이러한 기능을 구현하는 패키지를 필요하지 않은 애플리케이션에 배포하지 않도록 선택하면, 특히 서버 애플리케이션에 대해 약간의 추가 보안을 확보할 수 있다.

NOTE 한때 오라클은 Compact 1과 매우 유사한 역할을 하는 축소된 JRE(Server JRE)를 제공한 적이 있다.

Compact 1은 애플리케이션을 배포할 수 있는 가장 작은 패키지 세트다. 여기에는 매우 친숙한 50개의 패키지가 포함돼 있다.

- `java.io`
- `java.lang`
- `java.math`
- `java.net`
- `java.text`
- `java.util`

또한 Compact 1에는 다음과 같은 몇 가지 예상치 못한 패키지도 포함돼 있다. 이 패키지들은 현대적인 애플리케이션에 필수적인 클래스를 제공한다.

- `java.util.concurrent.atomic`
- `java.util.function`
- `javax.crypto.interfaces`
- `javax.net.ssl`
- `javax.security.auth.x500`

Compact 2는 훨씬 더 크며 XML, SQL, RMI 및 보안에 필요한 패키지가 포함돼 있다. 기본적으로 윈도우와 GUI 구성 요소를 제외한 전체 JRE를 포함한다. 이는 `java.se` 모듈과 유사하다.

NOTE 모든 프로파일은 `Object`가 참조하는 타입과 JLS에 명시된 모든 타입을 포함(전이적 폐쇄 포함)한다.

Compact 1 프로파일은 가장 작은 런타임에 가깝기 때문에 어떤 면에서는 `java.base` 모듈의 프로토타입 형태와 유사하다. 애플리케이션이나 라이브러리가 Compact 1만을 의존성으로 사용하여 실행할 수 있다면 이상적으로는 그렇게 해야 한다.

앱이 Compact 1 또는 다른 프로파일로 실행될 수 있는지 여부를 결정하는 데 도움을 주기 위해 JDK는 `jdeps`를 제공한다. 이는 패키지 또는 클래스의 의존성을 검사하기 위해 자바 8 및 11과 함께 제공되는 정적 분석 도구다. 이 도구는 애플리케이션을 실행해야 하는 프로파일을 식별하는 것부터 문서화되지 않은 내부 JDK API(예: `sun.misc` 클래스)를 호출하는 개발자 코드를 식별하는 것,

전이적 의존성을 추적하는 것까지 다양한 방식으로 사용할 수 있다. 자바 8에서 11로 마이그레이션하는 데 매우 유용하며 JAR과 모듈에서 모두 작동한다. 가장 간단한 형태로 `jdeps`는 클래스나 패키지를 가져와 의존성인 패키지의 간단한 목록을 제공한다. 예를 들어 discovery 예제는 다음과 같다.

```
$ jdeps Discovery.class
Discovery.class -> java.base
Discovery.class -> jdk.attach
Discovery.class -> not found
   wgjd.discovery            -> com.sun.tools.attach   jdk.attach
   wgjd.discovery            -> java.io                java.base
   wgjd.discovery            -> java.lang              java.base
   wgjd.discovery            -> java.util              java.base
   wgjd.discovery            -> wgjd.discovery.internal not found
```

물론 `-P` 스위치가 클래스(또는 패키지)를 실행하는 데 필요한 프로파일을 표시하지만, 이는 자바 8의 런타임에서만 작동한다.

이제 자바 개발자가 알아야 할 또 다른 마이그레이션 기술인 다중 릴리스 JAR 사용에 대해 간단히 살펴보겠다.

2.5.3 다중 릴리스 JAR

이 새로운 기능을 사용하면 자바 8과 최신의 모듈식 JVM 모두에서 작동할 수 있는 라이브러리와 컴포넌트를 포함하는 JAR 파일을 만들 수 있다. 예를 들어 최신 버전에서만 사용할 수 있지만 폴백fallback[5] 및 스터빙stubbing[6] 접근 방식을 사용해서 이전 버전에서도 실행할 수 있다.

다중 릴리스 JARmultirelease JAR을 만들려면 JAR의 manifest 파일에 다음 항목이 포함돼야 한다.

```
Multi-Release: true
```

이 항목은 버전 9 이상의 JVM에만 의미가 있으므로 자바 8(또는 이전) 가상머신에서 JAR을 사용하는 경우 다중 릴리스 특성은 무시된다.

5 　옮긴이　 어떤 작업이 실패하거나 원하는 결과를 얻을 수 없을 때, 대체 수단이나 대안을 사용하는 것을 의미한다.
6 　옮긴이　 테스트용으로 사용하는 가짜 구현체로, 실제 구현 로직을 대체하는 역할을 한다.

자바 8 이후 버전을 대상으로 하는 클래스를 **배리언트 코드**variant code라고 하며, 다음 그림과 같이 JAR 내의 `META-INF`에 있는 특수한 디렉터리에 저장된다.

```
META-INF/versions/<version number>
```

이 메커니즘은 클래스별로 재정의overriding하는 방식으로 작동한다. 자바 버전 9 이상에서는 `versions` 디렉터리에서 메인 콘텐츠 루트에서와 정확히 동일한 이름을 가진 클래스를 찾는다. 클래스가 발견되면 재정의된 버전이 콘텐츠 루트에서 클래스 대신 사용된다.

NOTE 자바 클래스 파일에는 해당 파일을 생성한 자바 컴파일러의 버전 번호(클래스 파일 버전 번호)가 찍혀 있으며, 더 최근의 자바 릴리스에서 생성된 코드는 그 이전 JVM에서 실행되지 않는다.

자바 8 및 이전 버전에서는 `META-INF/versions`이 무시되므로, 다중 릴리스 JAR에 포함된 코드 중 일부의 클래스 파일의 버전이 너무 높아 자바 8에서 실행할 수 없을 때 이 상황을 피할 수 있는 영리한 트릭을 제공한다.

하지만 콘텐츠 루트에 있는 클래스의 API와 재정의된 클래스의 API는 동일해야 하는데, 이는 두 가지 모두 정확히 동일한 방식으로 링크되기 때문이다.

❶ 예제: 다중 릴리스 JAR 빌드하기

실행 중인 JVM의 프로세스 ID를 가져오는 기능을 예로 들어보겠다. 안타깝게도 자바 9 이전 버전에서는 이 작업이 다소 번거롭고 `java.lang.management` 패키지에서 약간의 저수준 기교가 필요하다.

자바 11은 Process API에서 PID를 가져오는 API를 제공하는데, 사용 가능한 경우에는 더 간단한 이 API를 사용하고, 필요한 경우에만 JMX 기반 접근 방식으로 되돌아가는 간단한 다중 릴리스 JAR을 만들려고 한다.

메인 클래스는 다음과 같다.

```
public class Main {
    public static void main(String[] args) {
        System.out.println(GetPID.getPid());
    }
}
```

버전에 따라 구현이 달라지는 기능은 별도의 클래스인 `GetPID`로 분리돼 있다는 점에 유의하자. 자바 8 버전의 코드는 다음에 표시된 것처럼 다소 장황하다.

```java
public class GetPID {
  public static long getPid() {
    System.out.println("Java 8 version...");          ◄── 줄을 포함하면 이것이 자바 8
                                                           버전임을 알 수 있다.
    // ManagementFactory.getRuntimeMXBean().getName()은
    // 현재 실행 중인 JVM을 나타내는 이름을 반환한다.
    // Sun 및 오라클 JVM에서 이 이름은 <pid>@<hostname> 형식으로 표현된다.

    final var jvmName = ManagementFactory.getRuntimeMXBean().getName();
    final var index = jvmName.indexOf('@');
    if (index < 1) {
        return 0;
    }

    try {
        return Long.parseLong(jvmName.substring(0, index));
    } catch (NumberFormatException e) {
        return 0;
    }
  }
}
```

이것은 JMX 메서드에서 문자열을 분석해야 하며, 이 경우에도 우리의 해결책은 JVM 구현 간에 이식성이 보장되지는 않는다. 반면 자바 9 이상에서는 다음 코드에서 볼 수 있듯이 API에서 훨씬 간단한 표준 메서드를 제공한다.

```java
public class GetPID {
    public static long getPid() {
        // 자바 9에서 새로 도입된 ProcessHandle API를 사용
        var ph = ProcessHandle.current();
        return ph.pid();
    }
}
```

`ProcessHandle` 클래스는 `java.lang` 패키지에 있으므로 `import` 구문도 필요하지 않다.

이제 자바 11 코드가 JAR에 포함되고 JVM이 충분히 높은 버전일 경우 폴백 버전보다 우선적으로 사용되도록 다중 릴리스 JAR을 정렬해야 한다. 적합한 코드 레이아웃은 다음과 같다.

```
.
└── src
    ├── main
    │   └── java
    │       └── wgjd2ed
    │           ├── Main.java
    │           └── GetPID.java
    │
    └── versions
        └── 11
            └── java
                └── wgjd2ed
                    └── GetPID.java
```

코드베이스의 main 부분은 자바 8로 컴파일한 다음, 다른 자바 버전으로 자바 8 이후의 코드를 컴파일한 후 수작업으로, 즉 명령줄 jar 도구를 직접 사용하여 다중 릴리스 JAR로 패키징해야 한다.

NOTE 이 코드 레이아웃은 11장에서 제대로 다루게 될 메이븐과 그레들 빌드 도구가 따르는 규칙을 사용한다.

JDK 버전 javac을 사용하여 명령줄에서 코드를 컴파일하되 --release 플래그를 통해 출력을 자바 8로 지정해보자.

```
$ javac --release 8 -d out src/main/java/wgjd2ed/*.java
```

다음으로 변형 코드 out-11을 위한 별도의 출력 디렉터리를 만들어 자바 11 대상 코드를 빌드한다.

```
$ javac --release 11 -d out-11 versions/11/java/wgjd2ed/GetPID.java
```

MANIFEST.MF 파일도 필요하지만, (자바 11) jar 도구를 사용해서 다음과 같이 필요한 것을 자동으로 구성할 수 있다.

```
$ jar --create --release 11 \
    --file pid.jar --main-class=wgjd2ed.Main
    -C out/ . \
    -C out-11/ .
```

이렇게 하면 실행 가능한 다중 릴리스 JAR가 생성된다(`Main`이 엔트리 포인트 클래스임). JAR를 실행하면 자바 11에서 다음이 출력된다.

```
$ java -version
openjdk version "11.0.3" 2019-04-16
OpenJDK Runtime Environment AdoptOpenJDK (build 11.0.3+7)
OpenJDK 64-Bit Server VM AdoptOpenJDK (build 11.0.3+7, mixed mode)

$ java -jar pid.jar
13855
```

자바 8에서는 다음이 출력된다.

```
$ java -version
openjdk version "1.8.0_212"
OpenJDK Runtime Environment (AdoptOpenJDK)(build 1.8.0_212-b03)
OpenJDK 64-Bit Server VM (AdoptOpenJDK)(build 25.212-b03, mixed mode)

$ java -jar pid.jar
자바 8 version...
13860
```

두 가지 경우를 구분하고 두 개의 다른 클래스가 실제로 실행되고 있는지 확인할 수 있도록 자바 8 버전에 추가한 추가 메시지를 참고하자. 다중 릴리스 JAR의 실제 적용 사례에서는 코드가 두 경우에서 모두 동일하게 작동하거나(기능을 다시 자바 8로 연결하는 경우), 기능을 지원하지 않는 JVM에서 실행할 경우에는 우아하거나 예측 가능한 방식으로 실패하게끔 하고 싶을 것이다.

권장하는 중요한 아키텍처 패턴 중 하나는 JDK 버전에 특화된 코드를 패키지나 패키지 그룹으로 분리하는 것이다. 이는 해당 기능의 확장 정도에 따라 달라진다.

프로젝트를 위한 몇 가지 기본 지침과 원칙은 다음과 같다.

- 메인 코드베이스는 자바 8로 빌드할 수 있어야 한다.
- 자바 11 부분은 자바 11로 빌드해야 한다.
- 자바 11 부분은 메인 빌드에서 분리된 별도의 코드 루트에 있어야 한다.
- 최종 결과는 단일 JAR이어야 한다.

- 빌드 구성을 가능한 한 단순하게 유지해야 한다.
- 다중 릴리스 JAR도 모듈식으로 만드는 것을 고려해보자.

마지막 항목이 특히 중요한데, 이는 `javac`과 `jar`만이 아닌 적절한 빌드 도구가 필연적으로 필요한 복잡한 프로젝트의 경우에도 마찬가지다.

2.6 모듈을 넘어서

이 장을 마무리하기 위해 모듈 너머에 무엇이 있는지 간단히 살펴보자. 모듈의 핵심은 자바 언어에 누락된 추상화, 즉 소스 코드 컴파일러와 런타임에서 신뢰할 수 있고 의존성을 보장하는 배포 단위라는 개념을 도입하는 것이다.

신뢰할 수 있는 모듈식 의존성 정보에 대한 이 아이디어는 배포 가능한 소프트웨어의 현대적인 세계에 여러 가지로 적용된다. 자바에서 모듈은 도구와 생태계가 모듈을 완벽하게 지원하고 모듈이 제공하는 이점이 더 잘 알려짐에 따라 느리지만 꾸준히 채택되고 있다.

이 절에서는 모듈과 함께 플랫폼에 추가된 새로운 기능인 **JLink**를 소개하면서 이 장을 마무리하겠다. 이것은 애플리케이션과 함께 축소된 자바 런타임을 패키징하는 기능이다. 이 기능을 사용하는 애플리케이션에는 다음과 같은 이점이 있다.

- 애플리케이션과 JVM을 하나의 독립된 디렉터리로 패키지화할 수 있다.
- 애플리케이션과 JRE 번들의 설치 공간과 전체 다운로드 크기를 줄일 수 있다.
- 자바 애플리케이션과 호스트에 설치된 JVM 간의 상호작용을 디버깅할 필요가 없으므로 지원 오버헤드를 줄일 수 있다.

`jlink`가 생성하는 독립형 디렉터리는 배포 가능한 아티팩트(예: 리눅스 `.rpm` 또는 `.deb`, 맥 `.dmg` 또는 윈도우 `.msi`)로 쉽게 패키징할 수 있으므로 최신 자바 애플리케이션을 위한 간단한 설치 환경을 제공한다.

어떤 면에서는 자바 8의 콤팩트 프로파일 기술이 초기 버전의 `JLink`를 제공하지만, 모듈과 함께 제공되는 버전이 훨씬 더 유용하고 포괄적이다. 예를 들어 이 장 앞부분의 discovery 예제를 다시 사용하겠다. 여기 간단한 `module-info.java`가 있다.

```
module wgjd.discovery {
  exports wgjd.discovery;

  requires java.instrument;
  requires java.logging;
  requires jdk.attach;
  requires jdk.internal.jvmstat;
}
```

이것은 다음과 같은 명령을 통해 `JLink` 번들로 빌드할 수 있다.

```
$ jlink --module-path $JAVA_HOME/jmods/:out  --output bundle/ --add-modules
  wgjd.discovery
```

이 간단한 예제에서 TAR 아카이브로 제공하거나 리눅스 패키지(예: `.deb` 또는 `.rpm`)로 패키징할 수 있는 `JLink` 번들을 생성했다. 실제로 한 단계 더 나아가 정적 컴파일을 사용해서 이러한 번들을 네이티브 실행 파일로 변환할 수 있지만 이에 대한 자세한 논의는 이 책의 범위를 벗어난다.

한 가지 주의할 점은 JLink는 훌륭한 기술이지만 다음과 같은 몇 가지 중요한 제한 사항을 알고 있어야 한다는 것이다.

- 완전히 모듈화된 의존성을 갖는 애플리케이션에서만 작동한다.
- 비모듈화 코드와는 호환되지 않는다.
- 자동 모듈만으로는 충분하지 않다.

이는 JRE에 필요한 모든 부분이 번들에 포함된 것인지 확실하게 확인하기 위해 `JLink`는 모듈 그래프의 강력한 선언적 정보에 의존하므로, 각 의존성에 대해 `module-info.class`가 필요하기 때문이다. 이 정보가 없으면 축소된 JRE를 빌드하는 것은 안전하지 않을 가능성이 매우 높다.

안타깝게도 실제 세계에서는 많은 애플리케이션이 의존하는 라이브러리들이 아직 완전히 모듈화되지 않은 경우가 많다. 이는 `JLink`의 유용성을 크게 감소시킨다. 이 문제를 해결하기 위해 도구 제작자들은 모듈화되지 않은 라이브러리에서 진정한 모듈을 다시 패키징하고 합성하기 위한 플러그인을 개발했다. 이에 대해서는 11장에서 설명하겠다. 하지만 이러한 도구를 사용하려면 빌드 시스템을 사용해야 한다. 따라서 `JLink`의 실제 예제는 나중에 11장에서 빌드 도구를 다룰 때까지 미루겠다.

요약

- 모듈은 자바의 새로운 개념이다. 모듈은 패키지를 그룹화하고 모듈 전체에 대한 메타데이터, 의존성, 공개 인터페이스에 대한 정보를 제공한다. 이러한 제약 조건은 컴파일러와 런타임에 의해 강제된다.

- 모듈은 배포 구조가 아니다(예: 다른 파일 형식). 모듈화된 라이브러리와 애플리케이션은 여전히 JAR 파일을 통해 배포하고 표준 빌드 도구를 통해 다운로드할 수 있다.

- 모듈로 전환하려면 자바 애플리케이션 개발 방식에 변화가 필요하다.

  - `module-info.java` 파일의 새로운 문법은 모듈 시스템 내에서 클래스와 메서드가 노출되는 방식을 제어한다.

  - 클래스 로딩은 모듈이 정의하는 제한 사항을 인식하고 비모듈화된 코드의 로딩을 처리한다.

  - 모듈로 빌드하려면 새로운 명령줄 플래그와 자바 프로젝트의 표준 레이아웃을 변경해야 한다.

- 모듈은 이런 작업에 대한 대가로 여러 가지 이점을 제공한다.

  - 모듈은 더욱 세분화된 제어가 가능하기 때문에 최신 배포와 장기적인 유지 보수성을 위해 애플리케이션을 설계하는 데 근본적으로 더 나은 방법이다.

  - 모듈은 특히 컨테이너에서 애셋의 사용량을 줄이는 데 핵심적인 역할을 한다.

  - 모듈은 정적 컴파일처럼 다른 새로운 기능을 위한 길을 열어준다.

- 특히 기존 모놀리식 애플리케이션의 경우 모듈로 마이그레이션하는 것이 어려울 수 있다. 첫 번째 모듈형 런타임이 출시된 지 3년이 지났음에도 불구하고 모듈 도입은 여전히 불완전하고 불규칙적이다.

- 다중 릴리스 JAR 및 콤팩트 프로파일과 같은 도구를 사용하면 지금 당장 마이그레이션할 수 없더라도 기존 자바 8 프로젝트를 모듈식 생태계와 통합할 수 있도록 준비할 수 있다.

자바 17

이 장의 주요 내용
- `Text` 블록
- `switch` 표현식
- `record`
- `sealed` 타입

이는 자바 11 릴리스 이후 자바 17까지 자바 언어와 플랫폼에 추가된 주요한 새로운 기능들이다.

NOTE 자바 8 이후 자바 릴리스 방법의 변경 사항을 이해하려면 1장이나 부록 A의 논의를 검토하는 것이 좋다.

자바 17에는 사용자가 확인할 수 있는 주요 언어 업그레이드뿐만 아니라 많은 내부적인 개선 사항 (특히 성능 업그레이드)이 포함돼 있다. 하지만 이 장에서는 개발자가 자바를 작성하는 방식을 변화시킬 것으로 예상되는 주요 기능에 중점을 두겠다.

3.1 Text 블록

첫 번째 버전인 자바 1.0부터 개발자들은 자바의 문자열에 대해 불만을 제기해왔다. 그루비나 스칼라, 코틀린과 같은 다른 프로그래밍 언어와 비교할 때 자바의 문자열은 때때로 다소 원시적으로 느껴지기도 한다.

자바는 지금까지 특정 문자(특히 " 및 \)를 이스케이프 처리해야 안전하게 사용할 수 있는 간단한 한 가지 유형의 문자열, 즉 큰따옴표로 감싼 문자열만 제공했다. 이로 인해 놀랍도록 다양한 매우 일반적인 프로그래밍 상황에서도 복잡한 이스케이프 문자열을 만들어야 했다.

`Text` 블록 프로젝트는 프리뷰 기능으로 여러 차례 반복됐으며(1장에서 프리뷰 기능에 대해 간략히 설명했다), 이제 자바 17의 표준 기능으로 자리 잡았다. 이 프로젝트는 여러 줄에 걸쳐 확장되는 문자열 리터럴을 허용해서 자바 구문에서 문자열의 개념을 확장하는 것을 목표로 한다. 그 결과, 지금까지 자바 프로그래머들이 과도한 장애물로 여겼던 대부분의 일련의 이스케이프 시퀀스가 필요하지 않다.

`NOTE` 다른 프로그래밍 언어와 달리 자바 `Text` 블록은 현재 보간interpolation을 지원하지 않지만, 이 기능은 향후 버전에 포함하기 위해 적극적으로 검토 중이다.

`Text` 블록의 구체적인 목표는 자바 프로그래머가 과도한 문자 이스케이프 처리의 번거로움에서 벗어날 수 있도록 도와줄 뿐만 아니라, 자바는 아니지만 자바 프로그램에 포함해야 하는 코드 문자열을 읽을 수 있도록 하는 것이다. 예를 들어 자바 프로그램 중 하나에 SQL이나 JSON(또는 XML)을 포함해야 하는 경우가 얼마나 자주 있을까?

자바 17 이전에는 실제로 이 과정이 매우 번거로웠으며, 실제로 많은 팀에서 추가적인 복잡성을 가진 외부의 템플릿 라이브러리를 사용했다. `Text` 블록이 출시된 이후에는 대부분의 경우 이 과정이 더 이상 필요하지 않다.

SQL 쿼리를 예로 들어 `Text` 블록이 어떻게 작동하는지 살펴보자. 이 장에서는 금융 거래, 특히 외환 통화 거래(FX)의 몇 가지 예를 사용하겠다. 고객 주문이 SQL 데이터베이스에 저장돼 있고 이 데이터베이스에 다음과 같은 쿼리로 액세스할 수 있다고 가정해보자.

```
String query = """
        SELECT "ORDER_ID", "QUANTITY", "CURRENCY_PAIR" FROM "ORDERS"
        WHERE "CLIENT_ID" = ?
        ORDER BY "DATE_TIME", "STATUS" LIMIT 100;
        """;
```

두 가지를 주목해야 한다. 첫째, `Text` 블록은 `"""` 시퀀스로 시작 및 종료되는데, 이는 버전 15 이전에는 유효한 자바가 아니었다. 둘째, Text 블록은 각 줄의 시작 부분에 공백으로 들여쓰기를 할 수 있으며 이때 공백은 무시된다.

`query` 변수를 출력하면 다음과 같이 우리가 구성한 문자열이 정확하게 출력된다.

```
SELECT "ORDER_ID", "QUANTITY", "CURRENCY_PAIR" FROM "ORDERS"
WHERE "CLIENT_ID" = ?
ORDER BY "DATE_TIME", "STATUS" LIMIT 100;
```

`Text` 블록은 문자열 리터럴과 마찬가지로 (문자열 타입의) 상수 표현식이기 때문에 이런 일이 가능하다. 차이점은 다음과 같이 클래스 파일에 상수를 기록하기 전에 `javac`에서 `Text` 블록을 처리한다는 점이다.

1. 줄 종결 문자는 LF(`\u000A`), 즉 유닉스 줄 종료 규칙으로 변환된다.
2. 예제처럼 자바 소스 코드의 추가 들여쓰기를 허용하기 위해 블록을 둘러싼 여분의 공백이 제거된다.
3. 블록의 모든 이스케이프 시퀀스가 해석된다.

이러한 단계가 이러한 순서대로 수행되는 데는 이유가 있다. 특히 이스케이프 시퀀스를 마지막에 해석한다는 것은 블록에 리터럴 이스케이프 시퀀스(예: `\n`)가 이전 단계에서 수정되거나 삭제되지 않고 포함될 수 있음을 의미한다.

> **NOTE** 런타임에서는 리터럴에서 가져온 문자열 상수와 `Text` 블록에서 가져온 문자열 상수 간에 전혀 차이가 없다. 클래스 파일은 상수의 원래 내용을 어떤 방식으로든 기록해두지 않는다.

`Text` 블록에 대한 자세한 내용은 JEP 378(https://openjdk.java.net/jeps/378)을 참조하자. 이제 새로운 `switch` 표현식 기능을 만나보겠다.

3.2 switch 표현식

자바는 초기 버전부터 `switch` 문을 지원했다. 자바는 C와 C++에 존재하는 형식에서 많은 영감을 얻어 구문을 만들었는데, `switch` 문도 예외는 아니다.

```
switch(month) {
  case 1:
    System.out.println("January");
    break;
  case 2:
```

```
      System.out.println("February");
      break;
   // ... 등등
 }
```

특히 자바의 switch 문은 case가 break로 끝나지 않으면 다음 case 이후에도 실행이 계속된다는 속성을 이어받았다. 이 규칙을 사용하면 다음과 같이 동일한 처리가 필요한 경우를 그룹화할 수 있다.

```
switch(month) {
  case 12:
  case 1:
  case 2:
    System.out.println("Winter, brrrr");
    break;
  case 3:
  case 4:
  case 5:
    System.out.println("Spring has sprung!");
    break;
  // ... 등등
 }
```

하지만 이러한 상황의 편리함에는 많은 버그를 유발한다는 어두운 측면이 있다. 한 번의 break를 생략하는 것은 신참이든 숙련자든 프로그래머가 저지르기 쉬운 실수이며 종종 오류가 발생하기도 한다. 이 예제에서는 첫 번째 break를 제외하면 겨울과 봄에 대한 메시지가 모두 나오기 때문에 잘못된 답을 얻을 수 있다.

switch 문은 나중에 사용하기 위해 값을 캡처하려고 할 때도 투박하다. 예를 들어 메시지를 인쇄하는 대신, 다른 곳에서 사용하기 위해 해당 메시지를 가져오고 싶다면 switch 외부에 변수를 선언하고 각 브랜치에서 올바르게 설정한 다음 switch 이후에 실제로 값을 설정했는지를 확인하는 등의 작업을 수행해야 한다.

```
String message = null;
switch(month) {
  case 12:
  case 1:
  case 2:
```

```
    message = "Winter, brrrr";
    break;
  case 3:
  case 4:
  case 5:
    message = "Spring has sprung!";
    break;
  // ... 등등
}
```

break를 놓치는 것과 마찬가지로 이제 모든 경우에 message 변수를 올바르게 설정해야 하며, 그렇지 않으면 향후 버그 보고가 발생할 위험이 있다. 물론 더 잘할 수 있다.

자바 14(JEP 361)에 도입된 switch 표현식은 이러한 단점을 해결할 수 있는 대안을 제공하는 동시에 미래의 언어 지평을 여는 역할을 한다. 이러한 목표에는 함수 지향 언어(예: 하스켈, 스칼라 또는 코틀린)와의 언어적 격차를 줄이는 데 도움이 되는 것도 포함된다. switch 표현식의 첫 번째 버전은 다음에 표시된 것처럼 더 간결하다.

```
String message = switch(month) {
  case 12:
  case 1:
  case 2:
    yield "Winter, brrrr";
  case 3:
  case 4:
  case 5:
    yield "Spring has sprung!";
  // ... 등등
}
```

이 수정된 형태에서는 더 이상 각 브랜치에서 변수를 설정하지 않는다. 대신 각 case는 새로운 yield 키워드를 사용해서 원하는 값을 다시 String 변수에 할당하는데, 표현식 전체가 하나의 case 분기 혹은 다른 여러 분기 그룹의 결과로 하나의 값을 yield한다(그리고 각 case는 해당하는 yield를 가져야 한다).

이 예제를 통해 이 새로운 기능의 이름인 switch 표현식은 기존의 switch 문보다 더 많은 의미를 갖게 됐다. 프로그래밍 언어에서 **문**statement은 부수적인 효과를 위해 실행되는 코드의 조각이다. 반면 **표현식**expression은 값을 생성하기 위해 실행되는 코드를 의미한다. 자바 14 이전의 switch는 부작용을 일으키는 문에 불과했지만 이제는 표현식으로 사용될 때 값을 생성할 수 있다.

`switch` 표현식은 또한 다음과 같이 더욱 간결한 구문을 제공하며, 이것은 더 널리 채택될 수 있다.

```
String message = switch(month) {
  case 1, 2, 12  -> "Winter, brrrr";
  case 3, 4, 5   -> "Spring has sprung!";
  case 6, 7, 8   -> "Summer is here!";
  case 9, 10, 11 -> "Fall has descended";
  default        -> {
    throw new IllegalArgumentException("Oops, that's not a month");
  }
}
```

`->`는 `switch` 표현식에 있음을 나타내므로 이러한 경우 명시적인 `yield`가 필요하지 않다. `default` 경우는 값이 하나도 없는 경우 `{}`로 묶인 블록을 어떻게 사용할 수 있는지 보여준다. `switch` 표현식의 값을 사용하는 경우(`message`에 할당하는 것처럼) 여러 줄의 케이스는 `yield` 또는 `throw` 중 하나를 사용해야 한다.

하지만 새로운 라벨링 형식은 더 유용하고 짧아진 것뿐만 아니라 실질적으로 문제를 해결한다. 우선, 여러 가지 경우를 나타내기 위해 `case` 뒤에 쉼표로 구분된 목록이 지원된다. 이로써 이전에는 위험하게 스위치 폴스루fall-through가 필요했던 문제가 해결됐다. 새로운 라벨링 구문에서는 `switch` 표현식이 절대로 실패하지 않으므로 모든 사용자에게 이러한 걸림돌이 사라진다.

추가된 안전장치는 여기서 끝나지 않는다. `switch` 문을 엉망으로 만드는 또 다른 일반적인 방법은 처리했어야 할 경우를 놓치는 것이다. 이전 예제에서 `default` 줄을 제거하면 다음과 같이 컴파일 오류가 발생한다.

```
error: the switch expression does not cover all possible input values
    String message = switch(month) {
                     ^
```

`switch` 문과 달리 `switch` 표현식은 입력 유형에서 가능한 한 모든 경우를 처리해야 하며, 그렇지 않으면 코드가 컴파일되지 않는다. 이는 모든 경우에 대비할 수 있는 훌륭한 보장이다. 또한, 다음과 같이 `int` 대신 **타입세이프**typesafe 상수를 사용해서 스위치를 다시 작성해보면 알 수 있듯이, 자바의 **열거형**enum과도 잘 결합한다.

```
String message = switch(month) {
    case JANUARY, FEBRUARY, DECEMBER  -> "Winter, brrrr";
    case MARCH, APRIL, MAY            -> "Spring has sprung!";
    case JUNE, JULY, AUGUST           -> "Summer is here!";
    case SEPTEMBER, OCTOBER, NOVEMBER -> "Fall has descended";
};
```

이 새로운 기능은 입력값에 따라 출력값을 산출하는 함수처럼 동작하는 매우 일반적인 `switch` 사용 사례를 단순화할 수 있기 때문에 독립적인 기능으로도 유용하다. 사실 switch 표현식의 규칙은 가능한 모든 입력값에 대해 출력값을 생성하도록 보장해야 한다는 것이다.

`NOTE` 가능한 모든 열거형 상수가 switch 표현식에 있는 경우에는 모든 가능한 경우에 대한 매치를 보장하며 컴파일러가 열거형 상수의 완전성을 활용할 수 있으므로 `default` 케이스를 포함할 필요가 없다.

그러나 예를 들어 `int`를 받는 `switch` 표현식의 경우 약 40억 개의 가능한 값을 모두 나열할 수 없으므로 `default` 케이스를 포함해야 한다.

`switch` 표현식은 또한 이 장의 뒷부분과 이 책의 뒷부분에서 다룰 향후 자바 버전에서 주요 기능인 패턴 매칭을 위한 디딤돌이기도 하다. 지금은 새로운 기능인 `record`로 넘어가겠다.

3.3 record

`record`는 다음을 수행하기 위해 설계된 새로운 형태의 자바 클래스다.

- 데이터 전용 집계 모델링을 위한 최고 수준의 수단 제공
- 자바의 타입 시스템에서 발생할 수 있는 격차 해소
- 공통 프로그래밍 패턴을 위한 언어 수준 문법 제공
- 클래스 상용구 감소

글머리 기호 목록의 순서가 중요한데, 실제로 `record`는 상용구 감소와 문법보다는 언어 의미론에 더 중점을 두고 있다(많은 개발자가 두 번째 측면에 집중하는 경향이 있지만). 먼저 자바 `record`가 무엇인지에 대한 기본 개념부터 설명해보겠다.

`record`의 아이디어는 자바 언어를 확장해서 클래스를 '필드, 오직 필드만'으로 명시하는 방법을 만드는 것이다. 클래스에 대해 그런 선언을 하면, 컴파일러가 자동으로 모든 메서드를 생성하고

`hashCode()`와 같은 메서드에 모든 필드를 사용함으로써 우리를 도울 수 있다.

NOTE '레코드는 필드의 투명한 운반자다'라는 의미가 곧 문법을 정의하는 방식이다. 접근자 메서드 및 기타 상용구는 레코드 정의에서 자동으로 만들어진다.

일상적인 프로그래밍에서 이를 어떻게 확인하는지 살펴보자면, 자바에 대한 가장 일반적인 불만은 클래스가 유용하게 사용되기 위해 많은 코드를 작성해야 한다는 것이다. 종종 다음과 같은 코드 등을 작성해야 한다.

- `toString()`
- `hashCode()`와 `equals()`
- `Getter` 메서드
- 공개 생성자

간단한 도메인 클래스의 경우, 이런 메서드들은 보통 지루하고 반복적이며 기계적으로 생성될 수 있는 유형의 작업이다(IDE에서 이 기능을 자주 제공한다). 그러나 `record`가 없었던 시점에는 이를 직접적으로 처리할 수 있는 방법이 없었다. 이러한 답답한 공백은 다른 사람의 코드를 읽을 때 더욱 심각해진다. 예를 들어 작성자가 클래스의 모든 필드를 사용하는 IDE를 통해 생성된 `hashCode()`와 `equals()`를 사용하는 것처럼 보일 수 있지만, 각 줄을 일일이 확인하지 않는 한 어떻게 확신할 수 있을까? 리팩터링 중에 필드가 추가되면서 메서드를 다시 만들지 않은 경우에는 어떻게 될까?

`record`는 이러한 문제를 해결한다. 타입이 `record`로 선언되면 강력한 선언이 이뤄지며, 컴파일러와 런타임에서 그에 맞게 처리된다. 실제 동작을 확인해보자.

이 기능을 제대로 설명하려면 간단한 예제 도메인이 필요하므로 FX 통화 거래를 계속 사용하겠다. 이 영역에서 사용되는 개념에 익숙하지 않더라도 걱정하지 말자. 필요한 내용은 차근차근 설명하겠다. 이 책의 뒷부분에서 금융 예시를 계속 다룰 예정이니 지금부터 시작해도 좋다.

`record`와 몇 가지 다른 기능을 사용해서 도메인 모델링을 개선하고 결과적으로 더 깔끔하고 장황하지 않으면서 간단한 코드를 작성하는 방법을 살펴보자. FX를 거래할 때 주문을 생각해보자. 기본 주문 유형은 다음과 같이 구성할 수 있다.

- 매수 또는 매도하는 단위 수(통화 백만 단위)

- 사이드: 매수 또는 매도 여부(흔히 매수호가와 매도호가라고 함)

- 교환하는 통화(통화쌍)

- 주문한 시간

- 주문 시간이 초과되기 전까지 주문이 유효한 기간(time-to-live 또는 TTL)

따라서 100만 파운드가 있고 다음 1초 이내에 미국 달러로 팔고 싶고 1파운드당 1.25달러를 원한다면, '지금 1초 동안 1.25달러에 GBP/USD 환율을 매수한다'라고 선언하는 것이다. 자바에서는 이와 같은 도메인 클래스를 선언할 수 있다(지금은 클래스로 이 작업을 수행해야 한다는 점을 강조하기 위해 '클래식'이라고 부른다. 더 나은 방법이 곧 나올 것이다).

```java
public final class FXOrderClassic {
    private final int units;
    private final CurrencyPair pair;
    private final Side side;
    private final double price;
    private final LocalDateTime sentAt;
    private final int ttl;

    public FXOrderClassic(int units, CurrencyPair pair, Side side,
                          double price, LocalDateTime sentAt, int ttl) {
        this.units = units;
        this.pair = pair; // CurrencyPair는 간단한 열거형이다.
        this.side = side; // Side는 간단한 열거형이다.
        this.price = price;
        this.sentAt = sentAt;
        this.ttl = ttl;
    }

    public int units() {
        return units;
    }

    public CurrencyPair pair() {
        return pair;
    }

    public Side side() {
        return side;
    }
```

```java
public double price() {
    return price;
}

public LocalDateTime sentAt() {
    return sentAt;
}

public int ttl() {
    return ttl;
}

@Override
public boolean equals(Object o) {
    if (this == o) return true;
    if (o == null || getClass() != o.getClass()) return false;

    FXOrderClassic that = (FXOrderClassic) o;

    if (units != that.units) return false;
    if (Double.compare(that.price, price) != 0) return false;
    if (ttl != that.ttl) return false;
    if (pair != that.pair) return false;
    if (side != that.side) return false;
    return sentAt != null ? sentAt.equals(that.sentAt) :
                            that.sentAt == null;
}

@Override
public int hashCode() {
    int result;
    long temp;
    result = units;
    result = 31 * result + (pair != null ? pair.hashCode() : 0);
    result = 31 * result + (side != null ? side.hashCode() : 0);
    temp = Double.doubleToLongBits(price);
    result = 31 * result + (int) (temp ^ (temp >>> 32));
    result = 31 * result + (sentAt != null ? sentAt.hashCode() : 0);
    result = 31 * result + ttl;
    return result;
}

@Override
public String toString() {
    return "FXOrderClassic{" +
            "units=" + units +
            ", pair=" + pair +
            ", side=" + side +
```

```
            ", price=" + price +
            ", sentAt=" + sentAt +
            ", ttl=" + ttl +
            '}';
    }
}
```

코드가 많지만 주문이 다음과 같이 생성될 수 있음을 의미한다.

```
var order = new FXOrderClassic(1, CurrencyPair.GBPUSD, Side.Bid,
                               1.25, LocalDateTime.now(), 1000);
```

하지만 클래스를 선언하는 코드가 실제로 얼마나 필요할까? 이전 버전의 자바에서는 대부분의 개발자가 필드를 선언한 후에 IDE를 사용해서 모든 메서드를 자동으로 생성했을 것이다. `record`가 이러한 상황을 어떻게 개선하는지 살펴보자.

NOTE 자바는 클래스를 정의하는 것 외에 데이터 집계에 대해 이야기할 수 있는 방법을 제공하지 않으므로 '필드만'을 포함하는 모든 타입은 클래스임을 명확히 알 수 있다.

새로운 개념은 **레코드 클래스**record class(또는 보통 그냥 레코드)다. 이것은 **레코드 컴포넌트**record component라고 하는 일련의 고정된 값들을 위한 불변(일반적인 '모든 필드가 final 필드'라는 의미에서)이면서 투명한 캐리어다. 각 컴포넌트는 제공된 값을 보유하는 final 필드와 값을 검색하는 접근자 메서드를 생성한다. 필드 이름과 접근자 이름은 컴포넌트의 이름과 일치한다.

필드들의 목록은 레코드에 대한 **상태 설명**state description을 제공한다. 일반 클래스에서는 필드 `x`, 생성자의 인수 `x`, 접근자 `x()` 사이에 아무런 관계가 없을 수 있지만, 레코드에서는 정의상 이들은 동일한 개념을 나타낸다. 레코드는 그 자체로 상태를 나타낸다.

레코드 클래스의 새로운 인스턴스를 생성할 수 있도록, 선언된 상태 설명과 정확히 일치하는 매개변수들의 목록을 가진 생성자(**표준 생성자**canonical constructor라고 함)도 생성된다. 자바 언어는 `record`를 선언하는 간결한 문법도 제공하는데, 프로그래머는 레코드를 구성하는 컴포넌트 이름과 유형을 다음과 같이 선언하기만 하면 된다.

```
public record FXOrder(int units,
                      CurrencyPair pair,
                      Side side,
```

```
                        double price,
                        LocalDateTime sentAt,
                        int ttl) {}
```

이 레코드 선언을 작성함으로써, 단순히 타이핑을 절약하는 것뿐만 아니라 훨씬 더 강력하고 의미론적인 선언을 한다. FXOrder 타입은 제공된 상태만을 가지며, 모든 인스턴스는 필드값을 담은 투명한 그릇일 뿐이다.

이제 4장에서 제대로 만나게 될 javap로 클래스 파일을 살펴보면 컴파일러가 상용구 코드를 자동으로 생성한 것을 볼 수 있다.

```
$ javap FXOrder.class
Compiled from "FXOrder.java"
public final class FXOrder extends java.lang.Record {
  public FXOrder(int, CurrencyPair, Side,
                 double, java.time.LocalDateTime, int);

  public java.lang.String toString();
  public final int hashCode();
  public final boolean equals(java.lang.Object);
  public int units();
  public CurrencyPair pair();
  public Side side();
  public double price();
  public java.time.LocalDateTime sentAt();
  public int ttl();
}
```

이것은 클래스의 기본적인 구현을 위해 코드로 작성해야 했던 일련의 메서드들과 매우 유사해 보인다. 실제로 생성자 및 접근자 메서드는 모두 이전과 똑같이 동작한다. 그러나 toString() 및 equals()와 같은 메서드는 다음과 같이 일부 개발자에게는 의외일 수 있는 구현을 사용한다.

```
public java.lang.String toString();
    Code:
       0: aload_0
       1: invokedynamic #51,  0        // InvokeDynamic #0:toString:
                                        // (LFXOrder;)Ljava/lang/String;

       6: areturn
```

즉 `toString()`(및 `equals()`와 `hashCode()`) 메서드는 `invokedynamic` 기반의 메커니즘을 사용해서 구현된다. 이는 이 책의 뒷부분(4장과 16장)에서 만나게 될 강력한 기법이다.

또한 모든 레코드 클래스의 슈퍼타입으로 새로운 클래스인 `java.lang.Record`가 있다는 것을 알 수 있다. 이것은 추상 클래스이며 `equals()`, `hashCode()`, `toString()`을 추상 메서드로 선언한다. 다음과 같은 코드를 컴파일해보면 알 수 있듯이 `java.lang.Record` 클래스는 직접적으로 확장할 수 없다.

```java
public final class FXOrderClassic extends Record {
    private final int units;
    private final CurrencyPair pair;
    private final Side side;
    private final double price;
    private final LocalDateTime sentAt;
    private final int ttl;

    // ... 클래스의 나머지 생략
}
```

컴파일러는 이 시도를 거부한다.

```
$ javac FXOrderClassic.java
FXOrderClassic.java:3: error: records cannot directly extend Record
public final class FXOrderClassic extends Record {
                   ^
1 error
```

레코드를 얻는 유일한 방법은 명시적으로 레코드를 선언하고 `javac`가 클래스 파일을 생성하도록 하는 것이다. 이렇게 하면 모든 레코드 클래스가 final로 생성된다.

메서드 자동 생성 및 상용구 감소 외에 몇 가지 자바의 핵심 기능도 `record`에 적용될 때 특별한 특성을 갖는다. 첫째로, `record`는 `equals()` 메서드에 대해 특별한 계약을 따라야 한다. 만약 레코드 R이 구성 요소 `c1`, `c2`, ... `cn`을 갖고 있고, 레코드 인스턴스가 다음과 같이 복사된다고 하자.

```java
R copy = new R(r.c1(), r.c2(), ..., r.cn());
```

`r.equals(copy)`는 참(`true`)이어야 한다. 이 불변속성[1]은 `equals()`와 `hashCode()`에 관해 일반적으로 알려진 계약에 추가된 것이다. 이것이 해당 계약을 대체하는 것은 아니다.

이 시점에서 `record` 기능의 디자인적 측면에서 좀 더 이야기해보겠다. 이를 위해 자바에서 열거형이 어떻게 작동하는지 기억해두면 도움이 된다. 자바의 열거형은 디자인 패턴(유한한 수의 타입세이프 인스턴스[2])을 구현한 구문 오버헤드를 최소화하는 특수한 형태의 클래스로, 컴파일러가 코드를 생성한다.

마찬가지로 자바의 레코드는 최소한의 구문으로 패턴(데이터 캐리어, 일명 just holds fields)을 구현한 특수한 형태의 클래스다. 우리가 기대하는 모든 상용구 코드는 컴파일러에 의해 자동 생성된다. 다만 필드만을 보유한 데이터 캐리어 클래스라는 단순한 개념은 직관적으로 이해가 되지만, 구체적으로 과연 무엇을 의미할까?

`record`가 처음 논의됐을 때, 여러 가지 가능한 디자인이 고려됐다. 예를 들면 다음과 같은 것들이다.

- POJO의 상용구 감소
- 자바 빈Beans 2.0
- 네임드 튜플
- 곱 타입product type(대수적 데이터 타입의 한 형태)

이러한 가능성은 브라이언 게츠Brian Goetz가 자신의 오리지널 디자인 스케치(http://mng.bz/M5j8)에서 자세히 설명했다. 각 디자인 옵션에는 `record` 디자인 중심의 선택에 따라 다음과 같은 추가적이고 부수적인 질문들을 포함한다.

- 하이버네이트에서 그들을 프록시할 수 있나?
- 전통적인 자바 빈과 완전히 호환되나?
- 이름 제거와 형식 유연성을 지원하나?
- 패턴 매칭과 구조 분해가 지원될까?

---

1   울긴이 프로그램에서 항상 참인 조건을 나타내는 논리적인 명제를 뜻한다.
2   울긴이 열거형은 미리 정의된 제한된 개수의 인스턴스를 가지며, 이들 인스턴스는 타입 안정성을 보장한다.

이 네 가지 접근 방식 중 하나를 기반으로 record 기능을 설계하는 것도 그럴듯해 보이지만, 각 접근 방식에는 장단점이 있다. 하지만 최종 디자인 결정은 record는 **네임드 튜플**named tuple이라는 것이다. 이는 부분적으로 자바 타입 시스템의 핵심 설계 아이디어인 **명목적 타이핑**nominal typing[3]에 일부 기인한다. 이 핵심 아이디어를 자세히 살펴보겠다.

3.3.1 명목적 타이핑

정적 타입에 대한 명목적 접근 방식에 따르면, 모든 자바 저장소(변수, 필드)에는 명확한 타입이 있고 각 타입에는 사람에게 (적어도 어느 정도는) 의미가 있는 이름이 있어야 한다.

자바에서 익명 클래스의 경우에도 타입은 여전히 이름을 가지고 있다. 다만, 컴파일러가 이름을 할당하며 이는 자바 언어에서 유효한 타입 이름이 아니다(하지만 JVM 내에서는 유효하다). 예를 들어 이를 jshell에서 확인할 수 있다.

```
jshell> var o = new Object() {
   ...>    public void bar() { System.out.println("bar!"); }
   ...> }
o ==> $0@37f8bb67

jshell> var o2 = new Object() {
   ...>    public void bar() { System.out.println("bar!"); }
   ...> }
o2 ==> $1@31cefde0

jshell> o = o2;
|  Error:
|  incompatible types: $1 cannot be converted to $0
|  o = o2;
|      ^^
```

익명 클래스가 정확히 동일한 방식으로 선언됐지만 컴파일러는 여전히 두 개의 서로 다른 익명 클래스인 $0과 $1을 생성하고 자바 타입 시스템에서 변수의 타입이 다르기 때문에 할당을 허용하지 않는다.

---

3 [옮긴이] 타입이 선언된 이름이나 식별자에 기반해서 구분되는 개념으로, 구조적 타이핑과는 달리 명목적 타이핑은 타입의 구조나 형태가 아닌 타입의 선언된 이름 또는 명시적 식별자에 의해 호환성이 결정된다.

명시적인 타입 이름 대신 클래스의 전체적인 형태(예: 어떤 필드와 메서드가 있는지)를 타입으로 사용할 수 있는 다른(자바가 아닌) 언어도 있다. 이를 구조적 타이핑이라고 한다.

만약 record가 자바의 전통을 깨고 record에 구조적 타이핑을 도입했다면 이는 큰 변화를 가져왔을 것이다. 결과적으로 'record는 명목적인 튜플이다'라는 설계적 선택은 record가 다른 언어에서 튜플을 사용하는 경우와 유사한 상황에서 가장 잘 작동할 것으로 기대한다는 의미. 이는 복합 맵 키나 메서드로부터의 다중 반환을 모방하는 등의 사용 사례를 포함한다. 예를 들어 복합 맵 키는 다음과 같을 수 있다.

```
record OrderPartition(CurrencyPair pair, Side side) {}
```

반대로, record가 현재 자바 빈을 사용하는 기존 코드를 대체하는 데 꼭 필요한 것은 아니다. 여러 가지 이유가 있는데, 특히 자바 빈은 변경 가능하지만 record는 변경 불가능하고 접근자에 대한 규칙이 다르다는 점을 들 수 있다. 레코드는 접근자 메서드의 이름을 필드 이름과 동일하게 지정하지만(자바에서는 필드 이름과 메서드 이름에 별도로 네임스페이스가 지정되므로 가능함), 빈은 get과 set을 앞에 붙인다.

record는 실제 클래스이기 때문에 단순한 한 줄 선언 형식 이상의 추가적인 유연성을 제공한다. 특히 개발자는 자동 생성된 기본값 외에 추가적인 메서드, 생성자, 정적 필드를 정의할 수 있다. 그러나 이러한 기능은 신중하게 사용해야 한다. record의 설계 의도는 개발자가 서로 관련된 필드들을 하나의 불변속성의 데이터 항목으로 그룹화할 수 있도록 하는 것이다.

레코드가 생성할 수 있는 추가적인 메서드의 예시 중 하나는 레코드의 일부 매개변수에 기본값을 제공하기 위한 정적 팩토리 메서드다. 또 다른 예시로는 변경되지 않는 생년월일 데이터를 가진 Person 클래스에 currentAge() 메서드를 정의할 수 있다.

경험상으로는 기본 데이터 캐리어에 많은 추가 메서드 등을 추가하고 싶거나 여러 인터페이스를 구현하고 싶을수록 레코드가 아닌 일반 클래스를 사용해야 할 가능성이 높다는 것이다.

3.3.2 콤팩트 레코드 생성자

간결성simplicity과 전체 클래스full class 경험 법칙에 대한 중요한 예외 사항 중 하나는 **콤팩트 생성자**compact constructor의 사용이다. JLS에서는 콤팩트 생성자에 대해 다음과 같이 설명한다.

레코드 클래스의 콤팩트 생성자의 형식 매개변수는 암묵적으로 선언된다. 이들은 레코드 클래스의 파생된 형식 매개변수 목록으로부터 제공된다.

콤팩트 생성자는 인수로 전달된 값을 검증하고 정규화하는 역할을 수행하며, 나머지 초기화 코드는 컴파일러가 자동으로 처리한다.

예를 들어 다음과 같이 주문의 유효성을 검사해서 마이너스 수량을 매수 또는 매도하려고 시도하거나 유효하지 않은 유효기간을 설정하지 못하도록 할 수 있다.

```java
public record FXOrder(int units, CurrencyPair pair, Side side,
                      double price, LocalDateTime sentAt, int ttl) {
    public FXOrder {
        if (units < 1) {
            throw new IllegalArgumentException(
                    "FXOrder units must be positive");
        }
        if (ttl < 0) {
            throw new IllegalArgumentException(
                    "FXOrder TTL must be positive, or 0 for market orders");
        }
        if (price <= 0.0) {
            throw new IllegalArgumentException(
                    "FXOrder price must be positive");
        }
    }
}
```

자바 레코드가 다른 언어에서 볼 수 있는 익명anonymous 튜플에 비해 갖는 한 가지 장점은 레코드 생성자 본문에서 레코드가 생성될 때 코드를 실행할 수 있다는 점이다. 이를 통해 유효성 검사를 수행할 수 있으며 유효하지 않은 상태가 전달될 경우 예외를 발생시킬 수 있다. 이는 순수한 구조적 튜플에서는 불가능하다.

예를 들어 자바에서 디폴트 매개변수를 지원하지 않는 문제를 해결하기 위해 레코드 본문 내에 정적 팩토리 메서드를 사용하는 것도 의미가 있을 수 있다. 거래 예시에서는 다음과 같이 정적 팩토리를 포함시켜 디폴트 매개변수로 빠르게 주문을 생성하는 방법을 선언할 수 있다.

```java
public static FXOrder of(CurrencyPair pair, Side side, double price) {
    var now = LocalDateTime.now();
    return new FXOrder(1, pair, side, price, now, 1000);
}
```

물론 이는 대체 생성자alternate constructor[4]로 선언될 수도 있다. 개발자는 각 상황에서 어떤 접근 방식이 더 적합한지 선택할 수 있다.

대체 생성자의 다른 용도 중 하나는 다음 예제처럼 복합 맵의 키로 사용할 레코드를 만드는 것이다.

```java
record OrderPartition(CurrencyPair pair, Side side) {
    public OrderPartition(FXOrder order) {
        this(order.pair(), order.side());
    }
}
```

그러면 `OrderPartition` 타입을 맵의 키로 쉽게 사용할 수 있다. 예를 들어 거래 매칭 엔진에서 사용할 주문장order book을 다음과 같이 구성하고 싶을 수 있다.

```java
public final class MatchingEngine {
    private final Map<OrderPartition, RankedOrderBook> orderBooks =
                                                new TreeMap<>();

    public void addOrder(final FXOrder o) {
        orderBooks.get(new OrderPartition(o)).addAndRank(o);
        checkForCrosses(o.pair());
    }

    public void checkForCrosses(final CurrencyPair pair) {
        // 현재 매수 주문과 매도 주문이 일치하는 것이 있나?
    }

    // ...
}
```

이제 새로운 주문이 접수되면 `addOrder()` 메서드는 적절한 주문 파티션(통화쌍 및 매수/매도 사이드 튜플로 구성)을 추출하고 이를 사용하여 적절한 가격 순으로 정렬된 주문장에 새로운 주문을 추가한다. 새로운 주문이 이미 호가창에 있는 기존 주문과 일치할 수 있으므로(이를 **크로스 주문**crossing of order이라고 함) `checkForCrosses()` 메서드에서 일치하는지 확인해야 한다.

간혹 콤팩트 생성자를 사용하지 않고 명시적인 정식 생성자를 사용하고 싶을 수도 있다. 이는 생성자에서 실제 작업을 수행해야 한다는 뜻인데, 간단한 데이터 캐리어 클래스로 그렇게 사용하는

---

4 [옮긴이] 클래스의 기본 생성자(매개변수 없는) 이외의 매개변수를 받는 생성자를 대체 생성자라고 한다.

사례는 많지 않다. 그러나 들어오는 매개변수의 보호를 위한 복사본을 만들어야 하는 경우와 같은 일부 상황에서는 이 작업이 필요하다. 따라서 컴파일러는 명시적인 정식 생성자를 허용하지만, 이 접근 방식을 사용하기 전에 매우 신중하게 생각해야 한다.

`record`는 논리적이고 일관된 방식으로 자바의 기존 타입 시스템에 어울리는 튜플 버전인 단순한 데이터 캐리어로 설계됐다. 이렇게 하면 많은 애플리케이션에서 도메인 클래스를 더 명확하고 작게 만들 수 있다. 또한 팀이 기본 패턴의 많은 수작업 코딩 구현을 제거하는 데 도움이 된다. 또한 롬복Lombok과 같은 라이브러리의 필요성을 줄이거나 제거할 수 있다.

이미 많은 개발자들이 `record`를 사용하기 시작하면서 상당한 개선 효과를 보고 있다. 또한 자바 17에 추가된 또 다른 새로운 기능인 `sealed` 타입과도 매우 잘 결합된다.

3.4 sealed 타입

자바의 열거형은 잘 알려진 언어 기능이다. 이를 통해 프로그래머는 효과적으로 해당 유형이 가질 수 있는 모든 값을 타입세이프한 상수들로 구성된 유한 집합으로 모델링할 수 있다.

FX 예제를 계속 진행하기 위해 다양한 타입의 주문을 나타내는 `OrderType` 열거형을 생각해보겠다.

```
enum OrderType {
    MARKET,
    LIMIT
}
```

이것은 현재 최고가를 취하는 '시장가' 주문과 특정 가격이 있을 때만 체결하는 '지정가' 주문, 이렇게 두 가지 FX 주문 타입을 나타낸다. 플랫폼은 자바 컴파일러가 클래스 타입의 특수한 형식을 자동으로 생성하도록 해서 열거형을 구현한다.

NOTE 실제로 런타임은 열거형 클래스들이 직접적으로 상속하는 `java.lang.Enum` 라이브러리 타입을 다른 클래스들과는 약간 다른 방식으로 처리한다. 그러나 이에 대한 자세한 내용은 지금 우리에게 중요하지 않다.

이 열거형을 디컴파일해서 컴파일러가 생성한 것을 확인해보자.

```
$ javap -c -p OrderType.class
final class OrderType extends java.lang.Enum<OrderType> {
  public static final OrderType MARKET;

  public static final OrderType LIMIT;

  ...
  // Private constructor
}
```

클래스 파일 내에서 열거형의 가능한 모든 값은 `public static final` 변수로 정의되며 생성자는
`private`이므로 추가적인 인스턴스를 생성할 수 없다.

사실상 열거형은 싱글톤 패턴의 일반화와 비슷하지만, 클래스의 인스턴스가 하나만 있는 것이 아
니라 유한한 개수가 있다는 점이 다르다. 이 패턴은 특히 널이 아닌 `OrderType` 객체가 주어졌을 때
그것이 `MARKET` 인스턴스인지 `LIMIT` 인스턴스인지 확실히 알 수 있는 완전성exhaustiveness[5] 개념을
제공하기 때문에 매우 유용하다.

하지만 자바 11에서 다양한 주문을 모델링하고 싶다고 가정해보겠다. 이 경우 두 가지 대안 중 하
나를 선택해야 한다. 첫째, 실제 타입을 보유하는 상태 필드를 가진 단일 구현 클래스(또는 레코드)
인 `FXOrder`를 선택할 수 있다. 이 패턴은 상태 필드가 열거형이고 이 객체가 실제로 어떤 타입을
의미하는지를 나타내는 정보를 제공함으로써 작동한다. 이 패턴은 필드가 가질 수 있는 모든 타입
의 경우를 애플리케이션 프로그래머가 일일이 체크하고 추적해야 하므로 차선책이 될 수 있다. 또
는 기본 추상 클래스인 `BaseOrder`를 선언하고 이를 서브클래싱해서 구체적인 타입인 `MarketOrder`
와 `LimitOrder`를 가지도록 할 수 있다.

이 경우 문제는 자바가 항상 기본적으로 확장 가능한open inheritance 언어로 설계됐다는 것이다. 클
래스는 한 번 컴파일되면 하위 클래스는 몇 년이나 심지어 수십 년 후에 만들어져 컴파일될 수 있
다. 자바 11부터, 자바 언어에서 허용되는 클래스 상속 구조는 기본적으로 확장 가능한 상속과 상
속 불가(`final`) 두 가지다.

클래스는 `package-private`(패키지 비공개) 생성자를 선언할 수 있는데, 이는 사실상 `package-`
`mates`(패키지 메이트)에 의해서만 확장될 수 있다는 의미이지만, 런타임에서 사용자가 플랫폼의 일

---

[5] [옮긴이] 패턴 매칭 또는 조건 분기문에서 모든 가능한 경우를 처리한 것을 의미한다. 즉 모든 가능한 경우를 커버해서 누락된 경우
가 없도록 하는 것이다.

부가 아닌 패키지에 새로운 클래스를 생성하는 것을 막을 수 없으므로 이는 기껏해야 불완전한 보호 기능에 불과한다.

만약 `BaseOrder` 클래스를 정의한다면, 제3자가 `BaseOrder`를 상속하는 `EvilOrder` 클래스를 생성하는 것을 막을 수 없다. 더 심각한 문제는, 이러한 원하지 않는 확장은 `BaseOrder` 타입이 컴파일된 후 몇 년 또는 수십 년이 지난 후에 발생할 수 있다는 점이다. 이는 극도로 바람직하지 않다.

결론적으로, 지금까지 개발자들은 제약이 있었기 때문에 필드를 사용해서 `BaseOrder`의 실제 타입을 보관하는 방법을 사용했다. 그렇지 않으면 앞으로 발생할 수 있는 문제를 대비할 수 없었다. 하지만 자바 17은 상속을 더 세밀하게 제어할 수 있는 새로운 방법으로 상황을 변경했다. 바로 `sealed` 타입이다.

NOTE 이 기능은 다른 여러 프로그래밍 언어에도 다양한 형태로 존재하며, 실제로는 꽤 오래된 아이디어이지만 최근 몇 년 동안 일종의 유행처럼 번지고 있다.

자바에서 `sealed`가 표현하는 개념은 타입을 확장할 수 있지만 알려진(지정된) 하위 타입들에 의해서만 확장할 수 있고, 다른 하위 타입들은 확장할 수 없다는 개념이다. `Pet` 클래스의 간단한 예제로 새로운 구문을 살펴보겠다(잠시 후 FX 예제로 돌아가겠다).

```java
public abstract sealed class Pet {
    private final String name;

    protected Pet(String name) {
        this.name = name;
    }

    public String name() {
        return name;
    }

    public static final class Cat extends Pet {
        public Cat(String name) {
            super(name);
        }

        void meow() {
            System.out.println(name() +" meows");
        }
    }
}
```

```
    public static final class Dog extends Pet {
        public Dog(String name) {
            super(name);
        }

        void bark() {
            System.out.println(name() +" barks");
        }
    }
}
```

클래스 Pet은 sealed로 선언돼 있으며, 이는 이전까지 자바에서 허용되지 않은 키워드다. sealed
로 선언된 경우, 해당 클래스는 현재의 컴파일 유닛 내에서만 확장될 수 있다. 따라서 하위 클래스
는 현재 클래스 또는 소스 파일의 비공유 클래스 내에 중첩돼야 한다. 또한 Pet을 abstract로 선
언한 이유는 일반적인 Pet 인스턴스는 필요하지 않고, 오직 Pet.Cat과 Pet.Dog 객체만을 원하기
때문이다. 이는 앞서 설명한 객체지향object-oriented, OO 모델링 패턴을 깔끔한 방식으로 구현할 수
있으며, 앞서 논의했던 단점 없이 원하는 결과를 얻을 수 있다.

sealed는 인터페이스에도 사용할 수 있는데, 실제로는 클래스 형식보다는 인터페이스 형식이 더
널리 사용될 가능성이 높다. sealed를 사용해서 다양한 타입의 FX 주문을 모델링할 때 어떤 일이
발생하는지 살펴보겠다.

```
public sealed interface FXOrder permits MarketOrder, LimitOrder {
    int units();
    CurrencyPair pair();
    Side side();
    LocalDateTime sentAt();
}

public record MarketOrder(int units,
                          CurrencyPair pair,
                          Side side,
                          LocalDateTime sentAt,
                          boolean allOrNothing) implements FXOrder {

    // 생성자와 팩토리들은 생략됨
}

public record LimitOrder(int units,
                         CurrencyPair pair,
                         Side side,
```

```
                        LocalDateTime sentAt,
                        double price,
                        int ttl) implements FXOrder {

    // 생성자와 팩토리들은 생략됨
}
```

여기서 주목해야 할 몇 가지 사항이 있다. 첫째, `FXOrder`는 이제 `sealed` 인터페이스다. 둘째, 개발자가 이 `sealed` 인터페이스를 구현할 수 있는 클래스들을 나열할 수 있도록 해주는, 두 번째 새로운 키워드인 `permits`의 사용을 볼 수 있으며, 해당 구현 클래스들은 `records`다.

NOTE `permits`를 사용할 때 구현 클래스는 동일한 파일 내에 있을 필요가 없으며 별도의 컴파일 단위가 될 수 있다.

마지막으로 좋은 보너스가 있다. `MarketOrder`와 `LimitOrder`는 제대로 된 클래스이므로 해당 타입에 맞는 동작을 가질 수 있다. 예를 들어 시장가 주문은 즉시 이용 가능한 최적의 가격을 취하며 가격을 지정할 필요가 없다. 반면 지정가 주문은 주문이 수락될 가격과 이를 달성하기 위해 대기할 시간(지정가 또는 지정가 대기시간, TTL)을 지정해야 한다. 필드를 사용해서 객체의 '실제 타입'을 표시하는 방법을 사용했다면 모든 다른 타입에 대한 메서드들이 기본 타입에 있어야 하거나 보기 흉한 다운캐스트를 사용해야 하기 때문에 이 작업이 간단하지 않았을 것이다.

이제 이러한 타입으로 프로그래밍하면 발생 가능한 모든 `FXOrder` 인스턴스는 `MarketOrder` 또는 `LimitOrder`여야 한다는 것을 알 수 있다. 게다가 컴파일러도 이 정보를 사용할 수 있다. 라이브러리 코드는 이제 이 두 가지 경우만 있다고 안전하게 가정할 수 있으며, 이를 사용하는 클라이언트 코드가 이 가정을 위반할 수 없다.

자바의 객체지향 모델은 타입 간의 관계에 대한 가장 기본적인 두 가지 개념을 나타낸다. 구체적으로는 '타입 X는 Y의 일종(IS-A)'과 '타입 X는 Y를 가지고 있음(HAS-A)'이다. `sealed` 타입은 이전에 자바에서 모델링할 수 없었던 객체지향 개념인 '타입 X는 Y 또는 Z 중 하나(IS-EITHER-A)'를 나타낸다.

또는 다른 관점에서 보면 `sealed` 타입은 다음과 같다.

- 최종(`final`) 클래스와 공개(`open`) 클래스 사이의 중간 지점으로 생각할 수도 있다.
- 인스턴스 대신 타입에 적용된 열거형 패턴으로 생각할 수도 있다.

객체지향 프로그래밍의 이론적인 측면에서, 이들은 가능한 타입의 집합이 Y와 Z의 합집합인 새로운 형식적인 관계를 나타낸다. 이는 다양한 언어에서 **합집합 타입**union type 또는 **합 타입**sum type으로 알려져 있지만, C의 `union`과 다르다. 혼동하지 말자.

예를 들어 스칼라 프로그래머는 케이스 클래스와 자체 버전의 `sealed` 키워드를 사용해 유사한 아이디어를 구현할 수 있다(이 아이디어에 대한 코틀린의 관점은 나중에 살펴볼 예정이다).

JVM 외에 러스트 언어에서도 `enum` 키워드를 사용해서 열거형 타입을 참조하기는 하지만 **분리 합집합 타입**disjoint union type이라는 개념을 제공하므로 자바 프로그래머에게는 매우 혼동스러울 수 있다. 함수형 프로그래밍 세계에서는 일부 언어(예: 하스켈)가 **대수적 데이터 타입**algebraic data type[6]이라는 기능을 제공하며, 이는 합집합 타입을 특수한 경우로 포함한다. 실제로 `sealed` 타입과 `records`의 조합은 자바 17에서도 이 기능의 버전을 제공한다.

언뜻 보기에 이런 타입들은 자바에서 완전히 새로운 개념처럼 보이지만 열거형과 매우 유사하기 때문에 많은 자바 프로그래머에게 좋은 출발점이 될 것이다. 사실 이러한 타입과 유사한 것이 이미 한곳에 존재하는데, 바로 다중 `catch` 구문에서의 예외exception 매개변수의 타입이다.

JLS(JLS 11, 섹션 14.20)에서는 다음과 같이 명시한다.

> D1 | D2 | ... | Dn과 같이 일련의 타입들(합집합)을 표현하는 예외 매개변수의 선언된 타입은 lub(D1, D2, ..., Dn)이다.

그러나 다중 `catch`의 경우, 실제 합집합 타입은 로컬 변수의 타입으로 명시할 수 없으며, 표기할 수 없다nondenotable. 다중 `catch`에서 실제 합집합 타입으로 타입이 지정된 로컬 변수를 만들 수 없다.

자바의 `sealed` 타입에 대해 마지막으로 한 가지 짚고 넘어가야 할 점은 허용된 모든 타입이 확장하는 베이스 클래스(또는 허용된 모든 타입이 구현해야 하는 공통의 인터페이스)가 있어야 한다는 것이다. `String` 및 `Integer` 타입은 `Object`를 제외하고는 공통 상속 관계가 없으므로 '문자열string 또는 정수integer 중 하나'인 타입은 표현할 수 없다.

[NOTE] 일부 다른 언어에서는 **일반 합집합 타입**general union type을 구성할 수 있지만 자바에서는 불가능하다.

---

6 [옮긴이] 프로그래밍 언어에서 변수의 형태를 정의하는 방법 중 하나로, 여러 다른 타입을 조합해서 새로운 자료형을 만드는 개념이다. 대표적으로 합집합 타입 또는 합 타입, 곱 타입(product type)이 있다.

이제 자바 17에서 제공하는 또 다른 새로운 언어 기능인 `instanceof` 키워드의 새로운 형식에 대해 살펴보겠다.

3.5 instanceof의 새로운 형식

자바 1.0부터 언어의 일부로 사용돼 왔음에도 불구하고 `instanceof` 연산자는 때때로 일부 자바 개발자들로부터 악평을 받기도 한다. 가장 간단한 형식으로, 이 연산자는 간단한 테스트를 제공한다. `x instanceof Y`는 값 `x`를 `Y` 유형의 변수에 할당할 수 있으면 `true`를 반환하고, 그렇지 않으면 `false`를 반환한다(`null instanceof Y`는 모든 `Y`에 대해 `false`를 반환한다).

이 정의는 객체의 타입과 매개변수 타입의 선택에서 정확성이 부족하다는 것을 의미하기 때문에 객체지향 설계를 훼손하는 것으로 조롱받기도 했다. 그러나 실제로는 개발자가 컴파일 시점에 완전히 알 수 없는 유형을 가진 객체에 직면해야 하는 경우도 있다. 예를 들어 알려진 정보가 거의 또는 전혀 없는 리플렉션을 통해 얻은 객체를 생각해보자.

이러한 상황에서는 `instanceof`를 사용해서 타입이 예상대로인지 확인한 다음 다운캐스트를 수행하는 것이 바람직하다. `instanceof` 테스트는 런타임에 형 변환이 `ClassCastException`을 발생시키지 않기 위한 보호 조건을 제공한다. 결과 코드는 다음 예제와 같다.

```
Object o = // ...
if (o instanceof String) {
    String s = (String)o;
    System.out.println(s.length());
} else {
    System.out.println("Not a String");
}
```

개발자의 관점에서 보면 자바 17에서 사용할 수 있는 새로운 `instanceof` 기능은 매우 간단하다. 다음과 같이 형 변환하지 않아도 되는 방법을 제공하기 때문이다.

```
if (o instanceof String s) {           s가 이 분기의 범위 내에
    System.out.println(s.length());     존재한다.
} else {
    System.out.println("Not a String");  s가 else 브랜치에서 범위 내에
                                         존재하지 않는다.
}

// ... 다른 코드들       if 문이 끝나면 s는 범위 내에
                        존재하지 않는다.
```

중요하지 않아 보일 수 있지만, 이 기능의 JEP 명칭에서 중요한 단서를 얻을 수 있다. JEP 394는 'instanceof에 대한 패턴 매칭'이라는 제목을 가지고 있으며, **패턴**pattern이라는 새로운 개념을 소개한다.

[NOTE] 이것은 텍스트 처리 및 정규 표현식에서 사용되는 패턴 매칭과는 다른 용도로 사용된다는 점을 이해하는 것이 매우 중요하다.

이 맥락에서 패턴이란 다음 두 가지의 조합이다.

1. 값에 적용될 술어(일명 테스트)
2. 값에서 추출할 로컬 변수 집합(패턴 변수라고 함)

핵심은 술어가 값에 적용된 경우에만 **패턴 변수**pattern variable가 추출된다는 것이다.

자바 17에서는 instanceof 연산자가 타입이나 **타입 패턴**type pattern을 받도록 확장됐으며, 여기서 타입 패턴은 타입을 지정하는 술어와 단일 패턴 변수로 구성된다.

[NOTE] 다음 절에서 타입 패턴에 대해 더 자세히 알아볼 것이다.

지금 당장은 업그레이드된 instanceof가 그다지 중요해 보이지는 않지만, 자바 언어에서 패턴이 등장한 것은 이번이 처음이며 앞으로 더 많은 용도로 활용될 것이다. 이것은 첫 걸음에 불과하다.

새로운 자바 17 언어 기능 탐험을 마치고, 프리뷰 기능에 대한 주제로 돌아가보자.

3.6 패턴 매칭과 프리뷰 기능

1장에서 프리뷰 기능의 개념을 소개했지만, 자바 11에는 프리뷰 기능이 없었기 때문에 좋은 예제를 제시할 수 없었다. 이제 자바 17에 대해 이야기하고 있으니 프리뷰에 대한 논의를 계속할 수 있다.

사실 이 장에서 살펴본 switch 표현식, records, sealed 타입 등 새로운 언어 기능은 모두 동일한 생명 주기를 거쳤다. 프리뷰 기능으로 시작해서 한 차례 이상의 공개 프리뷰를 거친 후 최종 기능으로 제공됐다. 예를 들어 sealed 클래스는 자바 15에서 프리뷰로 제공됐고, 16에서 다시 한번 프리뷰로 제공된 후 자바 17 장기 지원 버전에서 최종 기능으로 제공됐다.

이번 절에서는 instanceof에서 switch로 패턴 매칭을 확장하는 프리뷰 기능을 살펴보겠다. 자바 17에는 이 기능이 포함돼 있지만 첫 프리뷰 버전으로만 제공된다(프리뷰 기능에 대한 자세한 내용은

1장 참조). 문법은 최종 릴리스 전에 변경될 수 있다(패턴 매칭의 경우, 가능성이 거의 없지만 기능이 철회될 수도 있다).

알 수 없는 타입의 객체를 처리해야 하는 일부 코드를 개선하기 위해 패턴 매칭을 사용하는 간단한 경우를 살펴보겠다. instanceof의 새로운 형식을 사용해서 다음과 같은 검증 코드를 작성할 수 있다.

```
Object o = // ...

if (o instanceof String s) {
    System.out.println("String of length:"+ s.length());
} else if (o instanceof Integer i) {
    System.out.println("Integer:"+ i);
} else {
    System.out.println("Not a String or Integer");
}
```

하지만 이렇게 작성하면 코드가 불편하고 장황해진다. 대신 우리는 switch 표현식에 타입 패턴을 도입할 수 있으며, 이미 있는 instanceof 불리언 표현식과 함께 사용할 수 있다. 현재 (자바 17) 프리뷰 기능의 구문을 사용하여 이전 코드를 간단한 형태로 다시 작성할 수 있다.

```
var msg = switch (o) {
    case String s      -> "String of length:"+ s.length();
    case Integer i     -> "Integer:"+ i;
    case null, default -> "Not a String or Integer";    ◀── 이제 null을 case 레이블로 사용해
};                                                           NullPointerException의 가능성을
System.out.println(msg);                                     방지할 수 있다.
```

이와 같은 코드를 실험해보고 싶은 개발자를 위해 프리뷰 기능을 사용해 빌드하고 실행하는 방법을 설명하겠다. 앞의 예제와 같은 프리뷰 기능을 사용하는 코드를 컴파일하려고 하면 다음과 같이 오류가 발생한다.

```
$ javac ch3/Java17Examples.java
ch3/Java17Examples.java:68: error: patterns in switch statements are a
  preview feature and are disabled by default.

        case String s -> "String of length:"+ s.length();
             ^
```

```
(use --enable-preview to enable patterns in switch statements)
1 error
```

컴파일러에서 프리뷰 기능을 활성화해야 할 수도 있다고 힌트를 주는 플래그를 활성화한 상태로
다시 시도한다.

```
$ javac --enable-preview -source 17 ch3/Java17Examples.java
Note: ch3/Java17Examples.java uses preview features of Java SE 17.
Note: Recompile with -Xlint:preview for details.
```

런타임에서도 내용은 비슷하다.

```
$ java ch3.Java17Examples
Error: LinkageError occurred while loading main class ch3.Java17Examples
    java.lang.UnsupportedClassVersionError: Preview features are not enabled
  for ch16/Java17Examples (class file version 61.65535). Try running with
  '--enable-preview'
```

마지막으로 프리뷰 플래그를 추가하면 코드가 최종적으로 실행된다.

```
$ java --enable-preview ch13.Java17Examples
```

프리뷰 기능을 계속 활성화해야 하는 것은 번거롭지만, 미완성된 기능을 사용하는 코드가 프로덕
션 환경으로 빠져나가 문제를 일으키지 않도록 개발자를 보호하기 위한 조치다. 마찬가지로 런타
임 플래그 없이 프리뷰 기능이 포함된 클래스를 실행하려고 할 때 표시되는 클래스 파일 버전에
대한 메시지에 주목할 필요가 있다. 명시적으로 프리뷰 기능을 사용하여 컴파일한 경우, 표준 클
래스 파일을 얻지 못하므로 대부분의 팀은 프로덕션 환경에서 해당 코드를 실행해서는 안 된다.

자바 17의 패턴 매칭 프리뷰 버전에는 Sealed 타입과 긴밀하게 통합할 수 있는 기능도 있다. 특히,
패턴은 Sealed 타입이 표시 가능한 유형을 독점적으로 제공한다는 사실을 활용할 수 있다. 예를
들어 FX 주문의 응답을 처리할 때 다음과 같은 기본 타입이 있을 수 있다.

```
public sealed interface FXOrderResponse
        permits FXAccepted, FXFill, FXReject, FXCancelled {
    LocalDateTime timestamp();
```

```
    long orderId();
}
```

이를 switch 표현식 및 타입 패턴과 결합해서 다음과 같은 코드를 만들 수 있다.

```
FXOrderResponse resp = // ... response from market
var msg = switch (resp) {
    case FXAccepted a  -> a.orderId() + " Accepted";
    case FXFill f      -> f.orderId() + " Filled "+ f.units();
    case FXReject r    -> r.orderId() + " Rejected: "+ r.reason();
    case FXCancelled c -> c.orderId() + " Cancelled";
    case null          -> "Order is null";
};
System.out.println(msg);
```

주의할 점은 ①이 코드가 명시적으로 case null을 포함시켜서 이 코드가 null-safe하게 작동하도록 하고, NullPointerException이 발생하지 않도록 한다. ② default가 필요하지 않는다는 점이다. 두 번째 요점은 컴파일러가 FXOrderResponse의 허용된 모든 하위 타입을 검사할 수 있으며 반드시 하나와 일치한다는 결론을 내릴 수 있기 때문에, 발생할 수 있는 모든 가능성을 포괄하므로 default는 모든 경우에서 죽은 코드가 된다. 전체가 일치하지 않고 case에 일부 발생 가능성이 누락된 경우에만 default가 필요하다.

첫 번째 프리뷰에는 불리언 조건(가드)으로 패턴을 꾸밀 수 있는 **가드 패턴**guard pattern도 포함돼 있는데, 패턴의 술어와 가드가 모두 참인 경우에만 전체 패턴이 일치한다. 예를 들어 대량 체결된 주문의 상세 정보만 보고 싶다고 가정해보겠다. 이전 예제의 FXFill 케이스를 다음과 같은 코드로 변경할 수 있다.

```
case FXFill f && f.units() < 100 -> f.orderId() + " Small Fill";
case FXFill f                    -> f.orderId() + " Fill "+ f.units();
```

더 구체적인 경우(100단위 미만의 소액 주문)에 먼저 테스트되고 실패할 경우에만 다음 case, 즉 가드가 없는 FXFill 매칭 여부를 판단한다는 점에 유의하자. 패턴 변수는 이미 모든 가드 조건의 범위 내에 있다. 18장에서 자바의 미래에 대해 논의할 때 패턴 일치로 돌아가 자바 17에 제때 포함되지 못한 몇 가지 기능에 대해 이야기하겠다.

요약

- 자바 17에는 개발자가 코드에서 즉시 활용할 수 있는 여러 가지 새로운 기능이 도입됐다.

  - 여러 줄 문자열을 위한 `Text` 블록

  - 더욱 현대적인 `switch` 사용을 위한 `switch` 표현식

  - 투명한 데이터를 담은 그릇으로서의 `records`

  - `sealed` 타입: 중요한 새로운 객체지향 모델링 개념

  - 패턴 매칭: 자바 17에서 아직 완전히 제공하지는 않지만 향후 버전에서 언어가 나아갈 방향을 명확하게 보여준다.

한 발 더 들어가기

2부에서는 JVM이 실제로 어떻게 작동하는지 살펴본다. 먼저 클래스 로딩부터 살펴보겠다. 많은 자바 개발자는 JVM이 실제로 클래스를 로드, 링크, 검증하는 방법을 잘 이해하지 못한다. 이로 인한 일종의 클래스로더 충돌로 인해 일부 클래스의 '잘못된' 버전이 실행될 때 좌절감에 부딪히고 시간 낭비를 초래한다.

자바 클래스 파일의 내부를 자세히 들여다보고 바이트코드가 담고 있는 것을 자세히 살펴볼 수 있는 것은 강력한 디버깅 기술이다. 바이트코드를 탐색하고 바이트코드의 의미를 이해하기 위해 `.javap`을 사용하는 방법을 살펴본다.

다음으로 하드웨어에서 일어나는 멀티코어 CPU의 혁명을 이해하게 될 것이다. 자바 개발자는 자바의 동시성 기능에 대해 잘 알고 있어야 한다. 5장과 6장에서는 최신 프로세서를 최대한 활용하는 방법을 알려준다. 먼저 동시성 이론과 2006년(자바 5) 이후 자바가 동시성 프로그래밍을 위해 도입한 빌딩 블록을 살펴본다. 자바 메모리 모델과 해당 모델에서 스레딩과 동시성이 구현되는 방식에 대해 배운다.

일정한 이론을 습득한 후, 자바에서 동시성 개발을 위한 현대적인 구조를 제공하는 `java.util.concurrent` 패키지의 기능을 안내한다.

성능 튜닝은 과학이 아닌 예술로 여겨지는 경우가 많으며, 성능 문제를 추적하고 수정하는 데는 개발 팀에 엄청난 시간과 노력이 필요하다. 이 파트의 마지막 장인 7장에서는 추측이 아니라 측정해야 하며, '속설에 따른 튜닝'은 잘못된 방법이라는 것을 알려준다. 성능 문제의 핵심에 빠르게 도달할 수 있는 과학적 접근 방식을 배우게 된다.

특히 성능에 영향을 미치는 JVM의 두 가지 주요 부분인 가비지 컬렉션과 JIT 컴파일러에 대해 집중적으로 다룬다. 다른 성능 지식들 중에서는 가비지 컬렉션 로그를 읽는 방법과 VisualVM(jvisualvm)이라는 무료 자바 도구를 사용해서 메모리 사용량을 분석하는 방법을 배우게 된다.

2부가 끝나면 더 이상 IDE에 있는 소스 코드만 생각하는 개발자가 되지는 않을 것이다. 자바와 JVM이 내부에서 어떻게 작동하는지 알게 될 것이며, 현존하는 가장 강력한 범용 가상머신을 최대한 활용할 수 있게 될 것이다.

PART II

Under the hood

클래스 파일과 바이트코드

● ●

이 장의 주요 내용

■ 클래스 로딩

■ 리플렉션

■ 클래스 파일의 구조

■ JVM 바이트코드와 이것이 중요한 이유

● ●

기반을 탄탄히 다진 자바 개발자가 되기 위한 확실한 방법 중 하나는 플랫폼의 작동 방식에 대한 이해도를 높이는 것이다. 클래스 로딩 및 JVM 바이트코드의 특성과 같은 핵심 기능에 익숙해지면 이러한 목표를 달성하는 데 큰 도움이 될 것이다.

고급 자바 개발자가 직면할 수 있는 다음 시나리오를 생각해보자. **스프링**Spring과 같은 **의존성 주입** dependency injection, DI 기술을 많이 사용하는 애플리케이션이 있는데, 시작 시 문제가 발생해서 알 수 없는 오류 메시지와 함께 실패한다고 가정해보자. 문제가 단순한 구성 오류를 넘어선다면 문제를 추적하기 위해 DI 프레임워크가 어떻게 구현되는지 이해해야 한다. 즉 클래스 로딩을 이해해야 한다.

또는 거래 중인 공급업체가 폐업했다고 가정해보겠다. 소스 코드 없이 컴파일된 코드와 패치된 문서만 남게 된다. 컴파일된 코드를 탐색하고 그 안에 무엇이 포함되는지 어떻게 확인할 수 있을까?

가장 간단한 애플리케이션조차 `ClassNotFoundException` 또는 `NoClassDefFoundError`로 실패할 수 있지만, 많은 개발자는 이러한 예외가 무엇인지, 그 차이점은 무엇인지, 심지어 왜 발생하는지조차 모른다.

이 장에서는 이런 문제의 근간이 되는 플랫폼적인 측면에 초점을 맞춘다. 또한 몇 가지 고급 기능에 대해서도 설명할 예정이지만, 자세히 살펴보고 싶은 독자들을 위한 것이므로 아직 필요하지 않다면 건너뛰어도 좋다.

먼저, 클래스 로딩에 대한 개요로 시작하겠다. 클래스 로딩은 JVM이 실행 중인 프로그램에서 새로운 타입을 찾아 활성화하는 과정을 말한다. 이에 관련한 중요한 주제는 JVM에서 타입을 나타내는 `Class` 객체다. 다음으로, 이러한 개념이 어떻게 리플렉션(또는 **코어 리플렉션**core reflection)이라는 주요 언어 기능으로 구축되는지 살펴볼 것이다.

그다음으로 **클래스 파일**class file을 검사하고 분석하는 도구에 대해 설명한다. JDK와 함께 제공되는 `javap`를 참조 도구로 사용한다. 이 클래스 파일 해부 수업이 끝나면 바이트코드로 넘어가겠다. JVM 명령 코드(opcode) 그룹을 다루고 런타임이 저수준에서 어떻게 동작하는지 살펴볼 것이다.

먼저 실행 중인 JVM 프로세스에 새로운 클래스를 통합하는 프로세스인 **클래스 로딩**class loading에 대해 알아보겠다. 이 절에서는 먼저 자바 8과 이전 버전에서 수행했던 클래식 클래스 로딩의 기본 사항에 대해 설명한다. 이 장의 뒷부분에서는 모듈형 JVM의 등장으로 인해 클래스 로딩에 어떤 (작은) 변화가 생겼는지에 대해 설명한다.

4.1 클래스 로딩과 클래스 객체

.class 파일은 필드, 메서드, 상속 정보, 애너테이션, 기타 메타데이터로 구성된 JVM에서의 타입을 정의한다. 클래스 파일 포맷은 표준에 잘 설명돼 있으며, JVM에서 실행하려는 모든 언어는 이 형식을 준수해야 한다.

> **NOTE** 클래스는 자바 플랫폼이 이해하고, 받아들이고, 실행하는 프로그램 코드의 기본 단위다.

초보 자바 개발자의 입장에서는 클래스 로딩 메커니즘의 많은 부분이 보이지 않는다. 개발자가 실행 가능한 JAR 파일이나 기본 애플리케이션 클래스의 이름(클래스 패스에 있어야 함)을 제공하면 JVM이 해당 클래스를 찾아서 실행한다.

모든 애플리케이션 의존성(예: JDK 이외의 라이브러리)도 클래스 패스에 있어야 하는데, JVM은 이러한 의존성도 찾아서 로드한다. 그러나 자바 사양에는 이 작업을 애플리케이션 시작 시 수행해야 하는지 아니면 필요에 따라 나중에 수행해야 하는지는 명시돼 있지 않다.

[NOTE] 자바 클래스 로딩 시스템이 사용자에게 제공하는 API는 매우 간단하다. 많은 복잡성이 의도적으로 숨겨져 있다. 이 장의 뒷부분에서 개발자가 사용할 수 있는 API에 대해 설명하겠다.

아주 간단한 예부터 시작해보자.

```
Class<?> clazz = Class.forName("MyClass");
```

이 코드 조각은 MyClass라는 클래스를 현재 실행 상태로 로드한다. JVM의 관점에서 볼 때 이를 위해서는 여러 단계를 수행해야 한다. 먼저 MyClass라는 이름에 해당하는 클래스 파일을 찾은 다음, 해당 파일에 포함된 클래스를 해석한다. 이러한 단계는 네이티브 코드에서 수행되며, 핫스폿에서는 JVM_DefineClass()라는 네이티브 메서드가 이를 담당한다.

실제 프로세스는 높은 수준에서 네이티브 코드가 JVM의 내부 표현internal representation[1](이를 klass라고 하며 자바 객체가 아니다. 17장에서 제대로 다루겠다)을 빌드하는 것이다. 그다음 클래스 파일에서 klass를 성공적으로 추출하면, JVM은 klass의 자바 **미러**mirror를 생성하고 이는 Class 객체로 자바 코드에 반환된다.

그 후 실행 중인 시스템에서 해당 타입을 나타내는 Class 객체를 사용할 수 있으며, 해당 클래스의 새로운 인스턴스를 생성할 수 있다. 앞선 예제에서 clazz는 MyClass 타입에 해당하는 Class 객체를 보유하게 된다. 그러나 klass는 자바 객체가 아닌 JVM 내부 객체여서 clazz가 보유할 수 없다.

[NOTE] 동일한 프로세스가 메인 애플리케이션 클래스, 그에 따른 의존성과 프로그램 시작 후 필요한 다른 모든 클래스에서도 사용된다.

이 절에서는 JVM의 관점에서 단계를 좀 더 자세히 다루고, 전체 프로세스를 제어하는 객체인 클래스로더에 대해 소개한다.

---

1   옮긴이 예를 들어 클래스 파일을 JVM이 이해할 수 있는 구조로 변환하고, 클래스를 메모리에 로드하고 초기화하는 등의 작업이다. 이러한 작업은 네이티브 코드에서 수행되며, JVM 내부에서 사용되는 데이터 구조를 구축해서 JVM이 자바 프로그램을 실행할 수 있도록 한다.

4.1.1 로딩과 링킹

JVM을 바라보는 한 가지 방법은 실행 컨테이너라고 보는 것이다. 이 관점에서 JVM의 목적은 클래스 파일을 소비하고 그 안에 포함된 바이트코드를 실행하는 것이다. 이를 위해 JVM은 클래스 파일의 내용을 바이트 데이터 스트림으로 조회해서 사용 가능한 형태로 변환한 후 실행 상태에 추가해야 한다. 이것이 바로 여기서 설명하는 프로세스다.

이 다소 복잡한 프로세스는 여러 가지 방법으로 나눌 수 있지만, 여기서는 **로딩**loading과 **링킹**linking 로 나눈다.

NOTE 로딩과 링킹에 대한 논의는 핫스팟 코드에 특정한 몇 가지 세부 사항을 언급하지만, 다른 구현체들에서도 비슷한 작업을 수행해야 한다.

첫 번째 단계는 클래스 파일을 구성하는 바이트의 데이터 스트림을 가져오는 것이다. 이 프로세스는 파일 시스템에서 읽어오는 바이트 배열로 시작한다(물론 다른 방법으로 읽어오는 것도 가능하다).

일단 스트림을 확보한 후에는 스트림을 파싱해서 유효한 클래스 파일 구조를 포함하고 있는지를 확인해야 한다(이를 **형식 검사**format checking라고도 함). 포함한다면 후보 klass가 생성된다. 여기에서 후보 klass가 작성되는 동안 몇 가지 기본적인 검사(예: 로드 중인 클래스가 실제로 선언된 슈퍼클래스에 액세스할 수 있는가? `final` 메서드를 재정의하려고 시도하는가?)가 수행된다.

로딩 프로세스가 끝나도 클래스에 해당하는 데이터 구조는 아직 다른 코드에서 사용할 수 없으며, 특히 완전히 기능이 구현된 klass가 아니다.

따라서 이제 클래스를 링크한 후 초기화해야 사용할 수 있다. 논리적으로 이 단계는 검증, 준비, 해결 이렇게 세 가지 하위 단계로 나뉜다. 그러나 실제 구현에서는 코드가 깔끔하게 분리되지 않을 수 있으므로 소스 코드를 읽을 계획이라면, 여기에 제공된 설명은 프로세스에 대한 개략적 또는 개념적 설명이며 실제 구현 코드와 정확한 상관관계가 없다는 점에 유의하자.

이를 염두에 두고 이야기를 이어가자면, 검증은 클래스가 자바 사양의 요구 사항을 준수하고 실행 중인 시스템에 런타임 오류나 기타 문제를 일으키지 않는지 확인하는 단계로 이해할 수 있다. 이런 링킹 단계 간의 관계는 그림 4.1에서 볼 수 있다.

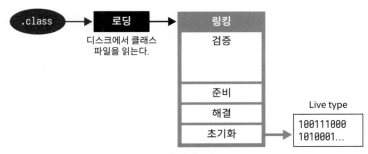

그림 4.1 로딩과 링킹(링킹의 하위 단계 포함)

각 단계를 차례로 살펴보겠다.

① 검증

검증verification은 여러 가지 독립적인 문제로 구성된 매우 복잡한 프로세스다. 예를 들어 JVM은 상수 풀에 포함된 기호 정보(4.3.3절에서 자세히 설명함)가 자체 일관성이 있고 상수에 대한 기본 동작 규칙을 준수하는지 확인해야 한다.

또 다른 주요 관심사이자 검증에서 가장 복잡한 부분은 메서드의 바이트코드를 확인하는 것이다. 여기에는 바이트코드가 제대로 동작하면서 JVM의 환경 제어를 우회하지 않는지 확인하는 것이 포함된다.

수행되는 몇 가지 주요 검사는 다음과 같다.

- 바이트코드가 허용되지 않거나 악의적인 방법으로 스택을 조작하려고 시도하지 않는지 확인한다.
- 모든 분기 명령어(예: `if` 또는 루프)에 적절한 대상 명령어가 있는지 확인한다.
- 메서드가 올바른 정적 유형의 매개변수 수로 호출되는지 확인한다.
- 로컬 변수에 적절한 타입의 값만 할당됐는지 확인한다.
- 던질 수 있는 각 예외에 적절한 캐치 핸들러가 있는지 확인한다.

이러한 검사는 성능 등 여러 가지 이유로 수행되는데, 이런 검사를 통해 런타임 검사를 건너뛸 수 있으므로 해석한 코드가 더 빠르게 실행될 수 있다. 또한 일부는 런타임에 바이트코드를 기계어로 컴파일(6장에서 다룰 JIT 컴파일)하는 작업을 간소화할 수 있다.

2 준비

클래스 **준비**preparation에는 메모리를 할당하고 클래스의 정적 변수를 초기화할 수 있도록 준비하는 작업이 포함되지만, 변수를 초기화하거나 JVM 바이트코드를 실행하지는 않는다.

3 해결

해결resolution은 링킹할 클래스의 상위 유형(및 클래스가 구현하는 모든 인터페이스)이 이미 링킹됐는지 확인하고, 그렇지 않은 경우 이 클래스의 링크가 계속되기 전에 해당 타입들을 링킹한다. 이로 인해 이전에 볼 수 없었던 새로운 타입에 대한 재귀적인 링크 프로세스가 발생할 수 있다.

[NOTE] 클래스 로딩의 이런 측면과 관련된 중요한 개념이 **타입의 전이적 폐쇄**transitive closure of type다. 이는 클래스가 직접적으로 상속받는 타입뿐만 아니라, 간접적으로 참조하는 모든 타입도 링킹돼야 함을 의미한다.

로드해야 하는 모든 추가적인 타입을 찾아서 해결하면 JVM은 원래 로드하도록 요청받은 클래스를 초기화할 수 있다.

4 초기화

이 마지막 단계에서는 모든 정적 변수가 **초기화**initialization되고 모든 정적 초기화 블록이 실행된다. 이 단계가 중요한 이유는 이제야 JVM이 새로 로드된 클래스의 바이트코드를 실행하기 때문이다.

이 단계가 완료되면 클래스가 완전히 로드돼 사용할 준비가 된 것이다. 런타임에서 클래스를 사용할 수 있으며 클래스의 새로운 인스턴스를 생성할 수 있다. 이 클래스를 참조하는 다른 모든 클래스의 로딩 작업은 이제 이 클래스가 로드돼 사용 가능하다는 것을 알 수 있다.

4.1.2 Class 객체

로딩과 링킹 프로세스의 최종 결과는 새로 로드되고 링크된 타입을 나타내는 `Class` 객체²다. 이제 JVM에서 완전히 작동하지만 성능상의 이유로 `Class` 객체의 일부 측면은 필요할 때만 초기화된다.

[NOTE] `Class` 객체는 일반 자바 객체다. 다른 객체와 마찬가지로 자바 힙heap에 존재한다.

이제 코드에서 새로운 타입을 사용해서 인스턴스를 생성할 수 있다. 또한 타입의 `Class` 객체에는 **상위 타입**supertype에 해당하는 `Class` 객체를 반환하는 `getSuperclass()`와 같이 여러 가지 유용한 메서드가 제공된다.

2 　[옮긴이] Class 객체와 같이 영문으로 표시된 것은 Class<T> 타입의 객체를 의미한다. OOP의 구성 요소로서의 클래스를 의미하지 않는다.

`Class` 객체는 메서드, 필드, 생성자 등에 대한 간접적인 액세스를 위해, **리플렉션 API**Reflection API와 함께 사용할 수 있다. `Class` 객체에는 `Method`, `Field` 그리고 클래스의 멤버에 해당하는 다양한 다른 객체에 대한 참조가 존재한다. 이 장의 뒷부분에서 살펴볼 것처럼 이러한 객체는 리플렉션 API를 통해 클래스의 기능에 대해 간접적으로 접근하는 데 사용할 수 있다. 그림 4.2에서 이에 대한 높은 수준의 개요를 볼 수 있다.

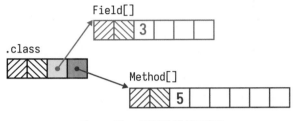

그림 4.2 Class 객체와 메서드 참조

지금까지 런타임의 어느 부분이 새로 로드되는 클래스가 될 바이트 스트림을 찾아 링킹하는지 정확히 설명하지 않았다. 이 역할은 클래스로더가 처리한다. 클래스로더는 추상 클래스인 `ClassLoader`의 하위 클래스이며, 다음 주제로 다룰 예정이다.

4.2 클래스로더

자바는 기본적으로 동적 런타임을 갖춘 객체지향 시스템이다. 이에 대한 한 가지 측면으로 자바의 타입은 런타임에 살아 있으며, 특히 새로운 타입의 추가를 통해 실행 중인 자바 플랫폼의 타입 시스템을 수정할 수 있다. 자바 프로그램을 구성하는 타입은 런타임에 알 수 없는 타입으로 확장할 수 있다(`final` 타입이 아니거나 `sealed` 클래스 중 하나가 아닐 경우에 한해서). 클래스 로딩 기능은 사용자에게 노출돼 있다. **클래스로더**Classloader는 `ClassLoader`를 확장하는 자바의 클래스일 뿐이며, 그 자체로 자바의 타입이다.

[NOTE] 최신 자바 환경에서는 모든 클래스로더가 모듈식이다. 클래스의 로드는 항상 모듈의 콘텍스트 내에서 수행된다.

`ClassLoader` 클래스에는 클래스 파일의 저수준 구문 분석을 담당하는 로드와 링크 부분을 포함해서 몇 가지 네이티브 메서드가 있지만 사용자 클래스로더는 클래스 로딩의 이런 부분을 재정의할 수 없다. 네이티브 코드를 사용해서 클래스로더를 작성할 수 없다.

플랫폼은 다음과 같은 일반적인 클래스로더와 함께 제공되며, 플랫폼의 시작 및 정상 작동 중에 다양한 작업을 수행하는 데 사용된다.

- `BootstrapClassLoader`(또는 **원시 클래스로더**primordial classloader): JVM을 시작하는 프로세스 초기에 인스턴스화되므로 일반적으로 JVM 자체의 일부라고 생각하는 것이 가장 좋다. 일반적으로 가장 기본 시스템인 `java.base`를 로드하는 데 사용된다.

- `PlatformClassLoader`: 최소한의 시스템이 **부트스트랩**bootstrap된 후 플랫폼 클래스로더는 애플리케이션이 의존하는 나머지 플랫폼 모듈을 로드한다. 이 클래스로더는 로더에 의해 실제로 로드됐는지 아니면 부트스트랩에 의해 로드됐는지에 관계없이 모든 플랫폼 클래스에 액세스하기 위한 기본 인터페이스다. 이것은 내부 클래스의 인스턴스다.

- `AppClassLoader` 애플리케이션 클래스로더: 가장 널리 사용되는 클래스로더다. 이 로더는 애플리케이션 클래스를 로드하고 대부분의 최신 자바 환경에서 대부분의 작업을 수행한다. 모듈형 JVM에서 애플리케이션 클래스로더는 자바 8과 이전 버전에서와 같이 더 이상 `URLClassLoader`의 인스턴스가 아닌 내부 클래스의 인스턴스다.

2장의 `wgjd.sitecheck` 모듈에서 `SiteCheck`의 `main` 메서드 상단에 몇 가지 코드를 추가해서 이 새로운 클래스로더들이 실제로 작동하는 것을 확인해보자.

```
...
var clThis = SiteCheck.class.getClassLoader();
System.out.println(clThis);
var clObj = Object.class.getClassLoader();
System.out.println(clObj);
var clHttp = HttpClient.class.getClassLoader();
System.out.println(clHttp);
....
```

다음과 같이 다시 컴파일한다.

```
$ javac -d out wgjd.sitecheck/module-info.java \
        wgjd.sitecheck/wgjd/sitecheck/*.java \
        wgjd.sitecheck/wgjd/sitecheck/*/*.java
```

그리고 실행한다.

```
$ java -cp out wgjd.sitecheck.SiteCheck http://github.com/well-grounded-java
```

명시적인 시작 클래스 대신 **시작 모듈**starting module 구문을 사용하는 것을 주목하자. 다음 출력이
생성된다.

```
jdk.internal.loader.ClassLoaders$AppClassLoader@277050dc
null
jdk.internal.loader.ClassLoaders$PlatformClassLoader@12bb4df8
http://github.com/well-grounded-java: HTTP_1_1
```

`Object`에 대한 클래스로더(`java.base`에 있음)가 `null`이라고 출력한다. 이는 보안 때문인데, 부트스
트랩 클래스로더는 실제로는 보안 검증을 수행하지 않으며 로드하는 클래스에 대해 특별한 보안
제한을 적용하지 않는다. 따라서 자바 런타임에서는 클래스로더를 표시하고 사용할 수 없다. 버그
나 악용의 가능성이 너무 높아서 적절하지 않기 때문이다.

클래스로더는 핵심 역할 외에도 JAR 파일이나 클래스패스의 다른 위치에서 리소스(이미지나 구성
파일과 같이 클래스가 아닌 파일)를 로드하는 데 사용되는 경우가 많다. 이는 try-with-resources와
결합해서 다음과 같은 코드를 생성하는 패턴에서 자주 볼 수 있다.

```
try (var is = TestMain.class.getResourceAsStream("/resource.csv");
     var br = new BufferedReader(new InputStreamReader(is));) {
    // ...
}
// 예외 처리 생략
```

클래스로더는 이 메커니즘을 몇 가지 다른 형태로 제공하며 `URL` 또는 `InputStream`을 반환한다.

4.2.1 사용자 정의 클래스 로드

더 복잡한 환경에는 종종 `java.lang.ClassLoader`를 (직접 또는 간접적으로) 서브클래싱하는 여러
사용자 정의 클래스로더custom class loader 클래스를 추가할 수 있다. 이는 클래스로더 클래스가 final
이 아니기 때문에 가능하며, 실제로 개발자는 각자의 필요에 맞는 자체 클래스로더를 작성하는 것
이 좋다.

사용자 정의 클래스로더도 하나의 자바 타입이므로 일반적으로 **상위 클래스로더**parent class loader라

고 하는 클래스로더에서 로드해야 한다. 이를 클래스 상속이나 부모 클래스와 혼동해서는 안 된다. 대신 클래스로더는 일종의 **위임**delegation 관계다.

그림 4.3에서 클래스로더의 위임 계층구조와 서로 다른 로더가 어떻게 연관되는지 확인할 수 있다. 일부 특수한 경우에는 사용자 정의 클래스로더가 다른 클래스로더를 부모로 가질 수 있지만, 일반적인 경우는 로딩 클래스로더가 부모로 사용된다.

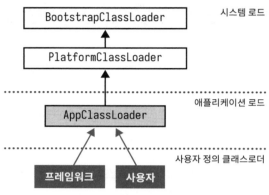

그림 4.3 클래스로더 계층구조

사용자 정의 메커니즘의 핵심은 `ClassLoader`에 정의된 `loadClass()`와 `findClass()` 메서드에서 찾을 수 있다. 주요 진입점은 `loadClass()`이며 `ClassLoader`에 있는 관련 코드의 단순화된 형태는 다음과 같다.

```java
protected Class<?> loadClass(String name, boolean resolve)
    throws ClassNotFoundException
{
    synchronized (getClassLoadingLock(name)) {
        // 먼저 클래스가 이미 로드됐는지 확인한다.
        Class<?> c = findLoadedClass(name);
        if (c == null) {
            // ...
            try {
                if (parent != null) {
                    c = parent.loadClass(name, false);
                } else {
                    c = findBootstrapClassOrNull(name);
                }
            } catch (ClassNotFoundException e) {
                // 널이 아닌 부모 클래스로더에서 클래스를 찾을 수 없는 경우
                // ClassNotFoundException이 발생한다.
```

```
        }

        if (c == null) {
            // 그래도 클래스를 찾을 수 없는 경우
            // findClass를 호출하여 클래스를 찾는다.
            // ...
            c = findClass(name);

            // ...
        }
    }
    // ...

    return c;
    }
}
```

기본적으로 `loadClass()` 메커니즘은 클래스가 이미 로드됐는지 확인한 다음, 부모 클래스로더에 요청한다. 클래스 로딩에 실패하면(`parent.loadClass(name, false)` 호출을 둘러싼 `try-catch`에 주목하자) 로딩 프로세스는 `findClass()`로 위임된다. `java.lang.ClassLoader`에서 `findClass()`의 정의는 매우 간단하며, `ClassNotFoundException`을 던진다.

이 시점에서 이 장의 시작 부분에서 제기했던 질문으로 돌아가서 클래스 로딩 중에 발생할 수 있는 몇 가지 예외와 오류 타입을 살펴보자.

❶ 클래스 로드 중 발생할 수 있는 예외들

`ClassNotFoundException`의 의미는 비교적 간단하다. 클래스로더가 지정된 클래스를 로드하려고 시도했지만 로드할 수 없었다는 것이다. 즉 로드가 요청된 시점에 해당 클래스를 JVM이 알 수 없었고, JVM이 해당 클래스를 찾지 못했다는 뜻이다.

다음은 `NoClassDefFoundError`다. 이 오류는 예외가 아니라 **오류**error라는 점에 유의하자. 이 오류는 요청된 클래스의 존재를 알고 있지만 내부 메타데이터에서 해당 클래스에 대한 정의를 찾지 못했음을 나타낸다. 예를 간단히 살펴보자.

```
public class ExampleNoClassDef {

    public static class BadInit {
        private static int thisIsFine = 1 / 0;
    }
```

```
    public static void main(String[] args) {
        try {
            var init = new BadInit();
        } catch (Throwable t) {
            System.out.println(t);
        }
        var init2 = new BadInit();
        System.out.println(init2.thisIsFine);
    }
}
```

실행하면 다음과 같은 출력이 표시된다.

```
$ java ExampleNoClassDef
java.lang.ExceptionInInitializerError
Exception in thread "main" java.lang.NoClassDefFoundError: Could
  not initialize class ExampleNoClassDef$BadInit
    at ExampleNoClassDef.main(ExampleNoClassDef.java:13)
```

이는 JVM이 `BadInit` 클래스를 로드하려고 시도했지만 실패했음을 보여준다. 그럼에도 불구하고 프로그램은 예외를 포착하고 계속 진행하려고 한다. 그러나 클래스를 두 번째 만났을 때 JVM의 내부 메타데이터 표에 클래스가 인식됐지만 유효한 클래스가 로드되지 않은 것으로 나타났다.

JVM은 클래스 로드 시도에 실패할 경우 **네거티브 캐싱**negative caching을 효과적으로 구현해서 로드를 다시 시도하지 않고 대신 오류(`NoClassDefFoundError`)를 던진다.

또 다른 일반적인 오류는 클래스 로드 작업이 런타임이 지원하는 것보다 상위 버전의 자바 소스 코드 컴파일러로 컴파일된 클래스 파일을 로드하려고 할 때 발생하는 `UnsupportedClassVersionError`다. 예를 들어 다음과 같이 자바 11로 컴파일된 클래스를 자바 8에서 실행하려고 한다고 가정해보겠다.

```
$ java ScratchImpl
Error: A JNI error has occurred please check your installation and try again
Exception in thread "main" java.lang.UnsupportedClassVersionError:
  ScratchImpl has been compiled by a more recent version of the Java
    Runtime (class file version 55.0), this version of the Java Runtime
    only recognizes class file versions up to 52.0
    at java.lang.ClassLoader.defineClass1(Native Method)
```

```
    at java.lang.ClassLoader.defineClass(ClassLoader.java:763)
    at java.security.SecureClassLoader.defineClass(SecureClassLoader.java:142)
    at java.net.URLClassLoader.defineClass(URLClassLoader.java:468)
    at java.net.URLClassLoader.access$100(URLClassLoader.java:74)
    at java.net.URLClassLoader$1.run(URLClassLoader.java:369)
    at java.net.URLClassLoader$1.run(URLClassLoader.java:363)
    at java.security.AccessController.doPrivileged(Native Method)
    at java.net.URLClassLoader.findClass(URLClassLoader.java:362)
    at java.lang.ClassLoader.loadClass(ClassLoader.java:424)
    at sun.misc.Launcher$AppClassLoader.loadClass(Launcher.java:349)
    at java.lang.ClassLoader.loadClass(ClassLoader.java:357)
    at sun.launcher.LauncherHelper.checkAndLoadMain(LauncherHelper.java:495)
```

자바 11 형식의 바이트코드에는 런타임에서 지원하지 않는 기능이 포함돼 있을 수 있으므로 계속 로드를 시도하는 것은 안전하지 않다. 자바 8 런타임이므로 스택 추적에 모듈식 항목들이 없다는 점에 유의하자.

마지막으로 NoClassDefFoundError, VerifyError, UnsatisfiedLinkError를 포함한 계층구조의 기본 클래스이자 몇 가지 다른 가능성을 가진 LinkageError에 대해서도 언급해야 한다.

❷ 첫 번째 사용자 정의 클래스로더

가장 간단한 형태의 사용자 정의 클래스 로딩은 ClassLoader를 서브클래싱하고 findClass()를 **오버라이드**override하는 것이다. 이렇게 하면 앞서 설명한 loadClass() 로직을 재사용하고 클래스로더의 복잡성을 줄일 수 있다.

첫 번째 예제는 다음 코드 샘플에 있는 SadClassLoader다. 실제로는 아무 일도 하지 않지만, 기술적으로 프로세스에 참여하고 있음을 출력을 통해 알 수 있다.

```java
public class LoadSomeClasses {

    public static class SadClassloader extends ClassLoader {
        public SadClassloader() {
            super(SadClassloader.class.getClassLoader());
        }

        public Class<?> findClass(String name) throws
          ClassNotFoundException {
            System.out.println("I am very concerned that I
              couldn't find the class");
            throw new ClassNotFoundException(name);
```

```
            }
        }

        public static void main(String[] args) {
            if (args.length > 0) {
                var loader = new SadClassloader();
                for (var name : args) {
                    System.out.println(name +" ::");
                    try {
                        var clazz = loader.loadClass(name);
                        System.out.println(clazz);
                    } catch (ClassNotFoundException x) {
                        x.printStackTrace();
                    }
                }
            }
        }
    }
```

이 예제에서는 매우 간단한 클래스로더와 이를 사용해서 이미 로드됐이거나 아직 로드되지 않았을 수도 있는 클래스를 로드하는 코드를 설정했다.

[NOTE] 사용자 정의 클래스로더에 대한 일반적인 관례 중 하나는 슈퍼클래스 생성자를 호출하고 로딩 중인 클래스로더를 인수로 제공하는 인수 없는 생성자를 제공하는 것이다(이로써 로딩 중인 클래스로더가 부모로 설정된다).

많은 사용자 정의 클래스로더는 이 예시보다 더 복잡하지 않으며, 필요한 특정 기능을 제공하기 위해 `findClass()`를 재정의하는 것이 전부다. 예를 들어 네트워크를 통해 클래스를 찾는 것이 여기에 포함될 수 있다. 기억에 남는 한 가지 사례로, 사용자 정의 클래스로더는 JDBC를 통해 데이터베이스에 연결하고 암호화된 바이너리 열에 액세스하여 사용할 바이트를 가져오는 방식으로 클래스를 로드했다. 이는 규제가 엄격한 환경에서 매우 민감한 코드를 사용하지 않을 때는 데이터를 암호화하여 안전하게 보호해야 한다는 요구 사항을 충족하기 위한 것이었다.

그러나 `findClass()`를 재정의하는 것 이상의 작업을 수행할 수도 있다. 예를 들어 `loadClass()`가 `final`이 아니기 때문에 재정의할 수 있으며, 실제로 일부 사용자 정의 클래스로더는 앞서 살펴본 일반적인 로직을 변경하기 위해 재정의하기도 한다.

마지막으로 `ClassLoader`에 정의된 `defineClass()` 메서드도 있다. 이 메서드는 이 장의 앞부분에서 설명한 '로드와 링크' 프로세스를 수행하는 사용자가 액세스 가능한 메서드이기 때문에 클래스 로딩의 핵심이다. 이 메서드는 바이트 배열을 받아 클래스 객체로 변환한다. 이는 클래스패스(`classpath`)에 없는 새로운 클래스를 런타임에 로드하는 데 사용되는 기본 메커니즘이다.

`defineClass()` 호출은 올바른 JVM 클래스 파일 형식의 바이트 버퍼가 전달된 경우에만 작동한다. 그렇지 않은 경우 로드나 검증 단계에 실패해서 최종적으로 로드에 실패한다.

NOTE 이 메서드는 런타임에 만들어져서 소스 코드가 없는 클래스를 로드하는 것과 같은 고급 기술에 사용할 수 있다. 이 기법은 자바에서 람다 표현식 메커니즘이 작동하는 방식이다. 이 주제에 대해서는 17장에서 더 자세히 설명하겠다.

`defineClass()` 메서드는 `protected` 메서드이자 `final` 메서드면서 `java.lang.ClassLoader`에 정의돼 있으므로 `ClassLoader`의 서브클래스만 액세스할 수 있다. 따라서 사용자 정의 클래스로더는 항상 `defineClass()`의 기본 기능에 액세스할 수 있지만 검증 또는 기타 저수준 클래스 로딩 로직을 변경할 수는 없다. 검증 알고리즘을 변경할 수 없다는 것은 매우 안전하고 유용한 기능으로, 잘못 작성된 커스텀 클래스로더가 JVM이 제공하는 기본 플랫폼 보안을 손상시킬 수 없도록 한다.

핫스폿 가상머신(가장 일반적인 JVM 구현)의 경우, `defineClass()`는 네이티브 메서드 `defineClass1()`에 위임해서 몇 가지 기본 검사를 수행한 다음 `JVM_DefineClassWithSource()`라는 C 함수를 호출한다.

이 함수는 JVM으로 들어가는 진입점이며, 핫스폿의 C 코드에 대한 액세스를 제공한다. 핫스폿은 C++ 메서드 `ClassFileParser::parseClassFile()`을 통해 새 클래스를 로드하기 위해 C `System Dictionary`를 사용한다. 이 코드는 실제로 링크 프로세스의 많은 부분을 실행하는데, 특히 검증 알고리즘을 실행한다.

클래스 로딩이 완료되면 메서드의 바이트코드는 메서드를 나타내는 핫스폿의 메타데이터 객체에 배치된다. 이 메타데이터 객체들을 **methodOops**라고 한다. 그다음, 이들은 바이트코드 인터프리터가 사용할 수 있도록 준비된다. 성능상의 이유로 실제로는 바이트코드가 methodOops에 의해 보관되지만, 개념적으로는 메서드 캐시라고 생각할 수 있다.

이미 `SadClassloader`를 만났다. 이제 클래스 로딩을 사용해서 의존성 주입을 구현하는 방법을 알아보면서 사용자 정의 클래스로더의 또 다른 몇 가지 예를 살펴보겠다.

❸ 예시: DI 프레임워크
먼저 DI와 관련성이 높은 다음 두 가지 주요 개념을 살펴보자.

- 시스템 내의 기능 단위에는 적절한 기능을 수행하기 위해 의존하는 의존성과 구성 정보가 있다.
- 많은 객체 시스템에서는 코드로 표현하기 어렵거나 어색한 의존성이 있다.

우리가 가지고 있어야 할 그림은 동작과 설정을 담은 클래스들과 객체 외부에서 온 의존성이다. 여기서 후자는 보통 객체의 **런타임 와이어링**runtime wiring으로 언급된다. 이 예시에서는 가상의 DI 프레임워크가 클래스로더를 사용해서 런타임 와이어링을 구현하는 방법에 대해 이야기하겠다.

[NOTE] 우리가 취할 접근 방식은 스프링 프레임워크의 원래 구현을 단순화한 버전과 같다. 그러나 최신 프로덕션 DI 프레임워크는 훨씬 더 복잡하다. 이 예시는 데모용으로만 제공된다.

먼저 다음과 같이 가상의 DI 프레임워크에서 애플리케이션을 시작하는 방법부터 살펴보겠다.

```
java -cp <CLASSPATH> org.wgjd.DIMain /path/to/config.xml
```

`DIMain` 클래스는 DI 프레임워크의 진입점 클래스다. 이 클래스는 구성 파일을 읽고, 객체들의 시스템을 생성하며, 객체들을 서로 연결한다. `DIMain` 클래스는 애플리케이션 클래스가 아니라 프레임워크에서 제공되며 완전히 일반적인 클래스다.

또한 애플리케이션의 `CLASSPATH`에는 세 가지가 포함돼야 한다는 것을 알 수 있다. ① DI 프레임워크용 JAR 파일, ② config.xml 파일에서 참조하는 애플리케이션 클래스, ③ 애플리케이션에 있는 기타(DI가 아닌) 의존성이다. 다음에 표시된 구성 파일 예시를 살펴보자.

```xml
<beans>

 <bean id="dao" class="app.ch04.PaymentsDAO">
    <constructor-arg index="0" value="jdbc:postgresql://db.wgjd.org/payments"/>
    <constructor-arg index="1" value="org.postgresql.Driver"/>
 </bean>

  <bean id="service" class="app.ch04.PaymentService">
    <constructor-arg index="0" ref="dao"/>
  </bean>

</beans>
```

DI 프레임워크는 구성 파일을 사용해서 어떤 객체를 생성할지 결정한다. 이 예제에서는 `dao`와 `service` 빈을 만들어야 하며, 프레임워크는 지정된 인수를 사용해서 각 빈에 대한 생성자를 호출해야 한다.

클래스 로딩은 두 단계로 나누어 진행된다. 첫 번째 단계(애플리케이션 클래스로더가 처리)는 `DIMain`
클래스와 이 클래스가 참조하는 모든 프레임워크 클래스를 로드한다. 그다음 `DIMain`이 실행을 시
작하고 구성 파일의 위치를 `main()`의 매개변수로 받는다.

이 시점에서 프레임워크는 JVM에서 실행 중이지만 `config.xml`에 지정된 사용자 클래스는 아직
건드리지 않았다. 실제로 `DIMain`이 구성 파일을 검사하기 전까지는 프레임워크가 어떤 클래스를
로드할지 알 수 없다.

`config.xml`에 지정된 애플리케이션 구성을 불러오려면 두 번째 단계의 클래스 로딩이 필요하다.
이 예제에서는 커스텀 클래스로더를 사용한다.

먼저 `config.xml` 파일의 일관성을 검사하고 오류가 없는지 확인한다. 그다음 모든 것이 정상이면
사용자 정의 클래스로더가 `CLASSPATH`에서 타입을 로드하려고 시도한다. 이 중 하나라도 실패하면
전체 프로세스가 중단돼 런타임 오류가 발생한다.

이 작업이 성공하면 DI 프레임워크는 필요한 객체를 올바른 순서(생성자 매개변수와 함께)로 인스턴
스화할 수 있다. 마지막으로 이 모든 과정이 올바르게 완료되면 애플리케이션 콘텍스트가 설정되
고 실행을 시작할 수 있다.

이 예제는 가상의 예시라는 점을 다시 한번 강조한다. 여기에 설명된 방식으로 작동하는 간단한
DI 프레임워크를 구축하는 것은 전적으로 가능하다. 그러나 DI 시스템의 구현은 실제로는 훨씬 더
복잡하다. 또 다른 예시를 살펴보겠다.

❹ 예시: 인스트루먼테이션 클래스로더

클래스가 로드될 때 바이트코드를 변경해서 추가적인 인스트루먼테이션 정보를 추가하는 클래스
로더를 생각해보자. 변환된 코드에 대해 테스트 케이스가 실행되면 인스트루먼테이션 코드는 테
스트 케이스가 실제로 테스트하는 메서드와 코드 분기를 기록한다. 이를 통해 개발자는 클래스에
대한 단위 테스트가 얼마나 철저하게 수행됐는지 확인할 수 있다.

이 접근 방식은 EMMA 테스트 커버리지 도구의 기반이 됐다. 이 도구는 http://emma.
sourceforge.net/에서 여전히 사용할 수 있지만 현재는 다소 구식으로 최신 자바 버전에 대해 최
신의 상태로 유지되지 않는다. 그럼에도 불구하고 바이트코드가 로드될 때 바이트코드를 변환하

는 특수 클래스로더를 사용하는 프레임워크와 기타 코드들을 접하는 것은 매우 흔한 일이다.

NOTE 바이트코드가 로드될 때 수정하는 기술은 뉴렐릭과 같은 도구에서 성능 모니터링, 통합 가시성 및 기타 목표를 위해 사용하는 **자바 에이전트**Java agent의 접근 방식에서도 볼 수 있다.

사용자 정의 클래스 로딩에 대한 몇 가지 사용 사례에 대해 간략하게 살펴보았다. 자바 기술 영역의 많은 다른 분야도 클래스로더와 관련된 기술을 크게 활용한다. 몇 가지 가장 잘 알려진 예시는 다음과 같다.

- 플러그인 아키텍처
- 프레임워크(공급업체 또는 자체 개발)
- 비정상적인 위치(파일 시스템이나 URL이 아닌)에서 클래스 파일 검색
- Java EE
- JVM 프로세스가 이미 실행을 시작한 후 알 수 없는 새로운 코드를 추가해야 하는 모든 상황

이제 모듈 시스템이 클래스 로딩에 어떤 영향을 미치고 방금 설명한 전형적인 그림을 어떻게 바꾸는지 살펴보겠다.

4.2.2 모듈 및 클래스 로딩

모듈 시스템은 플랫폼 내에서 상대적으로 낮은 수준의 메커니즘인 클래스 로딩과는 다른 수준에서 작동하도록 설계됐다. 모듈은 프로그램 단위 간의 대규모 의존성에 관한 것이고 클래스 로딩은 소규모에 관한 것이다. 그러나 두 메커니즘이 어떻게 교차하는지, 그리고 모듈의 등장으로 인해 프로그램 시작에 어떤 변화가 생겼는지 이해하는 것이 중요하다.

모듈형 JVM에서 실행할 때 런타임은 프로그램을 실행하기 위해 모듈 그래프를 계산하고 첫 번째 단계로 이를 만족시키려고 시도한다는 점을 기억하자. 이를 **모듈 해결**module resolution이라고 하며, 루트 모듈과 그 의존성의 전이적 폐쇄를 도출한다.

이 과정에서 추가적인 검사가 수행된다(예: 중복된 이름을 가진 모듈이 없는지, 분할된 패키지가 없는지). 모듈 그래프가 존재하면 프로세스가 완전히 시작되기도 전에 모듈 경로에 누락된 JAR을 감지할 수 있으므로 런타임 클래스 로딩 문제가 줄어들 것으로 예상된다.

이 외에도 모듈 시스템은 대부분의 경우 클래스 로딩을 크게 변경하지 않는다. 리플렉션을 사용해

서 서비스 공급자 인터페이스의 모듈식 구현을 동적으로 로드하는 것과 같은 몇 가지 고급적인 가능성이 있긴 하지만 대부분의 개발자가 자주 접할 가능성은 낮다.

4.3 클래스 파일 살펴보기

클래스 파일은 바이너리 덩어리이므로 직접 작업하기가 쉽지 않다. 하지만 클래스 파일을 조사해야 하는 상황은 많다.

런타임 모니터링을 개선하기 위해 애플리케이션에 추가적인 메서드를 공개해야 한다고 가정해보겠다(예: JMX를 통해). 재컴파일과 재배포는 정상적으로 완료된 것 같은데, 관리 API를 확인하니 해당 메서드가 보이지 않는다. 추가적인 재컴파일과 재배포가 효과가 없는 것 같다.

배포 문제를 디버깅하기 위해, javac가 예상한 대로 클래스 파일을 생성했는지 확인해야 할 수도 있다. 또는 소스 코드가 없는 클래스를 조사하거나 문서가 잘못됐다고 의심되는 경우도 있을 수 있다.

이와 유사한 작업에서는 클래스 파일의 내용을 검사하는 도구를 사용해야 한다. 다행히도 표준 오라클 JVM에는 클래스 파일 내부를 들여다보고 분해하는 데 매우 편리한 javap이라는 도구가 함께 제공된다.

먼저 클래스 파일의 여러 측면을 검사하기 위해 제공하는 몇 가지 javap의 기본적인 옵션 스위치들를 소개하는 것으로 시작하겠다. 그다음 JVM이 내부적으로 사용하는 메서드 이름과 타입의 표현에 대해 알아본다. 이어서, 바이트코드 작동 방식을 이해하는 데 중요한 역할을 하는 JVM의 '유용한 것들이 담긴 상자'인 상수 풀을 살펴보겠다.

4.3.1 javap 소개

클래스에 선언된 메서드 확인부터 바이트코드 인쇄에 이르기까지 javap은 수많은 유용한 작업에 사용할 수 있다. 이 장 앞부분의 클래스 로딩 예제에 적용된 가장 간단한 형태의 javap 사용법을 살펴보자.

```
$ javap LoadSomeClasses.class
Compiled from "LoadSomeClasses.java"
public class LoadSomeClasses {
```

```
  public LoadSomeClasses();
  public static void main(java.lang.String[]);
}
```

내부 클래스는 별도의 클래스로 컴파일됐으므로 해당 클래스도 살펴볼 필요가 있다.

```
$ javap LoadSomeClasses\$SadClassloader.class
Compiled from "LoadSomeClasses.java"
public class LoadSomeClasses$SadClassloader extends java.lang.ClassLoader {
  public LoadSomeClasses$SadClassloader();
  public java.lang.Class<?> findClass(java.lang.String) throws
    java.lang.ClassNotFoundException;
}
```

기본적으로 javap은 public, protected, default(패키지 내로 제한됨) 접근 제한자로 표시된 메서드를 표시한다. 또한 -p 스위치는 private 메서드와 필드도 표시한다.

4.3.2 메서드 시그니처를 위한 내부 형식

JVM은 javap에서 표시되는, 사람이 읽을 수 있는 형식과는 약간 다른 형식으로 **메서드 시그니처** method signature를 내부적으로 사용한다. JVM을 더 깊이 탐구함에 따라 이러한 내부 이름을 더 자주 볼 수 있을 것이다. 계속 진행하고 싶다면 미리 진행해도 좋지만, 나중에 나올 절과 장에서 이 절을 참고해야 할 수 있으므로 기억하자.

압축 형식으로 타입 이름이 압축된다. 예를 들어 int는 I로 표시된다. 이러한 압축 형식을 **타입 기술자**type descriptor라고 부르기도 한다. 전체 목록은 표 4.1에 나와 있다(타입은 아니지만 메서드 시그니처에 나타나는 void도 포함된다).

표 4.1 **타입 기술자**

설명자	타입
B	Byte
C	Char(a 16-bit Unicode character)
D	Double
F	Float
I	Int
J	Long

표 4.1 타입 기술자(표 계속)

설명자	타입
L\<type name>;	참조 타입 (예: Ljava/lang/String 문자열의 경우)
S	Short
V	Void
Z	Boolean
[	Array-of

경우에 따라 타입 기술자가 소스 코드에 나타나는 타입 이름보다 길 수 있다(예: `Ljava/lang/Object;`는 `Object`보다 길지만, 타입 기술자는 항상 완전한 경로명으로 표시되므로 직접 해석할 수 있다).

`javap`은 시그니처의 타입 기술자를 출력하는 유용한 스위치 `-s`를 제공하기 때문에 표를 사용해서 타입 기술자를 찾아볼 필요가 없다. 다음과 같이 `javap`을 스위치와 함께 호출해서 앞에서 살펴본 일부 메서드에 대한 시그니처를 표시할 수 있다.

```
$ javap -s LoadSomeClasses.class
Compiled from "LoadSomeClasses.java"
public class LoadSomeClasses {
  public LoadSomeClasses();
    descriptor: ()V

  public static void main(java.lang.String[]);
    descriptor: ([Ljava/lang/String;)V
}
```

그 내부 클래스는 다음과 같다.

```
$ javap -s LoadSomeClasses\$SadClassloader.class
Compiled from "LoadSomeClasses.java"
public class LoadSomeClasses$SadClassloader extends java.lang.ClassLoader {
  public LoadSomeClasses$SadClassloader();
    descriptor: ()V

  public java.lang.Class<?> findClass(java.lang.String) throws
    java.lang.ClassNotFoundException;
    descriptor: (Ljava/lang/String;)Ljava/lang/Class;
}
```

보다시피 메서드 시그니처의 각 타입은 타입 기술자로 표현된다.

다음 절에서는 타입 기술자의 또 다른 용도를 살펴보겠다. 이것은 클래스 파일에서 매우 중요한 부분인 상수 풀에 있다.

4.3.3 상수 풀

상수 풀constant pool은 클래스 파일의 다른 (상수) 요소에서 편리한 바로 가기를 제공하는 영역이다. 심볼 표를 명시적으로 사용하는 C나 펄과 같은 언어를 공부한 적이 있다면 상수 풀을 다소 유사한 JVM 개념으로 생각할 수 있다.

다음 목록에서는 아주 간단한 예제를 통해 상수 풀을 보여주고 있으므로 자세한 설명은 생략하겠다. 다음 목록은 간단한 **플레이펜**playpen 또는 **스크래치패드**scratchpad 클래스를 보여준다. 이 클래스는 run() 메서드에 소량의 코드를 작성해서 자바 구문의 기능이나 라이브러리를 빠르게 테스트할 수 있는 방법을 제공한다.

코드 4.1 플레이펜 샘플 클래스

```java
package wgjd.ch04;

public class ScratchImpl {

    private static ScratchImpl inst = null;

    private ScratchImpl() {

    }

    private void run() {

    }

    public static void main(String[] args) {
        inst = new ScratchImpl();
        inst.run();
    }
}
```

상수 풀의 정보를 보려면 javap -v를 사용하면 된다. 이 명령은 상수 풀뿐만 아니라 많은 추가적인 정보를 출력하지만, 다음에 표시된 플레이펜의 상수 풀 항목에 초점을 맞춰보겠다.

```
#1 = Class #2 // wgjd/ch04/ScratchImpl

#2 = Utf8 wgjd/ch04/ScratchImpl

#3 = Class #4 // java/lang/Object

#4 = Utf8 java/lang/Object

#5 = Utf8 inst

#6 = Utf8 Lwgjd/ch04/ScratchImpl;

#7 = Utf8 <clinit>

#8 = Utf8 ()V

#9 = Utf8 Code

#10 = Fieldref #1.#11 // wgjd/ch04/ScratchImpl.inst:Lwgjd/ch04/ScratchImpl;

#11 = NameAndType #5:#6 // instance:Lwgjd/ch04/ScratchImpl;

#12 = Utf8 LineNumberTable

#13 = Utf8 LocalVariableTable

#14 = Utf8 <init>

#15 = Methodref #3.#16 // java/lang/Object."<init>":()V

#16 = NameAndType #14:#8 // "<init>":()V

#17 = Utf8 this

#18 = Utf8 run

#19 = Utf8 ([Ljava/lang/String;)V

#20 = Methodref #1.#21 // wgjd/ch04/ScratchImpl.run:()V

#21 = NameAndType #18:#8 // run:()V

#22 = Utf8 args

#23 = Utf8 [Ljava/lang/String;

#24 = Utf8 main
```

```
#25 = Methodref #1.#16 // wgjd/ch04/ScratchImpl."<init>":()V

#26 = Methodref #1.#27 // wgjd/ch04/ScratchImpl.run:([Ljava/lang/String;)V

#27 = NameAndType #18:#19 // run:([Ljava/lang/String;)V

#28 = Utf8 SourceFile

#29 = Utf8 ScratchImpl.java
```

상수 풀의 항목들은 타입이 지정돼 있다. 또한 서로를 참조하기도 한다. 예를 들어 `Class` 타입의 항목은 `Utf8` 타입의 항목을 참조할 수 있다. `Utf8` 항목은 문자열을 의미하므로, `Class` 항목이 가리키는 `Utf8` 항목은 해당 클래스의 이름이 된다.

표 4.2는 상수 풀 항목들의 집합을 보여준다. 상수 풀의 항목은 때때로 `CONSTANT_Class`와 같이 `CONSTANT_` 접두사와 함께 언급된다. 이는 상수 풀의 항목들이 자바 타입이 아님을 명확히 하기 위한 것이다.

표 4.2 상수 풀 항목

이름	설명
Class	클래스 상수다. 클래스 이름을 가리킨다(Utf8 항목으로).
Fieldref	필드를 정의한다. 이 필드의 클래스와 NameAndType을 가리킨다.
Methodref	메서드를 정의한다. 이 필드의 클래스와 NameAndType을 가리킨다.
InterfaceMethodref	인터페이스 메서드를 정의한다. 이 필드의 클래스와 NameAndType을 가리킨다.
String	문자열 상수다. 문자를 저장하는 Utf8 항목을 가리킨다.
Integer	정수 상수(4바이트)다.
Float	부동 소수점 상수(4바이트)다.
Long	긴 상수(8바이트)다.
Double	배정밀도 부동 소수점 상수(8바이트)다.
NameAndType	이름과 유형 쌍을 설명한다. 유형은 해당 유형의 유형 설명자를 포함하는 Utf8을 가리킨다.
Utf8	Utf8로 인코딩된 문자를 나타내는 바이트 스트림이다.
InvokeDynamic	invokedynamic 메커니즘의 일부(17장 참조)다.
MethodHandle	invokedynamic 메커니즘의 일부(17장 참조)다.
MethodType	invokedynamic 메커니즘의 일부(17장 참조)다.

이 표를 사용하면 플레이펜의 상수 풀에서 상수 해결의 예시를 살펴볼 수 있다. 10번 항목의 `Fieldref`를 살펴보자. 필드를 해결하려면 이름, 타입, 필드가 있는 클래스가 필요하다. #10에는 #1.#11이라는 값이 있는데, 이는 클래스 #1의 상수 #11을 의미한다. 1번은 실제로 `Class` 타입의 상수이고, #11은 `NameAndType`이라는 것을 쉽게 확인할 수 있다. #1번은 `ScratchImpl Java` 클래스 자체를 가리키고, #11은 #5:#6, 즉 `ScratchImpl` 타입의 인스턴스라는 변수를 가리킨다. 따라서 전체적으로 #10은 `ScratchImpl` 클래스 자체의 정적 변수 `inst`를 참조한다(위의 출력에서 짐작할 수 있었을 것이다).

클래스 로딩의 검증 단계에는 클래스 파일의 정적 정보가 일관성이 있는지 확인하는 단계가 있다. 앞의 예시는 런타임이 새로운 클래스를 로드할 때 수행하는 무결성 검사의 종류를 보여준다.

지금까지 클래스 파일의 기본적인 구조에 대해 설명했다. 다음 주제로 넘어가 바이트코드의 세계에 대해 살펴보겠다. 소스 코드가 바이트코드로 변환되는 과정을 이해하면 코드가 어떻게 실행되는지 더 잘 이해할 수 있다. 이를 통해 6장 이후에는 플랫폼의 기능에 대한 더 많은 통찰력을 얻을 수 있다.

4.4 바이트코드

바이트코드bytecode는 지금까지의 논의에서 다소 뒤로 밀려나 있었다. 먼저 바이트코드에 대해 이미 배운 내용을 복습하는 것으로 시작하겠다.

* 바이트코드는 사람이 읽을 수 있는 소스 코드와 기계 코드의 중간에 있는 프로그램의 중간 표현이다.
* 바이트코드는 자바 소스 코드 파일에서 `javac`에 의해 생성된다.
* 일부 고급 언어 기능은 컴파일돼 바이트코드에 나타나지 않는다. 예를 들어 자바의 루프 구조 (`for`, `while` 등)들은 바이트코드의 분기 명령어로 바뀌면서 사라진다.
* 각 오퍼레이션 코드는 단일 바이트(그래서 bytecode라 부름)로 표현된다.
* 바이트코드는 '가상의 CPU를 위한 기계어 코드'가 아닌 추상적인 표현이다.
* 바이트코드는 일반적으로 JIT 방식으로 기계어 코드로 추가적으로 컴파일할 수 있다.

바이트코드를 설명할 때 닭이 먼저냐 달걀이 먼저냐 식의 문제가 일부 있을 수 있다. 무슨 일이 일어나고 있는지 완전히 이해하려면 바이트코드와 바이트코드가 실행되는 런타임 환경을 모두 이해해야 한다. 여기에는 순환 의존성이 발생하기 때문에, 이를 해결하기 위해 비교적 간단한 예제를 살펴보는 것부터 시작하겠다. 한 번에 이 예제의 모든 내용을 이해하지 못하더라도 이후 절에서 바이트코드에 대해 자세히 읽은 후에 다시 돌아와도 된다.

예제 이후에는 실행 환경에 대한 일부 설명을 제공하고, JVM의 오퍼레이션 코드를 카탈로그로 정리할 것이다. 이에는 산술 연산, 메서드 호출, 단축 형태 등의 바이트코드가 포함된다. 마지막으로 문자열 연결을 기반으로 한 또 다른 예제로 마무리하겠다. 이제 .class 파일로부터 바이트코드를 조사하는 방법을 살펴보면서 시작해보겠다.

4.4.1 클래스 분해하기

`-c` 스위치와 함께 `javap`을 사용하면 클래스를 분해할 수 있다. 이 예제에서는 앞서 만났던 `ScratchImpl` 클래스를 사용하겠다. 메서드를 구성하는 바이트코드를 중점적으로 살펴본다. 또한 `-p` 스위치를 사용해서 비공개 메서드의 바이트코드를 볼 수 있다.

`javap` 출력의 각 부분에는 많은 정보가 있어 압도당하기 쉬우므로 섹션별로 살펴보겠다. 먼저 헤더다. 여기에는 다음과 같이 크게 예상치 못한 내용이나 흥미로운 내용은 없다.

```
$ javap -c -p wgjd/ch04/ScratchImpl.class

Compiled from "ScratchImpl.java"

public class wgjd.ch04.ScratchImpl extends java.lang.Object {
  private static wgjd.ch04.ScratchImpl inst;
```

다음은 정적 블록이다. 변수 초기화가 이뤄지는 곳으로, 인스턴스를 `null`로 초기화하는 것을 나타낸다. 예리한 눈썰미를 가진 독자라면 `putstatic`이 정적 필드에 값을 넣는 바이트코드라는 것을 짐작할 수 있다.

```
static {};

Code:
  0: aconst_null
  1: putstatic #10 // 필드 inst:Lwgjd/ch04/ScratchImpl;
  4: return
```

이전 코드에서의 숫자들은 해당 메서드의 바이트코드 스트림 내에서의 오프셋을 나타낸다. 따라서 바이트 1은 정적 연산자 코드이고 바이트 2와 3은 상수 풀에 대한 16비트 인덱스를 나타낸다. 이 경우 16비트 인덱스는 값 10이며, 이는 상수 풀 항목 #10으로 표시된 필드에 값(이 경우 `null`)이 저장됨을 의미한다. 바이트코드 스트림의 시작 부분에서 4번째 바이트는 return 오퍼레이션 코드이며, 코드 블록의 끝을 나타낸다.

다음은 생성자다.

```
private wgjd.ch04.ScratchImpl();

Code:
  0: aload_0
  1: invokespecial #15 // Method java/lang/Object."<init>":()V
  4: return
```

자바에서는 `void` 생성자가 항상 암묵적으로 수퍼클래스 생성자를 호출한다. 바이트코드에서 이를 확인할 수 있다. `invokespecial` 명령어. 일반적으로, 모든 메서드 호출은 JVM의 다섯 가지 `invoke` 명령어 중 하나로 변환된다. 이에 대해선 4.4.7절에서 자세히 알아볼 것이다.

생성자 호출에는 타깃이 필요한데, 이는 `aload_0` 명령어에 의해 제공된다. 이 명령어는 참조(주소)를 로드하고, 0번째 로컬 변수를 로드하기 위한 단축 형태를 사용한다. 이 0번 로컬 변수는 현재 객체인 `this`를 나타낸다(이에 대해선 4.4.9절에서 정확히 다룰 예정이다).

`run()` 메서드에는 사실상 코드가 거의 없다. 이는 코드를 테스트하기 위한 임시 클래스이기 때문이다. 이 메서드는 즉시 호출자에게 반환되며 값을 반환하지 않는다(메서드의 반환 타입이 `void`이기 때문에 당연하다).

```
private void run();

Code:
  0: return
```

`main` 메서드에서는 `inst`를 초기화하고 약간의 객체 생성을 수행한다. 이는 우리가 인식할 수 있는 매우 일반적인 바이트코드의 패턴을 보여준다.

```
public static void main(java.lang.String[]);

Code:
  0: new #1 // class wgjd/ch04/ScratchImpl
  3: dup
  4: invokespecial #21 // Method "<init>":()V
```

이 세 가지 바이트코드 명령어(new, dup, <init> 메서드의 invokespecial)의 패턴은 항상 새로운 인스턴스 생성을 나타낸다.

new 오퍼레이션 코드는 새 인스턴스를 위한 메모리를 할당하고, 그 참조를 스택의 맨 위에 놓는다. dup 오퍼레이션 코드는 스택의 맨 위에 있는 참조를 복제한다(이제 두 개의 복사본이 있다). 객체를 완전히 생성하기 위해 생성자의 본문을 호출해야 한다. <init> 메서드는 생성자의 본문에 해당하는 코드를 포함하고 있으므로, invokespecial을 사용해서 해당 코드 블록을 호출한다.

메서드가 호출될 때, 수신자 객체에 대한 참조(있는 경우)와 메서드에 대한 인수들이 스택에서 소비된다. 이 때문에 먼저 dup을 수행해야 하는 것이다. 그렇지 않으면 새로 할당된 객체는 invoke에 의해 그 유일한 참조가 소비되고, 이 시점 이후에는 접근할 수 없게 된다.

이제 main 메서드의 남은 바이트코드를 살펴보겠다.

```
 7: putstatic #10 // 필드 inst:Lwgjd/ch04/ScratchImpl;
10: getstatic #10 // 필드 inst:Lwgjd/ch04/ScratchImpl;
13: invokevirtual #22 // Method run:()V
16: return
```

명령 7은 생성된 싱글톤 인스턴스의 주소를 저장한다. 명령 10은 그 값을 다시 스택의 맨 위에 올려놓는다. 이렇게 하면 명령 13이 해당 인스턴스의 메서드를 호출할 수 있게 된다. 이는 invokevirtual 오퍼레이션 코드를 사용해 수행되는데, 이것은 자바의 '표준' 인스턴스 메서드 호출을 수행한다.

NOTE 일반적으로 javac에 의해 생성된 바이트코드는 간단한 표현이다. 최적화 수준이 높지 않다. 전반적인 전략은 JIT 컴파일러가 많은 최적화를 수행하므로 상대적으로 평범하고 간단한 시작점이 도움이 된다는 것이다. '바이트코드는 어리석어야 한다Bytecode should be dumb'라는 표현은 소스 언어로부터 생성된 바이트코드에 대한 JVM 구현자들의 일반적인 감정을 나타낸다.

`invokevirtual` 오퍼레이션 코드에는 객체의 상속 계층구조에서 메서드 재정의를 확인하는 과정이 포함된다. 이는 약간 이상해 보일 수 있다. 왜냐하면 `private` 메서드는 재정의될 수 없기 때문이다. 실제로 소스 코드 컴파일러가 `private` 메서드에 대해 `invokevirtual` 대신 `invokespecial`을 생성할 수도 있다고 추측할 수도 있다. 실제로는 예전에는 그랬지만 최신 버전의 자바에서는 변경됐다. 자세한 내용은 17.5.3절 '네스트메이트'를 참조하자.

이제 바이트코드에 필요한 **런타임 환경**_{runtime environment}에 대해 알아보겠다. 그다음 로드/저장, 연산, 실행 제어, 메서드 호출, 플랫폼 연산 등 일련의 바이트코드 명령어들을 설명하는 데 사용할 표를 소개한다. 이후에 가능한 단축 형태의 오퍼레이션 코드에 대해 논의한 후 다른 예제로 넘어갈 것이다.

4.4.2 런타임 환경

바이트코드를 이해하려면 JVM이 사용하는 스택 머신의 작동을 이해하는 것이 중요하다. JVM이 하드웨어 CPU(예: x64 또는 ARM 칩)처럼 보이지 않는 가장 확실한 이유는 프로세서 레지스터가 없고 대신 모든 계산과 연산에 스택을 사용한다는 점인데, 이를 **평가 스택**_{evaluation stack}이라고 한다(가상머신 사양에서는 공식적으로 **피연산자 스택**_{operand stack}이라고 하며, 여기서는 이 두 용어를 혼용하여 사용하겠다).

평가 스택은 메서드 내에서 지역적으로 사용되며, 메서드가 호출될 때마다 새로운 평가 스택이 생성된다. 물론, JVM은 각 자바 스레드마다 **호출 스택**_{call stack}을 가지고 있으며, 어떤 메서드가 실행됐는지 기록한다(이는 자바에서 스택 추적의 기반이 된다). 스레드별 호출 스택과 메서드별 평가 스택의 차이를 명확하게 하는 것이 중요하다.

그림 4.4는 평가 스택이 두 개의 정수 상수에 더하기 연산을 수행하는 데 어떻게 사용되는지 보여준다. 각 단계 아래에 해당하는 JVM 바이트코드가 표시되는데, 이 바이트코드는 이 장의 뒷부분에서 다룰 것이므로 지금 당장 이해가 되지 않더라도 걱정하지 않아도 된다.

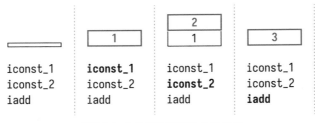

그림 4.4 수치 계산에 대한 스택 사용

앞서 이 장에서 논의한 대로, 클래스가 실행 환경에 링크될 때 해당 클래스의 바이트코드를 검사한다. 이런 검사의 대부분은 스택상의 타입 패턴을 분석하는 작업으로 이뤄진다.

> **NOTE** 스택상의 값을 조작하는 작업은 스택상의 값이 올바른 타입을 갖고 있는 경우에만 동작한다. 예를 들어 스택에 객체의 참조를 넣고 그것을 정수로 취급하여 산술 연산을 수행하려고 시도하는 경우에는 정의되지 않거나 잘못된 결과가 발생할 수 있다.

클래스 로딩의 검증 단계에서는 새로 로드된 클래스의 메서드가 스택을 남용하지 않는지 확인하기 위해 광범위한 검사를 수행한다. 이를 통해 잘못된(또는 고의적으로 악의적인) 클래스가 시스템에 허용돼 문제를 일으키는 것을 방지할 수 있다.

메서드가 실행되면 새로운 값을 계산하기 위해 평가 스택으로 사용할 메모리 영역이 필요하다. 또한 실행 중인 모든 스레드에는 현재 어떤 메서드가 실행 중인지 기록하는 호출 스택(스택 추적을 통해 보고되는 스택)이 필요하다. 이 두 스택은 경우에 따라 상호작용한다. 다음 코드를 살펴보겠다.

```
var numPets = 3 + petRecords.getNumberOfPets("Ben");
```

이를 평가하기 위해 JVM은 피연산자 스택에 3을 넣는다. 그다음 메서드를 호출해서 `Ben`이 보유한 애완동물 수를 계산해야 한다. 이를 위해 수신자 객체(이 예제에서는 메서드가 호출되고 있는 `petRecords`)를 평가 스택으로 푸시하고 그 뒤에 호출 인수를 넣는다.

그다음 `invoke` 오퍼레이션 코드 중 하나를 사용해 `getNumberOfPets()` 메서드를 호출하면 호출된 메서드로 제어권이 이전되고 방금 입력한 메서드가 호출 스택에 나타난다. 그러나 JVM이 새 메서드에 진입하면 새로운 피연산자 스택을 사용하기 시작하므로, 호출자의 피연산자 스택에 이미 있는 값은 호출된 메서드에서 계산된 결과에 영향을 줄 수 없다.

`getNumberOfPets()`이 완료되면 반환값이 호출자의 피연산자 스택에 놓이며, 이 과정은 `getNumber OfPets()`가 호출 스택에서 제거되는 과정의 일환이다. 그다음 덧셈 연산은 두 값이 가져와서 더한다.

이제 바이트코드를 살펴보겠다. 이는 많은 특수한 경우가 있으므로 완전한 설명 대신 주요 기능에 대한 개요만 제시하겠다.

4.4.3 오퍼레이션 코드 소개

JVM 바이트코드는 각각의 명령어 뒤에 가능한 인수들을 가진 **오퍼레이션 코드**opcode의 연속으로 구성된다. 오퍼레이션 코드는 주어진 상태에서 스택을 찾고, 인수들을 제거하고 그 자리에 결과를 놓는 방식으로 스택을 변형한다.

각 오퍼레이션 코드는 단일 바이트값으로 표시되므로 최대 255개의 가능한 오퍼레이션 코드가 존재한다. 현재는 약 200개만 사용된다. 너무 많아서 일일이 나열하기 어렵지만, 전체 목록은 http://mng.bz/aJaX에서 확인할 수 있다. 다행히도 대부분의 오퍼레이션 코드는 유사한 기능을 제공하는 여러 기본 패밀리[3] 중 하나에 속한다. 각 패밀리에 대해 차례로 설명해서 이해를 돕도록 하겠다. 일부 동작은 어느 패밀리에도 완벽하게 들어맞지 않지만, 그 빈도가 낮은 경향이 있다.

> [NOTE] JVM은 순수한 객체지향 런타임 환경이 아니다. JVM은 원시 타입에 대한 지식을 갖고 있다. 이는 일부 오퍼레이션 코드 패밀리에서 나타난다. 일부 기본 오퍼레이션 코드 유형(예: `store`와 `add`)은 작동하는 원시 타입에 따라 다른 여러 변형을 가져야 한다.

오퍼레이션 코드 표에는 다음과 같은 네 개의 열이 있다.

- **Name**: 이는 오퍼레이션 코드 타입에 대한 일반적인 이름이다. 많은 경우, 여러 관련 오퍼레이션 코드가 유사한 작업을 수행한다.
- **Args**: 오퍼레이션 코드가 사용하는 인수들이다. `i`로 시작하는 인수는 상수 풀이나 로컬 변수 표에서 조회 인덱스를 구성하는 데 사용되는 (부호 없는) 바이트다.

> [NOTE] 더 긴 인덱스를 만들기 위해 바이트가 결합돼 `i1`, `i2`와 같이 사용된다. 비트 시프트와 덧셈을 통해 이 두 바이트로부터 16비트 인덱스를 만든다(`(i1 << 8) + i2`).

인수arg가 대괄호 안에 표시된 경우 해당 오퍼레이션 코드의 모든 형태(변형)가 그 인수를 사용하지 않을 수 있다는 뜻이다.

- `Stack layout`: 오퍼레이션 코드가 실행되기 전과 후의 스택 상태를 보여준다. 대괄호 안의 요소는 오퍼레이션 코드의 모든 형태(변형)가 해당 요소를 사용하지 않거나 해당 요소가 선택 사항임을 나타낸다(예: 호출invocation 오퍼레이션 코드).
- `Description`: 오퍼레이션 코드가 하는 일을 설명한다.

---

3   [옮긴이] 일련의 코드 그룹을 패밀리로 표현한다. 이후 같은 의미로 패밀리와 그룹이라는 용어를 혼용한다.

표 4.3의 한 행을 살펴보자. `getfield` 오퍼레이션 코드의 항목들을 예시로 살펴보겠다. 이것은 객체의 필드에서 값을 읽는 데 사용된다.

`getfield`	i1, i2	[obj] -> [val]	스택 상단에 있는 객체로부터 지정된 상수 풀 인덱스에 있는 필드값을 가져온다.

첫 번째 열은 오퍼레이션 코드의 이름인 `getfield`다. 다음 열은 오퍼레이션 코드 뒤에 바이트코드 스트림에서 따라오는 두 개의 인수가 있다고 말한다. 이러한 인수들은 16비트 값을 만들기 위해 함께 결합되며, 상수 풀에서 찾아보면 필요한 필드를 알 수 있다(상수 풀 인덱스는 항상 16비트다). 스택 레이아웃 열은 객체에 대한 참조가 필드의 값으로 대체된다는 것을 보여준다.

오퍼레이션의 일부로 객체 인스턴스를 제거하는 이 패턴은 바이트코드를 간결하게 만드는 방법으로, 지루한 정리 작업 없이 완료한 객체의 인스턴스를 제거해야 하는 것을 기억하지 않아도 되도록 하는 방식이다.

4.4.4 load 및 store 오퍼레이션 코드

일련의 `load`와 `store` 오퍼레이션 코드 그룹은 스택에 값을 로드하거나 조회하는 것과 관련이 있다. 표 4.3은 `load`/`store` 패밀리의 주요 연산을 보여준다.

표 4.3 로드와 저장 오퍼레이션 코드

이름	인수	스택 레이아웃	설명
`load`	(i1)	[] -> [val]	로컬 변수에서 스택으로 값(원시 또는 참조)을 로드한다. 바로 가기 형식과 타입별 변형이 있다.
`ldc`	i1	[] -> [val]	풀에서 스택으로 상수를 로드한다. 타입별과 광범위한 변형이 있다.
`store`	(i1)	[val] -> []	값(원시 또는 참조)을 로컬 변수에 저장하고 프로세스 중에 스택에서 제거한다. 바로 가기 형식과 유형별 변형이 있다.
`dup`		[val] -> [val, val]	스택 상단의 값을 복제한다. 변형 형식이 있다.
`getfield`	i1, i2	[obj] -> [val]	스택 상단의 객체에서 지정된 상수 풀 인덱스에 있는 필드값을 가져온다.
`putfield`	i1, i2	[obj, val] -> []	값을 지정된 상수 풀 인덱스에 해당하는 객체의 필드에 넣는다.
`getstatic`	i1, i2	[] -> [val]	지정된 상수 풀 인덱스에 있는 정적 필드의 값을 가져온다.
`putstatic`	i1, i2	[val] -> []	값을 지정된 상수 풀 인덱스에 해당하는 정적 필드에 넣는다.

이전에 언급했듯이, 로드_{load}와 저장_{store} 명령어에는 여러 가지 다른 형태가 있다. 예를 들어 `dload`

오퍼레이션 코드는 로컬 변수에서 double값을 스택에 로드하고, `astore` 오퍼레이션 코드는 객체 참조를 스택에서 팝pop해서 로컬 변수에 저장한다.

`getfield`와 `putfield`의 간단한 예를 살펴보겠다.

```java
public class Scratch {
    private int i;

    public Scratch() {
        i = 0;
    }

    public int getI() {
        return i;
    }

    public void setI(int i) {
        this.i = i;
    }
}
```

이 간단한 클래스의 getter와 setter는 다음과 같이 디컴파일된다.

```
public int getI();
    Code:
       0: aload_0
       1: getfield      #7                      // 필드 i:I
       4: ireturn

  public void setI(int);
    Code:
       0: aload_0
       1: iload_1
       2: putfield      #7                      // 필드 i:I
       5: return
```

이것은 스택이 임시 변수를 보관하는 데 사용되고 이후 힙 저장소로 전달되는 방식을 보여준다.

4.4.5 산술을 위한 오퍼레이션 코드

이러한 오퍼레이션 코드는 스택에서 산술 연산을 수행한다. 스택 상단에서 인수를 가져와 필요한 계산을 수행한다. 인수는 항상 원시 타입이어야 하며 정확하게 일치해야 한다. 하지만 플랫폼은 한 원시 타입을 다른 타입으로 변환하기 위한 다양한 오퍼레이션 코드를 제공한다. 표 4.4는 기본 산술 연산을 보여준다.

표 4.4 산술 연산자 코드

이름	인수	스택 레이아웃	설명
`add`		[val1, val2] -> [res]	스택 상단의 두 값(동일한 원시 타입)을 더하고 결과를 스택에 저장한다. 단축형과 타입별 변형이 있다.
`sub`		[val1, val2] -> [res]	스택 상단의 두 값(동일한 원시 타입)을 빼고 결과를 스택에 저장한다. 단축형과 타입별 변형이 있다.
`div`		[val1, val2] -> [res]	스택 상단의 두 값(동일한 원시 타입)을 나누고 결과를 스택에 저장한다. 단축형과 타입별 변형이 있다.
`mul`		[val1, val2] -> [res]	스택 상단의 두 값(동일한 원시 타입)을 곱하고 결과를 스택에 저장한다. 단축형과 타입별 변형이 있다.
`(cast)`		[value] -> [res]	하나의 원시 타입을 다른 타입으로 캐스트한다. 가능한 모든 캐스트에 해당하는 형태가 있다.

형 변환 오퍼레이션 코드의 이름은 매우 짧다(예: `int`를 `double`으로 형 변환하는 경우 `i2d`). 특히 cast라는 단어가 이름에 나타나지 않기 때문에 표에서 괄호 안에 표시했다.

4.4.6 실행 흐름을 제어하기 위한 오퍼레이션 코드

이전에 언급했듯이, 고수준 언어의 제어 구조는 JVM 바이트코드에 존재하지 않는다. 대신, 실행 흐름은 표 4.5에 나와 있는 소수의 원시 오퍼레이션 코드로 처리된다.

표 4.5 실행 제어 오퍼레이션 코드

이름	인수	스택 레이아웃	설명
`if`	b1, b2	[val1, val2] -> [] or [val1] -> []	만약 특정 조건이 일치하면, 지정된 분기 오프셋으로 점프한다.
`goto`	b1, b2	[] -> []	조건 없이 분기 오프셋으로 점프한다. 넓은 형태가 있다.
`tableswitch`	{depends}	[index] -> []	switch 구문을 구현하는 데 사용된다.
`lookupswitch`	{depends}	[key] -> []	switch 구문을 구현하는 데 사용된다.

상수를 조회하기 위해 사용되는 인덱스 바이트와 마찬가지로 `b1`, `b2` 인수는 이 메서드 내에서 점프할 바이트코드 위치를 구성하는 데 사용된다. 이들은 메서드 외부로의 점프에는 사용할 수 없는데, 이는 클래스 로딩 시 확인되며 클래스의 검증 실패로 이어질 수 있다.

`if` 오퍼레이션 코드 패밀리는 예상보다 약간 더 크다. 다양한 소스 코드 가능성(예: 숫자 비교, 참조 동등성)을 처리하기 위해 열다섯 개 이상의 명령어가 있다.

> **NOTE** `if` 오퍼레이션 코드 패밀리에는 더 이상 `javac`에서 생성되지 않고, 최신 자바 버전에서도 더 이상 사용되지 않는 두 가지 명령어인 `jsr`과 `ret`도 포함돼 있다.

`goto` 명령어의 넓은 형태인 `goto_w`는 4바이트의 인수를 취하고, 64KB보다 큰 오프셋을 구성한다. 이는 매우 큰 메서드에만 적용되기 때문에 자주 필요하지는 않다(그리고 이러한 메서드는 JIT 컴파일이 불가능하다는 등 다른 문제가 있을 수 있다). 또한 매우 큰 상수 풀 주소를 대상으로 하는 `ldc_w`도 있다.

4.4.7 Invoke 오퍼레이션 코드

`invoke` 오퍼레이션 코드 패밀리는 일반적인 메서드 호출을 처리하기 위한 네 개의 오퍼레이션 코드와 자바 7에 추가된 특수한 `invokedynamic` 오퍼레이션 코드로 구성된다. 이 특별한 경우에 대해서는 17장에서 더 자세히 설명하겠다. 다섯 가지 메서드 호출용 오퍼레이션 코드는 표 4.6에 나와 있다.

표 4.6 **오퍼레이션 코드**

이름	인수	스택 레이아웃	설명
`invokestatic`	i1, i2	[(val1, …)] -> []	정적 메서드를 호출한다.
`invokevirtual`	i1, i2	[obj, (val1, …)] -> []	'일반' 인스턴스 메서드를 호출한다.
`invokeinterface`	i1, i2, count, 0	[obj, (val1, …)] -> []	인터페이스 메서드를 호출한다.
`invokespecial`	i1, i2	[obj, (val1, …)] -> []	생성자와 같은 '특수한' 인스턴스 메서드를 호출한다.
`invokedynamic`	i1, i2, 0, 0	[val1, …] -> []	동적 호출, 17장을 참조하자.

다음에 표시된 확장된 예제를 통해 이러한 오퍼레이션 코드의 차이점을 가장 쉽게 확인할 수 있다.

```
long time = System.currentTimeMillis();

// 명시적인 타입 선언은 의도적인 것이다. 계속 읽어보자.
HashMap<String, String> hm = new HashMap<>();
hm.put("now", "bar");

Map<String, String> m = hm;
m.put("foo", "baz");
```

`javap -c`를 사용하여 이 바이트코드를 살펴보겠다.

```
Code:
    0: invokestatic   #2  // Method java/lang/System.currentTimeMillis:()J
    3: lstore_1
    4: new            #3 // class java/util/HashMap
    7: dup
    8: invokespecial #4 // Method java/util/HashMap."<init>":()V
   11: astore_3
   12: aload_3
   13: ldc            #5 // String now
   15: ldc            #6 // String bar
   17: invokevirtual #7 // Method java/util/HashMap.put:(
                        //Ljava/lang/Object;Ljava/lang/Object;)
                        //Ljava/lang/Object;
   20: pop
   21: aload_3
   22: astore         4
   24: aload          4
   26: ldc            #8 // String foo
   28: ldc            #9 // String baz
   30: invokeinterface #10,  3 // InterfaceMethod java/util/Map.put:(
                        //Ljava/lang/Object;Ljava/lang/Object;)
                        //Ljava/lang/Object;
   35: pop
```

앞서 설명한 것처럼 자바 메서드 호출은 실제로 여러 가지 가능한 invoke* 바이트코드 중 하나로 변환된다. 자세히 살펴보겠다.

```
    0: invokestatic   #2 // Method java/lang/System.currentTimeMillis:()J
    3: lstore_1
```

System.currentTimeMillis()의 정적 호출은 바이트코드의 위치 0에 나타나는 invokestatic으로 변환된다. 이 메서드는 매개변수를 받지 않으므로 호출되기 전에 평가 스택에 아무것도 로드할 필요가 없다.

다음으로, 두 바이트 00 02가 바이트 스트림에 나타난다. 이들은 상수 풀 내에서 오프셋으로 사용되는 16비트 숫자로 결합된다.

디컴파일러는 유용하게도 메서드 오프셋 #2가 어떤 메서드에 해당하는지 알려주는 주석을 포함한다. 이 경우에는 예상대로 `System.currentTimeMillis()` 메서드다.

호출 결과는 반환되고, 오프셋 3에서는 인수 없는 단일 `lstore_1` 오퍼레이션 코드가 보인다. 이것은 반환값을 로컬 변수 1에 저장한다.

사람이라면 당연히 변수 `time`이 다시 사용되지 않는다는 것을 알 수 있다. 그러나 `javac`의 설계 목표 중 하나는 프로그램에서 이 지점 이후로 사용되지 않더라도 자바 소스 코드의 내용을 되도록 충실히 표현하는 것이다. 따라서 `System.currentTimeMillis()`의 반환값이 저장되겠지만, 이후에 사용되지 않는다.

이것이 '단순한 바이트코드'가 동작하는 방식이다. 플랫폼의 관점에서 클래스 파일의 형식은 진짜로 중요한 컴파일러, 바로 JIT 컴파일러에 대한 입력 형식이라는 점을 기억하자.

```
 4: new           #3 // class java/util/HashMap
 7: dup
 8: invokespecial #4 // Method java/util/HashMap."<init>":()V
11: astore_3
12: aload_3
13: ldc           #5 // String now
15: ldc           #6 // String bar
17: invokevirtual #7 // Method java/util/HashMap.put:(
                  //Ljava/lang/Object;Ljava/lang/Object;)
                  //Ljava/lang/Object;
20: pop
```

4부터 10까지의 바이트코드는 새로운 `HashMap` 인스턴스를 생성하고, 11번 명령어에서 이를 로컬 변수에 복사해 저장한다. 그다음, 12부터 16까지의 명령어는 `HashMap` 객체와 `put()` 호출의 인수를 스택에 넣는다. `put()` 메서드의 실제 호출은 17부터 19까지의 명령어로 수행된다.

이번에 사용된 `invoke` 오퍼레이션 코드는 `invokevirtual`이다. 이는 로컬 변수의 정적 타입이 클래스 타입인 `HashMap`으로 선언됐기 때문이다. 곧 로컬 변수가 `Map`으로 선언된 경우에 어떻게 동작하는지 살펴보겠다.

인스턴스 메서드 호출은 정적 메서드 호출과 다르다. 정적 호출은 메서드가 호출되는 인스턴스(수신자 객체라고도 함)가 없다.

바이트코드에서 인스턴스 호출은 호출된 객체와 호출 인수를 평가 스택에 배치한 다음 invoke 명령을 실행하여 설정해야 한다.

이 경우 put()의 반환값은 사용되지 않으므로 명령 20은 반환값을 제거한다.

```
21: aload_3
22: astore        4
24: aload         4
26: ldc           #8 // String foo
28: ldc           #9 // String baz
30: invokeinterface #10,  3 //InterfaceMethod java/util/Map.put:(
                           //Ljava/lang/Object;Ljava/lang/Object;)
                           //Ljava/lang/Object;
35: pop
```

21부터 25까지의 바이트 시퀀스는 처음 보면 약간 이상하게 보일 수 있다. 4에서 생성한 HashMap 인스턴스를 11번 명령어에서 로컬 변수 3에 저장한 후에 다시 스택에 로드하고, 그 참조의 복사본을 로컬 변수 4에 저장한다. 이 과정에서 해당 인스턴스는 스택에서 제거되므로 사용하기 전에 다시 로드해야 한다. 이러한 이동은 원래의 자바 코드에서 추가적인 로컬 변수(HashMap이 아닌 Map)를 생성했기 때문에 발생하는데, 이 변수는 항상 원래의 변수와 동일한 객체를 참조하게 된다. 이것은 바이트코드가 원본 소스 코드와 최대한 가까이 유지되는 또 다른 예다.

스택과 변수를 주고받아 배치한 후에는 26부터 29까지의 명령어에서 맵에 넣을 값을 로드한다. 수신자와 인수로 스택이 준비된 상태에서 put() 호출이 30번 명령어에서 실행된다. 이번에는 정확히 동일한 메서드가 호출되지만, 호출되는 자바 로컬 변수의 유형이 Map인 인터페이스 유형이기 때문에 invokeinterface 오퍼레이션 코드가 사용된다. 다시 한번 put()의 반환값은 35번 명령어의 pop을 통해 버려진다.

메서드 호출이 어떤 연산으로 변환되는지를 알아야 할 뿐만 아니라, invoke 오퍼레이션 코드에 대한 몇 가지 세부적인 사항을 주목해야 한다. 첫 번째는 invokeinterface에는 여기서 보인 것 외의 추가적인 매개변수가 존재한다는 것이다. 이는 이전 버전과의 호환성을 위해 존재하는데, 현재는 사용되지 않는다. invokedynamic의 경우에는 두 개의 추가적인 0은 **상위 호환성**forward-compatibility을 위해 존재한다.

다른 중요한 점은 일반 인스턴스 메서드 호출과 특수 인스턴스 메서드 호출의 사이의 차이다. 일반 호출은 가상virtual 호출이며, 호출할 정확한 메서드는 메서드 오버라이딩의 표준 자바 규칙을 사용해서 런타임에 찾는다 것을 의미한다.

그러나 슈퍼클래스의 메서드를 호출하는 경우와 같이 몇 가지 특수한 경우가 존재하는데, 이런 경우에는 오버라이드 규칙이 작동하지 않기를 원하므로 다른 invoke 오퍼레이션 코드가 필요하다. 이것이 오퍼레이션 코드 집합에 오버라이드 메커니즘 없이 메서드를 호출하기 위한 오퍼레이션 코드인 `invokespecial`이 필요한 이유다. 이 오퍼레이션 코드는 정확히 어떤 메서드를 호출할지를 지정한다.

4.4.8 플랫폼 관련 작업을 수행하는 오퍼레이션 코드

플랫폼 작업 오퍼레이션 코드 집합에는 새로운 객체 인스턴스를 할당하는 `new` 오퍼레이션 코드와 `monitorenter` 및 `monitorexit`와 같은 스레드 관련 오퍼레이션 코드가 포함된다. 이 패밀리의 자세한 내용은 표 4.7에서 확인할 수 있다.

표 4.7 플랫폼 오퍼레이션 코드

이름	인수	스택 레이아웃	설명
`new`	i1, i2	[] -> [obj]	지정된 인덱스의 상수에 지정된 타입의 새로운 객체를 위한 메모리를 할당한다.
`monitorenter`		[obj] -> []	객체를 잠근다. 5장 참조
`monitorexit`		[obj] -> []	객체의 잠금을 해제한다. 5장 참조

플랫폼 운영 오퍼레이션 코드는 객체 생명 주기의 특정 측면을 제어하는 데 사용된다. 새로운 객체 인스턴스를 할당하고 해당 객체를 잠그는 것과 같은 스레드 관련 오퍼레이션 코드를 포함한다. 중요한 점은 오퍼레이션 코드 `new`가 오직 저장 공간만 할당한다는 것이다. 고수준에서 객체 생성의 개념은 생성자 내의 코드 실행도 포함한다.

바이트코드 수준에서의 생성자는 특별한 이름인 `<init>`을 가진 메서드로 변환된다. 이는 사용자 자바 코드에서 호출할 수는 없지만 바이트코드에서 호출할 수 있다. 이로 인해 앞서 살펴본 것처럼 객체 생성과 직접적으로 대응하는 특이한 바이트코드 패턴이 만들어지는데, `new` 다음에 `dup`이 오고, `<init>` 메서드를 호출하는 `invokespecial`이 오는 패턴이다.

`monitorenter`와 `monitorexit` 바이트코드는 동기화 블록의 시작과 끝을 나타낸다. 이는 `synchronized` 블록의 진입과 종료에 해당한다.

4.4.9 바로 가기 오퍼레이션 코드 형식

많은 오퍼레이션 코드에는 여기저기서 몇 바이트를 절약하기 위한 **바로 가기 형식**shortcut form이 있다. 일반적인 패턴은 특정 로컬 변수가 다른 변수보다 훨씬 더 자주 액세스되므로 로컬 변수를 인수로 지정하는 대신 '로컬 변수에 직접 일반 연산을 수행'하라는 것을 의미하는 특수한 오퍼레이션 코드를 사용하는 것이 합리적이다. 예를 들어 load/store 패밀리 내에서 `aload_0`, `dstore_2`와 같은 오퍼레이션 코드는 동등한 바이트 시퀀스인 `aload 00` 또는 `dstore 02`보다 1바이트 더 짧다.

[NOTE] 한 바이트를 절약하는 것은 크게 중요하지 않을 수 있지만, 전체 클래스를 고려할 때 이러한 바이트 절약은 누적될 수 있다. 자바의 초기 사용 사례는 종종 다이얼업 모뎀을 통해 다운로드되는 애플릿이었으며, 이는 대역폭이 제한된 환경에서 진행됐다(예: 28.8킬로바이트/초). 이런 경우에는 바이트코드를 효율적으로 전송하기 위해 바이트를 절약하는 것이 중요하다.

자바 개발자로서 실력을 키우기 위해서는 자신의 클래스에 대해 `javap` 도구를 사용하여 바이트코드 패턴을 인식하고 익히는 것이 유용하다. 바이트코드를 이해하면 자바의 내부 동작에 대한 통찰력을 얻을 수 있으며, 코드를 최적화하는 데 도움이 된다. 이제 바이트코드에 대한 간단한 소개를 마치고, 다음 주제인 리플렉션에 대해 알아보겠다.

4.5 리플렉션

탄탄한 자바 개발자가 갖춰야 할 핵심 기술 중 하나는 **리플렉션**reflection이다. 리플렉션은 매우 강력한 기능이지만, 대부분의 자바 개발자가 코드에 대해 생각하는 방식과는 이질적으로 보이기 때문에 처음에는 많은 개발자가 어려움을 겪는다.

리플렉션은 객체를 쿼리하거나 내부를 조사해서 런타임에 해당 객체의 기능을 발견하고 사용하는 기능이다. 콘텍스트에 따라 여러 가지로 이해할 수 있다.

- 프로그래밍 언어 API
- 프로그래밍 스타일이나 기법
- 기법을 사용할 수 있게 하는 런타임 메커니즘
- 언어 타입 시스템의 특성

객체지향 시스템에서의 리플렉션은 프로그래밍 환경이 프로그램의 타입과 메서드를 객체로 나타낼 수 있는 개념이다. 이는 이를 지원하는 런타임 시스템이 있는 언어에서만 가능한데, 이것은 근본적으로 언어의 동적인 측면이다.

리플렉션 스타일의 프로그래밍을 사용할 때는 정적 타입을 전혀 사용하지 않고 객체를 조작할 수 있다. 이는 후퇴하는 것으로 보일 수 있지만, 정적으로 타입을 알 필요 없이 객체와 작업할 수 있다면, 코드를 작성할 때 존재하지 않았던 타입을 포함한 모든 타입과 작업할 수 있는 라이브러리, 프레임워크, 도구를 만들 수 있다는 의미다.

자바가 초기 언어였을 때, 리플렉션은 주류로 떠오른 주요 기술 혁신 중 하나였다. 다른 언어(특히 스몰토크Smalltalk)에서 훨씬 일찍 리플렉션을 도입하기는 했지만 자바가 출시될 당시에는 많은 언어에서 리플렉션이 일반화되지 않았다.

4.5.1 리플렉션 소개

리플렉션에 대한 추상적인 설명은 종종 혼란스럽거나 이해하기 어려워 보일 수 있다. JShell의 간단한 예제를 통해 리플렉션이 무엇인지 좀 더 구체적으로 살펴보자.

```
jshell> Object o = new Object();
o ==> java.lang.Object@a67c67e

jshell> Class<?> clz = o.getClass();
clz ==> class java.lang.Object
```

이것은 리플렉션의 첫 번째 예시이며, `Object` 타입에 대한 클래스 객체다. 실제로 `clz`의 실제 유형은 `Class<Object>`이지만, 클래스 로딩이나 `getClass()`에서 클래스 객체를 가져올 때, 다음과 같이 제네릭에서 알 수 없는 타입인 `?`를 사용하여 처리해야 한다.

```
jshell> Class<Object> clz = Object.class;
clz ==> class java.lang.Object

jshell> Class<Object> clz = o.getClass();
|  Error:
|  incompatible types: java.lang.Class<capture#1 of ? extends
   java.lang.Object> cannot be converted to java.lang.Class<java.lang.Object>
|  Class<Object> clz = o.getClass();
|                      ^----------^
```

이는 리플렉션이 동적인 런타임 메커니즘이기 때문이며, 실제 `Class<Object>` 타입은 소스 코드 컴파일러에 알려지지 않았기 때문이다. 이 과정에서 자바 타입 시스템에 크게 의존할 수 없기 때문에 리플렉션을 사용하는 작업에는 더 이상 줄일 수 없는 추가적인 복잡성이 추가된다. 반면, 이 동적인 특성이 리플렉션의 핵심이다. 컴파일 시에는 어떤 유형인지 알 수 없고 매우 일반적인 방식으로 처리해야 한다면 이 유연성을 활용해서 개방적이고 확장 가능한 시스템을 구축할 수 있다.

NOTE 리플렉션은 근본적으로 개방형 시스템을 생성하는데, 2장에서 살펴본 것처럼 이는 자바 모듈이 플랫폼에 도입하려는 더욱 캡슐화된 시스템과 충돌할 수 있다.

많은 익숙한 프레임워크와 개발자 도구들이 디버거와 코드 브라우저와 같은 기능을 구현하기 위해 리플렉션을 사용한다. 플러그인 아키텍처, 대화형 환경, **REPL**read-eval-print loop도 리플렉션을 광범위하게 활용한다. 실제로 JShell 자체도 리플렉션 서브시스템이 없는 언어로는 구축할 수 없다. 이제 이 점을 활용해서 JShell을 사용해 다음과 같이 리플렉션의 주요 기능 몇 가지를 살펴보겠다.

```
jshell> class Pet {
   ...>    public void feed() {
   ...>       System.out.println("Feed the pet");
   ...>    }
   ...> }
|  created class Pet

jshell> var clz = Pet.class;
clz ==> class Pet
```

이제 다음과 같이 새로운 인스턴스 생성처럼 다른 작업을 수행하는 데 사용할 수 있는 Pet의 클래스 타입을 나타내는 객체가 생겼다.

```
jshell> Object o = clz.newInstance();
o ==> Pet@66480dd7
```

문제는 newInstance()가 그다지 유용한 타입이 아닌 Object를 반환한다는 것이다. 물론 o를 다시 Pet으로 캐스팅할 수도 있지만, 이렇게 하려면 어떤 타입으로 작업할지 미리 알아야 하므로 리플렉션의 동적 특성이라는 요점을 오히려 상실하게 된다. 그럼 다른 방법을 시도해보자.

```
jshell> import java.lang.reflect.Method;

jshell> Method m = clz.getMethod("feed", new Class[0]);
```

```
m ==> public void Pet.feed()
```

이제 우리는 `feed()` 메서드를 나타내는 객체를 가지고 있다. 그러나 이 객체는 추상적인 메타데이터로서 존재하며, 특정 인스턴스에 연결돼 있지 않다.

메서드를 나타내는 객체를 사용하는 가장 자연스러운 방법은 해당 메서드를 호출하는 것이다. `java.lang.reflect.Method` 클래스는 해당 `Method` 객체가 나타내는 메서드를 호출하는 효과를 갖는 `invoke()` 메서드를 정의한다.

> **NOTE** JShell에서 작업할 때는 예외를 처리하는 코드를 많이 사용하지 않는다. 리플렉션을 사용하는 일반 자바 코드를 작성할 때는 어떤 식으로든 발생할 수 있는 예외 유형을 처리해야 한다.

이 호출이 성공하기 위해서는 올바른 인수의 수와 타입을 제공해야 한다. 이 인수 목록은 리플렉션적으로reflectively 호출되는 메서드가 인스턴스 메서드일 때 간단한 다음 코드와 같이 메서드를 가진 해당 객체(`receiver` 객체)를 포함해야 한다.

```
jshell> Object ret = m.invoke(o);
Feed the pet          feed() 메서드가 실제로 void이므로
ret ==> null          호출이 null을 반환한다.
```

리플렉션은 `Method` 객체뿐만 아니라 필드, 애너테이션, 생성자 등 자바 타입 시스템과 언어 내에서 다른 기본 개념을 나타내는 객체도 제공한다. 이런 클래스들은 `java.lang.reflect` 패키지에서 찾을 수 있으며, 그중 일부(예: `Constructor`)는 제네릭 유형이다.

모듈을 처리하기 위해서는 리플렉션 서브시스템도 업그레이드해야 했다. 클래스와 메서드를 리플렉션적으로 처리할 수 있는 것과 마찬가지로, 모듈과 관련된 리플렉션 API가 필요하다. 핵심 클래스는 당연하게도 `java.lang.Module`이며, 다음과 같이 `Class` 객체에서 직접 액세스할 수 있다.

```
var module = String.class.getModule();
var descriptor = module.getDescriptor();
```

모듈의 설명자는 `ModuleDescriptor` 타입이며 모듈에 대한 메타데이터의 읽기 전용 뷰를 제공한다(기본적으로 `module-info.class`의 내용과 동일).

새로운 리플렉션 API에서는 모듈의 동적 기능인 **모듈 발견**module discovery도 가능하다. 이는

ModuleFinder와 같은 인터페이스를 통해 구현된다. 그러나 모듈 시스템과 관련해서 리플렉션적으로 작업하는 방법에 대한 자세한 설명은 이 책의 범위를 벗어난다. 관심 있는 독자는 니콜라이 팔로그Nicolai Parlog의 책《The Java Module System》의 12장을 참고하기를 바란다(http://mng.bz/gwGG).

4.5.2 클래스 로딩과 리플렉션 결합하기

클래스 로딩과 리플렉션을 결합한 예제를 살펴보겠다. 예제를 위해 일반적인 `findClass()`와 `loadClass()` 프로토콜을 준수하는 전체 클래스로더가 필요하지는 않다. 대신에 단순히 `ClassLoader`를 서브클래스화해서 protected `defineClass()` 메서드에 접근할 것이다.

메인 메서드는 파일 이름의 목록을 입력으로 받는다. 그리고 해당 파일이 자바 클래스인 경우, 리플렉션을 사용하여 각 메서드에 순차적으로 접근하고 해당 메서드가 네이티브 메서드인지를 다음 코드와 같이 탐지한다.

```
public class NativeMethodChecker {

    public static class EasyLoader extends ClassLoader {
        public EasyLoader() {
            super(EasyLoader.class.getClassLoader());
        }

        public Class<?> loadFromDisk(String fName) throws IOException {
            var b = Files.readAllBytes(Path.of(fName));
            return defineClass(null, b, 0, b.length);
        }
    }

    public static void main(String[] args) {
        if (args.length > 0) {
            var loader = new EasyLoader();
            for (var file : args) {
                System.out.println(file +" ::");
                try {
                    var clazz = loader.loadFromDisk(file);
                    for (var m : clazz.getMethods()) {
                        if (Modifier.isNative(m.getModifiers())) {
                            System.out.println(m.getName());
                        }
                    }
                } catch (IOException | ClassFormatError x) {
```

```
                    System.out.println("Not a class file");
                }
            }
        }
    }
}
```

이러한 유형의 예제는 자바 플랫폼의 동적 특성을 탐구하고 리플렉션 API의 작동 방식을 배우는데 재미있게 활용할 수 있다. 하지만 기본기가 탄탄한 자바 개발자는 리플렉션 방식으로 작업할 때 발생할 수 있는 한계와 때때로 찾아오는 좌절감을 인식하는 것도 중요하다.

4.5.3 리플렉션의 문제점

리플렉션 API는 버전 1.1(1996년)부터 자바 플랫폼의 일부로 사용됐으며, 출시 이후 25년 동안 여러 가지 문제와 약점이 드러났다. 이러한 불편함 중 일부는 다음과 같다.

- 자바 컬렉션 이전에 만들어진 매우 오래된 API로, 배열 타입이 여기저기에 존재한다.
- 어떤 메서드 오버로드를 호출할지 결정하는 것은 쉽지 않다.
- API에는 메서드에 대한 리플렉션적인 접근을 위해 `getMethod()`와 `getDeclaredMethod()`라는 서로 다른 두 가지 메서드가 제공된다.
- API는 접근 제어를 무시하는 데 사용할 수 있는 `setAccessible()` 메서드를 제공한다.
- 리플렉션 호출에 대한 예외 처리가 복잡하다. **체크된 예외**checked exception[4]가 런타임 예외로 변환된다.
- 원시 타입을 전달하거나 반환하는 리플렉션 호출을 수행하려면 **박싱**boxing과 **언박싱**unboxing이 필요하다.[5]
- 원시 타입에는 플레이스홀더 클래스 객체(예: `int.class`)가 필요하며, 이는 실제로는 `Class<Integer>` 타입이다.
- `void` 메서드에는 `java.lang.Void` 타입을 도입해야 한다.

---

4   옮긴이 컴파일러가 확인하고 처리를 강제하는 예외로, 이러한 예외들은 `throws` 키워드를 사용하여 메서드 시그니처에 선언되거나, `try-catch` 블록을 사용하여 예외를 처리해야 한다.

5   옮긴이 박싱과 언박싱은 자바에서 원시 타입과 해당 래퍼 클래스 사이의 변환을 말한다.

API의 어려운 부분 외에도 자바 리플렉션은 JVM의 JIT 컴파일러에 대한 호환성 부족 등 여러 가지 이유로 인해 항상 성능 저하를 겪어 왔다.

> **NOTE** 리플렉션 호출 성능 문제를 해결하는 것이 메서드 핸들 API를 추가하게 된 주요 이유 중 하나였으며, 이와 관련해서는 17장에서 살펴볼 것이다.

리플렉션에는 마지막으로 하나의 문제가 있다. 이는 아마도 철학적인 문제(또는 안티패턴)로 볼 수 있다. 자바에서 레벨 업하는 과정에서 리플렉션은 개발자들이 처음으로 만나는 고급 기술 중 하나다. 이로 인해 리플렉션은 과도하게 사용되거나 **골든 해머**golden hammer 기법[6]으로 사용될 수 있다. 이는 너무 유연하거나 실제로 필요하지 않은 내부 미니 프레임워크를 표시하는 시스템을 구현하는 데 사용될 수 있다(가끔은 **내부 프레임워크 안티패턴**inner framework antipattern으로 불린다). 이러한 시스템은 구성이 매우 쉽지만, 도메인 모델을 직접 도메인 타입에 인코딩하는 대신 설정configuration에 도메인 모델을 인코딩해야 한다는 단점이 있다.

리플렉션은 훌륭한 기술이며 기본기가 탄탄한 자바 개발자라면 반드시 사용할 수 있어야 하는 기술이지만 모든 상황에 적합한 것은 아니다. 대부분의 개발자는 이 기술을 제한적으로 사용해야 한다.

요약

- 클래스 파일 형식과 클래스 로딩은 JVM 작동의 핵심이다. 이는 가상머신에서 실행하려는 모든 언어에 필수적이다.
- 다양한 단계의 클래스 로딩을 통해 런타임에 보안과 성능 기능을 모두 구현할 수 있다.
- JVM 바이트코드는 관련 기능을 가진 제품군으로 구성된다.
- `javap`을 사용하여 클래스 파일을 분해하면 하위 레벨을 이해하는 데 도움이 될 수 있다.
- 리플렉션은 자바의 매우 강력한 주요 기능이다.

6 　[옮긴이] 한 가지 도구나 기술을 과도하게 사용해서 모든 문제를 해결하려는 경향을 말한다.

자바 동시성 기초

자바는 주로 두 가지 **동시성**concurrency API를 가지고 있다. 일반적으로 **블록 구조 동시성**block-structured concurrency 또는 **동기화 기반 동시성**synchronization-based concurrency 또는 '클래식 동시성'이라 불리는 오래된 API와 `java.util.concurrent`라는 패키지 이름으로 알려져 있는 최신 API가 그것이다.

이 책에서는 두 가지 접근 방식에 대해 모두 이야기할 것이다. 이번 장에서는 이 두 가지 접근 방식 중 첫 번째를 살펴보면서 여정을 시작하겠다. 다음 장에서는 `java.util.concurrent`를 소개할 것이다. 이후에 16장에서 다시 동시성 주제로 돌아가서 고급 기법, 자바 외의 JVM 언어에서의 동시성, 동시성과 함수형 프로그래밍 사이의 상호작용에 대해 이야기할 것이다.

먼저 동시성에 대한 고전적인 접근 방식을 만나보겠다. 이것은 자바 5까지 사용 가능했던 유일한

API였다. '동기화 기반 동시성'이라는 대체 이름에서 알 수 있듯이, 이는 플랫폼에 내장된 언어 수준의 API로 synchronized와 volatile 키워드에 의존한다.

이것은 저수준low level API로서 작업하기 어려울 수도 있지만, 이해하는 것이 매우 중요한데, 다른 형태의 동시성과 동시성의 다른 측면을 설명하는 책 후반부와 관련하여 탄탄한 기초를 제공한다.

사실, 다른 형태의 동시성에 대해 올바르게 추론하는 것은 이 장에서 소개할 저수준 API와 개념에 대한 실무 지식 없이는 매우 어렵다. 관련 주제를 다룰 때, 이 책에서 나중에 다룰 동시성의 다른 관점을 명확히 하기 위한 충분한 이론도 소개할 것이다. 이는 자바 이외의 언어에서 동시성을 다룰 때에도 해당된다.

자바의 동시성 프로그래밍 접근 방식을 이해하기 위해 우선 약간의 이론에 대해 알아보자. 그 후에는 '디자인 요소'가 시스템의 설계와 구현에 미치는 영향에 대해 논의할 것이다. 이 중에서 가장 중요한 두 가지인 안전성과 활성성에 대해 이야기하고, 다른 몇 가지에 대해서도 언급하겠다.

중요한 절이자 이 장에서 가장 긴 절은 블록 구조의 동시성에 대한 세부 사항과 저수준 스레딩 API에 대해 탐구하는 부분이다. 이 장을 마무리할 때는 자바 메모리 모델에 대해 논의하고, 그다음 4장에서 배운 바이트코드 기법을 사용해서 자바 동시성 프로그래밍에서 흔히 발생하는 복잡성의 실제 원인을 이해하는 것으로 마무리하겠다.

5.1 동시성 이론 입문

몇 가지 기본 이론을 만나기 전에 주의해야 할 점부터 알아보고 동시성에 대한 여정을 시작하겠다.

5.1.1 본인은 이미 동시성에 대해 알고 있다?

개발자가 범할 수 있는 가장 흔하면서도 치명적인 실수 중 하나는 Thread, Runnable, **자바 동시성** Java concurrency 메커니즘 언어 수준의 기본적인 요소들에 대한 개략적인 지식만으로 유능한 동시성 코드 개발자가 될 수 있다고 생각하는 것이다. 사실, 동시성 주제는 매우 크며 좋은 멀티스레드 개발은 어렵고 경험이 풍부한 최고의 개발자들에게도 여전히 문제를 일으키고 있다.

또한 현재 동시성 분야는 적어도 지난 5~10년 동안 활발하게 연구가 진행 중이며, 그 기세가 꺾일 기미가 보이지 않는 것도 사실이다. 이러한 혁신은 앞으로 여러분이 커리어를 쌓는 과정에서 사용하게 될 자바와 다른 언어에도 영향을 미칠 것이다.

이 책의 초판에서는 "향후 5년 동안 업계 관행 측면에서 급격하게 변화할 것으로 보이는 컴퓨팅의 기본 영역을 하나만 꼽으라면 바로 동시성이 될 것"이라고 주장했다. 시간이 흘러 이 주장이 맞았음을 입증했으며, 향후 5년 동안 프로그래밍 환경의 일부가 된 동시성에 대한 다양한 접근 방식이 지속적으로 강조될 것이라는 것을 쉽게 받아들일 수 있게 해준다.

따라서 이 장의 목표는, 동시성 프로그래밍의 모든 측면에 대한 최종적인 가이드가 되려고 하기보다는 자바의 동시성이 작동하는 방식을 설명하는 기본이 되는, 플랫폼의 메커니즘을 이해하는 데 있다. 또한 일반적인 동시성 이론을 충분히 다루어 관련 문제를 이해하는 데 필요한 어휘를 제공하고, 동시성을 올바르게 구현하는 것에 대한 필요성과 어려움에 대해 다루겠다. 먼저, 기본기가 탄탄한 자바 개발자가 알아야 할 하드웨어에 대한 내용과 동시성의 가장 중요한 이론적 한계 중 하나에 대해 설명한다.

5.1.2 하드웨어

동시성과 멀티스레딩에 대한 몇 가지 기본적인 사실부터 알아보겠다.

- 동시성 프로그래밍은 근본적으로 성능에 관한 것이다.
- 실행 중인 시스템의 성능이 직렬 알고리즘[1]으로 작동하기에 충분하다면 기본적으로 동시성 알고리즘을 구현할 이유가 없다.
- 최신 컴퓨터 시스템에는 여러 개의 프로세싱 코어가 있으며, 오늘날에는 휴대폰에도 2~4개의 코어가 있다.
- 모든 자바 프로그램은 멀티스레드이며, 애플리케이션 스레드가 하나만 있는 프로그램도 마찬가지다.

이 마지막 요점은 JVM 자체가 다중 코어를 사용할 수 있는 멀티스레드 바이너리이기 때문에 사실이다(예: JIT 컴파일 또는 가비지 컬렉션). 또한 표준 라이브러리에는 **런타임이 관리하는 동시성**runtime managed concurrency을 사용해서 일부 실행 작업에 대해 멀티스레드 알고리즘을 구현한 API도 포함돼 있다.

[NOTE] 런타임의 성능 향상으로 인해 자바 애플리케이션이 실행되는 JVM을 업그레이드하는 것만으로도 애플리케이션을 더 빠르게 실행할 수 있다.

---

1   [옮긴이] 한 번에 하나의 작업 또는 단계를 순차적으로 처리하는 알고리즘을 뜻한다.

하드웨어에 대한 자세한 내용은 7장에서 다루겠지만, 이러한 기본적인 사실은 동시성 프로그래밍과 매우 밀접한 관련이 있으므로 바로 소개하고자 한다.

이제 '메인 프레임의 아버지'라고 불리는 초기 IBM 컴퓨터 과학자 진 암달Gene Amdahl의 이름을 딴 암달의 법칙을 만나보겠다.

5.1.3 암달의 법칙

암달의 법칙 Amdahl's law은 여러 실행 단위에서 작업을 공유할 때의 효율성을 추론하기 위한 간단하고 대략적인 모델이다. 이 모델에서 실행 단위는 추상적이기 때문에 스레드라고 생각할 수 있지만 프로세스나 작업을 수행할 수 있는 다른 엔티티일 수도 있다.

> **NOTE** 암달의 법칙 설정이나 결과는 작업 수행 방법의 세부 사항이나 실행 단위의 정확한 특성 또는 컴퓨팅 시스템의 구현 방식에 의존하지 않는다.

기본적인 전제 사항은 작업 처리를 위해 더 작은 단위로 세분화할 수 있는 작업이 하나 있다는 것이다. 이를 통해 여러 실행 단위를 사용해서 작업을 완료하는 데 걸리는 시간을 단축할 수 있다.

따라서 프로세서(또는 작업을 수행할 스레드)가 N개인 경우, 경과 시간은 T1 / N이 될 것이라고 단순하게 예상할 수 있다(T1이 단일 프로세서에서 작업이 소요되는 시간일 경우). 이 모델에서는 실행 단위를 추가해서 N을 늘리기만 하면 원하는 만큼 빠르게 작업을 완료할 수 있다.

하지만 작업을 분할하는 것은 무료가 아니다. 작업을 세분화하고 재결합하는 데는 (바라건대 작은) 오버헤드가 발생한다. 이 **통신 오버헤드**communication overhead(종종 계산의 **직렬 부분**serial part이라고도 함[2])가 몇 퍼센트에 해당하는 오버헤드라고 가정하고, 이를 숫자 s(0 < s < 1)로 나타낼 수 있다고 가정해보겠다. s의 일반적인 값은 0.05(또는 5%로 표현할 수 있음) 정도일 수 있다. 즉 얼마나 많은 처리 유닛을 투입하든 상관없이 작업을 완료하는 데 항상 최소 s * T1이 소요된다.

물론 이것은 s가 N에 의존하지 않는다고 가정하지만, 실제로는 N이 증가함에 따라 s가 나타내는 작업의 분할이 더 복잡해지고 더 많은 시간이 필요할 수 있다. N이 증가함에 따라 s가 감소하는 시스템 아키텍처를 구상하는 것은 매우 어렵다. 따라서 's는 일정하다'라는 단순한 가정은 일반적으로 최상의 시나리오로 해석된다.

---

2 옮긴이 병렬화할 수 없는 부분을 뜻한다.

따라서 암달의 법칙을 가장 쉽게 생각하는 방법은 s가 0과 1 사이인 경우 달성할 수 있는 최대 속도 향상은 1 / s³라는 것이다. 이 결과는 다소 우울한데, 통신 오버헤드가 2%에 불과해도(수천 개의 프로세서가 최고 속도로 작동하더라도) 달성할 수 있는 최대 속도 향상은 50배라는 것을 의미한다.

실제 암달의 법칙은 다음과 같이 약간 더 복잡한 공식으로 표현할 수 있다.

$$T(N) = s + (1/N) * (T1 - s)$$

이는 그림 5.1에서 시각적으로 확인할 수 있다. x축이 로그 스케일인 것에 유의하자. s가 작을 경우 선형 스케일 표현에서는 소요 시간의 차이(작업 수행 시간이 1 / s로 수렴하는 것)를 확인하기 어려울 것이다.

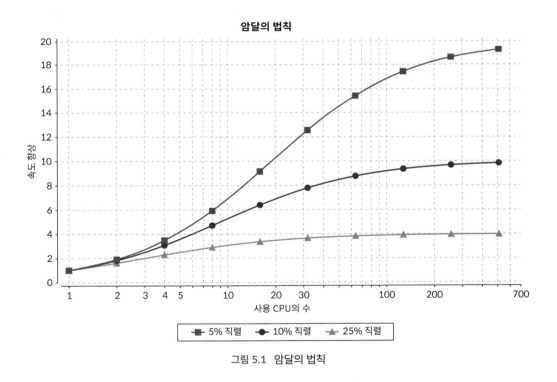

그림 5.1 암달의 법칙

하드웨어와 매우 간단한 첫 번째 동시성 모델로 배경을 설명했으니 이제 자바가 스레딩을 처리하는 방법에 대해 자세히 알아보겠다.

---

3   옮긴이 암달의 법칙 공식에서 N이 매우 커지면 (1/N) * (T1: s)이 0에 가까워지므로 1/s로 단순화할 수 있다.

5.1.4 자바의 스레드 모델 설명

자바의 **스레드 모델**threading model은 다음 두 가지 기본 개념을 기반으로 한다.

* 공유되며 기본적으로 보이는 가변상태(변수나 상태)
* 운영체제에 의한 선점형 스레드 스케줄링

이런 아이디어의 가장 중요한 측면은 다음과 같다.

* 객체는 프로세스 내의 모든 스레드 간에 쉽게 공유할 수 있다.
* 객체에 대한 참조가 있는 모든 스레드에서 객체를 변경mutated할 수 있다.
* 스레드 스케줄러(운영체제)는 언제든지 코어에 스레드를 할당하거나 제거할 수 있다.
* 메서드는 실행 중에도 교체할 수 있어야 한다(그렇지 않으면 무한 루프가 있는 메서드가 CPU를 영원히 점유할 수 있다).
* 그러나 앞의 항목처럼 하면 예측할 수 없는 스레드 스왑이 발생하여 메서드가 '반쯤 완료'돼서 객체가 일관되지 않은 상태로 남을 위험이 있다.
* 취약한 데이터를 보호하기 위해 객체를 '잠글' 수 있다.

마지막 항목은 매우 중요하다. 이 기능이 없으면 한 스레드에서 변경된 내용이 다른 스레드에서 제대로 표시되지 않을 위험이 크다. 자바에서 객체를 잠그는 기능은 언어의 `synchronized` 키워드를 통해 제공된다.

> **NOTE** 기술적으로 자바는 각 객체에 대해 **모니터**monitor를 제공하는데, 이는 잠금(상호 배제)과 특정 조건이 참이 될 때까지 기다릴 수 있는 능력을 결합한 것이다.

자바의 스레드와 잠금 기반의 동시성은 매우 저수준이며 작업하기 어려운 경우가 많다. 이러한 문제를 해결하기 위해 새로운 클래스가 있는 자바 패키지인 `java.util.concurrent`로 알려진 일련의 동시성 라이브러리가 자바 5에 도입됐다. 이를 통해 많은 프로그래머에게 기존의 블록 구조 동시성 기본 요소보다 사용하기 쉬운 동시성 코드를 작성할 수 있는 도구 세트가 제공됐다. 다음 장에서 `java.util.concurrent`에 대해 설명할 예정이며, 지금은 언어 수준의 API에 중점을 두겠다.

5.1.5 배운 교훈

자바는 멀티스레드 프로그래밍을 기본으로 지원하는 최초의 주류 프로그래밍 언어였다. 이는 당시에는 큰 진전이었지만 15년이 지난 지금, 우리는 동시성 코드를 작성하는 방법에 대해 훨씬 더 많은 것을 배웠다.

자바의 초기 설계 결정 중 일부는 대부분의 프로그래머가 작업하기 매우 어렵다는 것이 밝혀졌다. 하드웨어의 증가 추세는 코어가 많은 프로세서로 향하고 있고 이런 코어들을 활용하는 유일한 좋은 방법이 동시성 코드이기 때문에 안타까운 일이다. 이 장에서는 동시성 코드의 몇 가지 어려움에 대해 논의하겠다. 최신 프로세서가 자연스럽게 동시성 프로그래밍을 필요로 한다는 주제는 성능에 대해 논의하는 7장에서 자세히 다룬다.

개발자가 동시성 코드 작성 경험이 많아질수록 시스템에 중요한 반복적인 고려 사항에 직면하게된다. 우리는 이러한 고려 사항을 **디자인 포스**design force라고 부른다. 이는 실제 동시성 객체지향 시스템의 설계에 존재하는(그리고 종종 충돌하는) 높은 수준의 개념이다. 다음 몇몇 절에서 이러한 요인 중 가장 중요한 몇 가지를 살펴보는 데 잠시 시간을 할애하겠다.

5.2 디자인 콘셉트

다음에 나열한 가장 중요한 설계 요인은 더그 레아Doug Lea가 `java.util.concurrent`를 제작하는 획기적인 작업을 수행하면서 분류한 것이다.

- 안전성(동시성 타입 안전성이라고도 함)
- 활성성
- 성능
- 재사용 가능성

이제 각 요인을 살펴보겠다.

5.2.1 안전성과 동시성 타입 안전성

안전성safety은 다른 동작들이 동시에 발생하는 상황에서도 객체 인스턴스가 항상 자기 일관성self-consistency을 유지하도록 보장하는 것을 의미한다. 객체들의 시스템이 이러한 속성을 가지면, 해당 시스템은 안전safe하다거나 동시에 타입 안전concurrently typesafe하다고 한다.

이름에서 알 수 있듯이, 동시성을 생각하는 한 가지 방법은 객체 모델링과 타입 안전성의 개념을 확장하는 것이다. 일반적인 비동시성 코드에서는 객체의 공개 메서드를 호출하더라도 해당 메서드가 끝나면 객체가 잘 정의되고 일관된 상태를 유지해야 한다. 이를 위해 일반적으로 객체의 상태를 비공개로 유지하고, 디자인 도메인에 맞는 방식으로만 객체의 상태를 변경하는 공개 API 메서드를 제공한다.

동시성 타입 안전성concurrent type safety은 객체에 대한 타입 안전성과 기본 개념은 동일하지만 다른 스레드가 동시에 다른 CPU 코어에서 동일한 객체에 대해 잠재적으로 수행할 수 있는 훨씬 더 복잡한 세계에 대한 이야기다. 예를 들어 이 간단한 클래스를 생각해보겠다.

```java
public class StringStack {
    private String[] values = new String[16];
    private int current = 0;

    public boolean push(String s) {
        // 예외 처리 생략
        if (current < values.length) {
            values[current] = s;
            current + 1;
            return true;
        }
        return false;
    }

    public String pop() {
        if (current < 1) {
            return null;
        }
        current = current: 1;
        return values[current];
    }
}
```

단일 스레드 클라이언트 코드에서 사용할 때는 괜찮다. 그러나 선점형 스레드 스케줄링은 문제를 일으킬 수 있다. 예를 들어 다음 코드의 표시된 지점에서 실행 스레드 간의 콘텍스트 전환이 발생할 수 있다.

```java
public boolean push(String s) {
    if (current < values.length) {
        values[current] = s;
        // .... 여기서 콘텍스트 스위치 발생    ◄──  객체가 일관되지 않은
        current + 1;                              잘못된 상태로 남게 된다.
        return true;
    }
```

```
        return false;
    }
```

그다음 다른 스레드에서 객체를 보면 상태의 일부(`values`)는 업데이트됐지만 다른 부분(`current`)은 업데이트되지 않았다. 이 문제를 탐구하고 해결하는 것이 이 장의 주요 주제다.

일반적으로 안전을 위한 한 가지 전략은 일관되지 않은 상태의 비공개가 아닌nonprivate 메서드에서는 절대 반환하지 않고, 일관되지 않은 상태에서는 비공개가 아닌 어떤 메서드(특히 다른 객체의 메서드)도 호출하지 않는 것이다. 이 방법을 일관되지 않은 상태에서 객체를 보호하는 방법(동기화 잠금 또는 크리티컬 섹션과 같은)과 결합한다면 시스템은 안전하다고 보장할 수 있다.

5.2.2 활성성

활성성live system이란 모든 시도된 작업이 최종적으로 진행되거나 실패하는 시스템을 말한다. 활성성이 없는 시스템은 기본적으로 고착상태인데, 성공을 향해 진행되지도 실패하지도 않는다.

정의에서 핵심은 최종적으로eventually라는 단어다. 일시적인 진전 실패(이상적이지는 않더라도 그 자체로 나쁘지 않음)와 영구적인 실패 사이에는 차이가 있다. 일시적인 실패는 다음과 같은 여러 가지 문제로 인해 발생할 수 있다.

- 잠금 또는 잠금 획득 대기
- 네트워크 I/O와 같은 입력 대기
- 애셋의 일시적인 오류
- 스레드 실행을 위한 CPU 시간이 충분하지 않음

영구적인 장애는 여러 가지 원인으로 인해 발생할 수 있다. 가장 일반적인 원인은 다음과 같다.

- 교착상태deadlock
- 복구 불가능한 애셋 문제(예: 네트워크 파일 시스템 [NFS]이 사라진 경우)
- 신호 누락missed signal

이 장의 뒷부분에서 이러한 잠금과 몇 가지 기타 문제에 대해 논의하겠지만, 여러분은 이미 일부 또는 전부에 대해 알고 있을 수도 있다.

5.2.3 성능

시스템의 **성능**performance은 여러 가지 방법으로 정량화할 수 있다. 7장에서 성능 분석과 튜닝 기법에 대해 이야기하고, 여러분이 알아야 할 다른 여러 가지 지표들(메트릭metric)을 소개한다. 지금은 성능이 주어진 리소스로 시스템이 얼마나 많은 작업을 수행할 수 있는지를 측정하는 척도라고 생각하면 된다.

5.2.4 재사용성

재사용성reusability은 다른 고려 사항에서 실제로 다루지 않기 때문에 네 번째 디자인 요인을 형성한다. 쉽게 재사용할 수 있도록 설계된 동시성 시스템은 때때로 매우 바람직하지만, 구현하기가 쉬운 것은 아니다. 한 가지 접근 방식은 재사용 가능한 도구 상자(예: `java.util.concurrent`)를 사용하고 그 위에 재사용할 수 없는 애플리케이션 코드를 작성하는 것이다.

5.2.5 설계 요인은 어떻게 그리고 왜 충돌하는가?

설계 요인은 종종 서로 상반되는 경우가 많으며, 이러한 긴장은 다음과 같이 좋은 동시성 시스템을 설계하기 어려운 주요 원인으로 볼 수 있다.

- 안전성과 활성성은 서로 상반된 관계에 있다. 안전성은 좋지 않은 일이 발생하지 않도록 보장하는 것이며, 결과에 상관없이 활성성은 진행이 이뤄지도록 요구한다.
- 재사용 가능한 시스템은 일반적으로 내부 구조를 노출하므로 안전성과 관련된 문제가 발생할 수 있다.
- 단순하게 작성된 안전한 시스템은 보통 성능이 좋지 않다. 왜냐하면 안전성을 보장하기 위해 일반적으로 많은 lock의 사용을 필요로 하기 때문이다.

최종적으로 달성해야 할 균형은 코드가 다양한 문제에 유용하게 사용될 수 있을 만큼 유연하면서도 안전하고, 활성성과 성능이 합리적으로 유지돼야 한다. 이는 상당히 어려운 과제이지만, 다행히도 몇 가지 실용적인 기술을 통해 도움을 받을 수 있다. 다음은 대략적인 유용성 순서에 따른 가장 일반적인 몇 가지 방법이다.

1. 각 서브 시스템의 외부 통신을 최대한 제한한다. 데이터 숨김은 안전을 지원하는 강력한 도구다.

2. 각 서브 시스템의 내부 구조를 가능한 한 결정론적deterministic[4]으로 만든다. 예를 들어 각 서브 시스템이 동시적이고 비결정적인 방식으로 상호작용하더라도 각 서브 시스템의 스레드와 객체에 대한 정적인 지식을 바탕으로 설계한다.

3. 클라이언트 애플리케이션이 준수해야 할 정책 접근 방식을 적용한다. 이 기법은 강력하지만 사용자 애플리케이션이 규칙을 어길 경우 디버깅하기 어렵다.

4. 필요한 동작을 문서화한다. 이 방법은 가장 약한 대안이지만, 코드가 매우 일반적인 맥락에서 배포돼야 하는 경우에 때때로 필요하다.

개발자는 이런 각 안전 메커니즘을 숙지하고 가능한 한 이중에서 가장 강력한 기술을 사용해야 한다. 일부 상황에서는 여건상 더 약한 메커니즘만 가능한 경우도 있다는 것을 인식하고 있어야 한다.

5.2.6 오버헤드의 원인

동시성 시스템의 여러 측면이 내재적으로 **오버헤드**overhead의 원인이 될 수 있다.

- 모니터(예: 잠금 및 조건 변수)
- 콘텍스트 스위치 수
- 스레드 수
- 스케줄링
- 메모리 위치
- 알고리즘 설계

이 목록은 여러분의 머릿속에 체크리스트의 기초를 형성해야 한다. 동시성 코드를 개발할 때는 이 목록에 있는 모든 사항을 고려해야 한다.

특히 마지막 항목인 알고리즘 설계는 알고리즘 설계에 대해 배우면 어떤 언어로든 더 나은 프로그래머가 될 수 있기 때문에 개발자가 실제로 차별화할 수 있는 영역이다.

---

4 〔옮긴이〕 시스템의 동작이 입력과 초기 상태에만 의존하고, 동일한 입력과 초기 상태가 주어지면 항상 동일한 결과를 반환한다는 의미다.

알고리즘 설계에 대해 자세히 다루고 있는 표준 교재로는 토머스 코멘Thomas H. Cormen 등이 저술한 《Introduction to Algorithms》(한빛아카데미, 2014)와 스티븐 S. 스키에나Steven S. Skiena의 《The Algorithm Design Manual》(Springer, 2020)을 강력하게 추천한다. 이 책들은 단일 스레드와 동시성 알고리즘에 대해 자세히 다루고 있으며, 추가적인 학습을 위한 훌륭한 선택이다.

이 장과 이후 여러 장(특히 성능에 대한 7장)에서는 오버헤드의 여러 원인에 대해 다룰 것이다. 그러나 지금은 다음 주제인 자바의 '고전적인' 동시성에 대한 리뷰와 이를 사용한 프로그래밍이 왜 어려운지 자세히 살펴보겠다.

5.3 블록 구조 동시성(자바 5 이전)

자바 동시성에 대한 대부분의 내용은 언어 수준의 동시성(일명 블록 동기화 기반, 일명 내재적intrinsic 동시성)을 위한 대안을 논의하는 것이다. 그러나 대안에 대한 토론을 최대한 활용하기 위해서는 고전적인 동시성 관점의 장단점을 확실히 이해하는 것이 중요하다.

이를 위해 이 장의 나머지 부분에서는 자바의 동시성 키워드인 `synchronized`, `volatile` 등을 사용해서 다중 스레드 프로그래밍을 다루는 원래의 저수준 방식에 대해 이야기할 것이다. 이 논의는 디자인 요소를 고려하면서 진행되며, 이후에 다룰 내용을 염두에 두고 진행하겠다.

그다음에는 스레드의 생명 주기를 간략하게 살펴본 다음, 완전 동기화된 객체, 교착상태, `volatile` 키워드, 불변성과 같은 동시성 코드의 일반적인 기술(및 함정)에 대해 논의할 것이다. 동기화에 대한 개요부터 시작해보겠다.

5.3.1 동기화와 잠금

이미 알고 있겠지만, `synchronized` 키워드는 블록이나 메서드에 적용할 수 있다. 이는 블록이나 메서드에 들어가기 전에 스레드가 적절한 잠금을 획득해야 한다는 것을 나타낸다. 예를 들어 다음과 같이 은행 계좌에서 돈을 인출하는 메서드를 생각해보자.

```
public synchronized boolean withdraw(int amount) {    ◀── 한 번에 하나의 스레드만 이 계좌에서
    // amount가 0보다 큰지 체크, 그렇지 않으면 throw         인출을 시도할 수 있다.
    if (balance >= amount) {
        balance = balance: amount;
        return true;
```

```
    }

    return false;
}
```

메서드는 객체 인스턴스에 속한 잠금(또는 `static synchronized` 메서드의 경우 `Class` 객체에 속한 잠금)을 획득해야 한다. 블록의 경우 프로그래머는 어떤 객체의 잠금을 획득할지 명시해야 한다.

한 번에 한 스레드만 객체의 동기화된 블록이나 메서드를 통과할 수 있다. 다른 스레드가 들어가려고 시도하면 JVM에 의해 일시 중단된다. 이는 다른 스레드가 동일한 객체의 동기화된 블록 또는 다른 동기화된 블록에 들어가려고 하는 경우에도 마찬가지다. 동시성 이론에서는 이러한 구조를 가끔 **크리티컬 섹션**critical section이라고도 부르지만, 이 용어는 자바보다 C++에서 더 일반적으로 사용된다.

NOTE 크리티컬 섹션에 사용되는 자바의 키워드가 왜 `synchronized`인지 궁금한 적이 있었나? 왜 'critical'이나 'locked'가 아닐까? 동기화된다는 것은 무엇일까? 5.3.5절에서 다시 설명하겠지만, 잘 모르거나 생각해본 적이 없다면 계속하기 전에 몇 분 정도 생각해보기를 바란다.

자바의 동기화와 잠금에 대한 몇 가지 기본적인 사실을 살펴보자. 이미 대부분(또는 전부) 알고 있을 것이다.

- 원시 자료형이 아닌 객체만 잠글 수 있다.
- 객체들의 배열을 잠가도 개별 객체는 잠기지 않는다.
- 동기화된 메서드는 전체 메서드를 포괄하는 `synchronized (this) { ... }` 블록과 동일하다고 생각할 수 있다(하지만 바이트코드에서는 다르게 표현된다).
- `static synchronized` 메서드는 잠글 인스턴스 객체가 없기 때문에 `Class` 객체를 잠근다.
- `Class` 객체를 잠가야 하는 경우 하위 클래스에서 접근 방식에 따라 동작이 다를 수 있으므로, 명시적으로 잠가야 하는지 아니면 `getClass()`를 사용해서 잠가야 하는지 신중하게 고려해야 한다.
- 내부 클래스의 동기화는 외부 클래스와 독립적이다(왜 그런지 알아보려면 내부 클래스가 구현되는 방식을 기억해보자).

- `synchronized` 메서드는 메서드 시그니처[5]의 일부가 아니기 때문에 인터페이스의 메서드 선언에 표시될 수 없다.
- 동기화되지 않은 메서드는 잠금 상태를 고려하지 않고 신경 쓰지 않는다. 따라서 동기화되지 않은 메서드는 동시에 실행할 수 있으며, 동기화된 메서드가 실행 중일 때도 진행할 수 있다.
- 자바의 잠금은 재진입reentrant이 가능하다. 재진입이란, 한 스레드가 이미 보유한 잠금을 다시 얻을 수 있는 특성을 말한다. 예를 들어 동일한 객체에 대해 `synchronized` 메서드가 다른 `synchronized` 메서드를 호출하는 경우, 이미 잠금을 보유하고 있는 스레드는 다른 동기화 지점을 만나더라도 계속 진행할 수 있다.

NOTE 다른 언어에서는 재진입이 불가능한 잠금 방식도 존재한다. 실제로 자바에서도 재진입이 불가능한 잠금 방식을 모방할 수 있다. 이에 대한 자세한 내용은 `java.util.concurrent.locks` 패키지의 `ReentrantLock` 클래스의 Javadoc을 참조하면 된다. 그러나 이러한 방식은 일반적으로 다루기 어렵고, 정확히 알고 있는 경우를 제외하고는 피하는 것이 좋다.

자바의 동기화에 대한 검토는 여기까지다. 이제 스레드가 생명 주기 동안 가지는 상태에 대해 알아보겠다.

5.3.2 스레드의 상태 모델

그림 5.2에서 자바 스레드의 **상태 모델**state model을 볼 수 있다. 이는 자바 스레드가 생명 주기 동안 진행되는 방식을 관리한다.

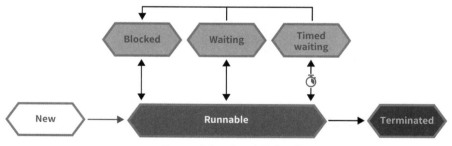

그림 5.2 자바 스레드의 상태 모델

자바에는 `Thread.State`라는 열거형이 있으며, 이는 위에서 설명한 스레드 상태와 일치하며 운영 체제의 스레드 상태를 추상화한 것이다.

---

5   옮긴이 메서드의 고유한 식별자로 메서드의 이름과 매개변수의 유형, 순서로 구성된다.

NOTE 모든 운영체제에는 고유한 버전의 스레드가 있으며 정확한 세부 사항은 운영체제마다 다를 수 있다. 대부분의 경우 최신 운영체제는 스레드와 스케줄링 구현이 상당히 유사하지만, 항상 그런 것은 아니다(예: 솔라리스 또는 윈도우 XP).

자바 스레드 객체는 처음에 `NEW` 상태로 생성된다. 이때 OS 스레드는 아직 존재하지 않으며 그후로도 존재하지 않을 수 있다. 실행 스레드를 생성하려면 `Thread.start()`를 호출해야 한다. 이는 OS가 실제로 스레드를 생성하도록 신호를 보낸다.

스케줄러는 새로운 스레드를 실행 대기열에 배치하고 나중에 실행할 코어를 찾는다(컴퓨터의 부하가 심할 경우 어느 정도 대기 시간이 소요될 수 있다). 거기서부터 스레드는 할당받은 시간을 소모해서 계속 진행하다가 다시 실행 대기열에 배치돼 추가적인 프로세서 시간 할당을 기다릴 수 있다. 이것이 5.1.1절에서 언급한 강제 스레드 스케줄링의 동작이다.

코어에 배치돼 실행되고, 다시 실행 대기열에 배치되는 이 스케줄링 프로세스 내내 자바 `Thread` 객체는 `RUNNABLE` 상태로 유지된다. 스레드 자체도 자신이 현재 코어를 사용할 수 없음을 나타낼 수 있다. 이는 두 가지 다른 방법으로 구현할 수 있다.

1. 프로그램 코드는 `Thread.sleep()`을 호출함으로써 스레드가 진행하기 전에 일정 시간을 기다려야 함을 나타낸다.
2. 스레드가 어떤 외부 조건이 충족될 때까지 기다려야 함을 인식하고 `Object.wait()`를 호출한다.

두 경우 모두 스레드는 OS에 의해 즉시 코어에서 제거된다. 그러나 그 시점 이후의 동작은 각 경우에 따라 다르다.

첫 번째 경우, 스레드는 일정 시간 동안 절전 모드를 요청한다. 자바 스레드가 `TIMED_WAITING` 상태로 전환되고 운영체제가 타이머를 설정한다. 타이머가 만료되면 잠자고 있던 스레드가 깨어나 다시 실행할 준비가 돼 실행 대기열에 다시 배치된다.

두 번째 경우는 약간 다르다. 자바의 객체별 모니터의 조건 측면을 사용한다. 이 경우 스레드는 `WAITING` 상태로 전환돼 무기한 대기한다. 일반적으로 운영체제에서 조건이 충족됐다는 신호를 보낼 때까지(일반적으로 다른 스레드가 현재 객체에서 `Object.notify()`를 호출함으로써 이뤄진다) 스레드는 깨어나지 않는다.

스레드가 제어할 수 있는 이 두 가지 가능성 외에도 스레드가 I/O를 대기 중이거나 다른 스레드가 보유한 잠금을 획득하기 위해 `BLOCKED` 상태로 전환될 수 있다. 마지막으로 자바 스레드에 해당하는 OS 스레드가 실행을 중단한 경우 해당 스레드 객체는 `TERMINATED` 상태로 전환된다. 이제 동기화 문제를 해결하는 잘 알려진 방법 중 하나인 '완전히 동기화된 객체'라는 개념에 대해 이야기해보겠다.

5.3.3 완전히 동기화된 객체

이 장의 앞부분에서 동시 타입 안전성의 개념을 소개하고 이를 달성하기 위한 전략 중 하나를 언급했다. 흔히 **완전히 동기화된 객체**fully synchronized object라고 불리는 이 전략에 대해 좀 더 자세히 살펴보겠다. 다음 규칙을 모두 따른다면 해당 클래스는 스레드 안전thread-safe하며 라이브live 상태를 유지한다고 알려져 있다.

완전히 동기화된 클래스는 다음 조건을 모두 충족해야 한다.

- 모든 필드는 모든 생성자에서 일관된 상태로 초기화된다.
- public 필드가 없다.
- 객체 인스턴스는 비공개private 메서드에서 반환된 후에도 일관성이 보장된다(메서드 호출 시 상태가 일관됐다고 가정).
- 모든 메서드는 유한한 시간 안에 종료된다는 것이 증명돼야 한다.
- 모든 메서드는 동기화돼야 한다.
- 어떤 메서드도 불일치한 상태inconsistent state에서 다른 인스턴스의 메서드를 호출하지 않는다.
- 어떤 메서드도 불일치한 상태에서 현재 인스턴스의 비공개 메서드를 호출하지 않는다.

코드 5.1은 은행 시스템 백엔드에서의 이런 클래스의 예를 보여준다. FSOAccount 클래스는 계좌를 모델링한다. FSO 접두사는 이 구현이 완전히 동기화된 객체를 사용한다는 것을 명확하게 나타내기 위한 것이다.

여기서 읽기 작업과 쓰기 작업 간의 전형적인 충돌인 입금, 인출, 잔액 조회가 제공되므로 동기화를 사용해서 불일치를 방지한다.

코드 5.1 완전히 동기화된 클래스

```
public class FSOAccount {
    private double balance;       ◄───  공개 필드가 없다.

    public FSOAccount(double openingBalance) {
        // openingBalance > 0 체크, 그렇지 않으면 throw
        balance = openingBalance;   ◄───  모든 필드가 생성자에서
                                          초기화된다.
```

```
    }

    public synchronized boolean withdraw(int amount) {      ◄─── 모든 메서드가
        // amount > 0 체크, 그렇지 않으면 throw                     동기화(synchronized로)된다.
        if (balance >= amount) {
            balance = balance: amount;
            return true;
        }

        return false;
    }

    public synchronized void deposit(int amount) {      ◄─── 모든 메서드가
        // amount > 0 체크, 그렇지 않으면 throw                 동기화(synchronized로)된다.
        balance = balance + amount;
    }

    public synchronized double getBalance() {      ◄─── 모든 메서드가
        return balance;                                   동기화(synchronized로)된다.
    }
}
```

이 방법은 처음 볼 때는 훌륭해 보인다. 클래스가 안전하고 라이브 상태를 유지한다는 점에서 두 마리 토끼를 모두 잡을 수 있는 것처럼 보인다. 그러나 문제는 성능 측면에서 발생한다. 무언가가 안전하고 라이브 상태라고 해서 반드시 빠를 것이라는 보장은 없다. 잔액에 대한 모든 접근(get 및 put 모두)을 조정하기 위해 synchronized를 사용해야 하며, 이러한 잠금이 결국 성능을 저하시키게 된다. 이는 동시성 처리를 다루는 이 방식의 중요한 문제다.

성능 문제 외에도, 코드 5.1의 코드는 무결성이 상당히 취약하다. balance가 synchronized 메서드 외부에서 접근하지 않는 것을 확인할 수 있지만, 코드 양이 적어서 시각적으로 확인할 수 있는 것뿐이다.

실제로 큰 규모의 시스템에서는 이러한 수동 검증이 코드의 양 때문에 불가능하다. 자바 커뮤니티가 더 견고한 접근 방식을 찾기 위해 노력한 이유 중 하나는 이 방법을 사용하는 대규모 코드베이스에는 버그가 숨어들기 쉽기 때문이다.

5.3.4 교착상태

동시성의 또 다른 고전적인 문제(자바의 문제뿐만 아니라)는 **교착상태**deadlock다. 이전 예제를 약간 확장한 형태인 코드 5.2를 살펴보겠다. 이번 버전에는 계좌 잔액을 모델링할 뿐만 아니라 한 계좌에

서 다른 계좌로 돈을 옮길 수 있는 `transferTo()` 메서드도 있다.

[NOTE] 이것은 멀티스레드 트랜잭션 시스템을 구축하려는 단순한 예시다. 교착상태를 보여주기 위해 설계됐으므로 실제 코드의 기초로 사용해서는 안 된다.

다음 목록에서는 다음과 같이 두 개의 `FSOAccount` 객체 간에 자금을 이체하는 메서드를 추가해보겠다.

코드 5.2 교착상태의 예시

```java
public synchronized boolean transferTo(FSOAccount other, int amount) {
    // amount > 0 체크, 그렇지 않으면 throw
    // 실제로 발생할 수 있는 코드를 시뮬레이션
    try {
        Thread.sleep(10);
    } catch (InterruptedException e) {
        Thread.currentThread().interrupt();
    }
    if (balance >= amount) {
        balance = balance: amount;
        other.deposit(amount);
        return true;
    }

    return false;
}
```

이제 실제로 메인 클래스에 동시성을 도입해보겠다.

```java
public class FSOMain {
    private static final int MAX_TRANSFERS = 1_000;

    public static void main(String[] args) throws InterruptedException {
        FSOAccount a = new FSOAccount(10_000);
        FSOAccount b = new FSOAccount(10_000);
        Thread tA = new Thread(() -> {
            for (int i = 0; i < MAX_TRANSFERS; i = i + 1) {
                boolean ok = a.transferTo(b, 1);
                if (!ok) {
                    System.out.println("Thread A failed at "+ i);
                }
            }
        });
        Thread tB = new Thread(() -> {
```

```
        for (int i = 0; i < MAX_TRANSFERS; i = i + 1) {
            boolean ok = b.transferTo(a, 1);
            if (!ok) {
                System.out.println("Thread B failed at "+ i);
            }
        }
    });
    tA.start();
    tB.start();
    tA.join();
    tB.join();

    System.out.println("End: "+ a.getBalance() + " : "+ b.getBalance());
    }
}
```

언뜻 보기에 이 코드는 합리적으로 보인다. 두 개의 트랜잭션이 별도의 스레드에 의해 수행되고 있다. 두 계정 간에 돈을 송금하는 스레드만 있고 모든 메서드가 `synchronized`이기 때문에 그리 이상해 보이지 않는다.

`transferTo()` 메서드에서 잠깐의 sleep을 사용했다는 점에 유의하자. 이는 스레드 스케줄러가 두 개의 스레드를 실행하고 교착상태의 가능성을 일으킬 수 있도록 하기 위한 것이다.

[NOTE] 여기서 sleep은 데모용이며, 실제로 은행 송금 코드를 작성할 때 사용하는 것이 아니다. 데이터베이스 호출이나 권한 확인으로 인한 지연 등 실제로 발생할 수 있는 코드를 시뮬레이션하기 위한 것이다.

코드를 실행하면 일반적으로 교착상태의 예를 볼 수 있다. 두 스레드가 잠시 동안 실행되다가 결국 멈춰버린다. 그 이유는 각 스레드가 전송 메서드를 진행하기 전에 다른 스레드가 보유한 잠금을 해제해야 하기 때문이다. 이는 그림 5.3에서 볼 수 있다.

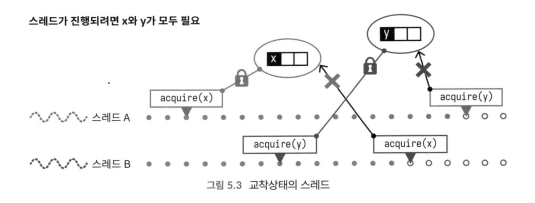

그림 5.3 교착상태의 스레드

이를 바라보는 또 다른 방법은 그림 5.4에서 볼 수 있는데, 여기에는 JDK 미션 컨트롤 도구의 스레드 덤프 보기가 나와 있다(이 도구에 대해서는 7장에서 자세히 설명할 것이며 그때 이 유용한 보기를 찾는 방법을 보여준다).

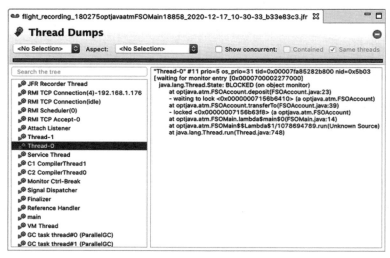

그림 5.4 교착상태의 스레드

두 스레드는 Thread-0과 Thread-1로 생성됐으며, Thread-0이 하나의 참조를 잠그고 다른 참조를 잠그기 위해 대기 중인 `BLOCKED` 상태임을 알 수 있다. Thread-1에 대한 해당 스레드 덤프에는 잠금의 반대 구성이 표시되므로 교착상태가 표시된다.

`NOTE` 완전 동기화된 객체 접근 방식에서 이 교착상태는 '제한된 시간' 원칙을 위반하기 때문에 발생한다. 코드가 `other.deposit()`을 호출할 때 자바 메모리 모델에서는 차단된 모니터가 언제 해제될지 보장하지 않기 때문에 코드가 얼마나 오래 실행될지 보장할 수 없다.

교착상태를 처리하는 한 가지 방법은 모든 스레드에서 항상 동일한 순서로 잠금을 획득하는 것이다. 앞의 예제에서 첫 번째 스레드는 `A`, `B` 순서로 잠금을 획득하고 두 번째 스레드는 `B`, `A` 순서로 잠금을 획득한다. 두 스레드가 모두 `A`, `B` 순서로 잠금을 획득해야 한다고 고집했다면 첫 번째 스레드가 잠금을 완료하고 해제할 때까지 두 번째 스레드가 전혀 실행되지 않았을 것이므로 데드락 deadlock은 피할 수 있었을 것이다. 이 장의 뒷부분에서는 모든 잠금을 동일한 순서로 얻도록 배열하는 간단한 방법과 이것이 실제로 충족됐는지 확인하는 방법을 보여준다.

다음으로 앞서 제기했던 퍼즐, 즉 중요한 섹션의 자바 키워드 이름이 왜 `synchronized`인지 다시 살펴보겠다. 그다음 `volatile` 키워드에 대한 논의로 이어진다.

5.3.5 왜 동기화해야 하는가?

동시성 프로그래밍의 간단한 개념적 모델은 CPU의 **타임셰어링**timesharing, 즉 단일 코어에서 스레드가 켜졌다 꺼졌다 하는 것이다. 이 전통적인 관점은 그림 5.5에서 볼 수 있다.

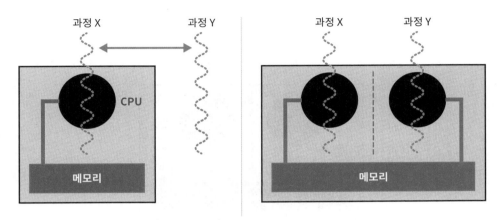

그림 5.5 동시성과 스레드에 대한 단일 코어(왼쪽)와 멀티 코어(오른쪽)의 사고 방식

그러나 이것은 수년 전부터 최신 하드웨어에 대한 정확한 표현이라고 할 수 없다. 20년 전만 해도 프로그래머는 처리 코어가 하나 이상, 많아야 두 개인 시스템을 만나지 않고도 몇 년을 버틸 수 있었다. 이제는 더 이상 그렇지 않다.

오늘날 모바일 전화나 더 큰 장치에는 여러 개의 코어가 있으므로, 이에 따라 멘탈 모델도 달라져야 한다. 동시에 실행되는 여러 스레드가 다른 코어에서 동시에 실행되며(동시에 공유 데이터에 작업할 수도 있음), 이를 그림 5.5에서 볼 수 있다. 효율성을 위해 동시에 실행되는 각 스레드는 작업 중인 데이터에 대한 자체 캐시된 복사본을 가질 수 있다.

NOTE 여기서는 가상의 컴퓨터에 코어가 하나만 있는 이론적인 실행 모델을 제시한다. 이는 순전히 우리가 논의하는 비결정론적 동시성 문제[6]가 하드웨어 설계의 특정 측면 때문에 발생하는 것이 아니라 본질적이라는 것을 알 수 있도록 하기 위함이다.

이 그림을 염두에 두고, 잠긴 섹션이나 메서드를 나타내는 데 사용되는 키워드의 선택에 대한 질문으로 넘어가겠다.

---

6 옮긴이 동시에 실행되는 여러 스레드가 공유 데이터에 접근하고 수정하는 동안 발생할 수 있는 문제를 뜻한다.

앞서 질문했던 것은 코드에서 어떤 부분이 동기화되는 것인가였다. 답은 '잠금이 걸린 객체의 서로 다른 스레드 간의 메모리'다. 즉 `synchronized` 메서드(또는 블록)가 완료된 후에는 잠금이 해제되기 전에 잠금이 걸린 객체에 대한 모든 변경 사항이 메인 메모리로 플러시된다. 이는 그림 5.6에서 볼 수 있다.

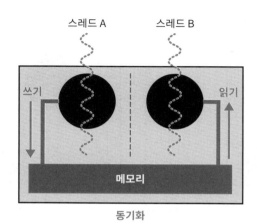

그림 5.6 오브젝트에 대한 변경 사항이 메인 메모리를 통해 스레드 간에 전파된다.

또한, 잠금을 획득한 후 동기화된 블록에 진입할 때 잠긴 객체에 대한 모든 변경 사항이 메인 메모리에서 읽히므로, 잠금을 가진 스레드는 잠긴 섹션의 코드가 실행되기 전에 메인 메모리의 객체 상태와 동기화된다.

5.3.6 volatile 키워드

자바는 초창기(자바 1.0)부터 `volatile` 키워드를 사용해왔으며, 원시 요소를 포함한 객체 필드의 동시성 처리를 하는 간단한 방법으로 사용됐다. 다음 규칙이 `volatile` 필드에 적용된다.

- 스레드가 보는 값은 사용하기 전에 항상 주 메모리에서 다시 읽는다.
- 바이트코드 명령이 완료되기 전에 스레드가 쓴 모든 값은 항상 주 메모리로 플러시된다.

이를 단일 연산에 대한 '작은 동기화된 블록과 같다'고 설명하기도 하지만, `volatile`는 잠금이 포함되지 않기 때문에 이는 오해의 소지가 있다. `synchronized` 동작은 객체에 상호 배제 잠금을 사용해서 하나의 스레드만 해당 객체에서 동기화된 메서드를 실행할 수 있도록 하는 것이다. 동기화된 메서드는 객체에 대한 많은 읽기와 쓰기 작업을 포함할 수 있으며, 메서드가 종료되고 객체가 주 메모리로 다시 플러시될 때까지 객체에서 실행되는 메서드의 결과가 표시되지 않기 때문에 (다른 스레드의 관점에서) 분할할 수 없는 단위로 실행된다.

volatile의 핵심은 메모리 위치에 대해 하나의 작업만 허용하며, 이 작업은 즉시 메모리에 플러시된다는 점이다. 즉 단일 읽기 또는 단일 쓰기는 가능하지만 그 이상은 불가능하다. 그림 5.6에서 이 두 가지 종류의 연산을 보았다.

volatile 변수는 변수의 쓰기가 변수의 현재 상태(읽기 상태)에 의존하지 않는 경우에만 사용해야 한다. 이는 volatile이 단일 작업만을 보장하기 때문이다.

예를 들어 ++ 및 -- 연산자는 volatile에서 안전하게 사용할 수 없다. 왜냐하면 이러한 연산자는 v = v + 1 또는 v = v - 1과 동등하기 때문이다. 증분 예제는 **상태 종속 업데이트**state dependent update 의 전형적인 예다.

현재 상태가 중요한 경우, 완전히 안전하기 위해서는 항상 잠금을 도입해야 한다. 따라서 volatile 은 경우에 따라 프로그래머가 단순화된 코드를 작성할 수 있도록 해주지만, 모든 액세스마다 추가적인 플러시 비용이 발생한다. 또한 volatile 메커니즘은 잠금을 도입하지 않기 때문에 volatile 을 사용해 교착상태를 유발할 수 없다. 교착상태는 동기화를 사용할 때에만 발생할 수 있다. 이 장의 뒷부분에서 volatile을 사용하는 다른 애플리케이션을 살펴보고 메커니즘에 대해 더 자세히 논의하겠다.

5.3.7 스레드 상태와 메서드

java.lang.Thread 객체는 그 자체로 자바 객체다. 힙에 존재하며 현재 존재하거나 이전에 존재했거나 미래에 존재할 수 있는 운영체제 스레드에 대한 메타데이터를 포함한다.

자바는 스레드 객체에 대해 다음과 같은 상태를 정의한다. 이는 주요 운영체제에서의 OS 스레드 상태와 밀접한 관련이 있다. 이러한 상태는 그림 5.2에서 본 상태 모델과도 밀접한 관련이 있다.

- NEW: Thread 객체가 생성됐지만 실제 OS 스레드는 아직 생성되지 않았다.
- RUNNABLE: 스레드가 실행 가능한 상태다. OS가 스레드 스케줄링을 담당한다.
- BLOCKED: 스레드가 실행 중이 아니며, 잠금을 획득해야 하거나 시스템 호출 중인 상태다.
- WAITING: 스레드가 실행되지 않고, Object.wait() 또는 Thread.join()을 호출했다.
- TIMED_WAITING: 스레드가 실행되지 않고, Thread.sleep()을 호출했다.
- TERMINATED: 스레드가 실행되지 않으며, 실행이 완료됐다.

스레드의 `run()` 메서드가 정상적으로 종료되든 예외가 발생하든 모든 스레드는 `NEW` 상태에서 시작하여 `TERMINATED` 상태에서 종료된다.

[NOTE] 자바 스레드의 상태 모델은 `RUNNABLE` 스레드가 실제로 그 정확한 순간에 물리적으로 실행 중인지 아니면 (실행 대기열run queue에서) 대기 중인지 구분하지 않는다.

스레드의 실제 생성은 `start()` 메서드에 의해 수행되며, 이는 네이티브 코드를 호출해서 관련된 시스템 호출(예: 리눅스의 `clone()`)을 실제로 수행한다. 그러면 스레드가 생성되고 스레드의 `run()` 메서드에서 코드 실행이 시작된다.

자바의 표준 스레드 API는 세 가지 메서드 그룹으로 나뉜다. 여기서는 각 메서드에 대한 상용구 형식의 복잡한 자바 문서의 설명을 포함하기보다는 목록을 나열만 하고, 더 자세한 내용은 API 문서를 참조하도록 하겠다.

첫 번째는 스레드에 대한 메타데이터를 읽는 메서드 그룹이다.

- `getId()`
- `getName()`
- `getState()`
- `getPriority()`
- `isAlive()`
- `isDaemon()`
- `isInterrupted()`

이 메타데이터 중 일부(예: `getId()`에서 얻은 스레드 ID)는 스레드의 수명 기간 동안 고정된다. 스레드 상태와 중단 상태와 같은 일부 메타데이터는 스레드가 실행되면서 자연스럽게 변경되며, 이름과 데몬 상태와 같은 일부 메타데이터는 프로그래머에 의해 설정될 수 있다. 이제 두 번째 메서드 그룹으로 넘어간다.

- `setDaemon()`
- `setName()`
- `setPriority()`
- `setUncaughtExceptionHandler()`

프로그래머가 스레드를 시작하기 전에 스레드에 대한 적절한 속성을 구성하는 것이 더 나은 경우가 많다.

마지막으로 새로운 스레드를 시작하고 실행 중인 다른 스레드와 상호작용하기 위해 다음과 같은 스레드 제어 메서드 집합이 사용된다.

- `start()`
- `interrupt()`
- `join()`

`Thread.sleep()`은 현재 스레드만 대상으로 하는 정적 메서드이므로 이 목록에 나타나지 않는다.

`NOTE` 시간 제한이 있는 일부 스레드 메서드(예: 시간 제한 매개변수가 있는 `Thread.join()`)는 실제로 스레드가 `WAITING`이 아닌 `TIMED_WAITING`에 배치될 수 있다.

이제 간단한 다중 스레드 애플리케이션 프로그램의 일반적인 라이프 사이클에서 스레드 메서드를 사용하는 예제를 살펴보겠다.

```
Runnable r = () -> {
    var start = System.currentTimeMillis();
    try {
        Thread.sleep(1000);
    } catch (InterruptedException e) {
        e.printStackTrace();
    }
    var thisThread = Thread.currentThread();
    System.out.println(thisThread.getName() +
        " slept for "+ (System.currentTimeMillis(): start));
};

var t = new Thread(r);          ◄──── 스레드의 메타데이터
t.setName("Worker");                  객체가 생성된다.
t.start();              ◄──── 운영체제가 실제
Thread.sleep(100);            스레드를 생성한다.
t.join();               ◄──── 메인 스레드가 일시 중지되고 워커가 종료될
System.out.println("Exiting");       때까지 기다렸다가 계속 진행한다.
```

이것은 매우 간단한 내용이다. 메인 스레드가 워커를 생성하고 시작한 다음, 최소 100ms 동안 `join()` 호출에 도달할 때까지 기다린다. `join()` 호출은 워커 스레드가 종료될 때까지 메인 스레드

를 일시 정지시킨다. 그동안 워커 스레드는 sleep을 완료하고 다시 깨어나서 메시지를 출력한다.

NOTE sleep의 경과 시간은 정확히 1000ms가 아닐 가능성이 높다. 운영체제 스케줄러는 비결정적이므로, 제공되는 최선의 보장은 운영체제가 스레드가 요청한 시간 동안 sleep하도록 시도한다는 것이다. 그러나 멀티스레드 프로그래밍은 다음 절에서 살펴볼 것처럼 예기치 않은 상황을 처리하는 경우가 많다.

1 스레드 인터럽트

스레드로 작업할 때 스레드가 수행 중인 작업을 안전하게 중단하고 싶은 경우가 비교적 흔하며, 이를 위한 메서드가 Thread 객체에 제공된다. 하지만 처음 예상한 대로 동작하지 않을 수도 있다. 열심히 작업하는 스레드를 생성한 다음, 중단을 시도하는 다음 코드를 실행해보겠다.

```
var t = new Thread(() -> { while (true); });    ◀── 무한 루프를 도는 새로운 스레드를
t.start();                                            생성하고 시작한다.

t.interrupt();    ◀── 스레드에 자체 중단을
t.join();              요청한다(즉 실행 중지)
         ◀── 메인 스레드에서 다른 스레드가
             완료될 때까지 기다린다.
```

이 코드를 실행하면 join()이 영원히 차단된다는 사실에 놀랄 것이다. 여기서 일어나는 일은 스레드 중단이 선택적이기 때문이다. 스레드에서 호출되는 메서드는 명시적으로 중단 상태를 확인하고 이에 응답해야 하는데, 단순한 while 루프는 그러한 확인을 수행하지 않는다. 루프에서 다음과 같이 예상되는 검사를 수행하여 이 문제를 해결할 수 있다.

```
var t = new Thread(() -> { while (!Thread.interrupted()); });    ◀── 루프를 도는 대신 현재 스레드의
t.start();                                                            인터럽트 상태를 확인한다.

t.interrupt();
t.join();
```

이제 요청이 있을 때 루프가 종료되고 join()은 더 이상 영원히 차단되지 않는다.

JDK에서 IO를 차단하거나 잠금을 기다리는 등 차단되는 메서드가 스레드의 **인터럽트**interrupt 상태를 확인하는 것은 일반적이다. 이러한 메서드는 일반적으로 확인된 예외인 InterruptedException 을 던진다throw. 이것이 예를 들어 Thread.sleep()이 메서드 시그니처에 InterruptedException 을 추가하거나 처리해야 하는 이유다.

이전 절에서 다룬 예제를 수정하여 Thread.sleep()이 인터럽트를 받을 때의 동작을 살펴보겠다.

```
Runnable r = () -> {
    var start = System.currentTimeMillis();
    try {
        Thread.sleep(1000);
    } catch (InterruptedException e) {        ◄──  이 Runnable은 확인된
        e.printStackTrace();                        InterruptedException을
    }                                               처리해야 한다.
    var thisThread = Thread.currentThread();        인터럽트하면 스택을
    System.out.println(thisThread.getName() +       출력하고 실행이 계속된다.
        " slept for "+ (System.currentTimeMillis(): start));
    if (thisThread.isInterrupted()) {
        System.out.println("Thread "+ thisThread.getName() +" interrupted");
    }
};

var t = new Thread(r);
t.setName("Worker");
t.start();        ◄───  워커 스레드를 생성한다.
Thread.sleep(100);
t.interrupt();    ◄──   메인 스레드가 워커 스레드를
t.join();               인터럽트하고 깨운다.
System.out.println("Exiting");
```

이 코드를 실행하면 다음과 같은 출력이 나타난다.

```
java.lang.InterruptedException: sleep interrupted
    at java.base/java.lang.Thread.sleep(Native Method)
    at examples.LifecycleWithInterrupt.lambda$main$0
     (LifecycleWithInterrupt.java:9)
    at java.base/java.lang.Thread.run(Thread.java:832)
Worker slept for 101
Exiting
```

자세히 살펴보면 'Thread Worker interrupted' 메시지가 나타나지 않는 것을 알 수 있다. 이는 코드에서 인터럽트를 처리하는 방식에 관한 중요한 사실을 드러낸다. 스레드의 인터럽트 상태를 확인하는 코드는 사실상 그 상태를 재설정한다. 표준 `InterruptedException`을 던지는 코드는 예를 던질 때 처리된handled 것으로 간주돼 해당 인터럽트를 지워버린다.

NOTE 인터럽트 상태를 확인하는 두 가지 메서드가 있다. 하나는 현재 스레드를 암묵적으로 확인하는 정적 메서드인 `Thread.interrupted()`이고, 다른 하나는 스레드 객체의 인스턴스 메서드인 `isInterrupted()`다. 정적 버전은 확인 후 상태를 지우며, `InterruptedException`을 던지기 전에 사용하는 것으로 예상된다. 반면 인스턴스 메서드는 상태를 변경하지 않는다.

스레드가 인터럽트됐음을 유지하려면 직접 처리해야 한다. 스레드의 코드 내에서 나중에 상태를 필요로 하는 간단한 예제의 경우, 다음과 같이 하면 된다.

```
Runnable r = () -> {
    var start = System.currentTimeMillis();
    var wasInterrupted = false;        가능한 인터럽션을
    try {                              기록하기 위한 상태를
        Thread.sleep(1000);           설정한다.
    } catch (InterruptedException e) {
        wasInterrupted = true;        인터럽션을 기록한다.
        e.printStackTrace();
    }
    var thisThread = Thread.currentThread();
    System.out.println(thisThread.getName() +
        " slept for "+ (System.currentTimeMillis(): start));
    if (wasInterrupted) {
        System.out.println("Thread "+ thisThread.getName() +" interrupted");
    }
};

var t = new Thread(r);
t.setName("Worker");
t.start();
Thread.sleep(100);
t.interrupt();
t.join();
System.out.println("Exiting");
```

더 복잡한 상황에서는 호출자에게 InterruptedException을 다시 던지거나, 사용자 정의 예외를 던지거나, 사용자 정의 로직을 수행하거나, 심지어 해당 스레드에 인터럽트 상태를 복원하는 등의 작업을 수행할 수도 있다. 이는 특정 요구 사항에 따라 다르다.

❷ 예외나 스레드로 작업하기

멀티스레드 프로그래밍의 또 다른 문제는 스레드 내에서 발생할 수 있는 **예외**exception를 처리하는 방법이다. 예를 들어 출처를 알 수 없는 Runnable을 실행한다고 가정해보겠다. 예외를 던지고 죽으면 다른 코드에서 이를 인식하지 못할 수 있다. 다행히도 **스레드 API**Thread API는 이런 경우처럼 스레드를 시작하기 전에 잡히지 않은 예외 처리기를 스레드에 추가할 수 있는 기능을 제공한다.

```
var badThread = new Thread(() -> {
    throw new UnsupportedOperationException(); });
```

```
// 스레드를 시작하기 전에 이름을 설정한다.
badThread.setName("An Exceptional Thread");

// 핸들러(처리자)를 설정한다.
badThread.setUncaughtExceptionHandler((t, e) -> {
    System.err.printf("Thread %d '%s' has thrown exception " +
                    "%s at line %d of %s",
            t.getId(),
            t.getName(),
            e.toString(),
            e.getStackTrace()[0].getLineNumber(),
            e.getStackTrace()[0].getFileName()); });

badThread.start();
```

핸들러는 다음과 같이 정의된 함수형 인터페이스인 UncaughtExceptionHandler의 인스턴스다.

```
public interface UncaughtExceptionHandler {
    void uncaughtException(Thread t, Throwable e);
}
```

이 메서드는 스레드 제어 코드가 관찰된 예외에 따라 조치를 취할 수 있도록 간단한 콜백을 제공한다(예를 들어 스레드 풀은 풀 크기를 유지하기 위해 이러한 방식으로 종료된 스레드를 다시 시작할 수 있다).

NOTE uncaughtException()이 던진 모든 예외는 JVM에서 무시된다.

진행을 계속하기 전에 더 이상 사용되지 않으면서 애플리케이션 프로그래머가 사용해서는 안 되는 Thread의 다른 제어 방법에 대해 이야기해야 한다.

❸ 더 이상 사용되지 않는 스레드 메서드

자바는 현존하는 주류 언어 중에서 최초로 멀티스레드 프로그래밍을 지원했다. 그러나 이 '첫 걸음'은 그것만의 어두운 면도 가지고 있었다. 동시성 프로그래밍과 관련된 많은 문제들을 자바 개발자들이 처음으로 경험했다.

이 중 하나는 원래의 스레드 API에 있는 몇 가지 메서드가 안전하지 않고 사용하기에 부적절하다는 불행한 사실이다. 특히 Thread.stop() 메서드는 안전하게 사용하기가 사실상 불가능하다. 이 메서드는 경고 없이 다른 스레드를 종료시키며, 종료된 스레드가 잠긴 객체를 안전하게 처리할 수 있는 방법은 없다.

`stop()` 메서드의 폐기는 초기 자바에서 활발하게 사용된 뒤에 이어졌다. 다른 스레드를 중지하기 위해서는 다른 스레드의 실행에 예외를 주입해야 했기 때문이다. 그러나 다른 스레드가 정확히 어디를 실행하고 있는지를 아는 것은 불가능하다. 개발자가 항상 완전히 실행될 것이라고 예상한 `finally` 블록의 중간에서 스레드가 종료될 수도 있으며, 이로 인해 프로그램이 손상된 상태로 남을 수 있다.

실제로, 강제 종료된 스레드에서는 확인되지 않는 `ThreadDeath` 예외가 트리거된다. 코드의 try 블록을 사용해서 이런 예외를 방어하는 것은 불가능하다(마찬가지로 `OutOfMemoryError`를 안전하게 방어하는 것도 불가능하다). 따라서 예외는 즉시 종료된 스레드의 스택을 언바인딩하고 모든 모니터를 잠금 해제한다. 이로 인해 잠재적으로 손상된 객체가 다른 스레드에게 공개돼 문제가 발생하기 때문에, `stop()` 메서드는 안전하게 사용할 수 없다.

`stop()` 메서드와 관련된 잘 알려진 문제들 외에도 몇 가지 다른 메서드들도 심각한 문제를 가지고 있다. 예를 들어 `suspend()` 메서드는 모니터를 해제하지 않기 때문에, 중단된 스레드가 잠근 동기화된 코드에 접근하려고 할 경우 영원히 블록될 수 있다. 이러한 문제는 중대한 활성성에 대한 위험을 이야기하는 것이므로, `suspend()`와 `resume()` 메서드는 절대로 사용해서는 안 된다. `destroy()` 메서드는 구현되지 않았지만, 구현됐다면 동일한 문제를 겪었을 것이다.

[NOTE] 이러한 위험한 스레드 메서드들은 자바 1.2 버전 이후로 폐기deprecated됐으며, 최근에 제거 예정으로 표시됐다(이는 중요한 변경 사항으로, 얼마나 심각하게 여겨지는지를 말해준다).

다른 스레드에서 스레드를 신뢰성 있게 제어하기 위한 실제 해결책은 나중에 살펴볼 volatile shutdown 패턴으로 가장 잘 설명할 수 있다. 이제 동시성 스타일로 프로그래밍할 때 안전하게 공유해야 하는 데이터를 처리하는 유용한 기법 중 하나로 넘어가겠다.

5.3.8 불변성

큰 도움이 될 수 있는 기법 중 하나는 **불변객체**immutable object를 사용하는 것이다. 이런 객체는 상태가 없거나 `final` 필드만 있는 객체다(따라서 객체의 생성자에서 채워져야 함). 이 객체는 상태가 변경될 수 없어 일관되지 않은 상태가 될 수 없기 때문에 항상 안전하고 살아 있다.

한 가지 문제점은 특정 객체를 초기화하는 데 필요한 모든 값을 생성자에 전달해야 한다는 것이다. 이로 인해 많은 매개변수가 포함된 복잡한 생성자의 호출이 발생할 수 있다. 따라서 많은 개발자가 **팩토리 메서드**factory method를 대신 사용한다. 생성자 대신 클래스에서 정적 메서드를 사용해서 새로운 객체를 생성하는 것처럼 간단할 수 있다. 생성자는 일반적으로 `protected` 또는 `private`로 선언돼 정적 팩토리 메서드가 객체를 인스턴스화하는 유일한 방법이 되도록 한다. 예를 들어 은행 시스템에서 볼 수 있는 간단한 예금 클래스를 생각해보자.

```java
public final class Deposit {
    private final double amount;
    private final LocalDate date;
    private final Account payee;

    private Deposit(double amount, LocalDate date, Account payee) {
        this.amount = amount;
        this.date = date;
        this.payee = payee;
    }

    public static Deposit of(double amount, LocalDate date, Account payee) {
        return new Deposit(amount, date, payee);
    }

    public static Deposit of(double amount, Account payee) {
        return new Deposit(amount, LocalDate.now(), payee);
    }
```

여기에는 클래스의 필드, 비공개 생성자, 두 개의 팩토리 메서드가 있으며, 그중 하나는 현재를 기준으로 예금을 생성하는 도우미 메서드다. 다음은 필드에 대한 접근자 메서드다.

```java
    public double amount() {
        return amount;
    }

    public LocalDate date() {
        return date;
    }

    public Account payee() {
        return payee;
    }
```

이 예제에서는 접근자 메서드의 이름이 필드 이름과 일치하는 **레코드 스타일**record style로 표시돼 있다. 이는 getter 메서드 앞에 get이 붙고 (final이 아닌 필드) setter 메서드 앞에 set이 붙는 **빈 스타일**bean style과 대조적이다.

불변객체는 변경할 수 없기 때문에, 그중 하나를 변경하려고 할 때 어떻게 해야 할까? 예를 들어 특정 날짜에 예금이나 다른 거래가 이뤄질 수 없는 경우 해당 거래를 다음 날로 '이월'하는 것은 매우 일반적이다. 이를 위해 해당 타입에 인스턴스 메서드를 추가하여 거의 동일한 객체를 반환하지만 일부 필드가 수정된 객체를 반환할 수 있다. 다음과 같은 방법으로 이를 달성할 수 있다.

```java
public Deposit roll() {
    // 일자 변경에 대한 감사 이벤트 로그
    return new Deposit(amount, date.plusDays(1), payee);
}

public Deposit amend(double newAmount) {
    // 금액 변경에 대한 감사 이벤트 로그
    return new Deposit(newAmount, date, payee);
}
```

불변객체의 잠재적 문제 중 하나는 팩토리 메서드에 전달할 매개변수가 많을 수도 있다는 점이다. 특히 새로운 불변객체를 생성하기 전에 여러 소스로부터 상태를 축적해야 하는 경우, 이 방법이 항상 편리한 것은 아니다.

이를 해결하기 위해 **빌더 패턴**builder pattern을 사용할 수 있다. 이것은 두 가지 구성 요소의 조합인데, 제네릭 빌더 인터페이스를 구현하는 정적 내부 클래스와 불변 클래스 자체의 비공개 생성자다.

정적 내부 클래스는 불변 클래스의 빌더이며, 개발자가 불변 타입의 새로운 인스턴스를 얻을 수 있는 유일한 방법을 제공한다. 매우 일반적인 구현 중 하나는 Builder 클래스가 불변 클래스와 정확히 동일한 필드를 갖지만 필드의 변형을 허용하는 것이다. 다음 예시는 더 복잡한 예금deposit의 모델을 구현하는 방법을 보여준다.

코드 5.3 **불변객체와 빌더**

```java
public static class DepositBuilder implements Builder<Deposit> {
    private double amount;
    private LocalDate date;
    private Account payee;
```

```
        public DepositBuilder amount(double amount) {
            this.amount = amount;
            return this;
        }

        public DepositBuilder date(LocalDate date) {
            this.date = date;
            return this;
        }

        public DepositBuilder payee(Account payee) {
            this.payee = payee;
            return this;
        }

        @Override
        public Deposit build() {
            return new Deposit(amount, date, payee);
        }
    }
```

빌더는 일반적으로 다음과 같이 정의되는 일반적인 최상위 인터페이스다.

```
public interface Builder<T> {
    T build();
}
```

빌더에 대해 몇 가지 주목해야 할 점이 있다. 우선 빌더는 소위 **단일 추상 메서드**single abstract method, SAM 타입이며, 기술적으로 말하면 람다 표현식의 타깃 타입[7]으로 사용할 수 있다. 그러나 빌더의 목적은 불변 인스턴스를 생성하는 것으로, 함수나 콜백을 나타내는 것이 아니라 상태를 수집하는 것이다. 즉 빌더를 함수형 인터페이스로 사용할 수는 있지만 실제로는 그렇게 하는 것이 결코 유용하지 않다.

이런 이유로, 인터페이스에 `@FunctionalInterface` 애너테이션을 달지 않았다. '무언가를 할 수 있다고 해서 반드시 해야 한다는 의미는 아니다'의 좋은 예라고 볼 수 있다.

둘째, 빌더가 스레드에 안전하지 않는다는 점도 주목해야 한다. 이 설계는 암묵적으로 사용자가

---

7   [옮긴이] 람다 표현식이 대입되거나 매개변수로 전달되는 함수형 인터페이스의 타입. 함수형 인터페이스는 딱 하나의 추상 메서드만
     을 가지는 인터페이스로, 이 메서드는 람다 표현식의 본문에 해당한다.

스레드 간에 빌더를 공유하지 않는다고 가정한다. 대신, 한 스레드가 빌더를 사용해서 필요한 모든 상태를 집계한 다음 다른 스레드와 간단히 공유할 수 있는 불변객체를 생성하는 것이 빌더 API의 올바른 사용법이다.

[NOTE] 스레드 간에 빌더를 공유하려는 경우 잠시 멈춰서 디자인을 다시 살펴보고 도메인에 리팩터링이 필요한지 생각해보자.

불변성은 자바뿐만 아니라 다른 언어, 특히 함수형 언어에서도 매우 일반적인 패턴이며 광범위하게 적용할 수 있는 패턴이다.

불변객체는 생성된 후에 상태를 변경할 수 없기 때문에 실제로 불변이다. 그러나 자바에서 `final` 키워드는 참조 자체에 적용되며, 참조가 가리키는 객체의 상태에는 적용되지 않는다. 이는 참조를 다른 객체로 재할당할 수 없음을 보장하지만, 참조가 가리키는 객체의 내부 상태는 여전히 변경 가능할 수 있음을 의미한다. 다시 말하면, `final` 키워드는 참조가 가리키는 객체를 변경할 수 없도록 막지만, 가리키는 객체의 내부 상태는 변경 가능할 수 있다.

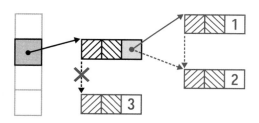

그림 5.7 **값과 참조의 불변성 비교**

이를 보는 또 다른 방법은 다음과 같이 작성하는 것이 완벽하게 가능하다는 것이다.

```
final var numbers = new LinkedList<Integer>();
```

이 문statement에서 목록에 포함된 참조 `numbers`와 그 목록에 포함된 정수 객체들은 불변이다. 그러나 정수 객체가 여전히 목록에 추가, 제거, 교체될 수 있으므로 목록 객체 자체는 여전히 변경 가능하다.

불변성은 매우 강력한 기술이며, 가능하면 항상 사용해야 한다. 하지만 객체의 상태를 변경할 때마다 새로운 객체를 생성해야 하므로 불변객체만으로는 효율적으로 개발할 수 없는 경우도 있다. 그래서 때때로 변경 가능한 객체를 처리해야 할 필요성이 생긴다.

다음 절에서는 자바 메모리 모델에 대해 흔히 오해하는 세부 사항과 관련해 설명하겠다. 많은 자바 프로그래머가 자바 메모리 모델에 대해 알고 있으며, 공식적으로 소개받은 적이 없어도 나름대로 이해하고 코딩을 해왔다. 여러분도 그런 경우라면, 이 새로운 이해는 비공식적인 인식에 기반해서 확고한 토대 위에 놓이게 될 것이다. 자바 메모리 모델은 상당히 고급 주제이므로 다른 장으로 빨리 넘어가고자 한다면 건너뛰어도 된다.

5.4 자바 메모리 모델

자바 메모리 모델 Java Memory Model, JMM은 JLS의 17.4절에 설명돼 있다. 이는 사양의 공식적인 부분으로, 동기화 동작과 일부 수학적 개념(예: 연산에 대한 부분 순서partial order)의 관점에서 자바 메모리 모델을 설명한다.

이는 언어 이론가나 자바 사양을 구현하는 구현자(컴파일러 및 JVM 제작자)의 관점에서는 좋지만, 멀티스레드 코드가 실행되는 방식에 대한 세부 사항을 이해해야 하는 애플리케이션 개발자의 입장에서는 좋지 않은 부분이다.

여기서는 형식적인 세부 사항을 반복하기보다는 코드 블록 간의 Synchronizes-With 및 Happens-Before 관계라는 몇 가지 기본 개념의 관점에서 가장 중요한 규칙을 나열하겠다.

- **Happens-Before**: 이 관계는 한 블록의 코드가 완전히 완료된 후 다른 블록이 시작될 수 있음을 나타낸다.
- **Synchronizes-With**: 어떤 동작은 주 메모리와의 객체의 뷰를 동기화한 후 계속한다.

객체지향 프로그래밍에 대한 이론적인 방식을 공부했다면 객체지향의 빌딩 블록을 설명하는 데 사용되는 'Has-A'와 'Is-A'라는 표현을 들어봤을 것이다. 마찬가지로, 일부 개발자들은 'Happens-Before'와 'Synchronizes-With'를 유사한 기본 개념적인 구성 요소로 생각하는 것이 자바 동시성 이해에 도움이 될 수 있다고 생각한다. 그러나 두 개념 집합 사이에는 직접적인 기술적 연결이 없다는 점을 강조한다. 그림 5.8에서는 Synchronizes-With 관계에 있는 `volatile` 쓰기와 읽기 액세스(`println()`을 위한) 예제를 볼 수 있다.

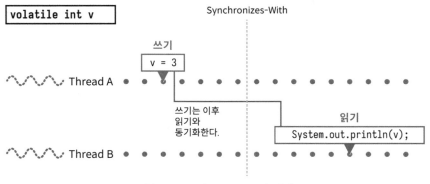

그림 5.8 Synchronizes-With 예제

자바 메모리 모델에는 다음과 같은 주요 규칙이 있다.

- 모니터의 unlock 동작은 'Synchronizes-With' 이후에 발생하는 lock 동작과 동기화한다.
- volatile 변수에 대한 쓰기 동작은 'Synchronizes-With' 이후에 발생하는 해당 변수의 읽기 동작과 동기화한다.
- 만약 동작 A가 동작 B와 'Synchronizes-With' 관계에 있다면, 동작 A는 동작 B보다 먼저 발생한다.
- 하나의 스레드 내에서 프로그램 순서에 따라 동작 A가 동작 B 이전에 나온다면, 동작 A는 동작 B 이전에 'Happens-Before' 관계를 형성한다.

이러한 규칙들은 자바 메모리 모델에서 다중 스레드 환경에서의 동작 순서와 메모리 가시성을 보장하기 위해 사용된다. 이를 통해 스레드 간의 상호작용과 변숫값의 일관성을 조율할 수 있다.

처음 두 규칙의 일반적인 설명은 '획득하기 전에 먼저 릴리스가 발생한다'라는 것이다. 즉 쓰기 시 스레드가 보유하는 잠금은 다른 작업(읽기 포함)에서 잠금을 획득하기 전에 해제된다. 예를 들어 이 규칙은 한 스레드가 volatile 변수에 값을 쓰면 나중에 해당 변수를 읽는 모든 스레드가 (다른 쓰기가 발생하지 않았다는 가정 하에) 쓰여진 값을 볼 수 있도록 보장한다.

다음 규칙들은 동시성 프로그램의 합리적이고 예측 가능한 동작을 보장하기 위한 가이드라인을 제공한다.

- 생성자의 완료는 해당 객체의 **파이널라이저**finalizer[8]가 실행되기 전에 'Happens-Before' 관계를 형성한다. 즉 객체는 완전히 생성돼야 파이널라이저가 실행될 수 있다.
- 새로운 스레드의 첫 번째 동작은 해당 스레드를 시작하는 동작과 'Synchronizes-With' 관계를 형성한다. 즉 새로운 스레드가 시작되기 전에 이전 동작들의 동기화를 보장한다.
- `Thread.join()`은 조인되는 스레드의 마지막(및 다른 모든) 동작과 'Synchronizes-With' 관계를 형성한다. 즉 조인하는 스레드는 조인되는 스레드의 모든 동작이 완료될 때까지 기다린다.
- 만약 x가 y보다 먼저 발생하고, y가 z보다 먼저 발생한다면, x는 z보다 먼저 발생한다는 'Happens-Before' 관계의 **이행성**transitivity 규칙이 성립한다. 즉 앞선 동작과 뒤이은 동작 간의 순서 관계는 이행성을 가진다.

이러한 간단한 규칙들은 플랫폼이 메모리와 동기화 작업을 어떻게 처리하는지에 대한 전체적인 관점을 정의한다. 그림 5.9는 이행성 규칙을 설명하는 예시를 보여준다.

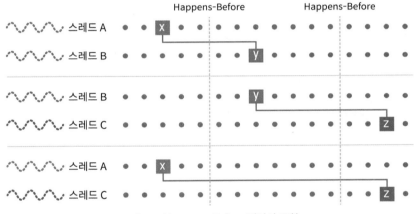

그림 5.9 **Happens-Before 전이성 규칙**

[NOTE] 실제로 이러한 규칙들은 자바 메모리 모델에서 제공하는 최소한의 보장 사항이다. 실제 JVM은 이러한 보장 사항보다 훨씬 더 우수한 많은 동작을 할 수 있다. 이는 특정 JVM의 동작으로 인해 더 안전하다고 여겨지는 상황이 실제로는 숨겨진 동시성 버그를 가리키고 있을 수 있다는 점에서 개발자에게 큰 함정이 될 수 있다.

이러한 최소한의 보장을 통해 불변성이 동시성 자바 프로그래밍에서 중요한 개념인 이유를 쉽게 알 수 있다. 객체를 변경할 수 없는 경우, 모든 스레드에 변경 사항이 보이도록 보장해야 하는 것과 관련된 문제는 존재하지 않는다.

---

8   [옮긴이] 객체가 더 이상 참조되지 않을 때 가비지 컬렉션에 의해 호출되며, 객체의 정리 및 리소스 반환과 관련된 작업을 처리한다.

5.5 바이트코드로 동시성 이해하기

전통적인 예시인 은행 계좌를 통해 동시성에 대해 이야기해보겠다. 고객의 계좌는 다음과 같이 구성돼 있으며, 출금과 입금은 메서드를 호출해서 가능하다. 핵심 메서드는 동기화 및 비동기화 구현을 제공한다.

```java
public class Account {
    private double balance;

    public Account(int openingBalance) {
        balance = openingBalance;
    }

    public boolean rawWithdraw(int amount) {
        // amount > 0을 검사해서 그렇지 않으면 예외를 발생시킨다.
        if (balance >= amount) {
            balance = balance - amount;
            return true;
        }
        return false;
    }

    public void rawDeposit(int amount) {
        // amount > 0을 검사해서 그렇지 않으면 예외를 발생시킨다.
        balance = balance + amount;
    }

    public double getRawBalance() {
        return balance;
    }

    public boolean safeWithdraw(final int amount) {
        // amount > 0을 검사해서 그렇지 않으면 예외를 발생시킨다.
        synchronized (this) {
            if (balance >= amount) {
                balance = balance - amount;
                return true;
            }
        }
        return false;
    }

    public void safeDeposit(final int amount) {
        // amount > 0을 검사해서 그렇지 않으면 예외를 발생시킨다.
        synchronized (this) {
```

```
            balance = balance + amount;
        }
    }

    public double getSafeBalance() {
        synchronized (this) {
            return balance;
        }
    }
}
```

이 일련의 메서드들을 사용해서 자바에서 흔히 발생하는 여러 동시성 문제를 탐구할 수 있다.

NOTE 여기서 동기화의 블록 형태를 사용하는 이유가 있다. synchronized 메서드 제어자modifier 대신에 사용하는 이유는 이 장의 뒷부분에서 설명하겠다.

또한 필요한 경우, 해당 클래스에는 다음과 같이 두 개의 인수를 받는 도우미 메서드가 있다고 가정해볼 수도 있다.

```
public boolean withdraw(int amount, boolean safe) {
    if (safe) {
        return safeWithdraw(amount);
    } else {
        return rawWithdraw(amount);
    }
}
```

먼저, 보호 메커니즘이 필요한 다중 스레드 시스템에서 보이는 기본적인 문제 중 한 가지를 알아보겠다.

5.5.1 업데이트 손실

업데이트 손실lost update로 알려진 이 일반적인 문제(또는 안티패턴)를 설명하기 위해 rawDeposit() 메서드의 바이트코드를 살펴보자.

```
public void rawDeposit(int);
    Code:
        0: aload_0
        1: aload_0
        2: getfield       #2  // balance 필드:D  ◀──┐ 객체에서 잔액(balance)을
                                                    └ 읽는다.
```

```
   5: iload_1
   6: i2d
   7: dadd      ◄─── 입금 금액(amount)을 더한다.
   8: putfield      #2  // balance 필드:D  ◄──┐ 새로운 잔액(balance)을
  11: return                                 │ 객체에 기록한다.
```

A와 B라는 두 개의 실행 스레드를 도입해보겠다. 그다음 동시에 동일한 계좌에 두 개의 입금 시도가 있는 상황을 상상할 수 있다. 각각의 바이트코드 명령에 스레드 레이블을 접두어로 붙여주면, 서로 다른 스레드에서 실행되는 개별적인 바이트코드 명령을 볼 수 있는데, 이들은 모두 동일한 객체에 영향을 준다.

[NOTE] 일부 바이트코드 명령에는 스트림 뒤에 오는 매개변수가 있어 명령 번호에서 가끔 '건너뛰기'가 발생한다.

업데이트 손실은 애플리케이션 스레드의 비결정적인 스케줄링으로 인해 다음과 같은 읽기와 쓰기의 바이트코드 시퀀스로 끝날 수 있다는 것이 문제다.

```
A0: aload_0
    A1: aload_0
    A2: getfield     #2  // balance 필드:D  ◄──┐ 스레드 A가 balance에서
    A5: iload_1                                 │ 값을 읽는다.
    A6: i2d
    A7: dadd


// ....          Context switch A -> B


        B0: aload_0
        B1: aload_0                                        스레드 B가 balance에서
        B2: getfield     #2  // balance 필드:D  ◄──┐ A가 읽은 것과 동일한 값을
        B5: iload_1                                 │ 읽는다.
        B6: i2d
        B7: dadd
        B8: putfield     #2  // balance 필드 :D  ◄──┐ 스레드 B가 새로운 값을
       B11: return                                  │ balance에 쓴다.


// ....          Context switch B -> A
                                                      스레드 A가 balance값을
    A8: putfield     #2  // 필드 balance:D  ◄──┐ 덮어쓴다. B는 업데이트한
   A11: return                                  │ 값을 잃어버렸다.
```

업데이트된 잔액은 각 스레드의 평가 스택을 사용하여 계산된다. dadd 연산 코드는 업데이트된 balance가 스택에 배치되는 지점이지만, 모든 메서드 호출에는 고유한 비공개 평가 스택이 존재한

다는 점을 기억하자. 따라서 이전 흐름의 B7 지점에는 업데이트된 balance의 복사본이 두 개 존재하는데, 하나는 A의 평가 스택에 있고 다른 하나는 B의 스택에 있다. 그다음 B8과 A8에서 두 개의 putfield 연산이 실행되지만 A8이 B8에 배치된 값을 덮어쓴다. 이로 인해 두 입금이 모두 성공한 것처럼 보이지만 실제로는 하나만 표시되는 상황이 발생한다.

계좌 balance에 예금이 기록되겠지만, 코드는 여전히 계좌에서 돈이 사라지도록 만든다. 그 이유는 balance 필드가 두 번 읽히고(getfield) 그 후에 쓰여진 후 덮어쓰이기 때문이다(두 개의 putfield 작업으로 인해). 다음 코드를 예로 들어보자.

```
Account acc = new Account(0);
Thread tA = new Thread(() -> acc.rawDeposit(70));
Thread tB = new Thread(() -> acc.rawDeposit(50));
tA.start();
tB.start();
tA.join();
tB.join();

System.out.println(acc.getRawBalance());
```

최종 잔액이 50 또는 70이 될 수 있지만 두 스레드 모두 '성공적으로' 돈을 입금할 수 있다. 이 코드는 120을 지불했지만 일부 손실이 발생했는데,[9] 이는 잘못된 멀티스레드 코드의 전형적인 예다.

여기에 제시된 코드의 단순함에 주의해야 한다. 이런 단순한 예제에서는 비결정적인 가능성의 전체 범위가 나타나지 않을 수 있다. 이에 속지 않도록 주의하자. 큰 프로그램에 이 코드가 통합되면 분명히 제시된 문제가 나타날 것이다. 코드가 '너무 단순하니까 괜찮을 것이다'라고 가정하거나 동시성 모델을 속이려는 것은 결국 좋지 않은 결과를 초래할 것이다. 따라서 단순함에 속지 말고 항상 주의를 기울이기 바란다.

NOTE 이러한 효과를 보여주는 예제(AtmLoop)가 소스 코드 저장소에 있다. 그러나 이 예제는 아직 보지 않은 클래스(AtomicInteger)를 사용하기 때문에 여기서는 전체 예제를 보여주지 않겠다. 따라서 확신이 필요한 경우, 해당 예제의 동작을 확인해보기 바란다.

---

9 [옮긴이] 스레드 A와 스레드 B가 동시에 rawDeposit() 메서드를 호출할 경우, 다음과 같은 상황이 발생할 수 있다. ① 스레드 A와 스레드 B가 동시에 balance의 현재 값을 읽는다. ② 스레드 A가 amount를 balance에 더한 값을 계산한다. ③ 스레드 B가 amount를 balance에 더한 값을 계산한다. ④ 스레드 A가 계산된 결과를 balance에 할당한다. ⑤ 스레드 B가 계산된 결과를 balance에 할당한다. ⑥ 마지막에 할당된 값이 최종 잔액이 된다. 따라서 최종 잔액은 50일 수도 있고 70일 수도 있다.

일반적으로 다음과 같은 액세스 패턴은 account 객체에 문제를 일으킬 수 있다.

```
A: getfield
B: getfield
B: putfield
A: putfield
```

또는 다음과 같다.

```
A: getfield
B: getfield
A: putfield
B: putfield
```

운영체제는 스레드의 비결정적인 스케줄링을 효과적으로 수행하기 때문에 이러한 종류의 교차 실행은 항상 가능하며, 자바의 객체는 힙에 존재하기 때문에 스레드는 공유된 가변 데이터를 조작한다는 것을 기억하기 바란다.

우리에게 정말로 필요한 것은 어떻게든 이를 방지하고 순서가 항상 다음과 같은 형태가 되도록 하는 메커니즘을 도입하는 것이다.

```
...
A: getfield
A: putfield
...
B: getfield
B: putfield
...
```

이 메커니즘이 바로 동기화이며, 다음의 주제다.

5.5.2 바이트코드에서의 동기화

4장에서 JVM 바이트코드를 소개하고 monitorenter와 monitorexit을 간략히 살펴보았다. synchronized 블록은 이러한 오퍼레이션 코드로 변환된다(synchronized 메서드에 대해서는 나중에 조금 더 설명하겠다). 이전에 보았던 예제를 통해 실제 동작을 살펴보도록 하겠다(쉽게 참조할 수 있도록 자바 코드를 다시 제시한다).

```
public boolean safeWithdraw(final int amount) {
    // amount > 0인지 검사하고 그렇지 않으면 throw
    synchronized (this) {
        if (balance >= amount) {
            balance = balance: amount;
            return true;
        }
    }
    return false;
}
```

이것은 40바이트의 JVM 바이트코드로 변환된다.

```
public boolean safeWithdraw(int);
    Code:
        0: aload_0
        1: dup
        2: astore_2
        3: monitorenter    ◄─── synchronized 블록의 시작
        4: aload_0
        5: getfield       #2  // 필드 balance:D
        8: iload_1
        9: i2d
       10: dcmpl
       11: iflt           29  ◄─── balance를 확인하는 if 문
       14: aload_0
       15: aload_0
       16: getfield       #2  // 필드 balance:D
       19: iload_1
       20: i2d
       21: dsub                                    새로운 값을 balance
       22: putfield       #2  // 필드 balance:D  ◄─┘  필드에 쓰기
       25: iconst_1
       26: aload_2
       27: monitorexit    ◄─── synchronized 블록의 끝
       28: ireturn        ◄─── 메서드에서 반환
       29: aload_2
       30: monitorexit    ◄─── synchronized 블록의 끝
       31: goto           39
       34: astore_3
       35: aload_2
       36: monitorexit    ◄─── synchronized 블록의 끝
       37: aload_3
       38: athrow
       39: iconst_0
       40: ireturn        ◄─── 메서드에서 반환
```

영리한 독자는 바이트코드에서 몇 가지 이상한 점을 발견할 수 있을 것이다. 먼저 코드 경로를 살펴보겠다. `balance`의 확인이 성공하면 바이트코드 0~28이 점프 없이 실행된다. 실패하면 바이트코드 0~11이 실행되고, 29~31로 점프한 다음 39~40으로 점프한다.

언뜻 보기에는 어떤 상황에서도 바이트코드 34~38이 실행되지 않는다. 이러한 불일치는 실제로 예외 처리로 설명할 수 있다. 일부 바이트코드 명령어(`monitorenter` 포함)는 예외를 발생시킬 수 있으므로 예외를 처리하는 코드 경로가 있어야 한다.

두 번째 퍼즐은 메서드의 반환 타입이다. 자바 코드에서는 `boolean`으로 선언됐지만, 바이트코드에서는 `ireturn`이라는 정수형 반환 오퍼레이션 코드를 볼 수 있다. 실제로 bytes, shorts, chars, booleans에 대한 명령어의 변형 형태는 존재하지 않는다. 이러한 타입들은 컴파일 과정에서 `int`로 대체된다. 이는 **타입 소거**type erasure의 한 형태로, 자바의 타입 시스템에서 오해받기 쉬운 측면 중 하나다(특히 제네릭과 타입 매개변수의 경우에 적용된다).

앞의 바이트코드 시퀀스는 비동기화된 경우보다 더 복잡하지만, 따라가는 것이 가능해야 한다. 우리는 잠금을 위해 평가 스택에 객체를 로드한 다음 `monitorenter`를 실행해서 잠금을 획득한다. 잠금 시도가 성공한다고 가정하자.

이제 다른 스레드가 동일한 객체에서 `monitorenter`를 실행하려고 하면, 잠금을 보유한 스레드가 `monitorexit`를 실행하고 잠금을 해제할 때까지 두 번째 `monitorenter` 명령은 완료되지 않는다. 이것이 업데이트 손실을 다루는 방법이다. `monitor` 명령어는 다음과 같은 순서를 강제한다.

```
...
A: monitorenter
A: getfield
A: putfield
A: monitorexit
...
B: monitorenter
B: getfield
B: putfield
B: monitorexit
...
```

이는 동기화된 블록 간의 Happens-Before 관계를 제공한다. 하나의 동기화된 블록의 종료가 동일한 객체에서 다른 동기화된 블록의 시작보다 먼저 발생하며, 이는 자바 메모리 모델에 의해 보장된다.

또한 자바 소스 컴파일러는 `monitorenter`가 포함된 메서드를 통과하는 모든 코드 경로에서 메서드가 종료되기 전에 `monitorexit`가 실행되도록 보장한다는 점에 유의해야 한다. 그뿐만 아니라 클래스 로딩 시 클래스파일 검증기는 이 규칙을 우회하려는 모든 클래스를 거부한다.

이제 '동기화는 자바에서 협력적인 메커니즘이다'라는 주장의 근거를 볼 수 있다. 스레드 A가 `safeWithdraw()`를 호출하고 스레드 B가 `rawDeposit()`를 호출할 때 무슨 일이 벌어지는지 살펴보자.

```java
public boolean safeWithdraw(final int amount) {
    // amount > 0인지 검사하고 그렇지 않으면 throw
    synchronized (this) {
        if (balance >= amount) {
            balance = balance: amount;
            return true;
        }
    }
    return false;
}
```

쉽게 비교할 수 있도록 자바 코드를 다시 한번 재현해보았다.

```
public boolean safeWithdraw(int);
    Code:
        0: aload_0
        1: dup
        2: astore_2
        3: monitorenter
        4: aload_0
        5: getfield       #2  // 필드 balance:D
        8: iload_1
        9: i2d
       10: dcmpl
       11: iflt           29
       14: aload_0
       15: aload_0
       16: getfield       #2  // 필드 balance:D
       19: iload_1
       20: i2d
       21: dsub
       22: putfield       #2  // 필드 balance:D
       25: iconst_1
       26: aload_2
```

```
        27: monitorexit
        28: ireturn
```

입금 코드는 매우 간단하다. 여기에 표시된 것처럼 하나의 필드를 읽고 산술 연산 후 동일한 필드에 다시 쓰기를 수행하면 된다.

```
public void rawDeposit(int amount) {
    // 금액이 0보다 큰지 확인하고, 그렇지 않으면 예외를 던진다.
    balance = balance + amount;
}
```

바이트코드는 더 복잡하게 보이지만 실제로는 그렇지 않다.

```
public void rawDeposit(int);
    Code:
        0: aload_0
        1: aload_0
        2: getfield      #2  // 필드 balance:D
        5: iload_1
        6: i2d
        7: dadd
        8: putfield      #2  // 필드 balance:D
       11: return
```

[NOTE] rawDeposit()의 코드에는 monitor 명령이 포함돼 있지 않으며 monitorenter가 없으면 잠금이 확인되지 않는다.

다음과 같이 두 스레드 A와 B 사이에서 이와 같은 순서가 만들어지는 것은 전적으로 가능하다.

```
    // ...
    A3: monitorenter
    // ...

    A14: aload_0
    A15: aload_0
    A16: getfield       #2  // 필드 balance:D

    // 콘텍스트 스위치 A -> B.

    B0: aload_0
```

```
B1: aload_0
B2: getfield        #2  // 필드 balance:D
B5: iload_1
B6: i2d
B7: dadd                                    ← 잔액에 쓰기 (비동기화된
B8: putfield        #2  // 필드 balance:D ←    메서드를 통해)

// 콘텍스트 스위치 B -> A.

B11: return
A19: iload_1
A20: i2d
A21: dsub                                   ← 잔액에 대한 두 번째 쓰기
A22: putfield       #2  // 필드 balance:D ←    (동기화된 메서드를 통해)
A25: iconst_1
A26: aload_2
A27: monitorexit
A28: ireturn
```

이것은 우리가 잘 알고 있는 업데이트 손실이다. 하지만 이번에는 하나의 메서드가 동기화를 사용하고 다른 하나는 사용하지 않을 때 발생해서 입금된 금액이 손실됐다. 은행에게는 좋은 소식이지만 고객에게는 그렇지 않은 상황이다. 피할 수 없는 결론은 다음과 같다. 동기화가 제공하는 보호를 얻기 위해서는 모든 메서드가 올바르게 동기화를 사용해야 한다.

5.5.3 synchronized 메서드

지금까지 동기화된 블록의 경우에 대해 이야기했는데, 동기화된 메서드의 경우는 어떨까? 컴파일러가 가상의 monitor 바이트코드를 삽입할 것이라고 짐작할 수 있지만, 다음과 같이 메서드를 변경하면 알 수 있듯이 실제로는 그렇지 않다.

```
public synchronized boolean safeWithdraw(final int amount) {
    // mount > 0인지 검사하고 그렇지 않으면 throw
    if (balance >= amount) {
        balance = balance: amount;
        return true;
    }
    return false;
}

// 그리고 그 외의 것들
```

메서드의 synchronized 제어자는 바이트코드 시퀀스에 표시되는 대신 실제로 메서드의 플래그에 ACC_SYNCHRONIZED로 표시된다. 메서드를 다시 컴파일하면 다음과 같이 monitor 명령이 사라진 것을 확인할 수 있다.

```
public synchronized boolean safeWithdraw(int);
Code:
   0: aload_0
   1: getfield      #2  // 필드 balance:D
   4: iload_1
   5: i2d
   6: dcmpl
   7: iflt          23
  10: aload_0
  // ... 모니터 명령이 없음
```

invoke 명령을 실행할 때 바이트코드 인터프리터는 가장 먼저 메서드가 synchronized인지 확인한다. synchronized이면 인터프리터는 먼저 적절한 잠금을 획득하려고 시도해서 다른 코드 경로로 진행한다. 메서드에 ACC_SYNCHRONIZED가 없으면 이러한 검사를 수행하지 않는다.

예상했겠지만, 동기화되지 않은 메서드는 동기화된 메서드와 동시에 실행할 수 있다. 이것은 둘 중 하나만 잠금 검사를 수행하기 때문이다.

5.5.4 동기화되지 않은 읽기

자바 동시성에서 초보자가 흔히 범하는 실수는 '데이터를 쓰는 메서드만 동기화하면 되고 읽기는 안전하다'라고 가정하는 것이다. 이는 명백히 사실이 아니다.

읽기에 대한 이러한 잘못된 보안 인식은 때때로 고려하는 코드의 예제가 너무 단순하기 때문에 발생한다. 예제에 인출되는 금액의 1%라는 소액의 ATM 수수료를 도입하면 어떻게 될까?

```
private final double atmFeePercent = 0.01;

public boolean safeWithdraw(final int amount, final boolean withFee) {
    // amount > 0인지 검사하고 그렇지 않으면 throw
    synchronized (this) {
        if (balance >= amount) {
            balance = balance: amount;
            if (withFee) {
                balance = balance: amount * atmFeePercent;
```

```
            }
            return true;
        }
    }
    return false;
}
```

이제 이 메서드의 바이트코드가 조금 더 복잡해졌다.

```
public boolean safeWithdraw(int, boolean);
    Code:
        0: aload_0
        1: dup
        2: astore_3
        3: monitorenter
        4: aload_0
        5: getfield      #2  // balance 필드:D
        8: iload_1
        9: i2d
       10: dcmpl
       11: iflt          49   ←——— 잔액과 금액을 비교한다.
       14: aload_0
       15: aload_0
       16: getfield      #2  // balance 필드:D
       19: iload_1
       20: i2d
       21: dsub
       22: putfield      #2  // balance 필드:D   ←—— 계정 잔액이 업데이트된다.
       25: iload_2
       26: ifeq          45
       29: aload_0
       30: aload_0
       31: getfield      #2  // balance 필드:D
       34: iload_1
       35: i2d
       36: aload_0
       37: getfield      #5  // atmFeePercent 필드:D
       40: dmul
       41: dsub                                      수수료가 적용되고 잔액이
       42: putfield      #2  // balance 필드:D   ←—— 다시 업데이트된다.
       45: iconst_1
       46: aload_3
       47: monitorexit
       48: ireturn
       49: aload_3
       50: monitorexit
```

```
51: goto          61
54: astore        4
56: aload_3
57: monitorexit
58: aload         4
60: athrow
61: iconst_0
62: ireturn
```

이제 `safeWithdraw()`는 수수료 부과 여부를 결정하는 `boolean` 매개변수를 사용하기 때문에 두 개의 `putfield` 명령이 있다는 점에 유의하자. 두 개의 개별 업데이트가 발생하기 때문에 동시성 버그가 발생할 가능성이 높다.

그냥 잔액을 읽는 코드는 매우 간단한다.

```
public double getRawBalance();
    Code:
       0: aload_0
       1: getfield      #2   // 필드 balance:D
       4: dreturn
```

하지만 다음과 같이 수수료가 부과되는 출금 코드가 중간에 삽입될 수 있다.

```
    A14: aload_0
    A15: aload_0
    A16: getfield      #2   // balance 필드:D
    A19: iload_1
    A20: i2d
    A21: dsub                              ← 수수료가 공제된 금액(수수료
    A22: putfield      #2   // balance 필드:D    제외)이 기록된 잔액
    A25: iload_2
    A26: ifeq          45
    A29: aload_0
    A30: aload_0
    A31: getfield      #2   // balance 필드:D

    // ... 콘텍스트 스위치 A -> B

     B0: aload_0
     B1: getfield      #2   // balance 필드:D    ← 전체 인출이 처리되고 있는
     B4: dreturn                                    동안 읽은 잔액
```

```
// ... 콘텍스트 스위치 B -> A

A34: iload_1
A35: i2d
A36: aload_0
A37: getfield      #5  // atmFeePercent 필드:D
A40: dmul
A41: dsub
A42: putfield      #2  // balance 필드:D
```

동기화되지 않은 읽기를 사용하면 **반복 불가능한 읽기**nonrepeatable read, 즉 실제 시스템 상태와 일치하지 않는 값이 발생할 가능성이 있다. SQL 데이터베이스에 익숙하다면 데이터베이스 트랜잭션 도중에 읽기를 수행하는 것을 떠올릴 수 있다.

NOTE '나는 바이트코드를 알고 있다'라고 생각하고 이를 기반으로 코드를 최적화하고 싶은 유혹을 받을 수 있다. 몇 가지 이유로 이러한 유혹을 뿌리쳐야 한다. 예를 들어 코드를 넘겨줬는데 겉보기에 무해해 보이는 코드 변경의 맥락이나 결과를 이해하지 못하는 다른 개발자가 코드를 유지 관리하면 어떻게 될까?

결론적으로, '단순히 읽기만 하는 경우'에도 탈출구는 없다. 하나의 코드 경로라도 동기화를 올바르게 사용하지 않으면 그 결과로 나오는 코드는 스레드 안전하지 않으며, 따라서 다중 스레드 환경에서는 올바르지 않다. 이제 넘어가서 바이트코드에서 교착상태가 어떻게 나타나는지 살펴보겠다.

5.5.5 교착상태 다시 보기

은행에서 계좌 간 송금 기능을 코드에 추가하고 싶다고 가정해보겠다. 이 코드의 초기 버전은 다음과 같을 수 있다.

```java
public boolean naiveSafeTransferTo(Account other, int amount) {
    // amount > 0인지 확인하고 그렇지 않으면, false
    synchronized (this) {
        if (balance >= amount) {
            balance = balance: amount;
            synchronized (other) {
                other.rawDeposit(amount);
            }
            return true;
        }
    }
    return false;
}
```

이렇게 하면 바이트코드 목록이 상당히 길어지므로 잔액이 출금 가능한지를 확인하는 이제 익숙한 코드와 일부 **합성 예외 처리 블록**synthetic exception-handling block[10]을 생략하여 바이트코드를 짧게 만들었다.

NOTE 이제 두 개의 계정account 객체가 있고, 각기 잠금을 가지고 있다. 안전을 위해 두 객체에 속한 잠금(하나는 this에, 다른 하나는 other에 속한 잠금) 모두에 대한 접근을 조율해야 한다.

두 쌍의 monitor 명령어를 처리해야 하며, 각 명령은 서로 다른 객체의 잠금을 처리해야 한다.

```
public boolean naiveSafeTransferTo(Account, int);
    Code:
        0: aload_0
        1: dup
        2: astore_3
        3: monitorenter    ◀── 이 객체에 대한 잠금을 획득한다.

        // 일반적인 잔액(balance) 확인 바이트코드 생략

       14: aload_0
       15: aload_0
       16: getfield        #2  // balance 필드:D
       19: iload_2
       20: i2d
       21: dsub
       22: putfield        #2  // balance 필드:D
       25: aload_1
       26: dup
       27: astore          4
       29: monitorenter    ◀── 다른 개체에 대한 잠금을 획득한다.
       30: aload_1
       31: iload_2
       32: invokevirtual   #6  // rawDeposit 메서드:(I)V
       35: aload           4
       37: monitorexit     ◀── 다른 개체에 대한 잠금을 해제한다.
       38: goto            49

        // 예외 처리 코드 생략

       49: iconst_1
       50: aload_3
       51: monitorexit     ◀── 이 객체에 대한 잠금을 해제한다.
```

---

10 [옮긴이] 컴파일러가 자동으로 생성한 예외 처리 블록으로 컴파일러가 코드를 최적화하거나 특정 예외 상황을 처리하기 위해 추가적인 예외 처리 코드를 생성한 블록을 말한다.

```
52: ireturn

// 예외 처리 코드는 생략함
```

같은 두 개의 계정 간에 돈을 이체하려고 시도하는 두 개의 스레드를 상상해보겠다. 이 스레드를 A와 B라고 부르도록 하겠다. 더 나아가 스레드가 전송하는 계정으로 레이블이 지정된 트랜잭션을 실행한다고 가정해보자. 즉 스레드 A는 객체 A에서 객체 B로 돈을 보내려고 하고, 그 반대로 스레드 B는 객체 B에서 객체 A로 돈을 보내려고 한다.

```
A0: aload_0
A1: dup
A2: astore_3          ┌ 스레드 A가 계정 객체 A에
A3: monitorenter  ◄───┘ 잠금을 획득한다.

// 일반적인 잔액(balance) 확인 바이트코드 생략

B0: aload_0
B1: dup
B2: astore_3          ┌ 스레드 B가 계정 객체 B에
B3: monitorenter  ◄───┘ 잠금을 획득한다.

// 일반적인 잔액(balance) 확인 바이트코드 생략

B14: aload_0
B15: aload_0
B16: getfield    #2   // balance 필드:D
B19: iload_2
B20: i2d
B21: dsub
B22: putfield    #2   // balance 필드:D
B25: aload_1
B26: dup
B27: astore      4
B29: ...      ◄───┐ 스레드 B가 계정 객체 A에 대한 잠금을
A14: aload_0      └ 획득하려고 시도한다. 그러나 실패하고 블록된다.
A15: aload_0
A16: getfield    #2   // balance 필드:D
A19: iload_2
A20: i2d
A21: dsub
A22: putfield    #2   // balance 필드:D
A25: aload_1
A26: dup
A27: astore      4
A29: ...      ◄───┐ 스레드 A가 계정 객체 B에 대한 잠금을
                 └ 획득하려고 시도한다. 그러나 실패하고 블록된다.
```

이 시퀀스를 실행한 후에는 두 스레드 모두 더 이상 진전할 수 없다. 더 나쁜 것은 스레드 A만이 객체 A에 대한 잠금을 해제할 수 있고, 스레드 B만이 객체 B에 대한 잠금을 해제할 수 있으므로 이 두 스레드는 동기화 메커니즘에 의해 영구적으로 차단되고 메서드 호출은 완료되지 않는다. 바이트코드 수준에서 교착상태 안티패턴을 살펴보면, 실제로 그 원인을 명확하게 확인할 수 있다.

5.5.6 교착상태 해결, 다시 보기

이 문제를 해결하려면 앞서 설명한 것처럼 모든 스레드가 항상 같은 순서로 잠금을 획득하도록 해야 한다. 이를 위한 한 가지 방법은 스레드에 순서를 지정하는 것이다. 예를 들어 고유한 계정 번호를 도입하고 '번호가 가장 낮은 계정 ID에 해당하는 잠금을 먼저 획득'이라는 규칙을 구현하는 것이다.

[NOTE] 숫자 ID가 없는 객체의 경우, 다른 방법을 사용해야 할 것이다. 그러나 명확한 **전체 순서**total order[11]를 사용한다는 일반적인 원칙에는 변함이 없다.

이 방법은 조금 더 복잡하며, 완전히 올바르게 수행하려면 계정 ID가 재사용되지 않는다는 보장이 필요하다. 할당할 다음 계정 ID를 보관하는 `static int` 필드를 도입하고 다음과 같이 `synchronized` 메서드로만 업데이트하면 된다.

```
private static int nextAccountId = 1;

private final int accountId;

private static synchronized int getAndIncrementNextAccountId() {
    int result = nextAccountId;
    nextAccountId = nextAccountId + 1;
    return result;
}

public Account(int openingBalance) {
    balance = openingBalance;
    atmFeePercent = 0.01;
    accountId = getAndIncrementNextAccountId();
}

public int getAccountId() {
```

---

11 [옮긴이] 부분 순서(partial order)가 일부 요소 사이에서만 비교 가능하고 다른 요소들은 비교할 수 없는 순서를 말한다면, 전체 순서는 모든 요소 사이에서 비교 가능한 관계가 정의된 순서를 말한다.

```
        return accountId;
    }
```

코드에서 볼 수 있듯이, `getAccountId()` 메서드는 필드가 `final`로 선언돼 있고 변경될 수 없기 때문에 동기화할 필요가 없다.

```java
public boolean safeTransferTo(final Account other, final int amount) {
    // amount > 0인지 체크 throw if not
    if (accountId == other.getAccountId()) {
        // 본인 계좌로는 이체할 수 없다.
        return false;
    }

    if (accountId < other.getAccountId()) {
        synchronized (this) {
            if (balance >= amount) {
                balance = balance: amount;
                synchronized (other) {
                    other.rawDeposit(amount);
                }
                return true;
            }
        }
        return false;
    } else {
        synchronized (other) {
            synchronized (this) {
                if (balance >= amount) {
                    balance = balance: amount;
                    other.rawDeposit(amount);
                    return true;
                }
            }
        }
        return false;
    }
}
```

물론 결과 자바 코드는 약간 비대칭이다.

NOTE 필요 이상으로 잠금을 오래 유지하지 않으면 코드의 어느 부분에 실제로 잠금이 필요한지 명확하게 알 수 있다.

앞의 코드는 매우 긴 바이트코드 목록을 생성하지만, 이를 부분별로 분해해보겠다. 먼저 계정 ID 의 순서를 확인한다.

```
// 잔액 및 계정 동일성 검사 생략
13: aload_0
14: getfield        #8    // accountId 필드:I
17: aload_1
18: invokevirtual #10   // getAccountId 메서드:()I
21: if_icmpge      91
```

A < B이면 명령어 24로 넘어가고, 그렇지 않으면 다음과 같이 91로 넘어간다.

```
24: aload_0
25: dup
26: astore_3
27: monitorenter   ◄── synchronized (this) { 시작
28: aload_0
29: getfield        #3    // 필드 balance:D
32: iload_2
33: i2d
34: dcmpl                     잔액이 부족한 경우, 77번째
35: iflt          77     ◄── 오프셋으로 이동하여 빠져나간다.
```

송금 계좌에 송금할 수 있는 충분한 자금이 있으므로 계속 진행할 수 있는 지점을 따라가보겠다. 따라서 자바 코드에서 balance = balance - amount; 문의 시작 부분인 바이트코드 38로 제어권 이 넘어간다.

```
38: aload_0
39: aload_0
40: getfield        #3    // 필드 balance:D
43: iload_2
44: i2d
45: dsub
46: putfield        #3    // 필드 balance:D
49: aload_1
50: dup
51: astore         4
53: monitorenter   ◄── synchronized (other) {의 시작
54: aload_1
55: iload_2
56: invokevirtual #9    // Method rawDeposit:(I)V
```

```
59: aload           4
61: monitorexit   ◀—— synchronized (other) {의 끝
62: goto             73
// 예외 처리 코드 생략함.
73: iconst_1
74: aload_3
75: monitorexit   ◀—— synchronized (this) {의 끝
76: ireturn
```

완성도를 높이기 위해 송금 계정의 잔액이 부족한 경우, 사용되는 코드의 경로를 살펴보자. 기본적으로 this에 대한 모니터 잠금을 해제하고 this를 반환한다.

```
77: aload_3
78: monitorexit   ◀—— synchronized (this) {의 끝
79: goto             89
// 예외 처리 코드 생략함.
89: iconst_0
90: ireturn
```

일부 명령어(예: invoke와 monitor 명령어)는 예외를 발생시킬 수 있으므로 평소와 같이 이런 예외에 대한 핸들러의 바이트코드는 무시한다. 나머지 메서드는 다음과 같다.

```
91: aload_1
    // ...
    // 매우 유사하지만 다른 분기에 대한 코드다.
```

두 개의 스레드에서 어떤 일이 발생하는지 살펴보고, 계정 ID가 A < B라는 것을 기억하자.

이제 추가적인 문제가 하나 더 생겼다. (aload_0과 같은 명령어에서 사용되는) 로컬 변수가 두 개의 스레드 간에 다르다. 이 차이점을 분명히 하기 위해, 로컬 변수에 각 스레드를 나타내는 라벨을 붙여 바이트코드를 약간 조작해서 작성하겠다. 명확성을 위해 aload_A0와 aload_A1과 같이 표기하겠다.

```
A24: aload_A0
A25: dup
A26: astore_A3           스레드 A가 객체 A에 잠금을
A27: monitorenter   ◀——  획득한다.
```

```
         // 검사 생략

    A38: aload_A0
    A39: aload_A0
    A40: getfield      #3    // balance 필드:D

// ....          콘텍스트 스위치 A -> B

    B91: aload_B1
    B92: dup
    B93: astore_B3          ┐ 스레드 B가 객체 A에 잠금을
    B94: monitorenter   ◄───┘ 시도한다. 블록된다.

// ....          콘텍스트 스위치 B -> A

    A43: iload_A2
    A44: i2d
    A45: dsub
    A46: putfield       #3    // balance 필드:D
    A49: aload_A1
    A50: dup
    A51: astore      A4
    A53: monitorenter   ◄───┐ 스레드 A가 객체 B에
    A54: aload_A1            ┘ 잠금을 획득한다.
    A55: iload_A2
    A56: invokevirtual #9   // rawDeposit 메서드:(I)V
    A59: aload       A4
    A61: monitorexit    ◄───┐ 스레드 A가 객체 B의
    A62: goto          73   ┘ 잠금을 해제한다.

         // 예외 처리 코드 생략

    A73: iconst_A1
    A74: aload_A3           ┐ 스레드 A가 객체 A의 잠금을 해제한다.
    A75: monitorexit    ◄───┘ 스레드 B가 재개될 수 있다.

// ....          콘텍스트 스위치 A -> B

    B95: aload_B0
    B96: dup
    B97: astore       B4
    B99: monitorenter
    // ...
   B132: ireturn

// ....          콘텍스트 스위치 B -> A

    A76: ireturn
```

확실히 복잡한 과정이다. 핵심은 `A0 == B1`이라는 점이다. 따라서 이 두 객체를 잠그면 두 번째 스레드에서 항상 블로킹 호출이 발생한다. **불변식**invariant `A < B`는 스레드 `B`가 대체 분기로 이동한다는 것을 보장한다.

5.5.7 volatile 액세스

바이트코드에서 `volatile`은 어떨까? 이에 대한 답을 찾기 위해 중요한 패턴인 **volatile shutdown**을 살펴보겠다.

volatile shutdown 패턴은 앞서 위험해서 더 이상 사용되지 않는 `stop()` 메서드를 만났을 때 다루었던 스레드 간 통신 문제를 해결하는 데 도움이 된다. 몇 가지 작업을 담당하는 간단한 클래스를 생각해보겠다. 가장 간단한 경우, 다음 그림과 같이 작업이 개별 단위로 이뤄지며 단위마다 완료complete 상태가 잘 정의돼 있다고 가정하겠다.

```java
public class TaskManager implements Runnable {
    private volatile boolean shutdown = false;

    public void shutdown() {
        shutdown = true;
    }

    @Override
    public void run() {
        while (!shutdown) {
            // do some work: 예를 들어, 작업 단위를 처리한다고 가정한다.
        }
    }
}
```

이 패턴의 의도는 분명히 나타나고 있다. `shutdown` 플래그가 `false`인 동안 작업 단위가 계속 처리된다. 그것이 `true`로 변경되면 `TaskManager`는 현재 작업 단위를 완료한 후 `while` 루프를 종료하고 스레드가 **우아한 종료**graceful shutdown로 깔끔하게 종료된다.

더 미묘한 점은 자바 메모리 모델에서 유도된다. volatile 변수에 대한 쓰기는 해당 변수의 모든 후속 읽기와 'Happens-Before' 관계에 있다. 다른 스레드가 `TaskManager` 객체에 대해 `shutdown()`을 호출하면 즉시 플래그가 `true`로 변경되고 다음 작업 단위가 승인되기 전에 플래그의 다음 읽기에서 그 변경의 효과를 볼 수 있다.

volatile shutdown 패턴은 다음과 같은 바이트코드를 생성한다.

```
public class TaskManager implements java.lang.Runnable {
  private volatile boolean shutdown;

  public TaskManager();
    Code:
       0: aload_0
       1: invokespecial #1          // java/lang/Object."<init>" 메서드:()V
       4: aload_0
       5: iconst_0
       6: putfield       #2          // shutdown 필드 :Z
       9: return

  public void shutdown();
    Code:
       0: aload_0
       1: iconst_1
       2: putfield       #2          // shutdown 필드 :Z
       5: return

  public void run();
    Code:
       0: aload_0
       1: getfield       #2          // shutdown 필드 :Z
       4: ifne           10
       7: goto           0
      10: return
}
```

자세히 살펴보면, shutdown의 volatile 특성은 필드 정의를 제외하고는 어디에도 나타나지 않는다. 오퍼레이션 코드에서는 추가적인 힌트를 찾을 수 없으며, 표준적인 getfield와 putfield 오퍼레이션 코드를 사용해서 액세스된다.

[NOTE] volatile은 하드웨어 액세스 모드이며 캐시 하드웨어를 무시하고 대신 메인 메모리에서 직접 읽거나 쓰도록 CPU 명령을 생성한다.

유일한 차이점은 putfield와 getfield의 동작 방식에 있다. 바이트코드 인터프리터의 구현은 volatile 필드와 표준 필드에 대해 별도의 코드 경로를 갖는다.

실제로 모든 물리적 메모리는 volatile 방식으로 액세스할 수 있으며, 나중에 살펴보겠지만 이것이 가능한 유일한 액세스 모드는 아니다. volatile의 경우는 제임스 고슬링James Gosling과 자바의 원래 디자이너들이 선택한 일반적인 액세스 의미론의 일부로서, 언어의 핵심에 인코딩하기 위해 필드에 적용할 수 있는 키워드로 만든 것이다.

동시성은 자바 플랫폼의 가장 중요한 기능이며, 좋은 개발자는 이를 위한 견고한 이해력이 점점 더 필요하다. 우리는 자바의 동시성 기초와 멀티스레드 시스템에서 발생하는 설계 요소를 검토했다. 또한 자바 메모리 모델과 플랫폼이 동시성을 구현하는 낮은 수준의 세부 사항에 대해 이야기했다.

이 장은 동시성에 대해 알아야 할 모든 것을 완전하게 다루는 것을 목적으로 한 것은 아니다. 이 장은 시작할 수 있도록 도움을 주고, 더 자세히 알아야 할 내용과 동시성 코드를 작성할 때 위험을 피할 수 있도록 도와준다. 그러나 최고의 멀티스레드 코드의 개발자가 되기 위해서는 여기서 다룰 수 있는 것보다 더 많은 지식이 필요하다. 자바 동시성에 관한 몇 가지 훌륭한 책이 있다. 그중 하나가 브라이언 게츠Brian Goetz 외 여러 저자들이 저술한 《자바 병렬 프로그래밍》(에이콘출판사, 2008)이다. 이 책은 자바 동시성에 대한 최고의 자료 중 하나로 알려져 있다.

요약

- 자바의 스레드는 저수준 추상화다.
- 멀티스레딩은 자바 바이트코드에서도 사용된다.
- 자바 메모리 모델은 매우 유연하지만 최소한의 보장만 제공한다.
- 동기화는 협력적인 메커니즘이다. 모든 스레드가 참여하여 안전성을 보장해야 한다.
- `Thread.stop()` 또는 `Thread.suspend()`는 사용하지 말자.

6

CHAPTER

JDK 동시성 라이브러리

. . . .

이 장의 주요 내용

- 아토믹 클래스
- 잠금 클래스
- 동시 데이터 구조
- BlockingQueues
- Futures와 CompletableFuture
- Executors

. . . .

이 장에서는 기초가 탄탄한 개발자라면 누구나 알아야 할 `java.util.concurrent`와 이 라이브러리가 제공하는 동시성 빌딩 블록의 도구 상자를 사용하는 방법을 다룰 것이다. 이 장의 목표는 이 장이 끝날 때쯤이면 이러한 라이브러리와 동시성 기술을 자신의 코드에 적용할 준비를 완료하는 것이다.

6.1 최신 동시 애플리케이션을 위한 빌딩 블록

이전 장에서 살펴본 것처럼 자바는 처음부터 동시성을 지원해왔다. 그러나 15년 전쯤 자바 5가 등장하면서 자바의 동시성에 대한 새로운 사고방식이 등장했다. 이는 멀티스레드 코드 작업을 위한 풍부하고 새로운 도구 상자를 가진 `java.util.concurrent` 패키지가 주도했다.

이 도구 상자는 후속 버전의 자바에서 개선됐지만 자바 5에 도입된 클래스와 패키지는 여전히 동일한 방식으로 작동하며, 실무 개발자에게 변함없이 매우 유용하다.

아직 이전(자바 5 이전) 접근 방식을 기반으로 한 멀티스레드 코드를 가지고 있다면 `java.util.concurrent`를 사용하도록 리팩터링할 것을 고려해야 한다. 경험에 따르면, 코드를 최신 API로 포팅하기 위해 의식적으로 노력하면 코드가 개선되고, 거의 모든 경우에서 마이그레이션에 소요하는 노력이 아깝지 않을 정도로 명확성과 안정성이 향상된다.

여기서는 `java.util.concurrent`의 주요 클래스 몇 가지와 `atomic`, `locks` 패키지 등을 다룰 예정이다. 해당 클래스들을 사용하는 방법을 알려주고, 그들의 사용 예시도 살펴볼 것이다.

이러한 클래스와 관련한 Javadoc 문서를 읽고 해당 패키지 전체에 대한 이해를 쌓는 것이 좋다. 대부분의 개발자들은 이러한 클래스가 제공하는 높은 수준의 추상화로 인해 동시성 프로그래밍을 훨씬 쉽게 할 수 있다고 생각한다.

6.2 아토믹 클래스

`java.util.concurrent.atomic` 패키지에는 `Atomic`으로 시작하는 여러 클래스가 있다. 예를 들어 `AtomicBoolean`, `AtomicInteger`, `AtomicLong`, `AtomicReference` 등이 있다. 이러한 클래스들은 **동시성 기본 타입**concurrency primitive의 가장 간단한 예시다. 이런 클래스들은 안전하고 실행 가능한 동시 애플리케이션을 구축하는 데 사용할 수 있다.

WARNING **아토믹 클래스**atomic class들은 이름이 비슷한 자료형의 클래스로부터 상속되지 않으므로 `AtomicBoolean`은 `Boolean` 대신 사용할 수 없으며, `AtomicInteger`는 `Integer`가 아니다(하지만 `Number`를 확장한다).

아토믹의 핵심은 스레드에서 안전한 가변 변수를 제공하는 것이다. 각각의 네 가지 클래스는 적절한 타입의 단일 변수에 대한 액세스를 제공한다.

NOTE 아토믹의 구현은 최신 프로세서 기능을 활용하도록 작성됐으므로 하드웨어와 OS에서 지원되는 경우 논블럭킹(잠금 없음)이 가능하며, 이는 거의 모든 최신 시스템에서 가능하다.

거의 모든 현대 하드웨어에서 제공되는 아토믹 클래스는 락 없는lock-free 액세스를 지원하므로, 아토믹 클래스들은 `volatile` 필드와 유사한 방식으로 동작한다. 그러나 아토믹 클래스들은 `volatile`로는 불가능한 기능을 제공하기 위해 더욱 포괄적인 클래스 API로 래핑돼 있다. 이 API에는 상태에 의존하는 업데이트처럼 적절한 연산을 위한 아토믹 메서드들이 포함돼 있으며, 이러한 연산은 락을 사용하지 않으면 `volatile` 변수로는 불가능하다. 그 결과로, 아토믹 클래스들은 개발자가 공유 데이터에서 경쟁 조건race condition을 피하는 아주 간단한 방법을 제공할 수 있다.

NOTE 아토믹이 어떻게 구현되는지는 17장에서 JVM의 내부와 `sun.misc.Unsafe` 클래스에 대해 설명할 때 자세한 내용을 살펴본다.

아토믹의 일반적인 사용 사례는 SQL 데이터베이스에서 제공하는 시퀀스 번호와 유사한 것을 구현하는 것이다. 이 기능은 `AtomicInteger` 또는 `AtomicLong` 클래스의 `getAndIncrement()`와 같은 메서드를 사용해서 액세스할 수 있다. 이제 5장에서 살펴본 계좌(`Account`) 예제를 아토믹을 사용해서 다시 작성해보겠다.

```
private static AtomicInteger nextAccountId = new AtomicInteger(1);

private final int accountId;
private double balance;

public Account(int openingBalance) {
    balance = openingBalance;
    accountId = nextAccountId.getAndIncrement();
}
```

각 객체가 생성될 때마다 정적static 인스턴스인 `AtomicInteger`에서 `getAndIncrement()`를 호출하면 `int`값을 반환하고 변경 가능한 변수를 원자 단위로 증가시킨다. 이 아토믹은 두 개의 객체가 동일한 `accountId`를 공유하지 않는다는 것을 보증한다. 이것이 바로 우리가 원하는 속성이다(마치 데이터베이스의 시퀀스 번호처럼).

NOTE 아토믹에 `final` 한정자를 추가할 수 있지만, 필드가 `static`이고 클래스가 필드를 변화시키는 방법을 제공하지 않기 때문에 필요하지 않다.

또 다른 예시로, volatile shutdown 예제를 `AtomicBoolean`을 사용해서 다시 작성하는 방법은 다음과 같다.

```
public class TaskManager implements Runnable {
    private final AtomicBoolean shutdown = new AtomicBoolean(false);

    public void shutdown() {
```

```
        shutdown.set(true);
    }

    @Override
    public void run() {
        while (!shutdown.get()) {
            // 일부 작업 수행 - 예: 작업 단위 처리
        }
    }
}
```

이 외에도 `AtomicReference`는 객체에 대한 아토믹 변경을 구현하는 데 사용된다. 일반적인 패턴은 변경 가능한(가능한 불변한) 상태를 가정해서 구축하고, `AtomicReference`에서 **CAS**compare and swap[1] 연산을 사용해서 해당 상태를 '교체'하는 것이다.

다음으로, 전통적인 동기화 접근 방식의 핵심인 `Lock` 인터페이스를 `java.util.concurrent`가 어떻게 모델링하는지 살펴보겠다.

6.3 잠금 클래스

동기화에 대한 블록 구조 접근 방식은 잠금이 무엇인지에 대한 간단한 개념을 기반으로 한다. 이 접근 방식에는 다음과 같은 여러 가지 단점이 있다.

- 오직 한 가지 유형의 잠금만 존재한다.
- 잠금은 잠금된 객체에 대한 모든 동기화된 작업에 동등하게 적용된다.
- 잠금은 동기화된 블록이나 메서드의 시작에서 획득한다.
- 잠금은 블록이나 메서드의 끝에서 해제된다.
- 잠금이 획득되거나 스레드가 무기한으로 차단된다. 다른 결과는 불가능하다.

만약 우리가 잠금 지원을 재설계한다면, 여러 가지 개선을 위해 몇 가지 사항을 변경할 수 있다.

- 다양한 유형의 잠금(예: reader/writer 잠금)을 추가한다.
- 잠금을 블록에 제한하지 않고 (한 메서드에서 잠금 획득 및 다른 메서드에서 잠금 해제) 허용한다.

---

1   [옮긴이] CAS 연산은 현재 값과 기대하는 값이 일치하는지 비교하고, 일치하는 경우에만 새로운 값으로 교체하는 연산이다.

- 스레드가 잠금을 획득할 수 없는 경우(예: 다른 스레드가 잠금을 보유한 경우), 스레드가 작업을 중단 또는 취소하거나 진행하거나 다른 작업을 수행할 수 있도록 `tryLock()`을 허용한다.

- 스레드가 잠금을 시도하고 일정 시간이 지난 후에 포기할 수 있도록 허용한다.

이런 모든 가능성을 실현하기 위한 핵심은 `java.util.concurrent.locks` 패키지의 `Lock` 인터페이스다. 이 인터페이스는 다음과 같은 구현과 함께 제공된다.

- `ReentrantLock`: 이는 기존 자바 동기화 블록에서 사용되는 잠금과 거의 동일하지만 더 유연하다.

- `ReentrantReadWriteLock`: 많은 리더와 적은 작성자가 있는 경우 성능을 개선할 수 있다.

`NOTE` JDK 내부나 서드 파티에 의해 작성된 다른 구현도 있지만, 이들은 현재 가장 흔하게 사용되는 구현이다.

`Lock` 인터페이스를 사용하면 블록 구조화된 동시성이 제공하는 모든 기능을 완전히 복제할 수 있다. 예를 들어 코드 6.1은 교착상태를 피하는 방법을 보여주는 5장의 예제를 `ReentrantLock`을 사용해서 다시 작성해 보여준다.

더 이상 객체의 내재된 잠금에 의존하지 않게 될 것이므로, 클래스에 잠금 객체를 필드로 추가해야 한다. 또 항상 동일한 순서로 잠금이 획득되는 원칙을 유지해야 한다. 예를 들어 예제에서는 가장 낮은 계좌 ID를 가진 객체의 잠금을 먼저 획득하는 간단한 프로토콜을 유지한다.

코드 6.1 ReentrantLock을 사용한 다시 작성한 데드락 예제

```java
private final Lock lock = new ReentrantLock();

public boolean transferTo(SafeAccount other, int amount) {
    // amount가 0보다 큰지 확인하고, 그렇지 않은 경우에는 throw하는 코드가 필요하다.
    // ...

    if (accountId == other.getAccountId()) {
        // 자신의 계좌로 이체할 수 없다.
        return false;
    }

    var firstLock = accountId < other.getAccountId() ?
            lock : other.lock;
    var secondLock = firstLock == lock ? other.lock : lock;

    firstLock.lock();        ◄──  firstLock 객체는 더 낮은
    try {                         계좌 ID를 가지고 있다.
```

```
            secondLock.lock();         ◀────  secondLock 객체는 더 높은
            try {                              계좌 ID를 가지고 있다.
                if (balance >= amount) {
                    balance = balance: amount;
                    other.deposit(amount);
                    return true;
                }
                return false;
            } finally {
                secondLock.unlock();
            }
        } finally {
            firstLock.unlock();
        }
    }
```

`lock()`에 대한 초기 호출과 `finally`에서 잠금을 해제하는 `try ... finally` 블록 패턴은 매우 유용한 도구다.

[NOTE] 잠금은 `java.util.concurrent`의 다른 많은 구성 요소와 마찬가지로 `AbstractQueuedSynchronizer`라는 클래스를 사용해서 기능을 구현한다.

이 패턴은 블록 구조의 동시성을 사용했을 때와 유사한 상황을 재현하는 경우에 매우 효과적이다. 반면에 메서드에서 반환하는 등의 방식으로 `Lock` 객체를 전달해야 하는 경우에는 이 패턴을 사용할 수 없다.

6.3.1 조건 객체

`java.util.concurrent`가 제공하는 API의 또 다른 방식은 **조건 객체**condition object다. 이러한 객체는 원래의 내재적인 API에서 `wait()`와 `notify()`가 하는 것과 동일한 역할을 하지만 더 유연하다. 이 객체들은 스레드가 특정 조건을 무한정 기다렸다가 해당 조건이 참이 되면 깨어날 수 있는 기능을 제공한다.

하지만 내재된 API와 달리 (객체 모니터는 시그널링에 대한 단일 조건만 갖는) `Lock` 인터페이스는 프로그래머가 원하는 만큼 많은 조건 객체를 생성할 수 있도록 한다. 이를 통해 관심사의 분리가 가능해진다. 예를 들어 잠금은 서로 다른 조건을 사용할 수 있는 여러 개의 분리된 메서드 그룹을 가질 수 있다.

조건 객체(Condition 인터페이스를 구현한)는 Lock 인터페이스를 구현한 잠금 객체에서 newCondition() 메서드를 호출하여 생성된다. 조건 객체뿐만 아니라 API는 일부 상황에서 유용할 수 있는 여러 **래치**latch와 **배리어**barrier를 동시성 원시 자료로 제공한다.

6.4 CountDownLatch

CountDownLatch는 여러 스레드가 조정 지점에 도달하고, 그 지점에서 대기하다가 배리어가 해제될 때까지 기다릴 수 있는 간단한 동시성 원시 도구다. 이는 CountDownLatch의 새 인스턴스를 생성할 때 int값(count)을 제공하여 구현된다. 이후에는 countDown()과 await() 두 가지 메서드를 사용하여 래치를 제어한다. countDown() 메서드는 카운트를 1만큼 감소시키고, await() 메서드는 호출한 스레드가 카운트가 0이 될 때까지 블록되게끔 한다(카운트가 이미 0 이하인 경우 아무 작업도 수행하지 않는다). 다음 예시에서는 각 Runnable이 할당된 작업을 완료했음을 나타내기 위해 래치를 사용한다.

코드 6.2 래치를 사용해 스레드 간 신호 전달하기

```java
public static class Counter implements Runnable {
    private final CountDownLatch latch;
    private final int value;
    private final AtomicInteger count;

    public Counter(CountDownLatch l, int v, AtomicInteger c) {
        this.latch = l;
        this.value = v;
        this.count = c;
    }

    @Override
    public void run() {
        try {
            Thread.sleep(100);
        } catch (InterruptedException e) {
            Thread.currentThread().interrupt();
        }
        count.addAndGet(value);    // count값을 아토믹하게 업데이트한다.
        latch.countDown();         // 래치의 값을 감소시킨다.
    }
}
```

또한, 다음과 같은 사용 코드가 필요하다(예외는 생략됐다).

```java
var latch = new CountDownLatch(5);
var count = new AtomicInteger();
for (int i = 0; i < 5; i = i + 1) {
    var r = new Counter(latch, i, count);
    new Thread(r).start();
}

latch.await();
System.out.println("Total: "+ count.get());
```

코드에서 래치는 쿼럼quorum값으로 설정된다(그림 6.1에서는 이 값이 2다). 다음으로, 동일한 수의 스레드가 생성되고 초기화돼 처리가 시작된다. 메인 스레드는 래치를 기다리고 릴리스될 때까지 블록된다. 각 작업자 스레드는 sleep을 수행한 후에 countDown()을 호출해서 작업이 완료됨을 표시한다. 메인 스레드는 두 스레드가 모두 처리를 완료할 때까지 진행하지 않는다. 이 상황은 그림 6.1에 나와 있다.

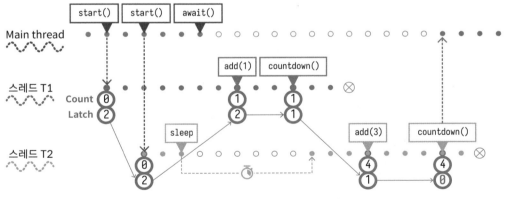

그림 6.1 CountDownLatch 사용하기

CountDownLatch를 사용한 또 다른 좋은 사례를 제시하기 위해, 서버가 들어오는 요청을 수신할 준비가 되기 전에 여러 개의 캐시를 참조 데이터로 미리 채워야 하는 애플리케이션을 생각해보자. 이를 쉽게 구현할 수 있도록 각 캐시 생성 스레드가 참조하는 공유된 래치를 사용할 수 있다.

각 캐시가 로드를 완료하면 해당 캐시를 로드하는 Runnable은 래치를 카운트다운하고 종료한다. 모든 캐시가 로드되면 래치를 기다리던 메인 스레드의 진행으로 서비스를 시작하고 요청을 처리할 준비가 된다.

다음으로 다룰 클래스는 다중 스레드 개발자에게 가장 유용한 클래스인 ConcurrentHashMap이다.

6.5 ConcurrentHashMap

ConcurrentHashMap 클래스는 표준 HashMap의 동시성 버전을 제공한다. 일반적으로 맵은 동시 애플리케이션을 구축하는 데 매우 유용한 (그리고 일반적인) 데이터 구조다. 이는 적어도 부분적으로는 데이터 구조의 형태 때문이다. 그 이유를 이해하기 위해 기본 HashMap을 자세히 살펴보겠다.

6.5.1 간단하게 HashMap 이해하기

그림 6.2에서 볼 수 있듯이, 고전적인 자바의 HashMap은 **해시 함수**hash function를 사용해 키-값 쌍을 저장할 **버킷**bucket을 결정한다. 클래스 이름의 '해시' 부분은 여기에서 유래했다.

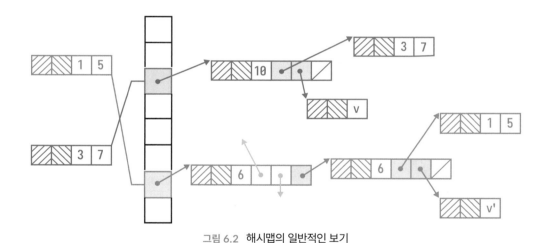

그림 6.2 해시맵의 일반적인 보기

실제로 키-값 쌍은 해시된 키에 대응하는 버킷에서 시작하는 연결 리스트(**해시 체인**hash chain이라고도 함)에 저장된다.

이 책과 관련된 깃허브GitHub 프로젝트에는 Map<String, String>을 단순화한 구현인 Dictionary 클래스가 있다. 이 클래스는 실제로 자바 7의 일부로 제공된 HashMap의 형태를 기반으로 한다.

최신 자바 버전은 훨씬 더 복잡한 HashMap 구현을 제공하므로 여기서는 디자인 개념을 더 명확하게 볼 수 있는 더 간단한 버전에 초점을 맞추겠다.

기본 클래스에는 다음과 같이 기본 데이터 구조와 성능상의 이유로 맵의 크기를 캐시하는 size 필드, 이렇게 두 가지 필드만 있다.

```java
public class Dictionary implements Map<String, String> {
    private Node[] table = new Node[8];
    private int size;

    @Override
    public int size() {
        return size;
    }

    @Override
    public boolean isEmpty() {
        return size == 0;
    }
}
```

이것은 Node라는 도우미 클래스에 의존한다. Node 클래스는 키-값 쌍을 나타내고 다음과 같이 Map.Entry 인터페이스를 구현한다.

```java
static class Node implements Map.Entry<String,String> {
    final int hash;
    final String key;
    String value;
    Node next;

    Node(int hash, String key, String value, Node next) {
        this.hash = hash;
        this.key = key;
        this.value = value;
        this.next = next;
    }

    public final String getKey()      { return key; }
    public final String getValue()    { return value; }
    public final String toString() { return key + "=" + value; }

    public final int hashCode() {
        return Objects.hashCode(key) ^ Objects.hashCode(value);
    }
}
```

```
        public final String setValue(String newValue) {
            String oldValue = value;
            value = newValue;
            return oldValue;
        }

        public final boolean equals(Object o) {
            if (o == this)
                return true;
            if (o instanceof Node) {
                Node e = (Node)o;
                if (Objects.equals(key, e.getKey()) &&
                        Objects.equals(value, e.getValue()))
                    return true;
            }
            return false;
        }
    }
```

맵에서 값을 찾기 위해 다음과 같이 두 개의 도우미 메서드인 `hash()`와 `indexFor()`에 의존하는 `get()` 메서드를 사용한다.

```
@Override
public String get(Object key) {
    if (key == null)
        return null;
    int hash = hash(key);
    for (Node e = table[indexFor(hash, table.length)];
         e != null;
         e = e.next) {
        Object k = e.key;
        if (e.hash == hash && (k == key || key.equals(k)))
            return e.value;
    }
    return null;
}

static final int hash(Object key) {
    int h = key.hashCode();
    return h ^ (h >>> 16);   ◄─── 해시값이 양수인지
}                                  확인하기 위한 비트 연산

static int indexFor(int h, int length) {
    return h & (length: 1);   ◄─── 인덱스가 표 크기 내에 있는지
}                                   확인하기 위한 비트 단위 연산
```

먼저, `get()` 메서드는 짜증나는 null 케이스를 처리한다. 그다음 키 객체의 해시 코드를 사용해서 배열 `table`에 인덱스를 구성한다. 기본적인 가정은 `table`의 크기가 2의 거듭제곱이라는 것이다. 따라서 `indexFor()` 작업은 기본적으로 모듈로 (나머지) 연산을 수행해서 반환값이 `table`의 유효한 인덱스임을 보장한다.

NOTE 이것은 사람의 머릿속에서는 예외(`ArrayIndexOutOfBoundsException`)가 발생하지 않을 것이라고 확신할 수 있겠지만, 컴파일러는 그렇게 결정할 수 없는 전형적인 예다.

이제 `table`에 대한 인덱스가 생겼으므로 이를 사용해서 조회 작업에 필요한 관련 해시 체인을 선택한다. 체인의 헤드 부분부터 시작해서 해시 체인을 따라 내려간다. 각 단계마다 다음과 같이 키 객체를 찾았는지 여부를 평가한다.

```
if (e.hash == hash && ((k = e.key) == key || key.equals(k)))
    return e.value;
```

값이 있는 경우 해당 값을 반환한다. 이러한 접근 방식을 허용하기 위해 키와 값을 쌍으로(실제로는 `Node` 인스턴스로) 저장한다.

`put()` 메서드는 이전의 코드와 다소 유사하다.

```java
@Override
public String put(String key, String value) {
    if (key == null)
        return null;

    int hash = hash(key.hashCode());
    int i = indexFor(hash, table.length);
    for (Node e = table[i]; e != null; e = e.next) {
        Object k = e.key;
        if (e.hash == hash && (k == key || key.equals(k))) {
            String oldValue = e.value;
            e.value = value;
            return oldValue;
        }
    }

    Node e = table[i];
    table[i] = new Node(hash, key, value, e);

    return null;
}
```

이 버전의 해시 데이터 구조는 100% 프로덕션용 품질은 아니지만, 문제의 기본 동작과 접근 방식을 보여주기 위해 만들어졌으며 이를 통해 동시성 상황을 이해할 수 있다.

6.5.2 Dictionary의 한계

동시성 상황으로 진행하기 전에, 우리가 단순하게 구현한 `Dictionary`에서는 `Map`의 일부 메서드를 지원하지 않는다는 것을 알아야 한다. 구체적으로 `putAll()`, `keySet()`, `values()`, `entrySet()` 메서드는 간단히 `UnsupportedOperationException()`을 던진다.

이런 메서드를 지원하지 않는 이유는 복잡성 때문이다. 이 책에서 여러 차례 볼 수 있듯이, 자바 Collections 인터페이스는 크고 기능이 풍부하다. 이는 사용자에게는 많은 기능이 제공돼 좋지만, 구현자는 더 많은 메서드를 제공해야 한다는 것을 의미한다.

특히, `keySet()`과 같은 메서드는 `Map`의 구현체가 `Set`의 인스턴스를 제공해야 하므로, 종종 내부 클래스로 `Set` 인터페이스의 전체 구현을 작성해야 한다. 이는 우리의 예제에 너무 많은 복잡성을 초래하므로, 이 장의 간단한 구현에서는 해당 메서드를 지원하지 않는다.

[NOTE] 이 책의 뒷부분에서 함수형 프로그래밍에 대해 자세히 살펴보기 시작할 때 Collections 인터페이스의 모놀리식이자 명령형적인 디자인이 다양한 문제를 일으킨다는 것을 알게 될 것이다.

간단한 `Dictionary` 클래스는 제약이 있지만 잘 작동한다. 하지만 다음 두 가지 시나리오를 막지는 못한다.

- 저장되는 요소의 수가 증가함에 따라 `table` 크기의 조정 필요
- `hashCode()` 메서드의 구현 방식에 따라 키 충돌 방어 코드

첫 번째로 언급된 제약 사항은 심각한 제약이다. 해시 데이터 구조의 주요 목적 중 하나는 예상 복잡도를 `O(N)`에서 `O(log N)`으로 줄이는 것이다. 그 예로 값 검색에 대한 복잡도를 줄이는 것을 들 수 있다. 그러나 만약 맵에 저장된 요소의 수에 따라 표의 크기가 조정되지 않는다면, 이러한 복잡성 감소의 이점을 상실한다. 실제 구현에서는 맵이 커짐에 따라 표의 크기를 조정해야 한다.

6.5.3 동시성 Dictionary에 대한 접근 방식

현재로서는 `Dictionary`가 스레드에 안전하지 않은 것은 분명하다. 특정 키를 삭제하려는 스레드와 해당 키와 연관된 값을 업데이트하려는 스레드, 이렇게 두 가지를 생각해보자. 작업 순서에 따

라 삭제와 업데이트가 모두 성공했다고 보고할 수 있지만 실제로는 둘 중 하나만 성공할 수도 있다. 이 문제를 해결하기 위해 `Dictionary`(그리고 더 나아가 일반적인 자바 `Map` 구현체)를 동시에 사용할 수 있는 상대적으로 명백한 두 가지 방법이 있다.

첫 번째는 5장에서 살펴본 완전 동기화 접근법이다. 이 접근 방식은 성능 오버헤드 때문에 대부분의 실제 시스템에서는 실행할 수 없다. 그러나 이를 구현하는 방법은 간략히 살펴볼 가치가 있다.

여기서 스레드 안전성을 달성하는 두 가지 간단한 방법이 있다. 첫 번째 방법은 `Dictionary` 클래스를 복사하여 `ThreadSafeDictionary`라고 명명한 후 모든 메서드를 `synchronized`로 만드는 것이다. 이 방법은 동작하지만 중복된 코드를 많이 생성해야 한다.

또는 동기화된 래퍼를 사용하여 실제로 사전을 보유한 하위 객체에 대해 위임 또는 전달forwarding을 제공할 수 있다. 다음은 이를 수행하는 방법이다.

```java
public final class SynchronizedDictionary extends Dictionary {
    private final Dictionary d;

    private SynchronizedDictionary(Dictionary delegate) {
        d = delegate;
    }

    public static SynchronizedDictionary of(Dictionary delegate) {
        return new SynchronizedDictionary(delegate);
    }

    @Override
    public synchronized int size() {
        return d.size();
    }

    @Override
    public synchronized boolean isEmpty() {
        return d.isEmpty();
    }

    // ... 다른 메서드들

}
```

이 예제에는 몇 가지 문제가 있다. 가장 중요한 문제는 이미 존재하는 객체 d가 동기화되지 않았다는 점이다. 이렇게 되면 다른 코드가 `synchronized` 블록이나 메서드 외부에서 `d`를 수정할 수 있으며, 이전 장에서 논의한 상황과 동일한 문제가 발생할 수 있다. 이는 동시 데이터 구조에 적합한 접근 방식이 아니다.

사실 JDK는 이러한 구현, 즉 `Collections` 클래스에 제공되는 `synchronizedMap()` 메서드를 제공한다. 이 메서드는 예상대로 잘 작동하며 널리 사용되고 있다.

두 번째 접근 방식은 불변성을 활용하는 것이다. 우리가 여러 차례 언급했듯이, 자바 Collections은 크고 복잡한 인터페이스다. 가변성은 자바 Collections의 전반에 녹아 있는 가정 중 하나다. 어떤 구현이 구현할지 말지 분리할 수 있는 문제가 아니며, `Map`과 `List`의 모든 구현은 인터페이스가 정의한 모든 메서드를 구현해야 한다.

이러한 제한 때문에 자바에서 자바 Collections API를 준수하면서 변경할 수 없는immutable 데이터 구조를 모델링할 방법이 없는 것처럼 보일 수 있다. 즉 API를 준수하는 경우, 클래스는 가변성을 가진 메서드의 구현도 제공해야 한다는 뜻이다. 물론 이 문제를 해결하기 위한 만족스럽지 않은 편법이 존재한다. 인터페이스의 구현체는 특정 메서드를 구현하지 않았을 경우 `UnsupportedOperationException`을 던질 수 있다. 이것은 언어 설계 관점에서는 좋지 않은 방법이다. 인터페이스의 계약은 예외 없이 지켜져야 한다.

안타깝게도 자바 8 이전에 `UnsupportedOperationException`을 사용하는 관례가 있었으며(디폴트 메서드의 도입 전), 자바 언어에서 실제로 그러한 구분이 없을 때 필수mandatory 메서드와 선택적optional 메서드를 구분하려는 시도로 나타났다.

특히 `UnsupportedOperationException`은 런타임 예외이기 때문에 사용하기에는 적절하지 않다. 그러나 다음과 같은 방식으로 사용할 수는 있다.

```
public final class ImmutableDictionary extends Dictionary {
    private final Dictionary d;

    private ImmutableDictionary(Dictionary delegate) {
        d = delegate;
    }

    public static ImmutableDictionary of(Dictionary delegate) {
        return new ImmutableDictionary(delegate);
    }
}
```

```
    @Override
    public int size() {
        return d.size();
    }

    @Override
    public String get(Object key) {
        return d.get(key);
    }

    @Override
    public String put(String key, String value) {
        throw new UnsupportedOperationException();
    }

    // 다른 변경 가능한 메서드들도 UnsupportedOperationException을 던진다.

}
```

이는 객체지향 원칙을 위반하는 것이라고 주장할 수 있다. 사용자는 이것을 `Map<String, String>`의 유효한 구현체로 기대하는데, 사용자가 인스턴스를 변경하려고 시도하면 확인되지 않은 unchecked 예외가 발생한다. 이는 합당한 이유로 안전상의 위험으로 간주할 수 있다.

NOTE `Map.of()`는 인터페이스를 완전히 구현해야 하기 때문에, 인스턴스를 변경하려는 사용자의 기대와는 다르게 변경 메서드 호출 시 예외를 던질 수 있다.

또 다른 문제는 이것이 이 접근 방식에 대한 유일한 문제가 아니라는 것이다. 다른 단점은 `synchronized` 경우에서 보았던 것과 동일한 기본 결함, 즉 변경 가능한 객체가 여전히 존재하고 해당 경로를 통해 참조(및 변경)할 수 있으므로 우리가 달성하고자 했던 기본적인 요구 사항을 위반한다는 것이다. 이러한 시도를 덮고 더 나은 방법을 찾아보자.

6.5.4 ConcurrentHashMap 사용하기

간단한 맵의 구현을 보여주고 이를 동시성으로 만드는 데 사용할 수 있는 접근법을 살펴봤으니, 이제 `ConcurrentHashMap`을 만나볼 차례다. 어떤 면에서 이것은 매우 사용하기 쉬운 클래스이며 대부분의 경우 `HashMap`과 대체하여 사용할 수 있다.

`ConcurrentHashMap`의 핵심은 여러 스레드가 한 번에 업데이트해도 안전하다는 것이다. 이것이 왜

필요한지 알아보기 위해 두 개의 스레드가 동시에 `HashMap`에 항목을 추가할 때 어떤 일이 발생하는지 살펴보겠다(예외 처리는 생략).

```
var map = new HashMap<String, String>();
var SIZE = 10_000;

Runnable r1 = () -> {
    for (int i = 0; i < SIZE; i = i + 1) {
        map.put("t1" + i, "0");
    }
    System.out.println("Thread 1 done");
};
Runnable r2 = () -> {
    for (int i = 0; i < SIZE; i = i + 1) {
        map.put("t2" + i, "0");
    }
    System.out.println("Thread 2 done");
};
Thread t1 = new Thread(r1);
Thread t2 = new Thread(r2);
t1.start();
t2.start();

t1.join();
t2.join();
System.out.println("Count: "+ map.size());
```

이 코드를 실행하면 익숙한 업데이트 손실 안티패턴의 다른 모습을 볼 수 있는데, `Count`의 출력값이 `2 * SIZE`보다 작아진다. 그러나 맵에 대한 동시 액세스의 경우, 상황은 실제로 훨씬 더 나쁘다.

`HashMap`은 동시에 수정할 때 가장 위험한 동작이 항상 작은 크기로 나타나지 않는다는 것인데, `SIZE`값을 증가시키면 결국 나타나게 된다. 즉 큰 규모의 데이터에서 동시에 `HashMap`을 수정하는 경우, 문제가 발생할 가능성이 크다.

예를 들어 `SIZE`를 `1_000_000`으로 늘리면 동작이 나타날 가능성이 높다. `map`을 업데이트하는 스레드 중 하나가 완료되지 않는다. 스레드 중 하나가 실제 무한 루프에 갇힐 수 있고, 실제로 갇히게 될 것이다. 따라서 `HashMap`은 멀티스레드 애플리케이션에서 사용하기에는 전혀 안전하지 않다(예제 `Dictionary` 클래스도 마찬가지다).

반면에 `HashMap`을 `ConcurrentHashMap`으로 바꾸면 동시 버전이 제대로 동작하는 것을 볼 수 있다. 무한 루프와 업데이트 손실이 발생하지 않는다. 또한 ConcurrentHashMap은 어떤 작업을 수행하더라도 맵 연산에서 ConcurrentModificationException이 발생하지 않는다는 좋은 특성을 가지고 있다.

이것을 어떻게 달성하는지 아주 간단히 살펴보겠다. Dictionary의 구현을 보여주는 그림 6.2는 이전에 시도했던 두 가지 시도보다 훨씬 더 나은 Map의 유용한 멀티스레드 일반화의 방법을 제시한다. 이는 다음과 같은 통찰력을 기반으로 한다. 변경할 때 전체 구조를 잠글 필요 없이 변경하거나 읽는 해시 체인(일명 버킷)만 잠그면 된다.

그림 6.3에서 이것이 어떻게 작동하는지 확인할 수 있다. 이 구현은 잠금을 개별 해시 체인으로 이동시켰다. 이 기술을 **잠금 스트라이핑**lock striping이라고 하며, 서로 다른 체인에서 작동하는 경우 여러 스레드가 맵에 액세스할 수 있게 해준다.

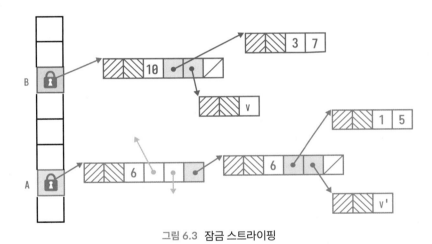

그림 6.3 잠금 스트라이핑

물론, 두 개의 스레드가 동일한 체인에서 작동해야 하는 경우에는 여전히 서로를 배제하지만, 일반적으로 전체 맵을 동기화하는 것보다 처리량이 더 좋다.

NOTE 맵의 요소 수가 증가함에 따라 버킷 표의 크기가 조정되므로, ConcurrentHashMap에 점점 더 많은 요소가 추가될수록 점점 더 많은 스레드를 효율적으로 처리할 수 있게 된다는 것을 기억하자.

ConcurrentHashMap은 이러한 동작을 구현하지만, 대부분의 개발자가 크게 걱정할 필요가 없는 몇 가지 추가적인 저수준의 세부적인 사항이 존재한다. 실제로 ConcurrentHashMap의 구현은 자바 8에서 크게 변경됐으며, 여기서 설명한 설계보다 더 복잡해졌다.

ConcurrentHashMap을 사용하는 것은 너무 간단할 수도 있다. 많은 경우, 멀티스레드 프로그램이 있고 데이터를 공유해야 하는 경우에 인터페이스는 Map을 사용하고 구현은 ConcurrentHashMap으로 하면 된다. 사실, Map을 둘 이상의 스레드에서 수정해야 할 가능성이 있다면 항상 동시 구현을 사용해야 한다. 하지만 일반 HashMap보다 훨씬 더 많은 리소스를 사용하며 일부 작업의 동기화로 인해 처리량이 떨어진다. 그러나 7장에서 설명하겠지만, 이러한 불편함은 업데이트 손실이나 무한 루프로 이어지는 경쟁 조건의 가능성과 비교하면 아무것도 아니다.

마지막으로 ConcurrentHashMap은 실제로 Map을 확장하는 ConcurrentMap 인터페이스를 구현한다는 점도 주목해야 한다. ConcurrentHashMap은 스레드의 안전한 수정을 제공하기 위해 다음과 같은 새로운 메서드를 포함하고 있다.

- putIfAbsent(): 키가 아직 존재하지 않는 경우 키-값 쌍을 HashMap에 추가한다.
- remove(): 키가 있는 경우 키-값 쌍을 안전하게 제거한다.
- replace(): HashMap에서 안전하게 값을 교체하기 위해 이 메서드의 두 가지 다른 형태를 제공한다.

그러나 자바 8에서는 이러한 메서드 중 일부가 기본 메서드로 Map 인터페이스에 추가됐다.

```
default V putIfAbsent(K key, V value) {
    V v = get(key);
    if (v == null) {
        v = put(key, value);
    }

    return v;
}
```

최근 자바 버전에서는 ConcurrentHashMap과 Map의 차이가 다소 좁혀졌지만, 그럼에도 불구하고 HashMap은 여전히 스레드에 안전하지 않는다는 점을 잊지 말자. 스레드 간에 데이터를 안전하게 공유하려면 ConcurrentHashMap을 사용해야 한다.

전반적으로 ConcurrentHashMap은 java.util.concurrent에서 가장 유용한 클래스다. 동기화보다 추가적인 멀티스레드 안전성과 높은 성능을 제공하며 일반적인 사용에는 심각한 단점이 없다. List에 대응하는 클래스로는 다음에 설명할 CopyOnWriteArrayList가 있다.

6.6 CopyOnWriteArrayList

앞에서 보았던 두 가지 만족스럽지 않은 동시성 패턴을 List에도 적용할 수 있다. 완전히 동기화된 리스트와 값을 변경시키는 메서드에서 런타임 예외를 throw하는 불변 리스트는 맵에 대한 것과 마찬가지로 작성하기 쉽지만, 맵에 대해 동작하는 것보다 더 나은 결과를 내지 않는다.

더 나은 방법을 사용할 수 있을까? 유감스럽게도 리스트의 선형적인 특성은 여기에서는 도움이 되지 않는다. 연결 리스트의 경우에도 여러 스레드가 리스트를 수정하려고 시도하면 경합contetion 가능성이 발생한다. 예를 들어 값을 추가하는 작업의 비율이 많을 때 이러한 문제가 발생할 수 있다.

한 가지 대안으로 CopyOnWriteArrayList 클래스가 존재한다. 이름에서 알 수 있듯이 이 클래스는 **복사본에 쓰기**copy-on-write, COW **의미론**을 추가해서 스레드가 안전하게 만들어진 표준 ArrayList 클래스를 대체한다. 이것은 리스트를 변경하는 모든 작업이 리스트를 뒷받침하는 배열의 새로운 사본을 생성한다는 것을 의미한다(그림 6.4처럼). 또한, 이는 생성된 반복자가 예상치 못한 수정에 대해 걱정할 필요가 없다는 것을 의미한다.

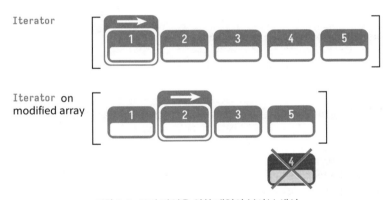

그림 6.4 쓰기 작업을 위한 배열의 복사본 생성

반복자iterator는 ConcurrentModificationException이 발생하지 않는다는 것을 보장하며, 반복자가 생성된 이후 목록에 대한 추가, 제거, 변경 사항을 반영하지 않는다. 다만, (일반적인 자바의 경우처럼) 리스트 요소는 여전히 변경될 수 있다. 변경되는 것은 리스트 자체가 아닌 요소들뿐이다.

이 구현은 일반적으로 사용하기에는 비용이 너무 많이 들지만, **순회 작업**traversal operation이 변경 작업보다 훨씬 많을 때와 프로그래머가 동기화의 번거로움을 피하고자 하면서도 스레드 간 간섭 가능성을 제거하고자 할 때 좋은 선택일 수 있다.

자, 이제 `CopyOnWriteArrayList`의 핵심 아이디어가 어떻게 구현되는지 간략히 살펴보겠다. 핵심 메서드는 항상 새로운 `COWIterator` 객체를 반환하는 `iterator()`와 `add()`, `remove()` 등의 값을 변경하는 메서드다.

```java
public Iterator<E> iterator() {
    return new COWIterator<E>(getArray(), 0);
}
```

변경을 수행하는 메서드들은 항상 **위임 배열**delegate array을 복제해 수정된 새로운 배열로 교체한다. 배열을 보호하기 위해서는 `synchronized` 블록 내에서 수행돼야 한다. 따라서 `CopyOnWrite ArrayList` 클래스는 모니터로 사용되는 내부 락을 가지고 있다. 이 락은 단순히 모니터로 사용되며(해당 락에 대한 주석을 참고하자) 다음 코드와 같다.

```java
/**
 * 모든 변경 작업을 보호하는 락.
 * (ReentrantLock과 내장 모니터 두 가지 중 어느 것을 사용해도 상관 없을 때,
 * 내장된 모니터를 선호함)
 */
final transient Object lock = new Object();

private transient volatile Object[] array;
```

내부의 락을 사용하면 `add()` 메서드의 작업은 다음과 같이 보호할 수 있다.

```java
public boolean add(E e) {
    synchronized (lock) {
        Object[] es = getArray();
        int len = es.length;
        es = Arrays.copyOf(es, len + 1);
        es[len] = e;
        setArray(es);
        return true;
    }
}
```

이로 인해 `CopyOnWriteArrayList`는 일반적인 작업에서 `ArrayList`보다 효율적이지 않다. 그 이유는 다음과 같다.

- 값을 변경하는 작업의 동기화
- `Volatile` 변수 저장 공간(예를 들어 `array`)
- `ArrayList`는 기본 배열의 크기 조정이 필요한 경우에만 메모리를 할당하지만, `CopyOnWrite` `ArrayList`는 모든 변경 작업마다 메모리를 할당하고 복사한다.

반복자를 생성하면 해당 시점에서 배열에 대한 참조가 저장된다. 그러나 리스트에 추가적인 수정이 발생하면 새로운 사본이 생성되므로 반복자는 다음 코드에서 볼 수 있듯이 이전 버전의 배열을 가리키게 된다.

```java
static final class COWIterator<E> implements ListIterator<E> {
    /** 배열의 스냅숏 */
    private final Object[] snapshot;
    /** 다음 후속 호출에서 반환할 요소의 인덱스 */
    private int cursor;

    COWIterator(Object[] es, int initialCursor) {
        cursor = initialCursor;
        snapshot = es;
    }
    // ...
}
```

`COWIterator`는 `ListIterator`를 구현하므로 인터페이스 계약에 따라 리스트를 변경하는 메서드를 지원해야 하지만, 단순성을 위해 리스트를 변경하는 메서드는 모두 `UnsupportedOperation Exception`을 던진다.

공유 데이터에 대한 `CopyOnWriteArrayList`의 접근 방식은 완벽한 동기화보다 빠르고 일관된 데이터 스냅숏(읽기마다 다를 수 있음)이 더 중요할 때 유용할 수 있다. 이는 미션이 크리티컬하지 않은 non-mission-critical 데이터와 관련된 시나리오에서 상당히 자주 볼 수 있으며, 복사 후 쓰기 방식은 동기화와 관련된 성능 저하를 방지한다.

다음 코드에서 실제로 작동하는 복사본에 쓰기 작업의 예를 살펴보겠다.

코드 6.3 복사본에 쓰기 예제

```java
var ls = new CopyOnWriteArrayList(List.of(1, 2, 3));
var it = ls.iterator();
ls.add(4);
```

```
        var modifiedIt = ls.iterator();
        while (it.hasNext()) {
            System.out.println("Original: "+ it.next());
        }
        while (modifiedIt.hasNext()) {
            System.out.println("Modified: "+ modifiedIt.next());
        }
```

이 코드는 복사본에 쓰기라는 의미 하에서 `Iterator`의 동작을 설명하기 위해 특별히 설계된 것이다. 다음과 같은 출력을 생성한다.

```
Original: 1
Original: 2
Original: 3
Modified: 1
Modified: 2
Modified: 3
Modified: 4
```

일반적으로 `CopyOnWriteArrayList` 클래스를 사용하는 것은 `ConcurrentHashMap`에 비해 약간의 고려가 필요하다. `ConcurrentHashMap`은 `HashMap`의 동시성을 위한 대체로 사용할 수 있는 것과 달리 `CopyOnWriteArrayList`의 복사본에 쓰기 속성은 리스트가 변경될 때 전체 배열을 복사해야 한다는 것을 의미한다. 만약 리스트의 변경이 읽기 액세스보다 더 자주 발생한다면, 이 접근 방식은 높은 성능을 보장하지 않을 수 있다.

일반적으로 `CopyOnWriteArrayList`는 `synchronizedList()`와 다른 트레이드오프를 가진다. 후자는 모든 작업에 대해 동기화되므로 서로 다른 스레드에서의 읽기 작업이 서로 블로킹될 수 있지만, COW 데이터 구조에서는 이러한 현상이 발생하지 않는다. 반면, `CopyOnWriteArrayList`는 변경 작업마다 배열을 복사하지만, 동기화된 버전은 백업 배열이 가득 찬 경우에만 복사한다(`ArrayList`와 동일한 동작). 그러나 7장에서 반복해서 언급하겠지만, 코드를 처음부터 원리에 입각해서 추론하는 것은 굉장히 어렵다. 신뢰할 수 있는 잘 동작하는 코드를 얻기 위해서는 테스트, 재테스트, 결과를 측정하는 것 이외에는 방법이 없다.

나중에 15장에서는 영구 데이터 구조 개념을 소개한다. 이는 동시성 데이터 처리에 접근하는 다른 방법이다. 클로저_{Clojure} 프로그래밍 언어는 영구적인 데이터 구조를 매우 많이 사용하며, `CopyOnWriteArrayList`(및 `CopyOnWriteArraySet`)는 이러한 구현 중 하나다.

이제 다음으로 넘어가겠다. `java.util.concurrent`의 주요 공통 구성 요소에서 다음으로 살펴볼 것은 `Queue`이다. 이는 스레드 간에 작업 요소를 전달하는 데 사용되며, 다양하고 안정적인 다중 스레드 디자인의 기반으로 사용된다.

6.7 블로킹 큐

큐queue는 동시성 프로그래밍을 위한 훌륭한 추상화다. 큐는 작업 단위로 처리 리소스를 분배하는 (또는 원하는 방식에 따라 작업 단위를 처리를 위한 리소스에 할당하는) 간단하고 안정적인 방법을 제공한다.

멀티스레드 자바 프로그래밍에서 많은 패턴은 `Queue`의 스레드 안전한 구현에 크게 의존하므로 완전히 이해하는 것이 중요하다. 기본적인 `Queue` 인터페이스는 `java.util` 패키지에 있다. 이는 싱글 스레드 프로그래밍에서도 중요한 패턴일 수 있지만, 우리는 멀티스레드 사용 사례에 초점을 맞출 것이다.

매우 일반적인 사용 사례 중 하나이자 우리가 집중할 사용 사례는 스레드 간에 작업 단위를 전송하기 위해 큐를 사용하는 것이다. 이 패턴은 종종 `Queue`의 가장 간단한 동시성을 위한 확장인 `BlockingQueue`에 이상적으로 적합하다.

`BlockingQueue`는 다음과 같은 두 가지 추가적인 특수한 속성을 가진 큐다.

- 큐에 `put()`을 시도할 때 큐가 가득 차면 put을 호출한 스레드는 공간을 사용할 수 있을 때까지 대기한다.
- 큐에서 `take()`를 시도할 때 큐가 비어 있으면 take를 호출한 스레드가 차단된다.

이 두 가지 속성은 매우 유용한데, 한 스레드(또는 스레드 풀)의 처리 속도가 다른 스레드의 처리 속도를 앞지르면 더 빠른 스레드가 강제로 대기하게 돼 전체 시스템을 조절할 수 있기 때문이다. 이는 그림 6.5에 설명돼 있다.

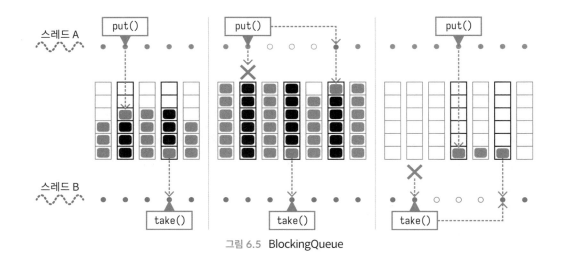

그림 6.5 BlockingQueue

자바는 `BlockingQueue` 인터페이스의 두 가지 기본 구현인 `LinkedBlockingQueue`와 `ArrayBlocking` `Queue`를 함께 제공한다. 이들은 약간 다른 속성을 제공한다. 예를 들어 배열 기반의 구현은 큐의 크기에 대한 정확한 한계가 알려져 있을 때 매우 효율적이며, 연결 기반의 구현은 특정 상황에서 약간 더 빠를 수 있다.

그러나 구현 간의 실제 차이점은 암시적인 의미론에서 나타난다. 연결 변형은 크기에 제한을 줄 수 있지만 일반적으로 제한 없이 생성되며, 이로 인해 큐 크기가 `Integer.MAX_VALUE`인 개체가 만들어진다. 이는 사실상 무한대이며, 실제 응용 프로그램은 큐 중 하나에 20억 개 이상의 아이템이 백로그로 쌓이는 상황에서 관리할 수 없을 것이다.

따라서 `LinkedBlockingQueue`의 `put()` 메서드는 이론적으로는 블로킹될 수 있지만, 실제로는 그렇지 않다. 이는 큐에 쓰기 작업을 수행하는 스레드가 제한 없이 진행될 수 있음을 의미한다.

반면, `ArrayBlockingQueue`는 큐의 고정된 크기를 가지고 있다. 큐에 대한 처리가 수신자에 의해 처리되는 것보다 생산자 스레드가 더 빠르게 객체를 넣는 경우, 어느 시점에서 큐가 완전히 가득 차고 `put()`을 호출하는 추가 시도가 블로킹되며, 생산자 스레드는 작업 생성 속도를 감소시켜야 한다.

`ArrayBlockingQueue`의 이런 속성은 **백 프레셔**back pressure의 한 형태로, 동시 및 분산 시스템 엔지니어링의 중요한 측면이다.

이제 예제에서 `BlockingQueue`를 사용해서 계좌 예제를 수정하는 방법을 살펴보겠다. 이 예제의 목표는 두 개의 계좌 객체를 동시에 잠글 필요성을 제거하는 것이다. 애플리케이션의 기본 아키텍처는 그림 6.6에 표시돼 있다.

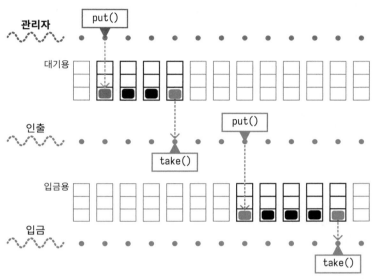

그림 6.6 큐로 계좌 처리하기

먼저 다음 코드와 같은 필드들을 가진 `AccountManager` 클래스를 도입한다.

코드 6.4 AccountManager 클래스

```java
public class AccountManager {
    private ConcurrentHashMap<Integer, Account> accounts =
        new ConcurrentHashMap<>();
    private volatile boolean shutdown = false;

    private BlockingQueue<TransferTask> pending =
        new LinkedBlockingQueue<>();
    private BlockingQueue<TransferTask> forDeposit =
        new LinkedBlockingQueue<>();
    private BlockingQueue<TransferTask> failed =
        new LinkedBlockingQueue<>();

    private Thread withdrawals;
    private Thread deposits;
```

블로킹 큐에는 `TransferTask` 객체가 포함돼 있는데, 이 객체들은 다음 코드에서 볼 수 있듯이 전송할 데이터를 나타내는 간단한 데이터 운반자 역할을 한다.

```java
public class TransferTask {
    private final Account sender;
    private final Account receiver;
    private final int amount;

    public TransferTask(Account sender, Account receiver, int amount) {
        this.sender = sender;
        this.receiver = receiver;
        this.amount = amount;
    }

    public Account sender() {
        return sender;
    }

    public int amount() {
        return amount;
    }

    public Account receiver() {
        return receiver;
    }

    // 다른 메서드 생략
}
```

이 클래스는 단순한 **데이터 운반자**data carrier 유형일 뿐 전송에 대한 추가적인 의미는 없다.

[NOTE] `TransferTask` 유형은 매우 간단하며 자바 17에서는 레코드 유형으로 작성할 수 있다(3장에서 살펴본 바 있음).

`AccountManager` 클래스는 다음 코드에서 볼 수 있듯이 계좌를 생성하고 이체 작업을 제출하는 기능을 제공한다.

```java
    public Account createAccount(int balance) {
        var out = new Account(balance);
        accounts.put(out.getAccountId(), out);
        return out;
    }

    public void submit(TransferTask transfer) {
```

```
        if (shutdown) {
            return false;
        }
        return pending.add(transfer);
    }
```

`AccountManager`의 실제 작업은 두 개의 스레드가 큐에 있는 이체 작업을 처리하는 것이다. 먼저 출금 처리를 살펴보자.

```
public void init() {
    Runnable withdraw = () -> {
        boolean interrupted = false;
        while (!interrupted || !pending.isEmpty()) {
            try {
                var task = pending.take();
                var sender = task.sender();
                if (sender.withdraw(task.amount())) {
                    forDeposit.add(task);
                } else {
                    failed.add(task);
                }
            } catch (InterruptedException e) {
                interrupted = true;
            }
        }
        deposits.interrupt();
    };
```

입금 처리도 비슷한 방식으로 정의되며, 그다음 작업을 사용하여 계좌 관리자를 초기화한다.

```
Runnable deposit = () -> {
        boolean interrupted = false;
        while (!interrupted || !forDeposit.isEmpty()) {
            try {
                var task = forDeposit.take();
                var receiver = task.receiver();
                receiver.deposit(task.amount());
            } catch (InterruptedException e) {
                interrupted = true;
            }
        }
    };
```

```
        init(withdraw, deposit);
    }
```

init() 메서드의 package-private 오버로드는 백그라운드 스레드를 시작하는 데 사용된다. 이는 테스트를 더욱 쉽게 할 수 있도록 별도의 메서드로 존재한다.

```java
    void init(Runnable withdraw, Runnable deposit) {
        withdrawals = new Thread(withdraw);
        deposits = new Thread(deposit);
        withdrawals.start();
        deposits.start();
    }
```

다음과 같은 코드로 사용할 수 있다.

```java
    var manager = new AccountManager();
    manager.init();
    var acc1 = manager.createAccount(1000);
    var acc2 = manager.createAccount(20_000);

    var transfer = new TransferTask(acc1, acc2, 100);
    manager.submit(transfer);        ◄─── acc1에서 acc2로
    Thread.sleep(5000);        ◄───        이체를 제출한다.
    System.out.println(acc1);        이체가 실행되는 시간을
    System.out.println(acc2);        시뮬레이션하기 위해 sleep한다.
    manager.shutdown();
    manager.await();
```

이렇게 하면 다음과 같은 출력이 생성된다.

```
Account{accountId=1, balance=900.0,
    lock=java.util.concurrent.locks.ReentrantLock@58372a00[Unlocked]}
Account{accountId=2, balance=20100.0,
    lock=java.util.concurrent.locks.ReentrantLock@4dd8dc3[Unlocked]}
```

그러나 현재 코드는 실행 중단 시에 제대로 동작하지 않는다. shutdown()과 await() 호출에도 불구하고 사용된 호출의 블로킹 특성 때문이다. 그림 6.7을 살펴보면 이유를 알 수 있다.

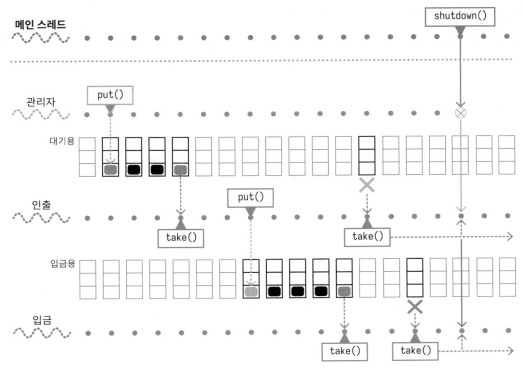

그림 6.7 **잘못된 종료 시퀀스**

메인 코드가 `shutdown()`을 호출하면 volatile boolean 플래그가 true로 전환돼, 이후의 불리언을 읽는 작업은 항상 true값을 반환한다. 하지만 출금 및 입금 스레드는 대기 중인 큐가 비어 있기 때문에 `take()` 호출에서 블록된다. 만약 어떤 객체가 대기용 큐에 잘못 들어간다면, 인출 스레드는 해당 객체를 처리한 후에 입금용 큐에 넣을 것이다(출금이 성공한 경우). 출금 스레드는 이 시점에서 `while` 루프를 빠져나와 정상적으로 종료된다.

차례로, 입금 스레드는 입금용 큐에 있는 객체를 확인하고 깨어나 해당 객체를 가져와 처리한 뒤, 자신의 `while` 루프를 벗어나 스레드도 정상적으로 종료된다. 그러나 이러한 정상적인 종료 과정은 큐에 여전히 작업이 남아 있는 경우에만 가능하다. 큐가 비어 있는 경우, 스레드는 `take()` 호출에서 영원히 기다리게 된다. 이 문제를 해결하기 위해, 블로킹 큐 구현에서 제공하는 모든 메서드를 살펴보겠다.

6.7.1 BlockingQueue API 사용

인터페이스 `BlockingQueue`는 실제로 상호작용하는 세 가지 다른 전략을 제공한다. 이 세 가지 전략의 차이를 이해하기 위해 다음 시나리오에서 API가 나타낼 수 있는 동작을 고려해보겠다. 용량 제한이 있는 큐에 스레드가 아이템을 삽입하려고 시도하는데(즉 큐가 가득 차 있는 상태), 현재 아이템을 수용할 수 없는 경우다.

논리적으로, 다음 세 가지 가능성이 있다. 삽입 호출은 다음과 같은 동작을 할 수 있다.

- 큐에 공간이 확보될 때까지 블로킹 상태가 된다.
- 실패를 나타내는 특수한 값(예: Boolean false)을 반환한다.
- 예외를 throw한다.

물론 이와 반대로 (빈 큐에서 아이템을 가져오려고 할 때) 동일한 세 가지 가능성이 발생한다. 첫 번째 가능성은 이미 만나본 `take()`와 `put()` 메서드로 실현된다.

NOTE 두 번째와 세 번째 옵션은 `Queue` 인터페이스에서 제공되는 옵션이다. 이 인터페이스는 `BlockingQueue`의 상위 인터페이스다.

두 번째 옵션은 특수한 값을 반환하는 논블로킹 API를 제공하며, 이는 `offer()`와 `poll()` 메서드에서 나타난다. 큐에 삽입이 완료되지 않는 경우, `offer()`는 실패를 빠르게 감지하고 `false`를 반환한다. 프로그래머는 반환 코드를 조사하고 적절한 조치를 취해야 한다.

마찬가지로, `poll()`은 큐에서 가져오기에 실패하면 즉시 `null`을 반환한다. `BlockingQueue`라는 명시적으로 명명된 클래스에 논블로킹 API가 있는 것은 약간 이상해 보일 수 있지만, 이는 실제로 유용하다(또한 `BlockingQueue`와 `Queue` 간의 상속 관계에 따라 필요하다).

사실, `BlockingQueue`는 논블로킹 메서드의 추가적인 오버로드를 제공한다. 이러한 메서드는 타임아웃과 함께 폴링polling이나 오퍼링offering을 수행할 수 있도록 해준다. 이를 통해 문제를 겪는 스레드가 큐와의 상호작용을 취소하고 다른 작업을 수행할 수 있게 된다.

다음과 같이 코드 6.4의 `AccountManager`를 수정해서 시간 제한(타임아웃)을 가진 논블로킹 API를 사용할 수 있다.

```
    Runnable withdraw = () -> {
      LOOP:
      while (!shutdown) {
          try {
              var task = pending.poll(5,        ◄─── 타이머가 만료되면, poll()은
                                                      null을 반환한다.
                               TimeUnit.SECONDS);
              if (task == null) {
                  continue LOOP;       ◄─── 명시적으로 자바의 LOOP 레이블을 사용하여
              }                              무엇이 계속되는지 명확히 한다.
              var sender = task.sender();
              if (sender.withdraw(task.amount())) {
                  forDeposit.put(task);
              } else {
                  failed.put(task);
              }
          } catch (InterruptedException e) {
              // 문제 시 로그를 기록하고 다음 항목으로 계속 진행한다.
          }
      }
      // 보류 중인 큐를 실패로 비우거나 로그에 기록한다.
    };
```

유사한 수정이 예금 스레드에도 적용돼야 한다.

이런 변경으로 인해 이전 절에서 언급한 shutdown 문제가 해결된다. 이제 스레드는 조회 메서드에서 영원히 차단되지 않는다. 대신 타임아웃 이전에 객체가 도착하지 않으면, poll은 여전히 null을 반환한다. 테스트는 루프를 계속하게 되지만, volatile boolean의 가시성 보장으로 while 루프 조건이 충족돼 루프가 종료되고 스레드가 깔끔하게 종료된다. 이것은 전반적으로 shutdown() 메서드가 호출된 후에 AccountManager가 제한 시간 내에 종료되도록 하는, 우리가 원하는 동작이다.

BlockingQueue의 API에 대한 토론을 마무리하기 위해, 우리는 이전에 언급한 세 번째 접근 방식에 대해 살펴봐야 한다. 큐 작업이 즉시 완료되지 못할 경우 예외를 던지는 메서드다. 이러한 메서드인 add()와 remove()는 몇 가지 문제가 있다. 그중 하나는 실패 시 던지는 예외(IllegalStateException와 NoSuchElementException)가 런타임 예외이므로 명시적으로 처리할 필요가 없다는 것이다.

예외를 던지는 API의 문제는 이보다 더 깊다. 자바의 일반 원칙 중 하나는 예외를 일반적으로 정상적인 작업의 일부로 볼 수 없는, 정상적이지 않은 상황을 처리하는 데 사용해야 한다는 것이다. 그러나 큐가 비어 있는 상황은 완전히 가능한 상황이다. 따라서 이에 대한 예외를 던지는 것은 '예외

를 통한 흐름 제어는 사용하지 말라'라는 원칙을 위반하는 것이다.

일반적으로 예외는 예외가 인스턴스화될 때 스택 추적을 구성하고 예외가 throw될 때 **스택 언와인딩**stack unwinding이 발생하여 사용하기에 상당히 많은 비용이 든다. 예외를 즉시 throw할 예정이 아닌 경우에는 예외를 생성하지 않는 것이 좋은 관행이다. 이러한 이유로, `BlockingQueue` API의 예외를 throw하는 형태를 사용하지 않는 것을 권장한다.

6.7.2 WorkUnit 사용하기

`Queue<E>`, `BlockingQueue<E>` 등으로 `Queue` 인터페이스들은 모두 제네릭 형태다. 이것이 이상하게 보일 수도 있지만 때로는 이를 활용해서 작업 항목을 감싸는 인위적인 컨테이너 클래스를 도입하는 것이 현명할 수 있다.

예를 들어 멀티스레드 응용 프로그램에서 처리하고자 하는 작업 단위를 나타내는 `MyAwesomeClass`라는 클래스가 있다면, 다음과 같이 하는 것보다는

```
BlockingQueue<MyAwesomeClass>
```

다음과 같이 하는 것이 더 좋을 수 있다.

```
BlockingQueue<WorkUnit<MyAwesomeClass>>
```

여기서 `WorkUnit`(또는 `QueueObject`이나 컨테이너 클래스로 원하는 대로 부를 수 있다)는 다음과 같은 패키징 클래스다.

```java
public class WorkUnit<T> {
    private final T workUnit;

    public T getWork() {
        return workUnit;
    }

    public WorkUnit(T workUnit) {
        this.workUnit = workUnit;
    }

    // 다른 메서드들은 생략
}
```

이렇게 하는 이유는 이런 식으로 간접적인 참조를 함으로써, 포함된 타입(예에서는 `MyAwesomeClass`)의 개념적 일관성을 훼손하지 않으면서 추가적인 메타데이터를 제공할 수 있는 장소를 제공하기 때문이다. 그림 6.8에서는 외부 메타데이터 래퍼가 어떻게 작동하는지 볼 수 있다.

그림 6.8 메타데이터 래퍼로 작업 단위 사용

이것은 의외로 유용하다. 추가적인 메타데이터가 도움이 되는 사용 사례는 무궁무진하다. 다음은 몇 가지 예다.

- 테스트(예: 객체에 대한 변경 내역 표시)
- 성능 지표(예: 완료 예상일 또는 서비스 품질)
- 런타임 시스템 정보(예: `MyAwesomeClass` 인스턴스가 라우팅된 방법)

나중에 이러한 간접적인 참조를 추가하는 것은 훨씬 어려울 수 있다. 특정 상황에서 추가적인 메타데이터가 필요하다는 것을 늦게 발견하면, (`WorkUnit` 클래스에서는 간단한 변경이었겠지만) 이를 추가하는 작업은 주요한 리팩터링 작업이 될 수 있다. 이제 자바에서 진행 중인 작업(일반적으로 다른 스레드에서)을 표현하기 위한 **플레이스홀더**placeholder로 사용하는 **퓨처**future에 대해 이야기해보도록 하겠다.

6.8 퓨처

자바의 `java.util.concurrent` 패키지에 있는 `Future` 인터페이스는 비동기 작업에 대한 간단한 표현이다. 이는 아직 완료되지 않은 작업의 결과를 보유하는 유형으로, 미래에 언젠가 완료할 수 있다. `Future`에서 사용되는 주요 메서드는 다음과 같다.

- `get()`: 결과를 가져온다. 결과가 아직 사용 가능하지 않은 경우, 결과가 사용 가능할 때까지 블록된다.

- `isDone()`: 호출자가 계산이 완료됐는지를 확인할 수 있다. 블록되지 않는_{non-blocking} 메서드다.

- `cancel()`: 완료되기 전에 계산을 취소할 수 있다.

또한 이전에 만난 `BlockingQueue` 메서드와 유사한 방식으로, 무한히 차단되지 않는 타임아웃을 가진 `get()` 버전도 있다. 다음은 `Future`를 사용해서 소수를 찾는 예시로 `Future`의 사용법을 보여준다.

코드 6.5 Future를 사용하여 소수 찾기

```
Future<Long> fut = getNthPrime(1_000_000_000);
try {
    long result = fut.get(1, TimeUnit.MINUTES);
    System.out.println("Found it: " + result);
} catch (TimeoutException tox) {
    // 타임아웃: 작업을 취소하는 것이 좋다.
    System.err.println("Task timed out, cancelling");
    fut.cancel(true);
} catch (InterruptedException e) {
    fut.cancel(true);
    throw e;
} catch (ExecutionException e) {
    fut.cancel(true);
    e.getCause().printStackTrace();
}
```

이 코드 조각에서는 `getNthPrime()`이 백그라운드 스레드(또는 여러 스레드)에서 실행 중인 `Future`를 반환한다고 생각해야 한다. 이 백그라운드 스레드는 아마도 이 장의 후반부에서 논의할 **실행자**_{executor} 프레임워크 중 하나에서 실행할 수 있다.

이 스니펫_{snippet}을 실행하는 스레드는 타임아웃이 있는 `get()`을 호출하고 응답을 받을 때까지 최대 60초 동안 블록된다. 응답이 받아들여지지 않으면 스레드는 루프를 돌고 다른 블록 대기 상태에 진입한다. 현대적인 하드웨어에서도 이 계산은 오랜 시간 동안 실행될 수 있으므로, 요청을 취소하기 위해 `cancel()` 메서드를 사용해야 할 수도 있다(하지만 현재 작성된 코드에는 요청을 취소하는 기능이 제공되지 않는다).

두 번째 예로, 블록되지 않는 I/O를 고려해보겠다. 그림 6.9는 백그라운드 스레드를 사용해서 I/O에 대한 `Future`를 사용하는 것을 보여준다.

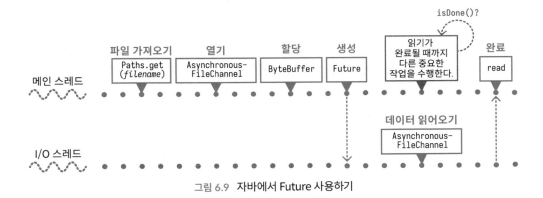

그림 6.9 자바에서 Future 사용하기

이 API는 상당히 오랫동안 사용돼 왔으며(자바 7에서 소개됐다), 사용자는 다음과 같이 블록되지 않는 동시 작업을 수행할 수 있다.

```java
try {
    Path file = Paths.get("/Users/karianna/foobar.txt");
    var channel = AsynchronousFileChannel.open(file);      ◀─── 비동기적으로 파일을 연다.
    var buffer = ByteBuffer.allocate(1_000_000);           ◀─┐
    Future<Integer> result = channel.read(buffer, 0);      ◀─┤  최대 100만 바이트의
    BusinessProcess.doSomethingElse();    ◀─── 잔액과 금액을 비교한다.  읽기를 요청한다.
    var bytesRead = result.get();         ◀─┐
    System.out.println("Bytes read [" + bytesRead + "]");  │  결과가 준비되면 결과를
} catch (IOException | ExecutionException | InterruptedException e) {  가져온다.
    e.printStackTrace();
}
```

이 구조는 I/O 작업이 다른 스레드에서(자바 런타임에 의해 관리되는 스레드 중 하나) 진행되는 동안 메인 스레드가 `doSomethingElse()`를 수행할 수 있도록 해준다. 유용한 접근 방식이지만, 해당 기능을 제공하는 라이브러리의 지원이 필요하다. 이는 다소 제한적일 수 있는데, 만약 여러분이 자신만의 비동기적인 워크플로를 만들고 싶다면 어떻게 해야 할까?

6.8.1 CompletableFuture

자바의 `Future` 타입은 구체적인 클래스가 아닌 인터페이스로 정의된다. `Future` 기반 스타일을 사용하려는 모든 API는 `Future`의 구체적인 구현을 제공해야 한다.

자바 8부터는 JDK에 포함된 `Future`의 구체적인 구현체가 추가됐다. 이 구현체는 기능을 향상시키고, 다른 언어(예: 코틀린과 스칼라)의 퓨처와 더 유사한 면이 있다. 이를 통해 자바에서도 더욱 강력

한 기능을 갖춘 퓨처를 활용할 수 있게 됐다.

이 클래스는 `CompletableFuture`라고 하며 `Future` 인터페이스를 구현하고 추가적인 기능을 제공하는 구현체다. 비동기 애플리케이션을 구축하기 위한 간단한 빌딩 블록으로 사용된다. 주요 아이디어는 `CompletableFuture<T>` 타입의 인스턴스를 생성할 수 있다는 것이다. `CompletableFuture<T>`는 반환될 값의 유형에 대해 제네릭으로 작성되며, 생성된 객체는 아직 완료되지 않은(또는 '미완료') 상태의 `Future`를 나타낸다.

이후에 `CompletableFuture`에 대한 참조를 가진 어떤 스레드든 `complete()`를 호출하여 값을 제공할 수 있다. 이는 퓨처를 완료(또는 '이행')시킨다. 완료된 값은 `get()` 호출에서 차단된 모든 스레드에서 즉시 보인다. 완료 후에는 추가적인 `complete()` 호출은 무시된다.

`CompletableFuture`는 서로 다른 스레드에서 서로 다른 값을 보게 할 수는 없다. `Future`는 미완료 상태나 완료 상태로 존재하며, 완료된 경우에는 `complete()`를 호출한 첫 번째 스레드에서 제공한 값이 해당 `Future`가 가지는 값이다. 즉 `CompletableFuture`는 스레드 간의 값을 일관되게 처리하고 동기화하는 기능을 제공한다.

당연히 이것은 불변성이 아니다. `CompletableFuture`의 상태는 시간이 지남에 따라 변경된다. 그러나 이는 오직 한 번, 미완료 상태에서 완료 상태로 변경된다. 서로 다른 스레드가 일관되지 않은 상태를 볼 가능성은 없다.

NOTE 자바의 `CompletableFuture`는 다른 언어(예: 자바스크립트)에서 볼 수 있는 프로미스promise와 유사한데, 프로미스 이행promise fulfilling에 대해 퓨처 완료furure completing라는 대체 표현을 사용한다.

이제 예제를 살펴보며 앞서 만났던 `getNthPrime()`를 구현해보겠다.

```java
public static Future<Long> getNthPrime(int n) {          CompletableFuture를
    var numF = new CompletableFuture<Long>();   ◀――       미완료 상태로 생성한다.

                                 Future를 완료시킬 새로운
    new Thread( () -> {  ◀―――     스레드를 생성하고 시작한다.
        long num = NumberService.findPrime(n);  ◀――  소수를 실제로 계산하는
        numF.complete(num);                           부분이다.
    } ).start();

    return numF;
}
```

getNthPrime() 메서드는 '비어 있는' CompletableFuture를 생성하고 이 컨테이너 객체를 호출자에게 반환한다. 이를 사용하기 위해 getNthPrime()을 호출하는 코드가 필요하다. 예를 들어 예제 6.5와 같은 코드로 사용할 수 있다.

CompletableFuture를 이해하는 한 가지 방법은 클라이언트/서버 시스템과 유사성을 떠올리는 것이다. Future 인터페이스는 isDone()과 블로킹 get() 메서드만 제공한다. 이는 클라이언트의 역할을 수행한다. CompletableFuture의 인스턴스는 서버 측의 역할을 수행한다. 즉 퓨처를 충족시키고 값을 제공하는 코드의 실행과 완료를 완전히 제어할 수 있다.

예시에서 getNthPrime()은 숫자 서비스 호출을 별도의 스레드에서 수행한다. 이 호출이 반환되면 퓨처를 명시적으로 완료한다.

동일한 효과를 더 간결하게 달성하기 위한 방법은 CompletableFuture.supplyAsync() 메서드를 사용하는 것이다. 실행할 작업을 나타내는 Callable<T> 객체를 전달한다. 이 호출은 동시성 라이브러리에서 관리하는 응용 프로그램의 **전역 스레드 풀**wide thread pool을 사용한다.

```java
public static Future<Long> getNthPrime(int n) {
    return CompletableFuture.supplyAsync(
        () -> NumberService.findPrime(n));
}
```

이것으로 견고한 멀티스레드 애플리케이션을 개발하기 위한 기본 구성 요소로 사용하는 주요 빌딩 블록인 동시 데이터 구조에 대한 첫 번째 둘러보기를 마친다.

NOTE CompletableFuture에 대해 이 책의 후반부에서 더 많은 내용을 다룰 예정이다. 특히 고급 동시성과 함수형 프로그래밍과의 상호작용에 대한 장에서 다룰 예정이다.

다음으로, 스레드에 기반한 원시 API보다 더 높은 수준과 편리한 방식으로 실행 처리를 다루는 실행자와 스레드 풀을 소개하겠다.

6.9 작업과 실행

자바 언어의 원래 화두 중 하나인 멀티스레딩에 대한 언어 수준의 내장 지원은 자바 1.0부터 존재해왔다. 이것들은 강력하며 기본 운영체제 지원에 가까운 형태로 동시성을 표현한다. 그러나 기본적으로 동시성을 처리하기 위한 저수준 API다.

이러한 낮은 수준의 특성으로 인해 많은 프로그래머들이 올바르게 또는 효율적으로 작업하기 어려워한다. 자바 이후에 출시된 다른 언어들은 자바의 스레드 경험을 바탕으로 배우고, 대안적인 접근 방식을 제공하기 위해 이를 더 발전시켰다. 이러한 접근 방식 중 일부는 `java.util.concurrent`의 설계와 이후의 자바 동시성 혁신에 영향을 미쳤다.

여기서 우리의 즉각적인 목표는 작업task마다 새로운 스레드를 시작하지 않고도 실행할 수 있는 작업(또는 작업 단위)을 갖는 것이다. 이를 위해 작업은 직접적으로 스레드로 표현되는 대신 호출될 수 있는 코드로 모델링돼야 한다.

그다음 이러한 작업을 공유 리소스(스레드 풀)에서 예약하여 작업을 완료할 때까지 실행한 후 다음 작업으로 이동할 수 있다. 이러한 작업을 어떻게 모델링하는지 살펴보겠다.

6.9.1 작업 모델링하기

이 절에서는 작업을 모델링하는 두 가지 다른 방법인 `Callable` 인터페이스와 `FutureTask` 클래스를 살펴보겠다. `Runnable`도 고려할 수 있지만, 일반적으로는 유용하지 않을 수 있다. 왜냐하면 `run()` 메서드는 값을 반환하지 않기 때문에 주변에 영향을 미치는 다른 작업을 통해서만 가능하기 때문이다.

작업 모델링의 또 다른 중요한 측면은 유한한 시간 내에 작업이 반드시 완료돼야 한다는 개념이다.

무한 루프의 가능성이 있다면, 일부 작업은 실행자의 스레드 풀에서 스레드를 '차지할' 수 있으며, 이로 인해 이후의 모든 작업에 대한 전체 용량이 감소한다. 시간이 흐르면 스레드 풀 리소스가 고갈되고 추가적인 작업이 불가능해질 수 있다. 따라서 우리는 구성한 모든 작업이 실제로 '유한 시간 내 종료'라는 원칙을 따르도록 주의해야 한다.

1 Callable 인터페이스

`Callable` 인터페이스는 매우 일반적인 추상화를 나타낸다. 이는 호출할 수 있으면서 결과를 반환하는 코드 조각을 나타낸다. 단순한 아이디어인데도 실제로는 섬세하고 강력한 개념으로, 매우 유용한 패턴을 만들어낼 수 있다.

`Callable`의 전형적인 사용 예는 람다 표현식(또는 익명 구현)이다. 다음 코드 조각의 마지막 줄은 `s`를 `out.toString()`의 값으로 설정한다.

```
var out = getSampleObject();
Callable<String> cb = () -> out.toString();

String s = cb.call();
```

`Callable`은 람다가 제공하는 단일 메서드 `call()`의 지연된 호출이라고 생각하면 된다.

❷ FutureTask 클래스

`FutureTask` 클래스는 흔히 사용되는 `Future` 인터페이스의 구현 중 하나이며, `Runnable`도 구현한다. 이는 `FutureTask`를 실행자에게 전달할 수 있다는 것을 의미한다. `FutureTask`의 API는 기본적으로 `Future`와 `Runnable`이 결합된 형태다. `get()`, `cancel()`, `isDone()`, `isCancelled()`, `run()`과 같은 메서드가 있다. 그러나 실제 작업을 수행하는 마지막 메서드는 클라이언트 코드가 직접 호출하는 것이 아니라 실행자에 의해 호출된다.

`FutureTask`에는 편리한 생성자 두 가지가 제공된다. 하나는 `Callable`을 사용하고, 다른 하나는 `Runnable`을 사용한다(이 경우에는 `Executors.callable()`을 사용하여 `Runnable`을 `Callable`로 변환한다). 이는 작업을 유연하게 처리할 수 있는 방법을 제공하며, 작업을 `Callable`로 작성한 다음 `Runnable` 형태인 `FutureTask`로 래핑해서 실행자에게 실행을 예약하고 필요한 경우 취소할 수 있다.

이 클래스는 작업에 대한 간단한 상태 모델을 제공하고 해당 모델을 통해 태스크를 관리한다. 가능한 상태 전이는 그림 6.10과 같다.

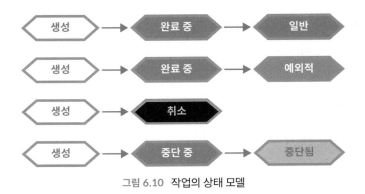

그림 6.10 작업의 상태 모델

이것은 다양한 일반적인 실행 상태를 표현하기에 충분한다. 이제 JDK에서 제공하는 표준 실행자들을 살펴보겠다.

6.9.2 Executor

JDK에 존재하는 스레드 풀을 설명하기 위해 몇 가지의 표준 인터페이스가 사용된다. 첫 번째는 Executor(실행자)인데, 다음과 같이 매우 간단하게 정의된다.

```java
public interface Executor {

    /**
     * 미래의 특정 시점에 주어진 명령을 실행한다. 이 명령은 {@code Executor}
     * 구현의 재량에 따라 새로운 스레드, 풀링된 스레드 또는 호출 스레드에서
     * 실행할 수 있다.
     *
     * @param command the runnable task
     * @throws RejectedExecutionException if this task cannot be
     * accepted for execution
     * @throws NullPointerException if command is null
     */
    void execute(Runnable command);
}
```

이 인터페이스가 단일한 추상 메서드만을 가지고 있어 **SAM**single abstract method 형식이지만, @FunctionalInterface 애너테이션으로 표시되지 않았다는 점에 유의해야 한다. 그래도 여전히 람다 표현식의 대상 타입으로 사용할 수 있다. 하지만 이 인터페이스가 함수형 프로그래밍에서 사용하도록 고안된 것은 아니다.

실제로 Executor는 널리 사용되지 않는다. Executor 인터페이스보다 훨씬 더 흔히 사용되는 것은 Executor를 확장하고 submit()과 shutdown()과 같은 여러 생명 주기 메서드를 추가한 ExecutorService 인터페이스다.

JDK는 개발자가 몇 가지 표준 스레드 풀을 인스턴스화하고 사용하는 데 도움을 주기 위한 Executors 클래스를 제공하는데, 이 클래스는 정적 도우미 메서드(주로 팩토리)들의 컬렉션이다. 가장 일반적으로 사용되는 네 가지 메서드는 다음과 같다.

```java
newSingleThreadExecutor()
newFixedThreadPool(int nThreads)
newCachedThreadPool()
newScheduledThreadPool(int corePoolSize)
```

한 가지씩 자세히 알아보겠다. 이 책의 후반부에서는 제공되는 다른 더 복잡한 가능성에 대해 더 자세히 다룰 것이다.

6.9.3 단일 스레드 실행자

가장 간단한 실행자는 **단일 스레드**single thread 실행자다. 이는 사실상 단일 스레드와 작업 큐(블로킹 큐)의 조합으로 구성된다.

클라이언트 코드는 `submit()`을 통해 실행 가능한 작업을 큐에 넣는다. 그다음, 단일 실행 스레드는 하나씩 작업을 가져와 완료될 때까지 실행하고, 그다음 작업을 수행한다.

`NOTE` 실행자는 별도의 유형으로 구현되는 것이 아니라, 내부 스레드 풀을 구성할 때 매개변수를 다르게 선택한 것이다.

실행 스레드가 바쁠 때 제출된 작업은 스레드가 사용 가능해질 때까지 대기열에 대기한다. 이 실행자는 단일 스레드로 지원되기 때문에, 앞에서 언급한 '유한한 시간 내에 종료' 조건이 위배된 경우, 그 이후로 제출된 작업은 결코 실행될 수 없다.

`NOTE` 이 실행자 버전은 다른 형식보다 더 예측 가능하게 만들 수 있어서 테스트에 자주 사용된다.

다음은 단일 스레드 실행자를 사용하는 매우 간단한 예시다.

```
var pool = Executors.newSingleThreadExecutor();
Runnable hello = () -> System.out.println("Hello world");
pool.submit(hello);
```

`submit()` 메서드는 runnable 작업을 실행자의 작업 큐에 넣어서 제출하는 역할을 한다. 이 작업 제출은 논블록 방식이다(작업 큐가 가득 차지 않는 한).

하지만 주의해야 할 점이 있다. 예를 들어 메인 스레드가 작업을 실행자에 제출한 후 즉시 종료되면, 제출된 작업이 실행자의 스레드에 의해 수집되고 실행되기 전에 충분한 시간이 주어지지 않을 수 있다. `shutdown()` 메서드를 호출하여 실행자를 종료하기 전에 메인 스레드를 대기시킬 수 있다.

`ThreadPoolExecutor` 클래스 문서에 자세한 내용이 있으나, 기본적으로 이 메서드(`shutdown()`)는 이전에 제출된 작업은 실행하지만 새로운 작업은 받지 않는 순차적인 종료를 시작한다. 이는 보류 중인 트랜잭션 큐를 비우는 문제를 효과적으로 해결한다.

NOTE 무한 루프를 가진 작업과 순차적인 종료 요청을 조합하면 올바르게 상호작용하지 않아 스레드 풀이 종료되지 않을 수 있다.

물론, 단일 스레드 실행자만으로 충분하다면 병행 프로그래밍과 관련된 깊은 이해와 그에 따른 도전에 대한 필요성은 없을 것이다. 그러나 여러 실행자 스레드를 활용하는 대안도 살펴볼 필요가 있다.

6.9.4 고정 스레드 풀

고정 스레드 풀fixed thread pool은 `Executors.newFixedThreadPool()`의 변형 중 하나를 통해 얻을 수 있으며, 단일 스레드 실행자의 다중 스레드 일반화 버전이다. 생성 시 사용자가 명시적인 스레드 수를 제공하고 해당 수의 스레드로 풀이 생성된다.

이러한 스레드는 여러 작업을 순차적으로 실행하기 위해 재사용된다. 이러한 설계는 사용자가 스레드 생성 비용을 지불할 필요가 없게끔 한다. 단일 스레드 실행자와 마찬가지로 모든 스레드가 사용 중인 경우, 새로운 작업은 블로킹 큐에 저장돼 스레드가 비어질 때까지 대기한다.

이 버전의 스레드 풀은 작업 흐름이 안정적이고 예측 가능하면서, 제출된 모든 작업이 계산 시간 측면에서 거의 동일한 크기를 갖는 경우에 특히 유용하다. 다음과 같이 적절한 팩토리 메서드를 사용해서 쉽게 생성할 수 있다.

```
var pool = Executors.newFixedThreadPool(2);
```

코드는 두 개의 실행자 스레드를 가지는 스레드 풀을 명시적으로 생성한다. 두 스레드는 비결정적인 방식으로 큐에서 작업을 교대로 수락한다. 작업이 제출된 시간에 엄격한 시간적 순서가 있다 하더라도 특정 작업을 처리할 스레드는 보장되지 않는다.

이로 인해 그림 6.11과 같은 상황에서는 다운스트림 큐의 작업이 정확하게 시간적순으로 정렬될 것이라고 볼 수 없다. 업스트림 큐의 작업이 시간적으로 엄격하게 정렬돼 있더라도 동일하다는 보장이 없다.

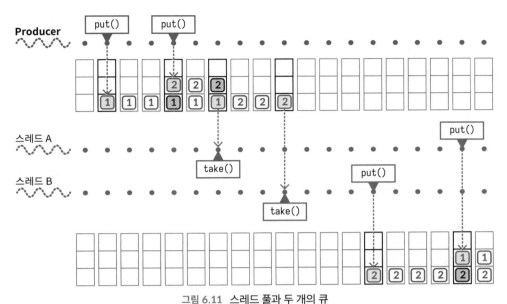

그림 6.11 스레드 풀과 두 개의 큐

고정 스레드 풀은 사용 가능한 방법 중 하나지만, 유일한 방법은 아니다. 한 가지 예로, 고정 스레드 풀에 있는 실행자 스레드가 종료되면 대체되지 않는다. 또한, 제출된 작업이 런타임 예외를 던질 가능성이 있다면 스레드 풀이 부족해지는 문제가 발생할 수 있다. 이러한 가능성을 피할 수 있는 다른 대안을 살펴보겠다.

6.9.5 캐시드 스레드 풀

고정 스레드 풀은 주어지는 작업 부하의 패턴이 알려져 있고 상당히 안정적인 경우에 주로 사용된다. 그러나 들어오는 작업이 불규칙하거나 갑작스러운 경우, 고정 스레드 수로 이뤄진 풀은 최적화되지 않을 가능성이 높다.

캐시드 스레드 풀cached thread pool은 제한이 없는 스레드 풀로, 사용 가능한 스레드가 있는 경우 재사용하고 그렇지 않은 경우에는 들어오는 작업을 처리하기 위해 필요한 만큼 새로운 스레드를 생성한다. 다음과 같이 사용할 수 있다.

```
var pool = Executors.newCachedThreadPool();
```

스레드는 60초 동안 유휴 캐시idle cache에 유지되며, 해당 시간 후에도 여전히 유휴 캐시에 존재할 경우에는 캐시에서 제거되고 파괴된다.

물론, 실제로 작업이 종료돼야 한다. 그렇지 않으면 스레드 풀은 시간이 지남에 따라 점점 더 많은 스레드를 생성하고 시스템의 리소스를 점점 더 많이 사용하여 결국 문제가 생기거나 응답하지 않게 될 것이다.

일반적으로 고정 크기 스레드 풀과 캐시드 스레드 풀 사이의 트레이드오프는 스레드 재사용과 스레드 생성, 파괴를 통해 다른 효과를 얻는 것이다. `CachedThreadPool`의 설계는 작은 비동기 작업에 대해 고정 크기 풀보다 더 나은 성능을 제공해야 한다. 그러나 항상 그렇듯이 효과가 중요하다고 생각될 때는 적절한 성능 테스트를 수행해야 한다.

6.9.6 ScheduledThreadPoolExecutor

마지막으로 살펴볼 실행자 예제는 약간 다르다. 이것은 `ScheduledThreadPoolExecutor`로, 종종 **STPE**라고 불리기도 하는데, 다음과 같이 생성한다.

```
ScheduledExecutorService pool = Executors.newScheduledThreadPool(4);
```

참고로, 앞서 명시적으로 언급한 대로 반환 타입은 `ScheduledExecutorService`이다. 이는 다른 팩토리 메서드와는 다른 `ExecutorService`를 반환한다.

`NOTE` `ScheduledThreadPoolExecutor`는 예상보다 뛰어난 실행자에 대한 선택지이며 다양한 상황에서 사용할 수 있다.

스케줄된 서비스는 일반적인 실행자 서비스를 확장하고 새로운 기능을 추가한다. 이 새로운 기능에는 정의된 지연 후에 일회성 작업을 실행하는 `schedule()` 메서드와 주기적인(반복) 작업을 예약하는 두 가지 메서드, `scheduleAtFixedRate()`와 `scheduleWithFixedDelay()`가 있다.

이 두 메서드의 동작은 약간 다르다. `scheduleAtFixedRate()`는 작업을 고정된 시간표에 따라 활성화시키고(이전 작업이 완료됐이든 아니든), `scheduleWithFixedDelay()`는 이전 인스턴스가 완료되고 지정된 지연 시간이 경과한 후에만 작업을 활성화시킨다.

`ScheduledThreadPoolExecutor`를 제외한 다른 풀은 모두 일반적인 `ThreadPoolExecutor` 클래스에서 약간 다른 매개변수의 사용으로 얻을 수 있다. 예를 들어 `Executors.newFixedThreadPool()`의 다음 정의를 살펴보겠다.

```
public static ExecutorService newFixedThreadPool(int nThreads) {
    return new ThreadPoolExecutor(nThreads, nThreads,
                                  0L, TimeUnit.MILLISECONDS,
                                  new LinkedBlockingQueue<Runnable>());
}
```

물론 이런 도우미 메서드들의 목적은 `ThreadPoolExecutor`의 전체적인 복잡성에 직접 관여하지 않고도 몇 가지 일반적인 스레드 풀에 쉽게 접근할 수 있는 편리한 방법을 제공하는 것이다. JDK 이외에도, 다양한 실행자와 관련된 스레드 풀의 예제들이 있다. 예를 들어 Tomcat 웹서버의 `org.apache.catalina.Executor` 클래스와 같은 예제가 있다.

요약

- `java.util.concurrent` 클래스들은 모든 새로운 다중 스레드 자바 코드에서 선호돼야 하는 도구 상자다.
  - 아토믹 정수
  - 동시성 데이터 구조, 특히 `ConcurrentHashMap`
  - 블로킹 큐와 래치
  - 스레드 풀과 실행자
- 이러한 클래스들은 다음과 같은 안전한 동시성 프로그래밍 기법을 구현하는 데 사용할 수 있다.
  - 동기화된 잠금의 융통성 문제 해결
  - 작업 전달을 위한 블로킹 큐 사용
  - 여러 스레드 간의 합의를 위한 래치 사용
  - 작업을 작업 단위로 분할
  - 안전한 종료를 포함한 작업 제어

자바 성능 이해하기

이 장의 주요 내용

- 성능이 중요한 이유
- G1 가비지 컬렉터
- JIT 컴파일
- JDK Flight Recorder(JFR)

성능이 좋지 않으면 애플리케이션은 망하게 된다. 이는 고객과 애플리케이션의 평판에도 나쁜 영향을 미친다. 완전히 독점적인 시장이 아닌 이상, 고객은 미련 없이 경쟁 업체로 향할 것이다. 프로젝트에서 성능 문제로 피해를 입지 않으려면 성능 분석을 이해하고 이를 활용하는 방법을 알아야 한다.

성능 분석과 튜닝은 매우 방대한 주제로, 잘못된 부분에 초점을 맞춘 접근 방법이 많다. 그래서 우리는 성능 튜닝의 가장 큰 비밀을 알려주고자 한다. 성능 튜닝의 가장 큰 비밀은 '측정해야 한다는 것이다. 측정하지 않으면 제대로 튜닝할 수 없다.'

그 이유를 들자면 인간의 두뇌는 시스템의 성능이 느린 부분을 추측할 때 거의 항상 틀리기 때문이다. 누구든 그렇다. 여러분도, 필자도, 제임스 고슬링도, 우리는 모두 무의식적인 편견에 영향을 받고 실제로 존재하지 않을 수도 있는 패턴을 보려는 경향이 있다. 실제로, '내 자바 코드 중 어느 부분을 최적화해야 할까?'라는 질문에 대한 대답은 대부분 '전혀, 어떤 부분도 아니다.'이다.

전형적인 (보수적인) 전자 상거래 웹 애플리케이션을 생각해보겠다. 이 애플리케이션은 등록된 고객들에게 서비스를 제공하며 SQL 데이터베이스, 자바 서비스를 가리키는 웹서버, 그리고 모든 것을 연결하는 상당히 표준적인 네트워크 구성을 가지고 있다. 많은 경우, 실제 시스템의 비자바 부분(데이터베이스, 파일시스템, 네트워크)이 병목인데, 측정을 하지 않으면 자바 개발자는 그 사실을 알지 못할 것이다. 실제 문제를 찾고 해결하는 대신, 개발자는 문제와 상관없는 코드의 세부 사항을 가지고 마이크로 최적화에 시간을 낭비할 수도 있다.

다음에 나열한 기본적인 질문에 대답할 수 있는 능력을 갖추는 것이 중요하다.

- 판매 활동을 하다가 갑자기 10배 많은 고객이 생긴다면 시스템은 충분한 메모리를 갖고 대응할 수 있을까?
- 고객들이 애플리케이션에서 경험하는 평균 응답 시간은 얼마인가?
- 경쟁 업체와 비교했을 때 어떤가?

이 질문들은 모두 사용자들, 즉 시스템의 사용자들과 직접적으로 관련된 시스템 측면에 대한 것이다. 여기에는 다음과 같은 주제들에 대한 내용이 포함돼 있지 않다.

- 람다와 스트림이 `for` 루프보다 빠른가?
- 일반 메서드(가상 메서드)가 인터페이스 메서드보다 빠른가?
- `hashcode()`의 가장 빠른 구현은 무엇인가?

경험이 부족한 성능 엔지니어는 종종 사용자가 볼 수 있는 성능이 두 번째 질문에서 다루는 마이크로적인 성능에 강하게 의존하거나 밀접하게 연관돼 있다고 보는 실수를 저지른다.

이러한 가정은 본질적으로 단순화된 시각이며, 실제로는 사실이 아니다. 대신, 현대 소프트웨어 시스템의 복잡성으로 인해 전반적인 성능은 시스템과 그 모든 계층의 상호작용 결과로 나타난다. 특정한 미세한 효과를 독립적으로 분석하는 것은 거의 불가능하며, 대부분의 응용 프로그래머에게 **마이크로 벤치마킹**microbenchmarking[1]은 매우 제한적인 유용성을 가지고 있다.

---

1   [옮긴이] 매우 작은 단위의 성능 측정을 의미한다. 이는 코드의 작은 부분이나 특정 기능의 실행 시간을 측정하고 비교하는 것을 목적으로 하는데, 주로 특정한 코드 조각이나 알고리즘의 성능을 평가하고 개선하는 데 사용한다.

대신 성능 튜닝을 수행하려면 무엇이 시스템을 느리게 만드는지 추측하는 영역에서 벗어나야 한다. 여기서 느려지는 것은 '고객의 경험에 영향을 미치는 것'을 의미한다. 그리고 확실하게 알 수 있는 유일한 방법은 측정하는 것이다.

또한 성능 튜닝이 아닌 것에 대해 이해해야 한다. 다음과 같은 것들은 성능 튜닝이 아니다.

- 팁과 요령의 모음
- 비밀스러운 레시피
- 프로젝트의 마지막에 뿌리는 마법 가루

특히 '팁과 요령'에 대해 주의해야 한다. 사실 JVM은 매우 정교하고 고도로 튜닝된 환경이며, 적절한 맥락 없이는 이러한 팁 대부분은 쓸모없다고 할 수 있다(실제로 유해할 수도 있다). 또한 JVM이 코드를 점점 최적화하는 데 더욱 능숙해지면서 이러한 팁들은 매우 빠르게 구식이 된다.

성능 분석은 실제로 실험 과학의 한 종류다. 코드를 과학 실험의 하나로 생각할 수 있다. 이 실험은 입력을 가지고 '출력'을 생성하며, 이 출력은 시스템이 수행해야 하는 작업을 얼마나 효율적으로 수행하는지를 나타내는 성능 지표다. 성능 엔지니어의 역할은 이러한 출력을 연구하고 패턴을 찾는 것이다. 이로 인해 성능 튜닝은 적용 통계의 한 분야가 됐지만, 오래된 속담과 전해진 이야기들의 모음이 아니다.

이 장은 자바 성능 튜닝을 실천할 수 있도록, 그 시작을 돕기 위해 준비했다. 이것은 자바 성능 튜닝에 대한 입문이다. 하지만 큰 주제이기 때문에 여기서는 핵심 이론과 주요 지표에 대한 몇 가지만 제공할 수 있다. 다음과 같은 가장 기본적인 질문에 답하려고 노력할 것이다.

- 성능이 왜 중요한가?
- 성능 분석이 왜 어려운가?
- JVM의 어떤 측면들이 튜닝을 복잡하게 만드나?
- 성능 튜닝을 어떻게 생각하고 접근해야 하나?
- 느림의 가장 일반적인 근본 원인이 무엇인가?

또한 다음 두 가지 JVM 하위 시스템에 대한 소개도 제공할 것이다. 이 두 가지 시스템은 성능과 관련된 문제에서 가장 중요하다.

- 가비지 컬렉션 하위 시스템
- JIT 컴파일러

이 정도면 시작하는 데 충분하며, 이러한 (확실히 이론 중심인) 지식을 실제 코드에서 마주하는 문제에 적용하는 데 도움이 될 것이다. 성능 문제와 목표를 표현하고 구체화할 수 있는 몇 가지 기본 용어를 빠르게 살펴보면서 시작하겠다.

7.1 몇 가지 성능 용어의 기본 정의

이 장에서 논의하는 내용을 최대한 활용하려면 여러분이 알고 있는 성능에 대한 몇 가지 개념을 공식화할 필요가 있다. 성능 튜닝 엔지니어들이 사용하는 용어 중에서 다음과 같은 몇 가지 중요한 용어를 정의하는 것으로 시작하겠다.

- 지연 시간
- 처리량
- 활용도
- 효율성
- 용량
- 확장성
- 성능 저하

이러한 용어 중 일부는 더그 레아가 다중 스레드 코드라는 맥락에서 다루는 것이다. 그러나 우리는 훨씬 더 넓은 범위를 고려한다. 성능에 대해 언급할 때, 우리는 하나의 다중 스레드 프로세스에서부터 클라우드에 호스팅된 전체 서비스 클러스터까지 모든 것을 의미할 수 있다.

7.1.1 지연 시간

지연 시간latency은 주어진 작업량에서 하나의 작업 단위를 처리하는 데 걸리는 총 시간이다. 종종, 지연 시간은 '일반적인' 작업량에 대해서만 언급되지만, 증가하는 작업량에 대한 함수로 지연 시간을 보여주는 그래프는 유용한 성능 측정이다.

그림 7.1에서 보이는 그래프는 작업량이 증가함에 따라 성능 지표(예: 지연 시간)가 갑자기 비선형적으로 저하되는 것을 보여준다. 이를 보통 **성능 팔꿈치**performance elbow 또는 **하키 스틱**hockey stick이라고 한다.

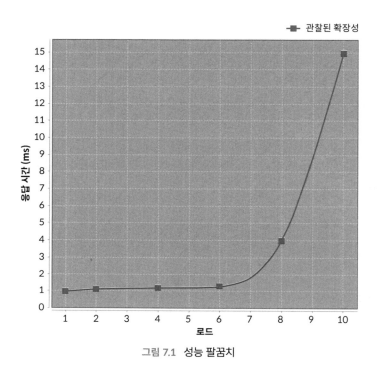

그림 7.1 성능 팔꿈치

7.1.2 처리량

처리량throughput은 주어진 애셋으로 시스템이 일정 시간 동안 수행할 수 있는 작업 단위의 개수다. 일반적으로는 특정한 브랜드의 서버와 정해진 하드웨어, 운영체제, 소프트웨어 스택을 기준으로 초당 트랜잭션 수로 측정된다.

7.1.3 활용도

활용도utilization는 작업 단위를 처리하는 데 사용되는 사용 가능한 애셋의 백분율을 나타낸다. 이는 보통 일반적인 작업 시간 동안 CPU가 처리하는 작업 단위의 백분율로 표시한다. 예를 들어 서버의 활용도가 10%라고 할 때, 이는 CPU가 정상 처리 시간 동안 작업 단위를 처리하는 비율을 의미한다. CPU나 메모리와 같은 서로 다른 애셋의 활용도 수준에서는 서로 매우 큰 차이가 있을 수 있음을 유의해야 한다.

7.1.4 효율성

시스템의 **효율성**efficiency은 처리량을 사용한 애셋으로 나눈 값이다. 동일한 처리량을 얻기 위해 더 많은 애셋이 필요한 시스템일수록 효율성은 낮아진다.

예를 들어 두 개의 클러스터링 설루션을 비교해보겠다. 만약 설루션 A가 설루션 B와 동일한 처리량을 얻기 위해 두 배로 많은 서버를 요구한다면, 그 시스템의 효율성은 반으로 줄어든다.

애셋은 비용 측면에서 고려할 수도 있다. 예를 들어 설루션 A가 설루션 B에 비해 비용이 두 배 많거나(또는 생산 환경을 운영하기 위해 두 배 많은 인력이 필요하다면), 그 시스템의 효율성은 반으로 줄어든다는 점을 기억해야 한다.

7.1.5 용량

용량capacity은 시스템을 통해 동시에 처리 가능한 작업 단위(예: 트랜잭션)의 개수다. 즉 지정된 지연 시간이나 처리량에서 가능한 동시 처리량을 의미한다.

7.1.6 확장성

시스템에 애셋이 추가됨에 따라 처리량(또는 지연 시간)이 변경된다. 이 처리량이나 지연 시간의 변경은 시스템의 **확장성**scalability을 나타낸다.

만약 설루션 A가 사용 가능한 서버의 수를 두 배로 늘릴 때 처리량이 두 배로 증가한다면, 그 시스템은 완전히 선형적으로 확장되고 있다는 것을 의미한다. 완벽한 선형 확장은 대부분의 상황에서 매우 어렵다. 암달의 법칙을 기억하자.

또한 시스템의 확장성은 여러 요인에 따라 달라지며 일정하지 않다. 시스템은 어느 정도까지는 거의 선형적으로 확장할 수 있고, 그 이후에 심각한 저하가 시작될 수 있다. 이것은 다른 종류의 성능 팔꿈치다.

7.1.7 성능 저하

애셋을 추가하지 않고 작업 단위나 네트워크 시스템의 클라이언트를 더 많이 추가하면 일반적으로 관찰되는 지연 시간이나 처리량이 변경된다. 이런 변경은 추가적인 부하로 인한 시스템의 **성능 저하**degradation를 의미한다.

일반적인 상황에서 성능 저하는 부정적일 것이다. 즉 시스템에 작업 단위를 추가하면 성능에 부정적인 영향(예: 처리 지연 시간 증가)이 발생한다. 그러나 일부 상황에서는 성능 저하가 긍정적일 수도 있다. 예를 들어 추가적인 부하로 인해 시스템의 일부가 임곗값을 넘어서 고성능 모드로 전환되는 경우, 시스템이 더 효율적으로 작동하고 처리 시간을 줄일 수 있다. 실제로 처리해야 할 작업이 더 많음에도 불구하고 이러한 효과를 유발할 수 있다. JVM은 매우 동적인 런타임 시스템이며, 이러한 종류의 효과에 여러 부분이 기여할 수 있다.

앞서 언급한 용어들은 가장 자주 사용되는 성능 지표다. 기타 지표들도 때때로 중요할 수 있지만, 이러한 기본 시스템 통계는 성능 튜닝을 안내할 때 일반적으로 사용된다. 다음 절에서는 이러한 숫자에 근거한 접근 방식을 소개하는데, 가능한 한 정량적인 방식을 채택할 것이다.

7.2 성능 분석에 대한 실용적인 접근 방식

효율적인 **성능 분석**performance analysis을 수행할 때, 많은 개발자가 분석을 통해 얻고자 하는 목표에 대한 명확한 그림을 그리지 않은 채 작업에 들어가는 경우가 많다. 게다가 코드가 '더 빨리 실행돼야 한다'라는 모호한 느낌을 받는 개발자나 매니저도 많다.

하지만 이는 완전히 거꾸로 된 것이다. 정말 효과적인 성능 튜닝을 하려면 기술적인 작업을 시작하기 전에 몇 가지 핵심 영역에 대해 생각해야 한다. 즉 다음 항목들을 알아야 한다.

- 측정하는 코드의 관측 가능한 측면은 무엇인가?
- 어떻게 해당 관측 가능한 측면을 측정할 것인가?
- 관측 가능한 측면에 대한 목표는 무엇인가?
- 성능 튜닝이 완료됐을 때 어떻게 알아볼 것인가?
- 성능 튜닝에 대한 최대 허용 비용은 얼마인가(개발자 시간과 코드의 추가적인 복잡성 측면에서)?
- 최적화하면서 희생해서는 안 되는 요소는 무엇인가?

가장 중요한 것은 이 장에서 여러 번 강조하는 것, 즉 측정을 해야 한다는 것이다. 최소한 하나의 관측 가능한 측면을 측정하지 않으면 성능 분석을 수행하는 것이 아니다.

또한 코드를 측정하기 시작하면 예상한 곳에서 시간이 소요되지 않는 경우가 매우 흔하다. 데이터베이스 인덱스의 누락이나 경합하는 파일 시스템 락 등은 많은 성능 문제의 근본 원인일 수 있다.

코드를 최적화하는 과정에서 항상 코드 자체가 문제인 것은 아니라는 점을 기억해야 한다. 문제가 발생하는 영역을 정량화하기 위해서는 먼저 무엇을 측정해야 하는지 알아야 한다.

7.2.1 측정 대상 알기

성능 튜닝을 수행할 때는 항상 어떤 것을 측정해야 한다. 관측 가능한 측면을 측정하지 않는다면 성능 튜닝을 하고 있는 것이 아니다. 코드를 쳐다보며 문제를 해결할 더 빠른 방법이 떠오르는 것을 기대하는 것은 성능 분석을 수행하는 것이 아니다.

> **TIP** 우수한 성능 엔지니어가 되기 위해서는 평균, 중앙값, 최빈값, 분산, 백분위수, 표준편차, 표본 크기, 정규 분포 같은 용어를 이해해야 한다. 이러한 개념에 익숙하지 않다면 빠른 웹 검색에 도움을 받아 시작하고, 필요한 경우 추가적인 자료를 찾아보자. 레오나르드 아펠친Leonard Apeltsin의 저서 《Data Science Bookcamp》(http://mng.bz/e7Oq)) 5장은 여러분에게 좋은 시작점이 돼줄 것이다.

성능 분석을 수행할 때는 지난 절에서 설명한 관찰 항목 중 어떤 것이 중요한지 정확히 파악하는 것이 중요하다. 측정, 목표, 결론을 항상 앞서 소개한 기본 관찰 항목 중 하나 이상과 연결해야 한다. 다음은 성능 튜닝의 좋은 목표가 될 수 있는 몇 가지 일반적인 관찰 변수다.

- warmup[2] 이후 `handleRequest()` 메서드의 평균 실행 시간
- 10개의 동시 클라이언트로 인한 시스템의 end-to-end 대기 시간의 90분위수
- 1부터 1000 사용자까지 동시 사용자 수 증가에 따른 응답 시간의 저하

이 모두는 엔지니어가 측정하고 조정하고 싶어하는 양을 나타낸다. 정확하고 유용한 숫자를 얻기 위해서는 기본적인 통계 지식은 필수다.

무엇을 측정하고 있는지 파악하고 수치가 정확하다는 확신을 갖는 것은 첫 번째 단계다. 또한 모호하거나 개방적인 목표는 좋은 결과를 얻지 못하는 경우가 많은데, 성능 튜닝도 예외는 아니다. 대신 성능 목표는 종종 SMART(구체적이고specific, 측정 가능하며measurable, 합의되고agreed, 관련성이 있고relevant, 시간 제한이 있는time-boxed) 목표라고 불리는 목표로 설정돼야 한다.

2　[옮긴이] 시스템이 초기화되고 최적 상태에 도달하기 위해 필요한 초기 실행 단계를 뜻한다.

7.2.2 측정 방법 알기

메서드나 기타 자바 코드가 실행되는 데 걸리는 시간을 정확하게 측정할 수 있는 방법은 다음 두 가지뿐이다.

- 소스 측에 측정 코드를 삽입하여 직접 측정한다.
- 클래스 로딩 시간에 측정할 클래스를 변환한다.

이 두 가지 접근 방식을 각각 **수동 계측**manual instrumentation 및 **자동 계측**auto instrumentation이라고 한다. 일반적으로 사용되는 모든 성능 측정 기법은 이 두 가지 기법 중 하나(또는 둘 다)를 사용한다.

[NOTE] 매우 정교한 성능 도구를 만드는 데 사용할 수 있는 **JVMTI**JVM Tool Interface도 있지만, 네이티브 코드를 사용해야 하므로 이를 사용해서 작성된 도구의 복잡성과 안전성에 영향을 미친다는 단점이 있다.

① 직접 측정

직접 측정direct measurement은 이해하기 가장 쉬운 기술이지만, 침습적intrusive[3]이다. 가장 간단한 형태는 다음과 같다.

```
long t0 = System.currentTimeMillis();
methodToBeMeasured();
long t1 = System.currentTimeMillis();

long elapsed = t1: t0;
System.out.println("methodToBeMeasured took "+ elapsed +" millis");
```

이렇게 하면 메서드의 실행에 걸린 시간을 밀리초millisecond 단위로 정확하게 볼 수 있는 메시지가 만들어진다. 불편한 점은 이와 같은 코드를 코드베이스 전체에 추가해야 하며, 측정 횟수가 증가함에 따라 데이터가 넘쳐나는 것을 피하기 어렵다는 것이다.

다른 문제도 있다. 예를 들어 `methodToBeMeasured()`를 실행하는 데 1밀리초 미만이 걸리면 어떻게 될까? 이 장의 뒷부분에서 살펴보겠지만, **콜드 스타트 문제**cold start problem도 걱정해야 할 문제다. JIT 컴파일은 메서드의 후속 실행이 이전 실행보다 빠를 수 있다.

또 다른 미묘한 문제도 있다. `currentTimeMillis()` 호출은 네이티브 메서드 호출과 시스템 호출

---

3 [옮긴이] 측정 과정이 시스템에 영향을 주거나 변화를 일으킬 수 있다는 의미로, 측정 작업 자체가 시스템의 동작을 변경하거나 원래의 동작에 간섭할 수 있다는 것을 말한다.

로 시스템 클럭을 읽어야 한다. 이는 시간이 많이 소요되는 작업이다. 또한 실행 파이프라인에서 코드를 플러시할 수도 있으므로 측정 코드가 없는 경우에는 발생하지 않을 추가적인 성능 저하를 초래할 수 있다.

❷ 클래스 로딩을 통한 자동 계측

1장과 4장에서는 클래스를 실행 프로그램으로 구성하는 방법에 대해 설명했다. 종종 간과하는 핵심 단계 중 하나는 바이트코드의 로딩 과정에서의 변환이다. 이 단계는 매우 강력한 기능이며, 자바 플랫폼의 많은 현대적인 기술의 핵심이다.

이 중 하나의 예가 메서드의 자동 계측이다. 이 방식에서는 `methodToBeMeasured()`가 특수한 클래스로더에 의해 로드되며, 메서드의 시작과 끝에 바이트코드가 추가돼 메서드가 호출 및 종료된 시간을 기록한다. 이 타이밍 정보는 일반적으로 공유 데이터 구조에 기록되며, 다른 스레드에서 액세스한다. 이러한 스레드는 데이터를 처리를 하는데, 보통 로그 파일에 출력하거나 원시 데이터를 처리하는 네트워크 기반 서버에 전달하는 역할을 한다.

이 기술은 많은 프로페셔널급 자바 성능 모니터링 도구(예: 뉴렐릭)의 핵심 요소이지만, 동일한 영역을 채우고 활발히 관리되고 있는 오픈소스 도구는 희박했다. 그러나 오픈텔레메트리 OSS 라이브러리 및 표준, 그리고 그들의 자바 자동 계측 하위 프로젝트의 등장으로 이런 상황이 바뀌고 있다.

> **NOTE** 나중에 설명하겠지만, 자바 메서드는 인터프리트 모드에서 시작해서 컴파일 모드로 전환된다. 실제 성능 숫자를 얻기 위해서는 인터프리트 모드에서 생성된 시간을 버려야 하는데, 이는 결과를 심각하게 왜곡할 수 있기 때문이다. 나중에 메서드가 컴파일 모드로 전환됐는지 확인하는 방법에 대해 더 자세히 설명하겠다.

이러한 기술 중 하나 또는 둘 모두를 사용하면 특정 메서드의 실행 속도를 측정할 수 있다. 다음 질문은, 튜닝을 마친 후에 숫자가 어떻게 보이기를 원하는지에 대한 것이다.

`7.2.3` 성능 목표 알기

목표를 명확히 정하는 것만큼 집중력을 높여주는 것은 없다. 따라서 측정할 대상을 알고 있는 것만큼 튜닝의 최종 목표를 알고 이를 전달하는 것이 중요하다. 대부분의 경우, 이는 다음과 같이 간단하고 명확하게 명시된 목표여야 한다.

- 동시 사용자 열 명에서 90분위(90 번째) 값의 end-to-end 지연 시간 20% 줄이기
- `handleRequest()`의 평균 지연 시간 40% 줄이기

더 복잡한 경우에는 여러 관련 성능 목표를 동시에 달성하는 것일 수도 있다. 측정하고 조정하려는 각각의 관측 대상이 많을수록 성능 분석은 더 복잡해질 수 있음을 인식해야 한다. 한 가지 성능 목표를 최적화하면 다른 목표에 부정적인 영향을 미칠 수 있다.

때로는 목표를 설정하기 전에 중요한 메서드가 무엇인지와 같은 초기 분석이 필요할 수 있다. 이것은 괜찮지만, 초기 탐색 후에는 목표를 달성하려고 시도하기 전에 항상 멈추고 목표를 명확히 밝히는 것이 중요하다. 개발자들은 종종 목표를 명확히 하지 않고 분석을 계속 진행하는 경우가 많다.

7.2.4 언제 멈춰야 하는지 알기

이론적으로 최적화를 멈춰야 할 시기를 알기는 쉽다. 목표를 달성했을 때 작업이 끝나는 것이다. 그러나 실제로는 성능 튜닝 삼매경에 빠지기 쉽다. 모든 것이 순조롭게 진행되면 더 나아가 최고의 결과를 얻기 위해 계속 노력하려는 유혹이 매우 강할 수 있다. 또는 목표를 달성하기 위해 애쓰는 데 어려움을 겪을 때는 다양한 전략을 시도하여 목표를 달성하려는 시도를 멈추기 어렵다.

멈추어야 할 시기를 알기 위해서는 목표를 인식하는 능력뿐만 아니라 그 목표가 가치 있는지를 판단하는 감각이 필요하다. 종종 성능 목표의 90% 정도를 달성하는 것으로도 충분할 수 있으며, 엔지니어의 시간을 다른 곳에 더 효율적으로 사용해야 할 수도 있다.

또 다른 중요한 고려 사항은 드물게 사용되는 코드 경로에 얼마나 많은 노력을 투입하고 있는지를 확인하는 것이다. 프로그램 실행 시간의 1%나 그보다 적은 비중을 차지하는 코드를 최적화하는 것은 대부분 시간 낭비다. 그럼에도 불구하고 많은 개발자가 이러한 행동을 하곤 한다.

다음은 최적화할 대상을 알기 위한 매우 간단한 지침이다. 특정 상황에 맞게 이를 수정해야 할 수도 있지만, 다양한 상황에 잘 적용된다.

- 쉽게 최적화할 수 있는 것이 아니라 중요한 것을 최적화하자.
- 가장 중요한 (보통 가장 자주 호출되는) 메서드를 우선 처리하자.
- 할 수 있는 한 간단한 최적화를 적용하되, 해당 코드가 얼마나 자주 호출되는지를 고려하자.

마지막으로 또 한 번 더 측정을 수행해보자. 성능 목표를 달성하지 못했다면 현황을 파악해보자. 목표에 얼마나 가까운지 확인하고, 달성한 성과가 전체적인 성능에 원하는 영향을 미쳤는지 살펴보자.

7.2.5 더 높은 성능을 달성하기 위한 비용 알기

모든 성능 튜닝에는 비용이 든다. 예를 들면 다음과 같은 것들이 있다.

- 분석을 수행하고 개선을 개발하는 데 걸리는 시간이 있다(개발자의 시간 비용이 거의 항상 소프트웨어 프로젝트의 가장 큰 비용임을 기억하는 것이 중요하다).

- 수정 사항으로 인해 도입한 추가적인 기술적 복잡성이 있을 수 있다(성능 개선으로 코드가 단순화되는 경우도 있지만, 대부분의 경우 그렇지 않다).

- 주 처리 스레드의 처리 속도를 높이기 위해 보조 작업을 수행하는 추가적인 스레드가 도입됐을 수 있으며, 이러한 스레드는 더 높은 부하에서 전체 시스템에 예상치 못한 영향을 미칠 수 있다.

가격표가 얼마짜리든지 간에, 주의 깊게 살펴보고, 최적화를 마무리하기 전에 그것을 식별하려고 노력해야 한다.

높은 성능을 위해 허용 가능한 최대 비용에 대한 대략적인 개념을 가지는 것이 도움이 될 수 있다. 이는 튜닝을 수행하는 개발자들에 대한 시간 제약으로 설정될 수도 있고, 추가 클래스나 코드 라인의 수로 설정될 수도 있다. 예를 들어 개발자는 최적화에 최대 일주일을 소비하거나 최적화된 클래스의 크기가 원래 크기의 100%(2배)를 초과하지 않도록 결정할 수 있다.

7.2.6 성급한 최적화의 위험성 알기

최적화에 관한 가장 유명한 인용문 중 하나는 도널드 커누스Donald Knuth가 《Structured Programming with go to Statements》(Computing Surveys, 6, no. 4, 1974)에서 한 말이다.

> 프로그래머는 프로그램에서 중요하지 않은 부분의 속도에 대해 생각하거나 걱정하는 데 엄청난 시간을 낭비하며, 효율성을 높이려는 이러한 시도는 실제로 매우 부정적인 영향을 미친다. 성급한 최적화premature optimization는 모든 악의 근원이다.

이 문장은 커뮤니티에서 많은 논쟁을 불러일으켰으며, 대부분 두 번째 문장만 기억한다. 이는 여러 가지 이유로 불행한 일이다.

- 인용문의 첫 번째 부분에서 커누스는 측정의 필요성을 암묵적으로 상기시키고 있다. 측정 없이는 프로그램의 중요한 부분을 결정할 수 없다.

- 지연 시간을 일으키는 것이 코드가 아닐 수도 있으며, 환경에서 다른 요인일 수도 있다는 점을 다시 한번 상기해야 한다.
- 인용구 전체를 보면, 커누스가 의도적이고 계획된 노력을 통한 최적화에 대해 이야기하고 있음을 쉽게 알 수 있다.
- 인용문의 간략한 형태는 종종 잘못된 설계 혹은 실행 선택에 대한 근시안적인 변명으로 사용될 수 있다.

특히 다음과 같은 최적화는 좋은 스타일의 일부로 간주된다.

- 필요하지 않은 객체를 할당하지 말 것
- 필요하지 않은 경우 디버그 로그 메시지를 제거할 것

다음 코드 조각에서는 로깅 객체가 디버그 로그 메시지와 함께 작업을 수행할지를 확인하는 검사를 추가했다. 이러한 종류의 확인을 **로깅 가드**logging guard라고 한다. 이러한 유형의 검사는 로깅 시스템이 디버그 로그를 위해 설정되지 않은 경우에는 이 코드가 로그 메시지를 생성하지 않으며, `currentTimeMillis()` 호출과 로그 메시지에 사용되는 `StringBuilder` 객체의 생성 비용을 절약할 수 있다.

```
if (log.isDebugEnabled()) {
  log.debug("Useless log at: "+ System.currentTimeMillis());
}
```

하지만 만약 디버그 로그 메시지가 실제로 의미 없다면, 코드를 완전히 제거해서 몇 개의 프로세서 사이클(로깅 가드의 비용)을 절약할 수 있다. 이 비용은 하드웨어 성능 프로파일의 나머지 부분에서 잡음으로 사라질 정도로 미미하지만, 정말로 필요하지 않다면 제거하자.

성능 튜닝의 한 가지 측면은 처음부터 좋은 성능을 발휘하는 코드를 작성하는 것이다. 플랫폼에 대한 더 나은 인식과 내부 작동 방식에 대한 이해(예: 두 개의 문자열을 연결하는 작업에서 암묵적으로 발생하는 객체 할당을 이해하는 것)와 함께 성능 측면을 고려하면 더 나은 코드를 작성할 수 있다.

이제 성능 문제와 목표를 제시하는 데 사용할 수 있는 기본 용어와 문제를 해결하는 방법의 개요를 알았다. 그러나 아직 왜 이것이 소프트웨어 엔지니어의 문제이며 이 필요성이 어디에서 왔는지 설명하지 않았다. 이를 이해하기 위해서는 하드웨어의 세계를 간략히 살펴볼 필요가 있다.

7.3 무엇이 문제인지 왜 신경 써야 하는가?

2000년대 중반까지 몇 년 동안, 성능은 실제로 큰 문제가 아니라고 생각해왔다. 클럭 속도는 계속 상승하고 있었으며, 모든 소프트웨어 엔지니어들은 몇 달을 기다리기만 하면 개선된 CPU 속도로 인해 성능이 매우 좋지 않게 작성된 코드조차도 향상될 것으로 봤다.

그렇다면 왜 일이 이렇게 잘못된 것일까? 왜 클럭 속도가 그렇게 많이 향상되지 않고 있을까? 더 걱정스러운 것은 3GHz 칩을 탑재한 컴퓨터가 2GHz 칩을 탑재한 컴퓨터보다 그다지 빠르지 않아 보인다는 것이다. 소프트웨어 엔지니어들이 성능에 대해 걱정하는 이 산업 전반에 이와 같은 추세가 어디서 비롯됐는지 궁금할 것이다.

이 절에서는 이러한 추세를 이끌어가는 요인들에 대해 이야기하고, 순수한 소프트웨어 개발자조차도 하드웨어에 대해 조금은 신경을 써야 하는 이유에 대해 설명한다. 이 장의 나머지 부분에서 다룰 주제에 대한 배경을 제시하고, JIT 컴파일과 몇 가지 심층적인 예제를 실제로 이해하기 위해 필요한 개념을 제공할 것이다.

'무어의 법칙'을 들어본 적이 있을 것이다. 많은 개발자가 이 법칙이 컴퓨터가 얼마나 빨라지는지와 관련한 것이라는 것 정도는 알고 있을 수 있지만, 구체적인 내용은 잘 모를 수도 있다. 이제 무어의 법칙이 정확히 무엇을 의미하며, 그것이 곧 미래에 종료될 경우 어떤 결과가 발생할 수 있는지 설명하겠다.

7.3.1 무어의 법칙

무어의 법칙 Moore's law은 인텔의 창업자 중 한 명인 고든 무어Gordon Moore가 명명한 것으로, 그 법칙은 경제적으로 생산 가능한 칩 위의 트랜지스터 수는 대략 2년마다 거의 2배로 증가한다는 것을 뜻한다.

이 법칙은 컴퓨터 프로세서(CPU)의 추세에 관한 관찰에 기반하고 있으며, 고든 무어가 1965년에 작성한 논문에서 처음 제시됐다. 논문에서는 초기 10년 동안, 즉 1975년까지의 추세를 예측했다. 이러한 법칙이 여전히 잘 유지되고 있는 것은 정말로 놀랍다.

그림 7.2에서는 1980년부터 최신(2021년) 애플 Silicon까지 다양한 패밀리(주로 Intel x86 패밀리)의 실제 CPU들에 대한 그래프를 그렸다. 그래프는 칩의 트랜지스터 수와 출시일을 나타낸다. 이 그래프의 데이터는 위키피디아에서 가져온 것으로, 명료성을 위해 살짝 편집했다.

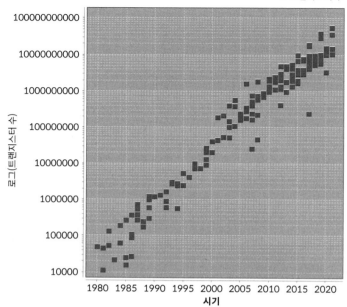

그림 7.2 시간의 흐름에 따른 트랜지스터 수의 로그-선형 그래프

이 그래프는 로그-선형 그래프다. 따라서 y축의 각 증분은 이전 값의 10배다. 보다시피, 이 선은 본질적으로 직선이며, 수직 레벨 하나를 이동하는데 데 약 6~7년이 걸린다. 이는 무어의 법칙을 증명하는 것이다. 왜냐하면 6~7년이 걸려 10배로 증가하는 것은 대략 2년마다 거의 2배로 증가하는 것과 동일하기 때문이다.

그래프의 y축은 로그 스케일을 사용하고 있으므로, 2005년에 생산된 주류 인텔 칩은 약 1억 개의 트랜지스터를 가지고 있다. 이는 1990년에 생산된 칩보다 100배 많은 수다.

무어의 법칙이 특별히 트랜지스터 수에 대해 이야기한다는 점에 주목하는 것이 중요하다. 이 기본적인 사실을 이해해야만 무어의 법칙만으로는 소프트웨어 엔지니어가 하드웨어 엔지니어로부터 계속해서 무료로 혜택을 받을 수 없는 이유를 이해할 수 있다(허브 서터_{Herb Sutter}의 논문 〈The Free Lunch Is Over: A Fundamental Turn Toward Concurrency in Software〉 참조, *Dr. Dobb's Journal* 30 (2005): 202-210).

무어의 법칙은 과거에는 좋은 가이드였지만, 개발자가 코드로부터 기대해야 할 성능을 나타내는 데는 트랜지스터 수로 구성된 것이 실제로는 좋은 가이드가 아니다. 살펴보겠지만, 현실은 더 복잡하다.

NOTE 트랜지스터 수와 클럭 속도는 동일한 것이 아니다. 여전히 흔히 생각하는 클럭 속도가 높을수록 성능이 더 좋다는 것은 지나치게 단순화된 개념이다.

사실은 실제 성능은 여러 가지 요소에 의존하며, 모든 요소가 중요하다. 하나만 선택해야 한다면, 다음에 실행할 명령과 관련된 데이터를 얼마나 빠르게 찾을 수 있는지가 가장 중요하다. 이는 성능에 있어서 매우 중요한 개념이기 때문에 깊이 알아볼 필요가 있다.

7.3.2 메모리 지연 계층구조 이해하기

컴퓨터 프로세서는 작업할 데이터가 필요하다. 처리할 데이터를 사용할 수 없는 경우 CPU 사이클의 속도와 상관없이 데이터를 사용할 수 있을 때까지 기다리면서 NOP$_{\text{no operation}}$[4]을 수행하고 기본적으로 멈춰야 한다.

'CPU 코어가 작업할 때 필요한 데이터의 가장 가까운 복사본은 어디에 있는가?'와 '코어가 해당 데이터를 사용할 수 있는 위치까지 도달하는 데 얼마나 걸릴 것인가?' 이 두 가지 질문은 지연 시간을 다룰 때 가장 기본적인 질문이다. 주로 사용되는 **폰 노이만 구조**$_{\text{von Neumann architecture}}$를 기준으로 다음과 같은 주요 가능성이 있다.

- **레지스터**: CPU에 있으며 즉시 사용할 수 있는 메모리 위치. 명령어가 직접 작동하는 메모리 부분이다.
- **메인 메모리**: 일반적으로 DRAM이다. 액세스 시간은 약 50ns이다(이 지연 시간을 피하기 위해 프로세서 캐시를 사용하는 방법에 대한 자세한 내용은 뒷부분을 참조하자).
- **솔리드 스테이트 드라이브**$_{\text{solid state drive, SSD}}$: 이 디스크에 액세스하는 데 시간은 0.1ms 이하가 걸리지만 일반적으로 기존 하드 디스크에 비해 더 비싸다.
- **하드 디스크**: 디스크에 액세스하여 필요한 데이터를 주 메모리에 로드하는 데 약 5ms가 걸린다.

무어의 법칙은 트랜지스터 수의 지수적인 증가를 설명하며, 이로 인해 메모리도 혜택을 받고, 메모리 접근 속도도 지수적으로 증가했다. 그러나 이 두 가지 요소의 지수는 동일하지 않았다. 메모리 속도는 CPU가 트랜지스터를 추가한 것보다 더 느리게 개선됐다. 이는 처리 코어가 필요한 데이터를 처리할 수 없어서 작업이 중단될 위험이 있음을 의미한다. 즉 관련 데이터의 로드가 느려서 처리할 수 없는 경우, 처리 코어가 유휴 상태에 빠질 위험이 있다.

---

4   (옮긴이) 프로그래밍에서 사용되는 일종의 무효 명령어로, 프로세서에게 아무런 동작을 하지 말라고 명령하는 역할을 한다.

이 문제를 해결하기 위해 레지스터와 주 메모리 사이에 작은 용량의 빠른 메모리(SRAM)인 캐시가 도입됐다. 이 빠른 메모리는 DRAM보다 돈과 트랜지스터 용량 측면에서 훨씬 비싸다. 이것이 컴퓨터가 전체 메모리에 쉽게 SRAM을 사용하지 않는 이유다.

캐시는 L1이나 L2(일부 머신에는 L3도 있음)라고 하며, 숫자는 캐시가 코어에 물리적으로 얼마나 가까운지를 나타낸다(가까운 캐시일수록 더 빠름). 7.6절(JIT 컴파일)에서 캐시에 대해 자세히 설명하고, L1 캐시 효과가 코드 실행에 얼마나 중요한지 보여주는 예제를 살펴보겠다. 그림 7.3은 L1과 L2 캐시가 메인 메모리보다 얼마나 빠른지 보여준다.

그림 7.3 레지스터, 프로세서 캐시, 메인 메모리의 상대적 액세스 시간(클럭 주기 기준)

캐시를 추가하는 것 외에도 1990년대와 2000년대 초반에 광범위하게 사용됐던 또 다른 기술은 메모리의 지연 시간을 해결하기 위해 점점 더 복잡한 프로세서 기능을 추가하는 것이었다. **명령어 수준 병렬성**instruction-level parallelism, ILP이나 **칩 멀티스레딩**chip level multithreading, CMT과 같은 정교한 하드웨어 기술을 사용하여 CPU 성능과 메모리 지연 시간 사이의 격차가 커지는 상황에서도 CPU가 데이터에서 계속 작동할 수 있도록 노력했다.

이런 기술로 인해 CPU 트랜지스터 용량의 상당 부분을 소비하게 됐고, 실제 성능에 미치는 영향은 점점 줄어들게 됐다. 이러한 경향은 CPU 설계의 미래가 여러 개(또는 많은)의 코어를 가진 칩에 있다는 생각을 낳았다. 현대의 프로세서는 본질적으로 모두 다중 코어다. 사실, 이것은 무어의 법칙의 간접적인 결과 중 하나다. 사용 가능한 트랜지스터를 활용하기 위해 코어 수가 증가한 것이다.

성능의 미래는 동시성과 밀접한 관련이 있다. 시스템의 전반적인 성능을 향상시킬 수 있는 주요 방법 중 하나는 더 많은 코어를 활용하는 것이다. 이렇게 하면 한 코어가 데이터를 대기하고 있어도 다른 코어는 계속 진행할 수 있다(5장에서 소개한 암달의 법칙의 영향을 기억하자). 이 연결은 매우 중요하기 때문에 다시 한번 언급하겠다.

- 기본적으로 모든 최신 CPU는 멀티코어다.
- 성능과 동시성은 서로 밀접한 관련이 있다.

우리는 소프트웨어와 자바 프로그래밍과 관련된 컴퓨터 아키텍처의 세계에 대해 표면적으로만 다뤘다. 더 자세히 알고 싶다면 존 헤네시John L. Hennessy와 데이비드 패터슨David A. Patterson이 저술한 《Computer Architecture: A Quantitative Approach》(Morgan Kaufmann, 2017)와 같은 전문 서적을 참고해야 하는데, 컴퓨터 아키텍처에 대한 깊은 이해를 제공할 것이다.

하드웨어 관련 이슈는 자바 프로그래머에게만 국한된 것은 아니다. JVM의 관리 형태는 몇 가지 추가적인 복잡성을 가져온다. 다음 절에서는 이에 대해 자세히 살펴보도록 하겠다.

7.4 자바 성능 튜닝은 왜 어려운가?

JVM(또는 다른 관리형 런타임)에서 성능 튜닝을 위해 조정하는 것은 관리형이 아닌 코드보다 기본적으로 더 어렵다. 관리형 시스템에서는 개발자가 모든 세부 사항을 다룰 필요가 없도록 런타임이 일부 제어를 수행할 수 있게끔 하는 것이 전체 목적이다. 이는 전반적으로 프로그래머들의 생산성을 높여주지만, 일부 제어권을 포기해야 한다는 것을 의미한다.

이러한 중점의 변화로 인해 관리형 런타임은 개발자에게는 불투명한 상자가 돼 전체 시스템에 대한 이해가 어려워진다. 다른 대안은 관리형 런타임이 제공하는 모든 이점을 포기하고 C/C++ 등의 프로그래머들이 거의 모든 작업을 스스로 수행하는 것이다. 이 경우, 운영체제는 기본적인 스레드 스케줄링과 같은 최소한의 서비스만 제공하며, 이는 보통 성능 튜닝에 필요한 추가적인 노력보다 훨씬 더 많은 시간이 소요될 수 있다.

자바 플랫폼의 성능 튜닝을 어렵게 만드는 가장 중요한 측면 중 일부는 다음과 같다.

- 스레드 스케줄링
- 가비지 컬렉션
- JIT 컴파일

이러한 측면은 서로 상호작용할 수 있는 미묘한 방식으로 작용할 수 있다. 예를 들어 컴파일 서브시스템은 타이머를 사용하여 어떤 메서드를 컴파일할지 결정한다. 컴파일 대상이 되는 메서드의 집합은 스케줄링 및 가비지 컬렉션과 같은 고려 사항에 영향을 받을 수 있다. 컴파일되는 메서드는 실행마다 다를 수 있다.

전체적으로 살펴보았듯이, 정확한 측정은 성능 분석의 의사 결정 과정에 핵심적인 역할을 한다. 자바 플랫폼에서 시간이 처리되는 세부 사항(및 제한 사항)에 대한 이해는 성능 튜닝에 진지하게 접근하려고 할 때 매우 유용하다.

7.4.1 성능 튜닝에서 시간의 역할

성능 튜닝은 코드 실행 중 기록된 측정값을 해석하는 방법을 이해해야 하므로, 플랫폼에서 시간 측정의 한계도 이해해야 한다.

1 정밀도

시간의 양은 일반적으로 어떤 척도에서 가장 가까운 단위로 인용된다. 이를 측정의 **정밀도**precision라고 한다. 예를 들어 시간은 종종 밀리초 정밀도로 측정된다. 반복 측정을 통해 동일한 값 주변에 좁게 분포하는 경우, 측정은 정밀하다.

정밀도는 주어진 측정값에 포함된 무작위 잡음의 양을 측정하는 것이다. 특정 코드 조각에 대한 측정은 일반적으로 정규 분포를 따른다고 가정한다. 이 경우, 정밀도를 나타내는 일반적인 방법은 95% 신뢰 구간의 너비를 인용하는 것이다.

2 정확도

측정값(우리의 경우 시간)의 **정확도**accuracy는 실제값에 가까운 값을 얻는 능력이다. 실제로는 일반적으로 실제값을 알 수 없으므로 정밀도보다 정확도를 결정하는 것이 더 어려울 수 있다.

정확도는 측정값의 체계적인 오차를 측정한다. 정확한 측정이라고 해도 정밀도가 낮을 수 있다. 이는 기본적인 측정값은 정확하지만 무작위 환경 잡음이 존재하는 경우다. 다른 경우로는 정밀한 결과가 정확하지 않을 수도 있다.

3 측정값의 이해

정밀도가 나노초인 5945ns라는 측정값은 1μs 정확도를 가진 타이머로 측정한 것이지만, 실제값은 3945~7945ns 범위에 95%의 확률로 위치한다. 이는 실제값이 해당 범위 내에 있을 가능성이 매우 높다는 것을 의미한다. 지나치게 정확해 보이는 성능 숫자에 주의하고 항상 측정의 정밀도와 정확도를 확인하자.

④ 입상도

시스템의 실제 **입상도**granularity는 가장 빠른 타이머의 주파수로 결정된다. 일반적으로 인터럽트 타이머이며, 이는 10ns 범위에 있다. 이를 종종 **구별력**distinguishability이라고도 하며, '서로 가까운 위치에 있지만 다른 시간에 발생했다고 명확히 말할 수 있는 가장 짧은 간격'을 의미한다.

OS, JVM, 라이브러리 코드의 계층을 거치면서 이러한 극히 짧은 시간의 단위를 실제로 파악하는 것은 거의 불가능해진다. 대부분의 경우, 애플리케이션 개발자에게는 이러한 매우 짧은 시간이 제공되지 않는다.

⑤ 분산 네트워크에서의 타이밍

성능 튜닝에 대한 대부분의 토론은 처리가 단일 호스트에서 진행되는 시스템에 중점을 둔다. 그러나 네트워크상에서 분산된 시스템의 성능 튜닝을 수행할 때 특수한 문제가 발생할 수 있다는 것을 알아야 한다. 네트워크에서의 타이밍(수행 시간 측정)은 쉬운 일이 아니며, 인터넷뿐만 아니라 이더넷 네트워크에서도 이러한 문제가 발생할 수 있다.

분산 네트워크에서의 타이밍에 대한 상세한 토론은 이 책의 범위를 벗어나지만, 일반적으로 여러 장비에 걸친 워크플로에 대해 정확한 타이밍을 얻는 것은 어렵다는 것을 알아야 한다. 또한, NTP와 같은 표준 프로토콜조차도 고정밀 작업에는 정확하지 않을 수 있다.

자바의 타이밍 시스템에서 가장 중요한 요점을 요약해보겠다.

- 대부분의 시스템에는 내부에 여러 가지 시계가 있다.
- 밀리초 단위의 타이밍은 안전하고 신뢰성이 있다.
- 더 높은 정밀도의 시간은 드리프트drift[5]를 피하기 위해 신중한 처리가 필요하다.
- 타이밍의 정밀도와 정확도를 인식해야 한다.

가비지 컬렉션을 논의하기 전에, 앞서 언급한 예제인 메모리 캐시가 코드의 성능에 미치는 영향을 살펴보겠다.

5 　옮긴이 여러 가지 요소들로 인해 시간의 차이가 발생할 수 있다. 이러한 차이를 드리프트라고 부른다.

캐시 미스 이해하기

처리량이 많은 코드의 경우 성능을 저하시키는 주요 요인 중 하나는 애플리케이션 코드를 실행할 때 발생하는 L1 **캐시 미스**cache miss 횟수다. 예제 7.1은 2MB 배열에 대해 실행되며 두 루프 중 하나를 실행하는 데 걸리는 시간을 출력한다. 첫 번째 루프는 `int[]`의 16개 항목마다 1씩 증가한다. 거의 항상 64바이트가 L1 캐시 라인[6]에 있으므로(자바 정수는 4바이트 너비) 각 캐시 라인에 한 번씩 접근하게 된다.

NOTE 정확한 결과를 얻으려면 먼저 코드를 워밍업하여 JVM이 원하는 메서드를 컴파일할 수 있도록 해야 한다는 점에 유의하자. 이 장의 뒷부분에서 JIT 워밍업에 대해 더 자세히 설명하겠다.

코드 7.1 캐시 미스 이해하기

```java
public class Caching {
    private final int ARR_SIZE = 2 * 1024 * 1024;
    private final int[] testData = new int[ARR_SIZE];

    private void touchEveryItem() {
        for (int i = 0; i < testData.length; i = i + 1) {
            testData[i] = testData[i] + 1;      ◀— 모든 항목을 액세스한다.
        }
    }

    private void touchEveryLine() {
        for (int i = 0; i < testData.length; i = i + 16) {
            testData[i] = testData[i] + 1;      ◀— 각 캐시 라인을 액세스한다.
        }
    }

    private void run() {
        for (int i = 0; i < 10_000; i = i + 1) {   ◀— 코드를 워밍업한다.
            touchEveryLine();
            touchEveryItem();
        }
        System.out.println("Line      Item");
        for (int i = 0; i < 100; i = i + 1) {
            long t0 = System.nanoTime();
            touchEveryLine();
            long t1 = System.nanoTime();
            touchEveryItem();
            long t2 = System.nanoTime();
```

---

6   [옮긴이] 메모리 계층구조에서의 데이터 전송 단위로, 한 번에 캐시 라인 전체를 읽거나 쓸 수 있다. 주로 64바이트로 구성되며, CPU가 데이터를 한 번에 읽어오는 최소 단위다.

```
            long el1 = t1: t0;
            long el2 = t2: t1;
            System.out.println("Line: "+ el1 +" ns ; Item: "+ el2);
        }
    }

    public static void main(String[] args) {
        Caching c = new Caching();
        c.run();
    }
}
```

두 번째 함수인 `touchEveryItem()`은 배열 내의 모든 바이트를 증가시키므로 `touchEveryLine()`
보다 16배 더 많은 작업을 수행한다. 하지만 일반적인 랩톱laptop에서 결과의 예는 다음과 같다.

```
Line: 487481 ns ; Item: 452421
Line: 425039 ns ; Item: 428397
Line: 415447 ns ; Item: 395332
Line: 372815 ns ; Item: 397519
Line: 366305 ns ; Item: 375376
Line: 332249 ns ; Item: 330512
```

이 코드의 결과에서는 `touchEveryItem()`이 `touchEveryLine()`보다 실행 시간이 16배 더 오래 걸
리지 않는다는 것을 보여준다. 전반적인 성능 프로파일에서 주요한 역할을 하는 것은 메모리 전송
시간인 메인 메모리에서 CPU 캐시로의 로딩이다. `touchEveryLine()`과 `touchEveryItem()`은 동일
한 수의 캐시 라인 읽기를 수행하며, 실제 데이터 수정에 소요되는 사이클은 데이터 전송 시간에
비해 매우 작다.

[NOTE] 이는 매우 중요한데, CPU가 실제로 시간을 어떻게 소비하는지, 적어도 작동 수준에 대한 이해(또는 멘탈 모델)가
필요하다는 것을 알고 있어야 한다.

다음 주제는 플랫폼의 가비지 컬렉션에 대한 논의다. 이는 성능에 매우 중요한 부분 중 하나로, 성
능 분석을 수행하는 개발자에게 최적의 성능을 달성하기 위해 조정 가능한 요소들을 제공한다.

7.5 가비지 컬렉션

자동 메모리 관리는 자바 플랫폼에서 가장 중요한 부분이다. 자바와 .NET과 같은 관리형 플랫폼 이전에는 불완전한 메모리 처리로 인한 버그를 찾기 위해 개발자들이 상당한 시간을 소비해야 했다.

그러나 최근 몇 년 동안 자동 할당 기술은 매우 진보되고 신뢰성이 높아져서 당연하게 여겨지고 있다. 많은 자바 개발자가 플랫폼의 메모리 관리 기능이 어떻게 동작하는지, 개발자에게 어떤 옵션이 제공되는지, 프레임워크의 제약 내에서 최적화하는 방법이 무엇인지 알지 못한다.

이것은 자바의 접근 방식이 얼마나 성공적인지를 보여주는 신호다. 대부분의 개발자들은 메모리와 **가비지 컬렉션**garbage collection, GC 시스템의 세부 사항을 알지 못하는데, 그 이유는 보통 알 필요가 없기 때문이다. 대부분의 애플리케이션에 대해서 JVM은 특별한 조정 없이도 메모리를 잘 처리할 수 있다.

그렇다면 조정이 필요한 경우에는 어떻게 해야 할까? 먼저 JVM이 메모리를 관리하기 위해 실제로 어떤 작업을 수행하는지 이해해야 한다. 이 절에서는 다음과 같은 기본적인 이론을 다룰 것이다.

- 실행 중인 자바 프로세스에 대한 메모리 처리 방법
- 마크 앤 스윕 컬렉션의 기본 사항
- 자바 9부터 기본 컬렉터로 사용되는 가비지 퍼스트G1 컬렉터

기본적인 것부터 알아보겠다.

7.5.1 기본적인 사항

표준 자바 프로세스에는 **스택**stack과 **힙**heap이 모두 있다. 스택은 로컬 변수를 저장하는 곳이다. 원시 타입을 저장하는 로컬 변수는 해당 값을 직접 스택에 저장한다.

NOTE 원시 타입은 타입에 따라 해석되는 비트 패턴을 가진다. 예를 들어 2바이트인 `00000000 01100001`은 `char` 타입일 경우 `a`로 해석되고, `short` 타입일 경우 97로 해석된다.

반면, 참조 타입의 로컬 변수는 자바의 힙에 있는 위치를 가리킨다. 힙은 실제로 객체가 생성되는 곳이다. 그림 7.4는 다양한 타입의 변수가 위치하는 공간을 보여준다.

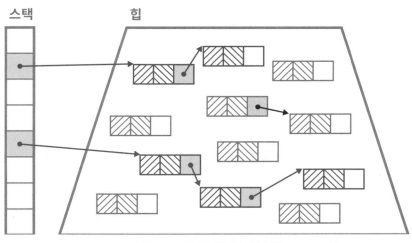

그림 7.4 스택과 힙에 있는 변수들

객체의 원시 타입 필드들은 여전히 힙 내의 주소에 할당된다. 자바 프로그램이 실행되면 힙에 새로운 객체가 생성되고, 객체 간의 관계가 변경된다(필드가 업데이트되는 등). 결국, 힙은 새로운 객체를 생성하기에 공간이 부족해진다. 그러나 생성된 객체 중 많은 객체는 더 이상 필요하지 않을 수 있다(예: 한 메서드에서 생성됐지만 다른 메서드에 전달되지 않았거나 호출자에게 반환되지 않은 임시 객체 등).

따라서 힙 내의 공간은 회수할 수 있으며, 프로그램은 계속 실행될 수 있다. 애플리케이션 코드에서 더 이상 사용되지 않는 힙 메모리를 플랫폼이 회수하고 재사용하는 메커니즘을 가비지 컬렉션이라고 한다.

7.5.2 마크 앤 스윕

마크 앤 스윕(표시 후 제거)mark and sweep은 간단한 가비지 컬렉션 알고리즘의 훌륭한 예시이며, 실제로 1965년에 출시된 리스프 1.5에서 처음 개발됐다.

[NOTE] 펄과 같은 언어에서 사용되는 참조 카운팅reference-counting 같은 다른 자동 메모리 관리 기법도 있지만, 이들은 실제로 가비지 컬렉션은 아니다(가이 L. 스틸 주니어Guy L. Steele Jr.의 <Multiprocessing Compactifying Garbage Collection>, *Communications of the ACM 18*, 9호 참조).

가장 간단한 형태의 마크 앤 스윕 알고리즘은 모든 실행 중인 프로그램 스레드를 일시 정지시키고, 'live'라고 알려진 객체 집합부터 시작한다. 'live' 객체란 사용자 스레드의 스택 프레임(로컬 변수, 메서드 매개변수, 임시 변수나 드물겠지만 다른 가능한 경우)에서 참조를 가지는 객체다. 그다음, 활성 객체들로부터의 참조 트리를 따라가면서 경로상에서 발견되는 모든 객체를 'live'로 표시한다.

이 작업이 완료되면 남은 모든 것은 가비지로 간주돼 수거(스윕)될 수 있다. 수거된 메모리는 OS가 아닌 JVM에 반환된다는 점에 유의하자.

❶ 비결정적인 일시 정지는 괜찮은가?

자바(그리고 닷넷과 같은 다른 환경들)에 자주 제기하는 비판 중 하나는 마크 앤 스윕 형태의 가비지 수집은 불가피하게 **STW**stop the world 상태를 야기한다는 것이다. 이는 모든 사용자 스레드가 잠시 멈춰야 하는 상태로, 이로 인해 발생하는 일시 정지가 비결정적인 시간 동안 계속되는 것을 의미한다.

이 문제는 종종 과장되는 경우가 많다. 서버 소프트웨어의 경우, 최신 자바 버전의 가비지 컬렉터가 표시하는 일시 정지 시간에 대해 걱정해야 하는 애플리케이션은 매우 적다. 예를 들어 자바 11부터는 기본 가비지 컬렉터가 애플리케이션 스레드와 함께 대부분의 작업을 수행하고 일시정지 시간을 최소화하는 동시성 가비지 컬렉터다.

[NOTE] 개발자들은 때로는 일시 정지나 메모리의 전체에 대한 수집을 피하기 위해 복잡한 방법을 고안하기도 한다. 대부분의 경우, 이러한 방법은 도리어 해를 더 많이 일으킬 수 있으므로 피해야 한다.

자바 플랫폼은 기본적인 마크 앤 스윕 접근 방식에 여러 가지 개선을 제공한다. 그중 가장 간단한 것은 세대별 가비지 컬렉터의 추가다. 이 접근 방식에서 힙은 커다란 하나의 메모리 영역이 아니다. 다양한 힙 메모리 영역이 자바 객체의 생명 주기에 참여한다.

객체의 수명이 얼마나 길지에 따라 컬렉션 중에 객체는 한 영역에서 다른 영역으로 이동할 수 있다. 객체의 수명 동안 참조는 여러 다른 메모리 영역을 가리킬 수 있다(그림 7.5 참조).

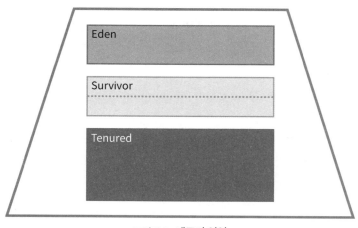

그림 7.5 메모리 영역

이러한 배치와 객체의 이동이 필요한 이유는 실행 중인 시스템의 분석에서 객체가 짧은 수명을 가지거나 매우 오래 지속되는 경향이 있다는 것을 보여주기 때문이다. 힙 메모리의 서로 다른 영역은 플랫폼이 이러한 특성을 활용하기 위해 설계했으며, 장기간 지속되는 객체를 나머지 객체들로부터 분리하는 역할을 한다.

그림 7.5는 세대별 영역의 개념을 설명하기 위해 설계된 간단한 힙의 도식이다. 실제 자바 힙은 약간 더 복잡하며, 이는 사용 중인 컬렉터에 따라 다를 수 있다. 이와 관련해서는 이번 장 후반부에서 설명하겠다.

7.5.3 메모리 영역

JVM은 객체의 자연적인 생명 주기 동안 객체를 저장하기 위해 다음과 같은 다른 메모리 영역을 가지고 있다.

- **Eden**: 모든 객체가 초기에 할당되는 힙 영역이다. 많은 객체에 대해서는 이 영역이 유일한 메모리 영역일 것이다.
- **Survivor**: 이 영역은 가비지 컬렉션 주기에서 생존한 객체들이 이동하는 공간이다(그래서 이름이 붙여졌다). 처음에는 Eden에서 이동하지만, 후속 가비지 컬렉션에서는 survivor 영역 간에 이동할 수도 있다.
- **Tenured**: Tenured 공간(또는 오래된 세대)은 '충분히 오래된' 생존 객체들이 이동하는 공간이다(survivor 영역에서 탈출한다). Tenured 메모리는 young 컬렉션 중에는 수집되지 않는다.

앞서 언급한 대로, 이러한 메모리 영역들은 다양한 방식으로 컬렉션에 참여한다. 예를 들어 survivor 영역은 사실상 모든 객체를 처리하기 위한 장치다. 가비지 컬렉션 바로 직전에 생성된 단명한 객체들을 제대로 처리하기 위해 사용된다.

만약 survivor 영역이 존재하지 않는다면, 가장 최근에 생성된 (하지만 단명한) 객체들이 가비지 컬렉션에 의해 'live'으로 표시되고 Tenured로 승격될 것이다. 그다음 즉시 소멸해도 Tenured에서 여전히 공간을 차지하게 될 것이다. 다음 컬렉션이 수행될 때까지 이러한 객체는 실제로 단명한 객체임에도 불구하고 불필요하게 Tenured에 유지될 것이다. 이러한 잘못된 승격으로 인해 다음 컬렉션이 필요한 것보다 더 일찍 발생한다. 이론적인 관점에서는, 세대 가설은 두 종류의 가비지 컬렉션이 존재한다는 개념을 암시한다. 바로 Young 컬렉션과 Full 컬렉션이다.

7.5.4 young 컬렉션

young 컬렉션_{young collection}은 'young' 영역(Eden 및 survivor)을 정리하려고 한다. 다음과 같이 상대적으로 간단한 프로세스로 진행된다.

- 마킹 단계 동안 발견된 모든 live young 객체를 옮긴다.
- 충분히 오래된 객체(이전 가비지 컬렉션 실행에서 충분히 생존한 객체)는 Tenured로 이동한다.
- 다른 young live 객체는 빈 survivor 영역으로 이동한다.
- 마지막으로 Eden과 방금 비워진 survivor 영역에는 가비지만 있기 때문에 덮어쓰고 재사용할 준비가 됐다.

young 컬렉션은 Eden이 가득 찼을 때 트리거된다. 마킹 단계는 전체 live 객체 그래프를 통과해야 한다. 만약 young 객체가 Tenured 객체를 참조한다면, Tenured 객체가 보유한 참조도 스캔되고 마킹돼야 한다. 그렇지 않으면 Tenured 객체가 Eden의 객체를 참조하지만 다른 곳에서는 참조하지 않는 상황이 발생할 수 있다. 만약 표시 단계가 완전히 통과하지 않는다면, 이 Eden 객체가 표시되지 않고 올바르게 처리되지 않을 것이다. 실제로는 전체 마킹 순회의 비용을 줄이기 위해 몇 가지 성능 향상 기법(예: **카드 표**_{card table})이 사용된다.

7.5.5 full 컬렉션

young 컬렉션에서 객체를 Tenured로 이동시킬 수 없을 때(공간 부족으로 인해), **full 컬렉션**_{full collection}이 트리거된다. 사용하는 컬렉터에 따라 오래된 세대 내에서 객체를 옮길 수도 있다. 이는 오래된 세대가 필요한 경우, 큰 객체를 할당할 충분한 공간이 있는지 확인하기 위해 수행된다. 이를 **콤팩팅**_{compacting}이라고 한다.

7.5.6 세이프 포인트

가비지 컬렉션은 모든 애플리케이션 스레드를 짧은 시간 동안만이라도 일시 정지시키지 않으면 수행할 수 없다. 그러나 애플리케이션 코드가 힙의 내용을 수정할 수 있기 때문에 스레드를 임의의 시간에 가비지 컬렉션을 위해 중지시킬 수는 없다. 대신, JVM은 힙이 일관된 상태에 있고 가비지 컬렉션이 수행될 수 있는 특정한 시간이 발생하는지 확인할 수 있다. 이를 **세이프 포인트**_{safepoint}라고 한다.

세이프 포인트의 가장 간단한 예는 '바이트코드 명령어 사이'다. JVM 인터프리터는 한 번에 하나의 바이트코드를 실행하고, 그다음 바이트코드를 스트림에서 가져온다. 이 순환 직전에 인터프리터 스레드는 힙에 대한 수정(예: `putfield`를 통한 수정)을 완료하므로, 스레드가 여기서 중지되면 '안전'하다. 모든 애플리케이션 스레드가 세이프 포인트safepoint에 도달하면 가비지 컬렉션이 수행된다.

이것은 세이프포인트의 간단한 예다. 하지만 다른 세이프포인트도 있다. 세이프포인트가 특정 JIT 컴파일러 기법에 어떤 영향을 미치는지에 대한 더 완전한 논의는 http://mng.bz/Oo8a에서 찾아볼 수 있다. 이론적인 논의를 넘어서 JVM에서 사용되는 일부 가비지 컬렉션 알고리즘들을 살펴보도록 하자.

7.5.7 G1: 자바의 기본 컬렉터

G1Garbage-First은 자바 플랫폼을 위한 상대적으로 새로운 컬렉터다. 자바 8u40에서 제품 수준의 품질을 갖추었으며, 자바 9(2017년)부터는 기본 컬렉터로 지정됐다. 처음에는 **저지연 컬렉터**low-pause collector로 개발됐지만 실제로는 일반용 컬렉터로 발전하여 기본 설정으로 사용됐다.

G1은 단순히 세대별 가비지 컬렉터일 뿐만 아니라, **리전**region 기반으로 작동한다. G1 자바 힙은 힙을 동일한 크기의 리전(예: 각각 1, 2 또는 4MB)으로 분할한다. 세대는 여전히 존재하지만, 이제 메모리에서 반드시 연속적으로 존재할 필요는 없다. 힙의 동일한 크기의 리전으로 이뤄진 새로운 배열은 그림 7.6에 묘사돼 있다.

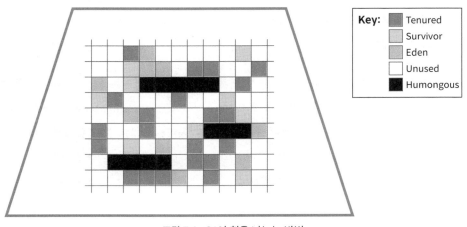

그림 7.6 G1이 힙을 나누는 방법

리전화regionalization는 가비지 컬렉션 일시 중단의 예측 가능성을 지원하기 위해 도입됐다. 이전의 컬렉터(예: Parallel 컬렉터)는 한 번 가비지 컬렉션 주기가 시작되면 그것이 완료될 때까지 실행돼야 했으며, 소요 시간에 관계없이 완전히 실행됐다(즉 '전부가 아니면 전무'인 방식).

G1은 더 큰 힙에 대해서도 더 긴 일시 중단 시간이 발생하지 않는 컬렉션 전략을 제공한다. '전부가 아니면 전무' 식의 동작을 피하기 위해 설계됐으며, 이를 위한 핵심 개념은 **일시 중단 목표**pause goal다. 이는 프로그램이 가비지 컬렉션을 위해 일시 중단할 수 있는 최대 시간이다. G1은 합리적인 범위 내에서 일시 중단 목표를 달성하기 위해 최선을 다할 것이다. 일시 중단 동안, 생존 객체는 다른 리전으로 이동하고(Eden 객체가 survivor 영역으로 이동하는 것과 유사), 해당 리전은 비어 있는 리전들의 리스트에 다시 배치된다.

G1에서의 young 컬렉션은 완전한 STW이며 완료까지 실행된다. 이는 young 컬렉션이 애플리케이션 스레드와 동시에 실행될 경우 발생할 수 있는 컬렉션과 할당 스레드 간의 경쟁 조건을 피하기 위한 것이다.

NOTE 세대 가설은 young 컬렉션 중에 만나는 객체 중에는 살아 있는 객체는 매우 적은 비율일 것이라는 가설이다. 따라서 young 컬렉션에 걸리는 시간은 매우 짧아야 하며, 일시 중단 목표보다 훨씬 작아야 한다는 것을 의미한다.

오래된 객체의 수집은 young 컬렉션과는 다른 특성을 갖는다. 첫째로, 오래된 세대에 도달한 객체들은 일정 기간동안 존재하기 때문에 오래 살아남을 확률이 높다. 둘째로, 오래된 세대에 제공되는 공간은 young 세대보다 훨씬 큰 경우가 많다.

G1은 오래된 세대로 이동한 객체를 추적하고, 오래된 세대의 공간이 충분히 채워지면(기본적으로 45%인 InitiatingHeapOccupancyPercent 또는 IHOP에 의해 제어됨) 오래된 컬렉션이 시작된다. 이는 애플리케이션 스레드와 가능한 한 동시에 실행되므로 동시성 컬렉션이라고 할 수 있다.

이 오래된 컬렉션의 첫 번째 부분은 동시 표시 단계다. 이는 1978년에 다익스트라Dijkstra와 램포트Lamport가 처음으로 설명한 알고리즘에 기반한다(https://dl.acm.org/doi/10.1145/359642.359655 참조). 이 단계가 완료되면 즉시 young 컬렉션이 트리거된다. 그 후에는 **혼합 컬렉션**mixed collection이 이어지는데, 이것은 오래된 리전에서 가비지의 양에 따라 오래된 리전을 수집한다(동시 마킹 도중 수집된 통계 정보로 유추할 수 있다). 오래된 리전에서 생존한 객체는 새로운 오래된 리전으로 이동시키고(이 과정에서 압축된다) 메모리를 재사용한다.

G1 컬렉션 전략의 특성으로 인해 플랫폼은 한 리전을 수집하는 데 걸리는 시간에 대한 통계를 수집할 수 있다. 이를 통해 일시 중단 목표가 정해진다. G1은 시간이 허용하는 한 수집할 수 있는 리전의 개수에 맞춰 수집을 진행한다(마지막 리전의 수집 시간이 예상보다 길 경우에는 초과될 수 있다). 이를 통해 G1은 일시 중단 목표를 달성할 수 있는 가능한 한 많은 영역을 수집한다.

전체 오래된 세대의 수집이 한 번의 가비지 컬렉터 주기 내에 완료되지 못할 수도 있다. 이 경우 G1은 일부 영역을 수집한 다음, 컬렉션을 완료하고, 가비지 컬렉션에 사용되던 CPU 코어를 해제한다. 오랜 기간 동안 장수 객체의 생성이 가비지 컬렉션의 회수 능력을 초과하지 않는다면, 모든 것이 원활할 것이다.

할당량이 회수량을 지속적으로 초과하는 경우, 가비지 컬렉션은 최후의 수단으로 STW full 컬렉션을 수행하여 오래된 세대를 완전히 정리하고 압축한다. 실제로 이러한 동작은 애플리케이션에 심각한 문제가 있는 경우에만 나타난다.

한 가지 더 언급할 점은 단일 리전보다 큰 크기의 객체를 할당할 수도 있다는 것이다. 실제로는 큰 배열(주로 바이트나 다른 기본 타입의 배열)을 의미한다.

[NOTE] 단일 객체 인스턴스가 1MB보다 크고 많은 필드를 가진 클래스를 인위적으로 생성하는 것은 가능하지만, 실제 시스템에서는 이런 방식으로 사용하지 않는다.

이러한 객체는 특수한 유형의 리전인 **거대한 리전**humongous region이 필요하다. 이것이 가비지 컬렉션에 의해 특별한 처리가 필요한 이유다. 큰 배열에 할당되는 공간은 메모리에서 연속적이어야 한다. 충분한 수의 인접한 빈 리전이 있다면, 이들은 하나의 거대한 리전으로 변환되고 배열을 할당할 수 있다.

배열을 할당할 수 있는 메모리 공간이 없는 경우(심지어 young 컬렉션 후에도)에는 메모리가 '조각화됐다fragmented'라고 말한다. 가비지 컬렉션은 충분한 공간을 할당하기 위해 완전한 STW 콤팩팅 컬렉션을 수행해야 한다.

G1은 다양한 워크로드와 애플리케이션 유형에 걸쳐 매우 효과적인 컬렉터로 입증됐다. 그러나 일부 워크로드(예: 순수한 처리량이 필요한 작업이거나 아직 자바 8에서 실행 중인 작업)의 경우, parallel과 같은 다른 컬렉터가 유용할 수도 있다.

7.5.8 parallel 컬렉터

parallel 컬렉터parallel collector는 자바 8 이전에는 기본 설정이었으며, 오늘날에도 G1 대안으로 사용할 수 있다. parallel이라는 이름은 설명이 필요한데, 동시성과 병렬parallel은 모두 가비지 컬렉션 알고리즘의 특성을 묘사하기 위해 사용된다. 이들은 같은 의미를 지닌 것처럼 들리지만 사실상 완전히 다른 의미를 갖고 있다. 다음과 같이 설명할 수 있다.

- **동시성:** 가비지 컬렉션 스레드는 애플리케이션 스레드와 동시에 실행할 수 있다.
- **병렬:** 가비지 컬렉션(가비지 컬렉션 알고리즘 자체)은 멀티스레드로 실행되며, 다중 코어를 사용할 수 있다.

이 용어들은 전혀 동등한 개념이 아니다. 이 용어들은 다른 두 가비지 컬렉션 용어와 반대 개념으로 생각하는 것이 좋다. 동시성은 STW의 반대 개념이며, 병렬은 단일 스레드 방식의 반대 개념이다.

일부 컬렉터(Parallel을 포함하여)에서는 힙이 리전화되지 않는다. 대신, 세대는 필요에 따라 성장하고 축소할 수 있는 연속적인 메모리 영역이다. 이 힙 구성에서는 두 개의 survivor 영역이 있다. 이들은 때때로 From과 To로 언급되며, 컬렉션이 진행 중이 아닌 경우에는 항상 하나의 survivor 영역이 비어 있다.

> **NOTE** 아주 오래된 버전의 자바에서는 **PermGen**(또는 Permanent Generation)이라는 공간도 존재했다. 이는 JVM의 내부 구조(예: 클래스와 메서드의 정의)를 위한 메모리가 할당되는 곳이었다. PermGen은 자바 8에서 제거됐으므로, 이를 언급하는 리소스는 오래돼서 사용되지 않을 가능성이 크다.

Parallel 컬렉터는 매우 효율적인 컬렉터로, 주류 자바에서 가장 효율적인 컬렉터다. 그러나 한 가지 단점이 있다. 실제로 일시 중단 목표를 설정할 수 있는 능력이 없으며, STW가 발생하는 오래된 세대 수집은 시간이 걸려도 반드시 완료돼야 한다.

일부 개발자들은 때때로 가비지 컬렉션 알고리즘의 복잡도(일명 'big-O')에 관한 질문을 할 수 있다. 그러나 이것은 실용적인 질문이 아니다. 가비지 컬렉션 알고리즘은 매우 일반적인 알고리즘이며, 가능한 모든 워크로드 범위에서 합리적인 동작이 보장돼야 한다. 점근적으로 특정 동작에만 초점을 맞추는 것은 그다지 유용하지 않으며, 일반적인 성능을 알맞게 대변할 수 없다.

가비지 컬렉션은 항상 **트레이드오프**trade off에 관한 것이다. G1이 수행하는 트레이드오프는 대부분의 워크로드에서 매우 우수하다(따라서 많은 개발자가 그것을 무시할 수 있다). 그러나 트레이드오프는 개발자가 인식하든 인식하지 않든 항상 존재한다. 일부 애플리케이션은 트레이드오프를 무시할 수 없으며, 컬렉션 알고리즘을 변경하거나 가비지 컬렉션 매개변수를 튜닝해서 가비지 컬렉션 하위 시스템의 세부적인 사항들을 살펴봐야 할 수도 있다.

7.5.9 가비지 컬렉션 구성 매개변수

JVM에는 JVM의 런타임 동작의 여러 측면을 사용자 정의하는 데 사용할 수 있는 유용한 매개변수(최소 100개 이상)가 많이 포함돼 있다. 이 절에서는 가비지 컬렉션과 관련된 몇 가지 기본 스위치에 대해 설명하겠다.

스위치가 `-X:`로 시작하면 표준이 아니며, 핫스팟이나 Eclipse OpenJ9와 같은 JVM 구현에서는 이식성이 없을 수 있다. `-XX:`로 시작하는 스위치는 확장된 스위치로서 일반적인 사용을 권장하지 않는다. 많은 성능 관련 스위치는 확장된 스위치다.

일부 스위치는 부울 효과를 가지며, +나 -를 사용하여 켜거나 끌 수 있다. 다른 스위치는 `-XX:CompileThreshold=20000`과 같이 매개변수를 사용한다(이 경우 JIT 컴파일을 위해 메서드가 호출되는 횟수를 20000으로 설정한다). 표 7.1은 기본적인 가비지 컬렉션 스위치와 해당 스위치의 기본값(있는 경우)을 표시한다.

표 7.1 기본적인 가비지 컬렉션 스위치

스위치	효과
-Xms\<size in MB>m	힙의 초기 크기를 지정하는 스위치다. 기본값은 '물리적 메모리의 1/64'이다.
-Xmx\<size in MB>m	힙의 최대 크기를 지정하는 스위치다. 기본값은 '물리적 메모리의 1/4'이다.
-Xmn\<size in MB>m	힙 내의 Young Generation의 크기를 지정하는 스위치다.
-XX: -DisableExplicitGC	System.gc() 호출이 어떠한 효과도 가지지 않도록 막는 스위치다.

아쉽게도 흔히 사용하는 기술 중 하나는 `-Xms`의 크기를 `-Xmx`와 동일하게 설정하는 것이다. 이렇게 하면 프로세스는 정확히 해당 힙 크기로 실행되며 실행 중에 크기를 조정하지 않는다. 표면적으로는 이해할 만한 접근 방식으로 보이며 개발자에게 통제 가능하다는 환상을 준다. 그러나 실제로 이 접근 방식은 안티패턴이다. 현대의 가비지 컬렉션은 좋은 동적 크기 조정 알고리즘을 갖추고 있으며, 이를 인위적으로 제한하는 것은 득보다 실이 많다.

[NOTE] 2022년에는 다른 증명이 없는 한 대부분의 워크로드에 대해 `Xmx`를 설정하고 `Xms`를 설정하지 않는 것이 모범 사례다.

또한 컨테이너에서 JVM의 동작에 유의해야 한다. 자바 11과 17에서 '물리적 메모리'는 컨테이너의 제한을 의미하므로 힙의 최대 크기는 컨테이너의 제한 내로 맞춰야 한다. 또한 자바 힙 메모리 이외의 공간과 JVM 이외의 다른 프로세스를 위한 공간을 확보해야 한다. 자바 8의 초기 버전은 컨테이너 제한을 반드시 준수하지 않을 수 있으므로 애플리케이션을 컨테이너에서 실행 중이라면 항상 자바 11로 업그레이드하는 것을 권장한다. G1 컬렉터의 경우, 튜닝 시 유용한 두 가지 설정이 있을 수 있으며, 이는 표 7.2에 표시돼 있다.

표 7.2 G1 컬렉터용 플래그

스위치	효과
XX:MaxGCPauseMillis=50	G1 가비지 컬렉터에 대해 한 번의 컬렉션 동안 최대 50ms 이내로 일시 중지하도록 지시하는 스위치다.
-XX:GCPauseIntervalMillis=200	G1 가비지 컬렉터에게 컬렉션 간격을 최소한 200ms으로 하도록 지시하는 스위치다.

이러한 스위치는 조합할 수도 있다. 예를 들어 최대 일시 중단 목표를 50ms로 설정하고, 일시 중단 사이의 간격을 200ms보다 짧게 설정할 수 있다. 물론 가비지 컬렉션 시스템이 얼마나 강하게 작동할 수 있는지에는 한계가 있는데, 가비지를 처리하기 위한 충분한 일시 중단 시간이 필요하기 때문이다. 100년당 1ms의 일시 정지 목표는 달성할 수도 없고 지키지도 못할 것이다.

다음 절에서는 JIT 컴파일에 대해 알아보겠다. 많은 프로그램에서 JIT 컴파일은 성능 향상에 중요한 요소다. JIT 컴파일의 기본 개념을 살펴보고, 절의 마지막 부분에서 JIT 컴파일 로깅을 활성화하여 어떤 메서드가 컴파일되고 있는지 확인하는 방법을 설명하겠다.

7.6 핫스폿에서의 JIT 컴파일

1장에서 논의한 대로, 자바 플랫폼은 '동적으로 컴파일된' 것으로 생각하는 것이 가장 좋다. 일부 애플리케이션과 프레임워크의 클래스는 런타임에서 추가적으로 컴파일돼서 기계 코드로 변환돼 직접 실행된다.

이 프로세스를 **JIT 컴파일**just-in-time compilation 또는 JITing이라고 한다. 일반적으로 이는 한 번에 하나의 메서드에 대해 수행된다. 이 프로세스를 이해하는 것은 대규모 코드베이스에서 중요한 부분을 식별하는 데 중요하다.

JIT 컴파일에 대한 몇 가지 기본적인 사항을 살펴보겠다.

- 거의 모든 현대 JVM은 어떤 형태의 JIT 컴파일러를 가지고 있다.
- 순수한 인터프리트 JVM은 비교적 매우 느리다.
- 컴파일된 메서드는 인터프리트된 코드보다 훨씬 빠르게 실행된다.
- 가장 자주 사용되는 메서드를 먼저 컴파일하는 것이 합리적이다.
- JIT 컴파일을 수행할 때는 항상 가장 쉬운 부분을 먼저 처리하는 것이 중요하다.

마지막으로 언급된 점은 인터프리트된 상태에 있는 메서드보다 컴파일된 코드를 먼저 살펴봐야 한다는 것을 의미한다. 일반적인 상황에서 아직 인터프리트된 상태인 메서드는 컴파일된 메서드보다 실행 횟수가 적다(가끔 메서드가 컴파일에 실패할 수도 있지만, 이는 매우 드물다는 점에 유의해야 한다).

메서드는 바이트코드 표현에서 인터프리트된 상태로 시작하며, JVM은 메서드가 호출된 횟수(및 일부 기타 통계)를 추적한다. 임곗값에 도달해서 해당 메서드가 대상이 되면 JVM 스레드가 백그라운드에서 바이트코드를 기계 코드로 컴파일한다. 컴파일이 성공하면, 메서드에 대한 모든 후속 호출은 컴파일된 형태를 사용하게 되며, 무효화되거나 다른 이유로 최적화가 해제되는 경우를 제외하고는 계속해서 사용된다.

메서드 코드의 정확한 특성에 따라, 컴파일된 메서드는 인터프리트 모드에서의 동일한 메서드보다 훨씬 빠를 수 있다. '최대 100배 빠르다'라는 숫자가 가끔 언급되지만, 이는 매우 대략적인 경험치일 뿐이다. JIT 컴파일의 특성으로 인해 실행 코드가 많이 변경돼서 어떤 종류의 숫자도 잘못된 정보를 제공할 수 있다. 프로그램에서 어떤 메서드가 중요한지, 어떤 중요한 메서드가 컴파일되고 있는지 이해하는 것은 성능 향상에 있어 매우 중요한 기술이다.

7.6.1 동적 컴파일의 필요성

가끔 묻는 질문이 있는데, '자바 플랫폼은 왜 **동적 컴파일**dynamic compilation에 신경을 쓰는 걸까요?', '왜 모든 컴파일이 (C++처럼) 미리 완료되지 않을까요?' 같은 것들이다. 첫 번째 대답은 일반적으로 플랫폼에 독립적인 아티팩트(.jar 및 .class 파일)를 배포의 기본 단위로 사용하는 것이 플랫폼마다 다르게 컴파일된 이진 파일을 처리하는 것보다 훨씬 쉽다는 것이다.

또 다른 대답은 동적 컴파일을 사용하는 언어가 컴파일러에게 더 많은 정보를 제공할 수 있다는 것이다. 구체적으로, 미리(AOT~ahead of time~) 컴파일된 언어는 런타임의 정보에 액세스할 수 없다. 예를 들어 특정 명령어의 가용성이나 다른 하드웨어 세부 정보, 코드 실행 상태에 대한 통계 등이다. 이는 동적으로 컴파일되는 자바 같은 언어가 실제로 AOT-컴파일된 언어보다 더 빠르게 실행될 수 있다는 흥미로운 가능성을 열어준다.

> **NOTE** 자바 바이트코드를 기계 코드로 직접 **AOT 컴파일**~AOT compilation~하는 방식('정적 자바'라고도 함)은 자바 커뮤니티에서 활발히 연구되는 분야다. 그러나 유감스럽게도 이 책의 범위를 벗어난다.

JITing의 작동 방식에 대한 이후 논의에서는 구체적으로 **핫스폿**이라고 불리는 JVM에 대해 이야기할 것이다. 일반적인 토론 대부분은 다른 가상머신에도 적용될 수 있지만, 세부적인 사항은 다를 수 있다.

먼저 핫스폿과 함께 제공되는 다른 JIT 컴파일러를 소개한 다음, 핫스폿에서 사용 가능한 가장 강력한 최적화 중 두 가지인 **인라인화**~inlining~와 **단일형 디스패치**~monomorphic dispatch~에 대해 설명하겠다. 마지막으로 어떤 메서드가 컴파일되고 있는지 정확하게 볼 수 있도록 메서드 컴파일 로깅을 활성화하는 방법을 보여줄 것이다. 그럼 핫스폿의 소개로 시작해보자.

7.6.2 핫스폿 소개

핫스폿~HotSpot~은 오라클이 Sun Microsystems를 인수할 때 획득한 JVM이다(이전에 BEA Systems에서 개발한 JRockit이라는 JVM을 이미 소유하고 있었다). 핫스폿은 OpenJDK의 기반으로 사용되는 JVM이다. 두 가지 별도의 모드에서 실행할 수 있다. 클라이언트 모드와 서버 모드다.

과거에는 모드를 선택하기 위해 JVM 실행 시 `-client` 또는 `-server` 스위치를 지정할 수 있었다. 각 모드는 선호되는 애플리케이션의 용도에 따라 다르게 사용할 수 있다.

❶ C1(클라이언트 컴파일러)

C1 컴파일러~C1 compiler~는 원래 GUI 애플리케이션에서 사용하기 위해 개발됐다. 이는 작업의 일관성이 중요시되는 영역으로, C1(가끔 **클라이언트 컴파일러**~client compiler~라고도 함)은 컴파일할 때 보수적인 결정을 내린다. 잘못된 최적화 결정이나 잘못된 가정에 기반한 최적화를 되돌리는 동안 예기치 않게 일시 중지할 수 없다. 상대적으로 컴파일 임곗값이 낮으며, 메서드는 컴파일 대상이 되기 위해서는 1500번 실행돼야 한다. 따라서 상대적으로 짧은 워밍업 기간을 가진다.

2 C2(서버 컴파일러)

이와 대조적으로 **C2 컴파일러**(서버 컴파일러server compiler)C2 compiler는 컴파일할 때 공격적인 가정을 한다. 실행되는 코드가 항상 올바른지 확인하기 위해 C2는 런타임에 빠른 검사(일반적으로 **가드 조건**guard condition이라고 함)를 추가하여 해당 가정이 유효한지 확인한다. 가정이 유효하지 않은 경우 공격적인 컴파일을 백지화하고 종종 다른 것을 시도한다. 이러한 공격적인 접근 방식은 위험을 회피하는 클라이언트 컴파일러보다 훨씬 더 나은 성능을 제공할 수 있다.

C2는 C1보다 훨씬 높은 인라인화 임곗값을 가지고 있다. 기본적으로 메서드는 10,000번 호출될 때까지 C2 컴파일 대상이 되지 않으며, 이것은 워밍업 시간이 훨씬 길다는 것을 의미한다.

3 실시간 자바

과거에는 실시간 자바라는 형태의 자바가 개발됐고, 일부 개발자들은 고성능을 필요로 하는 코드가 왜 이 플랫폼을 사용하지 않는지 궁금해한다(이는 핫스폿 옵션이 아닌 별도의 JVM이다). 그 이유는 실시간 시스템이 보통의 오해와는 달리 반드시 가장 빠른 시스템은 아니기 때문이다.

실시간 프로그래밍은 실현할 수 있는 보장에 관한 것이다. 통계적으로 실시간 시스템은 특정 작업을 수행하는 데 걸리는 시간의 분산을 줄이려고 하며, 이를 위해 평균 지연 시간의 일부를 희생한다. 일반적인 성능은 좀 희생되더라도 더 일관된 실행을 얻기 위해 어느 정도의 평균 지연을 희생할 준비가 돼 있다. 더 높은 성능을 추구하는 팀은 일반적으로 더 낮은 평균 대기 시간을 추구하며, 분산이 높아도 괜찮다고 여긴다. 따라서 서버 컴파일러의 공격적인 최적화가 특히 적합하다.

현대의 JVM에서는 클라이언트 컴파일러와 서버 컴파일러가 모두 사용된다. 클라이언트 컴파일러는 초기에 사용되며, 애플리케이션이 워밍업한 후에 고급 서버 클래스 최적화가 사용된다. 이러한 이중 사용을 **계층형 컴파일**tiered compilation이라고 한다. 다음 주제는 모든 JIT 컴파일러에서 광범위하게 사용되는 주제다.

7.6.3 메서드 인라인화

인라인화는 핫스폿이 가지고 있는 가장 강력한 기법이다. 이는 호출된 메서드의 호출을 제거하고 호출한 메서드의 코드를 호출자 내부에 배치해서 동작한다.

플랫폼의 장점 중 하나는 컴파일러가 메서드 호출 빈도와 기타 요인(예: 호출자 메서드가 너무 커져 코드 캐시에 영향을 미칠 수 있는지 등)에 대한 적절한 런타임 통계를 기반으로 인라인을 결정할 수 있다는 점이다. 핫스폿의 컴파일러는 사전(AOT) 컴파일러보다 인라인에 대해 훨씬 더 현명한 결정을 내릴 수 있다.

❶ 접근자 메서드는 어떨까?

일부 개발자들은 잘못된 가정으로 인해 핫스폿에서 **접근자 메서드**accessor method(`private` 멤버 변수에 접근하는 `public` getter)를 인라인화할 수 없다고 생각한다. 그들은 변수가 `private`이므로 메서드 호출이 최적화되지 않을 것이라고 생각한다. 왜냐하면 클래스 외부에서의 접근이 금지돼 있기 때문이다. 하지만 그렇지 않다.

핫스폿은 메서드를 기계 코드로 컴파일할 때 **접근 제어**access control를 무시하고, 접근자 메서드를 private 필드에 대한 직접적인 액세스로 대체한다. 이는 자바의 보안 모델을 침해하지 않는다. 왜냐하면 모든 접근 제어는 클래스가 로드되거나 링크될 때 검사됐기 때문이다.

메서드 인라인은 전적으로 자동이며, 거의 모든 상황에서 기본 매개변숫값으로 충분하다. 스위치를 사용해서 인라인할 메서드의 크기와 메서드가 후보가 되기 전에 얼마나 자주 호출해야 하는지를 제어할 수 있다.

이러한 스위치는 대부분 호기심 많은 프로그래머가 인라인화의 내부 작동 방식을 더 잘 이해하려고 할 때 유용하다. 그러나 프로덕션 코드에는 유용하지 않은 경우가 많으며 런타임 시스템의 성능에 예측할 수 없는 다른 영향을 미칠 수 있으므로 성능 기법으로는 마지막 수단으로 고려해야 한다.

7.6.4 동적 컴파일과 단일형 호출

공격적인 최적화의 한 예는 **단일형 호출**monomorphic call이다. 이는 대부분의 경우에 해당 객체에 대한 메서드 호출이 항상 한 종류의 객체에 의해 호출될 것이라는 관찰에 기반한 최적화다.

```
MyActualClassNotInterface obj = getInstance();

obj.callMyMethod();
```

다른 말로 하면, 호출 사이트인 `obj.callMyMethod()`에서 인스턴스 `obj`는 특정 클래스와 그 하위 클래스 중 하나로 한정된다. 이 경우 자바 메서드 조회lookup를 `callMyMethod()`에 해당하는 컴파일된 코드에 대한 직접 호출로 대체할 수 있다.

NOTE 단일형 디스패치는 JVM 런타임 프로파일링의 한 예로, C++과 같은 AOT 언어에서는 수행할 수 없는 최적화를 수행할 수 있게 한다.

`getInstance()` 메서드가 어떤 상황에서는 `MyActualClassNotInterface` 유형의 객체를 반환하고 다른 상황에서는 하위 클래스의 객체를 반환하는 것은 기술적으로 불가능하지는 않다. 이러한 가능성에 대비하여, `getInstance()` 메서드는 호출 사이트에서 모든 시간에 걸쳐 정확히 동일한 타입이 나타나지 않는 한, 단일형 호출 최적화 대상으로 선택되지 않는다. 이를 위해 실행 시점에서 `obj`의 타입을 확인하는 런타임 테스트도 컴파일된 코드에 삽입된다. 만약 이러한 기대가 어긋나는 경우, 런타임은 최적화를 취소한다. 이 과정은 프로그램이 잘못된 동작을 하지 않는다는 것을 보장하며, 프로그램 자체에서는 이를 인식하지 못한다.

이것은 서버 컴파일러에 의해서만 수행되는 상당히 공격적인 최적화다. 클라이언트 컴파일러는 이 작업을 수행하지 않는다.

7.6.5 컴파일 로그 읽기

JIT 컴파일러가 출력하는 로그 메시지를 사용하는 방법을 설명하기 위해 예제를 살펴보겠다. 히파르코스Hipparcos의 **별 카탈로그**star catalog는 지구에서 관측할 수 있는 별에 대한 세부 정보를 나열한다. 예제 애플리케이션은 카탈로그를 처리해 특정 위치에서 특정 날짜에 볼 수 있는 별의 지도를 생성한다.

별의 지도 애플리케이션을 실행할 때 어떤 메서드가 컴파일되는지 보여주는 예제 출력을 살펴보겠다. 우리가 사용하는 핵심 JVM 플래그는 `-XX:+PrintCompilation`이다. 이것은 이전에 간략히 설명한 확장 스위치 중 하나다. JVM을 시작하는 데 사용되는 명령줄에 이 스위치를 추가하면 JIT 컴파일 스레드가 표준 로그에 메시지를 추가하도록 지시한다. 다음 메시지는 메서드가 컴파일 임 곗값을 통과하여 머신 코드로 전환된 시점을 나타낸다.

```
1 java.lang.String::hashCode (64 bytes)
2 java.math.BigInteger::mulAdd (81 bytes)
3 java.math.BigInteger::multiplyToLen (219 bytes)
4 java.math.BigInteger::addOne (77 bytes)
5 java.math.BigInteger::squareToLen (172 bytes)
6 java.math.BigInteger::primitiveLeftShift (79 bytes)
7 java.math.BigInteger::montReduce (99 bytes)
8 sun.security.provider.SHA::implCompress (491 bytes)
9 java.lang.String::charAt (33 bytes)
```

```
1% ! sun.nio.cs.SingleByteDecoder::decodeArrayLoop @ 129 (308 bytes)
...
39 sun.misc.FloatingDecimal::doubleValue (1289 bytes)
40 org.camelot.hipparcos.DelimitedLine::getNextString (5 bytes)
41 ! org.camelot.hipparcos.Star::parseStar (301 bytes)
...
2% ! org.camelot.CamelotStarter::populateStarStore @ 25 (106 bytes)
65 s java.lang.StringBuffer::append (8 bytes)
```

이것은 `PrintCompilation`의 매우 일반적인 출력이다. 이 줄들은 컴파일하기에 충분히 '핫'한 것으로 간주된 메서드들을 나타낸다. 예상할 수 있듯이, 가장 먼저 컴파일될 메서드는 플랫폼 메서드(예: `String ::hashCode()`)일 것이다. 시간이 지나면 애플리케이션 메서드(예제에서 천문 카탈로그의 레코드를 구문 분석하는 데 사용한 `org.camelot.hipparcos.Star::parseStar()` 메서드 등)도 컴파일될 것이다.

출력 라인에는 순서를 나타내는 번호가 있다. 이 순서는 플랫폼의 동적 성격으로 인해 실행마다 약간씩 변경될 수 있음에 유의하자. 일부 다른 필드는 다음과 같다.

- `s`: 메서드가 동기화된 메서드임을 나타낸다.
- `!`: 메서드에 예외 처리기가 있음을 나타낸다.
- `%`: 스택 교체on-stack replacement, OSR

OSR은 실행 중인 코드에서 인터프리터된 버전의 메서드를 컴파일된 버전으로 대체하는 것을 말한다. OSR 메서드에는 1부터 시작하는 고유한 번호 체계가 있다.

❶ 좀비를 조심하자

서버 컴파일러(C2)를 사용해서 실행되는 코드의 샘플 출력 로그를 살펴보면 가끔 'made not entrant'와 'made zombie'와 같은 줄을 볼 수 있다. 이러한 줄은 특정 메서드가 컴파일됐으나 일반적으로 클래스 로딩 작업으로 인해 무효화됐음을 의미한다.

7.6.6 최적화 해제

핫스폿은 사실이 아닌 가정을 기반으로 한 코드의 최적화를 해제할 수 있다. 많은 경우, 그다음 다시 고려해서 다른 최적화를 시도한다. 따라서 동일한 메서드가 여러 번 최적화를 해제하고 다시 컴파일될 수 있다.

시간이 지남에 따라 컴파일된 메서드의 수가 안정화되는 것을 알 수 있다. 코드는 안정된 컴파일 상태에 도달하고 대부분 그 상태를 유지한다. 컴파일되는 메서드의 정확한 세부 사항은 사용 중인 JVM 버전과 OS 플랫폼에 따라 다를 수 있다. 모든 플랫폼이 동일한 컴파일된 메서드 집합을 생성하고 특정 메서드의 컴파일된 코드가 플랫폼 간에 대략 동일한 크기일 것이라고 가정하는 것은 잘못된 것이다. 성능 영역에서 많은 다른 것들처럼 이는 측정돼야 하며, 결과는 놀라울 수 있다. 상당히 평범해 보이는 자바 메서드도 JIT 컴파일에 의해 생성된 기계 코드에서 Mac과 리눅스 간에 5배 차이가 있다는 것이 밝혀졌다.

항상 측정이 필요하다. 다행히도, 현대의 JVM은 깊이 있는 성능 분석을 용이하게 할 수 있는 훌륭한 도구를 제공한다. 이제 이 도구들을 살펴보겠다.

7.7 JDK Flight Recorder

역사적으로 Flight Recorder와 Mission Control 도구(JFR과 JMC로 일반적으로 알려져 있음)는 오라클이 2008년 BEA Systems를 인수하면서 확보한 것이다. 이 두 컴포넌트는 함께 작동한다. JFR은 이벤트를 바이너리 형식으로 작성하기 위한 고성능 백엔드를 갖춘 오버헤드가 낮은 이벤트 기반 프로파일링 엔진이며, JMC는 단일 JVM의 텔레메트리telemetry에서 JFR이 생성한 데이터 파일을 검사하기 위한 GUI 도구다.

이 도구들은 원래 BEA의 JRockit JVM의 도구였으며, JRockit을 핫스폿과 통합하는 과정의 일환으로 오라클 JDK의 상용 버전으로 이전됐다. JDK 9 출시 후, 오라클은 자바의 릴리스 모델을 변경하고 JFR과 JMC를 오픈소스 도구로 전환한다고 발표했다. JFR은 OpenJDK에 기여했으며 JDK 11에서 JEP 328로 제공됐다. JMC는 독립형 오픈소스 프로젝트로 분리돼 현재 별도의 다운로드 형태로 존재한다.

> NOTE 자바 14에서 JFR에는 이벤트의 연속 스트림을 생성할 수 있는 새로운 기능이 추가됐다. 이 변경으로 인해 이벤트를 실시간으로 처리할 수 있는 콜백 API가 제공된다. 이제 파일을 파싱한 후에 이벤트를 처리하는 것이 아니라 즉시 처리할 수 있게 됐다.

그러나 한 가지 문제는 JFR과 JMC가 오픈소스 도구가 된지 얼마 되지 않기 때문에 많은 자바 개발자가 이 도구의 상당한 기능을 알지 못한다는 점이다. 이번 기회에 JMC와 JFR에 대해 처음부터 소개하겠다.

JFR은 OpenJDK 11의 일부로 오픈소스로 처음 제공됐으므로 이를 사용하려면 해당 버전(또는 최신 버전)이 실행 중이어야 한다. 또한, 이 기술은 OpenJDK 8로 백포트돼 8u262 버전 이상에서 사용할 수 있다.

JFR 레코딩을 생성하는 방법에는 여러 가지가 있지만 여기서는 특히 두 가지, 즉 JVM을 시작할 때 명령줄 인수를 사용하는 방법과 `jcmd`를 사용하는 방법에 대해 살펴보겠다.

먼저 프로세스 시작 시점에 JFR을 시작하기 위해 어떤 스위치가 필요한지 살펴보자. 키 스위치는 다음과 같다.

```
-XX:StartFlightRecording:<options>
```

이것은 일회성 덤프 파일이나 연속적인 링 버퍼로 수행할 수 있으며, 개별적인 명령줄 옵션을 통해 캡처할 데이터를 제어할 수 있다.

또한 JFR은 100가지 이상의 다양한 지표를 캡처할 수 있다. 이들 중 대부분은 영향이 매우 적지만 일부는 약간의 오버헤드를 유발한다. 이러한 모든 메트릭의 구성을 개별적으로 관리하려면 엄청난 작업이 필요하다.

이 과정을 간소화하기 위해 JFR은 프로파일링 구성 파일을 사용한다. 이는 각 지표에 대한 구성과 해당 지표를 캡처할지 여부를 포함하는 간단한 XML 파일이다. 표준 JDK 다운로드에는 `default.jfc`와 `profile.jfc`라는 두 개의 기본 파일이 포함돼 있다.

default 레벨의 레코딩은 매우 낮은 오버헤드로 설계돼 거의 모든 프로덕션 자바 프로세스에서 사용할 수 있도록 돼 있다. `profile.jfc` 구성에는 더 자세한 정보가 포함돼 있지만, 이는 당연히 런타임 비용이 더 높게 발생한다.

NOTE 제공된 두 파일 외에도 원하는 데이터 포인트만 포함하는 사용자 정의 구성 파일을 만들 수도 있다. JMC 도구에는 이러한 파일을 쉽게 생성할 수 있는 템플릿 관리자가 있다.

설정 파일 외에도 전달할 수 있는 다른 옵션에는 녹화된 데이터를 저장할 파일 이름과 데이터 포인트의 유효 기간(데이터 포인트의 수명에 따라)이 포함된다. 예를 들어 전체 JFR 명령줄은 다음과 같을 수 있다(한 줄에 표시됨).

```
-XX:StartFlightRecording:disk=true,filename=svc/sandbox/service.jfr,
                maxage=12h,settings=profile
```

NOTE JFR이 상용 빌드의 일부였을 때는 `-XX:+UnlockCommercialFeatures` 스위치로 잠금이 해제됐다. 그러나 오라클 JDK 11+에서 `-XX:+UnlockCommercialFeatures` 옵션을 사용하면 경고가 발생한다. 이는 모든 상용 기능이 오픈소스로 전환됐으며, 해당 플래그가 OpenJDK의 일부가 아니었으므로 계속해서 사용하는 것이 의미가 없기 때문이다. OpenJDK 빌드에서 상용 기능 플래그를 사용하면 오류가 발생한다.

JFR의 중요한 기능 중 하나는 프로세스 시작 시에 구성할 필요가 없다는 것이다. 대신, `jcmd` 명령어를 사용해 명령줄에서 제어할 수 있다. 다음 예시를 보자.

```
$ jcmd <pid> JFR.start name=Recording1 settings=default
$ jcmd <pid> JFR.dump filename=recording.jfr
$ jcmd <pid> JFR.stop
```

JFR은 JMX API를 통해 JFR 녹화를 제어하는 기능도 제공한다. 그러나 JFR이 어떻게 활성화되든, 최종 결과는 동일하다. 하나의 JVM에 대해 프로파일링 실행당 하나의 파일이 생성된다. 이 파일은 많은 바이너리 데이터를 포함하고 있으므로 직접적으로 읽거나 시각화하기 어렵다.

7.7.2 미션 컨트롤

JDK 미션 컨트롤JDK Mission Control, JMC은 JFR 출력 파일에 포함된 데이터를 표시하는 데 사용되는 그래픽 도구다. `jmc` 명령으로 시작된다. 이 프로그램은 이전에 오라클 JDK 다운로드에 번들로 제공됐지만 이제 https://jdk.java.net/jmc/에서 별도로 다운받아 사용할 수 있다.

미션 컨트롤의 시작 화면은 그림 7.7에서 볼 수 있다. 파일을 로드한 후 JMC는 파일에 대해 자동화된 분석을 수행해서 기록된 실행에 존재하는 분명한 문제를 찾는다.

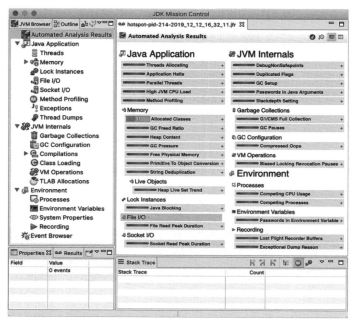

그림 7.7 미션 컨트롤 시작 화면

프로파일링을 위해 대상 애플리케이션에서 Flight Recorder를 사용해야 한다. 이전에 생성된 파일을 사용하는 것 외에, 애플리케이션이 시작된 후에 동적으로 연결하는 것도 가능하다. 후자의 경우, JMC는 로컬 애플리케이션에 동적으로 연결하기 위해 왼쪽 상단 패널에 라벨을 보여주는 JVM Browser 탭을 제공한다.

JMC에서 처음 만나는 화면 중 하나는 JVM의 전반적인 상태를 나타내는 원격 측정 개요overview telemetry 화면이다. 그림 7.8에서 확인할 수 있다.

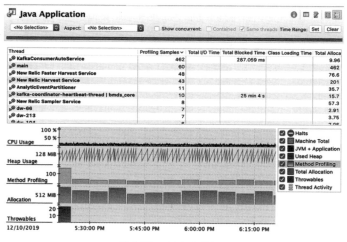

그림 7.8 JMC 대시보드

JMC는 JVM의 주요 하위 시스템을 분석하기 위한 전용 화면을 제공한다. 예를 들어 가비지 컬렉션에는 JFR 파일의 수명 동안 발생한 가비지 컬렉션 이벤트를 보여주는 개요 화면이 있다. 하단에 있는 'Longest Pause'는 타임라인상에서 비정상적으로 긴 가비지 컬렉션 이벤트가 발생한 위치를 확인할 수 있다. 그림 7.9에서 확인할 수 있다.

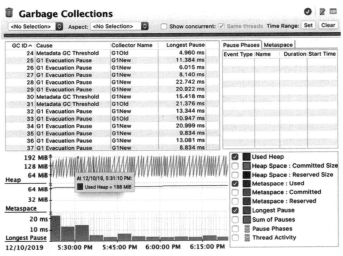

그림 7.9 JMC 가비지 컬렉션

세부 프로파일 구성에서는 새로운 할당 버퍼(TLAB)가 응용 프로그램 스레드에 제공되는 개별 이벤트도 볼 수 있다. 이를 통해 프로세스 내 할당을 훨씬 더 정확하게 볼 수 있다. 이러한 정보는 그림 7.10과 같은 형태로 표시된다. 이 뷰를 통해 개발자는 어떤 스레드가 가장 많은 메모리를 할당하고 있는지 쉽게 확인할 수 있다. 예시에서는 아파치 카프카Apache Kafka 토픽에서 데이터를 소비하는 스레드가 가장 많은 메모리를 할당한다.

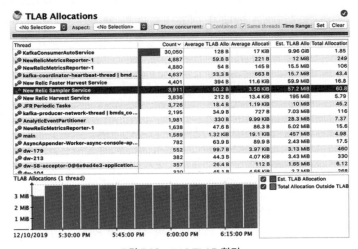

그림 7.10 JMC TLAB 할당

JVM의 또 다른 주요 하위 시스템은 JIT 컴파일러이며, 그림 7.11에서 볼 수 있듯이, JMC를 사용하면 컴파일러가 작동하는 방식을 자세히 살펴볼 수 있다.

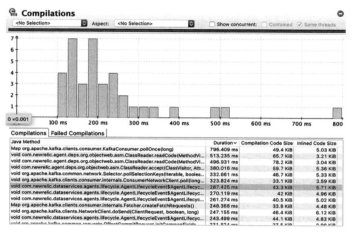

그림 7.11 JMC의 JIT 컴파일

중요 리소스는 JIT 컴파일러에서 코드 캐시에 사용하는 메모리의 사용 가능량이다. 이것은 메서드의 컴파일된 버전이 저장되는 메모리 영역이다. 코드 캐시의 사용량은 JMC에서 시각화할 수 있으며, 그림 7.12는 그 예시다.

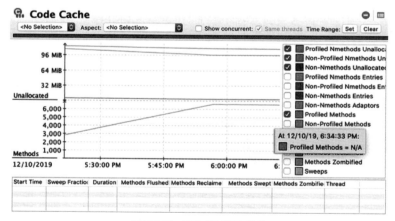

그림 7.12 JMC JIT 코드 캐시

컴파일된 메서드가 많은 프로세스의 경우, 이 메모리 영역이 고갈돼 프로세스가 최대 성능에 도달하지 못할 수도 있다.

JMC에는 메서드 수준의 프로파일러도 포함되는데, VisualVM이나 JProfiler, YourKit과 같은 상용 도구와 매우 유사한 방식으로 작동한다. 그림 7.13은 일반적인 결과를 보여준다.

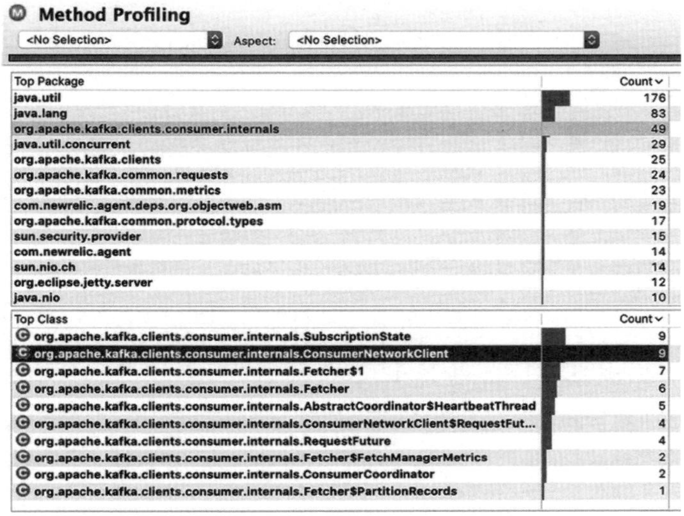

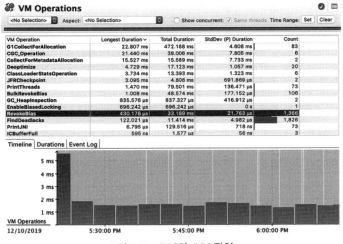

그림 7.13 JMC 메서드 프로파일링

JMC의 더 고급화된 화면 중 하나는 가상머신 작업 보기다. 이 화면은 JVM이 수행하는 내부 작업의 일부와 소요 시간을 보여준다. 이는 모든 분석에 필요한 것은 아니지만, 드물게 발생하는 특정 유형의 문제를 감지하는 데 잠재적으로 유용할 수 있다. 그림 7.14에서 일반적인 사용 예시를 볼 수 있다.

그림 7.14 JMC의 JVM 작업

JMC는 단일 JVM을 진단하는 데 사용할 수 있으며, 이는 매우 유용한 기능이다. 그러나 이 사용 사례는 전체 클러스터(또는 전체 애플리케이션)를 검사하는 것으로 확장되지 않는다. 또한 최신 시스템에는 심층 분석 기능뿐만 아니라 모니터링이나 통합적인 관측이 가능한 설루션이 필요한 경우가 많다.

전통적인 JFR 모델인 녹화 파일(하나의 파일 JVM)은 이 작업이 쉽지 않다. 네트워크를 통해 SaaS 제공 업체나 내부 도구로 전달되는 원격 측정 데이터 스트림으로는 적합하지 않다. 일부 공급업체 (예: 뉴렐릭, DataDog)는 JFR 기능을 제공하지만 이러한 기술의 사용은 아직 상대적으로 특정한 분야에 한정돼 있다.

다행히도 자바 14에서 도입된 JFR 스트리밍 API는 심층 분석뿐만 아니라 모니터링을 위한 훌륭한 기반을 제공한다. 그러나 전반적으로 커뮤니티는 장기 지원 버전이 아닌 자바를 채택하지 않는 경향이 있다. 하지만 자바 17(장기 지원 버전)이 도입되면 JFR의 스트리밍 형식을 지원하는 자바 버전의 광범위한 채택이 가능해질 것으로 예상된다.

성능 튜닝은 코드를 응시하며 깨달음을 기도하거나 미리 준비된 빠른 해결책을 적용하는 것이 아니다. 대신 섬세한 측정, 세심한 주의, 그리고 인내심이 필요하다. 그것은 성능 문제의 진짜 원인이 드러날 수 있도록 테스트에서 발생하는 오류의 원천을 지속적으로 줄이는 것이다.

이 장에서는 다양하고 풍부한 주제에 대해 간략히 소개할 수밖에 없었다. 더 탐구할 것이 많으므로 관심 있는 독자라면 벤저민 J. 에번스 외 2인이 저술한 《자바 최적화》(한빛미디어, 2019)와 같은 전문 서적을 참고하자.

요약

- JVM은 매우 강력하고 정교한 실행 환경이다.
- JVM의 특성으로 인해 내부 코드를 최적화하는 것이 때로는 도전적일 수 있다.
- 문제가 실제로 어디에 있는지 정확히 파악하려면 측정해야 한다.
- 가비지 컬렉션 하위 시스템과 JIT 컴파일러에 특별히 주의를 기울여야 한다.
- 모니터링 및 기타 도구는 큰 도움이 된다.
- 로그와 플랫폼의 다른 지표를 읽는 법을 배워야 한다. 도구가 항상 사용 가능하지 않을 수 있다.

III

JVM에서
자바 외의 언어

이 책에서 이번 파트는 JVM에서 새로운 언어의 패러다임을 탐구하는 데 중점을 두고 있다. JVM은 놀라운 실행 환경이다. 성능과 파워뿐만 아니라 프로그래머에게 놀라울 정도의 유연성을 제공한다. 실제로 JVM은 자바를 넘어 다른 언어를 탐색하는 관문이며, 프로그래밍에 대한 다른 접근 방식을 시도할 수 있게 해준다.

자바만 프로그래밍해온 경우, 다른 언어를 배우는 것으로 얻을 수 있는 이점에 대해 궁금할 수 있다. 1장에서 언급한 대로, 기반을 잘 다진 자바 개발자가 되기 위한 본질은 자바 언어, 플랫폼, 생태계의 모든 측면을 지속적으로 숙달하는 것이다. 여기에는 지금은 먼 이야기처럼 들리겠지만 가까운 미래에 필수적인 부분이 될 주제들도 포함된다.

미래는 이미 와 있다. 다만 널리 퍼져 있지 않을 뿐이다.

윌리엄 깁슨William Gibson

함수형 프로그래밍과 같은 미래에 필요한 새로운 아이디어 중 상당수는 오늘날의 다른 JVM 언어에 이미 존재한다. 새로운 JVM 언어를 배우면 미래의 프로젝트와 유사할 수 있는 다른 세계를 엿볼 수 있다. 익숙하지 않은 관점을 탐구하는 것은 기존의 지식을 새로운 시각으로 바라보는 데도 도움이 될 수 있다. 새로운 언어를 배우면서 자신도 몰랐던 새로운 재능을 발견하고 앞으로 유용하게 사용할 수 있는 새로운 기술을 추가할 수 있는 가능성이 열린다.

9장에서는 코틀린을 살펴볼 것이다. 코틀린은 기본 구조를 근본적으로 변경하지 않으면서도 자바에 대한 비판을 해소하는 비교적 젊은 언어다. 코틀린은 간결성과 안정성을 지향하면서 이전에는 동적 스크립팅 언어에 더 가까웠던 사용 사례를 가능하게 한다.

최근 몇 년간 함수형 프로그래밍은 자바가 표현한 전형적인 객체지향적 시각에 대한 대안으로 계속해서 주목받고 있다. 이 다른 세계의 맛을 보기 위해 클로저를 살펴볼 것이다. 클로저는 자바의 사고 방식과 가장 다른 함수형 언어다.

4부와 5부에서는 빌드와 테스트부터 동시성과 프로그램 구조에 대한 심층적인 문제까지 프로젝트 전반에 걸쳐 이러한 언어가 어떻게 적용되는지 보여주면서 자주 이 언어들을 반복적으로 다룰 것이다. 이제 자바의 안락함에서 잠시 벗어나 사용할 수 있는 대안들을 살펴보자.

PART III

Non-Java languages on the JVM

다른 JVM 언어

이 장의 주요 내용

- 언어 분류학 language zoology
- 다른 JVM 언어를 사용해야 하는 이유
- 다른 언어의 선택 기준
- JVM이 다른 언어를 처리하는 방법

상당한 규모의 업무에 자바를 사용해본 적이 있다면, 때때로 다소 장황하고 서투른 경향이 있다는 것을 알았을 것이다. 어떻게든 좀 더 쉬웠으면 좋겠다는 생각을 해본 적도 있을 것이다.

다행히도 지난 몇 장에서 살펴본 것처럼 JVM은 자바 외의 프로그래밍 언어를 위한 자연스러운 환경을 제공할 정도로 매우 훌륭하다. 이 장에서는 프로젝트에 다른 JVM 프로그래밍 언어를 혼합해야 하는 이유와 방법을 보여준다.

또 다양한 언어 유형(예: 정적 타이핑과 동적 타이핑)을 설명하는 방법, 다른 언어를 사용해야 하는 이유, 다른 언어를 선택할 때 고려해야 할 기준에 대해 설명한다. 또한 이 책의 나머지 부분에서 더 자세히 다룰 두 가지 언어(코틀린과 클로저)에 대해서도 소개한다.

8.1 언어 분류학

프로그래밍 언어는 다양한 종류와 분류로 나뉜다. 다른 말로 하면 프로그래밍에 대한 다양한 스타일과 접근 방식이 각기 다른 언어에 담겨 있다. 언어 간의 차이점을 분류하는 방법을 이해하면 이러한 다양한 스타일을 마스터하는 것이 더 쉬워진다.

> **NOTE** 이러한 분류는 언어의 다양성에 대해 생각하는 데 도움이 된다. 이러한 분류 중 일부는 다른 분류보다 더 명확하지만, 어떤 분류 체계도 완벽하지는 않다. 사람마다 분류 방식에 대한 생각이 다를 수 있다.

최근 몇 년 동안 언어에 다양한 기능을 추가하는 경향이 나타나고 있다. 특정 언어를 다른 언어보다 '덜 함수형'이라거나, '동적으로 타입이 지정됐지만 필요한 경우 선택적으로 정적 타이핑을 할 수 있는' 언어라고 생각하면 도움이 될 것이다.

우리가 다룰 분류는 '인터프리트 언어 대 컴파일 언어', '동적 언어 대 정적 언어', '명령형 언어 대 함수형 언어', 그리고 '언어의 재구현 대 원본'과 같은 것들이다. 일반적으로, 이러한 분류는 공간에 대한 사고 도구이며 완전하고 정확한 학문적 체계는 아니다.

예를 들어 우리는 자바가 런타임에 컴파일되며 정적으로 타입이 지정된, 명령형 언어이면서 일부 함수형 기능을 가진 언어라고 말할 수 있다. 자바는 안전성, 코드 가독성, 하위 호환성, 성능을 강조하며, 이러한 목표를 달성하기 위해 어느 정도의 장황함과 절차ceremony(배포 등)를 기꺼이 받아들인다.

> **NOTE** 서로 다른 언어는 서로 다른 우선순위를 가질 수 있다. 예를 들어 동적 타입 언어는 배포 속도를 강조할 수 있다.

이제 인터프리트 언어 대 컴파일 언어 분류부터 시작해보자.

8.1.1 인터프리트 언어 vs. 컴파일 언어

인터프리트 언어interpreted language는 소스 코드의 각 단계를 그대로 실행하는 언어로, 실행이 시작되기 전에 전체 프로그램이 기계 코드로 변환되지 않는다. 이에 반해, **컴파일 언어**compiled language는 사람이 읽을 수 있는 소스 코드를 이진 형태로 변환하기 위해 컴파일러를 사용하는 언어다.

최근에는 이 구별이 덜 명확해졌다. 1990년대 초에는 구분이 상당히 명확했다. C/C++, FORTRAN 등은 컴파일 언어였고, 펄과 파이썬은 인터프리터 언어였다. 그러나 1장에서 암시한 대로 자바는 컴파일 언어와 인터프리터 언어의 특징을 모두 갖고 있다. 바이트코드의 사용은 이 문제를 더욱 혼란스럽게 만든다. 바이트코드는 분명히 사람이 읽을 수는 없지만, 기계 코드도 아니다.

여기서 공부할 JVM 언어들에 대해 만들어볼 수 있는 구분은 언어가 소스 코드에서 클래스 파일을 생성하고 그것을 실행하는지 여부다. 후자의 경우에는 (아마도 자바로 작성된) 인터프리터가 소스 코드를 한 줄씩 실행하는 데 사용된다. 어떤 언어는 컴파일러와 인터프리터를 모두 제공하며, 어떤 언어는 인터프리터와 JVM 바이트코드를 생성하는 실시간 컴파일러(JIT 컴파일러)를 제공한다.

8.1.2 동적 타이핑 vs. 정적 타이핑

동적 타이핑dynamic typing을 가진 언어에서는 변수가 프로그램 실행 중에 다른 타입의 값을 담을 수 있다. 예를 들어 잘 알려진 동적 언어인 자바스크립트의 간단한 코드를 살펴보겠다. 이 예제는 언어를 자세히 알지 못해도 이해하기 쉬울 것이다.

```
var answer = 40;
answer = answer + 2;
answer = "What is the answer? " + answer;
```

여기서 사용된 var 키워드는 새로운 변수를 생성한다. 자바스크립트의 동적 타입 시스템에서 이 변수는 어떤 타입의 값도 담을 수 있다. 변수는 처음에 40으로 설정돼 있으며, 이는 당연히 숫자값이다. 그다음 2를 더하여 42가 된다. 그다음 약간의 방향을 바꿔서 answer가 문자열값을 갖도록 한다. 이는 동적 언어에서 흔히 사용되는 기술로, 문법 오류가 발생하지 않는다.

자바스크립트 인터프리터는 또한 + 연산자의 두 가지 사용법을 구분할 수 있다. 첫 번째 +는 숫자 덧셈인 40에 2를 더하는 것이다. 다음 줄에서는 인터프리터가 문맥에서 개발자가 문자열 연결을 의도했다는 것을 알아낸다.

자바에서 JShell을 사용해서 이 기술을 다시 시도해보겠다.

```
jshell> var answer = 40;
answer ==> 40

jshell> answer = answer + 2;
answer ==> 42

jshell> answer = "What is the answer? " + answer;
| Error:
```

```
| incompatible types: java.lang.String cannot be converted to int
| answer = "What is the answer? " + answer;
|               ^--------------------------------^
```

이런. 두 언어에서 정확히 같은 소스 코드가 문제없어 보였지만, 자바의 **정적 타입 시스템**static type system은 마지막 줄이 작동하지 않도록 막았다. 자바의 var 키워드는 변수 answer를 생성하는 것 이상의 작업을 수행한다. 1.3절에서 배운 대로, 자바의 var는 표현식의 우측에서 새 변수의 타입을 추론한다. answer의 타입을 명시적으로 지정할 필요가 없었지만, 자바의 정적 타입 시스템은 이후 에 변경되지 않는 타입을 할당한다.

NOTE 여기서 중요한 포인트는 동적 타이핑이 변수가 포함하는 **값**value을 기반으로 타입 정보를 추적한다는 점이고 (예: 숫자 또는 문자열), 정적 타이핑은 **변수**variable 정의에서 타입을 추적한다는 점이다.

정적 타이핑static typing 컴파일된 언어에 적합한 방식일 수 있다. 왜냐하면 타입 정보는 변수에 대한 것이기 때문이다. 이는 코드가 실행되기 전에 컴파일할 때 잠재적인 타입 위반에 대한 판단을 가 능하게 한다.

동적 타입 언어는 변수에 저장된 값에 대한 타입 정보를 가지고 있다. 이는 많은 유연성을 제공하 지만, 타입 위반(예: '이것은 숫자라고 생각했는데 문자열이네요')이 실행 중에 발생한다는 것을 의미한 다. 이는 더 많은 런타임 오류를 유발할 수 있으며, 컴파일 시간 오류보다 디버깅이 더 어렵고 많은 노력이 들 수 있다.

8.1.3 명령형 언어 vs. 함수형 언어

자바는 **명령형 언어**imperative language의 전형적인 예다. 명령형 언어는 프로그램의 실행 중인 상태를 가변 데이터로 모델링하고, 그 실행 상태를 변환하는 명령문 목록을 만들어내는 언어로 볼 수 있 다. 프로그램 상태program state는 명령형 언어에서 가장 중심이 되는 개념이다.

명령형 언어에는 두 가지 주요 하위 유형이 있다. BASIC 및 FORTRAN과 같은 **절차적 언어**procedural language는 코드와 데이터를 완전히 분리하고 간단한 코드가 데이터에 작용하는 패러다임을 가지 고 있다. 다른 하위 유형은 **객체지향 언어**object-oriented language로, 데이터와 코드(메서드 형태로)가 객 체로 묶여 있다. 객체지향 시스템에서 프로그램 상태는 프로그램 내 모든 객체의 상태다. 객체지 향 언어에서는 메타데이터(예: 클래스 정보)를 통해 추가적인 구조가 전달된다. 그러나 이러한 하위 유형 간의 차이점은 항상 명확하지 않을 수 있다. 예를 들어 C++은 명시적으로 객체지향과 절차적

코딩을 모두 지원하도록 의도됐으며, 일부 BASIC의 변형은 객체지향적인 기능을 지원한다.

함수형 언어functional language는 계산 자체가 가장 중요한 개념이라고 생각한다. 함수는 절차적 언어에서처럼 값에 작용하지만, 입력값을 변경하는 대신 함수는 수학적 함수와 같이 새로운 값을 반환하는 것으로 간주된다. 새롭고 참신한 방식으로 별도의 함수들을 함께 구성하는 것도 이 모델의 기본적인 개념이다.

그림 8.1에서 볼 수 있듯이, 함수는 값을 입력받고 새로운 값을 출력하는 '작은 처리 기계'로 간주된다. 함수 자체에는 상태가 없으며, 어떤 외부 상태와 함께 묶어서 사용하는 것은 별로 의미가 없다. 객체 중심의 세계관은 함수형 언어의 자연스러운 관점과 다소 상충되는 측면이 있다.

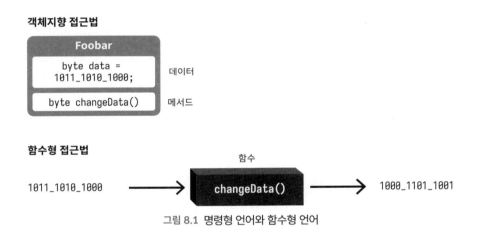

그림 8.1 명령형 언어와 함수형 언어

함수형 언어의 주요 기능은 **일급 함수**first-class function다. 일급 함수는 함수를 값으로 다룰 수 있는 기능으로, 변수에 할당하거나 다른 함수에 전달하거나 다른 함수로부터 반환할 수 있다.

이것은 이전에 논의한 기능 스펙트럼의 훌륭한 예다. 자바 8에서는 람다 표현식을 추가하여 자바 프로그래머가 함수를 값으로 다룰 수 있게 됐다. 그러나 최근에 추가된 기능이기 때문에 플랫폼 전반에 모두 사용되는 것은 아니며, 유사한 동작을 얻기 위한 `Runnable`, `Callable` 인터페이스와 같은 이전에 사용되던 기술도 여전히 사용 가능하다.

다음 두 장에서는 서로 다른 언어에 대해 배우게 될 것이며, 주요 초점은 어떻게 함수형 프로그래밍 접근 방식을 지원하는지에 대해 다룰 것이다. 코틀린에서는 명령형 언어조차도 함수형 개념을 원활하게 지원하는 방법을 볼 수 있을 것이다. 그리고 클로저를 살펴보게 되는데, 이는 더 이상 객체지향에 중점을 두지 않는 훨씬 더 순수한 함수형 언어다.

8.1.4 **재구현 vs. 원래 언어**

JVM 언어 간의 또 다른 중요한 차이점은 기존 언어의 재구현인지 아니면 JVM을 타깃으로 특별히 작성된 언어인지에 대한 구분이다. 일반적으로 JVM을 타깃으로 특별히 작성된 언어는 그들의 타입 시스템과 JVM의 기본 타입 간에 훨씬 더 강한 바인딩을 제공한다.

다음 세 가지 언어는 기존 언어를 JVM으로 재구현한 언어다.

- **JRuby**는 루비 프로그래밍 언어의 JVM 재구현이다. 루비는 동적 타입의 객체지향 언어로, 일부 함수형 기능을 갖고 있다. 기본적으로 JVM에서 해석되지만, 최근 버전에는 유리한 조건에서 JVM 바이트코드를 생성하기 위한 런타임 JIT 컴파일러가 포함돼 있다.

- **Jython**은 1997년 짐 후구닌Jim Hugunin에 의해 시작됐으며 파이썬에서 고성능 자바 라이브러리를 사용하는 방법으로 개발됐다. JVM상에서 파이썬의 재구현이므로 동적이고 주로 객체지향 언어다. 내부적으로 파이썬 바이트코드를 생성한 다음, 해당 코드를 JVM 바이트코드로 변환한다. 유감스럽게도, 이 프로젝트는 2015년 이후로는 거의 활동이 없으며 현재의 파이썬 3를 지원하지 않고 파이썬 2.7만 지원한다.

- **Rhino**는 원래 Netscape에서 개발됐으며 이후 Mozilla 프로젝트에서 제공했다. 이는 JVM상에서 자바스크립트의 구현을 제공했으며 JDK를 통해 제공됐다.

- JDK 8에는 새로운 자바스크립트 엔진인 **Nashorn**이 포함돼 있었다(이름 'Nashorn'은 'Rhino'의 독일어다). 그러나 자바스크립트 언어의 변화가 계속되면서 JDK 11에서는 사용이 중지됐고 JDK 15에서는 완전히 제거됐다. 앞으로의 JDK와 함께는 직접적으로 자바스크립트 구현이 제공되지 않을 것이지만, 독립적으로 Rhino(Mozilla의 https://github.com/mozilla/rhino)와 Nashorn(https://openjdk.java.net/projects/nashorn/)을 별도로 찾을 수 있다. Nashorn은 독립적인 OpenJDK 프로젝트로서 지속될 예정이며, 향후 JDK에서도 지원될 것이다.

> **NOTE** **가장 초기의 JVM 언어는?** 최초의 자바 외의 JVM 언어를 정확히 파악하기는 어렵다. 분명히 리스프의 구현인 Kawa는 1997년경에 개발됐다. 그 이후로 우리는 다양한 언어의 폭발적인 등장을 보았는데, 그 수는 거의 추적하기 어려울 정도다.

지금 쓰는 시점에서 최소한 200개 이상의 언어가 JVM을 타깃으로 한다고 추측할 수 있다. 모든 언어가 활발하게 사용되거나 널리 사용되는 것은 아니지만(일부는 매우 특화돼 있음), 이러한 많은 언어의 존재는 JVM이 언어 개발과 구현에 매우 활발한 플랫폼임을 나타낸다.

NOTE 자바 7과 함께 데뷔한 언어와 가상머신 사양에서 자바 언어에 대한 직접적인 참조가 모두 제거됐다. 이제 자바는 단순히 JVM에서 실행되는 다른 언어들 중 하나일 뿐이며, 더 이상 특권적인 지위를 누리지 않는다.

JVM이 다양한 언어를 타깃으로 할 수 있는 기술적인 요소는 4장에서 논의한 클래스 파일 형식이다. 클래스 파일을 생성할 수 있는 언어는 JVM에서 컴파일된 언어로 간주된다.

자바 프로그래머들에게 다중 언어 프로그래밍이 관심을 받게 된 배경에 대해 이야기해보겠다. 기본 개념을 설명하고, 프로젝트에 다른 JVM 언어를 선택하는 이유와 방법에 대해 설명하겠다.

8.2 JVM에서의 다중 언어 프로그래밍

JVM에서의 **다중 언어 프로그래밍**polyglot programming은 하나 이상의 자바 이외의 JVM 언어를 자바 코드의 코어와 함께 사용하는 프로젝트를 설명하는 용어다. 다중 언어 프로그래밍을 생각하는 일반적인 방법 중 하나는 관심사를 분리하는 방식으로 생각하는 것이다. 그림 8.2에서 볼 수 있듯이, 자바가 아닌 기술이 유용한 역할을 할 수 있는 세 가지 레이어가 있을 수 있

도메인 특화 레이어
동적 레이어
안정적 레이어

그림 8.2 다중 언어 프로그래밍 피라미드

다. 이 다이어그램은 종종 다중 언어 프로그래밍 피라미드라고 불리며, 올라 비니Ola Bini의 작업에서 비롯됐다(https://olabini.com/blog/tag/polyglot/).

피라미드 내에서 의존성은 한 방향으로 진행된다. 안정적인 레이어는 상대적으로 독립적이고, 동적인 레이어는 안정적인 레이어를 사용하며, 도메인별 특화 언어는 그 아래 레이어를 사용할 수 있다.

특정 시스템에서 이러한 레이어를 정의하는 것은 항상 쉽지 않을 수 있다. 회색 영역이 존재하며, 모든 시스템이 완벽하게 맞지는 않는다. 그러나 이것은 시스템의 다른 부분이 서로 다른 요구 사항을 가지고 있고, 서로 다른 언어의 이점을 얻을 수 있는 부분을 식별하는 데는 유용한 도구다.

안정적인 레이어에는 시스템의 핵심 API와 추상화가 포함된다. 타입 안전성, 철저한 테스트, 성능이 모두 중요하다.

동적 레이어는 안정적인 레이어의 추상화를 사용해서 작동하는 시스템을 만든다. 여기에는 시스템이 HTTP를 통해 자신을 노출하거나 다른 백엔드 시스템과 상호작용하는 코드가 포함될 수 있다. 컴파일 시간과 유연성 등의 문제로 인해 동적 계층에서 다른 언어를 고려할 수 있다.

도메인 특화 계층은 프리젠테이션, 규칙 및 처리의 사용자 정의화, CI/CD와 같은 응용 프로그램 특정 관심사를 다룬다. 이 계층의 코드는 애플리케이션 도메인의 특정 측면과 관련된 것으로, 다른 계층에서는 제한적인 언어 선택이 여기서는 이점이 될 수 있다.

> **NOTE** 다중 언어 프로그래밍은 코드의 수명이 다르기 때문에 의미가 있다. 은행의 위험 계산 엔진은 5년 이상 지속될 수 있다. 웹사이트의 JSP 페이지는 몇 달간 지속될 수 있다. 스타트업의 가장 수명이 짧은 코드는 단 며칠 동안만 존재할 수 있다. 코드의 수명이 길수록 피라미드의 안정적인 레이어에 가까워진다. 표 8.1을 참조하자.

표 8.1 다중 언어 프로그래밍 피라미드의 세 가지 계층

명칭	설명	예
도메인 특화	특정 응용 프로그램 도메인의 특정 부분과 강하게 결합된 언어들이다.	아파치 캐멀, DSLs, 드룰스, 웹 템플릿 등
동적	빠르고 생산적이며 유연하게 기능을 개발할 수 있는 언어들이다.	클로저, 그루비, JRuby
안정적	핵심 기능을 위해 안정적이고, 잘 테스트돼 있으며 성능이 우수한 언어들이다.	자바, 코틀린, 스칼라

표 8.1을 보면 계층 사이에 패턴이 나타난다. 정적으로 타입이 지정되는 언어들은 주로 안정된 계층의 작업에 사용되고 있다. 반대로, 특정 목적을 위해 고안된 기술들은 주로 피라미드의 상단에서 알맞게 사용된다.

자바가 피라미드의 모든 부분에 최적의 선택이 아닌 이유에 대해 좀 더 깊이 살펴보겠다. 먼저, 자바 이외의 언어를 고려해야 하는 이유에 대해 논의하고, 그다음으로 프로젝트에 자바가 아닌 언어를 선택하는 데 중요한 몇 가지를 다룰 것이다.

8.2.1 왜 자바가 아닌 언어를 사용할까?

자바의 특성인 범용적이고 정적으로 타입 지정되고 컴파일되는 언어는 많은 장점을 제공한다. 이러한 특징들은 안정적인 계층에서의 기능 구현에는 훌륭한 선택이 된다. 그러나 이러한 속성들은 피라미드의 상위 계층에서는 부담이 될 수 있다. 이러한 부담의 예는 다음과 같다.

- 재컴파일이 번거롭다.
- 정적 타입 지정은 유연성을 제한할 수 있다.
- 배포는 무거운 과정이다.
- 자바의 문법은 엄격하며, **도메인 특화 언어**domain specific language, DSL를 만드는 데 자연스럽지 않을 수 있다.

자바 프로젝트의 재컴파일과 재빌드 시간은 종종 90초에서 2분 정도가 소요된다. 이는 개발자의 작업 흐름을 심각하게 방해할 수 있으며, 단지 몇 주간만 운영될 수 있는 코드를 개발하는 데는 적합하지 않다.

❶ 자바의 엄격한 문법

또한, 자바 언어는 매우 **엄격한 문법**rigid syntax을 갖고 있다. 기본 언어 컴포넌트는 사전 정의된 키워드들이다. 새로운 구문이나 키워드와 혼동할 수 있는 새로운 형태를 만들 수 없다.

프로그래머는 새로운 클래스를 생성하고, 해당 클래스의 기능은 필드에 상태를 저장하고 클래스나 객체의 메서드를 호출하는 것이다. 그러나 이것까지다. 프로그래머는 제어 구조와 유사한 것을 만들 수 없다. 다시 말해, 자바에서 필드 접근은 항상 다음과 같이 보일 것이다.

```
anObject.someField
AClass.someStaticField
```

또한, 메서드의 호출은 항상 다음과 같이 보일 것이다.

```
anObject.someMethod(params)
AClass.someStaticMethod(params)
```

(코틀린과 같은 다른 언어와 달리) 자바에서는 메서드의 매개변수 구문을 선택적으로 표시할 수 없다. 따라서 필드 접근과 메서드 호출 사이의 구분이 모호할 수 없다. 예를 들어 키워드와 유사한 구조를 만들 수 없는데, 다음과 같은 형태의 when을 만들 수 없다.

```
when(value) {
  // 수행해야 할 조치
}
```

할 수 있는 것은 다음과 같은 것뿐이다.

```
import static when.When.when;

...

when(value, () -> {
```

```
  // 수행해야 할 조치
});
```

이런 재정의 가능한 문법의 부재는 자바로 DSL을 만들 때 문제가 될 수 있다. 다음 두 장에서 우리는 자바가 아닌 언어가 이 문제를 어떻게 처리하는지 살펴볼 것이다.

전반적으로, 자바의 강점을 살리는 것이 실용적인 해결책 중 하나다. 안정된 계층에서 애플리케이션의 중요 기능을 구현하기 위해 풍부한 API와 라이브러리 지원을 활용한다.

안정된 계층에서도 자바 이외의 언어가 필요한 경우가 있을 수 있다. 이러한 이유로는 다음과 같은 것이 있다.

- 자바의 다소 지루한 문법은 일부 개발자들에게는 불편할 수 있으며, 특정 유형의 버그들을 숨길 수 있다.
- 자바가 점차적으로 함수형 프로그래밍을 지원하고 있지만, 일부 패턴 적용에서는 여전히 어려움이 있다.
- 다른 언어들은 자바에는 없는 동시성에 대한 대안을 제시한다(코틀린의 코루틴, 클로저의 에이전트 등).

NOTE 안정된 계층에서 다른 언어를 사용하더라도 해당 언어가 지원하는 기능을 활용하기 위해 사용 중인 코드를 다시 작성할 필요는 없다. 대신, 새로운 기능을 추가하거나 이 장에서 추후에 언급할 저 위험 영역에 해당하는 부분에서 새로운 언어를 사용하는 것을 고려해보자.

이 시점에서, 어떤 유형의 프로그래밍 도전이 이러한 계층에 적합한지, 어떤 언어를 선택해야 할지 궁금할 수 있다. 기본기가 탄탄한 자바 개발자는 마법 같은 해결책은 없다는 것을 알겠지만, 선택 사항을 평가할 때 고려할 수 있는 기준은 존재한다.

8.2.2 떠오르는 언어

이 책의 나머지 부분에서는 잠재력과 영향력이 크다고 보는 두 가지 언어를 선택했다. 이들은 JVM에서 동작하는 두 언어(코틀린과 클로저)로, 이미 다중 언어 프로그래머들 사이에서 잘 알려진 언어다. 이 언어들이 인기를 얻는 이유는 무엇일까? 각 언어를 하나씩 살펴보겠다.

❶ 코틀린

코틀린은 JetBrains(IntelliJ IDEA 제작사)에서 개발한 정적 타입을 정의하는 명령형 객체지향 언어다. 코틀린은 자바에 대한 가장 일반적인 불만 사항을 해결하면서 익숙한 개발 환경을 유지하려고 한다. 코틀린은 컴파일 언어이며, JVM에서 실행되는 기본 기능 이상의 높은 호환성을 갖고 있다.

코틀린의 주요 기능으로는 간결한 문법, `null` 안전성, 자바 코드와의 높은 상호 운용성, 그리고 자바의 전통적인 스레딩 모델과는 다른 대안적인 동시성 메커니즘인 코루틴 등이 있다. 코틀린의 일부 기능이 최근 자바의 업데이트에서 도입됐으며, 이는 개발자들에게 제공하는 가치를 확인시켜준다.

다양한 분야에서 선택 가능한 주요 JVM 언어로 자리 잡았으며, 코틀린은 모바일 분야에서 특히 성공을 거두었다. 안드로이드 플랫폼에서는 2019년에 코틀린을 권장 언어로 채택했다. 또한 코틀린은 그래들 빌드 스크립팅에서 그루비와 동일한 수준으로 지원되고 있다. Spring과 같은 여러 프레임워크에서도 지지를 받고 있다. 편리성과 안전성의 다양한 개선점은 JVM이 동작하는 환경에 상관없이 고려할 가치가 있다. 9장에서는 코틀린에 대해 소개한다.

코틀린은 11장에서 그래들 빌드의 주요 스크립팅 언어로 사용할 것이다. 또한, 15장에서는 코틀린을 통해 자바 이상의 독특한 함수형 프로그래밍 접근 방식을 다시 살펴보고, 16장에서는 동시성 프로그래밍(coroutines)을 소개할 때 사용할 것이다.

❷ 클로저

클로저는 리치 히키Rich Hickey가 디자인한 리스프 계열의 언어다. 이는 그 뿌리에서 많은 문법적 특징들(그리고 괄호가 많다)을 물려받았다. 클로저는 동적으로 타입 정의하는, 일반적으로 사용되는 함수형 언어다. 이는 리스프의 일반적인 특성이다. 클로저는 컴파일 언어이지만, 나중에 살펴볼 이유로 인해 일반적으로 소스 형태로 코드를 배포한다. 또한, 리스프 코어에 많은 새로운 기능(특히 동시성 분야)을 추가한다.

리스프 언어는 일반적으로 전문가들만 사용하는 언어로 여겨진다. 클로저는 다른 리스프 언어보다는 학습이 상대적으로 쉽지만, 여전히 개발자에게 강력한 기능을 제공한다(또한 테스트 주도 개발 스타일에도 매우 적합하다). 그러나 주로 전문가들과 특정한 작업(예: 일부 금융 애플리케이션은 그 기능들의 조합을 매우 매력적으로 여긴다)을 위해 사용되기 때문에, 보편적으로는 주류에서 벗어날 가능성이 높다.

클로저는 주로 동적 계층에 위치한다고 생각할 수 있지만, 동시성 지원과 다른 기능들 때문에 안정된 계층 언어의 많은 역할을 수행할 수 있다고 볼 수 있다. 10장에서 클로저에 대해 소개한다.

자바가 수행할 수 있는 함수형 프로그래밍, 그 이상을 배우기 위해 클로저를 널리 활용할 것이다(15장에서). 또한 16장에서는 동시성 프로그래밍의 강력한 대안인 액터 모델을 소개하는 데도 사용할 예정이다.

8.2.3 그 밖의 언어

앞서 언급했듯이 살펴볼 수 있는 언어의 종류는 매우 다양하다. 다음은 여러분이 직접 더 자세히 살펴보는 것이 실용적일 수 있는 몇 가지 다른 경쟁 언어에 대해 조금 더 자세히 설명한다.

1 그루비

그루비Groovy는 2003년에 제임스 스트라찬James Strachan이 발명했다. 자바와 매우 유사하지만 더 유연한 구문을 가진 동적 컴파일 언어다. 스크립팅과 테스트에 널리 사용된다. 그래들 빌드 도구에서 처음 사용된 언어이며, 매우 일반적인 CI/CD 도구인 Jenkins를 구성하는 데 사용된다. 개발자나 팀이 JVM에서 조사하는 첫 번째 비자바 언어인 경우가 많다. 그루비는 동적 레이어에 있는 것으로 볼 수 있으며 DSL 구축에 적합한 것으로도 잘 알려져 있다.

프레임워크와 다른 언어들의 개선으로 인해 프로토타이핑과 애플리케이션 사용 사례에서 그루비의 점유율이 감소하고 있기 때문에 더 자세히 다루지 않겠다.

2 스칼라

스칼라Scala는 함수형 프로그래밍의 여러 측면을 지원하는 객체지향 언어다. 스칼라의 기원은 2003년에 마틴 오데르스키가 자바의 제네릭과 관련된 초기 프로젝트에 이어 학술적인 환경에서 작업을 시작한 것으로 거슬러 올라간다. 자바와 같이 정적으로 타입을 정의하는 컴파일 언어이며 많은 양의 타입 추론을 수행해서 동적 언어의 느낌을 주는 경우가 많다.

스칼라는 자바에서 많은 것을 가져왔으며, 언어 설계를 통해 자바의 몇 가지 일반적인 성가신 문제를 '해결'했다. 하지만 스칼라는 자바에 비해 매우 방대한 기능 세트와 훨씬 더 진보한 타입 시스템을 갖추게 됐다.

프로그래밍이 복잡할 수 있으며 완전히 배우기가 쉽지 않다. 따라서 이 책에서는 자바 언어의 상태만 개선하고자 하는 개발자를 위해 코틀린에 집중하기로 한다.

❸ GraalVM

오라클 연구소는 부분적으로 자바와 JVM의 코드베이스에서 파생된 다중 언어 가상머신 및 플랫폼이라고 말하는 **GraalVM**(https://www.graalvm.org/)을 제작했다. 현재 릴리스에는 자바 및 기타 JVM 언어(바이트코드로서)를 실행하는 기능뿐만 아니라 자바스크립트와 LLVM 바이트코드(LLVM 컴파일러에서 사용되는 중간 코드 형식)에 대한 지원과 함께 루비Ruby, 파이썬, R 및 WASM에 대한 베타 지원 기능이 포함돼 있다.

전체 플랫폼은 다음과 같은 구성 요소로 이뤄져 있다.

- 자바 핫스폿 가상머신
- Node.js 자바스크립트 런타임 환경
- LLVM 바이트코드를 실행하는 LLVM 런타임
- Graal: 자바로 작성된 JIT 컴파일러
- Truffle: 언어 인터프리터를 구축하기 위한 툴킷 및 API
- SubstrateVM: 네이티브 이미지를 위한 경량 실행 컨테이너

GraalVM 프로젝트 내에서 언어들은 매우 자유롭게 서로 연결될 수 있으며, 목표는 다른 기술로 구현된 컴포넌트들을 결합해서 단일 애플리케이션 프로세스에서 사용할 수 있게 하는 것이다. 이는 매우 다른 다중 언어 프로그래밍 접근 방식이지만, 관심 주제와 충분히 유사하기 때문에 언급하고 싶었다.

❹ 비JVM 언어

이번 장에서는 JVM에서 실행되는 다른 언어에 중점을 둔다. 하지만 때때로 다중 언어 프로그래머가 시스템의 일부에서 JVM을 완전히 떠나야 할 이유가 있을 수 있다는 점을 인정할 필요가 있다.

JVM 이외에서 더 많은 지원을 받는 기술의 예는 다음과 같다.

- 네이티브 시스템 코드(C, Go, 러스트)
- 머신러닝(파이썬)
- 사용자의 웹브라우저에서 실행(자바스크립트)

이러한 기술들에 대해서도 JVM 기반 접근 방법이 있지만, 완전히 JVM 위에서 모든 코드를 유지하려고 할 때는 다른 언어들의 성숙도와 팀의 구성을 고려하는 것이 중요하다.

이제 가능한 선택지들의 개요를 살펴봤으니, 어떤 언어를 선택할지 결정하는 데 영향을 미칠 수 있는 문제들에 대해 논의해보겠다.

8.3 프로젝트에 비자바 언어를 선택하는 방법

비자바 언어를 프로젝트에서 시험하기로 결정했다면, 프로젝트의 어떤 부분이 안정적 레이어인지, 동적 레이어인지, 도메인 특화 레이어인지를 식별해야 한다. 표 8.2는 각 계층에 적합한 작업들을 강조한다.

표 8.2 도메인 특화, 동적, 안정적 레이어에 적합한 프로젝트 영역들

	명칭	도메인 문제의 예시
도메인 특화	도메인 특화 영역은 자바를 모르는 전문가들이 읽기 쉽게 구성할 수 있다. 소프트웨어 생명 주기 도구에서도 종종 도메인 특화 언어와 설정이 사용된다.	• 빌드, 지속적 통합, 지속적 배포 • 데브옵스 • 비즈니스 규칙 모델링
동적	시스템의 동적 계층은 다른 언어를 사용해서 더 큰 유연성과 개발 속도의 이익을 가질 수 있다. 특히 내부적으로 사용되는 도구(테스팅과 관리)에 대해서도 마찬가지다.	• 빠른 웹 개발 • 프로토타이핑 • 대화형 관리와 사용자 콘솔 • 스크립팅 • 테스팅
안정적	안정적 계층 코드는 시스템의 핵심 추상화를 나타낸다. 더 엄격한 타입 안전성과 테스팅은 추가적인 개발자 부담을 감당할 가치가 있다.	• 동시성 코드 • 응용 프로그램 컨테이너 • 핵심 비즈니스 기능

보는 대로 다른 언어에 대한 다양한 사용 사례들이 존재한다. 그러나 다른 언어로 해결 가능한 작업을 식별하는 것은 단지 시작에 불과하다. 다음으로 다른 언어를 사용하는 것이 적절한지 평가해야 한다. 기술 스택을 고려할 때 고려해야 할 몇 가지 유용한 기준이 있다.

• 프로젝트 영역이 저위험인가?

• 이 언어가 자바와 어떻게 상호 운용되나?

• 이 언어에 대한 어떤 도구 지원(예: IDE 지원)이 있나?

• 이 언어의 학습 곡선은 얼마나 가파른가?

• 이 언어에 대한 경험이 있는 개발자를 쉽게 고용할 수 있나?

각 영역을 자세히 살펴보면, 고려해야 할 종류의 질문들에 대해 감을 잡게 될 것이다.

8.3.1 프로젝트 영역이 저위험 지역인가?

하루에 수백만 거래를 처리하는 핵심 결제 처리 규칙 엔진이 있다고 가정해보자. 이것은 7년 이상 사용된 안정적인 자바 소프트웨어이지만 테스트가 많지 않고 코드에 많은 어려운 부분이 존재한다. 결제 처리 엔진의 핵심은 새로운 언어를 도입하기에는 위험이 높은 지역임이 분명한다. 특히 그것이 성공적으로 실행되고 테스트 커버리지가 부족하며 완전히 이해하는 개발자가 부족한 상태라면 말이다.

시스템은 핵심 처리 외에도 많은 부분으로 구성돼 있다. 예를 들어 테스트를 개선할 필요가 있는 상황이라면 코틀린은 여러 가지 좋은 옵션을 제공한다. Spek 프레임워크와 Kotest(https://kotest.io) 라이브러리는 코틀린의 언어적 특성을 활용하여 JUnit의 일반적인 부분을 줄이고 명확하고 가독성 높은 명세(사양)를 작성할 수 있도록 도와준다. 또는 규칙 엔진이 속성 테스트에 적합해서 이익을 얻을 수도 있다. **속성 테스트**property testing는 생성된 입력값을 대상으로 조건을 검증하는 방식의 테스트로, 클로저의 `test.check`(https://clojure.org/guides/test_check_beginner) 라이브러리는 이를 유용하게 활용할 수 있다.

또는 결제 처리 시스템의 중요하지 않은 정적 데이터를 운영 사용자가 관리할 수 있는 웹 콘솔을 구축해야 할 수도 있다. 개발 팀 멤버들은 이미 Struts와 JSF를 알고 있지만 두 기술에 별다른 흥미를 느끼지 못한다. 이는 새로운 언어 및 기술 스택을 시도하기에 위험이 낮은 또 다른 영역이다. 코틀린이 포함된 스프링 부트Spring Boot는 확실한 선택이 될 수 있다.

위험이 낮은 영역에서 제한된 파일럿에 집중함으로써 새로운 기술 스택이 적합하지 않은 경우에는 프로젝트를 종료하고 큰 혼란 없이 다른 기술로 포팅할 수 있는 옵션은 항상 존재한다.

8.3.2 언어가 자바와 잘 상호 운용되는가?

이미 작성한 훌륭한 자바 코드의 가치를 버리고 싶지는 않을 것이다. 이것이 조직이 기술 스택에 새로운 프로그래밍 언어를 도입하는 것을 주저하는 주된 이유 중 하나다. 하지만 JVM에서 실행되는 다른 언어를 사용하면 이런 문제를 해결할 수 있으므로 코드베이스에서 기존 가치를 극대화하고 작동 중인 코드를 버리지 않아도 된다.

JVM의 다른 언어는 자바와 깔끔하게 상호 운용될 수 있으며 물론 기존 환경에도 배포할 수 있다. 이것은 프로덕션 관리팀이나 팀의 데브옵스 담당자 등 배포를 소유한 사람에게 영향을 주지 않기 위해 특히 중요하다. 시스템의 일부로 자바가 아닌 JVM 언어를 사용하면 조직의 운영 전문성을 유지할 수 있으므로 새로운 솔루션 지원에 대한 걱정을 덜고 위험을 줄일 수 있다.

> **NOTE** DSL은 일반적으로 동적(또는 경우에 따라 안정적인) 레이어 언어를 사용해서 빌드되므로 많은 DSL이 빌드된 언어를 통해 JVM에서 실행된다.

일부 언어는 다른 언어보다 자바와 더 쉽게 상호 운용된다. 대부분의 인기 있는 JVM 다른 언어(예: 코틀린, 클로저, JRuby, 그루비, 스칼라)는 모두 자바와의 상호 운용성이 우수하며, 일부 언어는 통합이 거의 완벽에 가까울 정도로 뛰어나다. 정말 신중한 영역이라면 먼저 몇 가지 실험을 통해서 통합이 어떻게 작동할지를 확인하는 것도 빠르고 용이하다.

예를 들어 코틀린을 살펴보겠다. 코틀린에서는 익숙한 `import` 문을 사용해서 자바 패키지를 직접 코드로 가져올 수 있다. 이제 여기서 코틀린 스크립트를 간단히 작성하거나 코틀린 인터랙티브 셸을 사용해 자바 모델 객체들을 살펴볼 수 있다. 다음 장에 있는 각 언어의 장들에서 자바와의 상호 운용성에 대해 자세히 이야기하겠다.

8.3.3 해당 언어에 대한 도구와 테스트 지원이 제공되는가?

대부분의 개발자는 자신의 환경에 익숙해지면 절약할 수 있는 시간을 과소평가한다. 강력한 IDE와 빌드 및 테스트 도구는 고품질 소프트웨어를 빠르게 제작하는 데 도움이 된다. 자바 개발자는 수년 동안 훌륭한 도구 지원의 혜택을 누려 왔으므로 다른 언어의 성숙도가 이와 같지 않을 수 있다는 점을 기억하는 것이 중요하다.

일부 언어(예: 코틀린)는 최종 결과물을 컴파일, 테스트, 배포하기 위해 오랜 기간 IDE 지원을 받아 왔다. 다른 언어에는 완전히 성숙하지 않은 도구가 있을 수 있다.

이와 관련된 문제는 다른 언어가 자체적으로 강력한 도구(예: 클로저의 멋진 Leiningen 빌드 도구)를 개발한 경우에 해당 도구가 다른 언어를 처리하는 데 적합하지 않을 수 있다는 것이다. 따라서 팀은 프로젝트를 어떻게 나눌지에 대해 신중하게 고려해야 한다. 특히 분리돼 있지만 서로 관련된 컴포넌트를 배포하는 경우에는 더욱 신중해야 한다.

8.3.4 언어를 배우기가 얼마나 어려운가?

새로운 언어를 배우는 데는 항상 시간이 걸리며, 해당 언어의 패러다임이 개발 팀에 익숙한 언어가 아닐 경우 그 시간은 더욱 늘어난다. 대부분의 자바 개발팀은 새로운 언어가 C와 유사한 구문을 사용하는 객체지향적 언어(예: 코틀린)라면 쉽게 익힐 수 있다.

자바 개발자가 이 패러다임에서 멀어질수록 점점 더 어려워진다. 인기 있는 다른 언어의 극단적인 예로, 클로저 같은 언어는 놀랍도록 강력한 이점을 제공할 수 있지만, 개발 팀이 클로저의 기능적 특성과 리스프 구문을 배울 때 상당한 재교육이 필요할 수도 있다.

한 가지 대안은 기존 언어를 재구현한 JVM 언어를 살펴보는 것이다. 루비와 파이썬은 개발자가 스스로 교육하는 데 사용할 수 있는 많은 자료가 있는 잘 정립된 언어. 이러한 언어들의 JVM 버전은 팀이 쉽게 배울 수 있는 비자바 언어로 작업을 시작하는 데 이상적인 선택지가 될 수 있다.

8.3.5 이 언어를 사용하는 개발자가 많은가?

조직은 실용적이어야 한다. 광고에서 말하는 것과는 달리 항상 상위 2%를 채용할 수는 없으며, 개발 팀은 1년 동안 수시로 바뀔 수 있다. 코틀린이나 스칼라와 같은 일부 언어는 채용할 수 있는 개발자 풀이 있을 정도로 확고하게 자리 잡고 있다. 하지만 클로저와 같은 언어는 더 많은 어려움을 겪을 수 있다. 관리자는 유지 관리가 어려운 코드베이스를 만들 수 있다는 우려로 인해 새로운 언어를 사용하는 것에 반대할 수 있다.

[NOTE] 재구현 언어에 대한 경고: 예를 들어 루비로 작성된 많은 기존 패키지와 애플리케이션들은 원래의 C 기반 구현에 대해서만 테스트돼 있어서 JVM상에서 사용하려고 할 때 문제가 발생할 수 있다. 플랫폼을 결정할 때는 재구현된 언어로 작성된 전체 스택을 활용할 계획이 있다면 추가적인 테스트 시간을 고려해야 한다.

JRuby, Jython 등과 같이 재구현된 언어들은 이러한 상황을 도울 수 있다. 많은 개발자가 이러한 언어들을 경력에 기재하지 않을 수 있지만, JVM에서 동작하는 루비인 JRuby와 같은 경우에는 실제로 많은 개발자들이 이를 활용할 수 있다. C 기반 버전에 익숙한 루비 개발자들은 JVM에서 실행할 때 발생하는 차이점을 매우 쉽게 배울 수 있다.

이제 우리는 다른 언어를 선택할 때 해야 할 몇 가지 질문과 가능한 옵션들을 개괄적으로 살펴보았다. 이 시점에서 JVM이 어떻게 여러 언어를 지원하는지 더 깊이 이해할 필요가 있다. JVM의 다른 언어에 대한 몇 가지 설계 선택과 제한 사항의 근원을 살펴보자.

8.4 JVM이 다른 언어를 지원하는 방법

언어는 두 가지 방법으로 JVM에서 실행할 수 있다.

- 클래스 파일을 생성하는 소스 코드 컴파일러가 있는 경우로, 코틀린과 클로저는 모두 이러한 방식으로 작동한다.
- JVM 바이트코드로 구현된 인터프리터가 있는 경우로, JRuby는 이러한 방식으로 구현된다.

두 경우 모두 프로그램 실행을 위한 언어별 지원을 제공하는 런타임 환경이 있는 것이 일반적이다. 그림 8.3은 자바와 일반적인 비자바 언어에 대한 런타임 환경 스택을 보여준다.

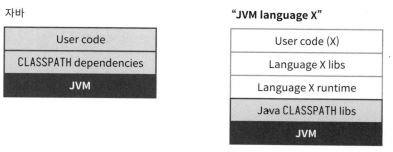

그림 8.3 비자바 언어 런타임 지원

이러한 런타임 지원 시스템은 특정 비자바 언어가 런타임에 필요로 하는 처리량에 따라 복잡성이 달라진다. 거의 대부분의 경우 런타임은 실행 중인 프로그램이 클래스패스에 보유해야 하는 JAR이나 모듈의 집합으로 구현된다. 인터프리터 방식의 경우 인터프리터는 프로그램 실행이 시작될 때 부트스트랩을 수행한 다음 실행할 소스 파일을 읽는다.

8.4.1 성능

다양한 언어에 대해 개발자들이 자주 묻는 질문 중 하나는 '언어들은 성능이 서로 어떻게 나타날까요?'이다. 겉보기에는 매력적으로 보일 수 있지만, 이 질문에 간단히 답변하기는 어렵고 사실 그다지 의미가 없다.

7장에서 보았듯이, 기본기가 탄탄한 개발자는 성능이 측정에 의해 결정된다는 것을 알고 있다. 측정은 개별 프로그램을 기준으로 수행되며, 추상적인 프로그래밍 언어 개념에 대해서는 측정되지 않는다. 신뢰할 만한 데이터 없이 X 언어가 Y 언어보다 '더 빠르다'라는 주장에는 의심을 가져야 한다.

하지만 실제로 JVM 언어의 전반적인 성능 특성은 언어의 구현 방식에 의해 상당 부분 결정될 수 있다. 컴파일 언어는 런타임에 바이트코드로만 존재하며 자바와 같은 방식으로 JIT 컴파일된다. 반면 인터프리트 언어는 프로그램 자체가 아닌 인터프리터가 JIT 컴파일되기 때문에 성능 면에서 매우 다르게 움직일 것이다.

NOTE 일부 언어(예: JRuby)는 하이브리드 전략을 사용한다. 스크립트에 대해 인터프리터를 사용하지만 개별 소스 메서드를 동적으로 JVM 바이트코드로 컴파일할 수 있으며, 이후 JVM의 JIT 컴파일러에 의해 기계 코드로 컴파일될 수 있다.

이 책에서는 컴파일 언어에 초점을 맞추고 있다. 인터프리트 언어(예: Rhino)는 형식적으로 언급했지만, 너무 많은 시간을 할애하지는 않았다. 따라서 우리가 고려하는 언어들 사이에 성능이 크게 다를 것으로 기대한다. 더 자세한 답을 원하면 특정 프로그램이나 작업 부하에 대해 자세한 분석을 진행해야 한다.

이 절의 나머지 부분에서는 다른 언어(컴파일된 언어의 경우에도)에 대한 런타임 지원의 필요성을 논의하고 난 후 컴파일러 픽션(컴파일러에 의해 합성되고 저수준 바이트코드에 나타나지 않을 수 있는 언어별 기능)에 대해 이야기하겠다.

8.4.2 비자바 언어의 런타임 환경

특정 언어가 필요로 하는 런타임 환경의 복잡성을 간단하게 측정하는 한 가지 방법은 런타임 구현을 제공하는 JAR 파일의 크기를 살펴보는 것이다. 이를 지표로 사용하면, 클로저는 비교적 가볍고, JRuby는 더 많은 지원이 필요한 언어라는 것을 알 수 있다.

이것이 완전히 공정한 테스트는 아니다. 어떤 언어는 다른 언어보다 훨씬 큰 표준 라이브러리와 추가 기능을 표준 배포에 포함할 수 있기 때문이다. 그러나 대략적인 기준으로 유용할 수 있다.

일반적으로 런타임 환경의 목적은 다른 언어가 JVM에서 동작하는 데 필요한 지원을 제공하여 타입 시스템과 기타 측면에서 원하는 의미론semantics[1]을 달성하는 것이다. 다른 언어는 기본적인 프로그래밍 개념에 대해 자바와 항상 정확히 동일한 관점을 가지지 않는다.

예를 들어 자바의 객체지향 접근 방식은 다른 언어들과 항상 공유되지 않는다. 자바에서는 특정

---

1   [옮긴이] 언어나 기호 체계의 의미 또는 의미 구조를 다루는 학문으로, 특히 프로그래밍 언어에서는 어떤 코드나 구조가 어떤 의미를 가지고 있는지를 이해하고 해석하는 것을 뜻한다.

클래스의 모든 객체 인스턴스가 정확히 같은 메서드 세트를 갖고 있으며, 이 세트는 컴파일 시점에 고정된다. 그러나 루비에서는 개별 객체 인스턴스에 런타임만 알 수 있는 추가적인 메서드를 연결할 수 있으며, 이 메서드는 같은 클래스의 서로 다른 인스턴스에는 정의되지 않을 수 있다.

[NOTE] 실제로 invokedynamic 바이트코드는 이러한 유형의 언어 기능을 효율적으로 구현하기 위해 JVM에서 처음으로 추가됐다.

JRuby는 자바로 구현된 루비 언어의 JVM 인터프리터다. 동적으로 메서드를 추가하는 기능(다소 혼돈스럽지만 'open classes'로 불리기도 한다)은 JRuby 구현에도 있어야 한다. 이러한 기능을 구현하기 위해 JRuby 런타임의 추가적인 지원과 처리가 필요하다.

8.4.3 컴파일러 픽션

특정 언어 기능은 프로그래밍 환경과 상위 수준 언어에 의해 합성되며 기본 JVM 구현에는 존재하지 않는다. 이를 **컴파일러 픽션**compiler fiction이라고 한다.

[NOTE] 이러한 기능이 어떻게 구현되는지 아는 것이 도움이 된다. 그렇지 않으면 코드가 느리게 실행되거나 경우에 따라 프로세스가 충돌할 수 있다. 때로는 특정 기능을 합성하는 데 환경이 많은 작업을 수행해야 하는 경우도 있다.

자바에서의 다른 예로는 확인된 예외checked exception[2]와 내부inner 클래스가 있다. 내부 클래스는 항상 필요에 따라 특별히 합성된 접근 메서드가 있는 최상위top-level 클래스로 변환된다(그림 8.4에서 참고). (jar tvf 명령으로) JAR 파일 안을 살펴봤을 때 $가 포함된 이름의 클래스들을 본 적이 있다면 이들은 내부 클래스가 언팩되고 일반 클래스로 변환된 것이다.

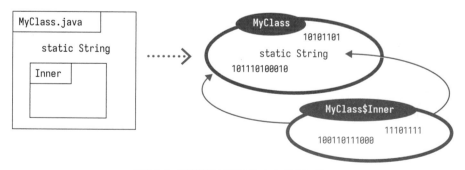

그림 8.4 컴파일러 픽션으로서의 내부 클래스

---

2 [옮긴이] 자바에서 사용되는 용어로, 컴파일러가 특정 예외 상황에 대한 처리를 강제하는 예외 유형으로, RuntimeException을 상속하지 않는 예외 클래스들을 말한다.

다른 언어들도 컴파일러 픽션을 갖고 있다. 경우에 따라 이런 컴파일러 픽션은 언어의 핵심 기능 중 일부이기도 하다.

8.2절에서 함수형 프로그래밍의 핵심 개념인 일급 함수를 소개했다. 일급 함수는 변수에 할당할 수 있는 값으로 함수를 다루는 개념이다. 이 책의 3부에서 다루는 모든 비자바 언어들은 자바가 람다 표현식을 추가하기 전에 오랫동안 이 기능을 지원했다. 그렇다면 JVM은 코드와 기능의 가장 작은 단위로 클래스만을 다루는데, 이러한 기능을 어떻게 구현할 수 있을까?

소스 코드와 JVM에서 바이트코드 사이의 이러한 불일치에 대한 원래의 해결책은 객체가 데이터와 해당 데이터에 작용하는 메서드의 묶음이라는 점을 기억하는 것이다. 상태는 없고 메서드만 하나만 있는 객체(예: 자바의 `Callable`을 단순 익명 구현한 것)가 있다고 가정해보자. 이러한 객체를 변수에 넣고 전달한 다음, 나중에 다음과 같이 `call()` 메서드를 호출하는 것은 전혀 이상하지 않다.

```
Callable<String> myFn = new Callable<String>() {
    @Override
    public String call() {
        return "The result";
    }
};


System.out.println(myFn.call());
```

NOTE 이 예시에서 `myFn` 변수는 **익명 타입**anonymous type이므로 컴파일 후에 `NameOfEnclosingClass$1.class`와 같은 형태로 나타난다. 클래스 번호는 1부터 시작해서 컴파일러가 만나는 각 익명 타입마다 증가한다. 이러한 익명 타입이 동적으로 생성되고 많은 경우(JRuby와 같은 언어에서 종종 발생), 클래스 정의가 저장되는 **오프 힙**off heap 메모리에 부담을 줄 수 있다.

자바 람다 표현식은 사실 익명 타입 접근 방식을 사용하지 않고, 대신에 JVM의 일반적인 기능인 `invokedynamic`를 활용해서 구현된다. 이것은 17장에서 자세히 다루겠다. 또한 다른 대안 언어들도 자신들의 특수화된 구현에서 `invokedynamic`을 사용하는 쪽으로 변하고 있다. 이는 컴파일러 픽션들이 플랫폼의 실질적인 개발에 영향을 미치는 흥미로운 사례다.

또 다른 예시로, 다음 장에서는 코틀린의 **데이터 클래스**data class를 만나볼 것이다. 이 기능은 '필드만 가진 단순한 클래스'를 선언할 때 필요한 타이핑과 형식ceremony을 줄이는 데 도움이 된다. 현재 코틀린에서는 이것이 컴파일러 픽션이다. 그러나 자바 17에는 **레코드**record라는 기능이 추가됐으며, 이것은 결국 코틀린이 데이터 클래스를 빌드할 수 있는 또 다른 기반을 제공할 수 있게 한다.

요약

- JVM에서의 다른 언어들은 특정 문제에 대해 자바보다 더 나은 설루션을 제공하기 위해 먼 길을 걸어왔다.

- 언어는 정적 vs. 동적, 명령형 vs. 함수형, 컴파일형 vs. 인터프리터형 등 다양한 방식으로 분류할 수 있으며, 이를 통해 작업에 적합한 언어를 선택하는 데 도움이 될 수 있다.

- 다중 언어 프로그래밍은 종종 안정적, 동적, 도메인 특성의 세 가지 계층으로 구분된다. 안정적인 소프트웨어 개발 계층에는 자바와 코틀린이 가장 적합하다. 동적 또는 도메인별 영역의 작업에는 클로저가 더 적합할 수 있다.

- 기존 프로덕션 애플리케이션의 핵심 비즈니스 기능은 새로운 언어를 도입하기에 적합한 곳이 거의 없다. 다른 언어를 처음 배포할 때는 위험이 낮은 영역을 선택하자.

- 팀과 프로젝트마다 언어 선택에 영향을 미치는 고유한 특성이 있다. 여기에는 보편적인 정답이 없다.

코틀린

이 장의 주요 내용

- 코틀린을 사용하는 이유
- 편의성과 간결성
- 안전성
- 동시성
- 자바와의 상호 운용성

코틀린Kotlin은 유명한 IntelliJ IDEA의 개발사인 JetBrains(https://jetbrains.com)에서 만든 언어다. 2011년 공개적으로 발표됐으며, 코틀린은 자바로 개발하는 과정에서 느낀 언어적 한계를 채우고 다른 기존 JVM 언어들과는 다른 원활함을 제공하기 위해 개발됐다.

코틀린은 다음 해에 오픈소스로 공개됐으며, 2016년에 1.0 버전이 출시됐다. 젯브레인즈로부터 보장된 수준의 지원과 유지 보수를 받았다. 이후 코틀린은 안드로이드 플랫폼에서 권장하는 언어가 됐으며, 다른 JVM 코딩 환경에서도 탄탄한 지지층을 확보했다. 2018년에 발표된 코틀린 파운데이션은 젯브레인즈와 구글의 장기적인 언어 지원을 이끌어내고 있다. 코틀린은 JVM을 넘어서 자바스크립트와 네이티브 백엔드까지 지원한다.

9.1 코틀린을 사용하는 이유

코틀린은 자바에 비해 많은 편의성 개선을 제공하면서 기존 프로그래밍 환경을 급격하게 변화시키지는 않는다. 코틀린은 편의성, 안전성, 견고한 상호 운용성에 초점을 맞추어 기존 자바 프로젝트에서 점진적으로 사용하는 데 매우 적합하다. IntelliJ IDEA에서 최고의 지원을 받아, 자바 파일을 코틀린 파일로 전환하는 것은 종종 단 한 번의 클릭으로 이뤄질 수 있다.

흥미로운 점은 코틀린에서 처음으로 사용 가능했던 일부 기능이 자바에서도 사용 가능하게 됐다는 것이다. 이에 대한 좋은 예는 코틀린 스크립트(코틀린 스크립트는 일반적으로 kts 확장자를 가진 소스 파일을 개발자가 컴파일하지 않고 바로 실행할 수 있다)다. 이것이 1장에서 보여준 자바 11의 단일 파일single file 기능과 유사하다고 할 수 있다!

이 장에서 우리는 코틀린에 대한 새로운 시각을 갖게 될 것이다. 이후 11장에서는 그래들을 사용하는 빌드의 주요 스크립팅 언어로 코틀린을 사용한다. 코틀린은 또한 JVM에서 함수형 프로그래밍을 검토하고(15장), 코틀린의 내장된 코루틴 메커니즘이 자바의 고전적인 다중 스레딩에 대한 대안을 제공하는 흥미로운 부분을 16장에서 다시 다룰 예정이다. 이제 코틀린이 우리에게 무엇을 제공할 수 있는지 살펴보자.

9.1.1 설치

IntelliJ IDEA를 사용한다면 코틀린은 플러그인을 통해 제공된다. 설치된 플러그인을 통해 IDE에서 지원하는 다른 언어와 마찬가지로 코틀린으로 코드 작성을 시작할 수 있다.

더 간소한 설정이 필요한 사용자들을 위해, 코틀린은 명령줄 컴파일러(kotlinc, http://mng.bz/YGoa)와 대화형 셸(kotlin)도 제공한다.

기존 프로젝트에 코틀린을 추가하려면 빌드 스크립트를 업데이트해야 한다. 11장에서 이러한 시스템에 더욱 익숙해지겠지만, 현재는 코틀린의 훌륭한 문서를 참조하여 메이븐(http://mng.bz/GEYJ)이나 그래들(http://mng.bz/z4vA)로 시작하는 방법을 확인할 수 있다. 코틀린을 실행할 준비가 됐다면, 기본 기능이 어떻게 작동하고 자바보다 어떤 개선이 있는지 알아보겠다.

9.2 편의성과 간결성

자바는 길고 상세하다는 평판을 갖고 있다. 코틀린은 자바와 많은 시각적 유사성을 유지하면서도 써야 하는 코드를 굉장히 간소화한다.

9.2.1 더 적은 코드로 시작하기

간소화된 특성 중 하나는 세미콜론이다. 코틀린은 줄을 끝내는 데 세미콜론을 요구하지 않고, 일반적인 개행 문자를 사용해서 줄을 끝낼 수 있다. 물론 세미콜론을 사용할 수 있는데, 하나의 줄에 여러 문장을 넣고 싶을 때는 필요하다. 그러나 대부분의 경우 세미콜론은 필요하지 않다.

코틀린은 빈 슬레이트를 활용해서 자바에서 변경하기 어려울 수 있는 다른 기본값들을 수정했다. 자바는 기본적으로 `java.lang`만을 임포트하지만, 코틀린은 다음 패키지들을 어디서나 제공한다.

- `java.lang.*`
- `kotlin.*`
- `kotlin.annotation.*`
- `kotlin.collections.*`
- `kotlin.comparisons.*`
- `kotlin.io.*`
- `kotlin.ranges.*`
- `kotlin.sequences.*`
- `kotlin.text.*`
- `kotlin.jvm.*`

Collections, text, IO가 필요하지 않은 프로그램은 거의 없기 때문에 이런 패키지들의 포함은 불필요한 임포트를 많이 절약한다.

자바의 상세함이 자주 나타나는 곳은 타입(자료형)과 관련이 있으며, 1장에서 보았듯이 `var` 키워드는 타입 정보의 반복을 줄이는 데 도움이 된다. 코틀린은 처음부터 이러한 유형의 추론 스타일을 가지고 있지만, 이 아이디어의 유일한 출처는 아니다.

9.2.2 변수

변수를 소개할 때 코틀린은 심지어 최신 자바 버전과 동일한 키워드 `var`를 사용한다. 코틀린은 변수의 오른쪽 표현식에서 변수의 타입을 추론할 수 있다. 예시를 통해 살펴보자.

```
var i = 1      ◄───── i의 타입은 kotlin.Int다.
var s = "String"  ◄────┐ s의 타입은
                       kotlin.String이다.
```

그러나 코틀린에서는 `var`가 단순히 단축키shortcut인 것만은 아니다. 변수의 타입을 명시적으로 표시하려면 다음 코드에서 나타나는 것처럼 `var`를 사용하면서 변수 이름 뒤에 타입을 추가해야 한다. 이것을 종종 **타입 힌트**type hint라고도 한다.

```
var i: Int = 1
var s: String = "String"
var n: Int = "error"  ◄──┐
```
> 이 할당은 컴파일 오류로 실패하게 된다. 오류 메시지는 'type mismatch: inferred type is String but Int was expected'이다. 즉 '추론된 타입은 String이지만 Int가 예상된다'는 의미다.

코틀린에서 `var` 키워드의 친구로 `val` 키워드가 있다. `val`로 선언된 변수는 불변immutable이며, 할당 이후에는 값을 변경할 수 없다. 이는 자바의 `final var`와 같은 개념으로, 변수가 재할당되지 않을 것으로 예상되는 경우에 강력하게 권장하는 기본 설정이다. 코틀린은 이를 가변mutable 변수와 동일하게 간결하게 만들어주어 안전성과 가독성을 유지할 수 있다. 예시를 살펴보겠다.

```
var i = 1   ◄──┐ var 변수에 재할당이
i = 2          허용된다.

val s = "String"   ◄──┐ 컴파일 오류. error: val
s = "boom"            cannot be reassigned(val은
                      재할당할 수 없다.)
```

코틀린에서는 변수와 인수에 일관성 있게 `var`와 `val`을 사용한다. 또한 불변성을 기본으로 선호하는 것은 코틀린의 주요 설계 요소 중 하나이며, 이러한 원칙은 언어 전반에서 여러 차례 반복해서 볼 수 있다.

변수를 가지게 되면 비교를 하고자 하는 것은 당연한 일이다. 코틀린은 동등성equality에 관해 알아두면 유용한 몇 가지 새로운 기능을 제공한다.

9.2.3 **동등성**

많은 자바 프로그램에서 흔히 발생하는 오류를 다음 코드에서 확인할 수 있다.

```
// 자바
String s = retrieveString();
if (s == "A value") {
    // ...
}
```

어딘가에서 문자열을 받아온다. 문자열 리터럴은 실제로 동일한 객체로 인터닝될 수 있으므로, 잘못된 비교로 인해 잘못된 안전성을 제공할 수 있다.

여기에 도달하지 못한다. 동일한 값이지만 별도의 참조를 사용하는 경우에도 도달하지 못한다.

자바의 `==`이 값이 아닌 참조를 비교하므로 다른 언어에서 기대하는 것과는 다르게 동작한다는 것을 금방 알 수 있다.

코틀린은 이러한 이상한 동작을 제거하고 `==`를 일반적인 타입(예: `String`)의 값 비교로 취급한다. 실제로 `==`는 `null`에 안전한 방식으로 `equals` 메서드를 호출하는 것과 동일하게 작동한다. 이는 일반적인 프로그래밍 상황을 최적화하며, 다음 코드에서 볼 수 있듯이 자바 프로그래밍에서 발생하는 오류의 큰 원인을 피하는 데 도움이 된다.

```
// 코틀린
var s: String = retrieveString()
if (s == "A value") {
    // ...
}
```

만약 변수 s의 값이 "A value"와 동일한 경우에는 코드가 실행된다.

특별한 경우에는 여전히 참조를 비교해야 할 수도 있다. 이런 경우에 코틀린의 `===`(및 `!=` 연산자의 대응인 `!==`)를 사용하면 자바의 `==`와 `!=` 연산자와 동일한 동작을 얻을 수 있다. 변수들을 비교하는 것도 중요하지만, 다른 코드를 호출하거나 자신만의 서브루틴을 정의해야 하는 경우도 있다.

9.2.4 **함수**

종종 우리는 '함수'와 '메서드'라는 용어를 혼용해서 사용하지만, 사실 자바는 메서드만 가지고 있다. 클래스의 문맥을 벗어나서 재사용 가능한 코드 블록을 정의할 수 없다. 코틀린은 자바의 객체지향 기능을 모두 지원하지만(다음 절에서 살펴보겠다), 때로는 함수 자체만을 원하는 경우도 인식한다.

코틀린의 간결성 원칙을 유지하기 위한, 최소한의 함수 정의는 다음과 같다.

```
fun doTheThing() {        ◄──   fun 키워드는 코틀린에서 함수를
    println("Done!")              정의한다. 클래스의 메서드를
}                                 정의하는 과정에서 다시 볼 수 있다.
```

이것은 자바의 방식과 약간 다르게 보일 수 있지만, 여전히 꽤 인식하기 쉽다. 선언을 시작하는 `fun` 키워드 이외에 가장 큰 차이점은 반환 타입을 명시하지 않는다는 것이다. 코틀린에서는 함수가 아무런 값도 반환하지 않으면 명시적으로 `void`를 표시하는 대신에 아무것도 표시하지 않을 수 있으며, 이 경우 반환 타입은 `Unit`(반환값이 없음을 나타내는 코틀린의 방식)으로 처리된다.

만약 값을 반환하려면 다음과 같이 직접 지정해야 한다.

```
fun doTheThing(): Boolean {      ◄──   함수가 Boolean 타입을
  println("Done!")                     반환한다고 선언한다.
  return true    ◄──  true를 반환한다.
}
```

함수는 인수를 받지 않으면 그다지 유용하지 않다. 코틀린은 그에 대한 문법이 변수 선언과 매우 비슷해서 다음과 같이 표시된다.

```
fun doTheThing(value: Int): Boolean {     ◄──   이제 함수는 Int 타입의
  println("Done $value!")                        단일 인수를 받는다.
  return true              인수들은 함수 내에서 지역적으로
}                          정의된 변수처럼 존재한다. 여기서는
                           코틀린의 편리한 문자열 보간법(string
                           interpolation)을 사용한다.
```

코틀린의 간단한 함수 정의에도 몇 가지 트릭이 있다. 때로는 인수들의 순서가 불분명할 수도 있다. 특히 다음의 예시처럼 인수들 간의 타입이 일치할 때다.

```
fun coordinates(x: Int, y: Int) {
  // ...
}
```

이 함수를 호출할 때 인수의 순서를 기억해야 한다. 즉 x가 y보다 먼저 온다는 것을 기억하지 않으면 버그가 발생할 수 있다. 코틀린은 이를 **지명된 인수**named argument로 해결한다. 다음 예시에서 살펴보겠다.

```
fun coordinates(x: Int, y: Int) {
  // ...
}

coordinates(10, 20)          일반적인 변수 위치를
                             사용한 함수의 호출
coordinates(y = 20, x = 10)
                             인수의 이름을 지정한 호출로 변수의
                             순서에 영향을 받지 않는다.
```

NOTE 자바 함수를 호출할 때나, 그 반대로 코틀린 함수를 자바에서 호출할 때는 인수 이름을 지정할 수 없다. 이는 인수 이름이 바이트코드에서 보존되지 않기 때문이다. 또한 코틀린 코드에서 인수 이름을 변경하는 것은 API 변경으로 간주될 수 있다. 자바에서는 인수의 타입, 개수 또는 순서를 변경하는 것만 문제가 된다.

함수를 호출할 때 모든 인수를 전달할 필요가 없을 수도 있다. 이럴 때는 합리적인 기본값이 필요하다. 자바에서는 다양한 인수 집합을 받는 메서드의 여러 오버로드로 이를 수용할 수 있다. 하지만 코틀린에서는 기본값을 위해 더 직접적인 방법을 사용할 수 있다. 다음을 살펴보자.

```
fun callOtherServices(value: Int, retry: Boolean = false) {
  // ...
}

callOtherServices(10)        함수에서 retry는
                             기본값으로 false를 가진다.
```

하나는 단일 인수로, 다른 하나는 두 개의 인수로 각각 정의해서 제공해야 하는 `callOtherServices` 함수를 코틀린에서는 불필요한 코드 없이 모든 관련된 부분을 하나의 함수로 유지할 수 있다.

코틀린에서 제공하는 일반적인 경우 중 하나는 한 줄로 표현되는 함수다. 다음 코드에서 보여지듯이, 이러한 함수는 특정 계산이나 검사를 캡슐화해서 이름을 부여하는 데 사용된다. 코틀린은 이러한 짧은 함수에 대하여 간결한 대체 선언을 지원한다.

```
fun checkCondition(n: Int) = n == 42
```

이 형식은 중괄호 대신 단일 등호(=)를 사용해서 간결하게 표현할 수 있을 뿐만 아니라, 타입 추론 덕분에 반환 타입을 생략할 수 있다. 코틀린은 표현식의 타입을 자동으로 추론할 수 있다.

이 기능은 코틀린 디자인의 중요한 부분을 보여주는데, 바로 일급 함수를 지원한다는 것이다. 코틀린에서 함수는 인수로 전달되거나, 변수나 프로퍼티에 저장되거나, 다른 함수에서 반환될 수 있다. 코틀린은 함수형 프로그래밍 언어로 간주되지는 않지만, 일급 함수 지원을 통해 함수형 프로그래

밍의 많은 일반적인 패턴을 활용할 수 있다.

함수를 변수에 할당하는 것은 함수의 소스에 따라 몇 가지 다른 형태를 취할 수 있다. 이전에 이미 선언한 함수가 있다면 `::` 연산자를 사용하여 해당 함수를 이름으로 참조할 수 있다.

```kotlin
fun checkCondition(n: Int) = n == 42
val check = ::checkCondition
```

또한 코틀린에는 익명 함수를 즉석에서 생성할 수 있는 **람다 표현식**lambda expression 구문도 있다.

```kotlin
val anotherCheck = { n: Int -> n > 100 }
```

함수가 어떻게 할당됐든, 함수에 대한 참조는 변수 이름이 마치 함수 자체의 이름인 것처럼 호출할 수 있다. 또한, 그것을 더 명확하게 하기 위해서는 `invoke` 함수를 사용할 수도 있다. 다음 예시를 보자.

```kotlin
println(check(42))                ← checkCondition 함수를 check 변수에
                                     할당하고 호출해서 true를 출력한다.
println(anotherCheck.invoke(42))  ← 람다를 호출해서 값이 100보다 큰지
                                     확인하고 false를 출력한다.
```

함수를 로컬 변수에 할당하는 것뿐만 아니라, 함수를 다른 값처럼 다른 함수의 인수로 전달할 수도 있다. 이는 일급 함수를 지원하는 언어의 핵심적인 특징 중 하나다.

이전에 보았듯이, 코틀린은 인수가 자신의 타입을 선언하게끔 한다. 함수도 여기서 예외가 아닌데, 함수의 타입을 표현하기 위한 특정 문법이 있다. 다음 예시를 보자.

```kotlin
fun callsAnother(funky: (Int) -> Unit) {    ← callsAnother 함수는 Int를 인수로
    funky(42)    ← callsAnother는 전달된        받아 아무것도 반환하지 않는
}                   함수를 호출한다.             함수를 인수로 받는다.

                                             callsAnother를 호출하는데,
                                             이때 함수 타입이 일치하는
callsAnother({ n: Int -> println("Got $n") })  ← 람다를 전달한다.
```

함수 타입은 `->`로 구분된 두 부분으로 구성된다. 첫 번째는 `()` 안의 인수 목록이고, 두 번째는 반환 타입이다. 인수 목록이 비어 있을 수도 있지만, 반환 타입은 비어 있을 수 없다. 만약 전달하는 함수가 아무것도 반환하지 않는다면, 그 타입은 반드시 `Unit`으로 지정돼야 한다.

함수의 인수는 호출자가 전달할 인수의 타입을 지정해야 한다. 하지만 코틀린은 람다에 타입 추론을 적용하여 호출자가 더 간결하게 코드를 작성할 수 있도록 도와준다. 이전에 본 `callsAnother` 함수를 호출하는데, 점점 더 명시적인 타입을 생략한 여러 가지 형태가 가능하다.

```
callsAnother({ n: Int -> println("Got $n") })
callsAnother({ n -> println("Got $n") })
callsAnother({ println("Got $it") })
```

처음에는 람다의 타입을 완전히 명시한 원래의 호출 방식이다.

코틀린은 callsAnother 함수가 필요한 타입이 Int라는 것을 유추할 수 있으므로 n은 Int 타입으로 추론된다.

람다에 하나의 매개변수를 전달하는 패턴이 자주 사용되기 때문에, 코틀린은 암묵적인 매개변수로 특별한 지원을 제공한다.

코틀린은 람다를 인수로 전달할 때 또 다른 기능을 가지고 있다. 함수 호출의 마지막 인수가 람다인 경우, 해당 람다는 괄호 뒤에 위치할 수 있다. 함수에 전달하는 인수가 람다 하나뿐인 경우, 괄호를 사용하지 않아도 된다. 다음 세 가지 호출은 모두 동일하다.

```
callsAnother({ println("Got $it") })
callsAnother() { println("Got $it") }
callsAnother { println("Got $it") }
```

15장에서 코틀린과 함수형 프로그래밍에 대한 더 많은 세부 내용을 살펴볼 것이지만, 지금은 컬렉션에서 자바의 빈번한 불만 사항을 개선하는 데 코틀린이 어떻게 함수형 프로그래밍 기법을 활용하는지 살펴보겠다.

9.2.5 컬렉션

컬렉션collection은 프로그램에서 가장 일반적인 데이터 구조 중 하나다. 자바의 표준 컬렉션 라이브러리는 가장 초기 버전부터 많은 기능과 유연성을 제공해왔다. 그러나 언어와 하위 호환성의 제약으로 인해 더 많은 번거로운 코드가 발생할 수 있다. 특히 파이썬과 같은 스크립팅 언어나 하스켈Haskell 같은 함수형 언어와 비교할 때 그렇다. 최근 자바 버전에서는 상황이 크게 개선됐다(컬렉션 팩토리와 스트림에 대한 내용은 1장과 부록 B를 참조하자). 그러나 원래 자바의 컬렉션 디자인으로 인해 여전히 어려움이 남아 있다.

당연하게도 코틀린은 이러한 오류를 교훈 삼아 처음부터 원활한 컬렉션 사용 경험을 제공한다. 다음에 나열된 표준 함수들은 코틀린에서 항상 가장 일반적인 유형의 컬렉션을 생성하기 위해 사용됐다. 이 기능은 자바 9에서만 도입됐다.

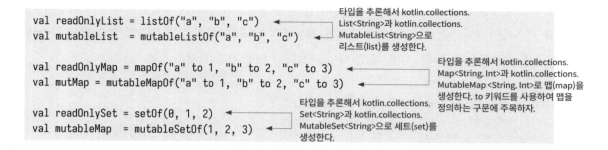

기본 함수들은 컬렉션의 읽기 전용 복사본을 반환한다. 이는 성능과 정확성을 위한 훌륭한 선택이다. 수정을 위한 인터페이스를 얻기 위해서는 명시적으로 변경 가능한 mutable 형태flavor를 요청해야 한다. 코틀린은 다시 한번 쉬운 방법으로 변경 불가능성을 강조함으로써 코드를 더욱 안전하게 만드는 데 목표를 두고 있다.

또한, 이러한 컬렉션의 추론된 타입이 표준 자바 컬렉션과 다른 점을 눈치챘을 수도 있다. 비슷한 이름을 가지고 있지만, 코틀린의 컬렉션은 kotlin.collections 패키지에 존재한다. 코틀린은 컬렉션 인터페이스의 자체 계층구조를 정의하고 있지만, 내부적으로 JDK의 구현을 재사용한다. 이는 kotlin.collections 인터페이스를 통해 더 깔끔한 API를 제공함과 동시에, 구현이 java.util 컬렉션 인터페이스를 지원하기 때문에 컬렉션을 자바 코드로 전달할 수 있다.

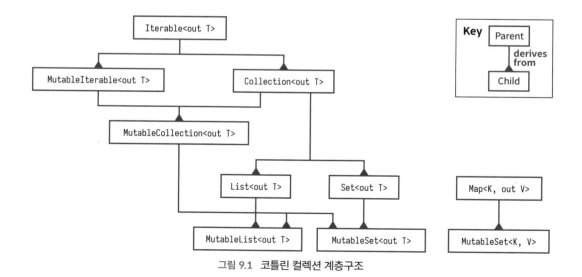

그림 9.1 코틀린 컬렉션 계층구조

이러한 컬렉션은 모든 표준 자바 인터페이스와 패턴에 참여한다. 다음과 같이 `for ... in` 문을 사용해서 컬렉션을 반복_{iterate}할 수 있다.

```
val l = listOf("a", "b", "c")

for (s in l) {
  println(s)
}
```

그러나 `for` 루프는 언어에서 직접 컬렉션을 반복할 수 있는 유일한 연산이다. 컬렉션에 대한 다른 많은 작업이 반복으로 이뤄지며, 코틀린의 컬렉션은 이전 절에서 살펴본 일급 함수를 사용해 다양한 기능을 제공한다. 이러한 함수는 항상 호출되는 컬렉션을 변경하지 않고 새로운 컬렉션을 반환한다. 많은 공통된 아이디어를 공유하는 람다와 스트림이 출시된 이후 자바에서 이런 스타일의 컬렉션 코드를 접해봤을 것이다.

종종 하나의 컬렉션에서 값을 가져와서 계산에 따라 각 요소를 다른 값으로 변환한다. `map`은 다음과 같이 전달한 함수를 사용하여 정확히 이 작업을 수행한다.

```
val l = listOf("a", "b", "c")          ◀── result는 "A", "B", "C"의
val result = l.map { it.toUpperCase() }        리스트를 포함한다.
```

또 다른 일반적인 작업은 추가적인 처리를 수행하기 전에 컬렉션에서 특정값을 제거하는 것이다. `filter` 함수는 `Boolean`을 반환하는 람다를 기대한다. 이 람다는 predicate(서술어 부분)라고 불리며 다음 코드처럼, `filter` 함수는 이 predicate를 반복적으로 호출해서 새로운 컬렉션에 반환할 요소를 결정한다.

```
val l = listOf("a", "b", "c")      ◀── result에는 "a"와 "c"가
val result = l.filter { it != "b" }     포함된 리스트가 있다.
```

만약 컬렉션이 특정 조건의 만족 여부만 필요하고 요소들이 필요하지 않다면 `all`, `any`, `none` 함수가 필요한 기능을 제공한다. 다음 코드 예시에서 볼 수 있듯이, 이런 함수들은 데이터를 복사하지 않고 최적화돼 있으며, 가능한 한 빠르게 결과를 반환한다.

```
val l = listOf("a", "b", "c")
val all  = l.all { it.length == 1 }   ◄─── all == true
val any  = l.any { it.length == 2 }   ◄─── any == false
val none = l.none { it == "a" }   ◄─── none == false
```

리스트에서 `associateWith`와 `associateBy` 함수를 사용하여 맵을 생성할 수 있다. `associateWith` 함수는 결과 맵의 키로 컬렉션 요소를 사용한다. 반면에 `associateBy` 함수는 컬렉션 요소를 맵의 값으로 사용한다. 이러한 함수들을 사용할 때 중복이 발생하면, 마지막으로 계산된 값이 최종적으로 적용된다. 다음 코드를 보자.

```
val l = listOf("!", "-", "--", "---")

val resultWith = l.associateWith { it.length }   ◄──┐ resultWith는 mapOf("!" to
                                                    │ 1, "-" to 1, "--" to 2, "---" to
val resultBy   = l.associateBy   { it.length }   ◄──┘ 3)를 가진다.
                                                      resultBy는 mapOf(1 to
                                                      "-", 2 to "--", 3 to "---")를
                                                      가진다.
```

이는 코틀린에서 컬렉션 작업에 사용되는 다양한 함수들의 일부만 소개한 것에 불과한다. 이런 함수들은 연결해서 사용할 수 있으며, 컬렉션에 대한 작업을 표현적이고 간결한 방식으로 기술할 수 있게 해준다. 코틀린의 공식 문서는 그 사용법을 잘 설명하고 있으며, 그 예시를 통해 그룹화, 정렬, 집계, 복사 등 다른 주제들을 자세히 다루고 있다. 자세한 내용은 https://kotlinlang.org/docs/collections-overview.html에서 확인할 수 있다.

코틀린은 코드 간의 유기적인 흐름을 유지하는 데 초점을 맞추고 있으며, 이는 다른 기본 기능들에도 영향을 미친다. 문장statement보다는 표현식expression을 선호하는 것은 코틀린이 코드의 불필요한 복잡성을 줄이는 또 다른 방법이다.

9.2.6 자유롭게 표현하기

프로그래밍을 배울 때 처음 만나게 되는 구조 중 하나는 `if` 문이다. 자바에서는 `if` 문이 프로그램의 실행 흐름을 제어하는 데 사용되는 문장이다. 코틀린도 마찬가지로 `if` 문을 이러한 목적으로 사용하지만, 아래 코드와 같이 단순히 실행되는 문장이 아니라 값을 반환하는 표현식으로 사용된다.

```
                                           변수 iffy는 어느 분기가
                                           실행되는지에 따라 값을 갖게 된다.
val iffy = if (checkCondition()) {   ◄──┘
  "sure"   ◄──┐ 만약 checkCondition()이 true라면,
} else {       │ "sure"가 iffy에 할당된다.
```

```
    "nope"          ◀——    만약 checkCondition()이
}                           false라면, "nope"가 iffy에
                            할당된다.
```

다른 변수를 할당할 때와 마찬가지로 코틀린에서는 타입을 유추할 수 있다. 이 경우 각 분기의 마지막 줄이 유형을 결정할 때 고려한다.

코틀린의 `if` 표현식은 충분히 강력해서, 실제로 자바가 C로부터 상속한 삼항 조건 연산자 `(condition ? "sure" : "nope")`를 코틀린에서 제거했다. 삼항 연산자는 코드를 짧게 만들어주지만, 가독성을 잃어버리는 정도로 압축하는 경향이 있다. 코틀린의 `if` 표현식은 이러한 삼항 연산자의 기능을 대체할 수 있으며, 다음 코드 샘플에서 보여지는 것처럼 대부분 더 가독성이 좋다. 또한 논리가 더 복잡해질 경우 자연스럽게 여러 줄로 확장할 수 있다.

```
val myTurn = if (condition) "sure" else "nope"
```

1장에서는 자바에 `switch` 표현식이 도입된 것에 대해 논의했다. 이는 코틀린의 설계가 자바의 유사한 개선 사항보다 앞선 또 다른 사례다. 코틀린은 전통적인 C 스타일의 `switch` 구문을 사용하지 않지만, 대신 다음 코드와 같이 강력한 대체 기능을 키워드 `when`을 통해 지원한다.

```
val w = when (x) {              만약 변수 x의 값이 1이라면,
    1 -> "one"          ◀——     w에 "one"이 할당된다.
    2 -> "two"          ◀——     만약 변수 x의 값이 2라면,
    else -> "lots"      ◀——     w에 "two"가 할당된다.
}               만약 변수 x의 값이 1 또는
                2가 아닌 다른 값이라면,
                w에 "lots"가 할당된다.
```

`when`은 여러 가지 유용한 형태를 지원한다. 다음 코드에서처럼 `in` 키워드를 사용해서 컬렉션에 속하는지를 확인할 수 있다.

```
val valid = listOf(1, 2, 3)
val invalid = listOf(4, 5, 6)

val w = when (x) {                          in 키워드와 함께 when을 사용하여
    in valid   -> "valid"       ◀——         x가 각 컬렉션에 속하는지
    in invalid -> "invalid"     ◀——         확인한다. 이는 valid.contains(x)와
    else       -> "unknown"                 invalid.contains(x)를 호출하는 것과
}                                           동일하다.
```

또한 코틀린은 숫자 범위에 대한 언어 수준의 지원을 제공하며, 이것은 when, in과도 잘 작동한다. 다음과 같이 사용할 수 있다.

```
val w = when (x) {
  in 1..3 -> "valid"      ◄──── 구문은 포함 범위(inclusive range)를
  in 4..6 -> "invalid"    ◄──── 정의한다. 따라서 이 코드는 이전의
  else    -> "unknown"          컬렉션 기반 예제와 동일하다.
}
```

when의 왼쪽 조건은 유형이 요구하는 것과 일치한다면 어떤 유효한 표현식이든 될 수 있다. 예를 들어 함수 호출은 다음과 같이 복잡한 조건을 명확히 하게 해준다.

```
fun theBest() = 1
fun okValues() = listOf(2, 3)
                                    theBest 함수의 반환값이 직접
val message = when (incoming) {     사용되므로, 이 함수는 incoming과
  theBest()      -> "best!"  ◄──── 비교하기 위해 Int를 반환해야 한다.
  in okValues() -> "ok!"     ◄──── okValues 함수의 반환값이 in과
  else           -> "nope"          함께 사용되므로, okValues는
}                                    반드시 컬렉션을 반환해야 한다.
```

when에 대한 마지막 포인트로, 아직 그 강력함을 확신하지 않았다면 안전성에 대해 언급하겠다. 이전에 제시한 모든 예제들은 else 분기를 제공한다. 이러한 분기를 하나라도 제거하면 컴파일 오류가 발생하며, 다음과 같이 모든 경우를 처리하지 않았음을 알린다.

```
error: 'when' expression must be exhaustive, add necessary 'else' branch
```

코틀린은 다음 코드처럼 try-catch를 사용해서 자바의 문장을 표현식으로 대체하는 또 다른 방법을 제공한다.

```
val message = try {          실패할 수 있는 함수의
  dangerousCall()    ◄──── 호출이다.
  "fine"             ◄──── 만약 위험한 호출에 성공한다면,
} catch (e: Exception) {     message에 "fine"이 할당된다.
  "oops"             ◄────
}
         만약 위험한 호출이 예외를 던진다면,
         message에 "oops"가 할당된다.
```

이렇게 하면 try-catch 바깥에서 변수를 선언하고 내부의 모든 경우에서 올바르게 사용해야 하는 어색한 구조를 피할 수 있다. 이렇게 작성하는 것이 더 짧을 뿐만 아니라 컴파일러가 할당이 유효하다고 보장할 수 있어 더 안전하다.

코틀린과 자바 모두 함수형 프로그래밍의 측면을 일부 채용했지만, 그들은 본질적으로 객체지향 언어다. 다음에는 코틀린에서 클래스와 객체를 정의하는 것을 살펴보자.

9.3 클래스와 객체에 대한 다른 시각

코틀린의 클래스는 자바와 매우 유사한 기능을 제공한다. class 키워드를 시작으로 하지만, 다른 곳에서 보았듯이 코드는 다르며 간결성과 편의성에 중점을 둔다.

먼저, 코틀린은 클래스의 인스턴스를 생성할 때 new 키워드를 사용하지 않는다. 대신에, 함수를 클래스 이름과 같이 호출하는 것과 유사한 구문을 사용한다. 다음과 같이 표시된다.

```
val person = Person()
```

코틀린은 자바와 같은 방식으로 필드를 가지지 않는다. 대신, 클래스 내에서 속성들properties을 선언할 때 val과 var가 사용된다. 이 속성들은 자바의 필드를 선언하는 것과 비슷한 방식으로, 다음과 같이 인라인으로 초기화할 수 있다.

```
import java.time.LocalDate

class Person {
  val birthdate = LocalDate.of(1996, 1, 23)   ◀── 읽기 전용 속성인 birthdate
  var name = "Name Here"   ◀── 변경 가능한 속성인 name
}
```

NOTE 4장에서 보았듯이 필드는 JVM 레벨에서 존재하므로, 코틀린의 속성은 실제로 바이트코드에서 필드 접근으로 변환된다. 그러나 언어 수준에서는 속성으로 생각하는 것이 더 바람직하다.

자바 클래스에서 불필요한 코드인 getter와 setter 메서드는 주로 반복적이고 지루한 코드의 주요 원인 중 하나다. 코틀린은 기본적으로 속성에 대한 접근자를 자동으로 제공함으로써 이를 해결한다. 더 나아가 코틀린은 자바의 필드에 접근하는 것처럼 다음과 같이 속성의 접근자 메서드를 사용할 수 있도록 한다.

```
println("Hi ${person.name}. " +
        "You were born on ${person.birthdate}")
person.name = "Somebody Else"
// person.birthdate = LocalDate.of(2000, 1, 1)
```

"Hi 이름. You were born on 1996-01-23."를 출력한다.

var 속성은 setter도 제공하며, =를 사용해서 설정할 수 있다.

val 속성은 설정할 수 없다.

클래스 디자인에서 **가시성**visibility은 특히 **캡슐화**encapsulation와 관련된 큰 주제다. 코틀린은 가시성을 기본적으로 public으로 설정하므로 자바의 기본값인 **package-protected**와 다르다. 모든 속성을 자유롭게 노출하는 것은 좋은 관행으로 여겨지지 않지만, 코틀린의 디자이너들은 실제 코드에서 public을 훨씬 더 자주 명시해야 한다는 것을 발견하여 기본값으로 선택함으로써 큰 효과를 가져왔다.

코틀린은 다음 네 가지 수준의 접근 제한을 지원한다. 대부분은 자바와 상응하는 접근 제한과 일치한다.

- private: 해당 클래스 내부에서만 볼 수 있다(또는 최상위 함수의 경우 해당 파일에서만 볼 수 있다).
- protected: 해당 클래스와 하위 클래스에서 볼 수 있다.
- internal: 함께 컴파일되는 코드에서 볼 수 있다.
- public: 누구나 볼 수 있다.

예를 들어 birthdate를 private으로 만들고 싶다면 다음과 같이 할 수 있다.

```
class Person {
  private val birthdate = LocalDate.of(1996, 1, 23)
  var name = "Name Here"
}
```

코틀린은 프로그래머에게 필드field가 아닌 속성만 노출하기 때문에, 속성에 대한 **위임자**delegated properties 기능을 사용할 수 있다. by 키워드와 함께 사용하면, 속성의 getting과 setting 동작에 대한 커스텀 구현을 제공할 수 있다. 이러한 기법은 후반부에서 다양한 고급 기술로 나타난다.

표준 라이브러리에서는 여러 유용한 위임자를 제공한다. 예를 들어 디버깅할 때 값이 변경된 시점을 알고 싶은 경우가 종종 있다. Delegates.observable 대리자는 이러한 후킹을 다음과 같이 제공한다.

```
import kotlin.properties.Delegates

class Person {
  var name: String by Delegates.observable("Name Here") {
      prop, old, new -> println("Name changed from $old to $new")
  }
}
```

`Delegates.observable`을 호출할 때 전달하는 값은 속성의 초깃값으로 처리된다. `Delegates.observable`에 전달하는 람다는 속성의 백업값을 변경한 후에 호출된다. 람다에는 속성 자체에 대한 핸들과 이전 값과 새 값이 전달돼서 우리가 처리할 수 있게 된다. 여기에서는 간단히 변경된 내용을 출력한다.

자바와 마찬가지로, 코틀린은 클래스의 인스턴스를 생성하기 위해 생성자를 지원한다. 사실 코틀린은 생성자를 다양한 형태로 선언할 수 있다. 첫 번째 형태는 클래스 이름과 함께 **기본 생성자**primary constructor를 선언하는 것이다. 코틀린은 이를 속성을 지정하는 대안으로 사용할 수 있다.

```
class Person(
  val birthdate: LocalDate,
  var name: String) {
}

val person = Person(LocalDate.of(1996, 1, 23),
                    "Somebody Else")
```

기본 생성자에서 val과 var를 사용하여 속성을 선언하면, 이후에 속성을 별도로 선언할 필요가 없다. 즉 기본 생성자는 속성을 선언하는 데 사용된다.

기본값을 제공하지 않았기 때문에, 생성자 호출 시에는 매개변수를 전달해야 한다. 위의 예제에서는 LocalDate.of(1996, 1, 23)과 "Somebody Else" 값을 전달하여 person 인스턴스를 생성했다.

접근 제한자 애너테이션을 생성자에 적용해야 하는 경우, `constructor` 키워드를 사용하여 더 긴 문법으로 생성자를 정의할 수 있다. 예를 들어 생성자를 외부로부터 숨기고 싶을 때는 다음과 같이 할 수 있다.

```
class Person private constructor(
  val birthdate: LocalDate,
  var name: String) {
}
```

또한 객체 생성 중에 다른 로직을 실행해야 하는 경우, 코틀린은 `init` 키워드를 사용한다. 다음과 같이 사용할 수 있다.

```
class Person(
  val birthdate: LocalDate,
  var name: String) {

  init {
    if (birthdate.year < 2000) {        ◄──  init 블록은 속성들을 생성자로부터
      println("So last century")             할당한 후에 실행되기 때문에,
    }                                         코드에서 속성에 접근할 수 있다.
  }
}
```

클래스에는 여러 개의 초기화 블록이 있을 수 있으며, 여기에 표시된 것처럼 클래스에서 정의된 순서대로 실행된다. 클래스 본문에 정의된 속성은 정의 이후에만 초기 블록에 액세스할 수 있다.

```
class Person(
  val birthdate: LocalDate,
  var name: String) {

  init {                                  컴파일 오류: 변수 nameParts가
    // println(nameParts)        ◄──      초기화돼야 한다.
  }

  val nameParts: List<String> = name.split(" ")

  init {                                  정상적으로 동작하며,
    println(nameParts)          ◄──      리스트를 출력한다
  }
}
```

추가적인 생성자가 필요한 경우, 클래스 본문에서 `constructor` 키워드를 사용하여 다음과 같이 정의한다. 이러한 생성자들은 **보조 생성자**secondary constructor라고 한다.

```
class Person(
  val birthdate: LocalDate,
  var name: String) {                     클래스가 기본 생성자를 가지고 있을
                                          때, 보조 생성자들은 this로 해당 기본
  constructor(name: String)               생성자를 호출해야 한다. 즉 보조
    : this(LocalDate.of(0, 1, 1), name) { ◄── 생성자는 기본 생성자를 직접 또는 다른
  }                                       보조 생성자를 통해 호출해야 한다.
}
```

NOTE 자바에서 여러 생성자 오버라이드로 기본값을 제공하는 경우, 코틀린에서는 대신 기본 인수값을 사용해 처리할 수 있다.

클래스에 속성만 있는 경우도 유용할 수 있지만, 대부분의 경우 클래스에는 다른 기능도 있다. 다음 코드 예제는 우리가 이미 이전 장에서 봤던 친숙한 함수 문법을 사용해서 클래스에 메서드를 추가한다.

```kotlin
class Person(
  val birthdate: LocalDate,
  var name: String) {

  fun isBirthday(): Boolean {
    val today = LocalDateTime.now().toLocalDate()
    return today == birthdate
  }
}
```

앞서 언급한 대로, 코틀린의 함수는 기본적으로 public 접근 제한을 갖는다. 만약 함수를 숨기고자 한다면, 해당 함수 앞에서 원하는 접근 제한자를 사용하면 된다.

```kotlin
class Person(
  val birthdate: LocalDate,
  var name: String) {

  fun isBirthday(): Boolean {        ◀─── isBirthday 함수는 Person
    return today() == birthdate            클래스를 볼 수 있는
  }                                          누구에게나 사용 가능하다.

  private fun today(): LocalDate {   ◀─── today 함수는 Person
    return LocalDateTime.now().toLocalDate()   클래스 내부에서만 사용
  }                                              가능하다.
}
```

객체지향 프로그래밍의 핵심 요소 중 하나는 상속이다. 코틀린은 extends 키워드를 갖지 않으며, 대신 이전에 본 타입 선언과 동일한 : 구문을 사용해서 다음과 같이 상속을 표현한다.

```kotlin
class Child(birthdate: LocalDate, name: String)  ◀─── Child 생성자의 매개변수들이다.
  : Person(birthdate, name) {   ◀── 슈퍼 클래스 생성자 호출   이들은 val과 var로 표시되지 않으므로
}                                                              부모의 속성과 충돌하지 않으면서
                                                               슈퍼 클래스 생성자에 전달할 로컬
                                                               변수로 사용할 수 있다.
```

상속을 사용하기 위해 Person 클래스에 또 다른 변경이 필요하다. 의도하지 않은 상속을 방지하고, 상속을 계획하고 의도한 경우에만 허용하기 위해 코틀린 클래스는 기본적으로 닫혀 있는closed

상태다. 만약 클래스를 상속 가능한subclassing 클래스로 만들려면 다음 코드와 같이 `open` 키워드를 사용해야 한다. 이는 자바와 반대로, 클래스가 기본적으로 `open` 상태이고 상속이 불가능하도록 `final` 키워드를 사용하는 상태와 반대다.

```
open class Person(            open은 class 키워드와
  val birthdate: LocalDate,   접근 제한자들 앞에
  var name: String) {         위치한다.
  //...
}
```

위의 코드에서는 '기본적으로 닫힌' 원칙이 메서드에도 적용된다. 부모 클래스는 메서드를 오버라이드할 수 있도록 `open`으로 선언해야 하며, 자식 클래스에서는 `override`를 표시해야 한다. 다음은 그 예다.

```
open class Person(
  val birthdate: LocalDate,
  var name: String) {

  open fun isBirthday(): Boolean {     Person 클래스는
    return today() == birthdate        isBirthday 함수가
  }                                    서브클래스에서
                                       오버라이드될 수 있도록
  private fun today() : LocalDate {    선언한다.
    return LocalDateTime.now().toLocalDate()
  }
}

class Child(birthdate: LocalDate, name: String)
  : Person(birthdate, name) {
                                       Child 클래스는 메서드를
                                       오버라이드하는 것을
                                       명시적으로 표시해야 한다.
  override fun isBirthday(): Boolean {
    val itsToday = super.isBirthday()  Child 클래스는 super를
    if (itsToday) {                    사용하여 isBirthday의 부모
      println("YIPPY!!")               구현을 호출할 수 있다.
    }
    return itsToday
  }
}
```

자바와 마찬가지로, 코틀린은 단일 베이스 클래스만 상속할 수 있지만 여러 개의 인터페이스를 상속할 수도 있다. 다음 코드처럼 코틀린의 인터페이스는 자바 8 이후 버전에서 사용되는 것과 유사

하게 함수의 기본 구현을 허용한다.

```
interface Greetable {
  fun greet(): String        ◀──┐  인사말을 반환하는 함수로
}                                │  인터페이스를 정의한다.

open class Person constructor(
  val birthdate: LocalDate,            Person은 Greetable
  var name: String): Greetable {  ◀── 인터페이스를 구현한다고
                                       선언한다.
  override fun greet(): String {  ◀──  인터페이스 함수는 open으로
    return "Hello there"               선언되므로, 해당 구현에서는
  }                                    override를 명시해야 한다.
}
```

일반적인 코틀린 스타일에서 인터페이스를 구현하는 것은 베이스 클래스를 확장할 때 사용하는 것과 유사하게 간결한 형식을 사용한다. 이제 자바처럼 `extends`나 `implements`를 기억할 필요가 없다.

9.3.1 데이터 클래스

코틀린에서는 기본적으로 풍부한 객체 모델을 만들 수 있지만 때로는 데이터를 전달하기 위한 단순한 컨테이너가 필요한 경우가 있다. 이러한 용도로 코틀린은 **데이터 클래스**data class를 지원한다.

[NOTE] 우리는 3장에서 자바의 새로운 `record` 기능을 살펴봤는데, 코틀린의 데이터 클래스는 몇 가지 면에서 자바 레코드와 매우 유사하다.

코틀린은 이미 클래스의 속성에서부터 매우 편리하게 작업할 수 있게 해주지만, 일반 클래스에서는 여전히 동등성에 대한 문제가 있다. 기본 `equals`와 `hashCode` 구현이 객체 참조를 기반으로 하기 때문에, 속성의 값을 이용하지 않는다.

그러나 타입을 `data class`로 선언하면, 코틀린은 우리가 원하는 동등성 함수를 생성해준다(명시적으로 직접 구현하지 않은 경우). 다음 코드를 보자.

```
class PlainPoint(val x: Int, val y: Int)

val pl1 = PlainPoint(1, 1)
val pl2 = PlainPoint(1, 1)
```

```
println(pl1 == pl2)  ◄──────  기본 equals는 참조의
                              동등성을 비교하므로, 이는
                              false를 출력한다.

data class DataPoint(val x: Int, val y: Int)

val pd1 = DataPoint(1, 1)
val pd2 = DataPoint(1, 1)
                          코틀린의 데이터 클래스 구현으로
println(pd1 == pd2)  ◄──  인해, 이는 true를 출력한다.
```

데이터 클래스는 적어도 하나 이상의 val이나 var를 가진 기본 생성자를 가져야 한다. 또한 데이터 클래스는 open으로 선언할 수 없다. 왜냐하면 컴파일 시점에서 타입에 대한 자식 클래스가 존재할 수 있다면 코틀린이 동등성 함수를 올바르게 생성하는 것이 불가능하기 때문이다. 또한 데이터 클래스는 내부 클래스로 사용할 수 없다. 이외에도 몇 가지 더 특이한 제약 사항이 있지만, 이러한 제약 사항을 제외하면 데이터 클래스는 함수나 인터페이스를 마음껏 구현할 수 있는 일반 클래스다.

마지막으로 자바에서 넘어온 사람들이 클래스에서 찾을 수 있는 기능 중 하나는 인스턴스에 속하는 것이 아니라 클래스 전체에 속하는 함수를 선언하는 것이다. 하지만 코틀린은 static을 지원하지 않는다. 함수는 자유롭게 존재하거나 타입의 멤버로 존재한다.

그러나 클래스와 함수를 연관시키는 편의성은 부인할 수 없으며, 코틀린은 companion object를 통해 비슷한 기능을 제공한다. 이 구문은 클래스 내부에 존재하는 싱글톤 객체를 선언한다. 코틀린에서의 object 선언은 일반적인 속성과 함수를 가진 전체 객체다. 이렇게 하면 자바의 static 메서드가 겪는 난해한 점(예: 테스트 어려움)을 피하면서 클래스와 연관된 기능을 편리하게 유지할 수 있다.

이러한 함수들의 일반적인 사용 사례는 팩토리 메서드 방식이다. 팩토리 메서드는 객체의 생성자를 비공개로 유지하지만, 더 구체적으로 명명된 메서드로 제어된 생성을 하려고 할 때 사용한다. 다음 코드에서 확인해보자.

```
class ShyObject private constructor(val name: String) {  ◄──  ShyObject는 생성자를
                                                              비공개로 선언해서 클래스
                                                              외부에서는 사용할 수 없다.
  companion object {
    fun create(name: String): ShyObject {  ◄──  companion object 내부에 있는
      return ShyObject(name)                    팩토리 메서드는 ShyObject
                                                클래스의 일부이기 때문에 비공개
                                                생성자에 접근할 수 있다.
```

```
        }
      }
    }
                        ShyObject의 companion object
                        내부 함수들은 해당 클래스 이름으로
                        외부에서 직접 접근할 수 있다.
ShyObject.create("The Thing")  ←
```

코틀린은 자바에 대한 현실적인 대안으로 많은 편의성을 제공하며 반복적이고 지루한 코드를 감소시킨다. 하지만 여기서 그치지 않는데, 이와 관련해서는 다음 절에서 더 많은 기능을 살펴보겠다.

9.4 안전성

코틀린은 JVM 위에 구축돼 있으므로, 가상머신의 설계로 인한 일부 디자인 제약 사항 안에서 존재할 수밖에 없다. 예를 들어 JVM 사양은 `null`을 참조 타입의 모든 변수에 할당할 수 있는 값으로 정의한다.

이러한 문제에도 불구하고, 코틀린 언어는 일반적인 코드 안전성 문제를 해결하고 기존의 문제를 최소화하기 위해 노력한다. 이는 여러 자바 코드의 패턴을 언어 기능으로 승격시켜 코드를 기본적으로 더 안전하게 만드는 방식으로 나타난다.

9.4.1 Null 안전성

가장 일반적인 자바의 예외 중 하나는 `NullPointerException`이다. 이는 객체가 포함돼야 했던 변수나 필드에 `null`이 대신 들어 있을 때 발생한다. Null은 퀵정렬 알고리즘의 창시자인 토니 호어Tony Hoare에 의해 '10억 달러짜리 실수'라고 불렸다. ALGOL에 `null` 참조를 도입하는 데 큰 역할을 했기 때문이다(https://www.infoq.com/presentations/Null-References-The-Billion-Dollar-Mistake-Tony-Hoare/ 참조).

자바는 역사적으로 `null`에 대해 여러 가지 접근 방식을 개발해왔다. `Optional` 타입을 사용하면 항상 구체적인 객체를 가지면서, `null` 대신 '없음'값을 표시할 수 있다. 다양한 유효성 검사와 직렬화 프레임워크에서 지원되는 `@NotNull`과 `@Nullable` 애너테이션을 사용하면 애플리케이션의 주요 지점에서 값이 예기치 않게 `null`이 되지 않도록 보장할 수 있다.

코틀린은 이러한 일반적인 패턴들을 언어 자체에 직접 내장해놓았다. 앞에서 본 변수에 값을 할당하는 예제를 다시 살펴보겠다. 이들 변수는 `null`과 결합될 때 어떻게 동작할까?

```
val i: Int = null          ◀────┐   이러한 타입에 null을 할당하려고 하면
val s: String = null       ◀────┘   컴파일이 실패한다.
```

두 할당문 모두 **컴파일 오류**compilation error가 발생하며, `error: null can not be a value of a non-null type Int`라는 오류가 표시된다. `Int`와 `String` 타입 선언은 자바의 것과 비슷해 보이지만, 사실 `null`값을 허용하지 않도록 돼 있다.

> [NOTE] 코틀린은 'null 가능성'을 타입 시스템의 일부로 만들었다. 코틀린의 `String` 타입은 실제로 자바의 `String` 타입과 동일하지 않으며, `null`을 허용하지 않는다.

코틀린에서 변수가 `null`을 허용하려면 해당 타입 뒤에 `?` 접미사를 추가하여 명시적으로 선언해야 한다.

```
val i: Int? = null         ◀────┐   Int?와 String?으로 타입을 변경하여
val s: String? = null      ◀────┘   코틀린에게 null을 허용하도록
                                     지정한다.
```

> [NOTE] 가능한 경우, 변수와 인수를 non-null 타입으로 선언하는 것이 좋다. 코틀린은 `NullPointerException`과 관련된 문제로부터 보호해주기 때문에 안심하고 사용할 수 있다.

하지만 항상 `null`을 피할 수는 없다. 아마도 자바 코드와 상호작용해야 하거나, 자바의 클래스가 설계 시 `null` 안전성을 고려하지 않았을 수도 있다. 이렇게 `null` 위험의 영역에 있다 해도, 코틀린은 여전히 우리에게 위험에 대해 알려주려고 한다. 다음을 코드를 보자.

```
val s: String? = null      ◀────   null이 가능한 변수를 생성한다.
println(s.length)          ◀────   그 변수의 속성에
                                    접근하려고 시도한다.
```

코틀린은 `s.length`를 호출하는 것이 잠재적으로 안전하지 않다고 인식하고, `error: only safe (?.) or non-null asserted (!!.) calls are allowed on a nullable receiver of type String?.` 메시지와 함께 컴파일을 거부한다.

첫 번째로 코틀린이 제안하는 옵션은 안전 연산자 `?.`을 사용하는 것이다. 이 연산자는 적용되는 객체를 검사한다. 객체가 `null`이면, 추가적인 함수 호출 대신에 `null`을 반환한다. 예시를 보겠다.

```
val s: String? = null          ?.을 사용하여 값을 출력하면
println(s?.length)     ◀────   null이 출력된다.
```

안전 연산자는 조기에 반환되기 때문에 중첩된 함수 호출에서도 잘 작동한다. 다음의 예시에서는 어떤 지점에서든 null을 안전하게 반환할 수 있으며, 전체 표현식이 단순히 null이 된다.

```
data class Node(val parent: Node?, val value: String)    ←    선택적으로 부모 노드를
                                                              허용하는 데이터 클래스
val node = getNode()    ←    어딘가에서 Node를 획득한다.
node.parent?.parent?.parent    ←    노드가 부모의 부모의 부모
                                    (great-grandparent) 노드를 가지고
                                    있는지 확인한다.
```

위 예시에서 ?. 안전 연산자를 사용해서 노드가 계속해서 존재하는지 확인하고, 만약 null이라면 전체 표현식이 그냥 null이 된다는 것을 볼 수 있다.

컴파일 오류(error: only safe (?.) or non-null asserted (!!.) calls are allowed on a nullable receiver of type String?)를 해결하는 두 번째 옵션은 변수에 !! 연산자를 사용하는 것이다. 이 연산자는 코틀린에게 객체가 null인지 확인하도록 강제한다. 값이 null이라면 익숙한 NullPointerException이 발생한다. 예시를 보겠다.

```
val s: String? = null
println(s!!.length)    ←    NullPointerException이
                            발생한다.
```

비록 이러한 경우가 덜 필요할 수 있지만, 여전히 변수가 null인지 확인할 수 있다. 사실 코틀린은 종종 이런 확인을 인식하고 더 이상의 ?. 또는 !!를 피하도록 허용한다. 다음은 해당 내용을 보여 준다.

```
val s: String? = null

if (s != null) {    ←    모든 경우에 null을
                        확인한다.
  println(s.length)    ←    s가 null이 아니라고 확신하므로
}                          안전하게 참조할 수 있다.
```

우리가 여기서 보았던 것은 실제로 코틀린의 고급 기능인 스마트 캐스팅이다. 이 기능은 별도로 더 자세히 살펴볼 필요가 있다.

9.4.2 스마트 캐스팅

좋은 객체지향 설계는 객체의 타입을 직접적으로 확인하는 것을 피하려고 노력하지만, 때로는 필

요할 때도 있다. 시스템의 가장자리에 위치한 데이터 형식(예: JSON)은 종종 타입에 느슨할 수 있으며, 때로는 우리의 제어 범위를 벗어난다. 또한 플러그인 시스템처럼 객체의 기능을 동적으로 탐색해야 할 때도 있다.

코틀린은 이런 필요성을 받아들이고, 컴파일러가 일반적인 패턴을 지원하는 방식으로 한 걸음 더 나아간다. 먼저 코틀린은 `is` 연산자를 사용하여 객체의 타입을 확인한다.

```
val s: Any = "Hello"      ◄─── Any는 자바의 Object 타입과
if (s is String) {             동등한 개념으로, 모든           is 키워드는 s가 String 인스턴스를
  println(s.toUpperCase())     객체의 기본 타입이다.           포함하는지를 확인한다.
}                          ◄─── if 블록 안에서 s를 String으로 취급하기 때문에, s가
                               실제로 String 타입이라면 toUpperCase() 함수를
                               사용할 수 있다. s를 여전히 Any 타입으로 취급한다면
                               toUpperCase() 함수를 사용할 수 없을 것이다.
```

자바의 `instanceof` 구문을 알고 있다면, 이 코드는 중요한 단계를 놓친 것처럼 보일 수 있다. `s`가 `String`인지 확인한 다음, 명시적으로 캐스트하지 않고도 `String`으로 다루고 있다. 다행히 코틀린이 우리를 보호해준다. 컴파일러는 `String`을 다룬다고 확신할 수 있는 `if` 블록 내에서는 명시적으로 캐스트하지 않고도 `s`를 `String`으로 사용할 수 있다. 이것을 **스마트 캐스팅**smart casting이라고 한다.

NOTE 자바에는 프로젝트 앰버Project Amber의 일환으로 천천히 도입되고 있는 새로운 기능으로 패턴 매칭이 있다. 첫 번째 단계는 `instanceof`에 적용되며, 스마트 캐스팅과 유사한 이점을 제공한다. 18장에서 패턴 매칭에 대해 더 자세히 알아보겠다.

코틀린의 스마트 캐스팅 기능은 `if` 조건문 내에서도 허용된다.

```
val s: Any = "Hello"
if (s is String && s.toUpperCase() == "HELLO") {     ◄─── 코틀린은 &&의 좌측을 통해 타입을
  println("Got something")                                확인할 수 있으므로 캐스트 없이도
}                                                         안전하게 대문자로 변환할 수 있다.
```

스마트 캐스팅이 작동할 수 있는 곳에는 제약 조건이 존재한다. 특히 클래스의 `var` 프로퍼티에서는 작동하지 않는다. 이는 스마트 캐스팅 검사가 수행된 후 다음 블록이 실행되기 전에 프로퍼티가 호환 가능한 다른 하위 유형으로 동시에 변경되는 것을 방지한다.

코틀린이 직접 처리하지 못하더라도, 우리는 여전히 기대하는 타입으로 캐스팅할 수 있다. 다만 조금 불편할 수 있다. 다음의 코드를 보자.

```
class Example(var s: Any) {
  fun checkIt() {
    if (s is String) {                    ← s가 스마트 캐스팅이
      val cast = s as String                불가능한 방식으로 정의된
      println(cast.toUpperCase())           것이라고 가정한다.
    }                                     ← as를 사용해서 기대하는 타입으로
  }                                         캐스팅한다.
}
```

`as`를 사용하면 자바에서 캐스트하는 것과 같은 상황이 된다. 타입이 실제로 호환되지 않으면 `ClassCastException`이 발생한다. 코틀린은 예외 대신 `null` 가능성을 허용하고자 할 때 다음과 같은 대체 방법을 제공한다.

```
val cast: String? = s as? String      ← as?는 캐스트를 시도하지만,
if (cast != null) {                     예외를 던지지는 않는다. 또한
  println(cast.toUpperCase())           결과 타입은 String?이 된다.
}                                     ← s를 캐스트할 수 없다면, 변수는
                                        null이 된다.
```

코틀린의 많은 기능은 자바 개발자들이 수년간 해오던 일상적이고 실용적인 코딩을 새롭게 바라보는 것에서 나온 것이다. 하지만 더 중요한 부분 중 하나가 코틀린이 동시성에서 제공하는 **코루틴**coroutine이라는 기술이다. 이는 자바에서 가장 널리 사용되는 전통적인 스레딩 접근 방식의 대안으로 볼 수 있다.

9.5 동시성

5장에서 논의한 대로, JVM은 매우 초기 버전부터 `Thread` 클래스를 지원해서 운영체제가 관리하는 스레드 모델을 제공했다. 스레드 모델은 잘 이해하고 있지만, 많은 문제점이 있다.

NOTE 스레드는 자바 언어와 생태계에 깊이 뿌리를 두고 있기 때문에 그들을 제거하는 것은 거의 불가능할 것이다. 그러나 새로운 비자바 언어로 사용함으로써 언어가 사용할 수 있는 **동시성**concurrency의 기본 요소들을 재구성할 수 있다.

코틀린은 JVM 언어로서 여전히 스레드를 제공하지만, 코루틴이라는 다른 구조도 도입했다. 가장 간단한 수준에서 코루틴은 가벼운 경량 스레드로 생각할 수 있다. 이들은 운영체제 수준이 아닌 런타임 내에서 구현되고 예약돼 애셋 소모가 훨씬 적다. 수천 개의 코루틴을 생성하는 것은 전혀 문제가 되지 않지만, 이와 유사한 수의 스레드는 시스템을 마비시킬 수 있다.

NOTE 자바의 코루틴 구현인 Project 룸은 18장에서 살펴볼 예정이다.

코틀린에서 코루틴을 지원하는 부분은 직접 언어에 내장돼 있다(suspend 함수). 하지만 코루틴을 실용적으로 사용하려면 추가적인 라이브러리인 kotlin-coroutine-core가 필요하다. 이러한 종류의 의존성을 도입하는 방법에 대해서는 11장에서 더 자세히 살펴볼 것이다. 지금은 메이븐을 사용한다면 다음을 추가하면 된다.

```xml
<dependency>
    <groupId>org.jetbrains.kotlinx</groupId>
    <artifactId>kotlinx-coroutines-core</artifactId>
    <version>1.6.0</version>
</dependency>
```

코틀린 스타일의 그래들에서는 다음과 같이 작성된다.

```
dependencies {
    implementation("org.jetbrains.kotlinx:kotlinx-coroutines-core:1.6.0")
}
```

자바에서는 스레드를 시작할 때 Runnable 인터페이스를 구현한 객체를 전달해서 스레드를 시작한다. 코틀린에서의 코루틴도 실행할 코드를 받는 방법이 필요하지만, 대신 언어의 람다 구문을 사용한다.

코루틴은 항상 어떤 **스코프**scope에서 시작된다. 스코프는 코루틴을 어떻게 예약하고 실행할지를 제어한다. 가장 간단한 옵션인 GlobalScope로 시작해보겠다. GlobalScope는 애플리케이션의 전체 수명 동안 유지되는 스코프다. GlobalScope는 다음 코드와 같이 시작하기 위해 사용할 launch 함수를 가지고 있다.

```kotlin
import kotlinx.coroutines.GlobalScope    ◀── 코루틴 함수와 객체에
import kotlinx.coroutines.launch            대한 import 문

fun main() {
    GlobalScope.launch {          ◀── GlobalScope 내에서 새로운
        println("Inside!")            코루틴을 시작하면, 프로그램이
    }                                 실행되는 동안 유지된다.
    println("Outside")    ◀── 코루틴 밖에서 main 함수가
}                             여전히 실행됨을 확인하기 위해
                              출력한다.
```

이 예제를 실행하면 대부분 다음과 같이 출력되는 것을 볼 수 있다.

```
Outside
```

코루틴이 왜 작동하지 않는 걸까? 조금 기다리면 `Inside`가 출력될 것 같으니 기다릴 수 있다. 하지만 더 자세히 살펴보면 문제를 발견할 수 있다. 이벤트의 시퀀스에 대해 생각해보면 된다. `main` 함수가 프로그램을 시작한다. 그다음 우리는 비동기적으로 코루틴을 시작한다. 이후에 `Outside` 메시지를 출력하고, 프로그램이 종료된다. `main`이 끝나면 프로그램은 종료되며, 코루틴이 실행을 기다리는 것과는 상관없이 종료된다.

원하는 결과를 얻으려면 프로그램이 끝나기 전에 잠시 기다리도록 해야 한다. 이를 위해 루프를 사용하거나 콘솔에서 사용자 입력을 요청할 수 있다. 우리는 단지 `Thread.sleep(1000)`을 사용해서 충분한 시간을 주어 모든 것이 안정화되도록 하겠다. 다음과 같이 작성한다.

```kotlin
import kotlinx.coroutines.GlobalScope
import kotlinx.coroutines.launch

fun main() {
    GlobalScope.launch {          ◀— 코루틴을 다시 시작한다.
        println("Inside!")
    }
    println("Outside")
    Thread.sleep(1000)            ◀— 코루틴이 실행되는 데
}                                    충분한 시간을 준다.
```

이제 두 개의 메시지가 모두 출력되는 결과를 볼 수 있다. 하지만 메시지의 순서는 코루틴이 얼마나 빨리 시작되고 메인 스레드가 무엇을 하고 있는지에 따라서 비결정적이다.

고수준에서 보면 이것은 스레드를 사용해서 비슷한 코드를 동시에 실행하는 것과 크게 다르지 않아 보인다. 그러나 기본 구현은 더 적은 운영체제 리소스를 필요로 하며(각 코루틴에는 자체 실행 스택과 로컬 저장소가 없다), 코루틴 취소와 같은 작업에 대한 안전성을 제공한다.

이를 실제로 보려면 `launch`의 반환값으로 코루틴 핸들을 얻을 수 있다. 이 코루틴 객체는 즉시 호출할 수 있는 `cancel` 함수를 제공한다. 다음과 같이 작성할 수 있다.

```
import kotlinx.coroutines.GlobalScope
import kotlinx.coroutines.delay
import kotlinx.coroutines.launch

fun main() {
    val co = GlobalScope.launch {          ◀─── launch에 의해 반환된
        delay(1000)      ◀───                코루틴 객체를 얻는다.
        println("Inside!")        코루틴 내부에서 delay를
    }                             호출하여 일정 시간을
    co.cancel()   ◀─── 코루틴을 즉시 취소한다. 기다릴 수 있다.
    println("Outside")
    Thread.sleep(2000)   ◀───    여기에서 아무리 기다려도 코루틴
}                                출력은 결코 보이지 않는다.
```

이 코드는 코루틴을 안전하게 중지하고 `Outside`만 출력한다. 이는 우리가 5장에서 논의한 것처럼 안전하지 않아서 오래전부터 폐기된 `java.lang.Thread`의 `stop()` 메서드와는 대조적이다.

코루틴이 스레드가 할 수 없는 작업을 안전하게 완료하는 이유는 `delay` 함수에 있다. `delay` 함수의 선언에는 특별한 제어자modifier인 `suspend`가 있다. 코틀린은 `suspend` 함수를 코루틴 실행에서 다른 작업으로 전환하거나 취소를 찾는 것처럼 안전하게 처리해야 하는 지점이라는 것을 알고 있다. 이것을 **협력적인 멀티태스킹**cooperative multitasking이라고 하며, 코루틴 내부의 코드가 `suspend` 함수를 호출하는데 '협력'하기 때문에 취소를 수행할 수 있다.

이런 협력은 안전한 취소 기능만으로 그치는 것이 아니라 다른 이점도 제공한다. 예를 들어 코틀린은 한 코루틴(부모)이 다른 코루틴(자식)을 시작할 때 이를 이해한다. 다음 코드에서 볼 수 있듯이, 부모를 취소하면 자식 코루틴도 자동으로 취소되며, 우리가 추가적인 관리를 할 필요가 없다.

```
import kotlinx.coroutines.GlobalScope
import kotlinx.coroutines.coroutineScope
import kotlinx.coroutines.delay
import kotlinx.coroutines.launch

fun main() {
    val co = GlobalScope.launch {   ◀───    이전과 같이 부모 코루틴을
        coroutineScope {   ◀───              시작한다.
            delay(1000)          두 개의 자식 코루틴을 시작한다.
            println("First")     coroutineScope는 해당 코루틴을
        }                        둘러싸는 스코프와 연결한다. 이
        coroutineScope {   ◀───   경우에는 전역 코루틴에 연결된다.
            delay(1000)          두 개의 자식 코루틴을 시작한다.
            println("Second")    coroutineScope는 해당 코루틴을
                                 둘러싸는 스코프와 연결한다. 이
                                 경우에는 전역 코루틴에 연결된다.
```

```
            }
        }
    co.cancel()    ◄───  부모 코루틴을 취소한다.
    Thread.sleep(2000)  ◄───  여기서 기다려도 출력은
}                                보이지 않는다.
```

자바에서 이러한 종류의 조정을 위해 필요한 구현을 본 적이 있다면 코틀린이 여기에서 제공하는 가치가 확실히 보일 것이다.

코루틴은 코틀린이 독립된 언어로서 자체 컴파일러와 라이브러리를 사용해서 복잡한 동작을 깔끔하게 처리하는 방법을 보여주는 훌륭한 예다. 실제로 코루틴은 매우 중요하기 때문에 16장에서 더 깊이 살펴볼 것이다.

그러나 JVM상에서는 어떤 언어도 고립돼 존재하지 않는다. 특히 코틀린은 수많은 자바 코드들과 상호 운용이라는 강력한 개념을 가지고 있기 때문에 큰 성공을 거두고 광범위하게 사용되고 있다.

9.6 자바와의 상호 운용성

4장에서 배운 것처럼, 클래스 파일은 JVM 실행 모델의 핵심이다. 따라서 코틀린 컴파일러(`kotlinc`)는 그림 9.2에서 보여지는 것처럼 자바의 `javac`와 마찬가지로 클래스 파일을 생성한다.

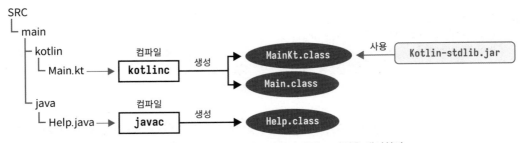

그림 9.2 **코틀린과 자바가 함께 동작하여 클래스 파일을 생성한다.**

기본 클래스 정의는 두 언어가 비슷하게 보이지만, 코틀린이 자바에 없는 기능을 제공할 때 생성된 클래스 파일을 보면 더 흥미로운 차이점을 볼 수 있다. 이것이 바로 8장에서 논의한 컴파일러 픽션이다.

예를 들어 코틀린의 클래스 밖에 있는 최상위 함수가 있다. 이러한 함수는 심지어 JVM 클래스 파

일 형식에서도 직접 지원되지 않는다. 코틀린은 이러한 차이를 극복하기 위해 `Kt` 접미사가 붙은 클래스를 생성하며, 이 클래스는 컴파일 파일의 이름을 따른다. 해당 파일 안의 최상위 함수들은 `Kt` 클래스 내에 나타난다.

> **NOTE** `@file:JvmName("AlternateClassName")` 애너테이션을 `.kt` 파일에 추가해서 생성된 클래스의 이름을 변경할 수도 있다.

예를 들어

```
// Main.kt          ◄── 기본 파일의 이름은 생성된 래핑
package com.wellgrounded.kotlin    ◄──  클래스의 이름에 영향을 준다.
                                   함수를 사용하는 사용자는
fun shout() {                      평소처럼 패키지에서
  println("No classes in sight!")  가져와야 한다.
}
```

컴파일하면 이렇게 `MainKt.class`라는 클래스 파일이 생성되며, 해당 함수가 들어 있다. 자바 자체에서는 최상위 함수를 제공하지 않기 때문에 자바에서 이 함수를 사용하려면 다음과 같이 중간 클래스(`MainKt`)를 거쳐야 한다.

```
// Help.java
import com.wellgrounded.kotlin.MainKt;    ◄── 함수를 래핑하는 데 코틀린이
                                          생성한 클래스를 임포트한다.
public class Help {
  public static void main(String[] args) {
    MainKt.shout();    ◄── 자바의 정적 메서드 구문을
  }                    통해 함수를 호출한다.
}
```

코틀린의 또 다른 중요한 편의 기능은 내장된 속성의 처리다. 간단히 `val`과 `var`를 사용함으로써 반복적인 getter와 setter의 부담 없이 속성을 간편하게 다룰 수 있다. 코틀린 클래스를 자바로 불러와 사용해보면 해당 메서드들이 이미 존재하고 있음을 알 수 있다. 코틀린의 이러한 메서드들은 편의를 위해 속성을 감싸주는 역할을 한다. 예를 들면 다음과 같다.

```
// Person.kt                      ◄── 속성 name은 var로 선언돼
class Person(var name: String)    있으므로 변경 가능하다.

// App.java
```

```
public class App {
  public static void main(String[] args) {
    Person p = new Person("Some Body");
    System.out.println(p.getName());

    p.setName("Somebody Else");
    System.out.println(p.getName());
  }
}
```

코틀린 클래스는 자바에서도 new 키워드를 사용하여 인스턴스화된다.

코틀린에서 Person.name에 접근하는 것은 자바에서는 Person.getName()을 사용하는 것과 같다.

코틀린에서 Person.name = "..."로 접근하는 것은 자바에서 Person.setName("...")을 사용하는 것과 같다. 여기서 중요한 점은 이러한 접근자는 Person 클래스에서 name 속성을 var(가변)로 선언했기 때문에 생성된 것이다. 만약 name이 val(불변)로 선언됐다면, getName() 접근자만 생성됐을 것이다.

NOTE 이 예시는 코틀린이 내부적으로 표준 패턴을 따르고 있음을 보여준다. 코틀린은 비공개 필드를 생성하고 필드에 대한 접근을 감싸는 패턴을 사용한다. 이를 통해 코틀린은 필드를 직접 노출하는 위험 없이 더 자연스러운 프로퍼티 접근 형식을 사용할 수 있도록 해준다.

코틀린에는 다른 JVM 언어에서 사용할 때 코드에 나타나지 않는 편리한 기능이 많다. Named arguments가 그 예다. 자바는 인수를 이름으로 지정할 방법이 없기 때문에, 이러한 편의성은 코틀린 코드에서만 사용할 수 있다.

표면적으로는 기본값을 설정하는 기능이 동일한 운명을 겪는 것처럼 보일 수 있다. 결국 자바에서 호출하려면 함수에 모든 인수를 명시적으로 전달해야 한다.

```
// Person.kt
class Person(var name: String) {
  fun greet(words: String = "Hi there") {
    println(words)
  }
}
```

인수 words의 코틀린에서의 기본값은 "Hi there"이다.

```
// App.java
public class App {
  public static void main(String[] args) {
    Person p = new Person("Some Body");
    // p.greet();
    p.greet("Howdy");
  }
}
```

기본값을 사용하여 호출할 수 없으며, 이렇게 하면 컴파일 오류가 발생한다. 이유는 실제 인수와 형식 인수 목록의 길이가 다르기 때문이다.

직접 값을 전달할 수 있다. 즉 함수를 호출할 때 words 인수에 기본값 대신 우리가 원하는 값을 전달할 수 있다. 이 경우에는 "Howdy"라는 값을 전달한다.

하지만 코틀린의 정돈된 코드를 버리지 않아도 되는 탈출구가 있다. `@JvmOverloads` 애너테이션을 사용하면 코틀린이 함수의 필요한 변형을 명시적으로 생성하도록 지시할 수 있으므로, 다른 JVM 언어에서 호출할 때도 동일한 방식으로 호출할 수 있다.

```
// Person.kt
class Person(var name: String) {
  @JvmOverloads          ◄───      코틀린 함수에 애너테이션을 추가하고
  fun greet(words: String = "Hi there") {  ◄───   이전과 동일한 기본값을 제공한다
    println(words)
  }
}


// App.java
public class App {
  public static void main(String[] args) {
    Person p = new Person("Some Body");
    p.greet();   ◄───       잘 동작하며 기본값인
    p.greet("Howdy");   ◄───   "Hi there"를 출력한다.
  }                      이전과 동일하게
}                        작동하며 전달한 대체
                         인사말을 출력한다.
```

기타 몇 가지 애너테이션들은 코틀린 코드가 JVM 레벨에서 어떻게 표현되는지를 제어하는 데 도움이 된다. 이미 다른 맥락에서 보았던 애너테이션 중 하나는 `@JvmName`이다. 이는 파일뿐만 아니라 함수에도 적용하여 코틀린 외부에서의 최종 이름을 제어한다. `@JvmField`는 속성 래퍼를 피하고 필드 자체를 노출시키는 데 사용할 수 있다.

마지막으로 `@JvmStatic`이 있다. 이전에 살펴보았듯이 코틀린은 특별한 이름의 클래스에 최상위 함수를 래핑하고, 자바에서 정적 메서드로 접근할 수 있게 한다. 여러분이 정적 멤버를 사용하지 않더라도 모든 자바 애플리케이션에는 정적 메서드가 있는데, 애플리케이션을 시작하는 `main` 메서드다.

코틀린에서 애플리케이션을 생성하려면, 다음과 같이 `@JvmStatic`을 사용해 `main` 메서드를 정의함으로써 시작을 위해 필요한 네이밍 요구 사항을 피할 수 있다.

```
                     시작 클래스로 지정할
                     App 클래스
class App {  ◄───
  companion object {
    @JvmStatic fun main(args: Array<String>) {  ◄───   @JvmStatic은 이 함수가
      println("Hello from 코틀린")              컴패니언(companion)뿐만
    }                                          아니라, 포함하는 클래스에서도
  }                                            정적 메서드로 표시됨을
}                                              의미한다.
```

프로젝트에서 언어 변경은 일반적으로 큰 단계다. 그러나 코틀린은 JVM에서 다중 언어를 사용하는 프로젝트의 표준 패턴을 활용해서 이 부담을 덜어준다. 당연히 IntelliJ IDEA를 사용한다면 추가적인 도구도 제공된다. 11장에서 표준 프로젝트 레이아웃에 대해 살펴보겠지만, 지금은 프로젝트에서 일반적으로 사용되는 언어가 다음과 같은 디렉터리 레이아웃에 포함된다는 것만 알아두면 충분한다.

```
.
└── src
    └── main
        ├── java
        │   └── JavaCode.java
        └── kotlin
            └── KotlinCode.kt
```

이렇게 분리하면 빌드 도구가 모든 코드가 공존하는 데 필요한 것을 쉽게 찾을 수 있다.

IntelliJ IDEA를 사용하는 경우 JetBrains의 개발자들은 이를 한 단계 더 나아가게 만들었다. 자바 파일을 마우스 오른쪽 버튼으로 클릭하면, 단일 파일을 코틀린으로 바로 변환하는 항목을 찾을 수 있다. 자바 코드를 코틀린 파일에 붙여넣어도 동일한 변환을 제공한다. 따라서 변환을 하더라도 테스트 또는 앱의 나머지 부분과 깊이 얽혀 있지 않은 모듈 등 가장 적합한 지점부터 시스템에서 변환을 시작할 수 있다.

IDE는 필요에 따라 추가적인 단계를 안내해주겠지만, 변환에는 일부 소스 파일을 변경하는 것 이상의 작업이 필요하다. 기존 코드와 함께 컴파일하려면 빌드 도구가 코틀린에 대해 알고 있어야 한다. 또한 프로젝트에 종속 요소로 코틀린 표준 라이브러리인 `kotlin-stdlib`를 포함해야 한다. 이러한 종류의 의존성을 관리하는 방법에 대해서는 11장에서 자세히 살펴보겠다.

NOTE IntelliJ IDEA는 자바를 코틀린으로 변환해주지만, 그 반대 방향으로의 변환은 지원하지 않는다. 또한 코틀린으로 변환한 코드가 항상 이상적인 방식으로 작성된 것은 아닐 수 있다. 큰 변환 작업을 시작할 때는 항상 소스 컨트롤을 준비해두는 것이 좋다.

코틀린이 클래스 파일로 컴파일되고, 추가적인 기능의 많은 부분이 라이브러리를 통해 제공되기 때문에 이 새로운 언어를 프로젝트에 포함해도 여전히 기존의 JVM상에서 실행된다는 사실은 변함이 없다.

요약

- 코틀린은 JVM에서 현실적이고 매력적인 대안 언어다.
- 코틀린은 운영 자바 사용 경험을 바탕으로 만들어진 새로운 언어로서, 역호환성 때문에 자바가 복제하기 어려운 변경 사항을 가지고 있다.
- 코틀린은 간결함을 가치로 하며, 자바의 익숙한 구조를 대부분 코틀린으로 더 간결하게 작성할 수 있다.
- 안정성은 코틀린의 핵심이며, `null` 안전성이 언어 자체에 내장돼 프로덕션에서의 `NullPointer Exception`을 줄여준다.
- 코루틴은 자바의 고전적인 스레딩 모델에 대한 흥미로운 동시성 대안을 제공한다.
- 코틀린 스크립트(`kts`)는 이전에 동적 언어나 셸의 영역이었던 스크립팅을 가능하게 한다.
- 빌드 스크립트도 코틀린을 사용하여 작성할 수 있으며, 11장에서 그래들을 다룰 때 이에 대해 자세히 알아볼 것이다.

클로저: 프로그래밍에 대한 다른 관점

이 장의 주요 내용

- 클로저의 정체성과 상태 개념
- 클로저 REPL
- 클로저 구문과 데이터 구조 및 시퀀스
- 자바와의 클로저 상호 운용성
- 클로저 매크로

클로저Clojure는 자바와 지금까지 공부한 다른 언어와는 매우 다른 스타일의 언어. 클로저는 가장 오래된 프로그래밍 언어인 리스프를 JVM으로 재작성한 언어다. 리스프에 익숙하지 않더라도 걱정하지 말자. 리스프 언어 계열에 대해 알아야 할 모든 것을 알려주고 클로저를 시작할 수 있도록 도와줄 것이다.

NOTE 클로저는 매우 다른 언어이므로 이번 장을 읽는 동안 참조할 수 있는 클로저 관련 리소스를 추가로 준비하는 것이 도움이 될 수 있다. 이와 관련해《Clojure in Action》(Manning, 2011)과 《클로저 프로그래밍의 즐거움 2판》(비제이퍼블릭, 2016)을 추천한다.

전통적인 리스프의 강력한 프로그래밍 기술 유산에 더하여, 클로저는 현대 자바 개발자에게 매우 적합하고 놀라운 최첨단 기술을 추가했다. 이러한 조합으로 인해 클로저는 JVM에서 뛰어난 언어가 됐으며, 애플리케이션 개발을 위한 매력적인 선택이 됐다. 클로저의 새로운 기술의 구체적인 예로는 동시성 툴킷(16장에서 살펴볼 예정)과 데이터 구조(여기서 소개하고 15장에서 자세히 설명할 예정)를 들 수 있다.

조금도 기다릴 수 없는 열성 독자를 위해 한 가지만 먼저 말하자면, 동시성 추상화를 통해 프로그래머는 자바로 작업할 때보다 훨씬 더 안전한 멀티스레드 코드를 작성할 수 있다. 이러한 추상화는 컬렉션과 데이터 구조에 대한 다른 관점인 클로저의 seq 개념과 결합하여 강력한 개발자 도구를 제공할 수 있다.

이 모든 강력한 기능에 접근하기 위한 몇 가지 중요한 언어 개념들이 자바와는 근본적으로 다른 방식으로 다루어진다. 이러한 접근 방식의 차이로 인해 클로저를 배우는 것은 흥미롭고, 프로그래밍에 대한 생각도 달라질 수 있다.

[NOTE] 클로저를 배우면 어떤 언어를 사용하든 더 나은 프로그래머가 되는 데 도움이 될 것이다. 함수형 프로그래밍은 중요한 개념이다.

우리는 클로저의 상태state와 변수에 대한 접근 방법에 대한 논의로 시작할 것이다. 간단한 예제들을 통해, 언어의 기본 어휘를 소개할 것이다. 이러한 **스페셜 폼**special form들은 자바와 같은 언어의 키워드와 동등한 역할을 한다. 이 중 일부는 언어의 나머지 부분을 구축하는 데 사용된다.

또한 데이터 구조, 루프 및 함수에 대한 클로저의 구문도 살펴볼 것이다. 이를 통해 클로저의 가장 강력한 추상화인 시퀀스를 소개할 수 있다.

이 장을 마무리할 때, 우리는 강력한 자바 통합과 클로저의 놀라운 매크로 지원(이는 리스프의 매우 유연한 구문의 핵심이다)이라는 두 가지 매우 흥미로운 기능을 살펴볼 것이다. 이 책의 뒷부분에서는 고급 함수형 프로그래밍(제15장)과 고급 동시성(제16장)을 다룰 때 더 많은 클로저의 장점을 만나게 될 것이다. 또한 코틀린과 자바 예제도 함께 소개할 예정이다.

10.1 클로저 소개

리스프 구문의 기본 단위는 평가할 표현식으로 구성된다. 이러한 표현식은 일반적으로 대괄호로 둘러싸인 0개 이상의 기호로 표시된다. 평가가 오류 없이 성공하면 해당 표현식을 **폼**form이라고 한다.

[NOTE] 클로저는 인터프리터 방식이 아니라 컴파일러 방식이지만, 컴파일러가 매우 간단하다. 또한 클로저는 동적으로 타입이 지정되므로 타입 검사 오류가 많지 않다. 대신 런타임 예외로 표시된다는 점을 기억하자.

간단한 폼의 예는 다음과 같다.

```
0
(+ 3 4)
(list 42)
(quote (a b c))
```

이 언어의 실질적인 핵심은 매우 적은 수의 내장 폼(스페셜 폼)이다. 이들은 자바의 키워드와 동등한 개념이지만, 다음 사항을 주의해야 한다.

1. 클로저는 키워드keyword라는 용어에 대해 다른 의미를 가지고 있는데, 이는 나중에 설명한다.
2. 클로저(모든 리스프와 마찬가지로)는 내장된 구문과 구별되지 않는 구조체를 생성할 수 있다.

클로저 코드를 다룰 때 사용하는 폼이 스페셜 폼인지, 아니면 이들로부터 구성된 라이브러리 함수인지는 중요하지 않다.

폼에서 시작해보자. 이는 클로저와 자바 사이에서 가장 중요한 개념적인 차이점이다. 상태, 변수, 저장의 처리와 관련된 것이다. 그림 10.1에서 볼 수 있듯이, 자바(또는 코틀린)는 메모리와 상태를 '박스'(실제로는 메모리 위치)로 다룬다. 이 박스는 시간에 따라 내용이 변경될 수 있다.

someInt
2
Mutates
someInt
3

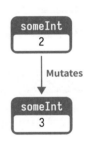

그림 10.1 명령형 언어의 메모리 사용

자바와 같은 프로그래밍 언어는 '기본적으로 가변'이다. 이는 프로그램 상태를 변경하기 위해서인데, 자바에서는 이 상태가 객체들로 이루어져 있다. 이러한 모델을 따르는 언어는 종종 명령형 언어라고 불린다. 이에 대해서는 8장에서도 논의했다.

하지만 클로저는 약간 다르다. 중요한 개념은 값이다. 값은 숫자, 문자열, 벡터, 맵, 집합 등 여러 가지 형태일 수 있다. 값을 생성하면, 값은 결코 변하지 않는다. 이것은 정말 중요하므로 다시 한번 강조하겠다. '한 번 생성된 클로저값은 변경될 수 없다.' 즉 이들은 불변이다.

NOTE 불변성은 함수형 프로그래밍에 사용되는 언어들의 공통적인 특징으로, 함수의 속성에 대한 수학적 추론 기법(예: 같은 입력은 항상 같은 출력을 내는 것)을 사용할 수 있게 한다.

내용이 변경되는 상자의 명령형 언어 모델은 클로저가 작동하는 방식이 아니다. 그림 10.2는 클로저가 상태와 메모리를 다루는 방법을 보여준다. 클로저는 이름과 값 사이의 연관성을 만든다.

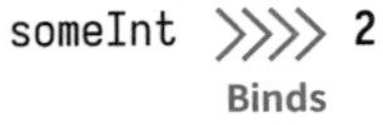

someInt
2
Binds

그림 10.2 클로저 메모리 사용

이것을 **바인딩**binding이라고 하며, 이는 스페셜 폼 `def`를 사용하여 수행된다. 여기서 `(def)`의 구문을 만나보자.

```
(def <name> <value>)
```

구문이 조금 이상하게 보일 수도 있지만 걱정하지 말자. 이것은 리스프 문법에서 완전히 정상적인 것이며, 빠르게 익숙해질 수 있다. 지금은 괄호가 약간 다르게 배치된 것처럼 생각하고 다음과 같이 메서드를 호출하는 것으로 상상해볼 수 있다.

```
def(<name>, <value>)
```

클로저 대화형 환경을 사용하는 오래된 예제를 통해 `(def)`를 시연해보겠다.

10.1.1 클로저의 Hello World

아직 클로저를 설치하지 않았다면 Mac에서 다음 명령을 실행하여 설치할 수 있다.

```
brew install clojure/tools/clojure
```

이렇게 하면 `clojure/tools` 탭에서 brew를 통해 명령줄 도구가 설치된다. 다른 운영체제의 경우 웹사이트 clojure.org에서 지침을 찾을 수 있다.

> **NOTE** 윈도우 지원은 클로저에서 그다지 좋지 않다. 예를 들어 `clj`는 아직 알파 상태다. 웹사이트의 지침(https://github.com/clojure/tools.deps.alpha/wiki/clj-on-Windows)을 주의 깊게 따르자.

설치가 완료되면 `clj` 명령을 사용해서 클로저 대화형 세션을 시작할 수 있다. 소스에서 클로저를 빌드한 경우 클로저를 설치한 디렉터리로 변경하여 다음 명령을 실행한다.

```
java -cp clojure.jar clojure.main
```

어느 쪽이든 이것은 클로저 REPL에 대한 사용자 프롬프트를 불러온다. 이것은 대화형 세션으로, 일반적으로 클로저 코드를 개발할 때 꽤 많은 시간을 할애하게 되는 곳이다. 다음과 같이 보일 것이다.

```
$ clj
Clojure 1.10.1
user=>
```

`user=>` 부분은 세션에 대한 클로저 프롬프트이며, 고급 디버거나 명령줄과 비슷하다고 생각할 수 있다. 세션을 종료하려면(세션에 누적된 모든 상태가 손실됨) 전통적인 유닉스 시퀀스인 `Ctrl-D`를 사용한다. 클로저로 `"Hello World"` 프로그램을 작성해보자.

```
user=> (def hello (fn [] "Hello world"))
#'user/hello

user=> (hello)
"Hello world"
user=>
```

이 코드에서는 먼저 **식별자**identifier `hello`를 값에 바인딩한다. `(def)`는 항상 식별자(이를 클로저에서는 **심볼**symbol이라고 한다)를 값에 바인딩한다. 나중에 보겠지만, `(def)`는 바인딩(및 심볼의 이름)을 나타내는 `var`라고 불리는 객체를 생성한다.

```
(def hello (fn [] "Hello world"))
 --- ----- --------------------
  |   |             |
  |   |            value
  |  symbol
  |
스페셜 폼
```

여러분이 `hello`에 바인딩하는 값은 다음과 같다.

```
(fn [] "Hello world")
```

이는 함수이며, 클로저에서 실제값으로 간주되기 때문에 변경할 수 없는immutable 값이다. 이 함수는 인수를 받지 않고 문자열 `"Hello world"`를 반환한다. 빈 인수 목록은 `[]`로 표시된다.

NOTE 클로저에서 대괄호는 벡터라고 하는 선형 데이터 구조(이 경우 함수 인수의 벡터)를 나타낸다(다른 리스프에서는 그렇지 않음).

바인딩한 후에는 (hello)를 통해 실행한다. 그러면 클로저 런타임이 함수를 평가한 결과, 즉 "Hello world"를 출력한다.

리스프에서 둥근 괄호는 '함수 평가'를 의미하므로 예제는 기본적으로 다음과 같이 구성된다.

- 함수를 만들고 hello 심볼에 바인딩한다.
- hello 심볼에 바인딩된 함수를 호출한다.

지금 Hello World 예제를 입력한 후(아직 입력하지 않은 경우) 설명한 대로 동작하는지 확인한다. 이 작업을 완료했으면 조금 더 자세히 살펴볼 수 있다.

10.1.2 REPL 시작하기

REPL을 사용하면 클로저 코드를 입력하고 클로저 함수를 실행할 수 있다. 대화형 환경이며 이전 평가의 결과가 여전히 남아 있다. 이를 통해 기본적으로 코드를 실험해볼 수 있는 **탐색적 프로그래밍**exploratory programming이라는 방식의 프로그래밍이 가능하다. 많은 경우에 올바른 접근 방식은 REPL에서 놀면서 작업하는 것이다. 기본적인 컴포넌트가 올바른지 확인한 후에 점차적으로 더 큰 함수를 구축해 나가는 것이 좋다.

> **NOTE** 함수형 프로그래밍에서 분할Subdivision은 중요한 기술이다. 이는 문제를 작은 부분으로 나누는 것을 의미한다. 작은 부분으로 나누다 보면 문제가 해결 가능하거나 재사용 가능한 패턴으로 변환될 수 있다(이미 표준 라이브러리에 존재할 수도 있다).

클로저 구문을 좀 더 자세히 살펴보자. 가장 먼저 지적해야 할 것 중 하나는 (def)에 의해 값에 대한 심볼의 바인딩이 변경될 수 있다는 점인데, REPL에서 이를 실제로 확인해보자. 실제로 다음과 같이 (def)를 약간 변형한 (defn)을 사용하겠다.

```
user=> (hello)
"Hello world"

user=> (defn hello [] "Goodnight Moon")
#'user/hello

user=> (hello)
"Goodnight Moon"
```

위의 예시에서는 hello에 대한 원래의 바인딩이 변경되기 전까지는 여전히 유지된다. 이것이 REPL

의 핵심 기능이다. 어떤 심볼이 어떤 값에 바인딩됐는지에 대한 상태는 여전히 존재하며, 이 상태는 사용자가 입력하는 각 줄들 사이에 지속된다.

값의 내용을 직접 변경하는 대신, 심볼이 어떤 값에 바인딩되는지를 변경하는 것이 상태 변경에 대한 클로저의 대안이다. 클로저에서는 저장 위치 (또는 '메모리 박스')의 내용을 시간이 지남에 따라 변경하는 대신, 심볼을 다른 시점에 다른 불변의 값에 바인딩할 수 있다. 이를 다른 말로 표현하면 변수가 프로그램 수명 동안 다른 값을 가리킬 수 있다는 뜻이다. 이것은 그림 10.3에서 그 예를 볼 수 있다.

그림 10.3 시간에 따른 클로저 바인딩 변경

NOTE 가변 상태와 서로 다른 시점의 각각 다른 바인딩의 차이는 미묘하지만 이해해야 할 중요한 개념이다. 가변 상태는 박스의 내용물이 변경되는 것을 의미하며, **재바인딩**rebinding은 다른 시점에 다른 박스를 가리키는 것을 의미한다.

이것은 어떤 면에서 자바의 `final` 참조의 개념과 유사하다. 자바에서 `final int`를 말하면 저장 위치의 내용이 변경될 수 없다. `int`는 비트 패턴으로 저장되기 때문에 `int`의 값은 변할 수 없다.

그러나 만약 우리가 `final AtomicInteger`라고 한다면, 메모리 위치의 내용물은 다시 변경할 수 없다. 이 경우에는 다른 점이 있다. 왜냐하면 atomic integer를 포함하는 변수는 실제로 객체 참조를 갖고 있기 때문이다. 힙에 저장된 atomic integer 객체의 참조가 가리키는 값 자체는 변경할 수 있다(`Integer`는 변경할 수 없다). 그리고 이것은 참조가 `final`인지 아닌지와 상관이 없다.

마지막 코드에서 또 다른 클로저 개념을 소개했다. `(defn)`은 '함수 정의' **매크로**macro다. 매크로는 리스프 유사 언어의 핵심 개념 중 하나다. 핵심 아이디어는 내장된 구조체와 일반 코드의 차이를 최소화해야 한다는 것이다.

NOTE 매크로를 사용하면 기본 제공 구문처럼 동작하는 폼을 만들 수 있다. 매크로 생성은 고급 주제이지만 매크로를 마스터하면 놀랍도록 강력한 도구를 만들 수 있다.

시스템의 진정한 언어 기본 요소인 스페셜 폼을 사용해서 언어의 핵심을 구축할 수 있으므로, 둘의 차이를 거의 알아차리지 못할 수도 있다.

NOTE `(defn)` 매크로는 이에 대한 예시다. 이는 함숫값을 심볼에 바인딩하는 것을 약간 더 쉽게 만드는 방법에 불과하다(물론 적절한 `var`를 생성한다). 이것은 스페셜 폼이 아니라, 오히려 `(def)`와 `(fn)`과 같은 스페셜 폼들로부터 구축된 매크로다.

이번 장의 마지막에 매크로를 제대로 소개하겠다.

만약 함수를 선언하다가 실수로 대신 값에 (def)로 바인딩하는 경우에는 어떻게 될까?

```
user=> (def hello "Goodnight Moon")
#'user/hello

user=> (hello)
Execution error (ClassCastException) at user/eval137 (REPL:1).
class java.lang.String cannot be cast to class clojure.lang.IFn
(java.lang.String is in module java.base of loader 'bootstrap';
clojure.lang.IFn is in unnamed module of loader 'app')
```

이렇게 오류가 발생한다. 이 오류는 런타임 예외다. 즉 (hello)라는 폼의 컴파일은 잘 됐지만, 실행 중에 실패한 것이다. 자바에서의 동등한 코드는 다음과 같다(클로저나 언어 구현에 익숙하지 않은 사람들이 이해하기 쉽도록 약간 단순화한 것이다).

```java
// (def hello "Goodnight Moon")
var helloSym = Symbol.of("user", "hello");
var hello = Var.of(helloSym, "Goodnight Moon");

// 또는 단순하게
// var hello = Var.of(Symbol.of("user", "hello"), "Goodnight Moon");

// #'user/hello

// (hello)
hello.invoke();

// ClassCastException
```

여기서 Symbol과 Var는 clojure.lang 패키지에 있는 클래스로, 클로저 런타임의 핵심 기능을 제공한다. 이들은 다음과 같이 단순화된 기본 구현과 유사한 형태를 가지고 있다.

```java
public class Symbol {
    private final String ns;
    private final String name;

    private Symbol(String ns, String name) {
        this.ns = ns;
        this.name = name;
```

```
        }
        // toString() etc
}

public class Var implements IFn {
    private volatile Object root;

    public final Symbol sym;
    public final Namespace ns;

    private Var(Symbol sym, Namespace ns, Object root) {
        this.sym = sym;
        this.ns = ns;
        this.root = root;
    }

    public static Var of(Symbol sym, Object root){
        return new Var(sym, Namespace.of(sym), root);
    }

    static public class Unbound implements IFn {
        final public Var v;
        public Unbound(Var v){
            this.v = v;
        }

        @Override
        public String toString(){
            return "Unbound: " + v;
        }
    }

    public synchronized void bindRoot(Object root) {
        this.root = root;
    }

    public synchronized void unBindRoot(Object root) {
        this.root = new Unbound(this);
    }

    @Override
    public Object invoke() {
        return ((IFn)root).invoke();
    }

    @Override
    public Object invoke(Object o1) {
        return ((IFn)root).invoke(o1);
```

```
    }

    @Override
    public Object invoke(Object o1, Object o2) {
        return ((IFn)root).invoke(o1, o2);
    }

    @Override
    public Object invoke(Object o1, Object o2, Object o3) {
        return ((IFn)root).invoke(o1, o2, o3);
    }
    // ...
}
```

가장 중요한 인터페이스 IFn은 다음과 같다.

```
public interface IFn {
    default Object invoke() {
        return throwArity();
    }
    default Object invoke(Object o1) {
        return throwArity();
    }
    default Object invoke(Object o1, Object o2) {
        return throwArity();
    }
    default Object invoke(Object o1, Object o2, Object o3) {
        return throwArity();
    }

    // ... 더 다양한 폼을 포함한 다른 많은 메서드 변형들

    default Object throwArity(){
        throw new IllegalArgumentException("Wrong number of args passed: "
                + toString());
    }
}
```

IFn은 클로저 폼이 작동하는 방식의 핵심으로, 폼의 첫 번째 요소는 호출할 함수 또는 함수의 이름으로 간주된다. 나머지 요소는 함수에 대한 인수가 되며, 적절한 수의 인수arity를 가진 invoke() 메서드가 호출된다.

만약 클로저 var가 Ifn 인터페이스를 구현한 값에 바인딩되지 않으면 런타임에 ClassCastException

이 발생한다. 만약 값이 `IFn`을 구현하고 있지만 폼이 잘못된 인수 개수로 인해 이를 호출하려고 하면 `IllegalArgumentException`이 발생한다(이는 실제로는 `ArityException`이라는 하위 타입이다).

NOTE 클로저는 동적으로 타입이 지정되는 언어다. 이는 여러 곳에서 확인할 수 있다. 예를 들면, `IFn` 인터페이스의 모든 메서드의 인수와 반환 타입은 `Object`이며, `IFn`은 자바 스타일Java style `@FunctionalInterface`가 아니라 많은 다양한 인수를 처리하기 위해 여러 메서드가 정의된 인터페이스다.

이렇게 내부를 엿본 것은 클로저의 문법과 모두 어떻게 맞물리는지를 명확히 하는 데 도움이 될 것이다. 그러나 아직 고쳐야 할 손상된 코드는 그대로인데, 다행히도 이것을 고치는 것은 어렵지 않다.

지금 상태는 단지 `hello` 식별자가 함수가 아닌 다른 것에 바인딩돼 있어서 호출할 수 없다는 것이다. REPL에서 이를 간단하게 다시 바인딩해서 해결할 수 있다.

```
user=> (defn hello [] (println "Dydh da an Nor")) ; 코니시어로 "Hello World"
#'user/hello

user=> (hello)
Dydh da an Nor
nil
```

앞의 코드 조각에서 예상할 수 있듯이, 세미콜론 (`;`) 문자는 해당 줄의 끝까지 주석으로 처리되며, `(println)`은 문자열을 출력하는 함수다. `(println)`과 같은 모든 함수는 값을 반환하며, 이는 함수 실행이 끝날 때 REPL에 다시 표시된다.

클로저는 자바와 같은 문장이 없으며, 오직 표현식만 있다. 따라서 모든 함수는 값을 반환해야 한다. 반환할 값이 없는 경우에는 `nil`이 사용되며, 이는 자바의 `null`과 기본적으로 같은 역할을 한다. 자바에서 `void`인 함수는 클로저에서 `nil`을 반환할 것이다.

10.1.4 괄호에 익숙해지기

프로그래머들의 문화는 항상 기발함과 유머의 큰 요소를 가지고 있다. 가장 오래된 농담 중 하나는 **리스프**Lisp가 '더럽게 많은 바보 같은 괄호lots of irritating silly parentheses'의 약어라는 것이다(리스트 처리list processing의 약어라는 사실 대신). 다소 자기 비하적인 이 농담은 일부 리스프 코더들 사이에서 인기가 있는데, 그 이유는 부분적으로는 리스프 구문이 배우기 어렵기로 유명하다는 안타까운 사실을 지적하기 때문이다.

실제로 이 장애물은 다소 과장된 측면이 있다. 리스프 구문은 대부분의 프로그래머에게 익숙한 것과는 다르지만 종종 제시되는 것처럼 장애물은 아니다. 또한 클로저에는 진입 장벽을 더욱 낮추는 몇 가지 혁신을 가지고 있다.

Hello World 예제를 다시 한번 살펴보자. "Hello World"라는 값을 반환하는 함수를 호출하기 위해 다음과 같이 작성했다.

```
(hello)
```

인수가 있는 함수를 원할 경우, myFunction(someObj)와 같은 표현식을 사용하는 대신 클로저에서는 (myFunction someObj)로 작성한다. 이 구문은 20세기 초 폴란드 수학자들에 의해 개발됐기 때문에 **폴란드 표기법**Polish notation이라고 한다(**접두사 표기법**prefix notation이라고도 한다).

컴파일러 이론을 공부했다면 **AST**(추상 구문 트리)abstract syntax tree와 같은 개념과 연관성이 있는지 궁금할 것이다. 짧은 대답은 '그렇다'이다. 폴란드 표기법(일반적으로 리스프 프로그래머는 **s-표현식** s-expression이라고 부름)으로 작성된 클로저(또는 다른 리스프와 유사한 언어) 프로그램은 해당 프로그램의 AST를 매우 간단하고 직접적으로 표현한 것으로 볼 수 있다.

NOTE 이것은 다시 한번 클로저 컴파일러의 단순한 특성과 관련이 있다. 리스프 코드의 컴파일은 구조가 AST에 매우 가깝기 때문에 매우 저렴한 작업이다.

리스프 프로그램은 AST로 직접 작성한 것으로 생각할 수 있다. 리스프 프로그램을 나타내는 데이터 구조와 코드 사이에는 실질적인 구분이 없으므로 코드와 데이터는 상호 교환이 가능하다. 이것이 약간 이상한 표기법의 이유라고 할 수 있다. 리스프와 유사한 언어에서는 내장된 기본 요소와 사용자 및 라이브러리 코드의 구분을 모호하게 하기 위해 이 표기법을 사용한다. 이 기능은 매우 강력하기 때문에 새롭게 입문한 자바 프로그래머들에게는 약간 이상해 보이는 문법의 작은 차이를 훨씬 능가한다. 이제 더 많은 문법에 대해 알아보고 클로저를 사용하여 실제 프로그램을 만들어보자.

10.2 클로저 찾아보기: 구문 및 의미론

이전 절에서는 스페셜 폼 (def)와 (fn)을 만났다((defn)도 보았지만 스페셜 폼이 아닌 매크로다). 언어의 기본 어휘를 제공하기 위해 바로 몇 가지 스페셜 폼을 알아야 한다. 또한 클로저는 많은 유용한 폼과 매크로를 제공하며, 이러한 폼과 매크로에 대한 더 큰 이해는 실습을 통해 발전해갈 것이다.

클로저는 다양한 작업을 수행하는 데 유용한 여러 함수를 갖추고 있다. 이러한 다양성에 겁먹지 말자. 오히려 그것을 받아들여야 한다. 클로저에서 직면할 수 있는 많은 실용적인 프로그래밍 작업의 경우, 이미 다른 누군가가 여러분을 위해 힘든 작업을 대신했다는 사실에 기뻐하게 될 것이다.

이 절에서는 기본 작업 세트를 이루는 스페셜 폼들에 대해 알아보고, 그다음 클로저의 기본 데이터 타입(자바의 컬렉션과 동일)으로 진행할 것이다. 그 후에는 클로저를 작성하는 자연스러운 스타일로 진행해서 변수보다 함수가 중심에 있도록 할 것이다. JVM의 객체지향적 특성은 여전히 표면 아래에 존재하지만, 클로저의 함수에 대한 강조는 순수한 객체지향 언어에는 분명하게 존재하지 않으며 `map()`, `filter()`, `reduce()`의 기본을 훨씬 뛰어넘는 강력한 힘을 가지고 있다.

10.2.1 스페셜 폼 부트캠프

표 10.1은 클로저에서 가장 일반적으로 사용되는 일부 스페셜 폼에 대한 정의를 다룬다. 다음 표를 가장 잘 활용하려면 지금 빠르게 살펴보고, 10.3절 이후의 예제를 살펴볼 때 필요할 때마다 다시 참고하는 것이다. 이 표는 정규 표현식 구문 표기법을 사용하며, 여기서 `?`는 하나의 선택적인 값을 나타내고 `*`는 0개 이상의 값이 있음을 나타낸다.

이 표는 모든 스페셜 폼을 포함한 것은 아니며, 높은 비율로 다양한 사용 방법이 있다. 표 10.1은 기본적인 사용 사례의 모음으로, 포괄적인 내용은 아니다.

표 10.1 클로저의 일부 기본적인 스페셜 폼

스페셜 폼	의미
`(def <symbol> <value?>)`	주어진 값(선택적)을 심볼에 바인딩하고, 필요한 경우 해당 심볼에 대응하는 변수를 생성한다.
`(fn <name>? [<arg>*] <expr>*)`	이 폼은 지정된 인수를 취해서 이를 표현식에 적용해 함숫값을 반환한다. 이것은 일반적으로 `(def)`와 결합하여 `(defn)`과 같은 형태로 사용된다.
`(if <test> <then> <else>?)`	만약 테스트가 논리적으로 참으로 평가된다면 `then`을 평가하고 반환한다. 그렇지 않으면 `else`를 평가하고 반환한다(`else`가 제공되는 경우).
`(do <expr>*)`	표현식들을 왼쪽에서 오른쪽으로 순서대로 평가하고, 마지막 표현식의 값을 반환한다.
`(let [<binding>*] <expr>*)`	별칭을 로컬 명칭으로 사용하고 암묵적으로 스코프를 정의한다. `'let'` 블록 내의 모든 표현식에서 해당 별칭을 사용할 수 있게 한다.

표 10.1 클로저의 일부 기본적인 스페셜 폼(표 계속)

스페셜 폼	의미
`(quote <form>)`	아무것도 평가하지 않고 있는 그대로 폼을 반환한다. 단일 폼을 취하고 다른 모든 인수를 무시한다.
`(var <symbol>)`	심볼에 해당하는 `var`를 반환한다(값이 아닌 클로저 JVM 객체를 반환한다).

몇 가지 추가 설명이 필요하다. 왜냐하면 클로저 코드의 구조는 처음에는 자바 코드와 매우 다르게 보일 수 있기 때문이다. 먼저, `(do)` 폼은 자바에서의 블록 문장을 구성하는 가장 간단한 방법이다.

두 번째로 `var`, 값, 값이 (임시로) 바인딩되는 심볼 사이의 차이점에 대해 조금 더 자세히 살펴봐야 한다. 다음은 클로저 `var`인 `hi`를 생성하는 간단한 코드다. 이것은 JVM 객체(`clojure.lang.Var` 타입의 인스턴스)이며, 모든 객체와 마찬가지로 힙에 존재하고, `"hello"`라는 `java.lang.String` 객체에 바인딩된다.

```
user=> (def hi "Hello")
#'user/hi
```

이 `var`는 심볼 `hi`를 갖고 있으며, 클로저는 프로그램을 구성하기 위해 `user`라는 네임스페이스를 사용한다. 이는 자바의 패키지와 약간 비슷한 역할을 한다. REPL에서 심볼을 그대로 사용하면 현재 해당 심볼에 바인딩된 값을 평가해서 반환한다.

```
user=> hi
"Hello"
```

`(def)` 폼에서는 새로운 심볼을 값에 바인딩한다. 따라서 다음과 같은 코드에서

```
user=> (def bye hi)
#'user/bye
```

다음과 같이 심볼 `bye`는 현재 `hi`에 바인딩된 값으로 바인딩돼 있다.

```
user=> bye
"Hello"
```

사실, 이 간단한 폼에서 `hi`가 평가되고 심볼은 해당 결괏값으로 대체된다.

그러나 클로저는 이것 이상의 다양한 가능성을 제공한다. 예를 들어 심볼이 바인딩된 값은 JVM에서 사용되는 어떤 값이든 될 수 있다. 따라서 생성한 `var`를 심볼에 바인딩할 수 있다. 왜냐하면 `var` 자체가 JVM 객체이기 때문이다. 이것은 스페셜 폼(`var`)을 사용해서 다음과 같이 할 수 있다.

```
user=> (def bye (var hi))
#'user/bye

user=> bye
#'user/hi
```

그림 10.4에서 볼 수 있듯이, 이것은 자바/JVM 객체가 항상 참조에 의해 처리된다는 사실을 효과적으로 활용하고 있다.

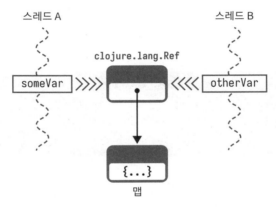

그림 10.4 참조로 작동하는 클로저 변수

`var`가 가진 값을 얻으려면 `(deref)` 폼을 사용할 수 있다. 이는 dereference의 약어로, 다음과 같이 사용한다.

```
user=> (deref bye)
"Hello"
```

또한 클로저에서 안전한 동시성 프로그래밍을 위해 사용되는 `(ref)` 폼도 있다. 이에 대해서는 16장에서 살펴보겠다.

변수와 현재 바인딩된 값을 이렇게 구분하면 `(quote)` 폼을 더 쉽게 이해할 수 있다. 전달된 폼을 평가하는 대신 평가하지 않은 심볼로 구성된 폼을 반환한다.

이제 몇 가지 기본적인 스페셜 폼들의 구문을 이해했으니, 클로저의 데이터 구조로 전환하여 폼이 데이터에 어떻게 작동하는지 살펴보겠다.

10.2.2 리스트, 벡터, 맵, 집합

클로저에는 여러 개의 기본 데이터 구조가 있다. 그중에서 가장 익숙한 것은 **리스트**list다. 클로저에서의 리스트는 단일 연결 리스트다.

NOTE 어느 면에서 클로저의 리스트는 자바의 `LinkedList`와 유사하지만, `LinkedList`는 각 요소가 다음 요소와 이전 요소를 모두 참조하는 **이중 연결 리스트**doubly linked list다.

리스트는 일반적으로 괄호로 둘러싸여 있으며, 이는 괄호가 일반적인 폼에도 사용되기 때문에 약간의 구문적 혼돈을 가져다준다. 특히 괄호는 함수 호출의 평가에 사용된다. 이로 인해 다음과 같은 초보자들의 흔한 구문 오류가 발생한다.

```
user=> (1 2 3)
Execution error (ClassCastException) at user/eval1 (REPL:1).
class java.lang.Long cannot be cast to class clojure.lang.IFn
(java.lang.Long is in module java.base of loader 'bootstrap';
clojure.lang.IFn is in unnamed module of loader 'app')
```

이 문제는 클로저가 값에 대해 매우 유연하므로, 첫 번째 인수로 함숫값(또는 해당 함수로 해석되는 심볼)을 기대하고 있기 때문에 발생한다. 따라서 클로저는 이 값을 함수로 호출하고 2와 3을 인수로 전달하고자 하는데, 1이 함수가 아니기 때문에 이 폼을 평가할 수 없다. 이렇게 유효하지 않은 s-표현식을 갖는 경우, 클로저에서는 오류가 발생하며, 유효한 s-표현식만이 클로저의 폼이 될 수 있다.

이 문제의 해결책은 이전 절에서 만난 `(quote)` 폼을 사용하는 것이다. 이로써 우리는 다음과 같은 두 가지 동등한 방법으로 이 리스트를 작성할 수 있다. 이 리스트는 불변의 세 요소를 가진 리스트로, 숫자 1, 2, 3으로 이뤄져 있다.

```
user=> '(1 2 3)
(1 2 3)
```

```
user=> (quote (1 2 3))
(1 2 3)
```

(quote)는 인수를 특별한 방식으로 처리한다. 특히 인수를 평가하지 않기 때문에 첫 번째 슬롯에 함숫값이 없어도 오류가 발생하지 않는다.

클로저에는 배열과 유사한 **벡터**vector가 있다. 실제로, 리스트를 자바의 LinkedList와 비슷하게 생각하고, 벡터를 ArrayList와 비슷하게 생각하는 것은 크게 잘못된 것은 아니다. 벡터는 간편한 리터럴 형태를 갖고 있어서 다음 코드는 모두 동일한 결과를 얻을 수 있다.

```
user=> (vector 1 2 3)
[1 2 3]

user=> (vec '(1 2 3))
[1 2 3]

user=> [1 2 3]
[1 2 3]
```

우리는 이미 벡터를 접한 적이 있다. 우리가 Hello World 함수와 다른 함수를 선언할 때, 선언된 함수가 받는 매개변수를 벡터를 사용해서 나타냈다. (vec) 폼은 리스트를 받아서 벡터를 만들고, (vector)는 여러 개의 개별 심볼을 받아서 그것들의 벡터를 반환하는 폼이다.

컬렉션에 대한 (nth) 함수는 두 개의 인수를 받는다. 컬렉션과 인덱스다. 이것은 자바의 List 인터페이스의 get() 메서드와 유사하다고 생각할 수 있다. (nth) 함수는 벡터와 리스트뿐만 아니라, 자바 컬렉션과 문자열에도 적용할 수 있다. 문자열은 문자들의 컬렉션으로 처리된다. 예를 들면 다음과 같다.

```
user=> (nth '(1 2 3) 1)
2
```

클로저는 또한 **맵**map을 지원한다. 맵은 자바의 HashMap과 매우 유사하다고 볼 수 있으며, 사실 Map 인터페이스를 구현한다. 맵은 다음과 같이 간단한 리터럴 형태를 가진다.

```
{key1 value1 key2 value2}
```

맵에서 값을 가져오는 문법은 매우 간단하다.

```
user=> (def foo {"aaa" "111" "bbb" "2222"})
#'user/foo

user=> foo
{"aaa" "111", "bbb" "2222"}
                          이 문법은 자바의 get() 메서드를
                          사용하는 것과 동일하다.
user=> (foo "aaa")  ◄────
"111"
```

맵은 `Map` 인터페이스 외에도 `IFn` 인터페이스를 구현하기 때문에, 런타임 예외 없이 `(foo "aaa")`와 같은 형태로 사용할 수 있다.

매우 유용한 스타일 포인트 중 하나는 콜론(`:`)으로 시작하는 키를 사용하는 것이다. 클로저에서는 이러한 키를 **키워드**keyword라고 한다.

[NOTE] 클로저에서 '키워드'라는 용어의 사용은 다른 언어(자바를 포함하여)에서의 그 의미와는 매우 다르다. 다른 언어에서는 '키워드'라는 용어가 언어 문법의 일부로 예약돼 식별자로 사용할 수 없는 부분을 의미한다.

다음은 키워드와 맵에 대해 기억해야 할 몇 가지 유용한 점이다.

- 클로저에서의 키워드는 하나의 인수를 받는 함수이며, 이 인수는 반드시 맵이어야 한다.
- 맵에 대해 키워드 함수를 호출하면, 맵의 키워드 함수에 해당하는 맵의 값이 반환된다.
- 키워드를 사용할 때 문법적으로 유용한 대칭성이 있는데, `(my-map :key)`와 `(:key my-map)`은 둘 다 사용 가능하다.
- 키워드는 값으로 자기 자신을 반환한다.
- 키워드는 사용하기 전에 선언하거나 `def`를 사용해 미리 정의할 필요가 없다.
- 클로저 함수는 값이기 때문에, 맵의 키로 사용할 수 있다.
- 쉼표는 사용 가능하지만(필수적이지는 않음) 맵의 키-값 쌍을 구분하는 데 사용되며, 클로저에서는 쉼표를 공백으로 취급한다.
- 클로저 맵에서 키워드 이외의 심볼도 사용할 수 있다. 하지만 키워드 문법은 매우 유용하며, 코드 스타일로서 코드의 가독성과 일관성을 위해 사용할 필요가 있다.

이런 항목들을 실제로 살펴보자.

```
user=> (def martijn {:name "Martijn Verburg", :city "London",
:area "Finsbury Park"})
#'user/martijn

user=> (:name martijn)        ◀──  맵에서 키워드 함수를
"Martijn Verburg"                   호출한다.

user=> (martijn :area)        ◀──  맵에서 키워드와
"Finsbury Park"                     연결된 값을 찾는다.

user=> :area                  ◀──
:area                              키워드는 값으로서 평가되는
                                   경우, 자기 자신을 반환한다.
user=> :foo                   ◀──
:foo
```

클로저에서 맵 리터럴 외에도 `(map)` 함수가 있다. 하지만 주의해야 한다. `(list)`와는 다르게 `(map)` 함수는 맵을 생성하지 않는다. 대신, `(map)`은 지정된 함수를 컬렉션의 각 요소에 적용하고, 새로운 값들로 새로운 컬렉션(실제로는 클로저 시퀀스, 이는 10.4절에서 자세히 살펴볼 것이다)을 만든다. 이는 물론 자바의 Streams API에서 보았던 `map()` 메서드와 유사한 역할을 한다.

```
user=> (def ben {:name "Ben Evans", :city "Barcelona", :area
"El Born"})
#'user/ben

user=> (def authors [ben martijn])   ◀──  작가(author) 데이터의
#'user/authors                             맵으로 이뤄진 벡터를 만든다.

user=> (defn get-name [y] (:name y))
#'user/get-name

user=> (map get-name authors)        ◀──  get-name 함수를 데이터에
("Ben Evans" "Martijn Verburg")            맵핑한다.

user=> (map (fn [y] (:name y)) authors)  ◀──  다른 형태로 인라인 함수
("Ben Evans" "Martijn Verburg")                리터럴을 사용한 방식이다.
```

`(map)` 함수에는 여러 개의 컬렉션을 동시에 처리하는 추가적인 형태들도 있지만, 하나의 컬렉션을 입력으로 받는 형태가 가장 일반적이다.

클로저는 자바의 HashSet과 매우 유사한 **집합**set을 지원한다. 이것은 데이터 구조 리터럴 위한 짧은 폼을 가지고 있는데, HashSet과 달리 중복된 키를 허용하지 않는다. 이 폼은 다음과 같이 표시된다.

```
user=> #{"a" "b" "c"}
#{"a" "b" "c"}

user=> #{"a" "b" "a"}
Syntax error reading source at (REPL:15:15).
Duplicate key: a
```

클로저의 데이터 구조들은 클로저 프로그램을 구축하는 데 기본적인 요소들을 제공한다.

전통적인 자바 프로그래머에게 놀라운 점 중 하나는 객체를 일급 객체로 바로 언급하지 않는다는 것이다. 이는 클로저가 객체지향적이지 않다는 것을 의미하지는 않지만, 클로저는 자바와는 조금 다른 방식으로 객체지향을 바라본다. 자바는 정적으로 타입이 지정된 데이터와 코드의 번들로 세계를 인식하며, 사용자가 정의한 데이터 타입을 명시적인 클래스 정의를 통해 다룬다. 한편, 클로저는 함수와 폼에 집중하며, 이러한 함수와 폼은 내부적으로는 JVM상에서 객체로 구현된다.

클로저와 자바 간의 이러한 철학적 차이점은 두 언어에서 코드를 작성하는 방식에 영향을 미친다. 자바와는 다르게 클로저 관점을 완전히 이해하려면 클로저에서 프로그램을 작성하고 자바의 객체지향 구조를 강조하지 않는 것이 가져다주는 몇 가지 장점을 이해해야 한다.

10.2.3 산술, 동등성, 기타 연산들

클로저에는 자바에서 기대하는 것과 같은 의미의 연산자가 없다. 그렇다면 예를 들어 두 숫자를 더하는 방법은 어떨까? 자바에서는 간단하다.

```
3 + 4
```

하지만 클로저에는 연산자가 없다. 대신 함수를 사용해야 한다. 다음과 같이 작성한다.

```
(add 3 4)    ◄─┐ 이 코드는 작동하지 않는다.
               └ add 함수를 제공해야만 한다.
```

이것도 괜찮지만, 더 나은 방법이 있다. 클로저에는 연산자가 없기 때문에, 연산자를 표현하기 위해 키보드의 몇몇 특수 문자를 연산자를 위한 예약어로 할 필요가 없다. 이는 함수 이름을 자바보다 더욱 다양하게 작성할 수 있음을 의미한다. 따라서 이렇게 작성할 수 있다.

```
(+ 3 4)
```
◀── 앞에서 언급했듯이 이것은
말 그대로 폴란드 표기법이다.

클로저의 함수들은 대부분 가변 인수를 가질 수 있다(가변 개수의 입력을 받을 수 있다). 예를 들어 다음과 같이 작성할 수 있다.

```
(+ 1 2 3)
```

이렇게 하면 결괏값으로 6이 나온다.

동등성과 관련된 폼(자바에서의 `equals()`와 `==`와 동일한 폼)은 조금 더 복잡하다. 클로저에는 두 가지 주요 동등성 폼이 있다. `(=)`과 `(identical?)`이다. 이는 클로저에서는 연산자가 없다는 점으로 인해 함수 이름에 더 많은 문자를 사용할 수 있다는 예다. 또한 `(=)`은 단일 등호로, 자바와 비슷한 언어에서의 할당 개념 같은 것이 없기 때문이다.

다음 REPL의 코드는 리스트 `list-int`와 벡터 `vect-int`를 설정하고, 이들에 대해 동등성 비교를 수행한다.

```
user=> (def list-int '(1 2 3 4))
#'user/list-int

user=> (def vect-int (vec list-int))
#'user/vect-int

user=> (= vect-int list-int)
true

user=> (identical? vect-int list-int)
false
```

주요 포인트는 `(=)` 폼이, 컬렉션이 동일한 순서로 동일한 객체들로 이뤄져 있는지를 확인한다는 점이다(이는 `list-int`와 `vect-int`에 대해 참이다). 반면에 `(identical?)` 폼은 실제로 두 개의 객체가 동일한 객체인지를 확인한다.

또한 심볼 이름이 **카멜 표기법**camel case을 사용하지 않는다는 것에 주목할 수 있다. 이것은 클로저에서 일반적인 방법이다. 심볼은 일반적으로 모두 소문자이며 단어 사이에 하이픈을 사용한다(때로 **케밥 케이스**kebab case라고도 한다).

❶ 클로저에서의 참과 거짓

클로저는 두 가지 논리적 거짓값을 제공한다. `false`와 `nil`이다. 그 외의 값은 논리적으로 참이다 (`true` 리터럴을 포함). 이는 많은 동적 언어(e.g., 자바스크립트)에서의 상황과 일치하지만, 처음 접하는 자바 프로그래머들에게는 약간 이상할 수 있다.

기본 데이터 구조와 연산자를 알아봤다면, 이제 우리가 보았던 스페셜 폼과 함수들을 결합해서 조금 더 긴 예제 클로저 함수를 작성해보겠다.

10.2.4 클로저에서 함수 다루기

이번에는 클로저 프로그래밍의 핵심 부분에 대해 다룰 것이다. 데이터를 다루기 위한 함수를 작성하고, 클로저의 함수 중심의 접근을 강조할 것이다. 다음으로는 클로저의 반복 구조를 살펴보고, 그다음으로는 리더 매크로와 디스패치 폼에 대해 다룬다. 마지막으로 함수형 프로그래밍에 대한 클로저의 접근 방식과 closure(클로저)에 대해 논의하겠다.

이 모든 것을 시작하는 가장 좋은 방법은 예제를 통해 직접 코딩하는 것이다. 따라서 몇 가지 간단한 예제부터 시작하여 클로저가 제공하는 강력한 함수형 프로그래밍 기법으로 나아가보겠다.

❶ 몇 가지 간단한 클로저 함수

다음 코드는 세 개의 클로저 함수를 정의한다. 두 개는 하나의 인수만을 받는 매우 간단한 함수이고, 세 번째 함수는 조금 더 복잡하다.

코드 10.1 간단한 클로저 함수 정의

```
(defn const-fun1 [y] 1)

(defn ident-fun [y] y)
                              list-maker-fun 함수는 두
                              개의 인수를 받는데, 두 번째
                              인수는 함수다.
(defn list-maker-fun [x f] ◄
   (map (fn [z] (let [w z]   ◄──── 인라인 익명 함수
      (list w (f w))         ◄
   )) x))                      값과 값을 인수로 함수 f에
                              적용한 결과를 두 개의 요소로
                              가지는 리스트를 생성한다.
```

이 코드에서 `(const-fun1)` 함수는 값 하나를 받아서 항상 1을 반환하고, `(ident-fun)` 함수는 받은 값을 그대로 반환한다. 수학적으로는 이러한 함수를 **상수 함수**constant function와 **항등 함수**identity function라고 한다. 또한 함수 정의에서는 벡터 리터럴을 사용하는데, 함수의 인수들을 나타내고 `(let)` 폼에도 사용된다.

세 번째 함수는 좀 더 복잡하다. 함수 `(list-maker-fun)`은 두 개의 인수를 받는다. 첫 번째는 작업할 값들의 벡터인 x이며, 두 번째는 (f라고 불리는) 함수다. 이를 자바로 작성한다면 다음과 같을 것이다.

```java
public List<Object> listMakerFun(List<Object> x,
                                 Function<Object, Object> f) {
    return x.stream()
            .map(o -> List.of(o, f.apply(o)))
            .collect(toList());
}
```

클로저에서 인라인 익명 함수의 역할은 자바 코드의 람다 표현식에 의해 수행된다. 그러나 이 두 코드의 동등성에 크게 의미를 두지 않는 것이 중요하다. 클로저와 자바는 '매우' 다른 언어이기 때문이다.

NOTE 다른 함수를 인수로 받는 함수들은 고차 함수라고 한다. 이에 대해서는 15장에서 자세히 알아볼 예정이다.

이제 `(list-maker-fun)`이 어떻게 작동하는지 살펴보자.

코드 10.2 함수와 함께 작업하기

```
user=> (list-maker-fun ["a"] const-fun1)
(("a" 1))

user=> (list-maker-fun ["a" "b"] const-fun1)
(("a" 1) ("b" 1))

user=> (list-maker-fun [2 1 3] ident-fun)
((2 2) (1 1) (3 3))

user=> (list-maker-fun [2 1 3] "a")
java.lang.ClassCastException: java.lang.String cannot be cast to
  clojure.lang.IFn
```

참고로, 이러한 표현식을 REPL에 입력하는 것은 클로저 컴파일러와 상호작용하는 것이다. 표현식 `(list-maker-fun [2 1 3] "a")`는 실행되지 않는다(컴파일은 됨). `(list-maker-fun)` 함수가 두 번째 인수로 함수를 기대하는데, 문자열은 함수가 아니라서 실행 중에 예외가 발생하는 것이다. 따라서 클로저 컴파일러는 이 코드를 바이트코드로 만들기는 하지만, 실행 중에 런타임 예외가 발생하게 된다.

NOTE 자바에서는 `Integer.parseInt("foo")`와 같이 유효한 코드를 작성할 수 있다. 이는 컴파일은 잘 되지만 실행 시에 항상 실패하는 코드다. 클로저의 상황도 비슷하다.

이 예제는 REPL과 상호작용할 때도 여전히 일부 정적 타이핑이 적용된다는 것을 보여준다. 이는 클로저가 인터프리터 언어가 아니기 때문이다. REPL에서 입력된 모든 클로저 형식은 JVM 바이트코드로 컴파일되고 실행 중인 시스템에 연결된다. 클로저 함수는 정의될 때 JVM 바이트코드로 컴파일된다. 따라서 `ClassCastException`은 JVM에서 정적 타입 체크 위반으로 발생한다.

코드 10.3은 더 긴 클로저 코드인 **슈바르츠 변환**Schwartzian transform을 보여준다. 이는 1990년대에 펄 프로그래밍 언어로 인기를 얻은 프로그래밍 기법이다. 이 아이디어는 벡터를 기준으로 정렬 작업을 수행하는 것이 아니라, 벡터 요소의 어떤 속성을 기준으로 정렬하는 것이다. 정렬에 사용할 속성값은 요소들에 대한 `keying` 함수를 호출하여 찾는다.

코드 10.3의 슈바르츠 변환 정의에서는 `key-fn`이라는 `keying` 함수를 호출한다. `(schwartz)` 함수를 실제로 호출하려면 `keying`에 사용할 함수를 제공해야 한다. 이 코드 샘플에서는 코드 10.1에서 소개된 `(ident-fun)`이라는 기존의 함수를 사용한다.

코드 10.3 슈바르츠 변환

```
user=> (defn schwartz [x key-fn]        키 함수를 사용하여 쌍으로
  (map (fn [y] (nth y 0))  ◀━━━━━━━━    이뤄진 리스트 생성
    (sort-by (fn [t] (nth t 1))  ◀━━━━  키 함수의 값에 따라 쌍을 정렬
      (map (fn [z] (let [w z]  ◀━━━━━   각 쌍에서 원래 값을
        (list w (key-fn w))             가져와서 새로운 리스트
      )) x))))                          생성
#'user/schwartz

user=> (schwartz [2 3 1 5 4] ident-fun)
(1 2 3 4 5)

user=> (apply schwartz [[2 3 1 5 4] ident-fun])
(1 2 3 4 5)
```

이 코드는 각 세 단계를 수행하며, 처음에는 약간 어색해 보일 수 있다. 이 단계들은 그림 10.5에 나와 있다.

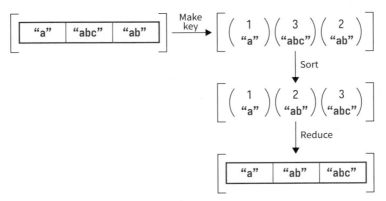

그림 10.5 슈바르츠 변환

코드 10.3에서는 새로운 폼인 `(sort-by)`를 소개했다. 이 함수는 두 개의 인수를 받는다. 정렬을 수행할 함수와 정렬될 벡터다. 또한 `(apply)` 폼도 소개했다. `(apply)`는 두 개의 인수를 받는다. 호출할 함수와 그 함수에 전달할 인수들이 담긴 벡터다.

슈바르츠 변환의 재미있는 측면 중 하나는 이 변환을 만든 사람이 펄 버전을 만들 때 명시적으로 리스프를 모방한 것이다. 이제 이를 클로저 코드로 나타내었기 때문에 다시 한번 리스프로 돌아온 셈이 된다.

슈바르츠 변환은 우리가 나중에 다시 참조할 유용한 예제다. 이 예제는 여러 유용한 개념을 설명할 수 있을 만큼 충분한 복잡성을 가지고 있다. 이제 클로저의 루프에 대해 이야기해보겠다. 이는 여러분에게 익숙할지도 모르는 방식과 약간 다르다.

10.2.5 클로저에서 루프

클로저에서의 루프는 조금 다르다. 자바에서는 `for`, `while`과 같은 몇 가지 루프 유형을 선택할 수 있으며, 일반적으로 변경 가능한 변수로 표현한 조건이 충족될 때까지 일련의 문장을 반복하는 개념이 중심이 된다.

이로 인해 클로저에서는 약간의 딜레마가 발생한다. 변경 가능한 변수가 루프 인덱스로 작용할 수 없는데, `for` 루프를 어떻게 표현할 수 있을까? 더 전통적인 리스프에서는 종종 재귀를 사용하는 형태로 반복 루프를 작성해서 이러한 상황을 해결한다.

하지만 JVM은 꼬리 재귀를 최적화하는 것을 보장하지 않는다(이는 스키마 및 다른 리스프에서는 필요한 사항이다). 따라서 단순히 재귀를 사용하는 것은 스택이 넘치게 할 수 있다. 이 문제에 대해 15장에서 더 자세히 설명하겠다.

대신, 클로저는 스택 크기를 증가시키지 않고 루프를 허용하는 몇 가지 유용한 구조를 제공한다. 그중 가장 일반적인 것은 `loop-recur`이다. 다음 코드 조각은 `loop-recur`을 사용하여 자바의 `for` 루프와 유사하고 간단한 구조를 만드는 방법을 보여준다.

```
(defn like-for [counter]
  (loop [ctr counter]     ◀──── loop의 진입점
    (println ctr)
    (if (< ctr 10)
      (recur (inc ctr))   ◀──── 뒤로 점프할 recur 지점
      ctr
  )))
```

`(loop)` 폼은 인수들의 벡터를 취하는데, 심볼에 대한 로컬 명칭을 담고 있는 인수들의 벡터를 취한다. 이는 사실상 `(let)`이 하는 것과 동일한 별칭이다. 그다음 실행이 `(recur)` 폼에 도달하면(이 예제에서는 `ctr` 별칭이 10보다 작은 경우에만 해당), `(recur)`은 새로 지정된 값과 함께 다시 `(loop)` 폼으로 분기하는데, 이것은 다음 코드와 같이 자바의 상당히 원시적인 형태의 루프 구조와 유사하다.

```java
public int likeFor(int ctr) {
    LOOP: while (true) {
        System.out.println(ctr);
        if (ctr < 10) {
            ctr = ctr + 1;
            continue LOOP;
        } else {
            return ctr;
        }
    }
}
```

함수형 프로그래머의 관점에서, 조기에 결과를 반환하는 일반적인 이유는 주로 어떤 조건이 충족됐는지의 여부다. 하지만 함수는 마지막으로 평가된 폼의 결과를 반환하며, `(if)`가 이러한 동작을 수행한다.

우리의 예제에서는 `(recur)`을 `if`의 본문에 두고, 카운터값을 `else` 위치에 두었다. 이를 통해 반복

스타일의 구조(예: 자바의 `for` 및 `while` 루프와 동등한 것)를 구축하면서도 구현에 함수형을 유지할 수 있다. 이제 프로그램을 더 짧고 간결하게 만드는 클로저 구문의 유용한 약어에 대해 다루겠다.

10.2.6 리더 매크로와 디스패치

클로저는 많은 자바 프로그래머들이 놀랄 만한 문법적 특징을 갖고 있다. 그중 하나가 연산자의 부재다. 이로 인해 자바의 함수 이름에 사용할 수 있는 문자에 대한 제약이 완화된다. 이미 `(identical?)`과 같은 함수들을 만나보았는데, 이는 자바에서는 잘못된 이름일 것이다. 하지만 어떤 문자가 기호로 사용될 수 있고 사용될 수 없는지에 대한 문제는 다루지 않았다.

표 10.2는 클로저 기호에서 사용할 수 없는 문자들을 나열한다. 이들은 클로저 파서가 자체적으로 사용하기 위해 예약한 문자들이다. 일반적으로 이러한 문자들은 **리더 매크로**reader macro라고 불리며, 리더(또는 클로저 컴파일러의 첫 부분)가 이들을 인식하면 리더의 동작을 수정하는 특수한 문자 시퀀스다.

예를 들어 `;` 리더 매크로는 클로저에서 한 줄 주석을 구현하는 방법이다. 리더가 `;`를 만나면 즉시 이 줄의 나머지 문자들을 무시하고 다음 줄로 넘어간다.

NOTE 나중에는 클로저의 일반적인 매크로도 만나게 될 것이다. 리더 매크로와 일반 매크로를 혼동하지 않도록 주의해야 한다. 리더 매크로는 완전한 일반 목적의 메타프로그래밍 기능을 제공하는 것이 아니라, 구문상 간결성과 편의를 제공하기 위해 존재한다.

리더 매크로는 구문적인 간결성과 편의성을 위해 존재하는 것이며, 완전한 일반 목적의 메타프로그래밍 기능을 제공하는 것은 아니다.

표 10.2 리더 매크로

캐릭터	명칭	설명
`'`	Quote	`(quote)`로 확장되며, 평가되지 않은 폼을 반환한다.
`;`	코멘트comment	한 줄 주석을 표시하며, 자바의 `//`와 유사하다.
`\`	문자character	리터럴 문자를 생성한다. 예를 들어 새 줄 문자를 표현하는 `\n`이 있다.
`@`	Deref	`var` 객체를 받아 해당 객체의 값을 반환하는 `(deref)`로 확장된다(`(var)` 폼의 반대 동작). 트랜잭션 메모리 콘텍스트에서 추가적인 의미를 가진다(15장 참조).
`^`	메타데이터metadata	객체에 메타데이터 맵을 첨부한다. 자세한 내용은 클로저 문서를 참조하자.
`` ` ``	문법 인용syntax quote	주로 매크로 정의에서 사용되는 quote의 폼이다. 매크로 관련 절에서 자세히 설명한다.
`#`	디스패치dispatch	여러 다른 하위 형식이 있다. 표 10.3을 참조하자.

디스패치 리더 매크로dispatch reader macro(# character 뒤에 따라오는 내용에 따라)는 여러 가지 다른 하위 형식을 가지고 있다. 표 10.3은 다양한 형식을 보여준다.

표 10.3 디스패치 리더 매크로의 하위 형식

디스패치 폼	설명
`#'`	`(var)`로 확장된다.
`#{}`	10.2.2절에서 설명한 대로 set 리터럴을 생성한다.
`#()`	익명 함수 리터럴을 생성한다. `(fn)`보다 더 간결한 단일 사용에 유용하다.
`#_`	다음 폼을 건너뛴다. `#_( ... 여러 줄의 주석...)`과 같이 사용해서 여러 줄의 주석을 작성할 수 있다.
`#"<pattern>"`	정규식 리터럴을 생성한다(`java.util.regex.Pattern` 객체로).

디스패치 폼dispatch form에는 두 가지 특징이 있다. 먼저 var-quote (`#'`) 폼은 `(def)` 이후에 REPL이 출력을 잘 설명해준다.

```
user=> (def someSymbol)

#'user/someSymbol
```

`(def)` 폼은 `someSymbol`이라는 이름의 새로 생성된 `var` 객체를 반환한다. 이 `var` 객체는 현재 네임스페이스(이 경우 REPL에서는 `user`)에 존재하므로 `#'user/someSymbol`은 `(def)`로부터 반환된 값을 나타낸다.

익명 함수 리터럴 `#()`도 간결함을 위한 좋은 방안을 가지고 있다. 이 리터럴은 인수들을 가리키는 벡터를 생략하고, 대신 특별한 구문을 사용해서 함수 리터럴에 필요한 인수의 개수를 클로저 리더가 추론할 수 있게 한다. 이 구문은 `%N`으로 표현되며, 여기서 `N`은 함수의 인수 개수를 의미한다.

이전 예제로 돌아가서 익명 함수에 이것을 어떻게 사용하는지 살펴보겠다. 리스트를 받아서 각 요소에 함수를 적용하고 새 리스트를 생성하는 `(list-maker-fun)` 함수를 다시 보자.

```
(defn list-maker-fun [x f]
   (map (fn [z] (let [w z]
      (list w (f w))
   )) x))
```

별도의 심볼을 정의하는 번거로움 대신, 다음과 같이 인라인 함수로 이 함수를 호출할 수 있다.

```
user=> (list-maker-fun ["a" "b"] (fn [x] x))
(("a" "a") ("b" "b"))
```

더 나아가서 다음과 같이 더 간결한 #() 구문을 사용할 수 있다.

```
user=> (list-maker-fun ["a" "b"] #(do %1))
(("a" "a") ("b" "b"))
```

이 예제는 약간 특이하다. 이전에 기본적인 스페셜 폼의 표에서 봤던 (do) 폼을 사용하고 있지만 동작한다. 이제 (list-maker-fun) 자체를 #() 폼을 사용하여 더 간단하게 만들어보자.

```
(defn list-maker-fun [x f]
   (map #(list %1 (f %1)) x))
```

다음 코드에서 보여주는 것처럼, 슈바르츠 변환도 더 복잡한 예제에서 이 구문을 어떻게 사용하는지를 볼 수 있는 훌륭한 예시다.

코드 10.4 다시 작성한 슈바르츠 변환

```
(defn schwartz [x key-fn]
  (map #(nth %1 0)          ◀
    (sort-by #(nth %1 1)     ◀──    세 단계에 해당하는
      (map #(let [w %1]       ◀      익명 함수 리터럴
        (list w (key-fn w))
      ) x)))))
```

%1은 함수 리터럴의 인수를 나타내는 플레이스홀더로 사용돼 사용성을 극대화하고 코드를 훨씬 더 읽기 쉽게 만든다. 이 시각적인 단서는 프로그래머에게 확실한 도움이 되며, 자바의 람다 표현식에서 사용되는 화살표 기호와 비슷한 역할을 한다.

클로저는 객체가 자바와 같은 언어의 주요 기본 계산 단위로 사용되는 대신 함수의 개념에 크게 의존한다. 이러한 접근 방식은 함수형 프로그래밍을 자연스럽게 수용한 것이다. 다음에는 바로 이 주제를 다룰 것이다.

10.3 함수형 프로그래밍과 closure

이제 우리는 클로저에서 함수형 프로그래밍의 낯선 세계로 전환할 것이다. 아니, 사실 그렇지 않다. 함수형 프로그래밍은 사실 낯선 개념은 아니다. 우리는 이미 이번 장 전체에서 함수형 프로그래밍을 하고 있다. 단지 여러분을 불안하게 하지 않기 위해 말하지 않았을 뿐이다.

8.1.3절에서 언급한 대로, 함수형 프로그래밍은 약간 모호한 개념이다. 함수형 프로그래밍이란 단순히 함수가 값이라는 것을 의미한다. 마치 2나 "hello"와 같이 함수는 값처럼 전달되거나 변수에 저장되며 조작될 수 있다. 하지만 그렇다고 해서 문제가 될까? 첫 번째 예시 (def hello (fn [] "Hello world"))에서 우리는 이미 그렇게 했다. 우리는 함수(인수를 받지 않고 문자열 "Hello world"를 반환하는 함수)를 만들고 hello라는 심볼에 바인딩했다. 이 함수는 단순히 값일 뿐이며 2와 본질적으로 다르지 않다.

코드 10.3에서는 슈바르츠 변환을 소개했다. 이는 다른 함수를 입력값으로 받는 함수의 예제로 소개됐다. 다시 말해, 이 함수는 특정 타입을 입력 인수로 받는 함수에 불과하다. 유일하게 약간 다른 점은 이 함수가 함수 타입을 입력으로 받는다는 것이다.

지금이 (filter) 폼을 소개하기에 좋은 시기다. 다음과 같이 나타낼 수 있으며, 자바 스트림_{Java stream}에서 비슷한 이름의 메서드를 떠올리게 할 것이다.

```
user=> (defn gt4 [x] (> x 4))
#'user/gt4
user=> (filter gt4 [1 2 3 4 5 6])
(5 6)
```

또한 (reduce) 폼이 있다. 이것은 filter-map-reduce 작업 세트를 완성하기 위한 폼이다. 두 가지 변형이 가장 많이 사용되는데, 하나는 초기 시작값(때로는 'zero'라고도 함)을 인수로 받고, 다른 하나는 그렇지 않은 폼이다.

```
user=> (reduce + 1 [2 3 4 5])
15
user=> (reduce + [1 2 3 4 5])
15
```

closure에 대해 정말 어렵다고 생각할 수 있다. 하지만 그렇지만은 않다. 간단한 예제를 살펴보면서 쉽게 이해할 수 있다. 지금부터 살펴볼 예제는 9장에서 코틀린에 대해 수행한 몇 가지 예제들을 떠올리게 할 것이다.

```
user=> (defn adder [constToAdd] #(+ constToAdd %1))
#'user/adder

user=> (def plus2 (adder 2))
#'user/plus2

user=> (plus2 3)
5

user=> (plus2 5)
7
```

먼저 (adder)라는 함수를 설정한다. 이 함수는 다른 함수를 생성하는 함수다. 자바의 팩토리 메서드 패턴에 익숙하다면 이것을 클로저와 유사한 개념이라고 생각할 수 있다. 함수가 다른 함수를 반환하는 것이 이상한 것은 아니다. 이것은 함수가 보통의 값일 뿐이기 때문이다.

이 예제에서는 익명 함수 리터럴을 간소화한 폼인 #()을 사용한다. (adder) 함수는 숫자를 입력받고 함수를 반환하며, (adder)에서 반환된 함수는 하나의 인수를 사용한다.

그다음 (adder)를 사용해서 새로운 형식인 (plus2)를 정의한다. 이 함수는 하나의 숫자 인수를 받아서 2를 더하는 함수다. (adder) 내에서 constToAdd에 바인딩된 값은 2였다. 이제 새로운 함수를 만들어보자.

```
user=> (def plus3 (adder 3))
#'user/plus3

user=> (plus3 4)
7

user=> (plus2 4)
6
```

이를 통해 다른 값이 constToAdd에 바인딩된 다른 함수 (plus3)를 만들 수 있음을 보여준다. (plus3)과 (plus2) 함수가 환경에서 값을 캡처했다captured거나 가뒀다losed over라고 말한다. (plus3)와 (plus2)에 의해 캡처된 값이 서로 다르며, (plus3)를 정의하는 것이 (plus2)에 의해 캡처된 값에 영향을 미치지 않는다는 점에 유의하자.

환경에 있는 일부 값을 캡처하는 함수를 closure라고 한다. (plus2)와 (plus3)은 closure의 예시다. 어떤 함수를 생성하는 함수가 다른 함수를 반환하고, 그 반환된 함수가 무언가를 자신의 함수 범위에 가두는 패턴은 closure를 갖는 언어에서 매우 흔한 패턴이다.

NOTE 올바른 문법을 가진 모든 형태는 클로저에서 컴파일될 수 있지만, 프로그램은 함수가 잘못된 개수의 인수로 호출될 경우, 실행 시 예외를 발생시킨다. 두 개의 인수를 받는 함수는 하나의 인수를 받는 함수가 필요한 곳에서 사용할 수 없다.

함수형 프로그래밍에 대해 더 많은 내용은 15장에서 다룰 예정이다. 이제 강력한 클로저 기능인 시퀀스에 대해 알아보겠다.

10.4 클로저 시퀀스 소개

클로저에는 강력한 핵심 추상화인 **시퀀스**sequence 또는 일반적으로 **seq**라고 불리는 것이 있다.

NOTE 시퀀스는 클로저 언어의 강점을 활용해서 코드를 작성하는 주요 부분이며, 자바가 유사한 개념을 처리하는 방식과 흥미로운 대조를 제공한다.

시퀀스 타입은 대략적으로 자바의 컬렉션과 반복자에 해당하지만, 시퀀스는 다소 다른 특성을 가진다. 기본적인 아이디어는 시퀀스가 실질적으로 자바의 두 가지 타입의 일부 기능을 하나의 개념으로 합치도록 설계됐다는 것이다. 이는 다음과 같은 세 가지를 필요로 한 동기에서 비롯됐다.

- 불변성: 문제없이 함수(및 스레드) 간에 시퀀스를 전달할 수 있어야 한다.
- 더 견고한 반복자와 유사한 추상화, 특히 다중 패스multipass 알고리즘에 적합해야 한다.
- 지연 시퀀스가 가능해야 한다(이에 대해서는 나중에 자세히 다룬다).

세 가지 요소 중에서 자바 프로그래머들이 가장 어려워하는 것은 불변성이다. 자바의 반복자 개념은 본질적으로 변경 가능한데, 이는 깔끔하게 분리된 인터페이스를 제공하지 않기 때문이다. 사실 자바의 Iterator는 단일 책임 원칙을 위반한다. 왜냐하면 next() 메서드가 호출될 때 논리적으로 두 가지 다른 역할을 수행하기 때문이다.

- 현재 가리키는 요소를 반환한다.
- 요소 포인터를 전진시켜 반복자를 변경한다.

시퀀스는 이 기능적인 아이디어를 기반으로 하여, `hasNext()`와 `next()`의 기능을 다르게 나눔으로 써 변이를 피한다. 클로저에서 가장 중요한 인터페이스인 `clojure.lang.ISeq`의 조금 더 단순화된 버전을 살펴보자.

```
interface ISeq {                    시퀀스에서 첫 번째 요소인
    Object first();    ◄────────    객체를 반환한다.
    ISeq rest();       ◄
}                                   시퀀스에서 첫 번째 요소를 제외한
                                    나머지를 요소를 포함하는 새로운
                                    시퀀스를 반환한다.
```

이제 시퀀스는 결코 변형되지 않는다. 대신 매번 `rest()`를 호출할 때마다 새로운 시퀀스값이 생성된다. 이것은 반복자를 다음 값으로 이동했을 때 발생한다. 자바로 이를 어떻게 구현할 수 있는지 보여주는 코드를 살펴보겠다.

```
public class ArraySeq implements ISeq {
    private final int index;        ◄
    private final Object[] values;  ◄──────  final 필드들

    private ArraySeq(int index, Object[] values) {
        this.index = index;
        this.values = values;
    }

    public static ArraySeq of(List<Object> objects) {  ◄──────  List를 인수로 받는
        if (objects == null || objects.size() == 0) {            팩토리 메서드
            return Empty.of();
        }
        return new ArraySeq(0, objects.toArray());
    }

    @Override
    public Object first() {
        return values[index];
    }

    @Override
    public ISeq rest() {
        if (index >= values.length - 1) {
            return Empty.of();      ◄──────  빈(empty) 시퀀스를
        }                                    만드는 구현도 필요하다.
        return new ArraySeq(index + 1, values);
    }
}
```

```
    public int count() {
        return values.length - index;
    }
}
```

시퀀스의 끝 부분에 대한 특수한 경우 seq가 필요하다. 이를 `ArraySeq` 내부 클래스inner class로 다음과 같이 나타낸다.

```
public static class Empty extends ArraySeq {
    private static Empty EMPTY = new Empty(-1, null);

    private Empty(int index, Object[] values) {
        super(index, values);
    }

    public static Empty of() {
        return EMPTY;
    }

    @Override
    public Object first() {
        return null;
    }

    @Override
    public ISeq rest() {
        return of();
    }

    public int count() {
        return 0;
    }
}
```

이제 이것을 실제로 사용하는 코드로 살펴보겠다.

```
ISeq seq = ArraySeq.of(List.of(10000,20000,30000));
var o1 = seq.first();
var o2 = seq.first();
System.out.println(o1 == o2);
```

예상대로, `first()` 호출은 **멱등성**idempotent을 갖는다. 즉 seq를 변경하지 않고 계속해서 같은 값을 반환한다.

이제 자바에서 `ISeq`를 사용해서 루프를 작성하는 방법을 살펴보겠다.

```
while (seq.first() != null) {
    System.out.println(seq.first());
    seq = seq.rest();
}
```

이 예제는 일부 자바 프로그래머들이 이의를 제기하는 변경 불가능한 시퀀스를 다루는 접근 방식에 대해 보여준다. '그렇다면 모든 가비지는 어떻게 처리될까?'

사실 `rest()` 호출마다 새로운 시퀀스, 즉 객체가 생성된다. 그러나 구현 코드를 자세히 살펴보면 우리는 `values`, 즉 배열 저장소를 중복해서 생성하지 않도록 주의한다. 그렇게 하면 비용이 많이 들기 때문에 그렇게 하지 않는다.

매 단계마다 생성되는 것은 사실 `int`와 객체에 대한 참조를 가진 아주 작은 객체다. 이런 임시 객체들을 어딘가에 저장하지 않는다면, 시퀀스를 따라 이동하면서 매 단계마다 새로운 객체가 생성될 것이기 때문에, 매우 빨리 가비지 컬렉션 대상이 될 것이다.

NOTE `Empty` 클래스의 메서드 본문에서 `index`나 `values`를 참조하지 않으므로, 특별한 값들(-1과 `null`)을 사용할 수 있다. 이 값들은 다른 `ArraySeq`의 인스턴스에서는 접근할 수 없기 때문에 디버깅에 도움이 된다.

이제 자바를 사용해서 시퀀스에 대한 이론을 설명했으므로 다시 클로저로 전환하겠다.

NOTE 모든 클로저 시퀀스가 구현하는 실제 `ISeq` 인터페이스는 지금까지 만난 버전보다 조금 더 복잡할 수 있지만, 기본적인 의도는 동일하다. 클로저의 시퀀스는 불변성을 유지하면서 변이를 피하고 효율적인 시퀀스 조작을 지원하는 데 초점을 두고 있다.

표 10.4에는 시퀀스와 관련된 일부 기본 함수들이 나와 있다. 이 함수들은 모두 입력된 인수를 변경하지 않는다는 점에 유의하자. 만약 다른 값을 반환해야 한다면, 새로운 시퀀스가 반환될 것이다.

표 10.4 기본 시퀀스 함수

함수	효과
(seq <coll>)	주어진 컬렉션의 뷰view 역할을 하는 시퀀스를 반환한다.
(first <coll>)	컬렉션의 첫 번째 요소를 반환하며, 필요한 경우 (seq)를 먼저 호출한다. 컬렉션이 nil인 경우 nil을 반환한다.
(rest <coll>)	컬렉션에서 첫 번째 요소를 제외한 새로운 seq를 반환한다.
(seq? <o>)	o가 시퀀스인 경우 true를 반환한다(즉 ISeq를 구현하는 경우).
(cons <elt> <coll>)	컬렉션에 새 요소를 앞에 추가한 시퀀스를 반환한다.
(conj <coll> <elt>)	벡터인 경우에는 끝에, 리스트인 경우에는 맨 앞에 새 요소를 추가한 새 컬렉션을 반환한다.
(every? <pred-fn> <coll>)	컬렉션의 모든 항목에 대해 (pred-fn)이 논리적으로 참을 반환하면, true를 반환한다.

클로저는 (cons) 함수를 사용할 때 두 번째 인수가 컬렉션(사실상 ISeq)이어야 한다는 점에서 다른 리스프와 다르다. 일반적으로 많은 클로저 프로그래머들은 (cons) 대신에 (conj)를 선호한다. 다음은 몇 가지 예시다.

```
user=> (rest '(1 2 3))
(2 3)

user=> (first '(1 2 3))
1

user=> (rest [1 2 3])
(2 3)

user=> (seq ())
nil

user=> (seq [])
nil

user=> (cons 1 [2 3])
(1 2 3)

user=> (every? is-prime [2 3 5 7 11])
true
```

한 가지 중요한 점은 클로저의 리스트는 자체적인 시퀀스이지만 벡터는 그렇지 않다는 것이다. 이론적으로 벡터에 (rest)를 호출할 수 없어야 한다. 그러나 (rest)가 벡터에 대해 동작하기 전에

(seq)를 호출하기 때문에 호출에 문제가 없다.

NOTE 많은 시퀀스 함수는 시퀀스보다 일반적인 객체를 인수로 받아서 시작하기 전에 (seq)를 호출한다.

다음 절에서는 시퀀스 추상화의 기본 속성과 사용법을 살펴보고, 특히 가변 인수 함수에 특별히 주목할 것이다. 이후에는 15장에서 지연 시퀀스를 소개하는데, 이는 매우 중요한 함수형 기술이다.

10.4.1 시퀀스와 가변 인수 함수

지금까지 우리는 클로저의 함수 접근 방식의 강력한 기능 중 하나를 전혀 논의하지 않았다. 그것은 함수에 쉽게 가변 개수의 인수를 가질 수 있는 자연스러운 능력이다. 종종 함수의 **항수**arity라고도 한다. 가변 개수의 매개변수를 받아들이는 함수를 **가변 인수 함수**variable-arity function라고 하며, 이들은 일반적으로 시퀀스를 다룰 때 자주 사용된다.

NOTE 자바는 가변 인수 메서드를 지원하며, 메서드의 매개변수 끝에 ...를 사용해서 해당 타입으로 임의적인 개수의 매개변수를 허용한다는 것을 표시한다.

간단한 예를 들어보겠다. 앞서 코드 10.1에서 논의한 상수 함수 (const-fun1)를 고려해보자. 이 함수는 단일 인수를 받고, 해당 인수를 무시하고 항상 1을 반환한다. 그러나 (const-fun1)에 여러 개의 인수를 전달하면 어떻게 될까?

```
user=> (const-fun1 2 3)
java.lang.IllegalArgumentException:
   Wrong number of args (2) passed to: user$const-fun1 (repl-1:32)
```

클로저 컴파일러는 (const-fun1)에 전달된 인수의 수(및 타입)에 대해 컴파일 타임 정적 검사를 할 수 없기 때문에 실행 중(런타임)에 예외가 발생할 수 있다.

이것은 너무 제한적이다. 특히 모든 인수를 무시하고 상숫값을 반환하는 함수에서는 더욱 제한적이다. 클로저에서 임의의 개수 인수를 받을 수 있는 함수는 어떻게 정의할 수 있을까?

다음 예시에서는 이것을 처리하는 방법을 보여주기 위해 이전 절에서 논의한 (const-fun1) 상수 함수 버전을 사용한다. 이 함수를 (const-fun-arity1)이라고 부르겠다. 여기서 'arity'는 인수의 개수를 의미한다.

NOTE 사실 이것은 클로저 표준 함수 라이브러리에서 제공하는 (constantly) 함수의 자체 제작 버전이다.

코드 10.5 가변 인수 함수 예시

```
user=> (defn const-fun-arity1
  ([] 1)          ◄─────┐
  ([x] 1)         ◄─────┤  서로 다른 시그니처를
  ([x & more] 1)  ◄─────┘  가진 여러 함수 정의
)
#'user/const-fun-arity1

user=> (const-fun-arity1)
1

user=> (const-fun-arity1 2)
1

user=> (const-fun-arity1 2 3 4)
1
```

클로저에서 함수의 정의는 함수 매개변수 벡터가 오고 그다음에 함수의 동작을 정의하는 형태가 아니라, 이들의 쌍으로 된 목록이라는 것이다. 각 쌍은 매개변수를 담은 벡터(사실상 이 버전의 함수 시그니처)와 해당 버전의 함수의 동작으로 구성된다.

이런 점은 자바의 메서드 오버로딩과 유사한 개념으로 볼 수 있다. 또는 여기에서는 3장에서 만난 패턴 매칭과 연관짓는 것도 가능하다. 그러나 클로저는 동적 타입 언어이기 때문에 함수 시그니처에 타입 패턴이 없으며, 이로 인해 시그니처와 타입의 연결이 강력하지 않을 수 있다.

일반적인 관례는 몇 가지 특수한 형식(매개변수가 하나, 하나 또는 두 개인 형식)과 마지막 매개변수로 seq를 갖는 추가 형식을 정의하는 것이다. 코드 10.5에서 이런 형태를 `[x & more]` 매개변수 벡터를 갖는 가변 인수 함수로 보여줬다. 여기서 `&` 기호는 가변 인수 함수임을 나타낸다.

시퀀스는 강력한 클로저의 혁신적인 기능이다. 사실 클로저로 프로그래밍하는 것은 주어진 문제를 해결하기 위해 어떻게 시퀀스의 추상화를 활용할 수 있는지 생각하는 것이 큰 부분을 차지한다. 클로저의 또 다른 중요한 혁신은 클로저와 자바의 통합이다. 이는 다음 절에서 다룰 것이다.

10.5 클로저와 자바 간의 상호 운용성

클로저는 JVM 언어로서 처음부터 JVM 특성을 완전히 숨기지 않고 프로그래머에게 노출하도록 설계됐다. 이러한 구체적인 설계 선택 사항은 여러 가지 면에서 드러난다. 예를 들어 타입 시스템 수준에서 클로저의 리스트와 벡터는 모두 자바 컬렉션 라이브러리의 표준 인터페이스인 `List`를 구현한다. 또한 자바 라이브러리를 클로저에서 매우 쉽게 사용할 수 있고, 그 반대도 가능하다. 이러한 특징은 매우 유용하다. 클로저 프로그래머들은 다양한 자바 라이브러리와 도구, 그리고 JVM 의 성능과 기능을 활용할 수 있다.

이 절에서는 이러한 상호 운용성 결정의 여러 가지 측면을 다루겠다. 특히 다음과 같은 주제들을 다룬다.

- 클로저에서 자바 호출하기
- 자바가 클로저 함수의 타입을 인식하는 방법
- 클로저 프록시
- REPL을 통한 탐색적 프로그래밍
- 자바에서 클로저 호출하기

상호 운용성을 탐색하기 위해 클로저에서 자바 메서드에 접근하는 방법을 살펴보겠다.

10.5.1 클로저에서 자바 호출하기

REPL에서 평가되는 이 클로저 코드 조각을 살펴보겠다.

```
user=> (defn lenStr [y] (.length (.toString y)))
#'user/lenStr

user=> (schwartz ["bab" "aa" "dgfwg" "droopy"] lenStr)
("aa" "bab" "dgfwg" "droopy")
```

슈바르츠 변환(일반적으로 사용하는 형태의 정렬)을 사용해서 문자열 벡터를 길이에 따라 정렬했다. 이를 위해 `(.toString)`과 `(.length)` 형태의 자바 메서드를 사용했다. 이들은 클로저 객체에 대해 호출하고 있다. 심볼 앞의 `.`(점)은 런타임에 다음 인수에 지정된 메서드를 호출하도록 지시한다. 이 것은 백그라운드에서 우리가 살펴보지 않았던 또 다른 매크로인 `(.)`을 사용해서 구현된다.

모든 (def)나 그 변형으로 정의된 클로저값들은 clojure.lang.Var의 인스턴스에 담긴다는 것을 기억하자. clojure.lang.Var는 java.lang.Object를 포함할 수 있으므로 java.lang.Object에서 호출할 수 있는 모든 메서드는 클로저값에 대해 호출할 수 있다. 자바 세계와 상호작용하는 다른 형태들 중 일부는

```
(System/getProperty "java.vm.version")
```

정적 메서드를 호출하는 경우(이 경우 System.getProperty() 메서드)와

```
Boolean/TRUE
```

정적 공개 변수(상수와 같은 것)에 접근하는 경우다.

친숙한 "Hello World" 예제는 다음과 같다.

```
user=> (.println System/out "Hello World")
Hello World
nil
```

마지막의 nil은 당연히 모든 클로저 형태는 값이 반환돼야 하기 때문(자바에서 void 메서드를 호출하더라도)이다.

이 세 가지 예제에서는 묵시적으로 클로저의 네임스페이스 개념을 사용했다. 이 개념은 자바의 패키지와 유사하며 대부분의 경우에 간단한 형태로 자바 패키지 이름과의 매핑이 있다. (앞의 예제에서 본 것처럼) 이를 통해 클로저에서 자바 클래스를 간단하고 편리하게 호출할 수 있다.

10.5.2 클로저 호출의 특성

클로저의 함수 호출은 JVM 메서드 호출로 컴파일된다. JVM은 리스프(특히 스키마 구현)가 일반적으로 수행하는 **꼬리 재귀**tail recursion 최적화를 보장하지 않는다. JVM에서 동작하는 다른 일부 리스프 파생 언어들은 진정한 꼬리 재귀를 지원하기 위해 모든 상황에서 리스프 함수 호출이 JVM 메서드 호출과 정확히 동일하게 처리되지 않을 수 있다. 그에 반해, 클로저는 JVM을 플랫폼으로 완전히 수용한다. 이는 전통적인 리스프 관행과 완전한 일치를 포기하더라도 JVM과 완벽하게 통

합해서 클로저 코드를 더욱 효율적이고 풍부하게 만든다는 것을 의미한다.

클로저에서 자바 객체의 새로운 인스턴스를 생성하고 조작하려면 (new) 폼을 사용해 쉽게 할 수 있다. 이것의 대안으로 클래스 이름 뒤에 마침표가 오는 짧은 폼이 있는데, 이것은 다음에 표시된 것처럼 (.) 매크로의 또 다른 사용으로 요약된다.

```clojure
(import '(java.util.concurrent CountDownLatch LinkedBlockingQueue))

(def cdl (new CountDownLatch 2))

(def lbq (LinkedBlockingQueue.))
```

여기서는 (import) 폼도 사용했는데, 이는 하나의 줄로 여러 개의 자바 클래스를 한 번에 가져올 수 있다.

이전에 클로저의 타입 시스템과 자바의 타입 시스템 사이에 어느 정도의 일치가 있다고 언급했다. 이 개념을 좀 더 자세히 살펴보겠다.

10.5.3 클로저값의 자바 타입

REPL에서는 다음과 같이 몇 가지 클로저값의 자바 타입을 쉽게 살펴볼 수 있다.

```clojure
user=> (.getClass "foo")
java.lang.String

user=> (.getClass 2.3)
java.lang.Double

user=> (.getClass [1 2 3])
clojure.lang.PersistentVector

user=> (.getClass '(1 2 3))
clojure.lang.PersistentList

user=> (.getClass (fn [] "Hello world!"))
user$eval110$fn__111
```

먼저 주목해야 할 것은 모든 클로저값은 객체임을 알 수 있다는 것이다. JVM의 기본 타입은 기본적으로 노출되지 않는다(그러나 성능에 민감한 경우에는 기본 타입에 접근하는 방법도 있다). 예상했겠지만, 문자열과 숫자의 값들은 직접 해당하는 자바의 참조 타입(`java.lang.String`, `java.lang.Double` 등)에 매핑된다.

익명의 `"Hello world!"` 함수는 동적으로 생성된 클래스의 인스턴스임을 나타내는 이름을 갖고 있다. 이 클래스는 클로저에서 값이 함수임을 나타내는 매우 중요한 인터페이스 `IFn`을 구현한다.

앞서 살짝 언급했듯이, 시퀀스는 `ISeq` 인터페이스를 구현한다. 일반적으로 추상 클래스인 `ASeq` 또는 지연 버전의 구현인 `LazySeq` 중 하나의 구체적인 하위 클래스다(고급 함수형 프로그래밍에 대해 이야기하는 15장에서 지연을 살펴볼 예정이다).

여러 가지 값의 타입을 살펴보았지만, 이러한 값들의 저장소는 무엇일까? 이 장의 시작 부분에서 언급했듯이, `(def)`는 심볼을 값에 바인딩하고 이를 통해 `var`를 생성한다. 이 `var`는 (다른 인터페이스 중에서도 `IFn`을 구현하는) `clojure.lang.Var` 타입의 객체다.

10.5.4 클로저 프록시 사용하기

클로저에는 `(proxy)`라는 강력한 매크로가 있다. 이 매크로를 사용하면 자바의 클래스를 확장하거나 인터페이스를 구현한, 진정한 클로저 객체를 생성할 수 있다. 예를 들어 다음 예제는 이전에 살펴본 (6장에서 사용한 `ScheduledThreadPoolExecutor`를 활용한) 예제를 다시 가져와 클로저의 더 간결한 구문으로 실행하는 것을 보여준다.

코드 10.6 Scheduled Executors 다시 보기

```
(import '(java.util.concurrent Executors LinkedBlockingQueue TimeUnit))

(def stpe (Executors/newScheduledThreadPool 2))          ◀─  Executor를 생성하는
                                                             팩토리 메서드
(def lbq (LinkedBlockingQueue.))
                                                     Runnable의 익명 구현을
(def msgRdr (proxy [Runnable] []        ◀─            정의한다.
  (run [] (.println System/out (.toString (.poll lbq)))))
))

(def rdrHndl
  (.scheduleAtFixedRate stpe msgRdr 10 10 TimeUnit/MILLISECONDS))
```

`(proxy)`의 일반적인 형태는 다음과 같다.

```
(proxy [<superclass/interfaces>] [<args>] <impls of named functions>+)
```

첫 번째 벡터 인수는 이 프록시 클래스가 구현해야 하는 인터페이스를 가진다. 프록시가 자바 클래스를 확장해야 하는 경우(물론 하나의 자바 클래스만 확장할 수 있음), 해당 클래스 이름이 벡터의 첫 번째 요소여야 한다

두 번째 벡터 인수는 슈퍼클래스 생성자에 전달돼야 하는 매개변수로 구성된다. 이는 대개 빈 벡터이며, (proxy) 폼이 자바 인터페이스만 구현하는 경우에는 항상 빈 벡터일 것이다.

이 두 인수 뒤에는 지정된 인터페이스나 슈퍼클래스에서 요구하는 대로 개별 메서드의 구현을 나타내는 폼이 따라온다. 우리의 예제에서는 프록시가 Runnable 인터페이스만 구현해야 하므로, 이 인터페이스만 첫 번째 인수 벡터에 포함된다. 슈퍼클래스 매개변수가 필요하지 않으므로 (흔히 그렇듯이) 두 번째 벡터는 비어 있다.

두 벡터 다음에는 프록시가 구현할 메서드를 정의하는 폼들의 목록이 온다. 우리의 경우에는 단지 run() 메서드 하나를 구현해야 하므로 이렇게 작성한다. (run [] (.println System/out (.toString (.poll lbq)))). 물론, 이것은 다음과 같은 자바 코드를 클로저로 작성한 것일 뿐이다.

```java
public void run() {
    System.out.println(lbq.poll().toString());
}
```

(proxy) 형태를 사용하면 간단하게 자바 인터페이스를 구현할 수 있다. 이는 흥미로운 가능성을 제공하는데, 바로 자바 및 JVM 코드를 실험하기 위한 확장된 실험도구로 클로저 REPL을 사용할 수 있다.

10.5.5 REPL을 이용한 탐색적 프로그래밍

탐색적 프로그래밍의 핵심 개념은 REPL이 제공하는 실시간 대화형 환경과 클로저의 구문으로 인해 작성해야 하는 코드가 적으므로, REPL은 클로저 프로그래밍을 탐색할 뿐만 아니라 자바 라이브러리에 대해서도 학습할 수 있는 훌륭한 환경이 될 수 있다.

예를 들어 자바의 리스트 구현을 생각해보겠다. 리스트에는 Iterator 타입의 객체를 반환하는 iterator() 메서드가 있다. 그러나 Iterator는 인터페이스이므로 실제 구현 타입이 무엇인지 궁금

할 수 있다. REPL을 사용하면 다음과 같이 쉽게 알아낼 수 있다.

```
user=> (import '(java.util ArrayList LinkedList))
java.util.LinkedList

user=> (.getClass (.iterator (ArrayList.)))
java.util.ArrayList$Itr

user=> (.getClass (.iterator (LinkedList.)))
java.util.LinkedList$ListItr
```

`(import)` 폼은 `java.util` 패키지에서 두 가지 다른 클래스를 가져온다. 그다음 10.5.3절에서와 마찬가지로 REPL 내에서 자바 메서드 `getClass()`를 사용할 수 있다. 보시다시피 반복자는 실제로 내부 클래스에서 제공된다. 10.4절에서 설명했듯이 반복자는 그 컬렉션과 긴밀하게 연결돼 있으므로 해당 컬렉션의 내부 구현 세부 정보를 확인해야 할 수도 있다.

앞의 예제에서 주목할 점은 단 하나의 클로저 구조체도 사용하지 않았다는 것이다. 단지 약간의 문법만 사용했다. 우리가 다룬 모든 것은 진정한 자바 구조체였다. 하지만 다른 접근 방식을 사용해서 자바 프로그램 내에서 클로저가 제공하는 강력한 추상화를 사용하고 싶다고 가정해보자. 이제 이를 수행하는 방법을 보여주겠다.

10.5.6 자바에서 클로저 사용하기

클로저의 타입 시스템은 자바와 밀접하게 연관돼 있다. 클로저의 데이터 구조는 모두 자바 인터페이스의 필수 부분을 구현한 진정한 자바 컬렉션이다. 선택적인 부분은 일반적으로 구현되지 않는다. 왜냐하면 그들은 데이터 구조의 값 변경과 관련된 부분인데, 클로저는 이를 지원하지 않기 때문이다.

타입 시스템의 이러한 일치는 클로저 데이터 구조를 자바 프로그램에서 사용할 수 있는 가능성을 열어준다. 클로저 자체의 특성으로 인해 이 가능성은 더욱 실현 가능하다. 클로저는 JVM과 일치하는 호출 메커니즘을 갖춘 컴파일된 언어이기 때문이다. 이로 인해 런타임 측면이 최소화되고, 클로저에서 얻은 클래스는 거의 다른 자바 클래스와 동일하게 다룰 수 있다. 반면에 인터프리터 언어는 상호 운용이 훨씬 더 어렵고, 일반적으로 지원을 위해 최소한의 비자바 언어 런타임이 필요하다.

다음 예제에서는 클로저의 시퀀스 구조체를 일반적인 자바 문자열에서 사용하는 방법을 보여준다. 이 코드가 실행되려면 `clojure.jar`가 클래스패스에 있어야 한다.

```
ISeq seq = StringSeq.create("foobar");

while (seq != null) {
  Object first = seq.first();
  System.out.println("Seq: "+ seq +" ; first: "+ first);
  seq = seq.next();
}
```

앞의 코드는 `StringSeq` 클래스의 `create()` 팩토리 메서드를 사용한다. 이는 문자열의 문자 시퀀스에 대한 시퀀스 뷰를 제공한다. 이는 10.4절에서 설명한 것과 같이 `first()`와 `next()` 메서드는 기존의 시퀀스를 변경하는 대신 새로운 값을 반환한다.

다음 절에서는 클로저의 매크로에 대해 이야기하겠다. 이것은 숙련된 프로그래머가 클로저 언어 자체를 효과적으로 수정할 수 있는 강력한 기술이다. 이 능력은 리스프와 같은 언어에서 흔한 것이지만 자바 프로그래머들에게는 꽤 생소할 수 있기 때문에 중요하다.

10.6 매크로

8장에서는 자바 언어의 엄격한 문법에 대해 이야기했다. 이와 대조적으로 closure는 훨씬 더 유연한 접근 방식을 제공하는 메커니즘으로 매크로를 제공하고, 이를 적극적으로 권장하여 프로그래머가 기본 제공 언어 문법과 동일한 방식으로 작동하는 다소 일반적인 프로그램 코드를 작성할 수 있도록 한다.

NOTE 많은 언어(C++ 포함)에는 매크로가 있으며, 대부분 소스 코드 컴파일의 특별한 단계(대개 첫 번째 단계)에서 거의 비슷한 방식으로 작동한다

예를 들어 C 언어의 경우 첫 번째 단계는 주석 제거, 포함된 파일 인라인, 매크로 확장(`#include` 및 `#define`과 같은 다양한 타입의 **전처리기 지시문**preprocessor directive)을 수행하는 **전처리**preprocessing다.

C 매크로는 매우 강력하지만, 이로 인해 엔지니어가 이해하고 디버깅하기 어려운 매우 미묘하게 혼란스러운 코드를 작성할 수 있다. 이런 복잡성을 피하기 위해 자바 언어는 매크로 시스템이나 전처리기를 구현하지 않았다.

C 매크로는 전처리 단계에서 매우 간단한 텍스트 대체 기능을 제공하는 방식으로 작동한다. 클로저 매크로는 클로저 자체의 구문 내에서 작동하기 때문에 더 안전하다. 사실 클로저 매크로는 컴파일 시간에 (특별한 방식으로) 평가되는 특수한 종류의 함수를 만들 수 있도록 해준다. 매크로는 컴파일 시간 중에 소스 코드를 변형하는데, 이를 **매크로 확장 시간**macro expansion time이라고 한다.

NOTE 매크로의 힘은 클로저 코드가 유효한 클로저 데이터 구조로 작성되기 때문에 발휘된다. 구체적으로는 폼들의 목록으로 작성된다.

다른 리스프 계열과 마찬가지로 클로저는 **동형성**homoiconic을 가진다. 이는 프로그램이 데이터와 동일한 방식으로 표현된다는 것을 의미한다. 자바와 같은 다른 프로그래밍 언어는 소스 코드를 문자열로 작성하며, 해당 문자열을 자바 컴파일러에서 구문 분석하지 않으면 프로그램의 구조를 판단할 수 없다.

클로저는 소스 코드를 만나는 대로 컴파일한다. 많은 리스프 계열 언어들이 인터프리트 언어다. 하지만 클로저는 그렇지 않다. 대신 클로저 소스 코드가 로드될 때 JVM 바이트코드로 동적으로 컴파일된다. 이로 인해 클로저가 해석되는 것처럼 보일 수 있지만, (매우 간단한) 클로저 컴파일러는 바로 밑에 숨겨져 있다.

NOTE 클로저 폼은 리스트 형태의 코드를 의미하며, 매크로는 본질적으로 인수를 평가하지 않고 대신 이를 조작해서 다른 리스트를 반환하는 함수다. 그리고 이후에 리스트는 클로저 폼으로 컴파일된다.

이를 증명하기 위해, (if)와 반대로 동작하는 매크로 폼을 작성해보겠다. 어떤 언어에서는 이러한 기능을 unless 키워드로 나타내기도 한다. 클로저에서는 (unless) 폼으로 표현할 것이다. 우리가 원하는 것은 (if)처럼 보이지만 논리적으로 반대로 동작하는 폼이다. 다음과 같이 동작해야 한다.

```
user=> (def test-me false)
#'user/test-me

user=> (unless test-me "yes")
"yes"

user=> (def test-me true)
#'user/test-me

user=> (unless test-me "yes")
nil
```

주의할 점은 `else` 조건에 해당하는 부분을 제공하지 않는다는 것이다. 'unless … else'라는 표현 자체가 이상하게 들리기도 하고 예제를 약간은 단순화할 수 있다. 예제에서는 `unless` 논리 테스트가 실패하면 폼이 `nil`로 평가되도록 한다.

`(defn)`을 사용하여 이를 작성하기 위해서는 다음과 같이 간단하게 작성해볼 수 있다(결과적으로 제대로 작동하지 않는다).

```
user=> (defn unless [p t]
  (if (not p) t))
#'user/unless

user=> (def test-me false)
#'user/test-me

user=> (unless test-me "yes")
"yes"

user=> (def test-me true)
#'user/test-me

user=> (unless test-me "yes")
nil
```

이제 괜찮아 보인다. 그러나 `(unless)`가 `(if)`와 동일하게 작동하도록 원한다고 가정해보면, 특히 **불리언 서술어**boolean predicate 조건이 참일 때만 `then` 폼이 평가돼야 한다. 다시 말해, `(if)`에 대해 다음과 같은 동작을 볼 수 있다.

```
user=> (def test-me true)
#'user/test-me

user=> (if test-me (do (println "Test passed") true))
Test passed
true

user=> (def test-me false)
#'user/test-me

user=> (if test-me (do (println "Test passed") true))
nil
```

다음과 같이 (unless) 함수를 동일한 방식으로 사용하려고 할 때, 문제를 볼 수 있다.

```
user=> (def test-me false)
#'user/test-me

user=> (unless test-me (do (println "Test passed") true))
Test passed
true

user=> (def test-me true)
#'user/test-me

user=> (unless test-me (do (println "Test passed") true))
Test passed
nil
```

조건이 참이든 거짓이든 상관없이 then 폼은 여전히 평가된다. 예제에는 (println)이 있는데, 이로 인해 출력이 생성돼 평가가 일어나고 있음을 알려준다. 이 문제를 해결하려면 '전달된 폼들을 평가하지 않고' 다룰 필요가 있다. 이는 함수형 프로그래밍에서 중요한 (약간 다른 형태의) 지연 개념이다. 이 개념은 15장에서 자세히 설명할 예정이다. (defmacro) 스페셜 폼은 새로운 매크로를 선언하는 데 사용된다. 예를 들면 다음과 같다.

```
(defmacro unless [p t]
  (list 'if (list 'not p) t))
```

이제 올바른 동작을 하는지 확인해보겠다.

```
user=> (def test-me true)
#'user/test-me

user=> (unless test-me (do (println "Test passed") true))
nil

user=> (def test-me false)
#'user/test-me

user=> (unless test-me (do (println "Test passed") true))
Test passed
true
```

이제 우리가 원하는 대로 동작한다. 즉 `(unless)` 폼은 이제 내장된 `(if)` 스페셜 폼과 똑같이 보이고 동작한다.

매크로를 작성하는 데 있어 한 가지 단점은 많은 인용이 필요하다는 점이다. 매크로는 컴파일 시간에 인수들을 새로운 클로저 폼으로 변환하기 때문에, 결과물은 `(list)` 형태가 되는 것이 자연스럽다.

리스트는 런타임에 평가될 클로저 심볼을 포함하므로, 매크로 확장 중에 명시적으로 평가할 필요가 없는 모든 것을 인용해야 한다. 이는 매크로가 컴파일 시간에 인수를 받기 때문에 인수들을 평가되지 않은 데이터로 사용 가능하다는 사실에 의존한다.

예제에서는 인수가 아닌 모든 부분에 대해 인용 처리를 해야 한다. 이러한 부분들은 확장 과정에서 문자열로 대체될 것이다. 이로 인해 상당히 번거로워질 수 있다. 더 나은 방법은 없을까?

매크로를 작성하거나 디버깅할 때 도움이 되는 유용한 도구를 만나보겠다. `(macroexpand-1)` 폼은 매크로 폼을 전달받으면 해당 매크로를 확장하고 그 확장 결과를 반환한다. 전달받은 폼이 매크로가 아닌 경우, 그냥 원래 폼을 반환한다. 예를 들면 다음과 같다.

```
user=> (macroexpand-1 '(unless test-me (do (println "Test passed") true)))
(if (not test-me) (do (println "Test passed") true))
```

우리가 정말 원하는 것은 매크로를 작성할 때 많은 양의 인용 작업 없이도 매크로가 확장된 형태와 유사한 모습으로 보이도록 작성할 수 있는 능력이다.

NOTE 전체적인 매크로 확장은 `(macroexpand)` 폼을 사용해서 이전의 간단한 폼을 반복적으로 호출함으로써 구성된다. `(macroexpand-1)`을 적용하면 더 이상의 매크로 확장이 없을 때까지 진행되지 않고 종료된다. 이 능력의 핵심은 특별한 리더 매크로인 `` ` ``(역따옴표)에 있으며, 이것을 **문법 인용**syntax quote이라 부른다. 이 장의 리더 매크로에 대한 절에서 미리 살펴봤다. 문법 인용 리더 매크로는 폼 다음의 모든 것을 기본적으로 인용하는 방식으로 작동한다. 만약 어떤 부분을 인용하지 않도록 하려면, **문법 비인용**syntax unquote 연산자 `(~)`를 사용하여 문법 인용에서 제외해야 한다. 이제 예제 매크로 `(unless)`를 다음과 같이 작성할 수 있다.

```
(defmacro unless [p t]
  `(if (not ~p) ~t))
```

위의 형태는 이전에 보았던 매크로 확장 형태와 훨씬 더 명확하고 가까워졌다. ~ 문자는 매크로가 확장될 때 해당 심볼들이 대체될 것임을 시각적으로 알려주는 멋진 단서 역할을 한다. 이것은 컴파일 타임 코드 템플릿으로서의 매크로라는 개념과 잘 어울린다.

문법-인용 및 비인용과 함께, 매크로 정의에서는 때때로 중요한 특수한 변수들이 사용된다. 이 중에서 가장 흔한 두 가지는 다음과 같다.

- `&form`: 호출되는 표현식을 나타낸다(매크로가 확장되는 지점의 표현식).
- `&env`: 매크로 확장 지점에서의 지역 바인딩들로 이뤄진 맵을 나타낸다.

각 특수 변수에서 얻을 수 있는 자세한 정보는 클로저 문서에 자세히 설명돼 있다.

클로저 매크로를 작성할 때는 주의가 필요한데, 예를 들면 다음 예제와 같이 종료되지 않고 분기되는 재귀 확장을 생성하는 매크로를 만들 수 있다.

```
(defmacro diverge [t]
  `((diverge ~t) (diverge ~t)))
#'user/diverge

user=> (diverge true)
Syntax error (StackOverflowError) compiling at (REPL:1:1).
null
```

마지막 예시로, 매크로가 실제로 컴파일 타임에 동작하는지 확인하기 위해 컴파일에서 런타임으로 연결하는 closure 역할을 하는 매크로를 작성해보겠다.

```
user=> (defmacro print-msg-with-compile []
  (let [num (System/currentTimeMillis)]
    `(fn [t#] (println t# " " ~num))))
#'user/print-msg-with-compile

user=> (def p1 (print-msg-with-compile))
#'user/p1

user=> (p1 "aaa")
aaa   1603437421852
nil

user=> (p1 "bbb")
```

```
bbb    1603437421852
nil
```

위의 코드에서 (let) 폼은 컴파일 타임에 평가되므로 매크로가 평가될 때 (System/currentTimeMillis)의 값이 캡처돼 심볼 num에 바인딩되며, 그 값이 확장된 폼에서 바인딩된 값으로 대체된다. 결과적으로 컴파일 타임에 결정되는 상수와 같은 것이 된다.

비록 이 장의 맨 끝에서 매크로를 소개했지만, 실제로 매크로는 클로저에서는 이미 여기 저기에서 사용되고 있다. 사실 클로저 표준 라이브러리의 많은 부분이 매크로로 구현돼 있다. 기본기가 탄탄한 개발자는 표준 라이브러리 소스를 읽고 주요 부분이 어떻게 작성됐는지 관찰하여 많은 것을 배울 수 있을 것이다.

이때 주의할 점이 하나 더 있다. 매크로는 강력한 기법이며, 프로그래머의 사고를 높이는 다른 기법들과 마찬가지로 유혹이 있을 수 있다. 일부 개발자들은 매크로를 과도하게 사용하는 경향이 있으며, 이는 확실히 필요하지 않을 때에도 매크로를 포함하는 경향을 말한다.

이를 방지하기 위해 클로저 매크로 사용에 대한 다음과 같은 간단한 일반적인 규칙을 염두에 둘 것을 강력히 권한다.

- 함수로 목표를 달성할 수 있는 경우 매크로를 작성하지 말 것
- 언어나 표준 라이브러리에 이미 존재하지 않은 기능, 능력, 패턴을 구현하기 위해 매크로를 작성할 것

물론 이 중 첫 번째는 단순히 "무언가를 할 수 있다고 해서 반드시 해야 한다는 것은 아니다"라는 오래된 속담과 같은 것이다.

두 번째 규칙은 매크로가 존재하는 이유를 상기시킨다. 매크로를 사용하여 다른 방법으로는 실제로 할 수 없는 작업이 가능하다. 숙련된 클로저 프로그래머는 적절할 때 매크로를 매우 효과적으로 사용할 수 있을 것이다.

매크로 이외에도, 클로저의 동적 런타임 동작에 대해 더 배울 수 있다. 자바에서는 일반적으로 클래스와 인터페이스 상속 및 가상 메서드를 사용하여 처리하지만, 이는 기본적으로 객체지향적인 개념이며 클로저에는 특히 잘 어울리지 않는다.

대신, 클로저는 **프로토콜**protocol과 **데이터 타입**data type, 앞서 알아본 프록시를 가지고 이런 유연성을 제공한다. 그 외에도 **멀티 메서드**multimethod를 사용하는 사용자 정의 디스패치 방식 같은 더 많은 가능성이 있다. 이들 역시 매우 강력한 기술이지만, 불행히도 클로저 소개와는 조금 멀리 떨어져 있다.

클로저는 언어로서 자바와 가장 다른 측면을 가지고 있다고 볼 수 있다. 리스프의 기원, 불변성에 대한 강조, 그리고 다른 접근법들은 이를 완전히 다른 언어로 만드는 것처럼 보인다. 그러나 JVM과의 강력한 통합, (시퀀스와 같은) 타입 시스템의 일치, 탐구적 프로그래밍의 힘은 자바에 대한 매우 보완적인 언어로 만들어준다.

여기서 살펴본 언어 간의 차이점은 자바 플랫폼이 지속적으로 발전하고 애플리케이션 개발을 위한 선택 가능한 목적지가 될 수 있는 힘을 분명하게 보여준다. 이는 또한 JVM의 유연성과 기능에 대한 증거이기도 하다.

요약

- 클로저는 동적으로 타입이 지정되므로 자바 프로그래머들은 런타임 예외에 대해 주의해야 한다.
- 탐색 및 REPL 기반 개발은 자바 IDE와는 다른 느낌이다.
- 클로저는 불변성 스타일의 프로그래밍을 제공하고 장려한다.
- 함수형 프로그래밍은 클로저에서 자바나 코틀린보다 훨씬 더 잘 통용된다.
- 시퀀스는 자바의 반복자와 컬렉션과 기능적으로 동등한 개념이다.
- 매크로는 클로저 소스의 컴파일 시간 변환을 정의한다.

빌드와 디플로이먼트

4부에서는 자바 애플리케이션을 빌드, 테스트, 배포하기 위한 도구를 효과적으로 사용하는 방법에 대해 설명한다. 빌드 도구는 자바가 등장하기 훨씬 이전부터 존재해왔지만, 이 분야는 계속 발전하고 있다. 11장에서는 가장 널리 사용되는 두 가지 자바 빌드 도구인 메이븐과 그래들을 살펴보고 두 도구의 유사점과 차이점에 대해 알아본다. 기본 명령어 외에도 이 도구들이 세계를 어떻게 모델링하고 이 모델이 어떻게 확장 및 사용자 정의 가능한지 알아볼 것이다.

지난 몇 년 동안 컨테이너화는 업계를 강타했다. 다소 틈새 시장인 리눅스 기본 요소 집합에 뿌리를 둔 도커와 쿠버네티스는 이러한 기술을 주류로 바꾸었다. 이 글에서는 자바 애플리케이션 환경을 이런 컨테이너에 통합하는 구체적인 방법, 변경해야 할 사항과 그대로 유지해야 할 사항을 살펴본다.

하지만 애플리케이션을 배포하기 전에 애플리케이션을 테스트해야 한다. 상대방과 프로젝트의 요구 사항에 따라 크게 달라질 수 있다. 훌륭한 개발자는 일반적인 해결책이 모든 경우에 적합하지는 않다는 것을 알고 있다. 따라서 우리는 다양한 테스트 접근 방식과 각각의 장단점에 대해 탐구하고, 테스트에 대해 더 정확한 개념을 수립하게 될 것이다. 또한 JUnit의 주요 최신 버전에서의 큰 변화를 살펴볼 것이며, 이 과정에서 배운 최신 JDK 기능을 활용할 것이다.

코드를 테스트하는 방법은 어떤 방향으로든 다양하게 펼쳐져 있으며, 특히 자바 이외의 다른 언어와 기술은 가치 있는 통찰력을 제공할 수 있다. 14장에서 컨테이너, 코틀린, 클로저가 테스트 도구에 각자 독특한 기능을 제공하는 것을 살펴볼 것이다. 4부가 끝나면, 여러분의 JVM 애플리케이션이 바르게 구축되고 테스트된 것에 대한 확신과 함께, 실제 운영 환경으로 애플리케이션을 배포할 수 있을 것이다.

PART IV

Build and deployment

그래들과 메이븐을
사용한 빌드

이 장의 주요 내용

■ 기본기가 탄탄한 개발자에게 빌드 도구가 중요한 이유

■ 메이븐

■ 그래들

4장에서 살펴본 것처럼 JDK는 자바 소스 코드를 클래스 파일로 변환하는 컴파일러와 함께 제공된다. 그럼에도 불구하고 규모에 상관없이 javac에만 의존하는 프로젝트는 거의 없다. 기본기가 탄탄한 개발자가 이 도구 계층에 익숙해지기 위해 노력해야 하는 이유를 먼저 살펴보겠다.

11.1 기본기가 탄탄한 개발자에게 빌드 도구가 왜 중요한가

빌드 도구build tool는 다음과 같은 이유로 일반적으로 사용된다.

- 지루한 작업의 자동화
- 의존성 관리
- 개발자들 간의 일관성 보장

다양한 선택지가 존재하지만, 오늘날에는 주로 두 가지를 선택한다. 메이븐과 그래들이다. 이 도구들이 어떤 문제를 해결하려고 하는지, 그들이 작업을 수행하는 방식의 근본적인 면을 파악하고, 도구들 간의 차이점과 어떻게 확장할 수 있는지를 이해하는 것은 기본기가 탄탄한 개발자에게 큰 도움이 될 것이다.

11.1.1 지루한 작업의 자동화

javac는 모든 자바 소스 파일을 클래스 파일로 변환할 수 있지만, 일반적인 자바 프로젝트를 빌드하는 데는 이보다 더 많은 작업이 필요하다. 컴파일러에 모든 파일을 올바르게 나열하는 것만 해도 큰 프로젝트에서는 수동으로 수행하기가 번거로울 수 있다. 빌드 도구는 코드를 찾는 데 대한 기본값을 제공하며, 비표준적인 레이아웃을 갖추었다면 쉽게 구성할 수 있도록 해준다.

메이븐에 의해 널리 퍼진 전통적인 레이아웃은 기본적으로 그래들에서도 사용되며 다음과 같다.

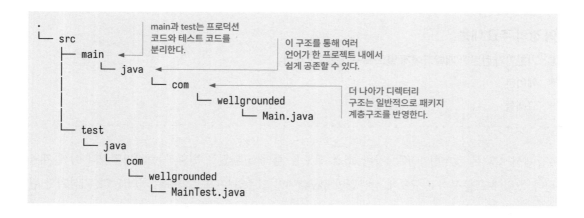

보시다시피 테스트는 코드의 레이아웃에 철저하게 통합돼 있다. 자바는 사람들이 코드에 대한 테스트를 꼭 작성해야 하는지 의문을 품던 시절부터 많은 발전을 거듭해왔다. 빌드 도구는 테스팅을 일관된 방식으로 어디서나 사용할 수 있게 하는 데 중요한 역할을 해왔다.

NOTE 아마도 이미 JUnit이나 다른 라이브러리를 사용해서 자바에서 유닛 테스트하는 방법에 대해 알고 있을 것이다. 14장에서 다른 형태의 테스트에 대해 설명하겠다.

클래스 파일로 컴파일하는 것이 자바 프로그램의 시작이지만, 일반적으로 이것이 끝이 아니다. 다행히도 빌드 도구는 배포를 쉽게 하기 위해 클래스 파일을 JAR나 다른 형식으로 패키징하는 기능도 지원한다.

의존성 관리

자바의 초창기에는 라이브러리를 사용하려면 해당 JAR 파일을 어딘가에서 찾아 다운로드하고 애플리케이션의 클래스패스에 넣어야 했다. 이로 인해 여러 가지 문제가 발생했다. 특히 모든 라이브러리에 대해 신뢰할 수 있는 중앙 저장소가 없었으므로, 자주 사용하지 않는 의존성에 대한 JAR을 찾기 위해 보물찾기를 해야 하는 경우도 있었다.

이는 분명 이상적이지 않았기 때문에 다른 프로젝트 중에서도 메이븐이 도구가 의존성을 찾아 설치할 수 있는 자바 에코시스템 저장소를 제공했다. 메이븐 Central은 오늘날까지도 인터넷에서 자바 의존성에 가장 일반적으로 사용되는 레지스트리다. 그 외에도 구글에서 호스팅하거나 깃허브에서 공유하는 것과 같은 공개 레지스트리와 Artifactory와 같은 제품을 통한 비공개 설치도 존재한다.

모든 코드를 다운로드하는 데 많은 시간이 소요될 수 있으므로 빌드 도구는 프로젝트 간에 아티팩트artifact를 공유해서 수고를 줄여줄 수 있는 몇 가지 방법을 표준화했다. 캐싱할 로컬 저장소를 사용하면 그림 11.1과 같이 두 번째 프로젝트에서 동일한 라이브러리가 필요해도 다시 다운로드할 필요가 없다. 물론 이 접근 방식은 디스크 공간도 절약할 수 있지만, 아티팩트의 단일 소스가 진정한 장점이다.

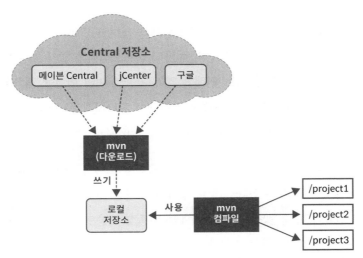

그림 11.1 온라인에서 의존성을 찾을 뿐만 아니라 로컬에서 효율적으로 관리할 수 있도록 도와주는 메이븐의 로컬 저장소

NOTE 이 의존성 환경에서 모듈이 어디에 적합한지 궁금할 수 있다. 모듈화된 라이브러리는 2장에서 본 것처럼 `module-info.class` 파일이 추가된 JAR 파일로 제공된다. 모듈화된 JAR는 표준 저장소에서 다운로드할 수 있다. 패키징과 배포가 아니라 모듈로 컴파일하고 실행을 시작할 때 실제 차이점이 나타난다.

레지스트리는 의존성을 찾고 다운로드할 수 있는 중앙 집중식 공간을 제공하는 것 외에도, **전이적 의존성**transitive dependency을 더 잘 관리할 수 있는 문을 열었다. 자바에서는 프로젝트 자체에서 사용하는 라이브러리가 다른 라이브러리에 종속된 경우를 흔히 볼 수 있다. 사실 2장에서 모듈의 전이적 의존성에 대해 이미 다루었지만, 이 문제는 자바 모듈이 등장하기 훨씬 이전부터 존재했다. 사실 모듈 이전에는 문제가 훨씬 더 심각했다.

JAR 파일은 압축 파일일 뿐이며 JAR의 의존성을 설명하는 메타데이터가 없다. 즉 JAR의 의존성은 JAR에 있는 모든 클래스의 모든 의존성을 합친 것이다.

더 나쁜 점은, 클래스 파일의 형식은 어떤 버전의 클래스가 의존성을 충족시키기 위해 필요한지를 설명하지 않는다. 가진 것은 클래스나 메서드 이름의 심볼릭 설명자symbolic descriptor뿐이다(4장에서 살펴본 것처럼). 이는 다음 두 가지 사항을 의미한다.

1. 의존성 정보를 담은 외부 소스가 필요하다.
2. 프로젝트가 커짐에 따라 전이적 의존성 그래프가 점점 복잡해진다.

오픈소스 라이브러리와 개발자 지원 프레임워크가 급증하면서 실제 프로젝트의 전이적 의존성 트리는 계속해서 커져만 갔다.

한 가지 좋은 소식은 JVM 생태계의 상황이 자바스크립트보다는 다소 낫다는 점이다. 자바스크립트에는 개발 환경에서 필요한 기본적인 기능과 런타임 라이브러리가 없기 때문에 많은 기본 기능을 외부 의존성으로 관리해야 한다. 이로 인해 동일한 기능의 여러 버전을 제공하는 호환되지 않는 라이브러리와 잘못된 처리, 악의적인 공격이 공동체에 지나치게 큰 영향을 미칠 수 있는 민감한 생태계가 만들어졌다(예: 2016년의 'left-pad' 사건. 참조: http://mng.bz/5Q64).

반면에 자바에는 일반적으로 필요한 많은 클래스가 포함된 런타임 라이브러리(JRE)가 있으며, 이는 모든 자바 환경에서 사용할 수 있다. 그러나 실제 프로덕션 애플리케이션에는 JRE에 포함된 기능 이상의 기능이 필요하며, 수동으로 관리하기에는 의존성 계층이 너무 많은 경우가 대부분이므로 유일한 해결책은 이를 자동화하는 것이다.

❶ 충돌 발생

이 자동화는 개발자들에게 다양한 오픈소스 코드 생태계를 기반으로 개발할 수 있는 기회를 제공하지만, 의존성을 업그레이드하는 것은 종종 문제를 드러낼 수도 있다. 예를 들어 그림 11.2는 문제가 될 수 있는 의존성 트리를 보여준다.

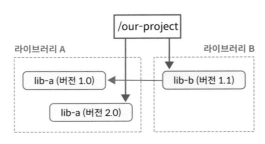

그림 11.2 충돌하는 전이적 의존성

우리는 명시적으로 `lib-a`의 2.0 버전을 요청했지만, 의존성인 `lib-b`는 오래된 버전인 1.0을 요청했다. 이것은 **의존성 충돌**dependency conflict로 알려져 있으며, 이를 어떻게 해결하느냐에 따라 다양한 다른 문제가 발생할 수 있다.

라이브러리 버전이 일치하지 않으면 어떤 유형의 문제가 발생할까? 이는 버전 간 변경 사항의 성격에 따라 다르다. 변경 사항은 다음과 같이 몇 가지 범주로 분류할 수 있다.

1. 버전 간에 동작만 변경되는 안정적인 API
2. 버전 간에 새로운 클래스나 메서드가 나타나는 추가 API
3. 버전 간에 메서드 서명이나 인터페이스 확장 변경이 있는 변경된 API
4. 버전 간에 클래스 또는 메서드가 제거된 API 제거

1 또는 2의 경우, 빌드 도구가 어떤 버전의 의존성을 선택했는지 알 수 없을 수도 있다. 가장 일반적인 경우로, 3의 라이브러리 버전 간에 메서드의 시그니처가 변경된 경우다. 이전 예제에서 `lib-a` 2.0이 `lib-b`가 의존하는 메서드의 서명을 변경한 경우, `lib-b`가 해당 메서드를 호출하려고 할 때 `NoSuchMethodError` 예외가 발생했다.

4의 경우 메서드를 제거하면 동일한 종류의 `NoSuchMethodError`가 발생한다. 여기에는 메서드의 '이름 바꾸기'도 포함되며, 바이트코드 수준에서는 메서드를 제거하고 같은 구현을 가진 새로운 메서드를 추가하는 것과 크게 다르지 않다.

클래스 또한 제거나 이름 변경으로 인해 4의 영향을 받을 수 있으며, 이로 인해 `NoClassDef FoundError`가 발생할 수 있다. 클래스에서 인터페이스를 제거하는 경우 `ClassCastException`과

같은 문제가 발생할 수도 있다.

전이적 의존성으로 인한 충돌과 관련된 문제들은 이것이 전부가 아니다. 모든 것은 동일한 패키지의 두 버전 간에 실제로 무엇이 변경됐는지에 달려 있다.

사실 버전 간 변경 사항에 대한 커뮤니케이션은 모든 언어에서 공통적으로 발생하는 문제다. 이 문제를 처리하기 위해 가장 널리 채택된 접근 방식 중 하나는 **시맨틱 버저닝**semantic versioning이다 (https://semver.org/ 참조). 시맨틱 버저닝은 전이적 의존성의 요구 사항을 명시하는 어휘를 제공하며, 결과적으로 컴퓨터가 이를 정리하는 데 도움이 된다.

시맨틱 버저닝을 사용할 때는 다음 사항을 기억하자.

- 메이저major 버전 증가(1.x -> 2.x): API에 큰 변경이 있는 경우 **3**이나 **4**와 같은 경우
- 마이너minor 버전 증가(1.1 -> 1.2): 역호환성을 유지하면서 추가한 경우 **2**와 같은 경우
- 패치patch 버전 증가: 버그 수정(1.1.0 -> 1.1.1)

완벽하지는 않지만 최소한 버전 업데이트에 어느 정도의 변경이 기대되는지를 알려주며, 오픈소스에서 널리 사용된다.

의존성 관리가 쉽지 않은 이유를 알게 돼서 걱정된다면, 메이븐과 그래들 모두 도움이 되는 도구를 제공하므로 안심하자. 이 장의 뒷부분에서는 의존성 충돌이 발생했을 때 문제를 해결하기 위해 각 도구가 제공하는 기능을 자세히 살펴보겠다.

11.1.3 개발자 간의 일관성 보장

프로젝트의 코드 양과 참여하는 개발자가 늘어나면 프로젝트가 점점 더 복잡해지고 작업하기가 어려워지는 경우가 많다. 하지만 빌드 툴을 사용하면 이러한 어려움을 줄일 수 있다. 모든 개발자가 동일한 테스트를 컴파일하고 실행하도록 하는 것과 같은 기본 제공 기능은 시작에 불과하다. 하지만 이런 기본 기능 외에도 많은 추가적인 기능도 고려해야 한다.

테스트는 좋지만 모든 코드가 테스트됐다고 얼마나 확신할 수 있을까? 코드 커버리지code coverage 도구는 어떤 코드가 테스트에 포함되고 어떤 코드가 포함되지 않았는지 감지하는 데 핵심적인 역할을 한다. 코드 커버리지의 올바른 대상에 대한 논쟁이 인터넷에서 벌어지고 있지만, 라인 수준의 출력 커버리지 도구가 제공하는 기능을 사용하면 특수한 조건 하나에 대한 테스트를 놓치는 것을

방지할 수 있다.

또한 언어로서의 자바는 다양한 정적 분석 도구에 적합하다. 정적 분석은 일반적인 패턴 감지(예: `hashCode`를 재정의하지 않고 `equals`을 재정의하는 것)부터 사용하지 않는 변수 스니핑에 이르기까지, 컴퓨터는 승인하지만 프로덕션 환경에서 문제가 될 수 있는 코드의 측면을 검증할 수 있게 해준다.

정확성의 영역 너머에는 스타일과 서식 도구가 있다. 문장에서 중괄호를 어디에 넣어야 하는지에 대해 누군가와 싸운 적이 있는가? 코드 들여쓰기는 어떻게 하는가? 모든 규칙이 완벽하게 마음에 들지 않더라도 한 번 규칙에 동의하면 코드가 어떻게 보이는지 세세하게 따지는 대신, 프로젝트에서 실제 작업에 계속 집중할 수 있다.

마지막으로 중요한 것은, 빌드 도구가 사용자 정의 기능을 제공하기 위한 핵심이라는 것이다. 프로젝트에 대해 주기적으로 실행해야 하는 특별한 설정이나 운영 명령이 있는가? 빌드 후 배포하기 전에 프로젝트에서 실행해야 하는 유효성 검사가 있는가? 이 모든 것은 코드 작업을 하는 모든 사람이 사용할 수 있도록 빌드 도구에 기술해두는 것이 좋다. 메이븐과 그래들은 모두 자체 로직과 필요에 맞게 확장할 수 있는 다양한 방법을 제공한다.

이제 빌드 도구가 프로젝트에서 한 번만 설정하면 되는 것이 아니라 이해를 위해 투자할 만한 가치가 있다는 것을 확신했기를 바란다. 가장 일반적인 도구인 메이븐부터 살펴보겠다.

11.2 메이븐

자바의 초창기에는 Ant 프레임워크가 기본 빌드 도구였다. XML로 설명된 작업을 통해 Make 같은 도구보다 더 자바 중심적인 방식으로 빌드 스크립트를 작성할 수 있었다. 하지만 Ant에는 빌드 구성 방법, 즉 단계가 무엇이고 어떻게 연관되는지, 의존성을 어떻게 관리하는지 등에 대한 구조가 부족했다. **메이븐**Maven은 표준화된 빌드 생명 주기라는 개념과 의존성 처리에 대한 일관된 접근 방식을 통해 이러한 많은 격차를 해결했다.

11.2.1 빌드 생명 주기

메이븐은 독자적인 도구다. 이러한 의견이 드러나는 가장 큰 부분은 **빌드 생명 주기**build lifecycle다. 사용자가 자체적으로 작업을 정의하고 그 순서를 결정하는 대신, 메이븐은 일반적으로 빌드에서 기대하는 단계들을 포함하는 **기본적인 생명 주기**default lifecycle를 가지고 있다. 이 생명 주기는 **단계**

phase라고 불리며, 다음과 같이 사용자들이 빌드 과정에서 예상하는 일련의 단계들을 포함한다.

- **validate**: 프로젝트 구성이 올바르며 빌드할 수 있는지 확인한다.
- **compile**: 소스 코드를 컴파일한다.
- **test**: 단위 테스트를 실행한다.
- **package**: JAR 파일과 같은 아티팩트를 생성한다.
- **verify**: 통합 테스트를 실행한다.
- **install**: 패키지를 로컬 저장소에 설치한다.
- **deploy**: 패키지 결과를 다른 사용자에게 제공한다. 일반적으로 CI 환경에서 실행된다.

아마도 이 단계들은 소스 코드에서부터 응용 프로그램이나 라이브러리를 배포할 때까지 거치는 대부분의 단계와 유사할 것이다. 메이븐의 독자적인 접근 방식은 이러한 단계들을 매핑하는 데 큰 도움을 준다. 어떤 메이븐 프로젝트든 이 같은 생명 주기를 공유하게 된다. 이로 인해 빌드를 실행하는 방법에 대한 지식의 전달이 이전보다 더 쉬워졌다.

메이븐에서는 각 단계들이 잘 정의돼 있지만, 모든 프로젝트는 세부적인 사항에서 특별한 작업을 할 필요가 있다. 메이븐의 모델에서는 다양한 플러그인plugin이 이러한 단계에 목표goal를 첨부한다. 목표는 구체적인 작업으로, 그 작업을 어떻게 실행해야 하는지에 대한 구현을 포함한다.

기본 생명 주기 외에도 메이븐은 클린 및 사이트 생명 주기도 가지고 있다. **클린 생명 주기**clean lifecycle는 정리(예: 중간 빌드 결과 제거)를 위한 것이며, **사이트 생명 주기**site lifecycle는 문서 생성을 위한 것이다.

나중에 메이븐을 확장할 때 생명 주기에 대해 더 자세히 다룰 예정이지만, 혹시나 정말 처음부터 끝까지 재정의해야 할 경우를 위해 메이븐은 완전한 사용자 정의 생명 주기 작성을 지원한다. 그러나 이것은 매우 고급 주제이며, 이 책의 범위를 벗어난 내용이다.

11.2.2 명령 및 POM 소개

메이븐은 아파치 소프트웨어 재단Apache Software Foundation의 프로젝트이며 오픈소스다. 설치 지침은 프로젝트 웹사이트(https://maven.apache.org/install.html)에서 확인할 수 있다.

일반적으로 메이븐은 개발자의 컴퓨터에 전역적으로 설치되며, 최신 버전이 아닌 모든 JVM(JDK 7

이상)에서 작동한다. 설치를 완료하고 실행하면 다음과 같은 출력이 표시된다.

```
~: mvn

  [INFO] Scanning for projects...
  [INFO] ------------------------------------------------------------
  [INFO] BUILD FAILURE
  [INFO] ------------------------------------------------------------
  [INFO] Total time:  0.066 s
  [INFO] Finished at: 2020-07-05T21:28:22+02:00
  [INFO] ------------------------------------------------------------
  [ERROR] No goals have been specified for this build. You must specify a
  valid lifecycle phase or a goal in the format <plugin-prefix>:<goal> or
  <plugin-group-id>:<plugin-artifact-id>[:<plugin-version>]:<goal>.
  Available lifecycle phases are: validate, initialize, ....
```

특히 흥미로운 부분은 "No goals have been specified for this build."라는 메시지다. 이는 메이븐이 우리의 프로젝트에 대해 아무것도 모른다는 것을 나타낸다. 이 정보를 `pom.xml` 파일에 제공하며, 이 파일이 메이븐 프로젝트의 핵심이다.

NOTE POM은 project object model의 약자다.

비록 완전한 `pom.xml` 파일은 복잡하고 길어 보일 수 있지만, 훨씬 간단한 형태로 시작할 수 있다. 예를 들어 상대적으로 최소한의 `pom.xml` 파일은 다음과 같다.

```xml
<project>
  <modelVersion>4.0.0</modelVersion>
  <groupId>com.wellgrounded</groupId>      ◀── 프로젝트 식별
  <artifactId>example</artifactId>
  <version>1.0-SNAPSHOT</version>
  <name>example</name>

  <properties>
    <maven.compiler.source>11</maven.compiler.source>     ◀── 메이븐 플러그인은 기본적으로
    <maven.compiler.target>11</maven.compiler.target>           자바 1.6을 사용한다. 더 높은
  </properties>                                                   버전을 사용하고자 한다.
</project>
```

`pom.xml` 파일에 특히 중요한 두 가지 필드를 선언했다. 바로 `groupId`와 `artifactId`다. 이 필드들은 버전과 결합해서 **GAV 좌표**(그룹group, 아티팩트artifact, 버전version)를 형성하는데, 이 좌표는 특정

패키지의 특정 릴리스를 전 세계적으로 고유하게 식별한다. `groupId`는 일반적으로 라이브러리를 담당하는 회사, 조직 또는 오픈소스 프로젝트를 지정하며, `artifactId`는 특정 라이브러리의 이름이다. GAV 좌표는 종종 각 부분을 콜론(`:`)으로 구분한 형태로 표현한다. 예를 들어 `org.apache.commons:collections4:4.4`나 `com.google.guava:guava:30.1-jre`와 같다.

이러한 좌표는 로컬로 프로젝트를 구성하는 데 중요할 뿐만 아니라, 의존성을 찾기 위한 주소 역할을 해서 빌드 도구가 해당 의존성을 찾을 수 있게 한다. 다음 절에서는 이러한 의존성을 어떻게 더 자세히 표현하는지에 대한 메커니즘을 자세히 살펴볼 것이다.

메이븐이 빌드 생명 주기를 표준화했던 것과 마찬가지로, 이전 11.1.1절에서 본 것처럼 표준 레이아웃도 대중화됐다. 이러한 규약을 따르면 메이븐에 프로젝트의 어떤 정보도 알려줄 필요 없이 컴파일할 수 있다.

```
.
├── pom.xml
└── src
    ├── main
    │      └── java
    │             └── com
    │                    └── wellgrounded
    │                           └── Main.java
    └── test
           └── java
                  └── com
                         └── wellgrounded
                                └── MainTest.java
```

패키지 계층구조에서 동일한 디렉터리 `src/main/java`와 `src/test/java`가 매핑된 병렬 구조를 확인할 수 있다. 이 규칙을 따르면 테스트 코드가 메인 코드와 분리돼 메인 코드를 배포할 때 테스트 코드를 제외하고 패키징하는 과정이 단순화된다. 패키지 사용자들이 일반적으로 원하지 않거나 사용하지 않을 테스트 코드를 제외할 수 있다.

이 두 가지 외에도 표준 디렉터리들이 존재한다. 예를 들어 `src/main/resources`는 JAR에 포함할 추가적인 코드가 아닌 파일이 위치하는 일반적인 위치다. 메이븐 표준 레이아웃의 전체 목록은 http://mng.bz/6XoG의 문서에서 확인할 수 있다.

메이븐을 사용하는 동안은 규칙, 표준 레이아웃, 메이븐이 제공하는 기타 기본값을 따르는 것이 좋다. 언급한 것처럼 메이븐은 독자적인 도구여서 학습 중에는 제공되는 가이드라인을 따르는 것이 좋다. 숙련된 메이븐 개발자는 관습을 벗어나 규칙을 어길 수 있다. 실제로 그렇게 하고 있겠지만, 처음 배우는 입장에서는 걷기 전에 뛰려고 하지 말아야 한다.

11.2.3 빌드

앞서 명령줄에서 `mvn`을 실행하는 것만으로도 실제로 작업을 수행하려면 생명 주기 단계나 목표를 선택해야 한다는 경고가 표시되는 것을 보았다. 대부분의 경우, 여러 목표를 포함한 단계를 실행하고 싶을 것이다.

가장 간단하게 시작할 수 있는 방법은 다음처럼 `compile` 단계를 요청해서 코드를 컴파일하는 것이다.

```
~: mvn compile

  [INFO] Scanning for projects...
  [INFO]
  [INFO] ------------------< com.wellgrounded:example >---------------
  [INFO] Building example 1.0-SNAPSHOT
  [INFO] --------------------------[ jar ]---------------------------
  [INFO]
  [INFO] -- maven-resources-plugin:2.6:resources (default-resources) --
  [INFO] Using 'UTF-8' to copy filtered resources.        ◄──── 비록 프로젝트에 리소스가 없더라도,
  [INFO] Copying 0 resource                                      기본 생명 주기의 maven-resources-
  [INFO]                                                         plugin이 해결해준다.
  [INFO] ----- maven-compiler-plugin:3.1:compile (default-compile) ----
  [INFO] Changes detected: recompiling the module!    ◄──── 실제 컴파일은 maven-
  [INFO] Compiling 1 source file to ./maven-example/target/classes    compiler-plugin에 의해
  [INFO] ----------------------------------------------------     제공된다.
  [INFO] BUILD SUCCESS
  [INFO] ----------------------------------------------------
  [INFO] Total time:  0.940 s
  [INFO] Finished at: 2020-07-05T21:46:25+02:00
  [INFO] ----------------------------------------------------
```

메이븐은 기본적으로 출력을 `target` 디렉터리로 설정한다. `mvn compile`을 실행한 후, `target/classes` 아래에서 클래스 파일을 찾을 수 있다. 자세히 보면 `main` 디렉터리 아래의 코드만 빌드했음을 알 수 있다. 테스트를 컴파일하려면 `test-compile` 단계를 사용할 수 있다.

기본 생명 주기는 컴파일 이상의 작업을 포함한다. 예를 들어 앞선 프로젝트의 `mvn package`는

`target/example-1.0-SNAPSHOT.jar`라는 JAR 파일을 생성한다.

이 JAR를 라이브러리로 사용할 수는 있지만, `java -jar target/example-1.0-SNAPSHOT.jar`를 통해 실행하려고 하면 자바가 메인 클래스를 찾을 수 없다는 오류가 발생한다. 메이븐 빌드를 어떻게 확장해나가는지를 알아보기 위해 만들어진 JAR을 실행 가능한 애플리케이션이 되도록 변경해보겠다.

⬛11.2.4⬛ manifest 조작하기

`mvn package`에서 생성된 JAR은 JVM에게 시작 시 메인 메서드를 어디에서 찾아야 하는지 알려주는 `manifest`가 빠져 있었다. 다행히 메이븐은 `manifest` 작성 방법을 알고 있는 JAR 구성용 플러그인과 함께 제공된다. 이 플러그인은 다음 예시와 같이 `pom.xml`에서 `project` 요소 내에 있는 `properties` 요소 다음 `configuration`을 통해 구성을 노출한다.

```
<build>
  <plugins>
    <plugin>
      <groupId>org.apache.maven.plugins</groupId>
      <artifactId>maven-jar-plugin</artifactId>     ◄──── maven-jar-plugin은 플러그인
      <version>2.4</version>                                이름이다. mvn package
                                                           명령을 실행할 때 출력에서
      <configuration>   ◄──── 각 플러그인은 자체적인 configuration    쉽게 확인할 수 있다.
        <archive>              요소와 지원되는 다양한 하위 요소 및
          <manifest>  ◄────── 속성을 가지고 있다.
                                        ◄──── <manifest>는 생성된 JAR의
            <addClasspath>true</addClasspath>         manifest 내용을 구성한다.
            <mainClass>com.wellgrounded.Main</mainClass>
            <Automatic-Module-Name>
              com.wellgrounded
            </Automatic-Module-Name>  ◄──── 자동 모듈 이름을 구성한다.
          </manifest>
        </archive>
      </configuration>
    </plugin>
  </plugins>
</build>
```

이 섹션을 추가하면 메인 클래스가 설정돼 자바 런처가 JAR을 직접 실행할 수 있다. 또한 자동 모듈 이름도 추가했다. 이것은 모듈화된 세계에서 좋은 구성원이 되게 하기 위한 것이다. 이전 장에서 논의했던 대로, 우리가 작성하는 코드가 모듈화돼 있지 않더라도 (이 경우와 같이) 명시적인 자동 모듈 이름을 제공하는 것은 모듈화된 애플리케이션이 우리의 코드를 더 쉽게 사용할 수 있게 해준다.

`plugin` 요소 아래에 `configuration`을 설정하는 이러한 패턴은 메이븐에서 매우 표준적이다. 대부분의 기본 플러그인은 지원되지 않거나 예상치 못한 구성 속성을 사용할 경우 친절하게 경고해주지만 세부적인 사항은 플러그인마다 다를 수 있다.

11.2.5 다른 언어 추가하기

8장에서 설명한 것처럼 플랫폼으로서 JVM의 장점은 동일한 프로젝트 내에서 여러 언어를 사용할 수 있다는 것이다. 이는 특정 언어가 애플리케이션의 특정 부분에서 더 나은 기능을 제공하거나 애플리케이션을 한 언어에서 다른 언어로 점진적으로 변환할 수 있는 경우에 유용하다.

자바 대신 코틀린에서 일부 클래스를 빌드하도록 간단한 메이븐 프로젝트를 구성하는 방법을 살펴보겠다. 다행히도 표준 레이아웃은 다음과 같이 언어를 쉽게 추가할 수 있도록 이미 설정돼 있다.

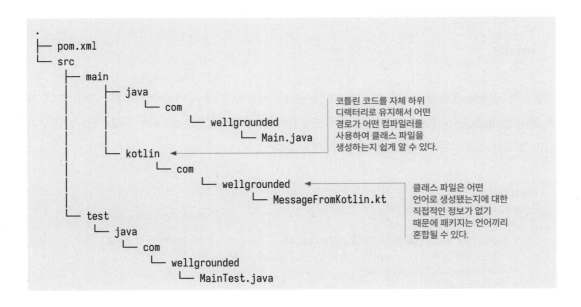

자바와 달리 메이븐은 기본적으로 코틀린을 컴파일하는 방법을 알지 못하기 때문에 `pom.xml`에 `kotlin-maven-plugin`을 추가해야 한다. 가장 최신 사용법은 코틀린 문서(https://kotlinlang.org/docs/maven.html)를 참고하는 것이다. 하지만 여기서는 필요한 사항을 예시를 통해 보여줄 것이다.

프로젝트가 완전히 코틀린으로 작성된 경우, 컴파일은 플러그인을 추가하고 `compile` 목표를 다음과 같이 추가하면 된다.

```
<build>
  <plugins>
    <plugin>
      <groupId>org.jetbrains.kotlin</groupId>
      <artifactId>kotlin-maven-plugin</artifactId>
      <version>1.6.10</version>  ◄——  이 글을 작성한 시점을
      <executions>                      기준으로 현재 버전의 코틀린
        <execution>
          <id>compile</id>
          <goals>  ◄—————————┐
            <goal>compile</goal>
          </goals>
        </execution>            플러그인에 메인과 테스트 코드
        <execution>            컴파일 목표를 추가한다.
          <id>test-compile</id>
          <goals>  ◄——————————┘
            <goal>test-compile</goal>
          </goals>
        </execution>
      </executions>
    </plugin>
  </plugins>
</build>
```

코틀린과 자바를 혼합해서 상황이 약간 복잡해졌다. 다음과 같이 자바를 컴파일하는 메이븐의 기본 `maven-compiler-plugin`을 재정의해서 코틀린이 먼저 컴파일되도록 해야 하며, 그렇지 않으면 자바 코드에서 코틀린 클래스를 사용할 수 없게 된다.

```
<build>
  <plugins>
    <plugin>                                           대부분 이전과 같이 kotlin-
      <groupId>org.jetbrains.kotlin</groupId>          maven-plugin을 추가하되,
      <artifactId>kotlin-maven-plugin</artifactId>  ◄— 이제 자바와 코틀린 경로 둘
      <version>1.6.10</version>                         다 인식할 수 있도록 한다.
      <executions>
        <execution>
          <id>compile</id>
          <goals>
            <goal>compile</goal>
          </goals>                      코틀린 컴파일러는 코틀린과
          <configuration>              자바 코드의 위치를 모두
            <sourceDirs>  ◄—————        알아야 한다.
              <sourceDir>${project.basedir}/src/main/kotlin</sourceDir>
              <sourceDir>${project.basedir}/src/main/java</sourceDir>
```

```xml
          </sourceDirs>
        </configuration>
      </execution>
      <execution>
        <id>test-compile</id>
        <goals>
          <goal>test-compile</goal>
        </goals>
        <configuration>
          <sourceDirs>   ◄────    코틀린 컴파일러는 코틀린과
                                  자바 코드의 위치를 모두
            <sourceDir>${project.basedir}/src/test/kotlin</sourceDir>    알아야 한다.
            <sourceDir>${project.basedir}/src/test/java</sourceDir>
          </sourceDirs>
        </configuration>
      </execution>
    </executions>
  </plugin>
  <plugin>
    <groupId>org.apache.maven.plugins</groupId>
    <artifactId>maven-compiler-plugin</artifactId>
    <version>3.8.1</version>
    <executions>
      <execution>
        <id>default-compile</id>    ◄───────    자바 빌드를 위한 maven-
        <phase>none</phase>                      compiler-plugin의 기본 설정을
      </execution>                               비활성화한다. 왜냐하면 이 설정은
      <execution>                                자바 컴파일이 먼저 실행하도록
        <id>default-testCompile</id>    ◄──      강제하기 때문이다.
        <phase>none</phase>
      </execution>
      <execution>
        <id>java-compile</id>    ◄─────
        <phase>compile</phase>
        <goals>                                  maven-compiler-plugin에
          <goal>compile</goal>                   compile과 test-compile 단계를
        </goals>                                 다시 적용한다. 이제 이것들은
      </execution>                               kotlin-maven-plugin 이후에
      <execution>                                추가된다.
        <id>java-test-compile</id>    ◄──
        <phase>test-compile</phase>
        <goals>
          <goal>testCompile</goal>
        </goals>
      </execution>
    </executions>
  </plugin>
  </plugins>
</build>
```

NOTE 앞부분의 재정의_{override}는 상위_{parent} 프로젝트와 같은 메이븐 기능을 사용할 때, 추가적인 POM 정의가 충돌할 수 있는 상황에서 복잡해질 수 있다. 이러한 문제가 발생할 때 디버깅을 위한 몇 가지 전략을 곧 살펴볼 것이다.

프로젝트는 최소한 코틀린 표준 라이브러리에 대한 의존성이 필요하다. 따라서 다음과 같이 명시적으로 추가한다.

```xml
<dependencies>
    <dependency>
        <groupId>org.jetbrains.kotlin</groupId>
        <artifactId>kotlin-stdlib</artifactId>
        <version>1.6.10</version>
    </dependency>
</dependencies>
```

이렇게 하면 우리의 다중 언어 프로젝트가 이전과 같이 빌드되고 실행된다.

11.2.6 테스트

코드가 빌드되면 다음 단계는 테스트하는 것이다. 메이븐은 테스트를 생명 주기에 깊숙이 통합한다. 실제로 메인 코드의 컴파일은 단 한 단계에 불과하지만, 메이븐은 `test`와 `integration-test`, 두 가지 테스트 단계를 기본적으로 지원한다. `test`는 일반적인 단위 테스트에 사용되는 반면, `integration-test` 단계는 최종 산출물에 대한 E2E_{end-to-end} 유효성 검사를 수행하기 위해 JAR과 같은 아티팩트를 구성한 후에 실행된다.

NOTE 통합 테스트도 JUnit으로 실행할 수 있는데, 그 이유는 이름과 달리 JUnit은 단위 테스트 이상의 기능을 갖춘 테스트 실행기이기 때문이다. JUnit으로 실행되는 모든 테스트가 자동 유닛 테스트라고 생각하는 함정에 빠지지 말자. 13장에서 다양한 유형의 테스트에 대해 자세히 살펴보겠다.

거의 모든 프로젝트는 테스트의 이점을 누릴 수 있다. 메이븐의 독자적인 성향에서 예상할 수 있듯이, 테스트는 (기본적으로) 거의 어디에나 있는 익숙한 프레임워크인 JUnit을 사용하여 이뤄진다. 다른 프레임워크는 플러그인만 추가하면 된다.

표준 플러그인이 JUnit을 실행하는 방법을 알고 있더라도, 메이븐이 테스트를 컴파일하는 방법을 알 수 있도록 라이브러리를 의존성으로 선언해야 한다. 라이브러리는 `<project>` 요소 아래에 다음과 같은 XML 코드 블록으로 추가할 수 있다.

```xml
<dependencies>
    <dependency>
        <groupId>org.junit.jupiter</groupId>
        <artifactId>junit-jupiter-api</artifactId>
        <version>5.8.1</version>
        <scope>test</scope>        ◀─────────────────┐
    </dependency>                                     │
    <dependency>                                      │
        <groupId>org.junit.jupiter</groupId>          │  <scope>는 이 라이브러리가
        <artifactId>junit-jupiter-engine</artifactId> │  test-compile 단계에만
        <version>5.8.1</version>                      │  필요하다는 것을 나타낸다.
        <scope>test</scope>        ◀─────────────────┘
    </dependency>
</dependencies>
```

이제 단위 테스트를 실행해볼 수 있다. 사용 중인 메이븐 버전에 따라 최신 버전에서도 이러한 이상한 결과가 나타날 수 있다.

```
~:mvn test

 [INFO] Scanning for projects...
 [INFO]
 [INFO] -------------------< com.wellgrounded:example >----------------
 [INFO] Building example 1.0-SNAPSHOT
 [INFO] ------------------------------[ jar ]------------------------
 [INFO]
 [INFO] .....
 [INFO]
 [INFO] -- maven-surefire-plugin:2.12.4:test (default-test) @ example -
 [INFO] Surefire report dir: ./target/surefire-reports  ◀─────  메이븐의 기본 JUnit 테스트
                                                                실행 플러그인은 maven-
 -------------------------------------------------------         surefire-plugin이다.
  T E S T S
 -------------------------------------------------------
Running com.wellgrounded.MainTest
Tests run: 0, Failures: 0, Errors: 0, Skipped: 0, Time elapsed: 0.001 sec

Results :
                                                       어떤 테스트도 실행되지
Tests run: 0, Failures: 0, Errors: 0, Skipped: 0  ◀─── 않았다. 이상하지 않은가?



 [INFO] -----------------------------------------------------------
 [INFO] BUILD SUCCESS
 [INFO] -----------------------------------------------------------
```

```
[INFO] Total time:  5.605 s
[INFO] Finished at: 2021-11-29T09:41:06+01:00
[INFO] ------------------------------------------------
```

호환성을 위해, 기본적으로 설치되는 `maven-surefire-plugin`은 메이븐 3.8.4와 같은 최신 버전에서도 JUnit 5를 인식하지 못한다. 이러한 변환 문제에 대해서는 13장에서 더 자세히 살펴보겠지만, 그동안은 플러그인의 버전을 최신 버전으로 업데이트해보겠다.

```
<plugin>
  <groupId>org.apache.maven.plugins</groupId>
  <artifactId>maven-surefire-plugin</artifactId>
  <version>3.0.0-M5</version>    ◀── 2.12 이후 버전으로 넘어가면,
</plugin>                             플러그인은 JUnit 5를 직접 이해한다.
```

이렇게 하면 다음과 같이 좀 더 안심할 수 있는 결과를 얻을 수 있다.

```
~:mvn test

  [INFO] .....


  ------------------------------------------------
   T E S T S
  ------------------------------------------------
  Running com.wellgrounded.MainTest
  Tests run: 1, Failures: 0, Errors: 0, Skipped: 0, Time elapsed: 0.04 sec

  Results :

  Tests run: 1, Failures: 0, Errors: 0, Skipped: 0

  [INFO] ------------------------------------------------
  [INFO] BUILD SUCCESS
  [INFO] ------------------------------------------------
  [INFO] Total time:  1.010 s
  [INFO] Finished at: 2020-07-06T15:45:22+02:00
  [INFO] ------------------------------------------------
```

기본적으로 Surefire 플러그인은 `test` 단계 동안 표준 위치인 `src/test/*`에 있는 모든 단위 테스트를 실행한다. 만약 `integration-test` 단계를 활용하고 싶다면, `maven-failsafe-plugin`과 같은 별도의 플러그인을 사용하는 것을 권장한다. Failsafe는 `maven-surefire-plugin`을 만든 동일한 그룹에서 유지 보수하는데, 특히 통합 테스트 케이스를 대상으로 한다. 다음과 같이 `<build><plugins>` 섹션에 플러그인을 추가한다.

```
<plugin>
  <groupId>org.apache.maven.plugins</groupId>
  <artifactId>maven-failsafe-plugin</artifactId>
  <version>3.0.0-M5</version>
  <executions>
    <execution>
      <goals>
        <goal>integration-test</goal>
        <goal>verify</goal>
      </goals>
    </execution>
  </executions>
</plugin>
```

Failsafe 플러그인은 다음과 같은 파일 이름 패턴을 통합 테스트로 취급한다. 이 패턴은 재구성할 수도 있다.

- `**/IT*.java`
- `**/*IT.java`
- `**/*ITCase.java`

동일한 플러그인 제품군의 일부이기 때문에 Surefire도 이 규칙을 알고 있으며 `test` 단계에서 이러한 테스트를 제외한다.

통합 테스트를 실행할 때는 `mvn integration-test`보다는 `mvn verify`를 사용하는 것이 좋다. `verify`에는 `post-integration-test`가 포함돼 있으며, 이는 필요한 경우 플러그인이 테스트 후 정리 작업을 연결하는 일반적인 위치다.

```
~: mvn verify

  [INFO] ... compilation output omitted for length ...

  [INFO] --- maven-failsafe-plugin:3.0.0-M5:integration-test @ example ---
  [INFO]
  [INFO] -------------------------------------------------------
  [INFO]  T E S T S
```

```
[INFO] ------------------------------------------------------------
[INFO] Running com.wellgrounded.LongRunningIT
[INFO] Tests run: 1, Failures: 0, Errors: 0, Skipped: 0,
[INFO] Time elapsed: 0.032 s: in com.wellgrounded.LongRunningIT
[INFO]
[INFO] Results:
[INFO]
[INFO] Tests run: 1, Failures: 0, Errors: 0, Skipped: 0
[INFO]
[INFO]
[INFO] --- maven-failsafe-plugin:3.0.0-M5:verify (default) @ example ---
[INFO] ------------------------------------------------------------
[INFO] BUILD SUCCESS
[INFO] ------------------------------------------------------------
```

11.2.7 의존성 관리

메이븐이 생태계에 가져온 주요 기능 중 하나는 `pom.xml` 파일을 통해 의존성 관리 정보를 표현하는 표준 형식을 제공한 것이다. 또한 메이븐은 라이브러리를 위한 중앙 저장소를 구축했다. 메이븐은 `pom.xml`과 그 속에 있는 의존성 라이브러리들의 `pom.xml` 파일들을 탐색해서 애플리케이션이 필요로 하는 전체 전이적 의존성 집합을 결정할 수 있다.

트리를 탐색하고 필요한 모든 라이브러리를 찾는 이 프로세스를 **의존성 해결**dependency resolution이라고 한다. 하지만 이 과정은 현대 애플리케이션 관리에서 중요하면서도 가끔은 예상치 못한 문제를 일으킬 수 있는 날카로운 면을 가지고 있다.

문제가 어디에서 발생하는지 알아보기 위해 11.1.2절에서 본 프로젝트 설정을 다시 살펴보겠다. 프로젝트의 의존성이 그림 11.3에 표시된 것과 같은 트리를 생성했다는 것을 기억하자.

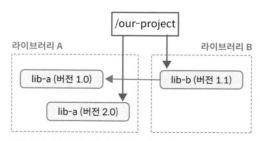

그림 11.3 의존성이 이전 버전을 요청하면 충돌하는 전이적 의존성이 나타난다.

여기서 우리는 명시적으로 `lib-a`의 버전 2.0을 요청했지만, 의존성인 `lib-b`는 더 오래된 버전 1.0

을 요청했다. 메이븐의 의존성 해결 알고리즘은 라이브러리의 버전 중 루트에 가까운 버전을 선호한다. 그림 11.3에 표시된 구성의 최종 결과는 우리의 애플리케이션에서 `lib-a` 2.0을 사용하게 된다. 11.1.2절에서 설명한 대로 이것은 잘 작동할 수도 있고 심각하게 망가질 수도 있다.

또 다른 일반적인 시나리오는 그 반대로 루트에 가장 가까운 의존성이 예상되는 전이적 의존성보다 오래된 버전인 경우 문제를 일으킬 수 있다. 이것은 그림 11.4에서 나타난 것과 같다.

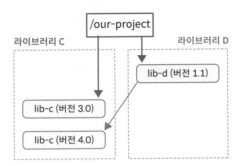

그림 11.4 의존성이 더 높은 버전을 요구하는 의존성 충돌의 예시

이 경우에는 `lib-d`가 `lib-c`의 API 중에서 3.0 버전에만 추가된 API를 사용하고 있는 상황이 가능하다. 따라서 이미 `lib-c`를 사용하는 프로젝트에 `lib-d`에 대한 의존성을 추가하면, `lib-c`의 3.0 버전에는 존재하지 않는 API를 사용하려고 하기 때문에 런타임 예외가 발생할 수 있다.

NOTE 이런 가능성을 감안해서, 코드가 직접 상호작용하는 패키지는 `pom.xml`에서 명시적으로 선언하는 것이 좋다. 만약 이를 하지 않고 의존성 전이에 의존한다면, 직접적인 의존성 업데이트로 인해 예상치 못한 빌드 오류가 발생할 수 있다.

의존성 문제를 해결하기 위해서는 먼저 어떤 의존성이 있는지 알아야 한다. 메이븐은 `mvn dependency:tree` 명령어로 이를 확인할 수 있다. 이 명령어는 다음과 같이 사용한다.

```
~:mvn dependency:tree
  [INFO] Scanning for projects...
  [INFO]
  [INFO] -------------------< com.wellgrounded:example >---------------
  [INFO] Building example 1.0-SNAPSHOT
  [INFO] --------------------------[ jar ]---------------------------
  [INFO]
  [INFO] -- maven-dependency-plugin:2.8:tree (default-cli) @ example --
  [INFO] com.wellgrounded:example:jar:1.0-SNAPSHOT
  [INFO] +- org.junit.jupiter:junit-jupiter-api:jar:5.8.1:test
```

```
[INFO] |   +- org.opentest4j:opentest4j:jar:1.2.0:test
[INFO] |   +- org.junit.platform:junit-platform-commons:jar:1.8.1:test
[INFO] |   \- org.apiguardian:apiguardian-api:jar:1.1.2:test
[INFO] \- org.junit.jupiter:junit-jupiter-engine:jar:5.8.1:test
[INFO]    \- org.junit.platform:junit-platform-engine:jar:1.8.1:test
[INFO] ------------------------------------------------------------
[INFO] BUILD SUCCESS
[INFO] ------------------------------------------------------------
[INFO] Total time:  0.790 s
[INFO] Finished at: 2020-08-13T23:02:10+02:00
[INFO] ------------------------------------------------------------
```

이 명령은 첫 번째 단계의 중첩에 있는 `pom.xml` 파일에서 JUnit에 대한 직접적인 의존성을 보여주며, 그다음으로는 JUnit의 자체적인 간접 의존성을 보여주는 트리를 표시한다.

JUnit은 적은 의존성을 가지고 있으므로 전이적 의존성의 문제를 더 자세히 살펴보기 위한 예시로, 어떤 팀이 사용자 정의 어서션을 지원하기 위해 회사 내부 라이브러리 두 개를 사용하려고 한다고 해보자. 이 두 라이브러리는 모두 `assertj` 라이브러리를 사용하여 구축됐지만, 불행하게도 다른 버전을 사용한다. 이것은 다음과 같다.

```
[INFO] com.wellgrounded:example:jar:1.0-SNAPSHOT
[INFO] +- org.junit.jupiter:junit-jupiter-api:jar:5.8.1:test
[INFO] |   +- org.opentest4j:opentest4j:jar:1.2.0:test
[INFO] |   +- org.junit.platform:junit-platform-commons:jar:1.8.1:test
[INFO] |   \- org.apiguardian:apiguardian-api:jar:1.1.2:test
[INFO] +- org.junit.jupiter:junit-jupiter-engine:jar:5.8.1:test
[INFO] |   \- org.junit.platform:junit-platform-engine:jar:1.8.1:test
[INFO] +- com.wellgrounded:first-test-helper:1.0.0:test        ◄── 첫 번째 도우미 라이브러리는 버전
[INFO] |   \- org.assertj:assertj-core:3.21.0:test    ◄────────    3.21.0의 assertj-core를 가져온다.
[INFO] \- com.wellgrounded:second-test-helper:2.0.0:test
[INFO]    \- org.assertj:assertj-core:2.9.1:test      ◄────────  두 번째 도우미 라이브러리는 버전
                                                                  2.9.1의 assertj-core가 필요하다.
```

가장 좋은 접근 방식은 의존성들 간에 동의할 수 있는 더 새로운 버전을 찾는 것이다. 내부 라이브러리로서, 이는 당연히 가능한 일이다. 더 넓은 오픈소스 세계에서도 종종 가능하다. 하지만 때로는 라이브러리가 유지 관리자를 잃고 오래된 상태로 남아 있을 수 있기 때문에 원하는 업데이트를 얻기 어려운 상황에 놓일 수도 있다.

이로 인해 우리는 충돌을 다루기 위한 다른 방법을 찾아야 한다. 자연스러운 해결책을 찾을 수 없는 경우, 두 가지 주요 접근 방식이 사용된다. 이런 해결책은 모두 의존성을 충족시키는 호환되는

버전을 찾아야 한다는 점에 유의하자.

만약 의존성 중 하나는 모두 동의할 수 있는 버전이지만 메이븐의 해결 알고리즘이 선택하지 않는 경우, 해결 과정에서 트리의 일부를 제외하도록 메이븐에 지시할 수 있다. 두 도우미 라이브러리가 모두 최신 `assertj-core`와 잘 작동한다면, 다음과 같이 두 번째 라이브러리가 가져온 더 오래된 버전은 무시하게 할 수 있다.

```
<dependencies>
    <dependency>
      <groupId>com.wellgrounded</groupId>
      <artifactId>second-test-helper</artifactId>
      <version>2.0.0</version>
      <scope>test</scope>
      <exclusions>          ◄──────  second-test-helper에서
        <exclusion>                  assertj-core의 오래된 버전을
          <groupId>org.assertj</groupId>    제외한다.
          <artifactId>assertj-core</artifactId>
        </exclusion>
      </exclusions>
    </dependency>
    <dependency>                      first-test-helper부터의
      <groupId>com.wellgrounded</groupId>  ◄── 추이적 의존성이 정상적으로
      <artifactId>first-test-helper</artifactId>  진행되게끔 한다.
      <version>1.0.0</version>
      <scope>test</scope>
    </dependency>
  </dependencies>
```

최악의 경우, 어느 라이브러리도 호환되는 버전이 아닐 수도 있다. 이 경우, 다음의 코드 샘플에서 처럼 프로젝트에 직접적으로 의존성의 정확한 버전을 지정한다. 메이븐의 해결 규칙에 따라 프로 젝트 루트에 더 가까운 버전을 선택하게 될 것이다. 이렇게 하면 도구가 원하는 작업을 수행할 수 있지만 라이브러리 버전 혼합으로 인한 런타임 오류의 위험을 감수해야 하므로 상호작용을 철저 히 테스트하는 것이 중요하다.

```
<dependencies>
    <dependency>
      <groupId>com.wellgrounded</groupId>
      <artifactId>second-test-helper</artifactId>  ◄──  의존성은 다른 버전의
      <version>2.0.0</version>                           assertj-core를 요청한다.
      <scope>test</scope>
```

```
      </dependency>
      <dependency>
        <groupId>com.wellgrounded</groupId>
        <artifactId>first-test-helper</artifactId>     ◄──  의존성은 다른 버전의
        <version>1.0.0</version>                              assertj-core를 요청한다.
        <scope>test</scope>
      </dependency>
      <dependency>
        <groupId>org.assertj</groupId>
        <artifactId>org.assertj</artifactId>
        <version>3.1.0</version>        ◄──   그러나 assertj-core에
        <scope>test</scope>                   대한 해결을 원하는 정확한
      </dependency>                           버전으로 강제한다.
    </dependencies>
```

마지막으로 `maven-enforcer-plugin`은 일치하지 않는 의존성을 발견하면 빌드를 실패하도록 구
성할 수 있으므로 잘못된 런타임 동작에 의존해서 문제가 나타나는 것을 피할 수 있다(자세한 내
용은 http://mng.bz/o2WN을 참조하자). 이러한 빌드 실패는 앞에서 논의한 기술을 사용해서 해결할
수 있다.

11.2.8 검토

빌드 과정은 추가적인 도구와 점검을 포함하기에 좋은 위치다. 그중에서도 중요한 정보 중 하나는
코드 커버리지다. 이것은 테스트가 어떤 부분의 코드를 실행하는지 알려준다.

자바 생태계에서 코드 커버리지를 확인하는 주요 방법 중 하나는 **JaCoCo**다(http://mng.bz/nNjv).
JaCoCo는 테스트하는 동안 특정한 커버리지 수준을 적용하도록 설정하고 커버리지 관련 보고서
를 생성해준다.

JaCoCo를 활성화하기 위해서는 `pom.xml` 파일의 `<build><plugins>` 섹션에 플러그인을 추가하기
만 하면 된다. 기본적으로 자동으로 활성화되지 않기 때문에 언제 실행될지를 명시적으로 알려줘
야 한다. 이 예제에서는 다음과 같이 `test` 단계에서 보고하도록 설정했다.

```
<build>
  <plugins>
    <plugin>
      <groupId>org.jacoco</groupId>
      <artifactId>jacoco-maven-plugin</artifactId>
      <version>0.8.5</version>
```

```
      <executions>
        <execution>          ◄─── JaCoCo는 프로세스 초기에 시작해야 한다.
          <goals>                 이를 위해 initialize 단계에 추가한다.
            <goal>prepare-agent</goal>
          </goals>
        </execution>
        <execution>      ◄─── JaCoCo에게 테스트
          <id>report</id>         단계에서 보고하도록
          <phase>test</phase>     지시한다.
          <goals>
            <goal>report</goal>
          </goals>
        </execution>
      </executions>
    </plugin>
  </plugins>
</build>
```

이렇게 하면 기본적으로 `target/site/jacoco` 폴더에 모든 클래스에 대한 보고서가 생성되며, 그림 11.5에서 볼 수 있듯이 `index.html`에서 전체 HTML을 탐색할 수 있다.

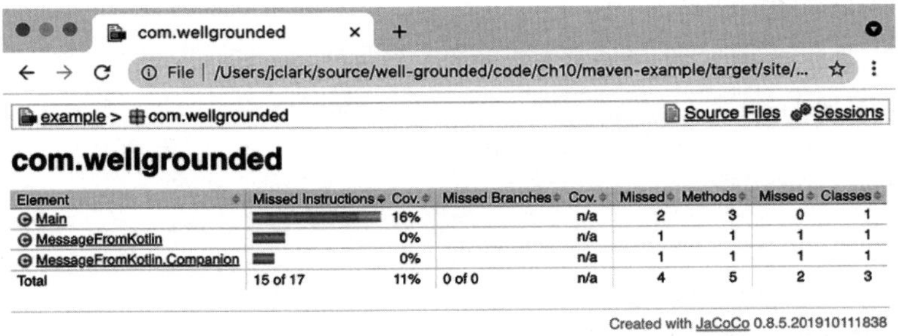

그림 11.5 JaCoCo 커버리지 리포트 페이지

11.2.9 자바 8을 넘어서

1장에서는 자바 Enterprise Edition에 속하지만 핵심 JDK에 있는 다음과 같은 일련의 모듈에 대해 언급했다. 이러한 모듈은 JDK 9에서 더 이상 사용되지 않고 JDK 11에서 제거됐지만 외부 라이브러리로는 계속 사용할 수 있다.

- `java.activation`(JAF)
- `java.corba`(CORBA)

- `java.transaction`(JTA)

- `java.xml.bind`(JAXB)

- `java.xml.ws`(JAX-WS 및 일부 관련 기술)

- `java.xml.ws.annotation`(공통 애너테이션)

프로젝트가 이러한 모듈 중 하나에 의존하는 경우, 최신 JDK로 옮기면 빌드가 중단될 수 있다. 다행히도 다음에 표시된 것처럼 `pom.xml`에 몇 가지 간단한 의존성을 추가하면 이 문제를 해결할 수 있다.

```xml
<dependencies>
  <dependency>
    <groupId>com.sun.activation</groupId>         ←─ java.activation(JAF)
    <artifactId>jakarta.activation</artifactId>
    <version>1.2.2</version>
  </dependency>
  <dependency>
    <groupId>org.glassfish.corba</groupId>        ←─ java.corba(CORBA)
    <artifactId>glassfish-corba-omgapi</artifactId>
    <version>4.2.1</version>
  </dependency>
  <dependency>
    <groupId>javax.transaction</groupId>          ←─ java.transaction(JTA)
    <artifactId>javax.transaction-api</artifactId>
    <version>1.3</version>
  </dependency>
  <dependency>
    <groupId>jakarta.xml.bind</groupId>           ←─ java.xml.bind(JAXB)
    <artifactId>jakarta.xml.bind-api</artifactId>
    <version>2.3.3</version>
  </dependency>
  <dependency>
    <groupId>jakarta.xml.ws</groupId>             ←─ java.xml.ws(JAX-WS 및
    <artifactId>jakarta.xml.ws-api</artifactId>       일부 관련 기술)
    <version>2.3.3</version>
  </dependency>
  <dependency>
    <groupId>jakarta.annotation</groupId>         ←─ java.xml.ws.annotation
    <artifactId>jakarta.annotation-api</artifactId>   (공통 애너테이션)
    <version>1.3.5</version>
  </dependency>
</dependencies>
```

11.2.10 메이븐에서의 다중 릴리스 JAR

JDK 9에서 도입된 기능 중 하나는 서로 다른 JDK를 타깃으로 서로 다른 코드를 가진 JAR를 패키징할 수 있는 능력이다. 이를 통해 플랫폼의 새로운 기능을 활용할 수 있으면서, 이전 버전에서도 해당 코드의 사용자를 지원할 수 있다.

우리는 2장에서 이 기능을 살펴보고 이 기능을 활성화하는 데 필요한 특정 JAR 형식을 직접 만들었다. 이 레이아웃은 다음과 같이 JAR 내에서 JVM 9부터 시작해서 로딩 중에 주어진 클래스의 더 높은 버전을 확인할 수 있도록 `META-INF/versions` 하위에 버전별로 디렉터리를 배치한다.

```
.
├── META-INF
│   ├── MANIFEST.MF
│   └── versions
│           └── 11
│                   └── wgjd2ed
│                           └── GetPID.class
└── wgjd2ed
        ├── GetPID.class
        └── Main.class
```

이 구조 내에서 `wgjd2ed`의 클래스들은 JAR을 사용할 수 있는 가장 오래된 JVM을 나타내는 클래스 파일 버전을 가지게 된다(뒤에 나올 예시에서 이것은 JDK 8이 될 것이다). 그러나 `META-INF/versions/11` 하위의 클래스들은 더 새로운 JDK로 컴파일돼 더 최신의 클래스 파일 버전을 가질 수 있다. 오래된 JDK는 `META-INF/versions` 디렉터리를 무시하기 때문에(9 이후의 JDK가 사용할 수 있는 버전을 이해한다), 더 최신의 코드를 JAR에 혼합해도 모든 것이 오래된 JVM에서 여전히 작동하도록 할 수 있다. 바로 이러한 지루한 프로세스를 자동화하기 위해 메이븐이 만들어졌다.

다중 릴리스multirelease 기능을 활성화하기 위해서는 JAR의 출력 형식이 중요하지만, 명확성을 위해 코드 레이아웃의 구조를 모방해보겠다. 다음에 표시된 것처럼 `src`에 있는 코드는 기본적으로 모든 JDK에서 볼 수 있는 기본 기능이다. `versions` 아래의 코드는 선택적으로 특정 클래스를 해당 버전의 구현으로 대체한다.

```
.
├── pom.xml
├── src
│       └── main
```

```
│                 └─ java
│                   └─ wgjd2ed
│                     └─ GetPID.java
│                       └─ Main.java
│
└─ versions
   └─ 11
      └─ src
         └─ wgjd2ed
            └─ GetPID.java
```

메이븐의 기본 설정은 `src/main` 디렉터리에서 코드를 찾아 컴파일한다. 그러나 해결해야 할 두 가지 복잡한 문제가 있다.

- 메이븐은 `versions` 디렉터리에서도 코드를 찾아야 한다.
- 더 나아가 메이븐은 메인 프로젝트와 다른 JDK를 타깃으로 한 소스를 컴파일해야 한다.

이 두 가지 목표는 자바 클래스 파일을 빌드하는 `maven-compiler-plugin`을 구성해서 달성할 수 있다. 다음 코드에서 별개인 두 개의 `<execution>` 단계를 소개한다. 첫 번째는 JDK 8을 대상으로 하는 기본 코드를 컴파일하고, 두 번째 단계에서는 JDK 11을 대상으로 하는 버전별 코드를 컴파일한다.

[NOTE] 타깃으로 하는 동일한 버전의 JDK의 최신 버전을 사용해서 컴파일해야 한다. 그러나 몇 가지 빌드 단계를 명시적으로 낮은 버전을 타깃으로 하도록 지시할 것이다.

```xml
<plugins>
  <plugin>
    <groupId>org.apache.maven.plugins</groupId>
    <artifactId>maven-compiler-plugin</artifactId>
    <version>3.8.1</version>
    <executions>
      <execution>                              ◀── JDK 8용으로
        <id>compile-java-8</id>                    컴파일하기 위한
        <goals>                                    실행(execution) 단계
          <goal>compile</goal>
        </goals>
        <configuration>                        ◀── JDK 11로 컴파일할 것이므로,
          <source>1.8</source>                     이 단계의 출력을 JDK 8로
          <target>1.8</target>                     타깃화한다.
        </configuration>
      </execution>
      <execution>                              ◀── JDK 11을 대상으로 하는
        <id>compile-java-11</id>                   두 번째 실행 단계
        <phase>compile</phase>
```

```
      <goals>
        <goal>compile</goal>
      </goals>
      <configuration>
        <compileSourceRoots>                    ◄──  메이븐에게 버전별 코드의
          <compileSourceRoot>                         위치에 대해 알려준다.
            ${project.basedir}/versions/11/src
          </compileSourceRoot>
        </compileSourceRoots>                        release와 multiReleaseOutput을
        <release>11</release>                   ◄──  설정해서 이 버전별 코드가 어느
        <multiReleaseOutput>                    ◄──  JDK를 대상으로 하는지 메이븐에게
          true                                       알리고 올바른 다중 릴리스 위치에
        </multiReleaseOutput>                        클래스를 출력하도록 지시한다.
      </configuration>
    </execution>
  </executions>
</plugin>
</plugins>
```

이로써 JAR가 올바른 레이아웃으로 빌드되고 패키징된다. 마지막으로 매니페스트를 다중 릴리스로 표시하는 단계가 하나 더 있다. 이것은 `maven-jar-plugin`에서 설정되며, 여기서는 우리가 11.2.4절에서 응용 프로그램 JAR를 실행 가능하게 만들었던 위치와 가까운 곳에 설정된다.

```
<plugin>
    <groupId>org.apache.maven.plugins</groupId>
    <artifactId>maven-jar-plugin</artifactId>
    <version>3.2.0</version>
    <configuration>
      <archive>
        <manifest>
          <addClasspath>true</addClasspath>
          <mainClass>wgjd2ed.Main</mainClass>
        </manifest>
        <manifestEntries>              ◄──  JAR을 다중 릴리스로
          <Multi-Release>true</Multi-Release>   표시하는 속성
        </manifestEntries>
      </archive>
    </configuration>
</plugin>
```

이제 다른 JDK에 대해 코드를 실행하고 예상대로 작동하는지 확인할 수 있다. 샘플 앱의 경우, JDK 8을 위한 기본 구현은 다음과 같이 추가적인 버전 메시지를 출력하므로 작동하는 것을 확인할 수 있다.

```
~:mvn clean compile package
[INFO] Scanning for projects...
[INFO]
[INFO] ----------------< wgjd2ed:maven-multi-release >-------------------
[INFO] Building maven-multi-release 1.0-SNAPSHOT
[INFO] -------------------------[ jar ]------------------------------
[INFO]
[INFO] .... Lots of additional steps
[INFO]
[INFO]: maven-jar-plugin:3.2.0:jar (default-jar) @ maven-multi-release -
[INFO] Building jar: ~/target/maven-multi-release-1.0-SNAPSHOT.jar
[INFO] -------------------------------------------------------------
[INFO] BUILD SUCCESS
[INFO] -------------------------------------------------------------
[INFO] Total time:  1.813 s
[INFO] Finished at: 2021-03-05T09:39:16+01:00
[INFO] -------------------------------------------------------------

~:java -version
openjdk version "11.0.6" 2020-01-14
OpenJDK Runtime Environment AdoptOpenJDK (build 11.0.6+10)
OpenJDK 64-Bit Server VM AdoptOpenJDK (build 11.0.6+10, mixed mode)

~:java -jar target/maven-multi-release-1.0-SNAPSHOT.jar
75891

# Change JDK versions by your favorite means....

~:java -version
openjdk version "1.8.0_265"
OpenJDK Runtime Environment (AdoptOpenJDK)(build 1.8.0_265-b01)
OpenJDK 64-Bit Server VM (AdoptOpenJDK)(build 25.265-b01, mixed mode)

~:java -jar target/maven-multi-release-1.0-SNAPSHOT.jar
76087
```

JDK의 새로운 기능을 활용하면서도 오래된 사용자가 여전히 사용할 수 있는 방안이 모두 마련 됐다.

11.2.11 메이븐과 모듈

2장에서는 JDK의 새로운 모듈 시스템에 대해 자세히 살펴보았다. 이제 빌드 스크립팅에 어떤 영향을 미치는지 살펴보겠다. 패키지 중 하나를 공개적으로 노출하고 다른 패키지는 숨기는 간단한 라이브러리를 살펴보겠다.

❶ 모듈형 라이브러리

모듈형 프로젝트는 코드 레이아웃이 엄격한 메이븐 표준과 약간 다른데, `main` 디렉터리가 다음과 같이 모듈의 이름을 반영한다.

```
.
├── pom.xml
└── src
    └── com.wellgrounded.modlib    ◄──── 모듈화된 코드 디렉터리
        └── java
            └── com
                └── wellgrounded
                    ├── hidden
                    │   └── CantTouchThis.java    ◄──── 비공개로 유지할
                    │                                    의도인 클래스
                    └── visible
                        └── UseThis.java    ◄──── 모듈을 통해 공개적으로
                                                   공유할 의도인 클래스
```

이렇게 변경하면, 메이븐에게 소스 코드를 컴파일할 새로운 위치를 다음과 같이 알려줘야 한다.

```
<build>
  <sourceDirectory>src/com.wellgrounded.modlib/java</sourceDirectory>
</build>
```

라이브러리를 모듈화하는 마지막 단계는 코드 루트(`com` 디렉터리와 같은 레벨)에 `module-info.java`를 추가하는 것이다. 이것은 다음과 같이 모듈의 이름을 지정하고, 어느 것의 접근을 허용할지 선언한다.

```
module com.wellgrounded.modlib {
    exports com.wellgrounded.modlib.visible;
}
```

이 간단한 라이브러리의 나머지 부분은 모두 동일하며, `mvn package`를 실행하면 `target` 디렉터리에 JAR 파일이 생성된다. 더 나아가기 전에 `mvn install`을 통해 이 라이브러리를 로컬 메이븐 캐시에 넣을 수도 있다.

[NOTE] JDK의 모듈 시스템은 패키징이 아닌 빌드 및 런타임 시 접근 제어에 관한 것이다. 모듈형 라이브러리는 모듈형 애플리케이션에 상호작용하는 방법을 알려주는 `module-info.class`만 추가하면 일반 JAR 파일로 공유할 수 있다.

이제 모듈화된 라이브러리가 준비됐으니, 이를 사용하는 모듈화된 애플리케이션을 만들어보겠다.

❷ 모듈화된 애플리케이션

모듈화된 애플리케이션은 다음에 나타난 것과 유사한 레이아웃을 갖게 된다.

```
.
├── pom.xml
└── src
    └── com.wellgrounded.modapp
        └── java
            ├── com
            │   └── wellgrounded
            │       └── Main.java
            └── module-info.java
```

애플리케이션의 `module-info.java`는 이름을 선언하고 다음과 같이 앞서 라이브러리에서 내보낸 패키지가 필요하다는 것을 명시한다.

```
module com.wellgrounded.modapp {
    requires com.wellgrounded.modlib;
}
```

그러나 이것만으로는 메이븐에 라이브러리 JAR의 위치를 알려주는 것이 아니기 때문에 이렇게 일반 `<dependency>`로 포함시킨다.

```
<dependencies>
    <dependency>
      <groupId>com.wellgrounded</groupId>          ◀─── 이전 섹션에서 설치해
      <artifactId>modlib</artifactId>                    로컬 메이븐 저장소에
      <version>2.0</version>                             저장된 라이브러리
    </dependency>
</dependencies>
```

컴파일하거나 실행할 때 이 의존성이 클래스패스 대신 모듈 패스에 배치돼야 하는 것이 중요하다. 메이븐은 어떻게 이를 달성할까? 다행히도 `maven-compiler-plugin`의 최근 버전들은 다음과 같은 두 가지 조건을 지켜주면 된다. ① 애플리케이션에 `module-info.java`가 있으므로 모듈화돼 있다. ② 의존성에 `module-info.class`가 포함돼 있으므로 그것 또한 모듈이다. 최근 버전의 `maven-`

compiler-plugin(저술 시점에서 3.8 버전에서 잘 작동했다)을 사용한다면, 메이븐이 자동으로 처리해 줄 것이다.

애플리케이션 코드는 완전히 정상적인 자바 코드이며, 다음과 같이 모듈형 라이브러리의 기능을 의도한 대로 사용할 수 있다.

```
package com.wellgrounded.modapp;

import com.wellgrounded.modlib.visible.UseThis;          ◄── 다른 패키지와 마찬가지로
                                                              모듈에서 가져온다.
public class Main {
  public static void main(String[] args) {
    System.out.println(UseThis.getMessage());           ◄── 모듈의 클래스를 사용해서
  }                                                          메시지를 얻는다.
}
```

아마도 우리가 액세스를 제공하지 않은 라이브러리의 다른 패키지가 있다는 것을 기억할 것이다. 만약 응용 프로그램을 다음과 같이 수정해서 그것을 가져오려고 한다면 어떻게 될까?

```
package com.wellgrounded.modapp;

import com.wellgrounded.modlib.visible.UseThis;          com.wellgrounded.modlib.hidden은
import com.wellgrounded.modlib.hidden.CantTouchThis;  ◄─ 라이브러리의 exports
                                                         목록에 없었다.
public class Main {
  public static void main(String[] args) {
    System.out.println(UseThis.getMessage());
  }
}
```

이것을 컴파일하면 즉시 다음과 같은 오류가 발생한다.

```
[INFO]: maven-compiler-plugin:3.8.1:compile @ modapp ---
[INFO] Changes detected: recompiling the module!
[INFO] Compiling 2 source files to /mod-app/target/classes
[INFO] ------------------------------------------------------------
[ERROR] COMPILATION ERROR :
[INFO] ------------------------------------------------------------
[ERROR]                                                              ◄── javac와 모듈 시스템은
    src/com.wellgrounded.modapp/java/com/wellgrounded/Main.java:[4,31]   우리가 내보내지 않은 것에
        package com.wellgrounded.modlib.hidden is not visible (package   접근하려고 시도조차 할 수
                                                                         없게 막아준다.
```

```
        com.wellgrounded.modlib.hidden is declared in module
        com.wellgrounded.modlib, which does not export it)

[INFO] 1 error
[INFO] -------------------------------------------------------------
[INFO] BUILD FAILURE
[INFO] -------------------------------------------------------------
```

메이븐의 도구 또한 JDK 9에서 모듈이 출시된 이후로 많이 발전해왔다. 모든 표준 시나리오가 최소화된 추가적인 설정으로도 충분히 잘 처리된다.

계속 진행하기 전에 한 가지 간단히 짚고 넘어가겠다. 이 섹션에서 `module-info.class`는 모듈 규칙을 적용해야 한다는 신호였다. 그러나 모듈은 JDK에서 호환성을 유지하기 위한 **옵트인**opt-in 기능이다. 왜냐하면 이미 수많은 모듈화되지 않은 코드가 존재하기 때문이다.

만약 우리가 같은 모듈 라이브러리를 사용해서 동일한 애플리케이션을 빌드하지만, 애플리케이션이 자체적으로 모듈을 사용하도록 `module-info.java` 파일을 포함하지 않는 경우에 어떻게 될까? 그 경우, 모듈화된 라이브러리라 하더라도 클래스패스를 통해 포함될 것이다. 이로써 라이브러리는 응용 프로그램의 코드와 함께 이름 없는 모듈에 포함되며, 라이브러리에서 정의한 모든 접근 제한이 무시된다. 보충 자료에는 클래스패스로 라이브러리를 사용하는 모듈화된 애플리케이션과 함께 샘플 애플리케이션이 포함돼 있어, 모듈에 포함하거나 포함하지 않는 방식을 더 명확하게 이해할 수 있다.

이로써 메이븐의 기본 기능 소개는 마치겠다. 하지만 온라인에서 찾을 수 있는 방대한 플러그인을 넘어 시스템을 확장해야 한다면 어떻게 해야 할까?

11.2.12 메이븐 플러그인 작성

메이븐의 가장 기본적인 설정도 플러그인으로 제공되기 때문에, 더 많은 작업을 해야 할 때 플러그인을 작성하지 말아야 할 이유는 없다. 해야 할 작업이 더 많아질 때도 마찬가지다. 우리가 본 것처럼 플러그인을 참조하는 것은 종속된 라이브러리를 가져오는 것과 유사하다. 따라서 메이븐 플러그인을 별도의 JAR 파일로 구현하는 것은 놀라운 일이 아니다.

예제는 `pom.xml` 파일부터 시작한다. 다음에 보이는 것처럼 이전과 대부분의 뼈대는 유사하지만 몇 가지 추가적인 사항이 있다.

```
<project>
  <modelVersion>4.0.0</modelVersion>

  <name>A Well-Grounded Maven Plugin</name>
  <groupId>com.wellgrounded</groupId>
  <artifactId>wellgrounded-maven-plugin</artifactId>
  <packaging>maven-plugin</packaging>        ◄──── 플러그인 패키지를 빌드하려는
  <version>1.0-SNAPSHOT</version>        ◄────        의도를 메이븐에 알린다.
                                              ┌─ -SNAPSHOT은 아직 만들어지지 않은 라이브러리 버전에 추가되는
  <properties>                                  일반적인 접미사다. 예를 들어 이 라이브러리를 의존성으로 요청할
                                                때 버전을 붙인 전체 문자열로 1.0-SNAPSHOT과 같이 지정해야
    <project.build.sourceEncoding>UTF-8</project.build.sourceEncoding>   하므로 라이브러리를 가져올 때 이 접미사가 표시된다.
    <maven.compiler.source>11</maven.compiler.source>
    <maven.compiler.target>11</maven.compiler.target>
  </properties>

  <dependencies>        ◄──── 구현에 필요한 메이븐 API 의존성
    <dependency>
      <groupId>org.apache.maven</groupId>
      <artifactId>maven-plugin-api</artifactId>
      <version>3.0</version>
    </dependency>

    <dependency>
      <groupId>org.apache.maven.plugin-tools</groupId>
      <artifactId>maven-plugin-annotations</artifactId>
      <version>3.4</version>
      <scope>provided</scope>
    </dependency>
  </dependencies>
</project>
```

이제 코드를 추가할 준비가 됐다. 표준 레이아웃 위치에 자바 파일을 배치하고, 다음과 같이 `Mojo` 라고 하는 것을 구현한다(사실상 메이븐 목표).

```
package com.wellgrounded;

import org.apache.maven.plugin.AbstractMojo;
import org.apache.maven.plugin.MojoExecutionException;
import org.apache.maven.plugins.annotations.Mojo;

@Mojo(name = "wellgrounded")
public class WellGroundedMojo extends AbstractMojo
{
    public void execute() throws MojoExecutionException
    {
```

```
        getLog().info("Extending Maven for fun and profit.");
    }
}
```

클래스는 `AbstractMojo`를 확장하며, `@Mojo` 애너테이션을 통해 메이븐에게 goal의 이름을 알려준다. 메서드의 본문에서 우리가 원하는 작업을 처리한다. 여기서는 간단히 일부 텍스트를 로그로 출력하는 것이지만, 이제 자바 언어와 외부 라이브러리들을 사용해서 목표를 구현할 수 있게 됐다.

다른 프로젝트에서 플러그인을 테스트하려면 `mvn install`을 실행해서 로컬 캐시 저장소에 JAR을 배치해야 한다. 로컬 캐시 저장소에 저장되면 다음과 같이 이 장에서 이미 살펴본 다른 모든 '실제' 플러그인처럼 플러그인을 다른 프로젝트로 가져올 수 있다.

```
<build>
  <plugins>
    <plugin>
      <groupId>com.wellgrounded</groupId>        ◀─────  groupId과 artifactId로
      <artifactId>wellgrounded-maven-plugin</artifactId>       플러그인을 참조한다.
      <version>1.0-SNAPSHOT</version>
      <executions>              goal을 컴파일 단계에
        <execution>    ◀───────  바인딩한다.
          <phase>compile</phase>
          <goals>
            <goal>wellgrounded</goal>
          </goals>
        </execution>
      </executions>
    </plugin>
  </plugins>
</build>
```

이렇게 하면 다음과 같이 컴파일할 때 플러그인이 작동하는 것을 볼 수 있다.

```
~: mvn compile
  [INFO] Scanning for projects...
  [INFO]
  [INFO] ------------------< com.wellgrounded:example >--------------
  [INFO] Building example 1.0-SNAPSHOT
  [INFO] --------------------------------[ jar ]--------------------
  [INFO]
  [INFO]: maven-resources-plugin:2.6:resources (default-resources) -
  [INFO] Using 'UTF-8' encoding to copy filtered resources.
```

```
[INFO] skip non existing resourceDirectory /src/main/resources
[INFO]
[INFO] --- maven-compiler-plugin:3.1:compile (default-compile) ---
[INFO] Nothing to compile: all classes are up to date
[INFO]
[INFO] --- wellgrounded-maven-plugin:1.0-SNAPSHOT:wellgrounded ---
[INFO] Extending Maven for fun and profit.  ◄── 컴파일 단계의 일부로 플러그인 실행
[INFO] ------------------------------------------------------------
[INFO] BUILD SUCCESS
[INFO] ------------------------------------------------------------
[INFO] Total time:  0.872 s
[INFO] Finished at: 2020-08-16T22:26:20+02:00
[INFO] ------------------------------------------------------------
```

단순히 `<executions>` 요소 없이 플러그인을 포함하면 프로젝트의 어디에도 플러그인이 나타나지
않는다. 사용자 정의 플러그인은 `pom.xml` 파일을 통해 생명 주기에서 원하는 단계를 선언해야 한
다.

생명 주기과 어떤 goal이 어떤 단계에 바인딩된지를 파악하는 것은 어려울 수 있지만, 다행히 이를
도와주는 플러그인이 있다. `buildplan-maven-plugin`은 현재 작업에 대한 명확한 정보를 제공해
준다.

이 플러그인은 다른 플러그인처럼 `pom.xml`에 포함할 수 있지만, 반복을 피하는 유용한 대안은 다
음과 같이 사용자의 `~/.m2/settings.xml` 파일에 넣는 것이다. `settings.xml` 파일은 메이븐에서
`pom.xml` 파일과 유사하지만 특정 프로젝트에 연결되지 않는다.

```xml
<settings xmlns="http://maven.apache.org/SETTINGS/1.0.0"
  xmlns:xsi="http://www.w3.org/2001/XMLSchema-instance"
  xsi:schemaLocation="http://maven.apache.org/SETTINGS/1.0.0
                      https://maven.apache.org/xsd/settings-1.0.0.xsd">
  <pluginGroups>
    <pluginGroup>fr.jcgay.maven.plugins</pluginGroup>
  </pluginGroups>
</settings>
```

이렇게 설정이 완료되면 메이븐을 사용하는 모든 프로젝트 빌드에서 호출할 수 있다.

```
~: mvn buildplan:list
```

```
[INFO] Scanning for projects...
[INFO]
[INFO] ------------------< com.wellgrounded:example >------------------
[INFO] Building example 1.0-SNAPSHOT
[INFO] --------------------------------[ jar ]--------------------------------
[INFO]
[INFO] ---- buildplan-maven-plugin:1.3:list (default-cli) @ example ----
[INFO] Build Plan for example:
------------------------------------------------------------------------
PLUGIN                  | PHASE            | ID                  | GOAL
------------------------------------------------------------------------
jacoco-maven-plugin     | initialize       | default             | prep-agent
maven-compiler-plugin   | compile          | default-compile     | compile
maven-compiler-plugin   | test-compile     | default-testCompile | testCompile
maven-surefire-plugin   | test             | default-test        | test
jacoco-maven-plugin     | test             | report              | report
maven-jar-plugin        | package          | default-jar         | jar
maven-failsafe-plugin   | integration-test | default             | int-test
maven-failsafe-plugin   | verify           | default             | verify
maven-install-plugin    | install          | default-install     | install
maven-deploy-plugin     | deploy           | default-deploy      | deploy
[INFO] ------------------------------------------------------------------------
[INFO] BUILD SUCCESS
[INFO] ------------------------------------------------------------------------
[INFO] Total time:  0.461 s
[INFO] Finished at: 2020-08-30T15:54:30+02:00
[INFO] ------------------------------------------------------------------------
```

NOTE 만약 `pom.xml` 또는 `settings.xml`에 플러그인을 추가하고 싶지 않다면, 완전한 플러그인 이름을 사용해서 메이븐에게 명령을 실행하도록 요청할 수 있다. 앞선 예제에서 `mvn fr.jcgay.maven.plugins:buildplan-maven-plugin:list`라고 요청하면 메이븐이 플러그인을 다운로드하고 한 번 실행한다. 이것은 흔하지 않은 작업이나 실험에 좋다. 메이븐의 플러그인 작성에 관한 문서(http://mng.bz/v6dx 참조)는 철저하게 작성돼 관리되므로, 플러그인 구현을 시작할 때 꼭 확인해보자.

메이븐은 여전히 가장 일반적인 자바 빌드 도구 중 하나이며 큰 영향력을 발휘한다. 하지만 모든 사람이 이 도구의 독자적인 성향을 좋아하는 것은 아니다. 그래들은 가장 널리 사용되는 대안이므로 동일한 문제를 어떻게 처리하는지 살펴보겠다.

11.3 그래들

그래들Gradle은 메이븐 이후에 등장했으며, 메이븐이 개척한 의존성 관리 인프라의 많은 부분과 호환된다. 익숙한 표준 디렉터리 레이아웃을 지원하고 JVM 프로젝트를 위한 기본 빌드 생명 주기를 제공하지만, 메이븐과 달리 이러한 모든 기능을 완전히 사용자 지정할 수 있다.

그래들은 XML 대신 실제 프로그래밍 언어(코틀린 또는 그루비) 위에 선언적 DSL을 사용한다. 따라서 일반적으로 간단한 경우에는 빌드 로직이 간결하고, 상황이 복잡해지면 유연성이 크게 향상된다.

또한 그래들에는 불필요한 작업을 피하고 작업을 점진적으로 처리하기 위한 여러 가지 성능 기능이 포함돼 있다. 이를 통해 빌드 속도가 빨라지고 확장성이 향상되는 경우가 많다. 그래들 명령을 실행하는 방법을 살펴보면서 시작해보겠다.

11.3.1 그래들 설치

그래들 설치는 해당 웹사이트(https://gradle.org/install)를 참고할 수 있다. 최신 버전은 JVM 버전 8 이상만 필요하다. 설치가 완료되면 명령줄에서 실행할 수 있으며, 다음과 같이 기본적으로 도움말을 표시한다.

```
~: gradle

 > Task :help

Welcome to Gradle 7.3.3.

To run a build, run gradlew <task> ...

To see a list of available tasks, run gradlew tasks

To see more detail about a task, run gradlew help --task <task>

To see a list of command-line options, run gradlew --help

For more detail on using Gradle, see
   https://docs.gradle.org/7.3.3/userguide/command_line_interface.html

For troubleshooting, visit https://help.gradle.org

BUILD SUCCESSFUL in 606ms
1 actionable task: 1 executed
```

이렇게 하면 쉽게 시작할 수 있지만 단일 글로벌 그래들 버전을 사용하는 것은 이상적이지 않다. 개발자가 여러 개의 서로 다른 프로젝트를 빌드하는 경우에는 각각 다른 버전의 그래들을 사용하는 것이 일반적이다.

이를 처리하기 위해 그래들은 **래퍼**wrapper라는 개념을 도입했다. `gradle wrapper` 작업은 특정 버전의 그래들을 프로젝트의 로컬로 캡처한다. 그다음 `./gradlew` 또는 `gradlew.bat` 명령을 통해 액세스한다. 버전 비호환성을 피하기 위해 `gradlew` 래퍼를 사용하는 것이 좋은 습관으로 간주되므로, 실제로 `gradle` 자체를 직접 실행하는 경우는 거의 없을 수도 있다.

> **NOTE** 래퍼의 `gradle` 및 `gradlew*` 결과를 소스 컨트롤에 포함시키는 것이 좋지만 `.gradle`의 로컬 캐싱은 제외하는 것이 좋다.

래퍼를 커밋하면 프로젝트를 다운로드하는 모든 사람이 추가적인 설치 없이 적절한 버전의 빌드 도구를 사용할 수 있다.

11.3.2 Tasks

그래들의 주요 개념은 태스크다. 태스크는 호출할 수 있는 작업의 조각을 정의하며, 다른 태스크에 의존할 수 있다. 또 스크립팅을 통해 구성되며, 그래들의 플러그인 시스템을 통해 추가할 수 있다. 이들은 메이븐의 목표와 유사하지만 개념적으로 함수와 더 비슷하다. 그들은 명확하게 정의된 입력과 출력을 갖고 있으며, 조합하고 연결할 수 있다. 반면에 메이븐의 목표는 빌드 생명 주기의 특정 단계와 연관돼야 하지만, 그래들 작업은 편리한 방식으로 호출하고 사용할 수 있다.

그래들은 우수한 내장 검사introspection 기능을 제공한다. 이 중 주요한 것은 `./gradlew tasks` 메타-태스크meta-task로, 현재 프로젝트에서 사용 가능한 태스크 목록을 나열한다. 아무것도 선언하지 않은 상태에서 작업을 실행하면 다음과 같은 작업 목록이 표시된다.

```
~: ./gradlew tasks

 > Task :tasks


 -----------------------------------------------------------
 Tasks runnable from root project
 -----------------------------------------------------------

 Build Setup tasks
 ----------------
 init: Initializes a new Gradle build.
 wrapper: Generates Gradle wrapper files.
```

```
Help tasks
----------
buildEnvironment: Displays all buildscript dependencies in root project
components: Displays the components produced by root project.
dependencies: Displays all dependencies declared in root project.
dependencyInsight: Displays insight for dependency in root project
dependentComponents: Displays dependent components in root project
help: Displays a help message.
model: Displays the configuration model of root project. [incubating]
outgoingVariants: Displays the outgoing variants of root project.
projects: Displays the sub-projects of root project.
properties: Displays the properties of root project.
tasks: Displays the tasks runnable from root project.
```

어떤 태스크에 `--dry-run` 플래그를 제공하면 해당 태스크가 수행되지 않고 그래들이 실행했을 태스크들을 보여준다. 이것은 빌드 시스템의 흐름을 이해하거나 잘 작동하지 않는 플러그인이나 사용자 정의 태스크를 디버깅하는 데 유용하다.

11.3.3 스크립트 내용

그래들 빌드의 핵심은 **빌드 스크립트**buildscript다. 이는 그래들과 메이븐 간의 주요 차이점이다. 형식만 다른 것이 아니라 전체 철학도 다르다. 메이븐 POM 파일은 XML 기반인 반면, 그래들의 빌드 스크립트는 프로그래밍 언어로 작성된 실행 가능한 스크립트다. 이를 종종 도메인 특화 언어 또는 **DSL**(도메인별 언어)domain specific language이라고 부른다. 최신 버전의 그래들은 그루비와 코틀린 두 가지 모두를 지원한다.

1 그루비 vs. 코틀린

그래들의 DSL 접근 방식은 그루비에서 시작됐다. 우리가 잠시 만났던 것처럼, 그루비는 JVM에서 동작하는 동적 언어로, 유연하고 간결한 빌드 스크립트 작성의 목표와 잘 어울린다. 그러나 그래들 5.0 이후로 다른 옵션이 추가됐다. 바로 코틀린이다. 코틀린에 대해서는 9장에서 자세히 다뤘다.

`NOTE` 코틀린 빌드 스크립트에서는 `.gradle` 대신 `.gradle.kts` 확장자를 사용한다.

이것은 매우 합리적인 선택이다. 왜냐하면 코틀린은 현재 안드로이드 개발의 주요 언어로, 그래들은 이 플랫폼의 공식 빌드 도구다. 프로젝트의 대부분에서 동일한 언어를 공유하는 것은 큰 단순화 요소가 될 수 있다.

목적상 코틀린은 그루비보다 자바와 더 유사하다. 이 언어 간격을 줄이는 것은 그래들 생태계의 새로운 사용자이고 자바로 코딩한다면 빌드 스크립트를 코틀린으로 작성하는 것이 더 합리적일 수 있다.

그루비는 여전히 매우 유용하고 중요한 옵션이다. 그러나 이 책에서는 더 많은 경험을 쌓기 위해 다음 예제에서는 모두 코틀린을 사용하겠다. 이 장에서 보여주는 모든 내용은 동일한 그래들 동작을 사용해서 그루비 빌드 스크립트로 유사하게 표현할 수 있다. 그래들 문서에는 모든 예제에 대한 두 가지 DSL이 모두 나와 있다.

11.3.4 플러그인 사용

그래들은 작업과 관련된 모든 내용을 정의하기 위해 플러그인을 사용한다. 이전에 살펴보았듯이, 빈 그래들 프로젝트에서 태스크 목록을 나열하는 것만으로는 빌드, 테스트, 배포에 관한 내용이 전혀 드러나지 않는다. 이 모든 것은 플러그인에서 제공된다.

그래들 자체에는 다양한 플러그인이 함께 제공되므로 이를 사용하려면 `build.gradle.kts` 파일에 선언만 하면 된다. 그중 하나가 `base` 플러그인인데, 다음과 같이 선언할 수 있다.

```
plugins {
    base
}
```

`base` 플러그인을 포함한 후에는 일부 예상할 수 있는 일반적인 빌드 생명 주기 태스크가 나타난다. 이를 포함한 태스크 목록은 다음과 같다.

```
~:./gradlew tasks

> Task :tasks

------------------------------------------------------------
Tasks runnable from root project
------------------------------------------------------------

Build tasks
-----------
assemble: Assembles the outputs of this project.
build: Assembles and tests this project.
```

```
clean: Deletes the build directory.

... Other tasks omitted for length

Verification tasks
------------------
check: Runs all checks.

...

BUILD SUCCESSFUL in 640ms
1 actionable task: 1 executed
```

이제 코드를 위해 그래들 프로젝트를 빌드해보겠다.

11.3.5 빌드

그래들은 사용자 정의customization가 가능하지만, 기본적으로는 메이븐이 설정하고 보급한 것과 동일한 코드 레이아웃을 기대한다. 많은 프로젝트(아마도 대부분)에서는 이 레이아웃을 변경하는 것이 의미가 없을 수 있다. 그러나 변경 가능하다.

기본적인 자바 라이브러리로 시작해보겠다. 이를 위해 다음과 같은 소스 트리를 생성한다.

```
.
├── build.gradle.kts
├── gradle
│   └── wrapper
│       ├── gradle-wrapper.jar          ◄────────┐
│       └── gradle-wrapper.properties   ◄──────┐ │  이 파일들은 그래들
├── gradlew                             ◄──────┤ │  래퍼 명령에 의해
├── gradlew.bat                         ◄──────┘─┘  자동으로 생성됐다.
├── settings.gradle.kts
└── src
    └── main
        └── java
            └── com
                └── wellgrounded
                    └── AwesomeLib.java
```

base 플러그인은 자바에 대해 아무것도 모르기 때문에, 더 많은 기능을 가진 플러그인이 필요하다. 일반 자바 JAR를 위한 경우, 다음과 같이 그래들의 java-library 플러그인을 사용할 것이다.

이 플러그인은 base에서 필요한 모든 부분을 기반으로 구축한다. 실제로 그래들 빌드에서 base 플러그인만 볼 일은 거의 없다. 플러그인은 객체지향 프로그래밍의 컴포지션처럼 다른 플러그인을 사용해서 빌드할 수 있기 때문이다.

```
plugins {
   `java-library`  ◄──── 플러그인 이름에 특수 문자(예제에서는 '-')가
}                       포함될 때는 `(백틱)을 사용한다
                        (작은 따옴표가 아니다).
```

이렇게 하면 다음과 같이 빌드 섹션에서 점점 더 많은 작업이 생성된다.

```
Build tasks
-----------
  assemble: Assembles the outputs of this project.
  build: Assembles and tests this project.
  buildDependents: Assembles and tests this project and dependent projects.
  buildNeeded: Assembles and tests this project and dependent projects.
  classes: Assembles main classes.
  clean: Deletes the build directory.
  jar: Assembles a jar archive containing the main classes.
  testClasses: Assembles test classes.
```

그래들의 용어에서 assemble은 JAR 파일을 컴파일하고 패키징하는 작업이다. 프리뷰(dry run)에는 기본 작업 목록에 표시되지 않는 일부 단계를 포함한 모든 단계가 표시된다.

```
./gradlew assemble --dry-run
  :compileJava SKIPPED
  :processResources SKIPPED
  :classes SKIPPED
  :jar SKIPPED
  :assemble SKIPPED
```

./gradlew assemble을 실행하면 다음과 같이 build 디렉터리에 출력이 생성된다.

```
.
└── build
    ├── classes
    │       └── java
    │               └── main
    │                       └── com
    │
```

```
│                                    └─ wellgrounded
│                                          └─ Main.class
└─ libs
      └─ wellgrounded.jar
```

❶ 애플리케이션 만들기

일반 JAR로 시작하는 것도 좋지만, 결국에는 애플리케이션을 실행하고 싶을 것이다. 여기에는 더 많은 구성이 필요하지만, 기본적으로 필요한 부분들이 이미 제공되고 있다.

플러그인을 변경하고 애플리케이션의 메인 클래스가 무엇인지 그래들에 알려주겠다. 또한 이 간단한 코드 조각에서 코틀린이 제공하는 몇 가지 멋진 기능을 확인할 수 있다.

```
                    마지막 인수가 람다인 경우,
                    코틀린에서 괄호를 생략할 수 있다.
plugins {  ◀────
  application  ◀────    자바 앱을 컴파일하고
}                       실행하는 방법을 아는
                        플러그인

application {
  mainClass.set("wgjd.Main")
}
                    수정된 매니페스트가 있는
                    JAR를 패키징하는 작업
tasks.jar {  ◀────
  manifest {
    attributes("Main-Class" to application.mainClass)  ◀────   코틀린은 해시 맵을
  }                                                             선언하기 위해 이 구문(해시
}                                                               리터럴이라고도 함)을 사용한다.
```

`./gradlew build`로 빌드하면 이전과 동일한 JAR가 생성되지만, `java -jar build/libs/wellgrounded.jar`를 실행하면 테스트 프로그램이 실행된다. 대신 `application` 플러그인은 `./gradlew run`을 사용해서 직접 메인 클래스를 로드하고 실행할 수 있다.

NOTE `application` 플러그인은 `mainClass`만 설정되면 된다. 그러나 만약 `tasks.jar` 설정을 제외하고 JAR 파일을 생성하면 `./gradlew run`으로는 애플리케이션을 시작할 수 있지만 `java -jar`로는 실행할 수 없게 된다. 이것은 권장하지 않는다.

이제 우리는 그래들의 다른 중요한 기능 중 하나인 작업을 최적화하고 빌드 시간을 줄이는 능력을 살펴볼 필요가 있다.

11.3.6 작업 회피

빌드를 가능한 한 빠르게 실행하기 위해 그래들은 불필요한 작업의 반복을 피하려고 노력한다. 이를 위한 전략 중 하나는 **증분 빌드**incremental build다. 그래들의 모든 작업은 입력과 출력을 선언한다. 그래들은 이 정보를 사용해서 빌드가 마지막으로 실행된 이후에 변경 사항이 있는지 확인한다. 변경 사항이 없으면 그래들은 작업을 건너뛰고 이전 빌드에서 출력을 재사용한다.

> [NOTE] 그래들은 빌드 결과를 생성하는 데 필요한 작업만 수행하므로 정기적으로 `clean`을 실행해서는 안 된다.

애플리케이션 빌드에서 한 번의 전체 실행(강제 `clean`)과 두 번째 실행의 빌드 시간을 살펴보면 이를 확인할 수 있다.

```
~: ./gradlew clean build

  BUILD SUCCESSFUL in 2s
  13 actionable tasks: 13 executed

  ~: ./gradlew build

BUILD SUCCESSFUL in 804ms
12 actionable tasks: 12 up-to-date
```

증분 빌드는 이 컴퓨터의 동일한 위치에서 마지막으로 실행한 태스크의 출력만 재사용할 수 있다. 그래들은 빌드 캐시build cache를 통해 이전 빌드 또는 다른 곳에서 실행한 빌드의 작업 결과물을 재사용할 수 있다.

이 기능은 프로젝트에서 `--build-cache` 명령줄 플래그가 있는 속성을 통해 활성화할 수 있다. 다음 `clean` 빌드에서도 이전 실행에서 캐시된 출력을 재사용할 수 있으므로 속도가 빨라지는 것을 확인할 수 있다.

```
~: ./gradlew clean build --build-cache

  BUILD SUCCESSFUL in 2s
  13 actionable tasks: 13 executed

  ~: ./gradlew clean build --build-cache

BUILD SUCCESSFUL in 1s
13 actionable tasks: 6 executed, 7 from cache
```

성능은 코드의 크기가 커져도 프로젝트 빌드 시간을 단축하는 그래들의 핵심 기능이다. 증분 자바 컴파일, 그래들 데몬, 병렬 작업, 테스트 실행과 같은 다른 기능도 있지만 여기서 다룰 시간이 부족하다.

누구도 완전히 독립된 존재가 아니다. 마찬가지로 다른 라이브러리 의존성을 포함하지 않고는 몇몇 애플리케이션은 크게 나아갈 수 없다. 이것은 그래들에서 주요한 주제이며 메이븐과 상당한 차이점을 가지고 있다.

11.3.7 그래들의 의존성

의존성 도입을 시작하려면 먼저 그래들이 다운로드할 수 있는 저장소를 알려줘야 한다. 기본 제공 함수로 `mavenCentral`(다음에 표시됨)과 `google`이 있다. 저장소를 구성할 때 사용할 수 있는 더 구체적인 함수들을 사용해서 프라이빗 인스턴스를 포함한 다른 저장소를 구성할 수도 있다.

```
repositories {
  mavenCentral()
}
```

그다음 메이븐에서 널리 사용되는 표준 좌표 형식으로 의존성을 도입할 수 있다. 메이븐에서 특정 의존성이 사용되는 위치를 제어하기 위해 `<scope>` 요소가 있었던 것처럼, 그래들은 이를 **의존성 구성**dependency configuration을 통해 표현한다. 각 구성은 특정 의존성 집합을 추적한다. 플러그인은 사용 가능한 구성을 정의하며, 함수 호출로 구성 목록에 추가한다. 예를 들어 로깅을 돕기 위해 SLF4J 라이브러리(http://www.slf4j.org/)를 사용하려면 다음과 같은 구성을 사용할 수 있다.

```
dependencies {
    implementation("org.slf4j:slf4j-api:1.7.30")
    runtimeOnly("org.slf4j:slf4j-simple:1.7.30")
  }
```

이 예에서는 코드에서 `slf4j-api`의 클래스와 메서드를 직접 호출하므로 `implementation` 구성을 통해 포함시킨다. 이로써 응용 프로그램을 컴파일하고 실행하는 동안 사용할 수 있다. 그러나 `slf4j-simple`의 메서드를 직접 호출해서는 안 된다. 이는 엄격하게 `slf4j-api`를 통해서만 수행돼야 한다. 따라서 `runtimeOnly`를 통해 `slf4j-simple`을 요청하면 컴파일 중에 코드를 사용할 수 없도록하여 라이브러리를 오용하는 것을 방지한다. 이로써 메이븐의 의존성과 `<scope>` 요소의 목적을 달성한다.

직접 사용하는 의존성과 런타임에 클래스패스에 필요한 의존성을 구분하는 것만이 의존성 간의 차이를 구분하는 유일한 방법은 아니다. 특히 라이브러리 작성자를 위해 우리가 사용하는 라이브러리와 우리 프로젝트의 공개 API 일부인 라이브러리 간에도 차이가 있다. 만약 의존성이 프로젝트의 공개 API의 일부인 경우, 해당 의존성을 `api`로 표시할 수 있다. 다음 예제에서는 Guava가 프로젝트의 공개 API의 일부임을 선언한다.

```
dependencies {
  api("com.google.guava:guava:31.0.1-jre")
}
```

구성은 서로 확장될 수 있는데, 마치 기본 클래스에서 파생되는 것과 같다. 그래들은 많은 영역에서 이 기능을 적용한다. 예를 들어 클래스패스를 생성할 때 그래들은 `implementation`과 `runtimeOnly`를 확장한 `compileClasspath`와 `runtimeClassPath`를 사용한다. 그림 11.6에 표시된 것처럼 기본 설정에 추가하는 의존성이 클래스패스를 구축하기 때문에 `*Classpath` 구성에 직접적으로 추가할 필요가 없다.

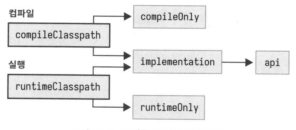

그림 11.6 그래들 구성의 계층구조

표 11.1은 그래들과 함께 제공되는 자바 플러그인을 사용할 때 사용할 수 있는 몇 가지 기본 구성과 각 구성이 어떤 다른 구성에서 확장되는지 표시한다. 전체 목록은 자바 플러그인 설명서(http://mng.bz/445B)에서 확인할 수 있다.

NOTE 그래들의 7 버전은 오랫동안 사용돼서 더 이상 권장되지 않는 설정들, 예를 들어 `compile`과 `runtime`을 제거했다. 인터넷을 둘러보다 보면 이와 관련된 언급들을 아직 찾아볼 수 있겠지만, 새로운 옵션인 `implementation`(또는 `api`)과 `runtimeOnly`로 전환하는 것이 좋다.

표 11.1 일반적인 그래들 의존성 구성

이름	목적	확장
api	프로젝트의 외부 공용 API의 일부인 주요 의존성	
implementation	컴파일 및 실행 중에 사용되는 기본 의존성	
compileOnly	컴파일 중에만 필요한 의존성	
compileClasspath	그래들이 컴파일 시 클래스패스를 조회하는 데 사용하는 구성	compileOnly, implementation
runtimeOnly	런타임 중에만 필요한 의존성	
runtimeClasspath	그래들이 런타임 시 클래스패스를 조회하는 데 사용하는 구성	runtimeOnly, implementation
testImplementation	컴파일 및 테스트 실행 중에 사용되는 의존성	implementation
testCompileOnly	테스트 컴파일 중에만 필요한 의존성	
testCompileClasspath	그래들이 테스트 컴파일 시 클래스패스를 조회하는 데 사용하는 구성	testCompileOnly, testImplementation
testRuntimeOnly	런타임 중에만 필요한 의존성	runtimeOnly
testRuntimeClasspath	그래들이 테스트 런타임 시 클래스패스를 조회하는 데 사용하는 구성	testRuntimeOnly, testImplementation
archives	프로젝트의 출력 JAR 목록	

마치 메이븐처럼, 그래들도 패키지 정보를 사용해서 전이적 의존성 트리를 생성한다. 그러나 그래들의 기본 충돌 버전 처리 알고리즘은 메이븐의 '가장 루트에 가까운 버전 우선' 접근 방식과 다르다. 그래들이 의존성을 해결할 때, 전체 의존성 트리를 순회하여 특정 패키지에 대한 모든 요청된 버전을 확인한다. 요청된 버전의 전체 집합에서 그래들은 사용 가능한 가장 높은 버전을 기본으로 선택한다.

이 접근 방식은 메이븐의 접근 방식에서 예기치 않은 동작을 방지한다. 예를 들어 패키지의 순서나 깊이 변경은 다른 해결 결과를 초래할 수 있다. 그래들은 풍부한 버전 제약 조건 같은 추가 정보를 사용해서 해결 프로세스를 사용자 정의할 수도 있다. 또한 그래들이 정의된 제약 조건을 충족할 수 없는 경우, 문제가 될 수 있는 버전을 선택하는 대신 명확한 메시지와 함께 빌드에 실패한다.

이러한 점을 감안하여 그래들은 해결 동작을 재정의하고 제어할 수 있는 풍부한 API를 제공한다. 또한 무언가 잘못돼 막혔을 때 뒷면을 열어볼 수 있는 견고한 내부 검사 도구가 내장돼 있다. 전이적 의존성 문제가 발생했을 때 핵심적인 명령은 다음과 같이 `./gradlew dependencies`다.

```
~: ./gradlew dependencies

testImplementation: Implementation only dependencies for compilation 'test'
\--- org.junit.jupiter:junit-jupiter-api:5.8.1 (n)

... Other configurations skipped for length

testRuntimeClasspath: Runtime classpath of compilation 'test'
+--- org.junit.jupiter:junit-jupiter-api:5.8.1
|    +--- org.junit:junit-bom:5.8.1
|    |    +--- org.junit.jupiter:junit-jupiter-api:5.8.1 (c)
|    |    +--- org.junit.jupiter:junit-jupiter-engine:5.8.1 (c)
|    |    +--- org.junit.platform:junit-platform-commons:1.8.1 (c)
|    |    \--- org.junit.platform:junit-platform-engine:1.8.1 (c)
|    +--- org.opentest4j:opentest4j:1.2.0
|    \--- org.junit.platform:junit-platform-commons:1.8.1
|         \--- org.junit:junit-bom:5.8.1 (*)
\--- org.junit.jupiter:junit-jupiter-engine:5.8.1
     +--- org.junit:junit-bom:5.8.1 (*)
     +--- org.junit.platform:junit-platform-engine:1.8.1
     |    +--- org.junit:junit-bom:5.8.1 (*)
     |    +--- org.opentest4j:opentest4j:1.2.0
     |    \--- org.junit.platform:junit-platform-commons:1.8.1 (*)
     \--- org.junit.jupiter:junit-jupiter-api:5.8.1 (*)

testRuntimeOnly: Runtime only dependencies for compilation 'test'
\--- org.junit.jupiter:junit-jupiter-engine:5.8.1 (n)
```

대규모 프로젝트에서는 이 출력이 너무 많을 수 있으므로 dependencyInsight를 사용하면 다음과 같이 관심 있는 특정 의존성에 초점을 맞출 수 있다.

```
~: ./gradlew dependencyInsight \
      --configuration testRuntimeClasspath \
      --dependency junit-jupiter-api

> Task :dependencyInsight
org.junit.jupiter:junit-jupiter-api:5.8.1 (by constraint)
   variant "runtimeElements" [
      org.gradle.category                 = library
      org.gradle.dependency.bundling      = external
      org.gradle.jvm.version              = 8 (compatible with: 11)
      org.gradle.libraryelements          = jar
      org.gradle.usage                    = java-runtime
      org.jetbrains.kotlin.localToProject = public (not requested)
      org.jetbrains.kotlin.platform.type  = jvm
```

```
      org.gradle.status                    = release (not requested)
   ]
org.junit.jupiter:junit-jupiter-api:5.8.1
+--- testRuntimeClasspath
+--- org.junit:junit-bom:5.8.1
|    +--- org.junit.platform:junit-platform-engine:1.8.1
|    |    +--- org.junit:junit-bom:5.8.1 (*)
|    |    \--- org.junit.jupiter:junit-jupiter-engine:5.8.1
|    |         +--- testRuntimeClasspath
|    |         \--- org.junit:junit-bom:5.8.1 (*)
|    +--- org.junit.platform:junit-platform-commons:1.8.1
|    |    +--- org.junit.platform:junit-platform-engine:1.8.1 (*)
|    |    +--- org.junit:junit-bom:5.8.1 (*)
|    |    \--- org.junit.jupiter:junit-jupiter-api:5.8.1 (*)
|    +--- org.junit.jupiter:junit-jupiter-engine:5.8.1 (*)
|    \--- org.junit.jupiter:junit-jupiter-api:5.8.1 (*)
\--- org.junit.jupiter:junit-jupiter-engine:5.8.1 (*)

(*): dependencies omitted (listed previously)
```

의존성 충돌을 해결하는 것은 어려울 수 있다. 가능하다면 최상의 접근 방법은 그래들의 의존성 도구를 사용해서 불일치를 찾고 상호 호환 가능한 버전으로 업그레이드하는 것이다. 항상 그럴 수 있다면 정말 좋을 것이다.

이전에 다루었던 예제를 다시 보겠다. 내부 도우미 라이브러리로 두 가지의 메이저 버전이 호환되지 않는 `assertj`를 가져오도록 돼 있다. 이 경우에는 `first-test-helper`가 `assertj-core 3.21.0`에 종속돼 있었고, `second-test-helper`는 2.9.1이 필요했다.

그래들의 `constraints`는 다음과 같이 해결 과정에 어떻게 버전을 선택하길 원하는지를 알려주는 메커니즘을 제공한다.

```
dependencies {
  testImplementation("org.junit.jupiter:junit-jupiter-api:5.8.1")
  testRuntimeOnly("org.junit.jupiter:junit-jupiter-engine:5.8.1")

  testImplementation(
      "com.wellgrounded:first-test-helper:1.0.0")  ◄──
  testImplementation(
      "com.wellgrounded:second-test-helper:2.0.0")  ◄──

  constraints {
```

모든 의존성은 이전처럼 원하는 것을 요청하기만 하면 된다.

```
    testImplementation(
        "org.assertj:assertj-core:3.1.0") {        ◄─── 그래들은 이 제약을 존중하거나
        because("Newer incompatible because...")   ◄     해결에 실패할 것이다.
    }                                                     스크립트의 주석은 사람에게만
}                                                         유용한 반면, 그래들의 도구는
                                                          해당 텍스트를 사용할 수 없으므로
                                                          개입하는 이유를 문서화하기 위해
                                                          사용하는 것이 좋다.
```

더 정확하게 설정해야 하는 경우 `strictly`를 사용해서 다른 해결을 무시하도록 버전을 설정할 수 있다. 다음과 같이 적용한다.

```
dependencies {
    testImplementation("org.junit.jupiter:junit-jupiter-api:5.8.1")
    testRuntimeOnly("org.junit.jupiter:junit-jupiter-engine:5.8.1")

    testImplementation(
        "com.wellgrounded:first-test-helper:1.0.0")  ◄─── 모든 의존성은 이전처럼 원하는
    testImplementation(                                    것을 요청하기만 하면 된다.
        "com.wellgrounded:second-test-helper:2.0.0")  ◄

    testImplementation("org.assertj:assertj-core") {
        version {
            strictly("3.1.0")   ◄─── 버전 3.1.0을 강제한다.
        }                            이것은 3.1이나 다른 관련 버전과
    }                                일치하지 않는다.
}
```

이러한 메커니즘으로 충분하지 않거나 라이브러리에 간단한 의존성 오류가 있는 경우, 다음과 같이 `exclude`를 사용해서 특정 그룹이나 아티팩트를 무시하도록 그래들에게 요청할 수도 있다.

```
dependencies {
    testImplementation("org.junit.jupiter:junit-jupiter-api:5.8.1")
    testRuntimeOnly("org.junit.jupiter:junit-jupiter-engine:5.8.1")

    testImplementation(                                    first-test-helper의
        "com.wellgrounded:first-test-helper:1.0.0")  ◄─── 의존성이 선택된다.
    testImplementation(
        "com.wellgrounded:second-test-helper:2.0.0") {  ◄
        exclude(group = "org.assertj")                     그래들은 두 번째 헬퍼에서
    }                                                      org.assertj 의존성을
}                                                          무시한다.
```

그러나 이것은 더 극단적인 옵션이며, 여기에 쓰인 것은 `exclude`를 적용하는 의존성에만 적용된다. 가능하다면 `constraints`을 사용해서 해결책을 찾는 것이 장기적으로 더 나을 수 있다.

이전 절에서 언급한 대로, 수동으로 의존성 버전을 강제하는 것은 최후의 수단이며, 런타임 예외가 발생하지 않도록 특별한 주의가 필요하다. 견고한 테스트 세트는 라이브러리의 조합이 원활하게 작동하는지 확인하는 것이 시간을 절약하는 데 중요할 수 있다.

11.3.8 코틀린 추가

8장과 이 장의 메이븐 절에서 논의한 대로, 다른 언어를 프로젝트에 추가하는 능력은 JVM상에서 실행하는 것의 큰 장점이다.

코틀린을 추가함으로써 그래들의 스크립트 기반 접근법이 메이븐의 정적인 XML 기반 구성보다 어떤 이점을 가지는지 살펴보겠다. 초기 코드에서의 표준 다국어 레이아웃을 따르면 다음과 같다.

```
.
├── build.gradle.kts
├── gradle
│   └── wrapper
│           ├── gradle-wrapper.jar
│           └── gradle-wrapper.properties
├── gradlew
├── gradlew.bat
├── settings.gradle.kts
└── src
    ├── main
    │   ├── java
    │   │   └── com
    │   │       └── wellgrounded
    │   │           └── Main.java
    │   └── kotlin   ◄─────────────   추가적인 코틀린 코드는 kotlin
    │       └── com                   하위 디렉터리에 나타난다.
    │           └── wellgrounded
    │               └── kotlin
    │                   └── MessageFromKotlin.kt
    └── test
        └── java
            └── com
                └── wellgrounded
                    └── MainTest.java
```

`build.gradle.kts` 파일에서 다음과 같이 그래들 플러그인을 통해 코틀린 지원을 활성화한다.

```
plugins {
    application
    id("org.jetbrains.kotlin.jvm") version "1.6.10"
}
```

이게 전부다. 그래들의 유연성 덕분에 플러그인은 추가적인 단계를 수행하지 않고도 빌드 순서를 변경하고 필요한 `kotlin-stdlib` 의존성을 추가할 수 있다.

11.3.9 테스트

우리가 처음에 논의한 `assemble` 태스크는 메인 코드를 컴파일하고 패키징하지만, 테스트도 컴파일하고 실행해야 한다. `build` 태스크는 다음과 같이 기본적으로 그 작업을 수행하도록 구성돼 있다.

```
./gradlew build --dry-run
:compileJava SKIPPED
:processResources SKIPPED
:classes SKIPPED
:jar SKIPPED
:assemble SKIPPED
:compileTestJava SKIPPED
:processTestResources SKIPPED
:testClasses SKIPPED
:test SKIPPED
:check SKIPPED
:build SKIPPED
```

다음과 같은 표준 위치에 테스트 케이스를 추가할 것이다.

```
src
└── test
    └── java
        └── com
            └── wellgrounded
                └── MainTest.java
```

다음 단계로, 코드에서 사용 가능하도록 테스트 프레임워크를 알맞은 의존성 구성에 추가해야 한다. 또한 테스트 작업을 실행할 때 그래들이 JUnit을 사용해야 하는 것을 알려야 한다. 다음과 같이 설정한다.

```
dependencies {
  ....
  testImplementation("org.junit.jupiter:junit-jupiter-api:5.8.1")
  testRuntimeOnly("org.junit.jupiter:junit-jupiter-engine:5.8.1")
}

tasks.named<Test>("test") {
  useJUnitPlatform()
}
```

`testImplementation` 구성은 테스트 코드를 만들고 실행할 때 `org.junit.jupiter`를 사용할 수 있게 한다. 하지만 메인 코드에서는 사용되지 않는다. 다음으로 `./gradlew build`를 실행하면, 라이브러리가 이미 캐시에 없다면 로컬 캐시로 다운로드되는 것을 볼 수 있다.

스택 추적을 포함한 전체 목록과 HTML 기반 보고서는 `build/reports/test` 아래에 생성된다.

11.3.10 정적 분석 자동화

빌드는 프로젝트를 보호하기 위한 기능을 추가하기에 좋은 장소다. 단위 테스트를 넘어 정적 분석을 수행하는 것도 체크할 수 있는 유용한 기능 중 하나다. 이 분야에는 여러 도구가 있지만, SpotBugs(https://spotbugs.github.io/, FindBugs의 후속 버전)는 시작하기 쉬운 도구 중 하나다. 대부분의 이런 도구들은 메이븐과 그래들용 플러그인이 있는데, 여기서 소개하는 방법은 가능성을 맛보기 위한 것이라는 점에 유의하자.

```
plugins {
  application
  id("com.github.spotbugs") version "4.3.0"
}
```

만약 우리가 의도적으로 코드에 문제를 도입한다면(예: `hashCode`를 오버라이딩하지 않고 클래스에 `equals`를 구현), 일반적인 `./gradlew check` 명령을 실행하면 다음과 같이 문제가 있는지 알려줄 것이다.

```
~:./gradlew check

  > Task :spotbugsTest FAILED

  FAILURE: Build failed with an exception.

  * What went wrong:
  Execution failed for task ':spotbugsTest'.
  > A failure occurred while executing SpotBugsRunnerForWorker
    > Verification failed: SpotBugs violation found:
      2. SpotBugs report can be found in build/reports/spotbugs/test.xml

  * Try:
  Run with --stacktrace option to get the stack trace.
  Run with --info or --debug option to get more log output.
  Run with --scan to get full insights.

  * Get more help at https://help.gradle.org

  BUILD FAILED in 1s
  5 actionable tasks: 3 executed, 2 up-to-date
```

단위 테스트 실패와 마찬가지로, 보고서 파일은 `build/reports/spotbugs` 디렉터리에 있다. 기본
적으로 SpotBugs는 컴퓨터에는 좋지만 대부분의 사람들에게는 적합하지 않은 XML 파일을 생성
할 수 있다. 우리는 플러그인을 다음과 같이 설정하여 HTML로 출력하도록 구성할 수 있다.

```
tasks.withType<com.github.spotbugs.snom.SpotBugsTask>()     ◀── tasks.withType은 타입에 안전한
  .configureEach {    ◀──                                          방식으로 태스크를 조회한다.
    reports.create("html") {    ◀──                        configureEach는 동일한 코드로
      isEnabled = true               나머지 구성은 깃허브(http://   tasks.spotbugsMain { }을 작성한
      setStylesheet("fancy-hist.xsl")   mng.bz/Qvdm)에 있는       다음 tasks.spotbugsTest { }을
    }                                프로젝트의 README에서        작성한 것처럼 블록을 실행한다.
}                                    가져온 것이다.
```

11.3.11 자바 8을 넘어서

1장에서 자바 Enterprise Edition에 속해 있지만 핵심 JDK에 존재했던 다음과 같은 일련의 모듈에
대해 설명했다. 이러한 모듈은 JDK 9에서 더 이상 사용되지 않고 JDK 11에서 제거됐지만 외부 라
이브러리로는 계속 사용할 수 있다.

- java.activation(JAF)

- java.corba(CORBA)

- java.transaction(JTA)

- java.xml.bind(JAXB)

- java.xml.ws(JAX-WS 및 일부 관련 기술)

- java.xml.ws.annotation(공통 애너테이션)

프로젝트가 이러한 모듈 중 하나에 의존하면 최신 JDK로 옮길 때 빌드가 중단될 수 있다. 다행히
도 build.gradle.kts에 다음과 같은 간단한 의존성을 추가해서 문제를 해결할 수 있다.

```
dependencies {
  implementation("com.sun.activation:jakarta.activation:1.2.2")
  implementation("org.glassfish.corba:glassfish-corba-omgapi:4.2.1")
  implementation("javax.transaction:javax.transaction-api:1.3")
  implementation("jakarta.xml.bind:jakarta.xml.bind-api:2.3.3")
  implementation("jakarta.xml.ws:jakarta.xml.ws-api:2.3.3")
  implementation("jakarta.annotation:jakarta.annotation-api:1.3.5")
}
```

11.3.12 모듈과 함께 그래들 사용하기

메이븐과 마찬가지로 그래들은 JDK 모듈 시스템을 완벽하게 지원한다. 모듈형 프로젝트를 그래들
과 함께 사용하기 위해 변경해야 할 사항을 살펴보자.

1 모듈형 라이브러리

모듈형 라이브러리에는 일반적으로 두 가지 주요 구조적 차이점이 있다. 다음 그림과 같이 src 아
래 디렉터리에 있는 main을 모듈 이름으로 변경하고 모듈의 루트에 module-info.java 파일을 추
가하는 것이다.

```
.
├── build.gradle.kts
├── gradle
│   └── wrapper
│           ├── gradle-wrapper.jar
│           └── gradle-wrapper.properties
├── gradlew
```

```
├── gradlew.bat
├── settings.gradle.kts
└── src
    └── com.wellgrounded.modlib    ◄── 모듈명과 일치하는
        └── java                        디렉터리 이름
            ├── com
            │   └── wellgrounded
            │       ├── hidden    ◄── 이 패키지는 숨겨진
            │       │   └── CantTouchThis.java   상태를 유지할 것이다.
            │       └── visible   ◄──
            │           └── UseThis.java    ◄── 이 패키지는 이 모듈 외부에서
            └── module-info.java   ◄──           사용할 수 있도록 내보내질 것이다.
                                        이 모듈에 대한 module-
                                        info.java 선언
```

그래들은 수정한 소스의 위치를 자동으로 찾지 않기 때문에, `build.gradle.kts`에서 다음과 같이 어디에서 찾아야 하는지에 대한 힌트를 제공해야 한다.

```
sourceSets {
  main {
    java {
      setSrcDirs(listOf("src/com.wellgrounded.modlib/java"))
    }
  }
}
```

`module-info.java` 파일은 이 장 앞과 2장에서 보여준 일반적인 선언을 포함한다. 모듈의 이름을 지정하고 다음과 같이 하나의 패키지만 내보내도록 선택한다.

```
module com.wellgrounded.modlib {
    exports com.wellgrounded.modlib.visible;
}
```

이것으로 우리의 라이브러리를 모듈로 사용할 수 있도록 하는 데 필요한 모든 것이 준비됐다. 다음에는 모듈형 앱에서 이 라이브러리를 사용해보겠다.

2 모듈형 애플리케이션

메이븐으로 모듈식 애플리케이션을 테스트하려고 할 때, 우리가 만든 라이브러리를 앱과 공유하는 가장 간단한 방법은 로컬 메이븐 저장소에 설치하는 것이다. 이는 `maven-publish` 플러그인을 통해 그래들에서도 지원되지만, 더 이해해야 할 다른 옵션이 있다.

우리의 모듈식 애플리케이션은 다음과 같은 표준 레이아웃을 가지고 있다. 테스트를 쉽게 하기 위해 최상위 디렉터리가 서로 옆에 있게끔 할 것이다.

```
mod-lib      ◄─────  mod-lib 라이브러리 소스는 mod-app
└── ...              애플리케이션과 동일한 레벨에 있다.
mod-app
├── build.gradle.kts
├── gradle
│       └── wrapper
│               ├── gradle-wrapper.jar
│               └── gradle-wrapper.properties
├── gradlew
├── gradlew.bat
├── settings.gradle.kts
└── src
        └── com.wellgrounded.modapp    ◄─────  디렉터리 이름은
                └── java                        모듈 이름과 일치한다.
                        ├── com
                        │       └── wellgrounded
                        │               └── Main.java        module-info.java를
                        └── module-info.java    ◄─────       사용해서 모듈화된
                                                             애플리케이션을 선언한다.
```

`module-info.java` 파일은 다음과 같이 애플리케이션 이름과 모듈 요구 사항을 선언한다.

```
module com.wellgrounded.modapp {    ◄─── 모듈 이름
    requires com.wellgrounded.modlib;   ◄─── 라이브러리에서 내보낸(export)
}                                            패키지에 대한 요구 사항
```

로컬 라이브러리를 테스트하기 위해 설치하는 대신, 현재는 임시로 로컬 경로에서 참조할 것이다. 다음 코드에서 보이는 대로, 이 작업은 이전에 의존성에 GAV(Group ID, Artifact ID, Version) 좌표를 제공했던 위치에서 `files` 함수를 사용해 수행할 수 있다. 이는 공유 및 배포를 시작할 준비가 되면 더 이상 유효하지 않을 것이 분명하다. 그러나 로컬 테스트를 시작할 때는 빠르게 이용할 수 있는 간편한 방법이다.

```
dependencies {
  implementation(files("../mod-lib/build/libs/gradle-mod-lib.jar"))
}
```

다음으로, 현재 버전의 그래들은 어떤 의존성이 모듈로 사용돼야 하는지를 정확히 식별해서 이를 클래스패스 대신 모듈 경로에 올바르게 배치하기 위해 힌트가 필요하다. 이것은 언젠가 기본 설정이 될 수도 있지만, 이 글을 작성하는 시점에서는 (그래들 7.3 기준) 아직 옵션으로 존재한다.

```
java {
  modularity.inferModulePath.set(true)
}
```

마지막으로 소스 파일을 찾을 수 있도록 라이브러리와 마찬가지로, 다음과 같이 메이븐 프로젝트의 표준 디렉터리 구조가 아닌 다른 디렉터리의 위치를 그래들에 알려줘야 한다.

```
sourceSets {
  main {
    java {
      setSrcDirs(listOf("src/com.wellgrounded.modapp/java"))
    }
  }
}
```

모든 설정을 마치고, `./gradlew build run` 명령을 실행하면 예상한 결과가 나타날 것이다. 그러나 라이브러리에서 내보내지 않은 패키지를 사용하려고 하면 컴파일 시간에 다음과 같은 오류가 발생한다.

```
> Task :compileJava FAILED
/mod-app/src/com.wellgrounded.modapp/java/com/wellgrounded/Main.java:4:
error: package com.wellgrounded.modlib.hidden is not visible

import com.wellgrounded.modlib.hidden.CantTouchThis;
                               ^
  (package com.wellgrounded.modlib.hidden is declared in module
  com.wellgrounded.modlib, which does not export it)
1 error
```

❸ JLink

2장에서 본 것처럼, 모듈이 제공하는 능력 중 하나는 애플리케이션이 필요한 의존성만 갖는 간소화된 환경을 생성할 수 있다는 것이다. 이는 우리의 코드가 어떤 모듈을 사용하는지에 대한 구체적인 정보를 모듈 시스템이 제공하기 때문에, 도구가 필요한 최소한의 모듈 집합을 구성할 수 있게 해주는 것이다.

NOTE JLink는 완전히 모듈화된 애플리케이션에서만 작동한다. 만약 어떤 애플리케이션이 여전히 클래스패스를 통해 일부 코드를 로딩한다면, JLink는 안전하고 완전한 이미지를 생성하는 데 성공하지 못할 것이다.

이 기능은 `jlink` 도구를 통해 가장 잘 드러난다. 모듈식 애플리케이션의 경우, jlink는 완전히 작동하는 JVM 이미지를 생성할 수 있다. 이 이미지는 시스템에 설치된 JVM에 의존하지 않고 실행할 수 있다.

2장에서 JLink를 시연했던 애플리케이션을 다시 살펴보고, 그래들 플러그인이 관리를 간소화하는 방법을 살펴보겠다. 부록에서 제공되는 샘플 애플리케이션은 JDK 클래스를 사용해서 시스템에서 실행 중인 모든 JVM 프로세스에 연결하고 해당 프로세스에 대한 다양한 정보를 표시한다.

패키징할 모듈형 애플리케이션에서 살펴볼 중요한 부분은 애플리케이션 자체의 `module-info.java` 선언이다. 다음과 같이, 이 선언은 빌드가 작동하기 위해 JLink가 커스텀 이미지로 가져와야 하는 것을 알려준다.

```
module wgjd.discovery {
  exports wgjd.discovery;

  requires java.instrument;
  requires java.logging;
  requires jdk.attach;
  requires jdk.internal.jvmstat;    ◀── 주의: jdk.internal 패키지에
}                                        접근하고 있는 것에 대해 주목하자.
```

이 `module-info.java` 선언은 애플리케이션이 필요로 하는 모듈을 나타내고, 외부로 내보낼 패키지와 다른 모듈에 대한 의존성을 정의한다. 그중에서도 `jdk.internal` 패키지에 접근하는 부분에 주의가 필요하다. 이 부분은 JDK 내부의 패키지에 접근하는 것으로, 모듈화의 목적에 어긋나는 조치일 수 있으며, 향후 JDK 업데이트에서 변경될 수 있다.

```
~:./gradlew build

> Task :compileJava FAILED
/gradle-jlink/src/wgjd.discovery/wgjd/discovery/VMIntrospector.java:4:
error: package sun.jvmstat.monitor is not visible
```

```
    import sun.jvmstat.monitor.MonitorException;
                                 ^
    (package sun.jvmstat.monitor is declared in module jdk.internal.jvmstat,
     which does not export it to module wgjd.discovery)

/gradle-jlink/src/wgjd.discovery/wgjd/discovery/VMIntrospector.java:5:
error: package sun.jvmstat.monitor is not visible
    import sun.jvmstat.monitor.MonitoredHost;
                             ^
    (package sun.jvmstat.monitor is declared in module jdk.internal.jvmstat,
     which does not export it to module wgjd.discovery)

/gradle-jlink/src/wgjd.discovery/wgjd/discovery/VMIntrospector.java:6:
error: package sun.jvmstat.monitor is not visible
    import sun.jvmstat.monitor.MonitoredVmUtil;
                             ^
    (package sun.jvmstat.monitor is declared in module jdk.internal.jvmstat,
     which does not export it to module wgjd.discovery)

/gradle-jlink/src/wgjd.discovery/wgjd/discovery/VMIntrospector.java:7:
error: package sun.jvmstat.monitor is not visible
    import sun.jvmstat.monitor.VmIdentifier;
                             ^
    (package sun.jvmstat.monitor is declared in module jdk.internal.jvmstat,
     which does not export it to module wgjd.discovery)

4 errors

FAILURE: Build failed with an exception.
```

모듈 시스템은 jdk.internal.jvmstat에 있는 클래스를 사용하려는 시도로 규칙을 어긴다는 것을 알려준다. 사용자 모듈인 wgjd.discovery는 jdk.internal.jvmstat의 허용된 모듈 목록에 포함돼 있지 않다. 규칙과 감수해야 하는 위험을 이해한 후에 --add-exports를 사용해서 사용자 모듈을 목록에 강제로 추가할 수 있다. 이것은 컴파일러 플래그를 통해 수행되며, 그래들 설정에서는 다음과 같이 나타난다.

```
tasks.withType<JavaCompile> {
  options.compilerArgs = listOf(
      "--add-exports",
      "jdk.internal.jvmstat/sun.jvmstat.monitor=wgjd.discovery")
}
```

이렇게 컴파일이 완료되면 JLink를 사용하여 패키징할 수 있다. 현재 가장 많은 사람이 사용하는 플러그인은 `org.beryx.jlink`로, '가장 멋진 JLink 플러그인(https://badass-jlink-plugin.beryx.org)' 으로 알려져 있다. 이것을 다음과 같이 플러그인 줄을 사용하여 그래들 프로젝트에 추가한다.

```
plugins {
  id("org.beryx.jlink") version("2.23.3")  ◀──── 이 플러그인은 자동으로
}                                                애플리케이션을 적용하므로 해당
                                                 선언을 반복할 필요가 없다.
```

이를 추가하면 목록에 `jlink` 태스크가 표시되며 바로 실행할 수 있다. 결과는 `build/image` 디렉터리에 다음과 같이 나타난다.

```
build/image/
├── bin
│       ├── gradle-jlink
│       ├── gradle-jlink.bat
│       ├── java
│       └── keytool
├── conf
│       └── ... various configuration files
├── include
│       └── ... require headers
├── legal
│       └── ... license and legal information for all included modules
├── lib
│       └── ... library files and dependencies for our image
└── release
```

`build/image/bin/java`는 애플리케이션 모듈 의존성만 사용 가능한 사용자 정의 JVM이다. 이를 터미널에서 일반적인 `java` 명령어와 같은 방식으로 실행할 수 있다.

```
~:build/image/bin/java -version
openjdk version "11.0.6" 2020-01-14
OpenJDK Runtime Environment AdoptOpenJDK (build 11.0.6+10)
OpenJDK 64-Bit Server VM AdoptOpenJDK (build 11.0.6+10, mixed mode)
```

`build/image/bin/java`에 모듈을 전달해서 시작할 수 있다. 그러나 플러그인은 프로젝트 이름을 따서 `build/image/bin/gradle-jlink`에 정교한 시작 스크립트를 생성하므로, 이를 대신 사용할 수 있다. 다만 새롭게 생성된 이미지에서 모든 것이 원활하지는 않다.

```
~:build/image/bin/gradle-jlink

Java processes:
PID    Display Name    VM Version    Attachable
Exception in thread "main" java.lang.IllegalAccessError:
 class wgjd.discovery.VMIntrospector (in module wgjd.discovery) cannot
   access class sun.jvmstat.monitor.MonitorException (in module
   jdk.internal.jvmstat) because module jdk.internal.jvmstat does not
   export sun.jvmstat.monitor to module wgjd.discovery
 wgjd.discovery/wgjd.discovery.VMIntrospector.accept(VMIntrospector.java:19)
 wgjd.discovery/wgjd.discovery.Discovery.main(Discovery.java:26)
```

이 오류 메시지는 완전히 낯선 것은 아니다. 앞서 컴파일러 옵션으로 해결한 것과 동일한 액세스 문제의 또 다른 형태다. 아마도 애플리케이션을 시작할 때도 편법으로 모듈에 대한 정보를 제공해야 할 것으로 보인다. 다행히도, 이 플러그인은 jlink 실행에 필요한 매개변수와 생성된 스크립트에 대한 매개변수를 구성하기 위한 많은 설정을 제공한다.

```
jlink {
  launcher{
    jvmArgs = listOf(
             "--add-exports",
             "jdk.internal.jvmstat/sun.jvmstat.monitor=wgjd.discovery")
  }
}
```

이렇게 추가하면, 시작 스크립트는 다음과 같이 모든 것을 실행시킨다.

```
~:build/image/bin/gradle-jlink
Java processes:
PID    Display Name    VM Version    Attachable
833 wgjd.discovery/wgjd.discovery.Discovery   11.0.6+10    true
276 org.jetbrains.jps.cmdline.Launcher /Applications/IntelliJ IDEA CE.app...
```

여기서 생성한 이미지는 다음 코드 샘플에서 볼 수 있듯이 기본적으로 JLink가 실행 중인 운영체제와 동일한 운영체제를 타깃으로 한다는 점에 주목할 필요가 있다. 그러나 이는 필수는 아니며, 크로스 플랫폼 지원이 가능하다. 기본 요구 사항은 대상 플랫폼의 JDK 설치 파일을 사용할 수 있어야 한다는 것이다. 이러한 파일은 Eclipse Adoptium 웹사이트(https://adoptium.net/)와 같은 곳에서 쉽게 얻을 수 있다.

```
jlink {
  targetPlatform("local",
                  System.getProperty("java.home"))      ◄───  로컬 JDK를 기반으로
                                                               이미지 빌드
  targetPlatform("linux-x64",
                  "/linux_jdk-11.0.10+9")               ◄───  다운로드한 리눅스 JDK를
                                                               가리키는 이미지 빌드
  launcher{
    jvmArgs = listOf(
                  "--add-exports",
                  "jdk.internal.jvmstat/sun.jvmstat.monitor=wgjd.discovery")
  }
}
```

특정 플랫폼을 대상으로 지정하면 플러그인은 `build/image` 결과에 추가적인 디렉터리를 생성할 것이다. 물론 해당 결과를 일치하는 시스템으로 가져가서 테스트해야 한다.

JLink를 사용하려고 할 때 마지막으로 마주칠 수 있는 장애물은 자동으로 지정된 모듈에 대한 제약 사항이다. JAR manifest에 이름을 추가해서 기본적인 모듈 환경에 참여할 수 있는 기능은 마이그레이션에 큰 도움이 되지만, 안타깝게도 JLink는 이를 지원하지 않는다.

하지만 Badass JLink 플러그인이 이를 지원한다. 이 플러그인은 자동으로 이름이 지정된 모듈을 JLink가 사용할 수 있는 적절한 모듈로 리패키징한다. http://mng.bz/XZ2Y에서 자세한 내용을 확인할 수 있으며, 애플리케이션의 의존성에 따라 JLink 작동 여부가 달라질 수 있다.

11.3.13 사용자 정의

그래들의 가장 큰 강점은 유연성이다. 플러그인을 끌어오지 않으면 빌드 생명 주기라는 개념조차 없다. 거의 제한 없이 태스크를 추가하고 기존 태스크를 재구성할 수 있다. 프로젝트에 임의의 도구들을 가진 스크립트 디렉터리를 유지할 필요가 없으며, 사용자 정의 요구 사항을 일상적인 빌드와 테스트 도구에 바로 통합할 수 있다.

1 사용자 정의 작업

사용자 정의 작업을 정의하는 것은 다음과 같이 직접 `build.gradle.kts` 파일에서 할 수 있다.

```
tasks.register("wellgrounded") {
  println("configuring")
  doLast {
    println("Hello from Gradle")
```

```
      }
   }
```

이것을 실행하면 다음과 같은 출력이 생성된다.

```
~: ./gradlew wellgrounded
  configuring...

  > Task :wellgrounded
  Hello from Gradle
```

`println("configuring")` 줄은 태스크 설정 중에 실행되며, `doLast` 블록 내용은 태스크가 실제로 실행될 때 발생한다. 다음처럼, 우리 태스크에 `dry-run`을 수행하여 확인할 수 있다.

```
~: ./gradlew wellgrounded --dry-run
  configuring...
  :wellgrounded SKIPPED
```

다음과 같이 태스크는 다른 태스크에 의존하도록 구성할 수 있다.

```
tasks.register("wellgrounded") {
  println("configuring...")
  dependsOn("assemble")
  doLast {
    println("Hello from Gradle")
  }
}
```

이 기술은 자신이 만들지 않은 태스크에도 동일하게 적용된다. 태스크를 찾아보고 태스크를 의존성으로 추가할 수 있다.

```
tasks {
  named<Task>("help") {
    dependsOn("wellgrounded")
  }
}
~: ./gradlew help
  configuring...
```

```
> Task :wellgrounded
Hello from Gradle

> Task :help

Welcome to Gradle 7.3.3.

To run a build, run gradlew <task> ...

To see a list of available tasks, run gradlew tasks

To see more detail about a task, run gradlew help --task <task>

To see a list of command-line options, run gradlew --help

For more detail on using Gradle, see
  https://docs.gradle.org/7.3.3/userguide/command_line_interface.html

For troubleshooting, visit https://help.gradle.org
```

빌드 파일에서 직접 사용자 정의 작업을 작성할 수 있다는 것은 매우 강력한 기능이다. 하지만 빌드 파일을 `build.gradle.kts`에 넣으면 프로젝트 간에 쉽게 공유할 수 없고, 자동화된 테스트를 작성하기가 쉽지 않다는 몇 가지 심각한 제한이 있다. 그래들 플러그인은 이러한 문제를 해결하기 위해 만들어졌다.

❷ 사용자 정의 플러그인 만들기

그래들 플러그인은 JVM 코드로 구현된다. 이들은 프로젝트 내에서 소스 파일로 직접 제공될 수도 있고, 라이브러리를 통해 가져올 수도 있다. 많은 플러그인이 그래들에서 지원하는 최초의 스크립팅 언어인 그루비로 작성됐지만, JVM 언어 중 어떤 것이든 사용할 수 있다. 플러그인을 공유할 계획이라면 가장 넓은 호환성을 확보하고, 특정 언어의 관용구로 인한 문제를 최소화하려면 자바로 작성하는 것이 좋다.

플러그인은 직접 빌드스크립트 내에 코드로 작성할 수 있는데, 이 기술을 사용해서 주요 API들을 보여주겠다. 플러그인을 공유할 준비가 되면 해당 코드를 별도의 프로젝트로 가져올 수 있다. 다음은 이전의 `wellgrounded` 태스크에 해당하는 내용이다.

```
class WellgroundedPlugin : Plugin<Project> {      ◄──── Plugin에서 상속받음
    override fun apply(project: Project) {
```

```
            project.task("wellgrounded") {      ←──  친숙한 프로젝트 수준
                doLast {                              API와 태스크 구현 사용
                    println("Hello from Gradle")
                }
            }
        }
    }

apply<WellgroundedPlugin>()   ←──  실제로 플러그인을 사용하려면
                                    apply 메서드를 사용한다. 이전에
                                    작성한 태스크 정의처럼 자동으로
                                    호출되지 않는다.
```

플러그인으로 작업을 작성하면 공유 외에도 구성을 더 많이 사용자화할 수 있다. `Project`를 나타내는 표준 그레들 객체에는 `extensions` 속성 아래에 플러그인 구성이 저장되는 특정 위치가 있다. 사용자화된 `Extension` 객체를 이 `extensions`에 추가할 수 있다.

```
open class WellgroundedExtensions {
  var count: Int = 1
}

class WellgroundedPlugin : Plugin<Project> {
  override fun apply(proj: Project) {
    val extensions = proj.extensions
    val ext = extensions.create<WellgroundedExtensions>("wellgrounded")
    proj.task("wellgrounded") {
      doLast {
        repeat(ext.count) {
          println("Hello from Gradle")
        }
      }
    }
  }
}

apply<WellgroundedPlugin>()

configure<WellgroundedExtensions> {
  count = 4
}
```

사용하는 프로그래밍 언어의 모든 기능을 플러그인 내에서 사용할 수 있다.

만약 플러그인을 다른 라이브러리로 추출하려면, 우리가 이전에 SpotBugs 플러그인을 포함했던 것과 동일한 메커니즘으로 다음과 같이 빌드에 포함할 수 있다.

```
plugins {
  id("com.wellgrounded.gradle") version "1000.0"
}

apply<WellgroundedPlugin>()

configure<WellgroundedExtensions> {
  count = 4
}
```

요약

- 빌드 도구는 실제 환경에서 자바 소프트웨어가 구축되는 방식의 핵심이다. 빌드 도구는 지루한 작업을 자동화하고, 의존성 관리를 지원하며, 개발자가 일관성 있게 작업을 수행할 수 있도록 한다. 중요한 것은 서로 다른 머신에서 빌드된 동일한 프로젝트가 동일한 결과를 얻을 수 있도록 보장한다.

- 메이븐과 그래들은 자바 에코시스템에서 가장 일반적인 두 가지 빌드 도구이며, 대부분의 작업은 두 도구 모두에서 수행할 수 있다.

  - 메이븐은 JVM 코드로 작성한 플러그인과 결합된 XML을 통해 구성하는 방식을 취한다.

  - 그래들은 실제 프로그래밍 언어(코틀린 또는 그루비)를 사용하는 선언적 빌드 언어를 제공하므로 간단한 경우에는 간결한 빌드 로직을, 복잡한 경우에는 유연성을 제공한다.

- 충돌하는 의존성을 처리하는 것은 어떤 빌드 도구를 사용하든 중요한 주제다. 메이븐과 그래들 모두 충돌하는 라이브러리 버전을 처리할 수 있는 방법을 제공한다. 그래들은 일반적인 의존성 관리 문제를 처리하기 위한 여러 가지 고급 기능을 제공한다.

- 그래들은 증분 빌드와 같은 작업 회피를 위한 기능을 제공하여 빌드 속도를 높인다.

- 2장에서 살펴본 것처럼 모듈을 사용하려면 빌드 스크립팅과 소스 코드 레이아웃에 약간의 변경이 필요하지만 도구에서 이를 잘 지원한다.

12

컨테이너에서 자바 실행하기

- -

이 장의 주요 내용

- 컨테이너 기반 개발이 기본기가 탄탄한 자바 개발자에게 중요한 이유
- OS, 가상머신, 컨테이너와 오케스트레이션의 차이점
- 도커
- 쿠버네티스
- 컨테이너에서 자바 워크로드 실행에 대한 실용적인 지침
- 컨테이너의 성능과 관측 가능성

- -

도커(https://www.docker.com/) 컨테이너는 배포를 위해 자바 애플리케이션을 패키징하는 데 있어 사실상 표준이 됐으며, 이러한 컨테이너를 오케스트레이션하는 데 가장 많이 사용되는 옵션은 쿠버네티스(https://kubernetes.io/)(k8s)[1]다. 특히 주요 클라우드 제공 업체에 배포한다면 이러한 기술에 대해 알아야 하며, 더 중요한 것은 자바가 이러한 기술에서 어떻게 작동하는지에 대해 알아야 한다는 것이다.

[NOTE] 다른 컨테이너와 컨테이너 오케스트레이션 기술도 존재하지만, 현재 컨테이너와 오케스트레이션 시장은 각각 도커와 쿠버네티스가 지배한다.

---

1   [옮긴이] 'K'와 's' 사이에 8개 알파벳이 들어가 이렇게 표기하기도 한다(https://kubernetes.io/docs/concepts/overview/).

12.1 기본기가 탄탄한 개발자에게 컨테이너가 중요한 이유

컨테이너가 무엇이며, 기본기가 탄탄한 자바 개발자에게 컨테이너가 중요한 이유를 더 잘 이해하기 위해 다음을 살펴보겠다.

- 호스트 운영체제 vs. 가상머신 vs. 컨테이너 비교
- 컨테이너의 장점
- 컨테이너의 단점

12.1.1 호스트 운영체제 vs. 가상머신 vs. 컨테이너

컴퓨팅의 초창기부터 소프트웨어와 소프트웨어가 실행되는 하드웨어 사이에 추상화 계층을 도입해왔다. 컨테이너는 이러한 발전의 또 다른 자연스러운 단계다. 이러한 계층을 간단히 살펴보면서 컨테이너가 어떻게 적용되는지 살펴보겠다.

1 베어 메탈

호스트 운영체제가 설치되지 않은 기본, 즉 **베어 메탈 머신**bare metal machine으로 돌아가서 시작하겠다. 이 베어 메탈 머신은 아직 아무런 소프트웨어도 설치되지 않은 상태의 CPU, RAM, 하드 디스크, 네트워킹 등 한정된 리소스 집합을 말한다.

NOTE 이 유한한 리소스의 개념은 머릿속에 새겨두어야 할 중요한 개념이다. 개발자들은 컨테이너가 마법처럼 무한한 리소스를 제공한다고 착각하는 경우가 너무 많다.

언제나 기억해야 할 점은 호스트 운영체제, 가상머신, 컨테이너 아래에는 베어 메탈이라는 한정된 애셋을 가진 하드웨어가 있다는 것이다.

2 호스트 운영체제 또는 타입 1 하이퍼바이저

최신 데이터 센터의 베어 메탈 머신에는 **호스트 운영체제**host operating system(예: 리눅스)나 타입 1 하이퍼바이저(예: VMWare ESXi, 마이크로소프트 Hyper-V)가 설치돼 있다. **하이퍼바이저**hypervisor는 가상머신을 생성하고 관리할 수 있는 소프트웨어를 가리키는 용어다. 하이퍼바이저는 스택의 여러 계층에 존재할 수 있다. **타입 1 하이퍼바이저**type 1 hypervisor는 베어 메탈에 설치돼 경량 운영체제 역할을 하며, 머신의 리소스 대부분을 실행 중인 가상머신에 할당한다.

기존 운영체제를 실행하든 하이퍼바이저를 실행하든 이 첫 번째 계층은 일반적으로 가볍고, 보안

을 보장하며, 상위 수준의 추상화를 그 위에 설치할 수 있도록 하는 것 이상의 역할을 하지 않는다. 하지만 호스트 운영체제를 실행하려면 일부 CPU, RAM, 네트워킹이 필요하다.

❸ 타입 2 하이퍼바이저

베어 메탈에 리눅스와 같은 기존 운영체제가 설치된 경우, 그다음 계층은 일반적으로 **타입 2 하이퍼바이저**type 2 hypervisor다. 타입 1이든 타입 2이든 하이퍼바이저는 게스트 운영체제를 사용하는 가상머신의 기본 하드웨어 리소스를 관리한다.

예를 들어 32GB RAM과 16코어 CPU가 탑재된 베어 메탈 머신과 리눅스 호스트 운영체제가 있는 경우에는 타입 2 하이퍼바이저를 실행할 수 있으며, 이 하이퍼바이저는 각각 8GB RAM과 4개의 CPU 코어가 탑재된 리눅스 게스트 운영체제를 실행하는 4개의 가상머신을 호스팅할 수 있다. 최신 하이퍼바이저는 일반적으로 자체 실행을 위한 기본 리소스를 많이 차지하지 않는다. 베어 메탈에서 직접 타입 1 하이퍼바이저를 사용하는 것은 추가적인 개입 없이 다음 계층인 가상머신을 실행할 준비가 된 것이다.

❹ 가상머신

가상머신virtual machine, VM은 완전히 독립적이다. 사용자에 관한 한, 자체 CPU, RAM, 네트워크, 디스크 리소스가 있다. 프로덕션 환경에서 서버에 로그온할 때 베어 메탈 서버가 아닌 가상머신에 로그온할 가능성이 높다.

또한 독립형 가상머신에는 게스트 운영체제라고 하는 자체 운영체제가 있다. 과거에는 이러한 격리된 환경을 제공하기 위해 가상머신이 성능 페널티를 지불했지만, 기술의 발전으로 수년 동안 이러한 문제가 많이 해결됐다.

한정된 리소스에 대해 말했던 것을 기억하는가? 각 가상머신은 단순히 가상일 뿐이다. 하이퍼바이저가 올바르게 구성되지 않았거나 가상머신에 물리적으로 존재하는 리소스보다 더 많은 리소스가 할당되거나 사용자 전용이 아닌 경우(클라우드 환경에서는 매우 흔한 경우) 예측할 수 없는 성능 하락이 발생할 수 있다.

❺ 컨테이너 엔진

최신 **컨테이너 엔진**container engine 기술 이전에는 게스트 운영체제상에서 컨테이너 엔진을 실행하는 것이 일반적이었다. 이 컨테이너 엔진은 그 자체로 여러 컨테이너를 실행할 수 있었다.

이 레이어는 가상머신과 컨테이너 간의 주요 차이점 중 하나를 보여준다. 컨테이너 엔진의 주요 책임 중 하나는 실행 중인 컨테이너 간에 단일 운영체제 커널에 대한 액세스를 공유하는 것이다. 이런 설정은 각 컨테이너 엔진에서 각각 자체 운영체제의 완전한 복사본을 가져야 하는 가상머신 모델보다 훨씬 가볍다. 그러나 이 이점을 얻기 위해서는 리눅스 커널의 다양한 부분에서 많은 지원이 필요하다.

❻ 컨테이너

마지막으로 **컨테이너**container에 도착한다. 컨테이너는 애플리케이션을 실행하기 위해 사용자 정의로 구축하고 격리된 환경이라고 생각하면 된다. 컨테이너에는 파일시스템이 있으며 하나 이상의 프로세스를 실행한다. 컨테이너의 프로세스는 모두 커널과 통신할 수 있지만 메모리, CPU, 네트워크(사용량 및 가시성), 디스크에 대한 제한을 포함해, 컨테이너를 나머지 세계와 분리하기 위해 많은 제한이 부과된다.

컨테이너 내부에서는 자바 애플리케이션, 데이터 저장소 또는 필요한 기타 서비스를 실행한다. 이러한 모든 추상화 계층을 살펴보자.

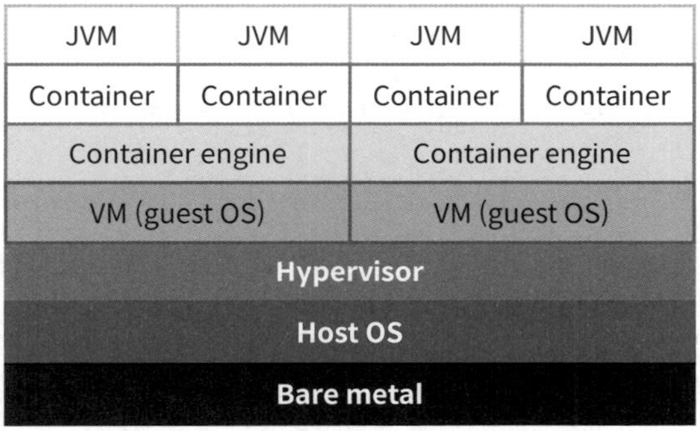

그림 12.1에서 호스트 운영체제는 추상화의 최하위 계층이다. 하이퍼바이저가 그다음 계층이고 컨테이너 엔진, 컨테이너, 자바 애플리케이션이 그 뒤를 잇는다. 조금 지나치게 복잡해 보이지 않는가? 더 순수한 컨테이너 환경에서는 지난 몇 년 동안 그림 12.2와 같이 하이퍼바이저와 게스트 운영체제 계층을 제거한 전용 컨테이너 호스트 머신을 볼 수 있다.

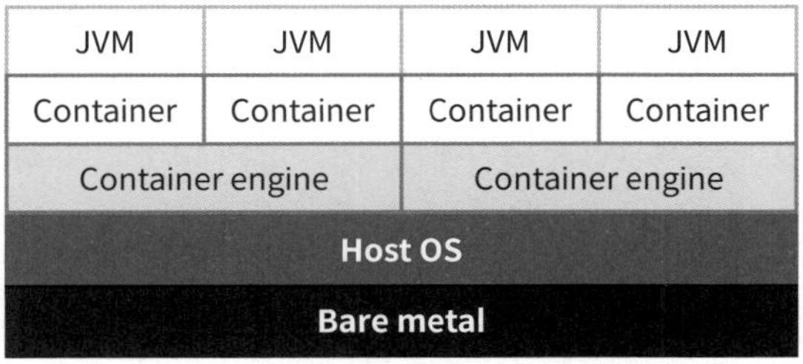

그림 12.1 자바 애플리케이션을 위한 대상 환경

그림 12.2 전용 컨테이너 엔진의 자바 애플리케이션 대상 환경

훨씬 나아졌다. 하지만 대부분의 개발자는 대상 환경이 어떻게 생겼는지 잘 모른다. 여기서 중요한 점은 시스템 관리자에게 문의하여 타깃 환경이 어떻게 생겼는지, 각 계층에서 얼마나 많은 베어 메탈 유한 리소스가 할당되고 있는지 정확히 파악해야 한다는 것이다.

이러한 추상화 계층 내의 모든 복잡성에도 불구하고 자바 개발자는 주로 배포 대상으로서 컨테이너에 집중하게 되며, 이러한 작업 방식에는 몇 가지 중요한 이점이 있다.

12.1.2 컨테이너의 이점

컨테이너를 실행하는 데 필요한 추가적인 구성 요소가 늘어나는데, 왜 컨테이너가 배포의 새로운 표준이 됐을까? 그중 하나의 주요 이점은 컨테이너가 실행 중인 개별 프로세스를 서로 격리isolation할 수 있는 능력이다. 과거에는 동일한 호스트에 두 개의 자바 애플리케이션을 배포하면 서로의 성능을 방해하여 CPU 시간을 너무 많이 빼앗거나 정당한 몫 이상의 메모리를 잡아먹을 확률이 높았다. 이를 완화하는 방법이 존재했지만, 그런 아이디어는 컨테이너의 기본 레이어에 포함됐다. 실제로 신뢰할 수 있는 제한이 있기 때문에 컨테이너 이전에는 안전하다고 느꼈던 것보다 더 많은 소프트웨어를 호스트에서 실행하면서 컴퓨팅 리소스를 더 철저하게 사용할 수 있다.

이러한 분리는 매우 중요하기 때문에 이 장의 나머지 부분에서는 컨테이너, 호스트, 프로세스 간의 관계를 스택 이미지가 아닌 중첩된 이미지로 보여줄 것이다. 관계를 시각화하는 두 가지 방법 모두 유효하므로 상황에 따라 두 가지를 모두 사용해도 놀라지 말자.

컨테이너는 배포를 위한 더욱 일관된 패키징의 세계를 열었다. 예전에는 애플리케이션의 바이트들을 배포 환경에 복사하는 방법, 운영체제 의존성을 관리하는 방법, 심지어 프로세스 시작을 관리하는 방법까지 모두 제각각이었다. 컨테이너는 이 모든 것에 대한 해답을 제공하므로 엄청난 양의 도구와 사용자 정의 스크립트가 필요하지 않다. 또한 배포 환경과 컨테이너의 콘텐츠 사이에 단열insulation 기능을 제공한다. 컨테이너 엔진은 컨테이너 내부를 어떻게 배치할지 신경 쓸 필요 없이 요청이 있을 때 스스로 시작하는 방법만 알면 된다. 컨테이너 이미지의 패키징은 시스템 계층에 대해 선언적이고, 소스 컨트롤된 설명을 사용한 **서비스형 인프라스트럭처**infrastructure as a service, IaaS의 중요한 예다. 과거에는 주의 깊은 명령형 구성이 필요했던 것과 달리 현재는 더욱 간편하게 이뤄진다.

마지막 이점은 일관된 패키징으로 인해 형성되는 컨테이너 주변의 생태계다. 오늘날 실행하려는 거의 모든 중요한 소프트웨어는 **도커 허브**Docker Hub나 다른 곳에 이미 컨테이너로 패키징돼 있을 가능성이 높다. 방대한 설치 지침의 README나 사용자 정의 설치 스크립트는 이제 불필요해졌다.

하지만 장점만 있는 것은 아니다. 컨테이너에서 실행하면 어떤 단점이 있을까?

12.1.3 **컨테이너의 단점**

컨테이너의 장점으로 첫 번째로 나열한 격리 기능이 실제로는 컨테이너를 사용하는 데 있어 어려운 점 중 하나다. 컨테이너의 역할은 컨테이너 내부의 세계를 외부 세계와 분리하는 것인데, 그 외부 세계에는 개발자가 포함된다. 컨테이너 외부에서 일반적으로 사용하는 많은 기술과 도구는 컨테이너로 이동할 때 특별한 처리와 환경 구성이 필요할 수도 있다.

특히 로컬 개발 프로세스에 컨테이너를 적용하려고 할 때 더욱 그럴 수 있다. 빌드 시간이 길어지고 거대한 컨테이너 이미지를 뒤섞는 데 많은 시간을 소비하는 것이 항상 가치 있다고 느껴지지 않을 수도 있다.

또한 컨테이너는 애플리케이션을 패키징하고 시작하는 방법에 일관된 인터페이스를 제공하지만, 실제 배포가 항상 간단한 것은 아니다. 예를 들어 호스트의 디스크에 대한 전체 액세스를 기대하는 애플리케이션은 컨테이너에 필요한 파일을 표시하도록 환경을 구성해야 할 수도 있다. 일련의 프로세스가 서로 통신하는 경우, 이를 컨테이너로 분리하려면 서로 액세스할 수 있는 방법에 대한 명시적인 구성이 필요하다. 이러한 종류의 환경 구성을 캡처하고 적용하는 것은 쿠버네티스 같은 오케스트레이터의 핵심 작업이다. 하지만 이 장에서 간략하게 살펴볼 쿠버네티스는 책 한 권을 가득 채울 만큼 방대한 주제이며, 에코시스템은 계속해서 빠르게 발전한다는 점에 유의해야 한다.

컨테이너가 완전히 주류가 돼가고 있지만, 기본기가 탄탄한 개발자는 장단점을 검토해서 시스템에 적합한 균형을 찾는 방법을 알고 있다. 이제 이러한 도구를 사용하는 방법을 살펴보고 자신에게 적합한 도구가 무엇인지 알아보겠다.

12.2 도커 기본

컨테이너를 구성하는 많은 기술 요소들은 이전부터 존재했지만, **도커**Docker는 편리한 도구와 추상화를 소개해서 컨테이너를 주류화시키는 데 큰 역할을 했다. 이제 도커가 제공하는 두 가지 중요한 기능인 이미지 빌딩과 컨테이너 실행에 대해 자세히 살펴보겠다. 그리고 이러한 기능을 실제로 자바 개발자가 어떻게 상호작용하는지 알아보겠다.

12.2.1 도커 이미지 빌드하기

도커 컨테이너 Docker container는 **이미지**image에 시작된다. 이미지는 실제로 소프트웨어를 실행하는 데 필요한 모든 파일시스템 의존성을 포착한 스냅숏이다. 이미지에는 네이티브 라이브러리, 프로그래밍 언어 실행 환경, 도구, 그리고 가장 중요한 것으로 특정 버전의 소프트웨어가 포함돼 있다.

도커 파일은 이미지를 빌드하기 위한 일련의 단계를 기록하는 일반적인 형식이다. 가장 간단한 이미지는 완전히 비어 있는 이미지로, 다음과 같이 작성한다.

```
FROM scratch
```

다음과 같이 `docker build` 명령을 사용해서 이미지를 빌드한다.

```
$ docker build .

[+] Building 0.1s (3/3) FINISHED
 => [internal] load build definition Dockerfile    0.0s
 => => transferring dockerfile: 55B                0.0s
 => [internal] load .dockerignore                  0.0s
 => => transferring context: 2B                    0.0s
 => exporting to image                             0.0s
 => writing image sha256:71de1148337f4d1845be0...  0.0s

Use 'docker scan' to run Snyk tests against images to find vulnerabilities
and learn how to fix them
```

> sha256 ID 71de114...는 결과 이미지를 고유하게 식별한다. 곧 더 친숙한 이름을 부여하는 방법을 살펴보겠다.

물론, 비어 있는 이미지는 큰 도움이 되지 않는다. 실제로 유용한 소프트웨어가 이미 설치된 많은 베이스 이미지가 존재한다. 이러한 베이스 이미지를 얻을 수 있는 기본 출처는 도커 허브(https://hub.docker.com/)다. 올바른 자바 기본 이미지를 선택하는 방법은 나중에 자세히 설명하고, 지금은 Adoptium에서 제공하는 OpenJDK의 이클립스 테무린Eclipse Temurin 버전으로 이미지를 빌드해보겠다. 여기서는 특히 최신 버전의 자바 11이 포함된 `eclipse-temurin:11` 이미지를 선택하겠다.

```
FROM eclipse-temurin:11
RUN java -version
```

기본적으로 최신 버전의 도커는 대화형 터미널에서 빌드할 때 출력을 동적으로 숨긴다. 여기서는 `--progress plain`을 사용해서 무슨 일이 일어나고 있는지 더 명확하게 파악하겠다.

```
$ docker build --progress plain .

=1 [internal] load build definition from Dockerfile    ◄─────────┐
=1 sha256:261a2389333859f063c39502b306e984de49700a9...
=1 transferring dockerfile: 36B done
=1 DONE 0.0s                                                              도커가 이미지를
                                                                         빌드하기 전에
=2 [internal] load .dockerignore    ◄────────────────────────────       수행하는 내부 단계
=2 sha256:909e36a5a9cd7cc4e95e7926f84f982542233925d...
=2 transferring context: 2B done
=2 DONE 0.0s

=3 [internal] load docker.io/library/eclipse-temurin:11    ◄──────
=3 sha256:6a73b62137bbf64760945abf21baf23bf909644cf...
=3 DONE 0.5s
                                                                         요청한 기본 이미지를
=4 [1/2] FROM docker.io/library/eclipse-temurin:11...    ◄───────        검색한다.
=4 sha256:f225b618d7ad96bd25e0182d6e89aa8e77643f42f...
=4 CACHED
                                                                         빌드 중에 우리의 RUN
=5 [2/2] RUN java -version    ◄──────────────────────────                명령이 실행되면 그
=5 sha256:556476b43b8626a27892422f8688979c4ba1e6029...                   출력을 볼 수 있다.
=5 0.38 openjdk version "11.0.13" 2021-10-19
=5 0.38 OpenJDK Runtime Environment Temurin-11.0.13+8 (build 11.0.13+8)
=5 0.38 OpenJDK 64-Bit Server VM Temurin-11.0.13+8 (build 11.0.13+8)
=5 DONE 0.4s
                                                                         도커가 이미지를 빌드하기 전에
=6 exporting to image    ◄───────────────────────                       수행하는 내부 단계
=6 sha256:e8c613e07b0b7ff33893b694f7759a10d42e180f2...
=6 exporting layers 0.0s done
=6 writing image sha256:9796a789e295989cec550f... done
=6 DONE 0.0s

Use 'docker scan' to run Snyk tests against images to find vulnerabilities
and learn how to fix them
```

아마도 이 코드가 실행되는 데 시간이 더 오래 걸리는 것을 알아챘을 것이다. 적어도 처음에는 도커가 도커 허브에서 관련 기본 이미지를 다운로드해야 하기 때문이다. 추가한 RUN 명령은 해당 기본 이미지 위에 새로운 단계를 도입한다. RUN은 컨테이너 환경에서 유효한 명령을 실행할 수 있다. 명령이 파일 시스템을 변경하는 경우, 해당 변경 사항은 최종 이미지의 일부로 포함된다. 이 예제에서는 실제로 파일 시스템을 변경하지 않지만, RUN은 파일을 다운로드하거나(예: curl을 통해), 표준 패키지 관리자를 사용하여 운영체제 패키지를 설치하거나, 기타 로컬 수정을 하는 데 자주 사용된다.

다음과 같이 도커 파일을 건드리지 않고 동일한 빌드 명령을 다시 실행하면 도커 이미지 빌드에서
또 다른 중요한 부분을 확인할 수 있다.

```
$ docker build --progress plain .

=1-4 excluded for length...

=5 [2/2] RUN java -version
=5 sha256:556476b43b8626a27892422f8688979c4ba1e602907a09d62a39a2
=5 CACHED          ◄──────┐ 결과가 캐시돼 단계를
                           건너뛰었을 때 도커가
                           알려준다.
=6 exporting to image
=6 sha256:e8c613e07b0b7ff33893b694f7759a10d42e180f2b4dc349fb57dc
=6 exporting layers done
=6 writing image sha256:9796a789e295989cec5550fb3c17bc6c1d9c0867   done
=6 DONE 0.0s
```

도커 파일 내의 각 주요 명령(예: `FROM` 및 `RUN`)은 **레이어**layer라고 하는 것을 생성한다. 이러한 명령은
종종 시간이 많이 소요될 수 있기 때문에 이러한 레이어는 캐시되며, 도커는 불필요한 작업을 피
하기 위해 최선을 다한다.

이제 컨테이너에 자바 환경이 있으므로 자체 코드를 실행할 수 있다. 도커 파일과 함께 `HelloDocker.`
`java`라는 간단한 자바 파일을 생성한다. 쉽게 시작할 수 있도록 아직 전체 빌드를 구성하는 대신
자바 단일 파일 실행을 사용해 실행하겠다. 기본 코드는 다음과 같다.

```java
public class HelloDocker {
  public static void main(String[] args) {
    System.out.println("Hello Docker!");
  }
}
```

그다음 도커 빌드에 이 파일을 이미지에 포함하도록 지시하고, 이 이미지를 실행하는 컨테이너의
기본 명령을 다음과 같이 설정할 수 있다.

```
FROM eclipse-temurin:11
RUN java -version
                          ┐ 현재 도커가 설정한
                            작업 디렉터리에 파일을
COPY HelloDocker.java .  ◄─┘ 복사한다.
```

```
CMD ["java", "HelloDocker.java"]    ◀──  이미지의 기본 명령을 설정한다.
                                         각 명령줄 인수는 별도의 개별
                                         문자열이다.
```

COPY(및 더 복잡한 ADD 명령)는 로컬 빌드 환경에서 파일을 가져와서 컨테이너에 넣는다. 특히 ADD에는 원격 소스에서 가져오기, TAR 파일 자동 압축 풀기 등 다양한 옵션이 있지만 일반적으로는 가능하면 간단한 COPY를 사용하는 것이 더 좋다.

CMD는 이미지 생명 주기의 다음 단계로 안내한다. 단순히 재미로 이미지를 빌드하는 것이 아니라 이미지에 구성한 소프트웨어를 실행하기 위한 것이다. 앞서 언급했듯이 각 이미지에는 고유한 SHA256 ID가 있지만, 이는 빌드할 때마다 변경해야 하는 번거로운 작업이다. 이미지를 실행하기 전에 다음과 같이 이미지에 더 쉬운 이름을 지정해보자.

```
$ docker build -t hello .

... Previous build steps excluded for length

=8 exporting to image
=8 sha256:e8c613e07b0b7ff33893b694f7759a10d42e...
=8 exporting layers done
=8 writing image sha256:666fdc7613189865b9a5f2... done   ◀──  이미지의
                                                              SHA256 식별자
=8 naming to docker.io/library/hello done    ◀──  최종 이미지에
=8 DONE 0.0s                                      적용한 이름
```

현재로서는 로컬에서만 hello 이미지를 사용할 수 있지만 이미 FROM 줄을 통해 이미지를 공유할 수 있음을 확인했다. 이것은 **컨테이너 저장소**container registry라는 것을 통해 이뤄진다. eclipse-temurin:11 기본 이미지를 요청했을 때, 도커는 기본적으로 도커 허브(https://hub.docker.com/)에서 해당 이미지를 찾았다. 다른 컨테이너 레지스트리도 존재하는데, 실제로 내부 애플리케이션 이미지의 호스팅을 위해 내부적으로 실행할 수 있다.

다음 코드에 표시된 것처럼 각각 docker push와 docker pull 명령을 통해 이미지를 푸시push하거나 풀pull할 수 있다. 기본 레지스트리가 아닌 레지스트리로 작업하면, 이미지 및 태그 이름 앞에 해당 이름이 지정된다.

```
$ docker pull k8s.gcr.io/echoserver:1.4    ◀──  k8s.gcr.io는 레지스트리
1.4: Pulling from echoserver                    도메인, echoserver는 이미지
6d9e6e7d968b: Pull complete                     이름이며, 1.4는 태그다.
...
```

```
7abee76f69c0: Pull complete
Digest: sha256:5d99aa1120524c801bc8c1a7077e8f5ec122ba16b6dda1a...
Status: Image is up to date for k8s.gcr.io/echoserver:1.4
k8s.gcr.io/echoserver:1.4
```

레지스트리에서 인증이 필요하다면 진행하기 전에 `docker login`을 사용해야 할 수도 있다. 도커 허브에서 공개 이미지는 이 단계를 요구하지 않는다.

좋은 도커 이미지를 구축하는 데는 훨씬 더 많은 것이 있다. 이런 주제 중 일부는 나중에 다시 다루도록 하겠다. 먼저 이러한 이미지를 실행 중인 컨테이너로 전환하는 방법을 살펴보자.

12.2.2 도커 컨테이너 실행하기

도커와 컨테이너에 대해 토론할 때 듣는 많은 이야기 중에 핵심 아이디어는 엄격하게 통제된 환경에서 잘 정의된 프로세스를 실행할 수 있다는 것이다. 이 환경은 주로 우리가 만든 이미지에 의해 정의된다. 도커는 다음과 같이 `docker run` 명령을 사용해서 컨테이너를 실행할 수 있다.

```
$ docker run hello
Hello Docker!
```

이 명령에서 도커는 이미지를 기반으로 새 파일 시스템을 생성하고 제한과 제어(예: CPU 및 메모리)를 적용한 다음, `CMD`에서 정의한 기본 프로세스를 시작한다. 프로그램은 메시지를 출력하고 종료되지만, 서버를 시작하고 무한정 실행할 수도 있다.

그림 12.3에서 이미지의 `CMD`에 나열한 자바 프로세스를 볼 수 있다. 여기에 표시된 호스트는 실제로 베어 메탈 머신에 도달하기 전에 추가적인 많은 레이어가 존재할 것이다.

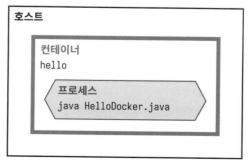

그림 12.3 기본 컨테이너 실행

CMD는 컨테이너를 시작하는 기본 명령만을 정의한다. 원하는 다른 명령으로도 이미지를 실행하도록 도커에 요청할 수 있다. 앞서 컨테이너에는 대화형 터미널과 마찬가지로 작업 디렉터리가 있다고 언급했다. 다음과 같이 `pwd` 명령으로 컨테이너에 작업 경로가 어디인지 물어볼 수 있다.

```
$ docker run hello pwd
/
```

그림 12.4에서 볼 수 있듯이, 컨테이너를 시작하기 위한 대체 명령을 실행하면 기본 `CMD` 프로세스는 어디에도 표시되지 않는다.

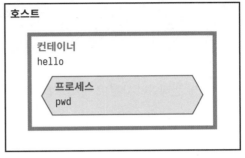

그림 12.4 컨테이너에서 대체 명령 실행하기

파일을 통해 이미지에 환경 설정을 작성할 수도 있지만, 런타임에 환경 설정을 넘겨줄 수 있도록 하는 것이 더 바람직할 때가 많다. Twelve-Factor App(https://12factor.net/)이라는 소프트웨어 실행에 관한 중요한 원칙 중 하나는 환경 설정을 환경변수를 통해 정의하는 것이다. 이렇게 함으로써 코드를 변경하지 않고 동일한 빌드된 애셋(우리의 경우 이미지)을 새로운 목적지에 배포할 수 있다.

다음 코드에 표시된 대로, 컨테이너를 시작할 때 `-e` 플래그를 사용하여 컨테이너 내의 환경변수를 변경할 수 있다. 이 플래그는 여러 번 전달할 수 있다. 애플리케이션 코드에서는 이런 변수들을 `System.getenv()` 메서드와 같은 표준 방법으로 읽을 수 있다.

컨테이너에서 자바 애플리케이션을 빌드하는 현실적인 접근 방식을 살펴보기 전에 마지막으로 한

가지 기법, 즉 이미지를 인터랙티브하게 실행하는 방법에 대해 알아보겠다. 이미지를 대화식으로 실행하는 것이다. 앞서 컨테이너에서 실행할 기본 명령을 변경하는 것을 보았다. 동일한 능력을 사용해서 디버깅을 위해 컨테이너 내에서 `bash`와 같은 셸을 시작할 수 있다. 이를 위해 `docker run`에 추가적인 플래그가 필요하며, 특히 `-i`는 `STDIN`을 컨테이너에 연결해서 입력을 전달하고, `-t`는 컨테이너가 대화식 TTY(터미널)를 시작하도록 해준다. 다음과 같이 표시된다.

```
$ docker run -it hello bash          ◀── 컨테이너를 검사하기 위해 셸 명령을
root@b770c2ac829c: ls *.java             대화식으로 입력한다.
HelloDocker.java
root@b770c2ac829c:
```

이를 통해 컨테이너 내부에서 배포된 애플리케이션의 환경을 정확히 확인할 수 있다.

간단한 Hello World 단일 파일 앱을 컨테이너로 복사하는 것도 좋지만, 이제 도커와 자바를 함께 사용하는 더 현실적인 접근 방법을 살펴보겠다.

12.3 도커로 자바 애플리케이션 개발하기

이 절에서는 도커로 자바 애플리케이션을 개발할 때 고려해야 할 다양한 실용적인 사항을 다루겠다. 먼저 JVM 기본 이미지와 이미지를 빌드하는 방법에 대해 자세히 살펴보겠다. 그다음 컨테이너 구성, 실행, 디버깅에 대한 다양한 고려 사항을 살펴보겠다. 컨테이너는 어딘가에서 JVM을 가져와야 하므로, 먼저 기본 이미지를 선택하는 주제를 살펴보겠다.

12.3.1 기본 이미지 선택

JVM 애플리케이션을 실행하기 위한 '적합한' 기본 이미지에 대한 유일한 답은 없다. 어떤 이미지가 적합한지 결정하기 위해서는 다음과 같은 사항을 고려해야 한다.

- 어떤 벤더를 원하는가?
- 컨테이너 내부에 어떤 운영체제를 원하는가?
- 어떤 시스템 아키텍처에서 실행해야 하는가?

벤더에 대한 선택은 또한 다음과 같은 여러 가지 요소를 고려해야 할 수도 있다(1장에서 간략히 설명한 바 있다).

- 지원 가용성과 계약

- 보안 업데이트 정책과 적시성

- 클라우드 배포에 대한 특별 고려 사항 – 마이크로소프트 Build of OpenJDK는 애저를 위한 것으로, AWS에서는 아마존 Corretto를 사용하는 것이 좋다

클라우드 벤더별 빌드는 OpenJDK를 기반으로 하지만, 해당 공급업체의 클라우드에 도움이 되는 성능과 기타 개선 사항이 포함될 수 있다. 또한 추가 지원과 릴리스 횟수에 혜택이 있을 수도 있다.

대부분의 공급업체는 자신의 컨테이너에서 여러 운영체제를 지원한다. Debian, Ubuntu, 또는 Alpine과 같은 일부 다른 리눅스 변형을 흔히 볼 수 있다. 운영체제의 선택은 주로 네이티브 의존성을 설치하는 데 사용되는 패키지 관리자와 컨테이너 내에서 사용 가능한 추가 도구를 결정한다. 특별한 운영체제 요구 사항이 없는 경우에는 Debian/Ubuntu와 같은 더 보편적인 옵션을 선택하는 것이 패키지를 찾고 업데이트할 때의 어려움을 피하는 데 도움이 된다.

> [NOTE] 알파인 리눅스Alpine Linux는 특별한 주의가 필요하다. 매우 최근까지는 알파인에서 자바용 공식 이미지가 존재하지 않았다. 자바 공급업체에 문의해서 알파인용 이미지를 제공하는지 확인해야 한다.

공급업체에서 직접 제공하지 않는 운영체제에서 실행해야 하는 경우에는 절망하지 말자. 이런 경우에는 JDK를 수동으로 설치하기 위한 시스템의 일반적인 패키지 관리를 사용해서 이미지를 직접 빌드할 수 있다. 기본 이미지와 도커 빌드는 단순히 컨테이너 파일 시스템에 필요한 바이트를 얻는 것에 관한 방법일 뿐이라는 점을 기억하자. 원하는 최종 결과를 얻는 방법에는 여러 가지가 있을 수 있다.

마지막으로 이미지의 시스템 아키텍처에 대해 언급하겠다. 특히 클라우드에서는 ARM 기반 칩에서 실행하는 것이 점점 더 보편화되고 있다. 이 경우 성능상의 이점이 있지만 해당 아키텍처를 위해 특별히 제작된 이미지가 필요하다는 점에 유의하자. 여러 아키텍처에서 실행해야 하는 경우, 여러 이미지를 빌드하고 게시해야 할 수도 있지만 도커 도구는 이미 이를 잘 지원한다.

12.3.2 그래들로 이미지 빌드하기

11장에서 살펴본 것처럼, 모든 규모의 자바 프로젝트는 일관된 빌드 도구를 사용하면 이점을 얻을 수 있다. 여기서는 데모 목적으로 그래들 빌드를 기반으로 이미지를 빌드하는 방법을 살펴보겠지만, 리소스에서 유사한 메이븐 버전도 사용할 수 있다.

최소한 우리의 이미지는 모든 애플리케이션의 JAR 파일(또는 클래스 파일)과 클래스패스의 모든 의존성을 포함해야 한다. 샘플에서는 애플리케이션이 다음과 같이 `org.apache.commons:commons-lang3`에 의존성을 가지고 있다.

```
plugins {
  application
  java
}

application {
  mainClass.set("com.wellgrounded.Main")
}

tasks.jar {
  manifest {
    attributes("Main-Class" to application.mainClass)
  }
}

repositories {
  mavenCentral()
}

dependencies {
  implementation("org.apache.commons:commons-lang3:3.12.0")
}
```

일반적인 `build`나 `assemble`과 약간 다른 명령이 필요한데, 다음에서 볼 수 있듯이 그래들에서 제공하는 기본 설정에는 `installDist`를 통해 필요한 것이 이미 포함돼 있다.

```
$ ./gradlew installDist
```

이 명령의 단순화된 빌드 결과는 다음과 같다.

```
build
└── install
    └── docker-gradle
        ├── bin
        │   ├── docker-gradle
        │   └── docker-gradle.bat
        └── lib
```

```
            ├── commons-lang3-3.12.0.jar
            └── docker-gradle.jar
```

JAR 파일들을 가져와서 컨테이너에서 실행할 수도 있지만, 그래들은 애플리케이션을 시작하기 위한 몇 가지 도우미 스크립트를 생성한다. 이를 활용해보겠다.

```
FROM eclipse-temurin:17-jdk
                                        결과를 복사할 디렉터리가
                                        있는지 확인한다.
RUN mkdir /opt/app
WORKDIR /opt/app/bin
                          그래들의 시작 스크립트는 작업 디렉터리가 bin이어야
                          하므로, 도커가 시작할 위치를 기본값으로 설정한다.
COPY build/install/docker-gradle /opt/app/
                                        전체 설치 결과 트리를
                                        컨테이너에 복사한다.
CMD ["./docker-gradle"]
                          이제 실행할 기본 명령은
                          그래들의 시작 스크립트다.
```

그래들의 시작 스크립트에 대해 더 알아보려면 애플리케이션 플러그인의 문서를 참조하자(http://mng.bz/yvxJ).

이 접근 방식에서는 결과를 이미지에 복사하기 전에 그래들로 빌드할 수 있는 적절한 JDK가 로컬에 설치돼 있다고 가정한다. 다음에는 이 과정을 완전히 도커 안에서 처리하는 방법을 살펴보겠다.

12.3.3 도커에서 빌드하기

컨테이너의 주요 장점 중 하나는 소프트웨어를 실행할 수 있는 격리된 반복 가능한 환경을 만들 수 있다는 것이다. 이것은 서비스를 배포하는 데 큰 이점이지만, 여기서 그치지 않는다. 많은 프로젝트에서 발생하는 고전적인 문제 중 하나는 개발을 위한 로컬 환경을 설정하는 것이다. 여러분이 버전을 정확하게 맞춰야 하는 설치 단계의 리드미를 계속 따라가면서 고생해본 경험이 있다면, 이 고통을 알 것이다. 컨테이너는 이 문제를 해결하는 데 도움이 될 수 있다. 이제 분리된 환경을 어떻게 활용해서 빌드를 변경할 수 있는지 살펴보겠다.

지금까지의 도커 파일은 우리가 구성하려는 결과 이미지 하나만 포함했다. 하지만 도커를 사용하면 동일한 파일에 여러 이미지를 정의할 수 있으며, 가장 중요한 것은 파일 간에 복사할 수 있다는 것이다. 이 기능을 사용하면 로컬 시스템에 있는 JDK를 완전히 제거한 채 애플리케이션을 빌드할 이미지를 구성한 다음, 그 결과를 배포 이미지에 복사할 수 있다. 이 방법은 보안과 이미지 크기 모두에 이점이 있다.

이 과정을 **다단계 빌드**multistage build라고 부르며, 도커 파일에 여러 개의 `FROM` 문이 있는 경우에 이를 볼 수 있다. 빌드의 중간 단계인 `FROM` 문은 `AS` 키워드를 포함해서 도커 파일 내에서 나중에 사용하기 위해 이름을 지정하게 된다. 반면에 메인 결과 이미지는 다음과 같이 그대로 두게 된다.

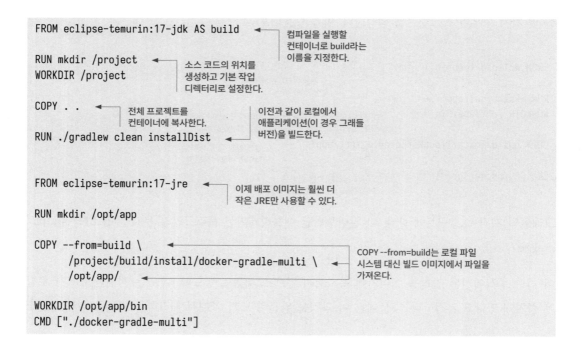

이제 **지속적 통합**continuous integration, CI 환경에서는 배포를 위한 애플리케이션을 빌드하기 위해 JDK를 설치하지 않아도 되고 도커만 있으면 된다. 그림 12.5에서 볼 수 있듯이 빌드에 필요한 모든 구성 요소가 컨테이너 내에 완전히 남아 있다.

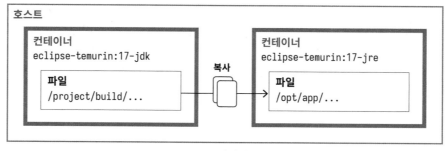

그림 12.5 도커의 다단계 빌드

이것은 이 유형의 빌드에 대한 최소한의 설정에 가깝지만 빌드 시간과 관련된 몇 가지 단점이 있다. 언급했듯이, 각 도커 명령은 캐시되는 레이어를 생성하지만, 이런 캐시는 주의하지 않으면 불필요하게 무효화될 수 있다.

현재의 도커 파일에서 캐시가 깨지는 한 가지 예는 프로젝트 디렉터리 전체를 컨테이너로 복사하는 부분이다. 아무리 사소하더라도 모든 파일 변경이 `COPY . .` 라인을 무효화시키며, 그 이후의 모든 작업을 새롭게 실행해야 한다. 그러나 일부 로컬 파일은 빌드에 중요하지 않을 수 있다. 예를 들어 git 히스토리, IDE 파일, 로컬 빌드 출력은 실제로 빌드 컨테이너 이미지에 포함되지 않아도 된다. 다행히도, `.dockerignore` 파일을 도커 파일과 함께 놓아 해당 파일을 도커가 무시하게 할 수 있다. 형식은 간단하며 `.gitignore` 파일과 비슷하다. 다음 코드 조각에서 보이는 것처럼, 각 줄은 도커가 복사할 파일을 찾을 때 무시해야 할 패턴(표준 셸 와일드카드 사용 가능)을 표현한다.

```
.git
.idea/
*.iml
*.class

# Ignore build folders
out/
build/
target/
.gradle/
```

두 번째로 미묘한 문제는 그래들 래퍼와 관련이 있다. 빌드를 실행할 때 출력을 주시하면 시작 시 적절한 배포본을 다운로드하는 데 시간이 걸린다는 것을 알 수 있다. 컨테이너는 그래들의 로컬 캐싱 없이 시작되므로, 이 다운로드는 실행할 때마다 반복된다.

이런 반복을 피하려면 그래들의 첫 번째 실행을 별도의 레이어로 분리해야 한다. 이 레이어는 전체 프로젝트를 컨테이너로 복사하기 전에 발생하며, 그래들이 다운로드를 실행하는 데 필요한 최소한의 것만 복사하고 싶기 때문에 레이어의 캐시는 그래들 래퍼를 변경하는 경우(예: 버전 업데이트)에만 깨지게 된다. 다음과 같이 나타난다.

```
COPY ./gradle ./gradle        ◄──────   그래들 구성을 실행하는 데 필요한
COPY ./gradlew* ./settings.gradle* ◄──   부분만 복사한다.
RUN ./gradlew    ◄────  ./gradlew를 단독으로 실행하면 배포본이 강제로
                        다운로드 되는데, 이제 이것은 자체 레이어에 캐시된다.
COPY . .     ◄────────
                        빌드는 이전과 마찬가지로 계속되며,
                        COPY는 코드가 변경된 경우마다
RUN ./gradlew clean installDist    확실히 갱신될 것이다.
```

이것은 컨테이너 이미지 구축 시 적용할 수 있는 최적화의 시작에 불과하다. 중요한 점은 각 레이어에 어떤 내용이 포함돼야 하는지 신중하게 고려하는 것이다. 시스템의 일부가 서로 다른 속도로 변경될 경우, 이들을 별도의 레이어로 분리하는 것이 유용할 수 있다.

도커 이미지를 구축하는 상당히 기본적인 접근법을 살펴보았다. 예상대로 메이븐과 그래들 모두 많은 플러그인이 존재하며, 이러한 기능을 묶어서 도커 파일을 수동으로 작성하지 않을 수 있다. 도커 도구를 전혀 사용하지 않는 옵션인 Jib(https://github.com/GoogleContainerTools/jib)과 같은 선택지도 있다. 이 모든 것이 유용하지만, 기본기가 탄탄한 개발자는 컨테이너가 어떻게 구축되는지에 대해 더 깊이 이해하는 것이 도움이 될 것이다. 이를 이해하면 일상적으로 도움을 받더라도 더 효과적으로 작업할 수 있다.

12.3.4 포트와 호스트

애플리케이션에 독립된 파일 시스템을 제공하는 것과 마찬가지로, 컨테이너는 네트워크에 대해서도 동일한 격리를 제공한다. 예를 들어 샘플 애플리케이션에 표준 HTTP 서버를 실행하는 코드를 추가하는데, JDK에서 제공하는 기본 HTTP 서버 `com.sun.net.httpserver.HttpServer`를 사용한다고 가정해보자. 이제 `docker run`으로 컨테이너를 실행하면, 해당 HTTP 엔드포인트를 호출할 수 없다는 것을 발견할 것이다.

이 문제를 해결하려면 도커에 포트를 사용할 수 있도록 요청해야 한다. 다음과 같은 실행 명령에 추가해서 직접 이 작업을 수행할 수 있다.

```
$ docker run -p 8080:8080 hello
```

`-p`는 `:`로 구분된 포트 쌍을 받는다. 첫 번째 값은 컨테이너 외부에서 사용할 수 있는 포트다. 두 번째 값은 컨테이너 내부의 소프트웨어가 수신 대기 중인 포트다. 다른 터미널(또는 웹브라우저)로 이동하면 그림 12.6에 표시된 것처럼 작동하는 것을 볼 수 있다.

```
$ curl http://localhost:8080/hello
Hello from HttpServer
```

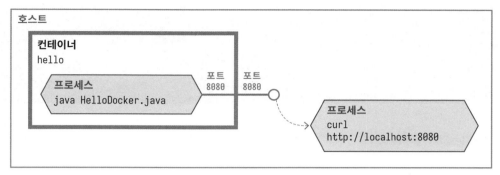

그림 12.6 도커에서 포트 노출하기

그림 12.6과 입력 형식에서 기대할 수 있듯이, 이 두 포트값이 일치할 필요는 없다. 대신 다음 명령어로 실행해보겠다.

```
$ docker run -p 9000:8080 hello  ←  포트 9000은 컨테이너 외부에서
                                    볼 수 있으며, 컨테이너 내부
                                    프로세스의 포트 8080과 연결된다.
```

이제 다음과 같이 포트 9000에서는 양호한 응답을 볼 수 있지만 8080은 더 이상 액세스할 수 없다.

```
$ curl http://localhost:9000/hello
Hello from HttpServer

$ curl http://localhost:8080/hello
curl: (7) Failed to connect to localhost port 8080: Connection refused
```

포트 노출은 컨테이너가 배포되는 방식에서 매우 중요한 부분으로, 도커 파일을 통해 다음과 같이 이미지가 제공할 것으로 예상되는 포트를 기록할 수 있다.

```
EXPOSE 8080
```

이를 설정하고 다시 `docker build`를 한 후 포트 스위치 없이 실행하면, 도커가 기본적으로 `EXPOSE` 포트를 사용할 수 있도록 설정하지 않는다는 사실에 놀랄 수 있다. 그러나 `-P` 스위치를 단독으로 제공하면(대문자이고 인수가 없는 것에 유의하자) 도커는 이미지의 각 `EXPOSE` 포트를 임의의 포트 또는 임시 포트에 바인딩한다. 어떤 포트가 할당될지 추측할 수 없으므로 임시 포트를 찾으려면 새로운 명령이 필요하다. 이 작업은 다음과 같이 `docker ps`로 수행된다.

```
$ docker run -P hello

... In another terminal, some columns trimmed...
$ docker ps
CONTAINER ID    IMAGE    COMMAND           PORTS
94d7f125caad    hello    "./docker-gradle"  0.0.0.0:55031->8080/tcp
```

`0.0.0.0:55031->8080/tcp`값은 컨테이너 외부의 포트 55031이 내부의 포트 8080에 바인딩돼 있음을 알려준다.

이 임시 포트 작업은 특히 테스트할 때 포트가 변하기 때문에 처음에는 성가신 것처럼 보일 수 있다. 하지만 실제로는 프로덕션 환경에서 컨테이너를 실행할 때 매우 중요한 기능이다. 다양한 자바 컨테이너를 실행하는 데 완전히 활용하고자 하는 호스트가 있다고 가정해보겠다. 각 애플리케이션이 동일한 포트를 사용해서 실행되기를 원할 수 있지만 호스트는 해당 포트를 한 번만 할당할 수 있다. 시스템의 다른 부분에서 추가적인 조정이 필요하지만, 임시 포트를 할당하면 컨테이너가 '나는 8080에서 실행된다'라는 단순한 세계관을 유지하면서 더 광범위하고 복잡한 환경에서도 공존할 수 있다.

이렇게 하면 컨테이너에서 로컬로 애플리케이션을 실행할 때 애플리케이션과 통신하도록 설정할 수 있다. 하지만 다른 방향, 즉 컨테이너가 데이터베이스 같은 다른 서비스에 연결해야 할 때는 어떨까?

프로덕션 환경에서 실행할 때는 서비스 위치를 명시적으로 구성하고 일반 부하 분산 및 DNS를 사용해서 해당 서비스에 도달하는 것이 좋다. 환경변수나 기타 서비스 검색 시스템을 통해 컨테이너에 주입할 수도 있지만, 핵심은 컨테이너와 관련하여 리소스가 어디에 있는지 가정하지 않는 것이다.

하지만 로컬 환경에서는 이런 작업이 훨씬 더 어려울 수 있다. 일반적인 개발 환경에서는 이와 같은 인프라가 사용 가능하지 않을 가능성이 크다. 맥용 도커나 윈도우용 도커를 사용하는 경우, 컨테이너 내부에서 호스트 머신을 가리키는 `host.docker.internal`이라는 호스트명을 사용할 수 있다. 리눅스용 도커를 사용하는 경우 컨테이너를 시작할 때 `--add-host host.docker.internal :host-gateway` 플래그를 사용해서 동일한 동작을 얻을 수 있다. 이러한 경우 애플리케이션이 환경변수를 통해 해당 위치를 수신하도록 설정하면 컨테이너가 해당 호스트 이름을 사용할 수 있다.

이 방법이 환경에 맞지 않는 경우 컨테이너 내부에는 호스트 머신의 IP 주소가 있다. `sudo ip addr show`와 같은 명령을 사용하여 호스트의 위치를 알아낼 수 있지만, 이는 번거로울 수 있다.

컨테이너에는 이러한 문제를 해결하는 다양한 네트워킹 옵션이 있지만, 이 책의 범위를 벗어난다. 그러나 이러한 문제를 해결하는 데 도움이 되는 몇 가지 옵션은 도커 컴포즈라는 도구에서 사용된다. 컨테이너 및 도커 컴포즈와 같은 도구가 외부 리소스에 접근하는 문제를 로컬에서 어떻게 해결할 수 있는지 살펴보자.

12.3.5 도커 컴포즈를 사용한 로컬 개발

새로운 프로젝트를 위한 끔찍한 설치 목록과 마찬가지로, 애플리케이션은 런타임에 여러 다른 서비스도 필요로 하는 것이 일반적이다. 데이터베이스, 캐시, NoSQL 저장소, 기타 사용자 정의 애플리케이션이 있을 수 있으며, 애플리케이션이 로컬에서 작동하려면 이 모든 것이 실행 중이어야 한다.

도커 컴포즈 Docker Compose는 컨테이너 세트를 선언하고 실행하는 도구다. 정확한 서비스 세트를 포착해서 함께 시작할 수 있게 해준다. 또한 이러한 컨테이너의 상태를 관리해서 중단하고 다시 시작할 때 처음부터 모든 것을 다시 해야 하는 번거로움을 피할 수 있게 한다.

이것이 쿠버네티스와 같은 오케스트레이션 도구와 비슷하게 들린다면, 틀린 말이 아니다. 두 도구 모두 컨테이너 관리 측면에서 중복되는 부분이 있다. 그러나 도커 컴포즈는 단일 컴퓨터에서 실행되도록 설계됐으며, 이는 많은 프로덕션 환경에서 합리적인 선택이 아니다.

NOTE 도커 컴포즈는 원래 별도의 도구였으나 `docker` 자체의 다른 명령으로 통합됐다. 인터넷에서 `docker-compose`로 실행하는 정보를 본다면, 요즘은 `-`를 공백으로 대체할 수 있다.

기본적으로 설정을 `docker-compose.yml`이라는 파일에 기술한다. 일단 다음과 같이 도커 컴포즈에 우리의 애플리케이션을 알려주겠다.

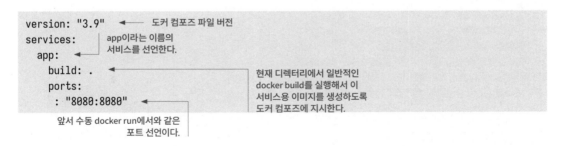

이 명령어를 명령줄에서 `docker compose up`으로 실행한다. 이 명령을 실행하면 익숙한 빌드 출력이 시작될 것이며, 그다음 아래와 같은 출력이 컨테이너를 시작하는 동안 표시된다.

```
[+] Running 2/2
: Network docker-gradle_default   Created                    0.1s
: Container docker-gradle-app-1   Created                    0.1s
Attaching to docker-gradle-app-1
docker-gradle-app-1  | (Howdy,Docker)
```

`docker-compose.yml`은 여러 개의 서비스를 포함할 수 있다. 각 서비스의 출력은 그들을 구분하기 위해 이름이 접두어로 붙는다. 기본적으로 현재 디렉터리와 서비스 이름을 기반으로 하므로, 이 경우에는 `docker-gradle-app-1`이다.

이제 애플리케이션이 **레디스**Redis 인스턴스가 필요하다고 가정해보자. 이를 다음과 같이 `services` 키 아래에 `redis`라는 새로운 키로 추가한다.

```
version: "3.9"
services:
  app:
    build: .
    ports:
      : "8080:8080"
  redis:
    image: "redis:alpine"    ◄──── 도커 허브의 redis:alpine
                                    이미지
```

이제 실행하면 도커 컴포즈가 `redis:alpine` 이미지를 가져오고 애플리케이션 컨테이너와 함께 시작한다. 그림 12.7과 다음 출력은 이런 컨테이너들이 서로와 관련해서 실행되는 상황을 보여준다.

```
[+] Running 7/7
: redis Pulled                                    5.0s
  : 59bf1c3509f3 Pull complete                    1.2s
  : 719adce26c52 Pull complete                    1.2s
[+] Running 2/2
: Container docker-gradle-redis-1   Created       0.2s
: Container docker-gradle-app-1     Created       0.0s
Attaching to docker-gradle-app-1, docker-gradle-redis-1
docker-gradle-redis-1  | # oO0Oo Redis is starting...      ◄─┐
docker-gradle-redis-1  | # Redis version=6.2.6, ...         ◄─┤ 레디스 컨테이너 출력
docker-gradle-redis-1  | * monotonic clock: POSIX ...       ◄─┘
docker-gradle-redis-1  | # Warning: no config file...       ◄─┐
docker-gradle-redis-1  | * Running mode=standalone, ...      ◄─┤
docker-gradle-redis-1  | # Server initialized               ◄─┤ 레디스 컨테이너 출력
docker-gradle-redis-1  | * Ready to accept connections       ◄─┘
docker-gradle-app-1    | (Howdy,Docker)   ◄──── 애플리케이션 컨테이너 출력
```

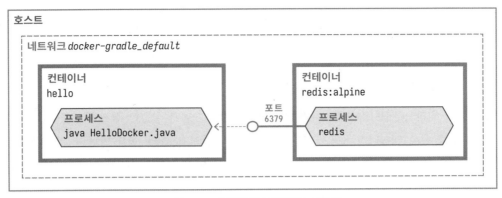

그림 12.7 도커 컴포즈 컨테이너 실행 중

수동 설치 없이도 데이터베이스와 기타 외부 서비스의 정확한 버전을 로컬로 가져올 수 있다는 점은 매우 편리하다. 하지만 도커 컴포즈는 이전에 보았던 많은 네트워킹 문제를 피할 수 있는 또 다른 유용한 기능을 제공한다. 처음 시작하는 동안 `Network docker-gradle_default Created`라는 메시지가 표시됐다. 이는 도커 컴포즈가 별도의 새로운 네트워크 네임스페이스인 `docker-gradle_default`를 생성했음을 알려준다. 이 네트워크는 도커 컴포즈가 우리를 위해 시작한 모든 서비스 사이에서 공유된다. 더 좋은 점은, 우리가 `docker-compose.yml-app`과 `redis`에 입력한 각 서비스 이름이 모든 컨테이너 내부에 실제 호스트 이름처럼 표시된다는 것이다.

만약 애플리케이션을 Twelve-factor 원칙에 따라 설계하고 환경변수를 통해 레디스의 위치를 전달한다면, 다음과 같이 `docker-compose.yml`에서 이를 완전히 구성할 수 있다.

```
version: "3.9"
services:
  app:
    build: .
    ports:
     : "8080:8080"
    environment:
      REDIS_URL: redis://redis:6379    ◄──  첫 번째 redis는 URL
  redis:                                    스키마이고, 두 번째
    image: "redis:alpine"                   redis는 호스트 이름이다.
```

이것은 도커 컴포즈의 겉면에 불과하다. docker-compose.yml에서 docker run을 제어하는 모든 일반적인 옵션을 설정할 수 있으며, 이는 로컬 개발을 원활하게 진행할 수 있는 좋은 방법이다.

12.3.6 도커에서의 디버깅

소프트웨어가 원하는 대로 작동하지 않을 때, 때로는 컨테이너가 설정한 경계 내부를 살펴봐야 할 필요가 있다. 앞서 컨테이너가 노출한 포트를 결정하기 위해 docker ps를 만났다. 그러나 docker ps는 그것보다 더 많은 정보를 제공한다. 특히 기본적으로 컨테이너에는 다음과 같이 참조할 수 있는 무작위로 생성된 편리한 이름이 지정된다.

```
$ docker ps
CONTAINER ID    IMAGE    COMMAND            ...    PORTS       NAMES
c103de6e6634    hello    "./docker-gradle" ...    8080/tcp    vigilant_austin
```

이 컨테이너는 vigilant_austin으로 지칭할 수 있다. 컨테이너가 실행될 때마다 이름이 변경되는 것을 방지하려면, docker run에 --name container-name 매개변수로 이를 제어할 수 있다. 이 매개변수를 --rm과 함께 사용하면 컨테이너가 종료될 때 컨테이너를 제거할 수 있으며, 그렇지 않으면 두 번째로 실행할 때 이름을 재사용할 수 없게 된다.

컨테이너의 이름을 알면 다른 디버깅 단계를 수행할 수 있다. docker exec를 사용하면 실행 중인 컨테이너에서 명령을 실행할 수 있다. 앞서 docker run -it으로 살펴본 것처럼, 컨테이너에 bash나 이와 유사한 것이 설치돼 있다고 가정하면 다음과 같이 컨테이너 내부에 대화형 셸을 가져올 수도 있다.

```
$ docker run --name hello-container --rm hello

# In another terminal start a shell in the container
$ docker exec -it hello-container bash

root@18a5f04bb4c8: ps aux
USER PID %CPU %MEM COMMAND
root   1  1.6  1.9 /opt/java/openjdk/bin/java -cp /opt/app/lib/docker-gradle
root  37  0.1  0.1 bash
root  47  0.0  0.1 ps aux
```

exec는 새로운 컨테이너를 시작하지 않고 기존의 컨테이너에 연결한다. 그림 12.8은 프로세스들이 하나의 컨테이너 내에서 어떻게 공존하는지를 보여준다.

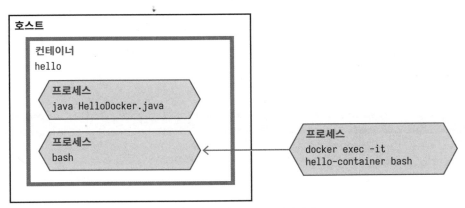

그림 12.8 컨테이너로 도커 실행하기

기본적인 유닉스 명령어에만 국한되지 않는다. 예를 들어 다음과 같이 jps와 jcmd를 사용해서 컨테이너에서 실행 중인 JVM을 검사할 수 있다.

```
root@18a5f04bb4c8: jps
1 Main
148 Jps

root@18a5f04bb4c8: jcmd 1 VM.version
1:
OpenJDK 64-Bit Server VM version 17.0.1+12
JDK 17.0.1
```

7장에서는 JFR_{JDK Flight Recorder} 툴로 얻을 수 있는 깊은 가시성에 대해 살펴보았다. 실행 중인 컨테이너에서 셸을 통해 몇 가지 간단한 명령으로 JFR 데이터를 수집할 수 있다. 아직 실행 중이 아니라면 다음과 같이 JFR이 기록을 시작하도록 지시한다.

```
root@4f146639fcfc: jcmd 1 JFR.start
1:
Started recording 1. No limit specified, using maxsize=250MB as default.
```

일정 시간 동안 애플리케이션 데이터를 수집한 후, 현재 기록을 컨테이너 내의 파일로 저장할 수 있다.

```
root@4f146639fcfc: jcmd 1 JFR.dump name=1 filename=./capture.jfr
1:
Dumped recording "1", 293.3 kB written to:
```

파일을 오프라인으로 검사하려면 컨테이너에서 파일을 복사해야 한다. 호스트 시스템에서는 다음과 같이 `docker cp` 명령을 사용해서 이 작업을 수행할 수 있다. 다시 한번 컨테이너 이름은 파일을 어디서 가져올지 지정하는 데 유용하게 사용된다.

```
$ docker cp hello-container:/opt/app/bin/capture.jfr .  ◀
```
> cp의 첫 번째 매개변수는 파일 소스이고, 두 번째는
> 목적지다. 형식은 container-name:path 형식으로 지정된다.
> 두 번째 매개변수는 로컬이므로 컨테이너 이름이 필요하지
> 않으며, 경로만 사용한다.

이제 `capture.jfr` 파일이 로컬 시스템에 있기 때문에 JDK 미션 컨트롤로 열 수 있다.

도커는 API를 노출시킴으로써 `docker` 명령어를 로컬 환경 대신 원격 호스트로 지정할 수 있다. 원격 호스트를 구성하는 방법에 대한 자세한 내용은 도커 문서 `https://docs.docker.com/`을 참조하자.

이러한 셸과 명령줄 옵션은 컨테이너 내에서 발생하는 일들을 알아보기에 좋다. 그러나 로컬 컨테이너 내의 자바 애플리케이션에 대해 IDE에서 중단점을 설정하고 싶을 경우 어떨까? 다행히도 JDK의 원격 디버깅 기능은 필요한 모든 구성 요소를 제공한다. 다음과 같이 설정할 수 있다.

```
docker run --rm \
  -p 8090:8090 \
  -e JAVA_TOOL_OPTIONS=\
  '-agentlib:jdwp=transport=dt_socket,server=y,suspend=n,address=*:8090' \
  --name hello-container \
  hello
```

일반적인 애플리케이션 시작 출력과 함께, 원격 디버깅 포트가 사용 가능하다는 메시지도 보게 될 것이다.

```
Listening for transport dt_socket at address: 8090
```

이후로 IDE 기능을 사용하여 포트 8090을 가리키는 Remote JVM을 디버깅할 수 있다. 모든 것이

로컬 환경에서 애플리케이션을 디버깅하는 것과 유사하게 작동해야 하며, 모든 작업이 컨테이너의 안전한 환경 내에서 이뤄진다.

12.3.7 도커로 로깅하기

반복해서 살펴본 것처럼 컨테이너가 호스트 환경으로부터 분리되기 위해서는 사고방식의 전환이 필요하다. 한 가지 일반적인 걸림돌은 로깅이다. 널리 사용되는 로깅 프레임워크 중 하나를 사용하거나 단순히 `System.out`에 쓰거나, 서비스를 실행할 때 출력을 생성하는 것은 일반적이다. 컨테이너로 이동했다고 해서 이 정보에 대한 액세스 권한을 잃고 싶지는 않다.

이 장에서 이미 살펴본 기술을 사용해서 수동으로 접근할 수 있다. 이전처럼 로그를 디스크에 쓰기만 하면 된다. 로그를 검사해야 할 때는 다음과 같이 `docker exec` 또는 `docker cp`를 사용해서 파일에 액세스할 수 있다.

```
// Start our container
$ docker run --rm --name hello-container hello

// In another shell, copy the file locally
// Assumes log is at /log/application.log
$ docker cp hello-container:/log/application.log .

// Or alternatively, tail the file continually
$ docker exec hello-container tail -f /log/application.log
```

그러나 이렇게 하면 정보를 검색하는 데 약간의 어려움이 생기며, 컨테이너가 조기에 완전히 제거되면 데이터 손실의 위험이 있다.

컨테이너와 무관하게 자주 사용하는 관행은 응용 프로그램에서 로그를 중앙 위치로 전달하는 것이다. 이 전달의 대상은 중앙 저장소일 수도 있으며, 일래스틱서치Elasticsearch와 같은 인덱싱 서비스나 완전히 외부 로깅 공급자일 수도 있다.

그러나 컨테이너 내에서 로그를 간단히 로컬 파일에 기록하는 관행을 유지하려면 로그 전달 애플리케이션을 어디에 실행할지 결정해야 한다. 컨테이너 내에 두면 추가적인 메모리와 리소스가 소비되며, 일반적으로는 하나의 컨테이너 내에 여러 가지 요소를 가지는 것을 피하는 것을 권장한다. 컨테이너에 볼륨을 마운트해서 로그 파일을 컨테이너와 호스트 간에 공유할 수 있지만, 이는 환경 설정이 필요하며 성능이 좋지 않을 수 있다.

더 나은 대안은 도커 컨테이너가 일반 출력 스트림인 `STDOUT`과 `STDERR`에 작성하는 모든 내용을 캡처한다는 점을 활용하는 것이다. 호스트에서는 이러한 스트림이 실행되는 모든 컨테이너가 잘 알려진 파일 위치에 저장된다. 이는 구성을 간소화한다. 호스트에 한 번 로그 전달 애플리케이션을 설치하고 개별 컨테이너가 파일 대신 `STDOUT`에 작성하도록 지시하면 된다. 또한 기존의 로깅 라이브러리인 `log4j2`와 호환된다. `log4j2`는 정확히 이 목적을 위해 `CONSOLE`에 작성하는 어펜더를 가지고 있다.

이런 유형의 인프라 구성은 컨테이너를 단일 호스트 이상으로 확장하는 경우에 발생하는 문제 중 하나다. 이러한 질문에 대한 체계적인 해결 방법을 제공하는 것은 다음 주제인 쿠버네티스의 주요 이점 중 하나다.

12.4 쿠버네티스

도커 소개는 컨테이너 구성과 사용자화의 표면적인 부분만 다루었다. 실제 프로덕션 환경에서는 컨테이너의 많은 인스턴스가 필요할 수 있다. `docker` 명령만으로 대량의 컨테이너를 관리하면 금방 통제 불능 상태가 되며, 프로덕션 환경에는 수백 개의 개별 컨테이너가 있는 경우도 드물지 않다. 이러한 작업을 자동화해야 한다. 자동화를 위한 일반적인 용어가 **오케스트레이터**orchestrator이며, 이 분야에는 많은 대안이 있지만, 쿠버네티스가 지배적인 솔루션이다.

쿠버네티스Kubernetes(흔히 K8s이라고도 함)는 원래 컨테이너 오케스트레이션에 대한 구글의 내부 작업에서 파생된 오픈소스 프로젝트다. 이 프로젝트의 핵심은 시스템에 대해 원하는 상태를 설명한 다음, 시간이 지나도 해당 상태가 유지되도록 보장하는 표준 API 기반 도구를 제공하는 것이다.

쿠버네티스는 시스템을 다양한 유형의 오브젝트 집합으로 모델링한다. 일련의 **컨트롤러**controller가 지속적으로 실행돼 시스템의 실제 상태를 관찰하고 변경 사항(예: 이전 컨테이너가 죽으면 새 컨테이너 생성)을 적용하여 시스템의 원하는 상태와 실제 상태가 일치하도록 한다.

쿠버네티스를 자세히 다루는 것은 이 책의 범위를 훨씬 벗어나지만, 작동 방식을 맛보기 위해 가장 기본적인 오브젝트 유형과 지금까지 배운 컨테이너 기술로 이를 사용하는 방법을 살펴보겠다.

- **클러스터**cluster: 단일 머신에서 수백 개의 노드까지 모든 것이 쿠버네티스를 한 번만 설치하면 된다.
- **노드**node: 클러스터 내에서의 단일 머신(가상 또는 물리적)

- **팟**pod: 하나 이상의 컨테이너로 구성된 배포 가능한 단위
- **디플로이먼트**deployment: 팟을 배포하는 선언적 방법
- **서비스**service: 클러스터의 컨테이너를 호출자에게 노출하는 오브젝트

이러한 아이디어를 단계별로 살펴보고 데모하기 위해 쿠버네티스 프로젝트 자체의 로컬 개발 환경인 minikube를 사용하겠다. 사용 중인 OS의 최신 설치 지침은 링크를 참조하자(https://minikube.sigs.k8s.io/docs/start/).

설치가 완료되면 다음 그림과 같이 minikube start 명령으로 로컬 클러스터를 시작할 수 있다. 필요한 이미지를 모두 다운로드하는 데 몇 분 정도 소요될 수 있다.

```
$ minikube start

  minikube v1.25.2 on Darwin 11.6.2
  Using the docker driver based on existing profile
  Starting control plane node minikube in cluster minikube
  Pulling base image ...
  Downloading Kubernetes v1.23.1 preload ...
  > preloaded-images-k8s-v17-v1...: 504.44 MiB / 504.44 MiB  100.00%
  Restarting existing docker container for "minikube" ...
  Preparing Kubernetes v1.23.1 on Docker 20.10.12 ...
  * kubelet.housekeeping-interval=5m
  Verifying Kubernetes components...
  * Using image kubernetesui/dashboard:v2.3.1
  * Using image kubernetesui/metrics-scraper:v1.0.7
  * Using image gcr.io/k8s-minikube/storage-provisioner:v5
  Enabled addons: storage-provisioner, default-storageclass, dashboard

  Done! kubectl is now configured to use "minikube" cluster and "default"
  namespace by default
```

이제 로컬에 쿠버네티스 클러스터가 실행 중이다. 클러스터를 중지하려면 minikube stop 명령을 사용하거나 실험이 완전히 끝났다면 minikube delete 명령으로 제거할 수 있다.

쿠버네티스는 시스템과 상호작용하기 위한 REST API를 제공하지만, 인간이 사용하기에 더 적합하고 편리한 래퍼가 있는데, 바로 kubectl 명령이다. 이를 사용해서 클러스터 내 오브젝트를 보고, 생성, 편집할 수 있다. 예를 들어 minikube는 기본적으로 노드 객체를 생성해주는데, kubectl describe node 명령을 사용해서 어떤 설정이 이뤄졌는지 확인할 수 있다. 다음은 자세한 정보가 많이 제공되기 때문에 출력 내 일부만 강조 표시한다.

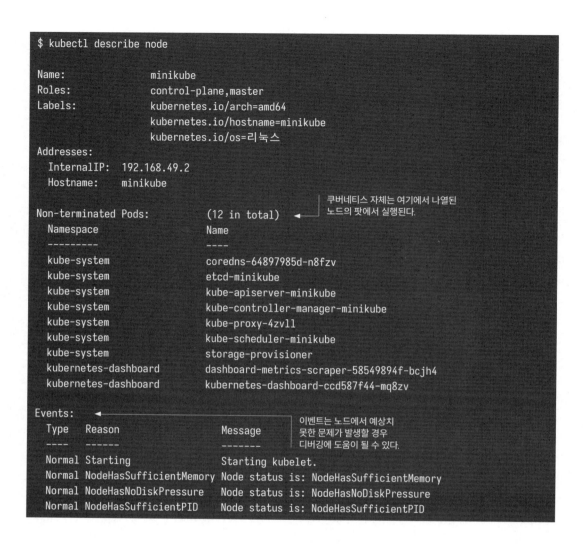

```
$ kubectl describe node

Name:              minikube
Roles:             control-plane,master
Labels:            kubernetes.io/arch=amd64
                   kubernetes.io/hostname=minikube
                   kubernetes.io/os=리눅스
Addresses:
  InternalIP:  192.168.49.2
  Hostname:    minikube

Non-terminated Pods:          (12 in total)   ◄──    쿠버네티스 자체는 여기에서 나열된
  Namespace                   Name                    노드의 팟에서 실행된다.
  ---------                   ----
  kube-system                 coredns-64897985d-n8fzv
  kube-system                 etcd-minikube
  kube-system                 kube-apiserver-minikube
  kube-system                 kube-controller-manager-minikube
  kube-system                 kube-proxy-4zvll
  kube-system                 kube-scheduler-minikube
  kube-system                 storage-provisioner
  kubernetes-dashboard        dashboard-metrics-scraper-58549894f-bcjh4
  kubernetes-dashboard        kubernetes-dashboard-ccd587f44-mq8zv

Events:   ◄──                                    이벤트는 노드에서 예상치
  Type    Reason                   Message        못한 문제가 발생할 경우
  ----    ------                   -------         디버깅에 도움이 될 수 있다.
  Normal  Starting                 Starting kubelet.
  Normal  NodeHasSufficientMemory  Node status is: NodeHasSufficientMemory
  Normal  NodeHasNoDiskPressure    Node status is: NodeHasNoDiskPressure
  Normal  NodeHasSufficientPID     Node status is: NodeHasSufficientPID
```

minikube 클러스터와 노드를 제공했으니 이제 몇 가지 소프트웨어를 실행할 준비가 됐다. 간단하게 하기 위해 이름에서 알 수 있듯이 전송된 HTTP 요청에 대한 정보를 에코백echos back하는 k8s.gcr.io/echoserver:1.4 이미지를 사용하겠다.

NOTE minikube는 로컬 이미지 작업을 지원하지만 별도의 도커 데몬을 실행하므로 이미지 관리가 조금 더 복잡해진다. minikube를 사용해서 더 많은 로컬 개발을 하려면 https://github.com/kubernetes/minikube에서 리드미를 참조하자. 이 예제에서는 간단하게 하기 위해 이미 공개된 이미지를 사용하겠다.

첫 번째 목표는 클러스터에서 echoserver 컨테이너를 실행하는 팟을 얻는 것이다. 이를 위해 다음 코드에 표시된 것처럼 kubectl에 디플로이먼트를 생성하도록 요청한다. 디플로이먼트 오브젝트는 쿠버네티스 클러스터에 원하는 팟의 실행 상태를 알려준다. 쿠버네티스의 제어 루프는 원하는 상

태가 현실과 일치하지 않는 것을 감지하고 이를 해결하기 위해 팟을 시작한다.

```
$ kubectl create deployment echoes --image=k8s.gcr.io/echoserver:1.4
deployment.apps/echoes created
```

일반적인 `kubectl get` 명령을 사용해서 클러스터 내에 디플로이먼트가 존재하는지 검사할 수 있다. 다음과 같이, 이 명령은 시스템 내 모든 유형의 객체에 적용된다.

```
$ kubectl get deployments
NAME     READY   UP-TO-DATE   AVAILABLE   AGE
echoes   1/1     1            1           55s
```

팟을 검사하면 클러스터가 실제 상태를 디플로이먼트의 요청 상태와 일치하도록 조정했음을 확인할 수 있다. 다음에서 보여주는 것처럼 그림 12.9는 단일 팟의 상태를 시각적으로 보여준다.

```
$ kubectl get pods
NAME                       READY   STATUS    RESTARTS   AGE
echoes-7989cff4bc-7m4df    1/1     Running   0          78s
```

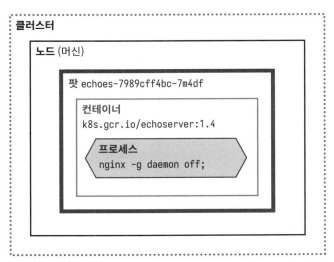

그림 12.9   하나의 팟이 실행 중인 쿠버네티스 클러스터

`kubectl create deployment` 명령은 쉽게 시작할 수 있는 방법이지만 해당 인수는 쿠버네티스가 구성할 수 있는 것의 일부만 다룬다. 쿠버네티스 오브젝트의 자연스러운 표현은 YAML로 제공되

며, 다음 코드 샘플에 나와 있는 대로 `kubectl edit deployment echoes`를 통해 전체 구성을 볼 수 있다. 이 명령은 현재 YAML로 된 객체를 기본 편집기에서 연다. 파일을 수정하면 편집기를 종료할 때 해당 변경 사항이 적용된다. 모든 옵션을 다루지 않으므로 자세한 내용은 http://mng.bz/M5m2의 문서를 참조하자.

```
# 다음은 쿠버네티스 객체다. '#'으로 시작하는 라인은 무시되며, 빈 파일은 수정을 취소한다.
# 저장 중에 오류가 발생하면 해당 오류가 강조된 채로 파일이 다시 열린다.
#
apiVersion: apps/v1
kind: Deployment
metadata:
  annotations:
    deployment.kubernetes.io/revision: "1"
  creationTimestamp: "2022-02-01T08:26:32Z"
  generation: 1
  labels:
    app: echoes                    디플로이먼트에
  name: echoes    ◄──────────      부여한 이름 echos
  namespace: default
  resourceVersion: "1310"
  uid: e8b775f6-243e-46c1-9275-dadaecf2db3b
spec:    ◄──────                            spec은 디플로이먼트의 원하는
  progressDeadlineSeconds: 600              상태를 설명한다.
  replicas: 1    ◄─────               실행할 팟 수를 결정하는
  revisionHistoryLimit: 10            중요한 값으로, 잠시 후에
  selector:                           설명할 것이다.
    matchLabels:
      app: echoes
  strategy:
    rollingUpdate:
      maxSurge: 25%
      maxUnavailable: 25%
    type: RollingUpdate
  template:
    metadata:
      creationTimestamp: null
      labels:
        app: echoes
    spec:
      containers:                          팟을 실행하기 위해
      : image: k8s.gcr.io/echoserver:1.4   요청한 이미지
        imagePullPolicy: IfNotPresent
        name: echoserver
        resources: {}
        terminationMessagePath: /dev/termination-log
```

```
          terminationMessagePolicy: File
      dnsPolicy: ClusterFirst
      restartPolicy: Always
      schedulerName: default-scheduler
      securityContext: {}
      terminationGracePeriodSeconds: 30
status:
  availableReplicas: 1
  conditions:
 : lastTransitionTime: "2022-02-01T08:26:33Z"
   lastUpdateTime: "2022-02-01T08:26:33Z"
   message: Deployment has minimum availability.
   reason: MinimumReplicasAvailable
   status: "True"
   type: Available
 : lastTransitionTime: "2022-02-01T08:26:32Z"
   lastUpdateTime: "2022-02-01T08:26:33Z"
   message: ReplicaSet "echoes-7989cff4bc" has successfully progressed.
   reason: NewReplicaSetAvailable
   status: "True"
   type: Progressing
  observedGeneration: 1
  readyReplicas: 1
  replicas: 1
  updatedReplicas: 1
```

> status는 현재 디플로이먼트 상태에 대해 관찰된 내용을 알려준다. 또한 복제본이 있어 현재 몇 개가 실행되고 있는지 알려준다.

만약 `replicas: 1`의 `spec`값을 3으로 변경하면 어떤 일이 발생할까? 쿠버네티스는 디플로이먼트 상태와 클러스터에 실제로 존재하는 상태의 불일치를 감지하고 우리를 대신해서 새로운 컨테이너를 시작한다. 다음과 같이 표시된다. 그림 12.10은 컨테이너가 시작된 후의 결과를 보여준다.

```
$ kubectl get pods
NAME                      READY   STATUS    RESTARTS   AGE
echoes-7989cff4bc-7m4df   1/1     Running   0          7m38s
echoes-7989cff4bc-7qn47   1/1     Running   0          8s
echoes-7989cff4bc-cmngm   1/1     Running   0          8s
```

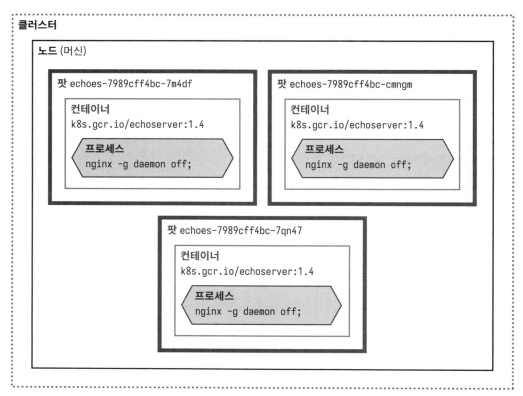

그림 12.10 여러 팟이 실행되는 쿠버네티스 클러스터

실제로는 프로덕션 쿠버네티스 클러스터에서 YAML 파일을 수동으로 편집하는 일은 드물겠지만, 모든 도구가 여기에 기반을 두고 있다. CI/CD 시스템, 생성되거나 소스로 관리되는 쿠버네티스 manifests는 올바른 YAML과 API 호출을 생성하는 도우미 역할을 한다.

로컬 시스템에서는 이전에 사용한 것과 동일한 트릭을 사용하여 실행 중인 컨테이너를 면밀히 살펴볼 수 있도록 `docker ps`와 `docker exec`를 사용한다. 컨테이너 이름을 알고 있다면 `kubectl`이 다음과 같이 팟 내부에서 셸을 실행시키기 위한 조금 더 깔끔한 명령어를 제공한다.

```
$ kubectl exec echoes-7989cff4bc-7m4df -- bash
root@echoes-7989cff4bc-7m4df: uname -a
linux echoes-7989cff4bc-7m4df 5.10.76-linux kit #1 SMP \
  Mon Nov 8 10:21:19 2021 x86_64 x86_64 x86_64 GNU/linux
```

마지막 단계로, 이 디플로이먼트를 더 유용하게 만들려면 추가적인 작업이 필요하다. 기본적으로 클러스터 내의 팟에 접근할 수 없다. 컨테이너의 `docker ps`를 살펴보면 포트가 노출되지 않은 것을 볼 수 있다.

쿠버네티스는 클러스터로의 로드 밸런싱과 트래픽 라우팅을 다루기 위한 일반적인 인터페이스인 **서비스 추상화**service abstraction를 통해 이를 해결한다. 이에 대한 자세한 내용은 본 소개에서 다루기 어려우나, `kubectl expose`를 사용해서 가장 간단한 유형인 `NodePort`를 설정해보겠다.

```
$ kubectl expose deployment echoes --type=NodePort --port=8080
service/echoes exposed
```

그림 12.11에서 볼 수 있듯이, 이렇게 하면 클러스터 내에서 `NodePort`를 나타내는 새로운 오브젝트 가 생성된다.

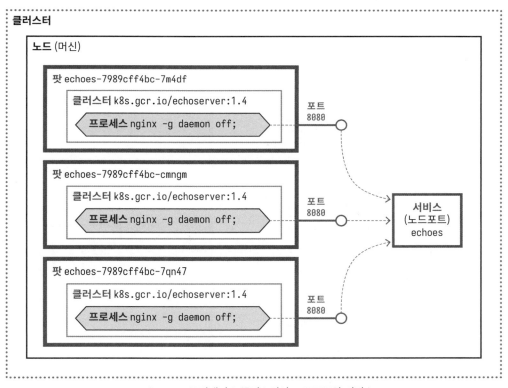

그림 12.11 쿠버네티스 클러스터의 노드포트와 서비스

서비스를 보면 다음과 같이 클러스터에 구성된 `NodePort`를 볼 수 있다.

```
$ kubectl get services
NAME         TYPE        CLUSTER-IP       EXTERNAL-IP    PORT(S)          AGE
echoes       NodePort    10.108.182.100   <none>         8080:31980/TCP   12s
kubernetes   ClusterIP   10.96.0.1        <none>         443/TCP          35m
```

내부적으로는 클러스터의 모든 노드에서 포트 8080을 사용할 수 있으며, 이는 트래픽을 팟으로 전달한다는 의미다. 이제 트래픽이 팟에 도달할 수 있는 방법이 생겼으므로, 이를 호출할 수 있도록 클러스터 외부에 공개해야 한다. `kubectl`은 다음과 같은 포트 포워딩 기능으로 이를 지원한다.

```
$ kubectl port-forward service/echoes 7080:8080
Forwarding from 127.0.0.1:7080 -> 8080
Forwarding from [::1]:7080 -> 8080
Handling connection for 7080
```

터미널에서 이 포워딩을 실행하면 브라우저에서 127.0.0.1:7080을 방문할 수 있으며, 요청이 다시 에코되는 것을 볼 수 있다. 그림 12.12는 다양한 컴포넌트로 팟으로 향하는 트래픽의 흐름을 보여준다.

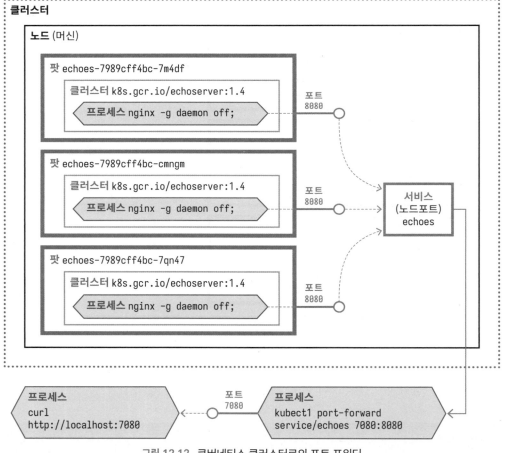

그림 12.12 쿠버네티스 클러스터로의 포트 포워딩

쿠버네티스는 도커 컨테이너를 로컬에서 실행하는 것보다 복잡한 단계를 거치지만, 컨테이너를 대규모로 실행하는 어려움에 대한 해결책을 제공한다. 그러나 쿠버네티스에서 실행하든 그렇지 않든, 우리는 항상 서비스의 성능에 관심을 가지게 된다. 이제 어떻게 프로덕션 환경에서 컨테이너의 성능을 관리하는지 살펴보겠다.

12.5 관측 가능성과 성능

자바 기술은 원래 데이터센터의 베어 메탈에서 JVM이 실행되고 개발자가 배포 환경의 세부 사항으로부터 상대적으로 격리돼 있거나 심지어 무지한 상태로 있을 수 있는 환경을 위해 설계됐다. 그러나 세상은 근본적인 수준에서 변화한다. 클라우드 네이티브 배포, 특히 컨테이너가 등장하고 빠르게 채택되고 있다(업계의 여러 부분에 걸쳐 다양한 속도로 채택되고 있다).

컨테이너는 현대적인 애플리케이션의 내부를 이해하는 데 어려움이 있다. 예를 들어 컨테이너에서는 ssh와 같은 서비스를 실행하는 것이 일반적이지 않기 때문에, 컨테이너에 로그인해서 내부 동작을 확인할 수 없다. 대신 애플리케이션의 건강 상태와 관련된 데이터는 컨테이너 밖으로 내보내야 한다.

관측 가능성observability이라는 **데브옵스**DevOps 관행은 **애플리케이션 성능 모니터링**application performance monitoring, APM과 쿠버네티스와 같은 오케스트레이션된 시스템에 대한 가시성의 필요성 등 여러 가지 최신 개발 관행에서 비롯됐다. 풍부한 콘텍스트와 함께 시스템 동작에 대한 매우 세분화된 인사이트를 제공하는 것을 목표로 한다. 제공되는 기술은 컨테이너에서 자바 애플리케이션의 성능을 이해하고 조정하는 데 필수적이지는 않지만 매우 유용하다.

12.5.1 관측 가능성

전반적으로 관측 가능성은 매우 간단한 개념의 집합이다.

1. 시스템과 애플리케이션을 계측하여 관련 데이터를 수집한다.
2. 이 데이터를 저장하고 분석(쿼리 기능을 포함)할 수 있는 시스템으로 전송한다.
3. 전체 시스템에 대한 시각화와 통찰력을 제공한다.

쿼리 및 시각화 기능은 관측 가능성 기능의 핵심이다. 이것은 '알고 있지 못했던 질문에 대한 답을 얻을 수 있는 능력'으로 설명되며, 시스템의 내부 상태를 정확하게 모델링할 수 있는 충분한 데이터 수집을 통해서만 가능하다.

NOTE 관측 가능성의 기반이 되는 이론은 시스템 제어 이론, 즉 본질적으로 '시스템의 내부 상태를 외부에서 얼마나 잘 추론할 수 있는가?'라는 질문에서 출발한다.

궁극적으로는 전체 시스템에서 실행 가능한 인사이트를 얻을 수 있도록 하는 것이 목표다. 이것은 전체 시스템의 한두 부분만을 기반으로 하는 단편적인 관점을 대체해야 한다.

따라서 사고 해결은 분명한 관측 가능성의 적합한 사용 분야이지만(결국은 이러한 실천이 생겨난 곳이기도 하다), 관측 가능성의 잠재적 적용 범위는 훨씬 더 넓다. 올바른 데이터가 수집되고 있다면, 관측 가능성이 필요한 이해 관계자는 소프트웨어 신뢰성 엔지니어software reliability engineer, SRE, 프로덕션 지원 및 데브옵스 전문가분만 아니라 더 넓은 범위를 가질 수 있다.

관측 가능성은 특히 컨테이너화된 애플리케이션과 관련이 있다. 이런 배포는 기존 **온프레미스**on-premise 애플리케이션보다 복잡한 경향이 있다. 클라우드 배포 애플리케이션에는 일반적으로 더 많은 서비스와 컴포넌트가 포함되며, 더 복잡한 토폴로지와 지속적 배포continuous deployment, CD와 같은 관행으로 인해 변화 속도도 훨씬 빠르다.

이것은 새로운 클라우드 네이티브 기술의 인기 증가와도 결합된다. 이러한 새로운 기술은 새로운 운영 방식을 가지고 있다. 이에는 쿠버네티스와 AWS Lambda와 같은 **서비스형 함수**function as a service, FaaS가 포함된다. 이 새로운 환경은 근본 원인 분석과 사고 해결을 더 어렵게 만들 수 있다.

관측 가능성 데이터는 종종 **세 가지 기둥**three pillar으로 개념화된다. 이것은 간단한 멘탈 모델이다. 너무 간단하다는 주장도 있을 수 있지만, 관측 가능성을 처음 접하는 개발자에게 유용하다. 그 세 가지 기둥은 다음과 같다.

- **분산 추적**distributed trace: 단일 사용자 요청에 해당하는 단일 서비스 호출 레코드
- **메트릭**metric: 시간 간격 내의 특정 활동을 측정하는 값
- **로그**log: 시간이 지나면서 발생하는 각 사건을 기록한 것으로, 한 번 기록되면 변경되지 않는다 (일반 텍스트, 구조화된 형식 또는 이진 형식일 수 있음).

핵심 라이브러리와 계측 구성 요소는 모두 오픈소스며, 대부분은 클라우드 네이티브 컴퓨팅 재단 Cloud Native Compute Foundation, CNCF과 같은 업계의 단체를 통해 관리된다.

① 오픈텔레메트리

오픈텔레메트리OpenTelemetry 프로젝트(https://opentelemetry.io/)는 CNCF 내에서 중요한 프로젝트로, 시스템 상태를 모니터링하고 이해하기 위한 위한 표준, 형식, 클라이언트 라이브러리 및 관련 소프트웨어 컴포넌트들의 집합이다. 이 표준은 명시적으로 크로스 플랫폼이며 특정 기술 스택에 종속되지 않는다.

이는 OS 및 상용 제품과 통합돼 다양한 언어로 작성된 응용 프로그램에서 관측성 데이터를 수집할 수 있는 프레임워크를 제공한다. 구현은 오픈소스이기 때문에 특정 언어 커뮤니티에서 오픈텔레메트리가 얼마나 많은 관심을 끌었느냐에 따라 기술적 성숙도가 다르다.

오픈텔레메트리는 이전에 존재한 두 오픈소스 프로젝트, 오픈 트레이싱OpenTracing과 오픈 센서스OpenCensus 프로젝트의 합병에서 파생됐다. 오픈텔레메트리는 아직 성장 중이지만, 성장 속도는 점점 더 빨라지고 많은 응용 프로그램과 팀이 연구하고 구현하고 있는 추세다. 이 숫자는 앞으로도 크게 증가할 것으로 예상된다.

우리의 관점에서는 자바/JVM 구현은 현재 사용 가능한 것 중에서 가장 성숙한 구현 중 하나이며, 전통적인 APM/모니터링에 비해 여러 가지 장점이 있다. 특히, 오픈 표준을 사용하는 것은 다음과 같은 이점을 제공한다.

- 대폭 감소한 벤더 의존성
- 오픈 스펙 와이어 프로토콜
- 오픈소스 클라이언트 컴포넌트
- 표준화된 아키텍처 패턴
- 오픈소스 백엔드 컴포넌트의 양과 품질의 증가

오픈텔레메트리에는 전체 표준을 이루는 여러 하위 프로젝트가 있으며, 이들은 전반적인 생명 주기에서 모두 같은 수준의 성숙도에 있지 않다.

분산 추적 사양은 v1.0으로 진행 중이며 활발히 운영 시스템에 배포되고 있다. 이는 오픈 트레이싱을 완전히 대체하며, 오픈 트레이싱 프로젝트는 공식적으로 아카이브됐다. 가장 인기 있는 분산 추적 백엔드 중 하나인 Jaeger 프로젝트도 클라이언트 라이브러리 개발 및 지원을 중단하고 앞으로는 오픈텔레메트리 프로토콜을 기본으로 사용할 계획이다.

오픈텔레메트리 메트릭스 프로젝트는 아직 완전히 성숙하지는 않지만 v1.0과 일반적 사용 가능 general availability, GA 수준에 도달했다. 글을 쓰는 시점에서 프로토콜은 안정됐으며 API는 기능 동결 feature freeze 상태에 있다.

마지막으로 로깅 사양은 아직 초안 단계에 있으며 v1.0에 도달하려면 어느 정도 시간이 필요한 것으로 예상된다. 아직 이 사양에 대해 해야 할 작업이 어느 정도 남아 있는 것으로 알려져 있다.

전체적으로 보면, 메트릭스 표준이 추적과 함께 v1.0에 도달하면 오픈텔레메트리는 전체적으로 v1.0/GA로 간주될 것이다.

오픈텔레메트리용 자바 라이브러리는 수동적인 방법(개발자가 애플리케이션의 계측이 필요한 부분을 신중하게 선택해야 하는 경우) 또는 자동 계측 사용(자바 에이전트 사용) 중 하나를 사용해서 애플리케이션에 배포할 수 있다. 오픈텔레메트리용 자바 컴포넌트는 깃허브에서 찾을 수 있으며 http://mng.bz/aJyJ를 비롯한 여러 프로젝트에 포함돼 있다.

관측 가능성 전체 설루션을 구현하는 방법(오픈텔레메트리 기반이든 다른 스택 기반이든)에 대한 전체 논의는 이 책의 범위를 벗어나지만, 기본기가 탄탄한 자바 개발자라면 이 영역을 철저히 알아보는 것이 좋다.

관측 가능성과 관련해서 자바/가상머신 전문가가 아닌 엔지니어들에게는 알려져 있지 않을 수도 있는 몇 가지 미묘한 성능 이야기가 있는데, 조금 더 자세히 살펴보겠다.

12.5.2 컨테이너에서의 성능

많은 개발자가 자신의 자바 애플리케이션을 컨테이너로 마이그레이션할 때 가능한 한 작은 컨테이너를 사용하려고 한다. 이는 클라우드 기반 애플리케이션이 일반적으로 사용한 RAM과 CPU에 따라 과금되기 때문에 합리적으로 보인다.

그러나 JVM은 매우 동적인 플랫폼이어서, 중요한 매개변수 중 일부는 JVM이 실행되는 머신의 특성을 바탕으로 JVM이 시작될 때 자동으로 결정된다.

이러한 특성에는 CPU의 유형 및 개수, 물리적 메모리의 양 등이 포함된다. 실행 중인 애플리케이션의 동작은 서로 다른 크기의 기계에서 실행할 때(이는 컨테이너도 포함됨) 다르게 될 수 있다. 이러한 동적인 특성 중 몇 가지는 다음과 같다.

- JVM 내재적 특성, 특정한 CPU 기능(예: 벡터 지원)을 활용할 수 있는 JIT 기술
- 내부 스레드 풀 크기 설정(예: '공통 풀')
- 가비지 컬렉션에 사용되는 스레드 수

이 목록만 보더라도 컨테이너 이미지의 크기를 잘못 선택하면 가비지 컬렉션 또는 공통 스레드 작업과 관련된 문제가 발생할 수 있음을 알 수 있다. 그러나 이 문제는 근본적으로 더 깊은 수준에 있다.

현재 버전의 자바와 자바 17을 포함해서, 명령줄에 명시적으로 가비지 컬렉션이 지정되지 않은 경우에는 몇 가지 동적 검사를 수행해서 자동으로 가비지 컬렉션을 결정한다. 컬렉터가 지정되지 않았다면, 로직은 다음과 같다.

- 기계가 서버급이라면 G1(자바 8용 병렬 컬렉터) 선택
- 기계가 서버급이 아니라면 Serial 선택

서버 급 머신의 작동 정의는 다음과 같다.

- 물리적 CPU >= 2개 및 메모리 >= 2GB

즉 CPU가 2개, 메모리가 2GB 미만인 것으로 보이는 컴퓨터에서 자바 애플리케이션을 실행하는 경우, 특정 컬렉터 알고리즘을 명시적으로 선택하지 않는 한 Serial 알고리즘이 사용된다. 이는 일반적으로 팀이 원하는 결과가 아닐 것이며, 다음과 같은 최선의 실천 방법을 이끌어낸다.

TIP 항상 적어도 2개의 CPU와 2GB의 메모리를 가진 컨테이너 내에서 자바 애플리케이션을 실행하자.

또한 전통적인 자바 애플리케이션 생명 주기는 부트스트랩, 집중적인 클래스 로딩, 워밍업(JIT 컴파일 포함), 그리고 상대적으로 적은 클래스 로딩과 JIT를 사용하는 장기간의 정상 상태(며칠 또는 몇 주 동안 지속)의 여러 단계로 구성된다는 점을 인식하는 것이 중요하다. 이 모델은 컨테이너가 훨씬 더 짧은 기간 동안 유지되고 클러스터 크기가 동적으로 재조정될 수 있는 클라우드 배포에서 어려움을 겪을 수 있다.

이런 새로운 세상에서 자바는 다음과 같은 몇 가지 핵심 측면에서 경쟁력을 유지해야 한다.

- 풋프린트: 애셋 사용량을 줄이는 것
- 밀도: 밀집도를 높이는 것
- 시작 시간: 애플리케이션을 시작하는 시간을 단축하는 것

다행히도, 이러한 특성에 맞게 계속 플랫폼을 최적화하기 위한 작업과 연구가 진행 중이다. 이에 대한 자세한 내용은 18장에서 살펴보겠다.

요약

- 컨테이너는 애플리케이션을 패키징하고 배포하는 방식을 근본적으로 변화시켰으며 몇 가지 새로운 기술과 개념을 필요로 한다.
- 컨테이너는 과거에 보아왔던 고전적인 운영체제, 하이퍼바이저, 가상머신 위에 또 다른 추상화 계층을 나타낸다.
- 도커는 컨테이너 이미지를 빌드, 게시, 실행하는 가장 일반적인 도구다.
- 도커 파일을 통해 컨테이너 이미지를 지정한다. 결과 이미지에는 애플리케이션과 애플리케이션이 실행될 수 있는 전체 환경(JVM, 기본 의존성 및 추가 도구 포함)이 포함된다.
- 컨테이너는 특히 네트워킹에 추가적인 계층을 도입한다. 가장 기본적인 형태는 컨테이너가 외부 세계에 액세스할 수 있도록 컨테이너가 노출하는 포트를 관리해야 한다는 것이다.
- 대규모로 컨테이너를 운영하려면 추적해야 할 사항이 많기 때문에 오케스트레이터를 사용해 체계적으로 관리해야 한다. 이를 위해 가장 많이 사용되는 것은 쿠버네티스다.
- 쿠버네티스는 시스템이 원하는 상태를 선언하고 런타임에 이를 실현하기 위한 풍부하고 확장 가능한 API를 제공한다. 명령줄과 REST API를 통해 액세스할 수 있으며, 이를 둘러싼 방대한 지원 도구 에코시스템이 있다.
- 컨테이너의 핵심 기능은 리소스에 대한 제약 조건을 적용하는 것이다. 메모리와 CPU에 대한 이러한 제한은 컨테이너에서 실행되는 애플리케이션의 성능에 영향을 미칠 수 있다.

13

테스트 기본

프로그래밍 분야에서 최근 몇 년 동안 자동화된 테스트가 개발 과정의 일부로 점차 받아들여지고 있다. 개발자는 시스템이 올바르게 작동하는지 확인하기 위해 로컬에서 테스트를 실행하며, 빌드와 지속적 통합 환경에서도 실행한다. 이와 함께 다양한 도구, 접근 방식과 철학이 폭발적으로 등장했다.

모든 기술이 그렇듯이 테스트에서도 모든 가능한 상황을 커버할 수 있는 만병통치약은 없다. 따라서 테스트 방법을 가장 잘 결정할 수 있도록 테스트하는 이유를 이해하는 것이 중요하다.

13.1 테스트하는 이유

사실, 테스트라는 단어는 코드의 동작을 검사하는 다양한 이유를 감추고 있다. 고려할 수 있는(완전하지 않으면서 때로는 중복되는) 목록은 다음과 같다.

- 개별 메서드의 로직이 올바른지 확인
- 코드 내 두 객체 간의 상호작용을 확인
- 라이브러리나 다른 외부 의존성이 예상대로 동작하는지 확인
- 시스템의 일부에서 생성되거나 소비되는 데이터가 유효한지 확인
- 시스템이 외부 구성 요소(예: 데이터베이스)와 올바르게 작동하는지 확인
- 시스템의 최종적인 동작이 중요한 비즈니스 시나리오를 충족하는지 확인
- 나중에 유지 보수하는 사람들을 위해 가정을 문서화하기(테스트는 주석이나 문서와 같은 방식으로 동기화되지 않기 때문)
- 강한 결합과 객체 책임을 노출하여 시스템 설계에 영향을 미침
- 사람이 직접 실행하는 릴리스 후 체크리스트 자동화하기
- 작위적인 입력을 통해 코드에서 예상치 못한 코너 케이스 찾기

이 짧은 테스팅 동기 목록도 '코드를 테스트한다'라는 간단한 아이디어가 반드시 간단하지 않을 수 있음을 보여준다. 따라서 테스트에 접근할 때 다음과 같은 질문을 스스로에게 던져볼 필요가 있다.

- 코드를 테스트하는 동기는 무엇인가?
- 어떤 기술을 사용하면 그 목표를 가장 정확하고 깔끔하게 달성할 수 있는가?

13.2 테스트 방법

다양한 유형의 테스트를 논의할 때 가장 흔히 사용하는 도구 중 하나는 그림 13.1에 표시된 테스트 피라미드다. 마이크 콘Mike Cohn의 저서 《경험과 사례로 풀어낸 성공하는 애자일》(인사이트, 2012)에서 유래한 이 피라미드는 다양한 유형의 테스트가 우리에게 제공하는 도움을 극대화하기 위해 비용을 균형 있게 조절하는 한 가지 방법을 표현한다.

그림 13.1 테스팅 피라미드

이러한 테스팅 유형 사이의 정확한 경계에 대한 논쟁이 인터넷에서는 계속되고 있지만, 핵심 아이디어는 꽤 유용하다.

NOTE 이러한 유형의 테스트는 사용하는 도구에 따라 정의되지 않는다. JUnit을 사용한다고 해서 단위 테스트를 작성하는 것이 아니며, 명세 라이브러리specification library를 사용한다고 해서 이해 관계자가 실제로 유용하게 사용할 수 있는 인수 테스트acceptance test를 한다는 보장은 없다. 이러한 유형의 테스트는 우리가 실행하고 증명하고자 하는 것에 관한 것이다.

단위 테스트unit test는 피라미드의 기초를 형성하는 테스트로, 시스템의 한 측면을 집중적으로 테스트한다. 그러나 '하나의 측면'이라는 말이 무엇을 의미할까? 가장 쉬운 부분은 테스트 중인 코드가 외부 의존성과 어떻게 관련되는지다. 테스트가 결과에 대한 어떤 로직을 수행하기 전에 데이터베이스를 호출한다면, 더 이상 '하나의 측면'을 테스트하는 것이 아니라 데이터베이스 조회와 로직 작동을 모두 테스트하게 된다. 이러한 외부 의존성은 종종 네트워크 서비스나 파일을 포함할 수 있다.

이러한 단일 초점을 위반하지 않기 위한 일반적인 접근 방식은 테스트 더블을 사용하는 것이다. 예를 들어 단위 테스트에서 실제 데이터베이스 대신 가짜 객체와 대화하도록 하는 것이다. 이에 대해서는 다음 절에서 자세히 설명하겠지만, 기본 아이디어는 이런 가짜 객체가 여러 가지 형태를 가지며, 이를 잘 수행하려면 여러 가지 필요한 사항을 고려해야 한다는 것이다.

단위 테스트는 다양한 이유로 매력적이며, 이로 인해 전통적으로 테스팅 피라미드에서 가장 큰 부분을 차지한다. 이유는 다음과 같다.

- **빠름**: 테스트에 외부 의존성이 없으면 실행하는 데 오래 걸리지 않는다.
- **집중**: 하나의 '단위' 코드에 대해서만 이야기하면 설정이 많은 대규모 테스트보다 테스트가 표현하는 것이 더 명확해지는 경우가 많다.

- **안정적인 실패**: 외부 의존성, 특히 외부 상태에 대한 의존성을 최소화하면 단위 테스트가 결정론적으로 만들어져 예측 가능하게 된다.

이 모든 것이 훌륭해보이지만, 왜 항상 단위 테스트만 작성하지 않는 걸까? 사실 단위 테스트에는 테스트해야 하는 모든 규모에서 유용하지 않은 한계가 있다. 이러한 이슈는 다음과 같다.

- **높은 결합도**: 단위 테스트는 정의상 구현과 밀접한 관련이 있으므로 이런 구현 선택에 너무 긴밀하게 결합되는 경향이 있다. 기반 구현이 변경될 때 전체 단위 테스트 세트가 무효화되는 경우가 흔하다.
- **의미 있는 상호작용 부재**: 코드를 서로 상호작용 없이 동작하는 객체의 집합으로 생각하는 것은 매력적일 수 있지만, 사실은 프로그램의 실제 작업에는 종속적인 부분 간의 상호작용이 포함돼 있으며, 이는 단위 테스트에서 놓치게 된다.
- **내부 초점**: 테스트의 목표는 종종 소프트웨어의 최종 사용자가 올바른 결과를 얻는지 보여주는 것이다. 하지만 단일 메서드의 정확성이 사용자의 만족으로 이어지는 경우는 드물다.

다음 단계인 **통합 테스트**integration test는 단위 테스트에서의 의존성 제약을 벗어나서, 시스템 내의 다양한 부분이 원활하게 연결되는지 확인하는 것에 중점을 둔다. 즉 통합 테스트는 서로 다른 컴포넌트들이 제대로 협력하며 통합되는지를 검증하는 데 초점을 둔다.

단위 테스트와 마찬가지로 통합 테스트는 시스템의 일부분만을 선택하여 테스트할 수도 있다. 일부 의존성, 예를 들어 외부 서비스는 여전히 테스트 더블로 대체할 수 있으며, 다른 의존성인 데이터베이스는 테스트할 수 있는 범위 내에 있다. 중요한 것은 이러한 테스트가 코드의 단일 '단위'를 넘어서서 외부에 도달한다는 것이다.

단위 테스트와 통합 테스트 사이의 정확한 경계가 모호할 수 있다. 그럼에도 불구하고 다음과 같은 몇 가지 예제는 명백히 통합 테스트 영역으로 넘어가는 것을 보여준다.

- 데이터베이스 인스턴스가 필요하고 데이터 액세스 코드에 호출을 수행한다.
- 특별한 내부 HTTP 서버를 시작해서 요청을 테스트한다.
- 다른 서비스에 실제 호출을 수행한다(테스트 환경 여부에 관계없이).

통합 테스트에는 다음과 같은 많은 장점이 있다.

- **더 넓은 커버리지**: 통합 테스트는 필연적으로 더 많은 코드와 종속 라이브러리의 코드를 작동시킨다.

- **더 많은 유효성 검사**: 특정 유형의 오류는 실제 의존성을 사용할 때만 감지가 가능할 수도 있다. 예를 들어 SQL 문의 구문 오류는 실제 데이터베이스를 호출하지 않으면 찾기 어려울 수 있다.

물론 어떤 선택이든 트레이드 오프를 수반한다. 통합 테스트는 다음과 같은 이유로 관리되지 않으면 큰 문제의 원인이 될 수 있다.

- **느린 테스트**slow test: 메모리에서 값을 읽는 대신 실제 데이터베이스로 이동하면 느려진다. 수백 개 또는 수천 개의 테스트에서 이를 곱하면 기다려야 하는 시간이 상당히 길어질 수 있다.

- **결과의 불확실성**nondeterministic result: 외부 의존성은 중요한 상태가 테스트 실행 간에 변경될 수 있는 가능성을 증가시킨다. 예를 들어 데이터베이스에 남아 있는 레코드는 SQL 문에서 반환되는 내용을 변경할 수 있다.

- **잘못된 신뢰**false confidence: 통합 테스트에서는 때로 메인 시스템의 주요 의존성과 약간 다른 의존성을 사용할 수 있다. 예를 들어 테스트 데이터베이스가 프로덕션과 다른 버전인 경우, 통합 테스트는 모든 것이 좋다는 잘못된 표시를 할 수 있다.

이 모든 어려움을 고려하더라도, 통합 테스팅은 테스팅 영역의 중요한 부분이다.

E2E 테스트end-to-end test는 통합 테스트를 뛰어넘어 시스템의 전체 사용자 경험을 복제하기 위한 목적으로 진행된다. 이는 프로그래밍 방식으로 웹브라우저나 다른 애플리케이션을 조작하거나, 테스트 환경에서 완전히 배포된 서비스 인스턴스를 실행하는 것을 의미할 수 있다. E2E 테스트는 시스템의 낮은 수준에서는 재현하기 어려운 다음과 같은 이점을 제공한다.

- **실제 사용자 경험**: 좋은 E2E 테스트는 사용자가 보는 것과 비슷하다. 이를 통해 사용자의 높은 수준의 기대치를 직접 검증할 수 있다.

- **실제 환경**: 많은 E2E 테스트가 테스트, 스테이징, 프로덕션 환경에서 실행된다. 이를 통해 코드가 편안하고 세심하게 관리되는 빌드 환경 밖에서도 작동하는지 검증할 수 있다.

- **사용 가능한 UI**: 웹브라우저를 구동하는 방식 같은 많은 E2E 테스트 접근 방식은 다른 곳에서는 검증하기 어려울 수 있는 시스템의 측면(예: 버튼이 렌더링돼 클릭할 수 있는지 여부)을 확인할 수 있다.

하지만 전체 시스템 테스트에서의 이런 실제 상황은 다음과 같은 어려움을 함께 수반한다.

- **더욱 느려진 테스트:** 많은 단위 테스트가 거의 즉시 실행되고, 통합 테스트도 1초 미만인 경우가 많은 상황에서 웹브라우저를 제어해서 사이트를 탐색하는 E2E 테스트는 실행하는 데 훨씬 더 오랜 시간이 걸릴 수밖에 없다.

- **불안정한 테스트:** 전통적으로 E2E 테스트, 특히 UI 테스트의 도구들은 불안정성이 있어 다시 시도하거나 오랜 대기 시간을 필요로 하므로 불필요한 실패를 피해야 했다.

- **취약한 테스트:** E2E 테스트는 피라미드의 최상단에 위치하기 때문에 아래 레벨에서 변경하면 오류가 발생할 수 있다. 겉보기에 무해해 보이는 텍스트 변경으로 인해 이러한 대규모 테스트가 의도치 않게 중단될 수 있다.

- **더 어려운 디버깅:** E2E 테스트는 종종 테스트를 제어하는 또 다른 레이어를 도입해서 어떤 문제가 발생했는지 파악하는 것이 어려울 수 있다.

이 피라미드를 보면 '레이어 간의 적절한 테스트 비율은 얼마인가?'라고 묻고 싶을 것이다. 사실 정답은 없다. 모든 프로젝트와 시스템의 요구 사항이 다르기 때문이다. 하지만 피라미드는 시스템에서 각 기능을 어떻게 테스트할지를 선택할 때 장단점을 안내하는 데 도움이 될 수 있다.

물론 이 방법만이 유일한 방법은 아니지만, 기본기가 탄탄한 개발자는 테스트 중심 개발이라는 방법이 시스템의 발전에 따라 이런 다양한 수준의 테스트를 명확하게 유지하는 데 도움이 된다는 것을 알 수 있다.

13.3 테스트 주도 개발

테스트 주도 개발test-driven development, TDD은 소프트웨어 개발 산업에서 상당한 시간 동안 사용된 방법론이다. 기본적인 원칙은 구현을 진행하는 동안에 테스트를 작성하며, 이러한 테스트가 코드의 설계에 영향을 미치는 것이다. 테스트 주도 개발에서 일반적으로 권장하는 접근 방식 중 하나인 '테스트를 먼저 작성'하는 방법은 실제로 구현을 제공하기 전에 실패하는 테스트를 작성한 다음, 필요한 대로 리팩터링하는 것이다. 예를 들어 두 개의 문자열 객체(`"foo"`와 `"bar"`)를 연결하는 구현을 작성하려면 구현이 올바른지 확인해야 하는데, 먼저 테스트를 작성하고 (결과가 `"foobar"`와 같아야 함) 이후에 구현을 제공한다. 많은 개발자가 테스트를 작성하지만, 대개는 구현 후에 테스트를 작성한다. 이것은 테스트 주도 개발의 주요 장점 중 일부를 놓치게 한다.

비록 테스트 주도 개발이 보편화된 것처럼 보일지라도, 많은 개발자가 왜 테스트 주도 개발을 해야 하는지 이해하지 못하는 경우가 많다. 많은 개발자에게 여전히 남은 질문은 '왜 테스트 주도 개발을 해야 하는 걸까? 거기서 오는 이점은 무엇일까?'이다.

우리는 '불확실성과 두려움을 없애는 것'이 테스트 주도 개발을 적용해야 하는 주요 이유라고 믿는다. JUnit 테스팅 프레임워크 공동 개발자인 켄트 벡Kent Beck도 《테스트 주도 개발》(인사이트, 2014)에서 이를 잘 설명한다.

- 두려움은 소극적으로 만든다.
- 두려움은 의사소통을 줄이려고 한다.
- 두려움은 피드백을 피하려고 한다.
- 두려움은 화를 유발한다.

테스트 주도 개발은 두려움을 없애줘 기본기가 탄탄한 자바 개발자를 더욱 자신감 있고, 의사소통이 원활하며, 수용적이고, 행복한 개발자로 만들어준다. 다시 말해, 테스트 주도 개발은 다음과 같은 말을 하게 만드는 사고방식에서 벗어날 수 있도록 도와준다.

- 새로운 작업을 시작할 때: 어디서부터 시작해야 할지 잘 모르니 그냥 코드에 무작위로 접근해봐야겠다.
- 기존 코드를 변경할 때: '기존 코드가 어떻게 동작할지 몰라서 변경하기가 은근히 겁이 난다.'

테스트 주도 개발은 항상 즉각적이고 명확하지는 않지만 다음과 같은 많은 이점을 제공한다.

- **더 깔끔한 코드:** 필요한 코드만 작성할 수 있다.
- **더 좋은 디자인:** 일부 개발자는 테스트 주도 개발을 테스트 중심 디자인이라고 부른다.
- **더 좋은 API:** 테스트가 구현에 대한 클라이언트 역할을 함으로써 잘못된 부분을 조기에 발견할 수 있다.
- **유연성 향상:** 테스트 주도 개발은 인터페이스에 대한 코딩을 장려한다.
- **테스트를 통한 문서화:** 테스트 없이는 코드를 작성할 수 없으므로 테스트에 모든 사용 예제가 있다.
- **빠른 피드백:** 버그를 프로덕션 환경이 아닌 지금 바로 파악할 수 있다.

시작하는 개발자들에게 테스트 주도 개발이 장벽처럼 느껴지는 이유 중 하나는 때때로 테스트 주도 개발이 '보통' 개발자가 사용하지 않는 기술로 여겨질 수 있다는 점이다. 이러한 인식은 오직 어떤 상상 속 '애자일 교회Church of Agile'나 기타 이론적인 운동의 실천자들만이 테스트 주도 개발을 사용하며, 모든 테스트 주도 개발 원칙을 엄격하게 따라야만 이점을 얻을 수 있다고 생각할 수 있다. 하지만 이러한 인식은 완전히 잘못된 것이다. 우리가 보여주겠지만 테스트 주도 개발은 모든 개발자를 위한 기술이다.

13.3.1 테스트 주도 개발 개요

테스트 주도 개발은 단위 테스트 수준에서 가장 쉽게 사용할 수 있으므로, 테스트 주도 개발에 익숙하지 않다면 여기서부터 시작하는 것이 좋다. 여기서는 유닛 테스트와 통합 테스트의 경계에서 테스트 주도 개발이 어떻게 작동하는지 보여준다.

> [NOTE] 아주 적거나 전혀 테스트하지 않은 기존 코드를 다루는 것은 어려운 과제일 수 있다. 모든 테스트를 뒤늦게 채우는 것은 거의 불가능하다. 대신 새로운 기능을 추가할 때마다 해당 기능에 대한 테스트를 추가하는 것이 좋다. 더 자세한 도움은 마이클 C. 페더스Michael Feathers의 훌륭한 책 《레거시 코드 활용 전략》(에이콘출판사, 2018)을 참고하자.

여기서는 극장 티켓 판매 수익을 계산하는 코드를 테스트하기 위해 JUnit을 사용하여 테스트 주도 개발의 기본 전제인 레드-그린 리팩터링에 대해 간략하게 살펴보겠다. JUnit 프레임워크가 익숙하지 않은 경우에는 온라인 사용자 가이드(https://junit.org/junit5/docs/current/user-guide)를 참조하거나, 자세한 내용은 커털린 투도세Cătălin Tudose의 《JUnit in Action, 3판》(인사이트, 2024)을 참조하자. 극장 티켓을 판매할 때 매출을 계산하는 코드로 테스트 주도 개발의 기본 단계인 레드-그린-리팩터 루프의 작동 예제부터 시작해보겠다.

13.3.2 단일 사용 사례로 설명하는 테스트 주도 개발 예제

숙련된 테스트 주도 개발 실무자라면 이 작은 예제를 건너뛰어도 괜찮다. 하지만 계속 살펴본다면 새로운 통찰력을 제공할 것이다. 극장 티켓을 판매하여 발생한 매출을 정확하게 계산하는 견고한 메서드를 작성하라는 요청이 왔다고 상상해보자. 극장 회계 담당자로부터 받은 초기 비즈니스 규칙은 다음과 같다.

- 티켓의 기본 가격은 30달러다.
- 총 수익 = 판매된 티켓 수 × 가격
- 극장 좌석 수 = 100석

극장에는 POSpoint of sale 소프트웨어가 제대로 갖춰져 있지 않기 때문에 현재 사용자는 판매된 티켓 수를 수동으로 입력해야 한다.

테스트 주도 개발을 연습해본 적이 있다면 테스트 주도 개발의 세 가지 기본 단계인 레드, 그린, 리팩터링에 익숙할 것이다. 테스트 주도 개발을 처음 사용하거나 다시 한번 복습이 필요한 경우를 위해《테스트 주도 개발》에서 켄트 벡이 정의한 이 단계들을 살펴보겠다.

- **레드**: 작동하지 않는 작은 테스트(실패하는 테스트)를 작성한다.
- **그린**: 가능한 한 빨리 테스트를 통과시킨다(통과하는 테스트).
- **리팩터**: 중복을 제거한다(정제된 통과하는 테스트).

달성하고자 하는 `TicketRevenue` 구현에 대한 아이디어를 제공하기 위해 다음은 머릿속에 떠올릴 수 있는 의사 코드다.

```
estimateRevenue(int numberOfTicketsSold)
  if (numberOfTicketsSold is less than 0 OR greater than 100)
    Deal with error and exit
  else
    revenue = 30 * numberOfTicketsSold;
    return revenue;
  endif
```

[NOTE] 이 부분에 대해 너무 깊이 생각하지 않는 것이 중요하다. 테스트는 결국 설계와 부분적으로 구현을 주도하게 될 것이다.

❶ 실패하는 테스트 작성하기(레드)

이 단계에서의 목표는 실패하는 테스트를 시작하는 것이다. 사실, 이 테스트는 심지어 컴파일되지도 않을 것이다. 왜냐하면 아직 `TicketRevenue` 클래스를 작성하지 않았기 때문이다.

회계 담당자와 간단한 화이트보드 세션을 마친 후에는 티켓 판매량이 음수인 경우를 포함해서 0, 1, 2-100, > 100의 다섯 가지 경우에 대한 테스트를 작성해야 한다는 것을 알게 됐다.

[NOTE] 테스트를 작성할 때 (특히 숫자와 관련된 경우) 제로/`null` 케이스, 1 케이스, 그리고 여러(N) 케이스를 생각하는 것이 좋은 규칙이다. 여기서 한 단계 더 나아가서 N에 대한 다른 제약 조건도 고려할 수 있다. 예를 들어 음수 금액이나 최대 한도를 넘는 금액 등이다.

시작하기 위해 하나의 티켓 판매로 얻는 수익에 대한 테스트를 작성해보겠다. JUnit 테스트는 다음과 같이 보일 것이다(아직 완벽한 통과 테스트를 작성하는 것은 아니다).

```
import org.junit.jupiter.api.BeforeEach;
import org.junit.jupiter.api.Test;

import java.math.BigDecimal;

import static org.junit.jupiter.api.Assertions.*;

public class TicketRevenueTest {
  private TicketRevenue venueRevenue;

  @BeforeEach
  public void setUp() {
    venueRevenue = new TicketRevenue();
  }

  @Test
  public void oneTicketSoldIsThirtyInRevenue() {     ◀── 한 장이 팔린 케이스
    var expectedRevenue = new BigDecimal("30");
    assertEquals(expectedRevenue, venueRevenue.estimateTotalRevenue(1));
  }
}
```

코드에서 볼 수 있듯이 이 테스트는 티켓 한 장 판매로 인한 수익이 30일 것으로 분명히 예상한다.

하지만 이 상태에서는 이 테스트가 컴파일되지 않는데, 그 이유는 estimateTotalRevenue(int numberOfTicketsSold) 메서드가 포함된 TicketRevenue 클래스를 작성하지 않았기 때문이다. 컴파일 오류를 없애고 테스트를 실행할 수 있도록 하려면 다음과 같이 테스트가 컴파일되도록 임의의 구현을 추가하면 된다.

```
public class TicketRevenue {
  public BigDecimal estimateTotalRevenue(int i) {
    return BigDecimal.ZERO;
  }
}
```

테스트 코드에서 venueRevenue라는 변경 가능한 필드를 사용하는 것이 조금 이상해보일 수 있다. 보통 우리는 불변성을 선호하긴 하지만, 이 경우에는 공유된 필드를 사용해서 다양한 테스트 케이스 사이에 공통된 설정을 나타내기 위한 것이다. 테스트는 제품 코드처럼 보호가 필요하지 않기 때문에, 테스트 케이스 간에 동일한 부분을 강조함으로써 전체적으로 가독성을 높이는 이점이 있다.

이제 테스트가 컴파일됐으므로 즐겨 사용하는 IDE나 명령줄에서 실행할 수 있다. 명령줄 테스트의 경우, 그래들과 메이븐이 모두 테스트를 쉽게 실행할 수 있는 방법을 제공한다(`gradle test` 또는 `mvn test`).

NOTE IDE도 JUnit 테스트를 실행하는 고유한 방법을 가지고 있지만, 대체로 모든 IDE에서 테스트 클래스를 마우스 오른쪽 버튼으로 클릭해서 'Run Test' 옵션을 선택할 수 있다. 이렇게 하면 IDE가 테스트가 실패했음을 알리는 창이나 영역을 표시할 것이다. 왜냐하면 `estimateTotalRevenue(1)` 호출에서 기댓값 30이 반환되지 않았고 대신 0이 반환됐기 때문이다.

이제 실패하는 테스트를 가지고 있으므로 다음 단계는 테스트를 통과하게 만드는 것이다(그린으로 바꾼다).

② 통과하는 테스트 작성하기(그린)

테스트를 통과하도록 만드는 것이 이 단계의 목표이지만, 구현이 완벽할 필요는 없다. `TicketRevenue` 클래스에 `estimateTotalRevenue()`의 더 나은 구현을 제공해서 테스트를 통과시킬 수 있다(녹색으로 변경).

기억해두자. 이 단계에서는 완벽한 코드를 작성하지 않고도 테스트를 통과하려고 한다. 초기 설루션은 다음과 같은 코드일 수 있다.

```java
import java.math.BigDecimal;

public class TicketRevenue {
  public BigDecimal estimateTotalRevenue(int numberOfTicketsSold) {
    BigDecimal totalRevenue = BigDecimal.ZERO;
    if (numberOfTicketsSold == 1) {
      totalRevenue = new BigDecimal("30");   ◀—— 테스트를 통과한 구현
    }

    return totalRevenue;
  }
}
```

이제 테스트를 실행하면 성공적으로 통과되며, 대부분의 IDE에서 녹색 막대나 체크 표시가 나타난다. 명령줄에도 친숙한 녹색 메시지가 표시돼 코드에 문제가 없음을 알려준다.

이제 끝났으니 다른 구현으로 넘어가야 할까? 정답은 '아니오'다. 여러분도 앞선 코드를 더 개선하고 정리하고 싶을 테니 지금 바로 시작하자.

3 테스트 리팩터링

리팩터링은 테스트를 통과시키는 데 사용한 빠른 구현을 살펴보고, 현재 코드가 일반적인 관행을 따르고 있는지 확인하는 단계다. 코드가 깔끔하게 정돈되지 않은 점을 보완하고, 나중에 나와 다른 사람들의 개발을 더 편하게 만들 수 있다.

이제 테스트가 통과됐으므로 '두려움 없이 리팩터링'할 수 있다. 이제까지 구현한 비즈니스 로직을 잃어버릴 가능성은 없다.

TIP 우선 테스트를 통과하는 테스트를 작성함으로써 여러분과 팀 전체에게 제공되는 또 다른 이점은 전체적인 개발 과정을 더 빠르게 진행할 수 있다는 것이다. 나머지 팀 구성원들은 바로 이 첫 번째 버전의 코드를 가져와서 큰 코드베이스와 함께 (통합 테스트와 그 이상의) 테스트를 진행할 수 있다.

이 예제에서 숫자 자체를 그대로_{magic number} 사용하고 싶지 않다. 코드에서 티켓 가격 30을 상수로 표현해서 다음과 같이 코드를 작성한다.

```java
import java.math.BigDecimal;

public class TicketRevenue {

  private final static int TICKET_PRICE = 30;        // 명명된 개념이 아닌 숫자
                                                     // 그대로 사용하지 않기

  public BigDecimal estimateTotalRevenue(int numberOfTicketsSold) {
    BigDecimal totalRevenue = BigDecimal.ZERO;

    if (numberOfTicketsSold == 1) {
      totalRevenue = new BigDecimal(TICKET_PRICE *        // 리팩터링을 통한 개선
                              numberOfTicketsSold);
    }

    return totalRevenue;
  }
}
```

리팩터링으로 코드가 개선됐지만, 분명히 모든 가능한 사용 사례(음수, 0, 2~100, > 100 티켓 판매 등)를 다루지는 못했다.

다른 사용 사례에 대한 구현을 추측하는 대신 추가적인 테스트를 작성해서 설계와 구현을 진행해야 한다. 다음 절에서는 더 많은 사용 사례를 다루며 테스트 주도 설계를 더 자세히 살펴보겠다. 이 티켓 매출 예제에서 더 많은 사용 사례를 통해 어떻게 테스트 주도 설계가 진행되는지 확인하

게 될 것이다.

❹ 여러 사용 사례가 있는 테스트 주도 개발 예제

테스트 주도 개발의 특정한 스타일은 음수, `0`, `2~100`, `> 100` 티켓 판매 테스트 사례를 하나씩 계속 추가하는 방식이다. 그러나 원래의 테스트와 관련된 일련의 테스트 사례들을 미리 작성하는 것도 확실히 유효하다.

여기서 여전히 레드-그린-리팩터 생명 주기를 따르는 것이 매우 중요하다. 이러한 모든 사용 사례를 추가한 후에는 다음과 같이 실패하는 테스트(레드)를 가진 테스트 클래스를 만들 수 있다.

```java
import org.junit.jupiter.api.BeforeEach;
import org.junit.jupiter.api.Test;

import java.math.BigDecimal;

import static org.junit.jupiter.api.Assertions.*;

public class TicketRevenueTest {

  private TicketRevenue venueRevenue;
  private BigDecimal expectedRevenue;

  @BeforeEach
  public void setUp() {
    venueRevenue = new TicketRevenue();
  }

  @Test
  public void failIfLessThanZeroTicketsAreSold() {        ← 음수 판매 케이스
    assertThrows(IllegalArgumentException.class,
                 () -> venueRevenue.estimateTotalRevenue(-1));
  }

  @Test
  public void zeroSalesEqualsZeroRevenue() {        ← 0 판매 케이스
    assertEquals(BigDecimal.ZERO, venueRevenue.estimateTotalRevenue(0));
  }

  @Test
  public void oneTicketSoldIsThirtyInRevenue() {        ← 1 판매 케이스
    expectedRevenue = new BigDecimal("30");
    assertEquals(expectedRevenue, venueRevenue.estimateTotalRevenue(1));
  }
```

```java
  @Test
  public void tenTicketsSoldIsThreeHundredInRevenue() {        ◄───  N 판매 케이스
    expectedRevenue = new BigDecimal("300");
    assertEquals(expectedRevenue, venueRevenue.estimateTotalRevenue(10));
  }


  @Test
  public void failIfMoreThanOneHundredTicketsAreSold() {       ◄───  100 초과 판매 케이스
    assertThrows(IllegalArgumentException.class,
                () -> venueRevenue.estimateTotalRevenue(101));
  }
}
```

이러한 모든 테스트를 통과하는 테스트의 초기 기본 구현(녹색)은 다음과 같이 보일 것이다.

```java
import java.math.BigDecimal;

public class TicketRevenue {
  public BigDecimal estimateTotalRevenue(int numberOfTicketsSold)
    throws IllegalArgumentException {

    if (numberOfTicketsSold < 0) {
      throw new IllegalArgumentException(        ◄───  예외적인 케이스
                "Must be > -1");
    }

    if (numberOfTicketsSold == 0) {
      return BigDecimal.ZERO;
    }

    if (numberOfTicketsSold == 1) {
      return new BigDecimal("30");
    }

    if (numberOfTicketsSold == 101) {
      throw new IllegalArgumentException(        ◄───  예외적인 케이스
                "Must be < 101");
    }

    return new BigDecimal(30 * numberOfTicketsSold);      ◄───  N개의 판매 케이스
  }
}
```

방금 완료된 구현을 다시 한번 테스트 주도 개발 생명 주기를 따라 리팩터링한다.

예를 들어 이제 유효하지 않은 `numberOfTicketsSold` 케이스들(`< 0` 또는 `> 100`)을 하나의 `if` 문으로 결합하고 (`TICKET_PRICE * numberOfTicketsSold`) 공식을 사용해서 다른 모든 유효한 `numberOfTicketsSold`값에 대한 수입을 반환할 수 있을 것이다. 다음 코드는 여러분이 갖게 될 코드와 유사할 것이다.

```java
import java.math.BigDecimal;

public class TicketRevenue {

  private final static int TICKET_PRICE = 30;

  public BigDecimal estimateTotalRevenue(int numberOfTicketsSold)
    throws IllegalArgumentException {

    if (numberOfTicketsSold < 0 || numberOfTicketsSold > 100) {
      throw new IllegalArgumentException(      ◀── 예외적인 경우
              "# Tix sold must == 1..100");
    }

    return new BigDecimal(TICKET_PRICE *      ◀── 기타 모든 경우
                    numberOfTicketsSold);
  }
}
```

이제 `TicketRevenue` 클래스가 훨씬 더 간결해졌고 모든 테스트도 통과했다. 이제 전체 레드-그린 리팩터링 사이클을 완료했으며 자신 있게 다음 비즈니스 로직으로 넘어갈 수 있다. 또는 티켓 가격을 변수화하는 것과 같이, 빠뜨린 **코너 케이스**corner case를 발견한 경우 이 주기를 다시 시작할 수도 있다.

13.4 테스트 더블

테스트 주도 개발 스타일로 코드를 계속 작성하면, 코드가 종종 어떤 (일반적으로 서드파티) 의존성이나 하위 시스템을 참조하게 될 상황에 직면하게 될 것이다. 이러한 상황에서는 일반적으로 테스트 중인 코드가 해당 의존성으로부터 격리돼 실제로 빌드하는 것에 대해서만 테스트 코드를 작성하도록 하고 싶을 것이다. 특히 통합 테스트가 아닌 단위 테스트를 작성하려는 경우에는 가능한

한 빨리 테스트를 실행하는 것이 좋다. 데이터베이스와 같은 서드파티 의존성이나 하위 시스템을 호출하면 시간이 많이 걸리므로 테스트 주도 개발의 빠른 피드백이라는 이점을 잃을 수 있다. **테스트 더블**test double은 이 문제에 대한 해결책이다.

이 절에서는 테스트 더블이 어떻게 의존성과 하위 시스템을 효과적으로 격리시키는 데 도움이 되는지 배우게 될 것이다. 네 가지 유형의 테스트 더블(더미, 스텁, 페이크, 목)을 사용하는 예제를 통해 작업해보겠다. 또한 테스트 더블의 장점과 동반되는 일부 위험과 어려움에 대해서도 살펴보겠다.

제라드 메스자로스Gerard Meszaros의 책 《xUnit 테스트 패턴》(에이콘출판사, 2010)에서의 테스트 더블에 대한 간단한 설명을 좋아하기 때문에, 그것을 인용하겠다. "테스트 더블(스턴트 더블stunt double과 유사하다)은 테스트 목적으로 실제 오브젝트 대신 사용하는 모든 종류의 가짜 오브젝트를 통칭하는 용어다."

메스자로스는 테스트 더블을 네 가지 타입으로 정의하고 있으며, 표 13.1는 그 개요다.

표 13.1 테스트 더블의 네 가지 타입

타입	설명
더미	전달되지만 실제로 사용되지 않는 객체. 주로 메서드의 매개변수 목록을 채우기 위해 사용된다.
스텁	항상 미리 정의된 동일한 응답을 반환하는 객체. 때로는 어떤 더미 상태도 가질 수 있다.
페이크	실제로 동작하는 구현으로, 프로덕션 품질이나 설정은 아니다. 테스트를 위한 간소화된 동작 구현으로, 실제 구현을 대체할 수 있다
목	기대하는 동작과 미리 정의된 응답을 가진 객체. 테스트 코드와 상호작용해서 기대한 동작이 제대로 수행되는지 확인하는 데 사용된다.

네 가지 유형의 테스트 더블은 이를 사용하는 코드 예제를 통해 작업하면 훨씬 더 쉽게 이해할 수 있다. 더미 객체부터 시작해보겠다.

13.4.1 더미 객체

더미 객체dummy object는 네 가지 테스트 더블 타입 중 가장 사용하기 쉬운 유형이다. 더미 객체는 매개변수 목록을 채우거나 객체가 사용되지 않을 것을 알고 있는 일부 필수 필드 요구 사항을 충족하는 데 도움이 되도록 설계된 것이다. 대부분의 경우 빈 객체를 전달할 수도 있다(안전하지 않을 수 있지만 `null`을 전달할 수도 있다).

극장 티켓 시나리오로 돌아가보겠다. 현재 단일 키오스크에서 발생하는 수입을 추정하고 있는 것도 좋지만, 극장 소유주는 좀 더 큰 생각을 하고 있다. 판매된 티켓과 예상 수입을 더 잘 모델링할 필요가 있고, 요구 사항과 복잡성이 더 많이 추가될 것으로 예상된다.

판매된 티켓을 추적하고 일부 티켓에 10% 할인된 가격을 허용하도록 요청받았다. 할인된 가격을 제공하는 `Ticket` 클래스가 필요할 것으로 보인다. 새로운 `getDiscountPrice()` 메서드에 초점을 맞춘, 실패하는 테스트로 익숙한 테스트 주도 개발 주기를 시작한다. 또한 두 개의 생성자가 필요하다는 것을 알 수 있는데, 하나는 정가 티켓에 대한 생성자이고 다른 하나는 티켓의 액면가가 다를 수 있는 생성자다. `Ticket` 객체는 궁극적으로 다음 두 가지 인수를 기대한다.

- **고객 이름**: 이 테스트에서는 전혀 참조되지 않을 문자열(`String`)
- **정상 가격**: 이 테스트에서 사용될 `BigDecimal`

다음 코드에서 볼 수 있듯이, 고객 이름은 `getDiscountPrice()` 메서드에서 참조되지 않을 것으로 생각되므로, 생성자에 더미 객체(이 경우 임의의 문자열 `"Riley"`)를 전달할 수 있다.

```java
import org.junit.jupiter.api.Test;

import java.math.BigDecimal;

import static org.junit.jupiter.api.Assertions.*;

public class TicketTest {

  private static String dummyName = "Riley";     ◀─── 더미 객체를 생성한다.

  @Test
  public void tenPercentDiscount() {
    Ticket ticket = new Ticket(dummyName,     ◀─── 더미 객체를 전달한다.
                           new BigDecimal("10"));

    assertEquals(new BigDecimal("9.0"), ticket.getDiscountPrice());
  }
}
```

보다시피 더미 객체의 개념은 간단한다.

개념을 명확하게 이해하기 위해 다음 코드에는 `Ticket` 클래스의 부분적인 구현이 있다.

```java
import java.math.BigDecimal;

public class Ticket {

  public static final int BASIC_TICKET_PRICE = 30;      // 기본 가격
  private static final BigDecimal DISCOUNT_RATE =       // 기본 할인
                            new BigDecimal("0.9");

  private final BigDecimal price;
  private final String clientName;

  public Ticket(String clientName) {
    this.clientName = clientName;
    price = new BigDecimal(BASIC_TICKET_PRICE);
  }

  public Ticket(String clientName, BigDecimal price) {
    this.clientName = clientName;
    this.price = price;
  }

  public BigDecimal getPrice() {
    return price;
  }

  public BigDecimal getDiscountPrice() {
    return price.multiply(DISCOUNT_RATE);
  }
}
```

일부 개발자는 더미 객체에서 혼동을 겪을 수도 있다. 복잡성이 없는 상황에서도 복잡함을 찾아보려 하기 때문이다. 더미 객체는 매우 간단한다. `NullPointerException`을 피하고 코드를 실행하는 데 사용되는 모든 객체를 말한다.

다음 타입의 테스트 더블로 넘어가겠다. 복잡성 측면에서 한 단계 높은 스텁 객체다.

13.4.2 스텁 객체

일반적으로 매번 동일한 응답을 반환하는 객체로 실제 구현을 대체하려는 경우에는 **스텁 객체**stub object를 사용한다. 극장 티켓 가격 책정 예제로 돌아가서 실제로 어떻게 작동하는지 살펴보자.

`Ticket` 클래스를 구현한 후 즐거운 휴가를 마치고 처음으로 받은 이메일은 `tenPercentDiscount()` 테스트가 간헐적으로 실패한다는 버그 리포트다. 코드베이스를 확인해보니 `Ticket` 클래스가 새

롭게 도입된 `Price` 인터페이스와 구현체 `HttpPrice` 클래스를 사용한다. 이름에서 알 수 있듯이 `HttpPrice`는 외부 웹사이트에 접속해서 언제든지 다른 값을 반환하거나 실패할 수 있다.

이로 인해 테스트가 실패하게 됐으며, 더 나아가 테스트 목적을 혼란스럽게 만들고 있다. 기억하자. 단순히 10% 할인 계산을 단위 테스트하고 싶었던 것뿐이다.

> [NOTE] 서드파티 가격 책정 사이트를 호출하는 것은 이 테스트의 책임이 아니다. 별도의 통합 테스트에서 `HttpPrice` 클래스와 해당 서드파티 `HttpPricingService`를 다루어야 한다.

테스트를 일관되고 안정적인 지점으로 되돌리기 위해 `HttpPrice` 클래스 대신 스텁으로 대체하겠다. 우선 다음 세 개의 코드에서 현재 코드 상태를 살펴보겠다.

```java
import org.junit.jupiter.api.Test;

import java.math.BigDecimal;

import static org.junit.jupiter.api.Assertions.*;

public class TicketTest {

  private static String dummyName = "Riley";

  @Test
  public void tenPercentDiscount() {          // HttpPrice는 Price를 구현한다.
    Price price = new HttpPrice();
    Ticket ticket = new Ticket(dummyName, price);   // Ticket을 생성한다.
    assertEquals(new BigDecimal("9.0"),         // 테스트가 실패할 수 있다.
                 ticket.getDiscountPrice());
  }
}
```

다음 코드는 `Ticket`의 새로운 구현을 보여준다.

```java
import java.math.BigDecimal;

public class Ticket {
  private final String clientName;
  private final Price priceSource;
  private final BigDecimal discountRate;

  private BigDecimal faceValue = null;
```

```
  public Ticket(String clientName,
                Price price,
                BigDecimal discountRate) {    ◀──── 변경된 생성자
    this.clientName = clientName;
    this.priceSource = price;
    this.discountRate = discountRate;
  }

  public BigDecimal getPrice() {
    if (faceValue == null) {                        새로운 getInitialPrice
      faceValue = priceSource.getInitialPrice();  ◀──┘ 호출
    }

    return faceValue;
  }

  public BigDecimal getDiscountPrice() {
    return faceValue.multiply(discountRate);   ◀──── 변경되지 않은 계산
  }
}
```

`HttpPrice` 클래스의 전체 구현을 제공하는 것은 너무 멀리 갈 수 있으므로, 다음에 표시된 것처럼 다른 클래스인 `HttpPricingService`를 호출한다고 가정해보겠다.

```
import java.math.BigDecimal;

public interface Price {
  BigDecimal getInitialPrice();
}

public class HttpPrice implements Price {
  @Override
  public BigDecimal getInitialPrice() {
    return HttpPricingService.getInitialPrice();   ◀──── 무작위 결과를 반환한다.
  }
}
```

이제 범위를 조사했으니 테스트하려고 의도한 것에 대해 생각해보자. 우리의 목표는 `Ticket` 클래스의 `getDiscountPrice()` 메서드 내에서 곱셈이 예상대로 작동하는 것을 보여주는 것이다. 이를 증명하기 위해 외부 웹사이트는 필요하지 않다.

`Price` 인터페이스는 다음과 같이 민감한 `HttpPrice` 인스턴스를 일관된 `StubPrice` 구현으로 대체할 수 있는 지점을 제공한다.

```java
import org.junit.jupiter.api.Test;

import java.math.BigDecimal;

import static org.junit.jupiter.api.Assertions.*;

public class TicketTest {
  @Test
  public void tenPercentDiscount() {
    Price price = new StubPrice();          // StubPrice 스텁
    Ticket ticket = new Ticket(price);      // Ticket을 생성한다.
    assertEquals(new BigDecimal("9.0"),     // 가격을 확인한다.
                ticket.getDiscountPrice());
  }
}
```

`StubPrice` 클래스는 다음과 같이 항상 초기화된 가격 10을 반환하는 간단한 작은 클래스다.

```java
import java.math.BigDecimal;

public class StubPrice implements Price {
  @Override
  public BigDecimal getInitialPrice() {
    return new BigDecimal("10");            // 항상 일관된 가격을
  }                                          // 반환한다.
}
```

휴, 이제 테스트가 다시 통과됐다. 더 중요한 것은 구현 세부 사항을 두려워하지 않고 리팩터링할 수 있게 됐다.

스텁은 유용한 타입의 테스트 더블이다. 그러나 때로는 프로덕션 시스템에 더 가까운 실제 작업을 수행하는 스텁을 가질 필요가 있다. 이를 위해 테스트 더블로 페이크 객체를 사용한다.

13.4.3 페이크 객체

페이크 객체fake object는 거의 본래 프로덕션 코드와 동일한 작업을 수행하지만 테스트 요구 사항을 충족하기 위해 몇 가지 단축을 적용한 향상된 스텁으로 볼 수 있다. 페이크 객체는 실제 구현에서

사용할 실제 서드파티 시스템이나 의존성과 매우 유사한 무언가와 상호작용하도록 코드를 실행하고자 할 때 특히 유용하다.

티켓 예매 애플리케이션 맥락에서, 데이터베이스 계층이 티켓을 처리하기 위한 간단한 인터페이스를 제공한다고 가정해보자.

```java
package com.wellgrounded;

public interface TicketDatabase {
    Ticket findById(int id);
    Ticket findByName(String name);
    int count();

    void insert(Ticket ticket);
    void delete(int id);
}
```

이제 개별 공연을 관리하는 클래스가 있다고 가정해보자. 이 클래스는 이 데이터베이스 인터페이스와 상호작용해서 티켓을 초과 판매하지 않는 등의 작업을 수행해야 한다.

```java
package com.wellgrounded;

import java.math.BigDecimal;

public class Show {
    private TicketDatabase db;
    private int capacity;

    public Show(TicketDatabase db, int capacity) {
        this.db = db;
        this.capacity = capacity;
    }

    public void addTicket(String name, BigDecimal amount) {
        if (db.count() < capacity) {
            var ticket = new Ticket(name, amount);
            db.insert(ticket);
        } else {
          throw new RuntimeException("Oversold");
        }
    }
}
```

관계형 데이터베이스의 완전한 인스턴스에 의존하지 않고 `addTicket`을 유닛 테스트하고자 한다. 이러한 테스트는 다음과 같을 수 있다.

```java
package com.wellgrounded;

import org.junit.jupiter.api.Test;
import java.math.BigDecimal;
import static org.junit.jupiter.api.Assertions.*;

public class ShowTest {
    @Test
    public void plentyOfSpace() {
        var db = new FakeTicketDatabase();     ←── FakeTicketDatabase
        var show = new Show(db, 5);                 클래스는 존재하지 않지만,
                                                    테스트 주도 개발의 정신에
                                                    따라 통과하는 코드를
        var name = "New One";                       작성할 것이다.
        show.addTicket(name, BigDecimal.ONE);

        var mine = db.findByName(name);
        assertEquals(name, mine.getName());
        assertEquals(BigDecimal.ONE, mine.getAmount());
    }
}
```

스텁을 통해 이를 달성할 수 있겠지만, 큰 단점이 있다. 데이터베이스의 `count`와 `insert` 메서드를 스텁 처리해야 하는데, 이 메서드들은 테스트에서 실제로 보이지도 않는 하위 수준의 세부 사항으로 복잡해지고 실제 목적에 방해가 될 수 있다. 그러나 더 깊은 어려움이 있다. 각 테스트마다 `count`와 `insert` 호출 횟수 사이의 관계를 조정해야 한다. 더 심각한 것은 우리의 데이터가 제대로 저장됐는지 확인하기 위한 마지막 `findByName` 호출도 스텁 처리해야 한다는 것이다. 그러나 이런 스텁 처리는 가정문assertion을 무의미하게 만든다. 이 가정문은 구현 코드가 올바른지의 여부와 관계없이 통과될 것이다. 스텁은 이러한 긴밀하게 연결된 동작들을 정확하게 검증하는 데 부족하다.

페이크 객체는 실제이지만 간소화된 구현을 제공해서 대체 설루션을 제공한다. 다음에 표시된 인터페이스는 간단한 `HashMap`을 감싸는 래퍼로 쉽게 제공할 수 있다.

```java
package com.wellgrounded;

import java.util.HashMap;
```

```
class FakeTicketDatabase implements TicketDatabase {          ◄── 맵은 유닛 테스트의 생명주기 동안
    private HashMap<Integer, Ticket> tickets =  ◄──              데이터베이스의 역할을 한다.
                                     new HashMap<>();

    private Integer nextId = 1;  ◄──   데이터베이스 자동 증가
                                       ID와 같은 기능을 재현해야
                                       한다.
    @Override
    public Ticket findByName(String name) {
        var found = tickets.values()
                .stream()
                .filter(ticket -> ticket.getName().equals(name))
                .findFirst();
        return found.orElse(null);
    }

    @Override
    public int count() {
        return tickets.size();
    }

    @Override
    public void insert(Ticket ticket) {
        tickets.put(nextId, ticket);
        nextId++;
    }

    // 리소스에서 사용할 수 있는 나머지 방법
}
```

특히 강력한 인터페이스를 통해 프로젝트 전체에서 공유된다면 페이크 오브젝트는 단위 테스트를 지원하는 데 좋은 설루션이 될 수 있다. 모든 곳에 적합한 것은 아니다. 만약 데이터베이스 인터페이스에서 추가적인 필터링을 위해 SQL 절을 전달할 수 있다면 페이크가 처리할 수 있는 범위를 금방 넘어설 것이다. 그러나 이것은 가지고 있으면 유용한 도구다. 다만 우리가 작성하는 모든 코드 줄은 버그의 원인이 될 수 있으므로 구현이 너무 커지거나 복잡해지지 않도록 주의해야한다.

13.4.4 목 객체

목 객체mock object는 이미 만나본 스텁 테스트 더블과 관련이 있지만, 스텁 객체는 일반적으로 상당히 단순한 존재다. 예를 들어 스텁은 보통 항상 동일한 결과를 반환하도록 메서드를 페이크 처리한다. 이렇게 하면 상태에 따라 다른 동작을 모델링할 수 없다.

예를 들어 테스트 주도 개발을 따르면서 텍스트 분석 시스템을 작성한다. 유닛 테스트 중 하나가

특정 블로그 게시물에 대한 구문 ’Java11’의 발생 횟수를 세는 것이다. 그러나 블로그 게시물은 서드파티 애셋이므로, 여러 가지 가능한 실패 시나리오가 존재하는데, 이것들은 여러분이 작성하는 카운팅 알고리즘과는 거의 아무 상관이 없다. 다시 말해 테스트 대상 코드가 격리돼 있지 않으며, 서드파티 애셋을 호출하는 것은 시간이 많이 걸릴 수 있다. 다음은 일반적인 몇 가지 실패 시나리오다.

- 조직 내 방화벽 제한으로 인해 코드가 인터넷으로 블로그 게시물을 쿼리하지 못할 수도 있다.
- 블로그 글이 리다이렉션되지 않고 이동됐을 수도 있다.
- 블로그 게시물이 편집돼 ‘Java11’이라는 구문의 등장 횟수가 증가하거나 감소할 수 있다.

스텁을 사용하면 이 테스트는 작성하기가 거의 불가능하며 각 테스트 케이스에 대해 매우 장황할 것이다. 여기서 목 객체가 등장한다. 이것은 프로그래밍이 가능한 스텁으로 생각할 수 있는 특수한 타입의 테스트 더블이다. 목 객체를 사용하는 것은 매우 간단한다. 목 객체를 사용하기 전에 사용을 준비할 때, 필요한 호출 순서와 각 호출에 어떻게 응답해야 하는지를 알려주면 된다.

극장 티켓 사용 사례에 대한 간단한 예시를 통해 실제로 어떻게 작동하는지 살펴보자. 우리는 인기 있는 목 객체 라이브러리인 Mockito(https://site.mockito.org)를 사용할 것이다. 다음 코드 조각은 Mockito를 사용하는 방법을 보여준다.

```java
import org.junit.jupiter.api.Test;
import java.math.BigDecimal;
import static org.junit.jupiter.api.Assertions.*;
import static org.mockito.Mockito.*;

public class TicketTest {
  @Test
  public void tenPercentDiscount() {
    Price price = mock(Price.class);          ←──  mock(목 객체) 생성

    when(price.getInitialPrice())                    테스트용 목 객체
      .thenReturn(new BigDecimal("10"));    ←──│   프로그래밍

    Ticket ticket = new Ticket(price, new BigDecimal("0.9"));
    assertEquals(new BigDecimal("9.0"), ticket.getDiscountPrice());

    verify(price).getInitialPrice();
  }
}
```

목 객체를 생성하려면 정적 메서드 `mock()`을 호출하고, 목하려는 타입의 클래스 객체를 전달한다. 그다음 `when()` 메서드를 호출하여 기록하려는 동작을 지정하고, `thenReturn()`을 사용하여 예상되는 결과를 지정한다. 마지막으로 목 객체에서 예상된 메서드를 호출했는지 확인한다. 이렇게 하면 잘못된 경로를 통해 올바른 결과를 얻지 않았는지 확인할 수 있다.

이 검증은 스텁과 목 객체 사이의 큰 차이점을 보여준다. 스텁에서는 주로 미리 준비된 값을 반환하는 데 중점을 둔다. 목 테스트에서는 실제로 수행된 정확한 호출과 같은 동작을 검증하는 것이 목적이다. 실제로 Mockito의 다양한 기능을 가진 `mock()` 메서드는 검증을 무시하고 스텁을 쉽게 생성하는 데 사용할 수 있지만, 프로그래머로서 무엇을 테스트하려고 하는지를 알고 있어야 한다.

이 목 객체를 일반 객체처럼 사용하고 `Ticket` 생성자에 전달할 수 있다. 이로써 목 객체는 테스트 주도 개발에 대한 매우 강력한 도구가 된다. 일부 개발자들은 다른 유형의 테스트 더블을 거의 사용하지 않고 거의 모든 것을 목으로 처리하는 것을 선호하기도 한다. 하지만 다른 많은 강력한 도구와 마찬가지로 목 객체에도 주의해야 할 점이 있다.

13.4.5 목 테스트의 문제점

목 테스트의 가장 큰 문제 중 하나는 바로 목 테스트가 가짜이기 때문에 실제 프로덕션 시스템과 동작이 다를 수 있다는 점이다. 안타깝게도 이러한 차이는 현실에서 부딪힐 때까지는 테스트가 완벽하게 모든 문제를 커버한다고 착각하게 할 수 있다.

이러한 행동 차이는 여러 가지 형태로 나타날 수 있는데, 일반적인 것은 다음과 같다.

- 반환된 페이로드의 차이, 특히 복잡하게 중첩된 객체의 경우
- 테스트 데이터에서의 직렬화/역직렬화 차이
- 컬렉션 내 아이템의 순서
- 오류 조건에 대한 응답: 예외를 던지지 않거나 다른 예외 유형을 던지는 경우

비록 보편적인 해결책은 없지만, 이러한 문제들은 종종 통합 테스트 수준으로 올라갈 때 발견될 수 있다. 다시 말해, 각 테스트 세트에서 무엇을 테스트하는지 명확히 인지한다면, 우리는 유닛 테스트를 지역화된 특정 논리에 집중시킬 수 있으며, 외부 의존성과의 상호작용을 다루는 것은 다른 곳에서 통합 테스트에 활용할 수 있다.

인터페이스의 견고한 디자인도 테스트 더블에 도움을 준다. HTTP 호출에서 원시 콘텐츠 문자열을 반환하는 서비스 클래스 대신, 특정 객체를 반환한다면 테스트 더블의 변동 가능한 여지가 줄어든다. 클래스가 발생시키는 예외에 대한 정확한 하위 클래스를 가지고, 더 기본적인 예외 유형을 래핑함으로써 코드를 훨씬 표현력 있게 만들 뿐만 아니라 정확하게 목하는 것도 더 쉬워진다.

만약 모든 곳에서 목 테스트를 사용한다면, 실제 코드의 각 줄마다 테스트 코드에서 예상하는 함수 호출을 정확하게 다시 나열해야 한다. 이렇게 하면 테스트 코드가 실제 코드의 동작을 따라가며 거의 동일한 구조로 작성되는데, 이로 인해 코드를 변경할 때 예상치 못한 다수의 테스트 코드 수정이 필요해질 수 있다. 이는 테스트 코드와 실제 코드 간의 유연성을 낮추고 코드 변경이 더 복잡해지는 상황을 초래하게 할 수 있다.

목 테스트를 사용할 때 이런 불안정함은 개별 인수 수준까지 확장될 수 있다. 프레임워크를 사용하면 전달되는 값을 매우 정확하게 파악하기 쉽지만 그 인수를 테스트에서 실제로 검증해야 하는지 고려해야 한다. 더미 객체를 통해 본 것처럼, 어떤 테스트 케이스에서는 특정값이 중요하지 않을 수도 있다. 목 프레임워크는 '어떤 정수'와 같은 표현을 통해 어떤 값이든 상관없는 경우를 효과적으로 다루도록 도와준다. 값이 중요하지 않다면 이러한 표현은 테스트가 실제로 중요하게 여기는 부분을 명확하게 하면서도 프로덕션 코드가 더 쉽게 발전할 수 있는 여지를 준다. 테스트에 충분한 유연성을 제공하자.

테스트가 실행되기 전에 복잡한 설정이 많이 필요한 경우에도 문제가 발생할 수 있다. 특히 의존성 주입과 함께 목 테스트를 사용하는 경우, 클래스에 의존성을 많이 쌓아 놓는 것이 눈에 잘 띄지 않게 된다. 만약 테스트 설정이 실행과 결과를 검증하는 데 필요한 코드보다 길다면, 클래스가 지나치게 복잡하고 리팩터링이 필요한 상태일 가능성이 크다. 테스트 설정은 또한 객체가 직접 이웃에 대한 지식만 가져야 한다는 디미터 법칙Law of Demeter, LoD을 위반하는지 살펴볼 수 있는 좋은 방법이다. 테스트 설정이 자신으로부터 여러 단계 떨어진 객체를 다루어야 한다면 객체가 너무 멀리 떨어져 있는 것일 수 있다.

테스트 더블은 기본기가 탄탄한 개발자에게 유용한 도구다. 지금까지 JUnit에 대해 조금 살펴봤지만 아직 깊이 있게 살펴보지는 않았다. 이제 좀 더 자세히 살펴보고 최신 메이저 버전인 JUnit 5의 새로운 기능을 살펴볼 기회를 가져보자.

13.5 Junit 4에서 5로

JUnit은 켄트 벡과 에리히 감마$_{Erich\ Gamma}$가 처음에 개발한 xUnit 스타일의 테스트 프레임워크를 JVM 기반으로 구현한 것이다. 이 스타일의 단위 테스트가 다재다능하고 사용하기 쉬운 것으로 입증돼 JUnit은 JVM 에코시스템에서 가장 일반적으로 사용되는 라이브러리가 됐다.

이처럼 오랜 역사와 폭넓은 사용으로 인해서 많은 제약이 따르기도 한다. 2006년에 처음 출시된 JUnit 4는 호환성을 깨뜨리지 않고는 람다 표현식과 같은 기능을 사용할 수 없었다. 2017년에는 메이저 버전 변경으로 인한 기회를 활용하여 중요한 변화를 도입한 JUnit 5가 출시됐다.

> **NOTE** 다음 장에서는 다른 도구와 기법에 대해 많은 시간을 할애할 예정이지만, 기본기가 탄탄한 자바 개발자라면 아마도 가장 최신 버전으로 업그레이드할 가치가 있는 JUnit 코드와 반드시 마주칠 것이다.

JUnit 5의 가장 큰 변화는 패키징이다. 이전 버전이 테스트 작성을 위한 API와 해당 테스트의 실행과 보고를 위한 지원을 모두 포함하는 모놀리식 패키지였다면, JUnit 5는 더 집중된 패키지로 세분화됐다. 또한 JUnit 5는 JUnit 4와 함께 제공됐던 Hamcrest에 대한 외부 의존성에서 벗어났다.

JUnit 5는 완전히 새로운 패키징인 `org.junit.jupiter`에 있으므로 마이그레이션 중에 두 버전이 공존할 수 있다. 잠시 후에 그 메커니즘에 대해 자세히 살펴보겠다.

JUnit 5의 주요 의존성 두 가지는 다음과 같다.

- `org.junit.jupiter.junit-jupiter-api`: 이는 테스트를 생성하는 데 필요한 애너테이션과 도우미를 제공하기 위해 테스트 코드에서 참조한다.
- `org.junit.jupiter.junit-jupiter-engine`: 이것은 JUnit 5 테스트를 실행하는 기본 엔진이다. 실행 시 필요하며 다른 테스트 실행기로 교체할 수 있다.

그래들에서는 다음과 같이 보일 것이며, 테스트 실행 시 새로운 JUnit 버전을 사용하도록 그래들에 알려주는 힌트도 포함한다.

```
dependencies {
  testImplementation("org.junit.jupiter:junit-jupiter-api:5.7.1")
  testRuntimeOnly("org.junit.jupiter:junit-jupiter-engine:5.7.1")
}

tasks.named<Test>("test") {
  useJUnitPlatform()
}
```

메이븐에서의 해당 내용은 다음과 같을 것이다. 메이븐의 `surefire`와 `failsafe` 플러그인은 최신 버전(2.22 이상 권장)을 사용하는 경우 JUnit 5와 자동으로 작동한다.

```xml
<project>
  <dependencies>
    <dependency>
      <groupId>org.junit.jupiter</groupId>
      <artifactId>junit-jupiter-api</artifactId>
      <version>5.7.1</version>
      <scope>test</scope>
    </dependency>
    <dependency>
      <groupId>org.junit.jupiter</groupId>
      <artifactId>junit-jupiter-engine</artifactId>
      <version>5.7.1</version>
      <scope>test</scope>
    </dependency>
  </dependencies>
</project>
```

만약 이러한 내용을 JUnit 4 프로젝트에 추가하고 테스트를 실행하면 이상한 결과를 볼 수 있다. 테스트 세트를 통과하는 것처럼 보일 수 있지만 보고서를 더 자세히 살펴보면 '실제로 테스트가 실행되지 않았음'을 알 수 있다. 이는 테스트 케이스를 표시하는 실제 애너테이션이 JUnit 5에서 변경됐기 때문이다.

NOTE JUnit 5는 `org.junit.jupiter.api` 패키지에서 자체적인 `@Test` 애너테이션을 제공한다. 기본적으로 이전 버전인 `org.junit` 버전의 `@Test`로 표시된 기존의 테스트를 인식하지 않는다.

이때 선택할 수 있는 두 가지 방법이 있다. 첫 번째는 이전 애너테이션을 가져오는 각각의 위치에서 새 버전을 사용하도록 변경하는 것이다. 클래스별로 테스트 스위트가 JUnit 5에서 실행되기 시작한다. 이런 변환에는 곧 설명할 다른 변경도 적용해야 할 수 있다.

또 다른 방법은 `junit-vintage-engine`에 대한 추가적인 런타임 의존성을 추가하는 것이다. 이 패키지는 JUnit 5의 다양한 러너와 지원 클래스를 플러그인해서 JUnit 4 (JUnit 3도 지원) 테스트와의 하위 호환성을 지원한다.

그래들은 다음과 같다.

```
dependencies {
  testImplementation("org.junit.jupiter:junit-jupiter-api:5.7.1")
  testRuntimeOnly("org.junit.jupiter:junit-jupiter-engine:5.7.1")

  testRuntimeOnly("org.junit.vintage:junit-vintage-engine:5.7.1")
}
```

메이븐은 다음과 같다.

```
<project>
  <dependencies>                          JUnit 5와 함께 JUnit 4
    <dependency>     ◄──────┤             테스트 실행 지원
      <groupId>junit</groupId>
      <artifactId>junit</artifactId>
      <version>4.13</version>
      <scope>test</scope>
    </dependency>
    <dependency>
      <groupId>org.junit.vintage</groupId>
      <artifactId>junit-vintage-engine</artifactId>
      <version>5.7.1</version>
      <scope>test</scope>
    </dependency>                         주요 JUnit 5 의존성,
    <dependency>     ◄──────┤             api와 engine
      <groupId>org.junit.jupiter</groupId>
      <artifactId>junit-jupiter-api</artifactId>
      <version>5.7.1</version>
      <scope>test</scope>
    </dependency>
    <dependency>
      <groupId>org.junit.jupiter</groupId>
      <artifactId>junit-jupiter-engine</artifactId>
      <version>5.7.1</version>
      <scope>test</scope>
    </dependency>
  </dependencies>
</project>
```

이 지원을 통해 한 번에 모든 것을 바꾸지 않고도 JUnit 5를 활성화한 다음, 시간이 지남에 따라 테스트를 하나씩 변환할 수 있어 전환을 더 쉽게 할 수 있다. 그러나 vintage의 지원은 일부 제한 사항이 있는데, 이것은 JUnit 사용자 가이드(http://mng.bz/5Q6l)에 자세하게 문서화돼 있다.

새로운 패키징과 함께 다양한 클래스의 이름이 변경돼 사용법을 더 명확하고 정확하게 알 수 있다.

- @Before는 @BeforeEach로 변경됐다.

- @After는 @AfterEach로 변경됐다.

- @BeforeClass는 @BeforeAll로 변경됐다.

- @AfterClass는 @AfterAll로 변경됐다.

- @Category는 @Tag로 변경됐다.

- @Ignored는 @Disabled로 변경됐다(또는 새로운 확장 모델에서 ExecutionCondition을 사용하여 처리할 수 있다).

- @RunWith, @Rule, @ClassRule은 새로운 확장 모델로 대체됐다.

마지막 몇 가지 항목에서 알 수 있듯이, JUnit 5의 가장 큰 특징은 이전 버전의 JUnit에 있는 다양한 독립적인 기능을 포괄하는 새로운 확장 모델이다. 기존의 개별 기능을 통해 테스트 준비setup, 분해teardown, 예상expectation 설정과 같은 동작을 클래스 간에 공유할 수 있었지만 모두 통합해서 사용하기는 어려웠다.

예를 들어 테스트가 실행되기 전에 서버를 시작해야 하는 기본적인 JUnit 4 테스트가 있다고 가정해보겠다. 이 테스트는 ExternalResource 클래스와 @Rule 애너테이션을 사용하여 생명주기의 적절한 지점에서 호출되도록 요청한다.

```java
package com.wellgrounded;

import org.junit.Rule;
import org.junit.Test;
import org.junit.rules.ExpectedException;
import org.junit.rules.ExternalResource;

import static org.junit.Assert.*;

public class PasswordCheckerTest {
    private PasswordChecker checker = new PasswordChecker();

    @Rule
    public ExternalResource passwordServer =
                        new ExternalResource() {

        @Override
        protected void before() throws Throwable {
            super.before();
            checker.reset();
            checker.start();
```

@Rule은 이것이 각 테스트 전/후에 적용되도록 요청한다.

ExternalResource는 특별히 이러한 사용자 정의 전후 설정(setup/teardown) 시나리오를 위해 JUnit에서 제공하는 것이다.

```
        }

        @Override
        protected void after() {
            super.after();
            checker.stop();
        }
    };

    @Test
    public void ok() {
        assertTrue(checker.isOk("abcd1234!"));
    }
}
```

ExternalResource에서의 재정의overrides 내용은 쉽게 다른 위치로 가져와서 테스트 간에 공유할 수 있다.

대신 JUnit 5는 테스트 생명 주기를 작은 인터페이스로 분할하고 이를 구현하는 방식으로 변경됐다. 그런 다음 다음과 같이 클래스나 테스트 메서드 수준에서 이런 확장을 적용할 수 있다.

```
package com.wellgrounded;

import org.junit.jupiter.api.extension.AfterEachCallback;
import org.junit.jupiter.api.extension.BeforeEachCallback;
import org.junit.jupiter.api.extension.ExtensionContext;

public class PasswordCheckerExtension
    implements AfterEachCallback, BeforeEachCallback {    ◄────

    private PasswordChecker checker;

    PasswordCheckerExtension(PasswordChecker checker) {    ◄────
        this.checker = checker;
    }

    @Override
    public void beforeEach(ExtensionContext context) {    ◄────
        checker.reset();
        checker.start();
    }

    @Override
    public void afterEach(ExtensionContext context) {    ◄────
```

AfterEachCallback과 BeforeEachCallback을 구현해서 각 테스트 메서드에 대해 이전과 같이 호출되도록 한다. AfterAllCallback과 BeforeAllCallback도 @ClassRule 기능을 대체하기 위해 존재한다.

이 확장이 테스트 클래스의 필드와 함께 작동하기 때문에, 이를 생성자로 전달해야 한다.

콜백은 이전과 마찬가지로 준비/분해 작업을 진행한다.

```
        checker.stop();
    }
}
```

이 클래스가 준비되면 다음과 같이 테스트에 적용할 수 있다.

```
package com.wellgrounded;

import org.junit.jupiter.api.Test;
import org.junit.jupiter.api.extension.RegisterExtension;

import static org.junit.Assert.*;

public class PasswordCheckerTest {
    private static PasswordChecker checker = new PasswordChecker();
                                          @RegisterExtension은 테스트를
                                          위해 확장을 인스턴스화할 수
    @RegisterExtension    ◄────────       있게 해준다.
    static PasswordCheckerExtension ext =
            new PasswordCheckerExtension(checker);    ◄─────  테스트 클래스의 필드는
                                                              @RegisterExtension과
                                                              함께 작동하려면
    @Test                                                     public으로 선언돼야 한다.
    public void ok() {
        assertTrue(checker.isOk("abcd1234!"));
    }
}
```

확장 생성 시 매개변수가 필요하지 않은 경우, 다음과 같이 `@ExtendWith`를 사용해서 클래스나 메서드 정의에 적용할 수도 있다.

```
@ExtendWith(CustomConfigurationExtension.class)
public class PasswordCheckerTest {
    // ....
}
```

최신 JDK 버전을 요구하는 JUnit 5의 움직임으로 인해 예전에 `Rule`이 표준 접근 방식으로 사용되던 부분들도 정리됐다. 테스트 메서드가 예외를 발생시키는지 확인하는 것은 JUnit 4와 그 이전 버전에서 다음 두 가지 형식으로 할 수 있었다.

```
package com.wellgrounded;
```

```
import org.junit.Rule;
import org.junit.Test;
import org.junit.rules.ExpectedException;

import static org.junit.Assert.*;

public class PasswordCheckerTest {
    private PasswordChecker checker = new PasswordChecker();

    @Rule
    public ExpectedException ex = ExpectedException.none();

    @Test
    public void nullThrows() {
        ex.expect(IllegalArgumentException.class);    ◄─┤ 테스트 메서드에 대한
        checker.isOk(null);                                규칙 기반 예외 검사
    }

    @Test(expected = IllegalArgumentException.class)    ◄─┤ @Test 애너테이션에서
    public void alsoThrows() {                               예상되는 예외의 구성
        checker.isOk(null);
    }
}
```

람다 표현식은 이를 표현하는 새로운 방식을 제공한다. 이는 일반적인 가정문과 유사하게 보이는
데, 다음과 같이 나타낼 수 있다.

```
package com.wellgrounded;

import org.junit.jupiter.api.Test;

import static org.junit.Assert.*;

public class PasswordCheckerTest {
    private static PasswordChecker checker = new PasswordChecker();

    @Test
    public void nullThrows() {
        assertThrows(IllegalArgumentException.class, () -> {
            checker.isOk(null);
        });
    }
}
```

assertThrows가 예전에 사용되던 `@Test` 애너테이션의 `expected` 인수나 `ExpectedException` 규칙보다 더 선호되는 이유가 몇 가지 있다. 첫째, 가정문은 더 직접적이며, 실제로 테스트하는 코드가 있는 곳에 바로 위치한다. 이전에 테스트하는 코드가 있는 메서드의 앞부분에 위치하던 것과는 달리, 코드 내부에 위치하게 된다. 둘째, `assertThrows`는 `try/catch`를 별도로 구성하지 않아도 예외를 반환하므로, 특별한 처리 없이도 발생한 일에 대한 일반적인 가정문을 더 쉽게 수행할 수 있다. 생태계 전반에 걸쳐서 JUnit 4의 레거시 버전이 오랫동안 사용돼 왔기 때문에 앞으로도 계속 유지되겠지만, JUnit을 사용 중이라면 새로운 버전이 제공하는 기능을 살펴볼 가치가 있다.

지금까지 소개한 테스트 라이브러리는 전체 그림 중 일부에 불과하다. 특히 통합 테스트를 작성할 때는 더욱 그렇다. 다음 장에서는 외부 의존성을 테스트하는 데 도움이 되는 몇 가지 유용한 도구에 대해 더 자세히 알아보겠다.

요약

- 테스트 동기와 테스트 유형에 대해 논의했으며, 무엇을 테스트하는지에 대한 답을 알아야만 접근 방식을 결정할 수 있음을 강조했다.
- 테스트 중심 개발을 통해 단계별로 자신감을 가지고 디자인을 발전시킬 수 있는 방법을 살펴봤다.
- 다양한 종류의 테스트 더블에 대해 조사했다. 테스트 더블이 어떤 용도에서 유용한지, 또 더 중요한 것은 잘못 사용할 경우 어디에서 문제를 일으킬 수 있는지 살펴보았다.
- 많은 시간이 지난 후, 오랜 기간 사용됐던 JDK의 제약 조건을 해결하기 위해 새로운 JUnit 버전이 출시됐다. 기본적인 테스트의 기초를 위해 최신 버전으로 이동하는 것을 간단히 살펴보았다.

Junit을 넘어선 테스트

이 장의 주요 내용

- 테스트컨테이너를 사용한 통합 테스트
- 네다와 코틀린을 사용한 명세 스타일 테스트
- 클로저를 사용한 속성 기반 테스트

이전 장에서는 테스트를 안내하는 일반적인 원칙을 살펴봤다. 이제 다양한 상황에서 테스트를 개선하기 위한 구체적인 접근 방식을 더 자세히 살펴보겠다. 의존성을 더 깔끔하게 테스트하거나, 테스트 코드의 커뮤니케이션을 개선하거나, 고려하지 않았던 **에지 케이스**edge case를 발견하는 등 목표가 무엇이든 JVM 에코시스템은 많은 도구를 제공한다. 여기서는 몇 가지만 강조하겠다. 통합 테스트를 작성할 때 외부 의존성을 효과적으로 다루는 방법에 대해 논의해보겠다.

14.1 테스트컨테이너를 이용한 통합 테스트

격리된 유닛 테스트에서 시작해서 테스트 피라미드를 올라감에 따라 다양한 장애물에 부딪히게 된다. 실제 데이터베이스에 대한 통합 테스트를 수행하려면 사용 가능한 실제 데이터베이스가 필요하다. 그 현실적인 테스팅의 이점을 얻으려면 설정 복잡도가 크게 증가한다. 또한 이러한 외부 시스템의 상태는 우리의 코드 문제가 아닌, 테스트 간에 남아 있는 예상치 못한 상태로 인해 실패할 확률이 높아진다.

여러 해 동안 이 문제는 다양한 방식으로 해결됐다. 인메모리 데이터베이스부터 트랜잭션 내에서 완전히 테스트를 실행하고 자체 정리하는 프레임워크까지 다양한 방법이 있다. 하지만 이러한 해결책은 종종 고유한 에지 케이스와 어려움을 가져온다.

12장에서 논의한 컨테이너화 기술은 이 문제에 대한 흥미롭고 새로운 접근 방식을 제공한다. 컨테이너는 일시적이기 때문에 주어진 테스트 실행을 위해 빠르게 생성하는 데 적합하다. 실제 데이터베이스와 상호작용하려는 다른 서비스를 캡슐화하기 때문에 대체 인메모리 데이터베이스에서 발생하기 쉬운 미묘한 불일치 문제를 피할 수 있다.

14.1.1 테스트컨테이너 설치하기

테스팅에서 컨테이너를 활용하는 가장 간단한 방법은 **테스트컨테이너**testcontainer 라이브러리를 사용하는 것이다(https://www.testcontainers.org/ 참조). 이 라이브러리는 일반적인 의존성에 대한 다양한 지원 모듈을 포함하여, 테스트 코드에서 컨테이너를 직접 제어하기 위한 API를 제공한다. 핵심 기능은 `org.testcontainers.testcontainers`에서 제공되는데, 메이븐은 다음과 같다.

```
<dependency>
  <groupId>org.testcontainers</groupId>
  <artifactId>testcontainers</artifactId>
  <version>1.15.3</version>
  <scope>test</scope>
</dependency>
```

그래들은 다음과 같이 선언한다.

```
testImplementation "org.testcontainers:testcontainers:1.15.3"
```

14.1.2 레디스 예제

앞서 극장 애플리케이션에서 HTTP 서비스로부터 가격을 다운로드하도록 설정했었다. 이제 해당 값을 캐시하려고 한다. 올바른 캐싱은 별도의 주제이지만, 값들을 메모리에 넣는 대신 캐시를 외부로 이동시키기로 결정했다고 상상해보자. 이런 용도로 일반적으로 사용되는 데이터 저장소 중 하나가 레디스다(https://redis.io/). 레디스는 키-값 쌍 가져오기get, 설정하기set, 삭제delete하기 위한 빠른 액세스를 제공하며, 더 복잡한 데이터 구조도 제공한다.

이미 HTTP 서비스에서 데이터 조회를 위해 소개했던 Price 인터페이스는 다음과 같다. 이 인터페이스를 사용해서 캐싱을 별도의 관심사로 추가할 수 있다.

```
package com.wellgrounded;

import redis.clients.jedis.Jedis;

import java.math.BigDecimal;

public class CachedPrice implements Price {
    private final Price priceLookup;
    private final Jedis cacheClient;

    private static final String priceKey = "price";        ◄─── 레디스에 가격을
                                                                캐시할 키 이름

    CachedPrice(Price priceLookup, Jedis cacheClient) {    ◄─── 레디스에 액세스하기 위해
        this.priceLookup = priceLookup;                         Jedis(https://github.com/
        this.cacheClient = cacheClient;                         redis/jedis) 라이브러리를
    }                                                           사용한다.

    @Override
    public BigDecimal getInitialPrice() {
        String cachedPrice = cacheClient.get(priceKey);    ◄─── 이미 캐시에 해당 가격이
        if (cachedPrice != null) {                              있는지 확인한다.
            return new BigDecimal(cachedPrice);
        }

        BigDecimal price =
            priceLookup.getInitialPrice();                 ◄─── 가격이 없으면 제공된
        cacheClient.set(priceKey,                               조회를 사용한다.
                    price.toPlainString());                ◄─── 방금 조회한 값을 캐시한다.
        return price;
    }
}
```

이 시점에서 잠시 멈춰서 시스템의 어떤 측면을 테스트할지 생각해볼 필요가 있다. CachedPrice 클래스의 핵심은 레디스와 기본 가격 조회 간의 상호작용이다. 레디스로 작업하는 방식이 핵심이며, 테스트컨테이너를 사용하면 다음과 같이 실제와 비교해서 테스트할 수 있다.

```
package com.wellgrounded;

import org.junit.jupiter.api.Test;
import org.testcontainers.containers.GenericContainer;
```

```
import org.testcontainers.junit.jupiter.*;
import org.testcontainers.utility.DockerImageName;
import redis.clients.jedis.*;

import java.math.BigDecimal;

import static org.junit.jupiter.api.Assertions.assertEquals;

@Testcontainers
public class CachedPriceTest {
    private static final DockerImageName imageName =
            DockerImageName.parse("redis:6.2.3-alpine");

    @Container
    public static GenericContainer redis = new GenericContainer(imageName)
            .withExposedPorts(6379);

    // 이후 테스트들…
}
```

이 테스트의 시작 부분에서는 테스트컨테이너와의 가장 기본적인 연결 방식을 볼 수 있다. @Testcontainers 애너테이션을 테스트 클래스 전체에 적용해서 라이브러리에 테스트 실행 중에 필요한 컨테이너를 감시하도록 알린다. 그다음 @Container로 표시된 필드는 특정 컨테이너 이미지 "redis:6.2.3-alpine"을 요청해서 표준 레디스 포트인 6379를 사용하여 시작하도록 요청한다.

이 테스트 클래스가 실행되면 그림 14.1과 같이 테스트컨테이너가 요청한 컨테이너를 시작한다. 테스트컨테이너는 첫 번째 매핑된 포트를 사용할 수 있을 때까지 기본 시간 제한(60초)을 기다리기 때문에 컨테이너가 통신할 준비가 됐다는 것을 확신할 수 있다. 그다음 redis 필드를 통해 나중에 테스트에서 사용할 호스트 이름과 포트 같은 정보를 얻을 수 있다.

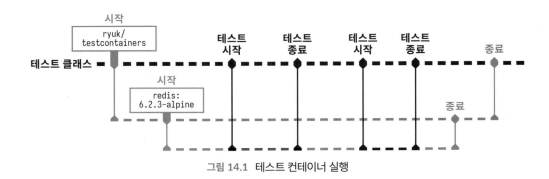

그림 14.1 테스트 컨테이너 실행

컨테이너화된 레디스를 실행하면 실제 테스트를 진행할 수 있다. 핵심은 기본 가격 조회가 실제로 구현되는 방식이 아니라 레디스와 조회 간의 상호작용이므로, 다음과 같이 테스트를 간소화하기 위해 항상 10을 반환하는 이전 `StubPrice`를 재사용할 수 있다.

```java
@Test
    public void cached() {
        var jedis = getJedisConnection();
        jedis.set("price", "20");          ◀── 레디스에 스텁된 가격과
                                                다른 가격을 설정한다.
        CachedPrice price =                          조회를 위해 StubPrice를
            new CachedPrice(new StubPrice(), jedis);  ◀── 전달하며, 이는 20이 아닌
        BigDecimal result = price.getInitialPrice();     10을 반환한다.

        assertEquals(new BigDecimal("20"), result);  ◀── 캐시된 값을 받았는지
    }                                                    확인한다.

    @Test
    public void noCache() {
        var jedis = getJedisConnection();
        jedis.del("price");   ◀── del 호출로 레디스에서 이전에
                                   캐시된 값을 제거한다.
        CachedPrice price = new CachedPrice(new StubPrice(), jedis);
        BigDecimal result = price.getInitialPrice();

        assertEquals(new BigDecimal("10"), result);
    }
                              ◀── Jedis 인스턴스를 설정하기
    private Jedis getJedisConnection() {   위한 도우미 메서드다.
        HostAndPort hostAndPort = new HostAndPort(
                                    redis.getHost(),
                                    redis.getFirstMappedPort());
        return new Jedis(hostAndPort);
    }
```

여기서 주목해야 할 점은 `getJedisConnection` 메서드가 테스트컨테이너의 환경 설정을 사용해서 레디스에 연결하는 방식이다. `redis.getHost()`가 `localhost`와 같은 일반적인 값이라는 것을 확인할 수 있지만, 모든 환경에서 반드시 보장되는 것은 아니다. 테스트 컨테이너에 해당 값을 요청해서 향후 해당 값이 예기치 않게 변경되지 않도록 보호하는 것이 좋다.

여기에서는 컨테이너의 자동 스핀업이 꽤 편리하지만, 더 직접적으로 제어하는 방법을 이해하는 것이 좋다. 나중에 필수 스키마가 있는 관계형 데이터베이스 같은 예제에서 살펴보는 것처럼 컨테

이너를 시작하는 데 시간이 필요한 경우 특히 그렇다.

`@Container` 애너테이션은 정적 필드에 적용되는지 인스턴스 필드에 적용되는지를 인식한다. 그림 14.2에서 볼 수 있듯이 정적 필드에 적용되면 컨테이너가 테스트 클래스 실행 동안 한 번만 시작된다. 대신 필드를 인스턴스 수준으로 두면 개별 테스트마다 컨테이너가 시작되고 중지된다.

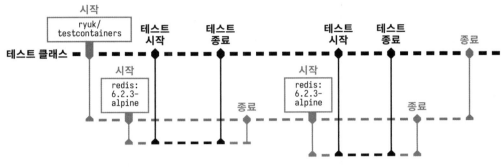

그림 14.2 필드와 @Container

이것은 컨테이너 수명을 더 직접적으로 관리하는 또 다른 방법을 가리킨다. 테스트 세트 전체에서 컨테이너를 한 번만 실행하려면 `@Container` 애너테이션을 사용하지 않고 `GenericContainer` 객체 자체가 노출하는 API를 직접 사용해야 한다.

```java
private static final DockerImageName imageName =
        DockerImageName.parse("redis:6.2.3-alpine");

public static GenericContainer redis = new GenericContainer(imageName)
        .withExposedPorts(6379);

@BeforeAll
public void setUp() {
    redis.start();    ◀──── 각 객체에 대해 컨테이너를 한
}                            번만 시작하므로 인스턴스에서
                             start를 안전하게 여러 번 호출할
                             수 있다.
```

컨테이너를 명시적으로 중지하기 위해 `tearDown`을 제공할 필요는 없는데, 이는 `testcontainers` 라이브러리가 이를 자동으로 처리하기 때문이다.

이전 예제에서는 각 테스트마다 `start`를 호출했지만, `redis` 객체를 여러 테스트 클래스 간에 안전하게 공유할 수 있는 위치로 이동시킬 수 있다.

14.1.3 컨테이너 로그 수집

명령줄이나 IDE에서 이러한 테스트를 실행하면 기본적으로 컨테이너에 출력이 없다는 것을 알 수 있다. 간단한 레디스의 경우에는 문제가 되지 않지만, 더 복잡한 설정이나 디버깅의 경우, 해당 컨테이너에 대한 더 많은 가시성이 필요할 수 있다. 이를 지원하기 위해 `Testcontainers`는 이미 시작된 컨테이너에서 `STDOUT`와 `STDERR`에 액세스할 수 있도록 한다.

이 지원은 JDK의 `Consumer<>` 인터페이스를 기반으로 하며, 여러 구현체가 라이브러리와 함께 제공된다. 표준 로깅 공급자에 연결하거나 데모에서 설명하겠지만 원시 로그를 직접 사용할 수 있다.

컨테이너의 로그가 메인 출력에 나오면 불편할 수 있다. 하지만 필요할 때마다 사용자 정의 작업을 해야하는 것도 번거로울 수 있다. 한 가지 해결책은 다음과 같이 빌드 출력 폴더의 파일 같은 별도의 위치에 항상 캡처하도록 하는 것이다.

```
                      @Container 애너테이션을 다시
                      사용해서 컨테이너를 실행한다. 굉장히
@Container ◄          간편하기 때문이다.
public static GenericContainer redis =
    new GenericContainer(imageName)
        .withExposedPorts(6379);
                                      consumer 인스턴스는
                                      테스트 실행 중에 로그를
public static ToStringConsumer consumer = ◄── 수집한다.
                        new ToStringConsumer();


@BeforeAll
public static void setUp() {
    redis.followOutput(consumer,
                    OutputType.STDOUT,
                    OutputType.STDERR); ◄── STDOUT와 STDERR를
}                                           모두 요청하여 컨테이너에
                                            소비자(consumer)를 연결한다.

@AfterAll
public static void tearDown() throws IOException {
    Path log = Path.of("./build/tc.log"); ◄── 편리한 위치에 쓰기
    byte[] bytes = consumer.toUtf8String().getBytes();
    Files.write(log, bytes,
                StandardOpenOption.CREATE); ◄── java.nio.Files를 사용하여
}                                               파일 내용 쉽게 쓰기
```

14.1.4 Postgres를 사용한 예시

레디스는 의존성이 거의 없으며, 일반적으로 저장되는 데이터의 일시적인 특성과 컨테이너의 빠른 시작 시간 때문에 예제가 쉽다. 그러나 전통적인 통합 테스트의 어려운 부분인 관계형 데이터베이

스는 어떨까? 종종 관계형 저장소에 넣는 데이터는 애플리케이션의 실제 기능에서 가장 중요하지만, 이를 테스트하는 것은 오래된 데이터, 어색한 목 객체, 그리고 잘못된 결과를 초래할 수 있다는 어려움이 있다.

테스트컨테이너는 다양한 종류의 데이터 저장소를 지원한다. 이들은 별도의 모듈에 패키지돼 있으므로, 이들을 가져와야 한다. 우리는 **Postgres**를 사용하는 방법을 살펴볼 것이며, 테스트컨테이너 웹사이트(https://www.testcontainers.org/modules/databases/)에서 많은 다른 옵션 목록을 찾을 수 있다.

다음과 같이 메이븐에서 Postgres 모듈을 테스트 의존성으로 포함시키는데, 새로운 데이터베이스에 연결할 수 있도록 Postgres 드라이버도 포함한다.

```
<dependency>
  <groupId>org.postgresql</groupId>
  <artifactId>postgresql</artifactId>
  <version>42.2.1</version>
</dependency>
<dependency>
  <groupId>org.testcontainers</groupId>
  <artifactId>postgresql</artifactId>
  <version>1.15.3</version>
  <scope>test</scope>
</dependency>
```

그래들로는 다음과 같이 포함한다.

```
implementation("org.postgresql:postgresql:42.2.1")
testImplementation("org.testcontainers:postgresql:1.15.3")
```

이 의존성 버전은 사용 중인 기본 `org.testcontainers:testcontainers` 라이브러리와 일치해야 한다는 것이 중요하다.

특정 클래스가 Postgres 컨테이너에 대한 액세스를 감싸는데, 여기에는 다음과 같이 데이터베이스 이름과 자격 증명 같은 정보를 구성하기 위한 헬퍼 메서드들이 있다.

```
public static DockerImageName imageName =
            DockerImageName.parse("postgres:9.6.12"));
```

```
@Container
public static PostgreSQLContainer postgres =
    new PostgreSQLContainer<>(imageName)
        .withDatabaseName("theater_db")
        .withUsername("theater")
        .withPassword("password");
```

여기서도 이전과 같은 생명 주기 관리의 고려 사항이 모두 적용되며, 추가로 관계형 데이터베이스는 사용하기 전에 스키마를 적용해야 하는 복잡한 절차가 추가된다. 많은 일반적인 데이터베이스 마이그레이션 프로젝트는 코드로 실행되는데, 여기서는 이런 동작들이 뭔가 마법 같은 일이 아니라는 것을 보여주기 위해 JDBC를 직접 사용하는 것만 시연해보겠다.

먼저 컨테이너 인스턴스와의 연결이 필요하다. JDBC 클래스를 사용해서 postgres Testcontainer 객체에서 매개변수를 설정하면 다음과 같이 설정된다.

```
private static Connection getConnection() throws SQLException {
    String url = String.format(
            "jdbc:postgresql://%s:%s/%s",
            postgres.getHost(),
            postgres.getFirstMappedPort(),
            postgres.getDatabaseName());

    return DriverManager.getConnection(url,
                                       postgres.getUsername(),
                                       postgres.getPassword());
}
```

[NOTE] 테스트컨테이너에는 연결 문자열을 수정하고 데이터베이스용 컨테이너를 자동으로 시작하는 기능이 포함돼 있다. 편리하긴 하지만 직접적으로 보여주기에는 직관적이지 않다. 하지만 이 기능은 기존 테스트 스위트에 테스트컨테이너를 통합할 때 특히 유용하다.

연결을 통해 테스트를 실행하기 전에 스키마가 제대로 구성되도록 하고자 한다. 하나의 테스트 클래스 범위 내에서, 다음과 같이 @BeforeAll을 사용해서 이 작업을 수행할 수 있다.

```
@BeforeAll
public static void setup() throws SQLException, IOException {
    var path = Path.of("src/main/resources/init.sql");
    var sql = Files.readString(path);    ◀── 예시에서 SQL 파일에
                                             스키마 정의가 있다.
```

```
        try (Connection conn = getConnection()) {
            conn.createStatement().execute(sql);    ◄──── SQL을 적용한다.
        }
    }
```

스키마가 구성된 상태에서 이제 다음과 같이 빈 Postgres 데이터베이스를 대상으로 테스트를 실행할 수 있다.

```
@Test
    public void emptyDatabase() throws SQLException {
        try (Connection conn = getConnection()) {
            Statement st = conn.createStatement();
            ResultSet result = st.executeQuery("SELECT * FROM prices");
            assertEquals(0, result.getFetchSize());
        }
    }
```

만약 **데이터 액세스 객체**data access object, DAO, 레포지토리 또는 데이터베이스에서 읽는 다른 방식과 같은 다른 추상화가 있다면, 이들은 모두 컨테이너에 대한 연결과 함께 잘 작동할 것이다.

14.1.5 셀레늄을 사용한 E2E 테스트 예제

컨테이너에서 외부 리소스를 사용하는 것은 통합 테스트에 안성맞춤이다. E2E 테스트[1]에서도 유사한 기술이 적용된다. 시스템에 따라 다르겠지만, 종종 E2E 테스트는 웹 애플리케이션이 예상대로 실행되는지 확인하기 위해 브라우저를 조작하려고 할 것이다.

과거에는 코드에서 웹브라우저를 조작하는 것은 민감한 문제였다. 이러한 기술은 여전히 깨지기 쉽고 느리다. 그러나 테스트컨테이너는 컨테이너 내에서 브라우저를 실행하고 원격으로 제어해서 설치와 설정에 대한 고민을 덜어준다.

Postgres 예제와 마찬가지로 의존성을 가져와야 한다. 이 경우 다음과 같이 브라우저 인스턴스를 원격으로 제어하기 위해 테스트에 필요한 라이브러리와 함께 테스트컨테이너 지원 모듈을 메이븐에 기술한다.

1 　[옮긴이] E2E 테스트는 애플리케이션의 처음부터 끝까지 전체적인 흐름을 실제 사용자처럼 테스트하여 모든 구성 요소가 제대로 작동하는지 확인하는 테스트 방법이다.

```xml
<dependency>
  <groupId>org.testcontainers</groupId>
  <artifactId>selenium</artifactId>
  <version>1.15.3</version>
  <scope>test</scope>
</dependency>
<dependency>
  <groupId>org.seleniumhq.selenium</groupId>
  <artifactId>selenium-remote-driver</artifactId>
  <version>3.141.59</version>
  <scope>test</scope>
</dependency>
<dependency>
  <groupId>org.seleniumhq.selenium</groupId>
  <artifactId>selenium-chrome-driver</artifactId>
  <version>3.141.59</version>
  <scope>test</scope>
</dependency>
```

그래들로 기술하면 다음과 같다.

```
testImplementation("org.testcontainers:selenium:1.15.3")
testImplementation(
   "org.seleniumhq.selenium:selenium-remote-driver:3.141.59")
testImplementation(
   "org.seleniumhq.selenium:selenium-chrome-driver:3.141.59")   ← 비슷한 이름의 패키지에
                                                                    다른 웹브라우저도 지원된다.
```

구체적인 클래스로 브라우저 인스턴스를 구성한다. 여기서는 특정 브라우저를 시작하기 위해 `ChromeOptions`를 전달하겠다.

```java
@Container
public static BrowserWebDriverContainer<?> chrome =
    new BrowserWebDriverContainer<>()
        .withCapabilities(new ChromeOptions());
```

이 인스턴스를 사용하면 이제 다음과 같이 웹 페이지를 방문하고 결과를 검사하는 테스트를 작성할 수 있다.

```java
@Test
public void checkTheSiteOut() {
```

```
        var url = "https://github.com/well-grounded-java";
        RemoteWebDriver driver = chrome.getWebDriver();
        driver.get(url);          ◄───┐ 이 책의 샘플 코드가 있는
                                       │ 깃허브로 이동한다.
                                                                    페이지가 로드되면 첫 번째
        WebElement title =                                          <h1> 내용을 확인한다.
                    driver.findElementByTagName("h1");  ◄───┘
        assertEquals("well-grounded-java", title.getText());
    }
```

이 간단한 예는 E2E 테스트가 얼마나 취약한지를 이미 잘 보여준다. 만약 깃허브에서 페이지를 재
설계해서 페이지에 다른 <h1>을 추가하기로 결정하면 어떻게 될까? 제목 텍스트를 미묘한 방식으
로 변경하면 어떻게 될까? 자체 애플리케이션을 테스트하는 경우에는 이 문제가 덜 중요할 수 있
지만, 프레젠테이션과 강하게 결합된 점은 여전히 문제가 될 수 있다.

컨테이너 내부에서 실행할 때 예상과 다른 결과가 나오면 그 이유를 파악하기 어려울 수 있다. 다
행히도 몇 가지 방법으로 시각적인 피드백을 얻을 수 있다.

먼저, 다음과 같이 특정 시점에서 스크린숏을 찍을 수 있다.

```
    @Test
    public void checkTheSiteOut() {
        RemoteWebDriver driver = chrome.getWebDriver();
        driver.get("https://github.com/well-grounded-java");

        File screen = driver.getScreenshotAs(OutputType.FILE);
    }
```

반환된 파일은 임시 파일이며 테스트가 끝나면 제거되지만 파일이 생성된 후 코드로 다른 곳에
복사할 수 있다.

특정 시점 이상을 보고자 하는 것은 당연한 요구일 수 있다. 따라서 다음과 같이 세션의 비디오를
자동으로 녹화하도록 요청할 수도 있다.

```
    private static final File tmpDirectory = new File("build");

    @Container
    public static BrowserWebDriverContainer<?> chrome =
        new BrowserWebDriverContainer<>()
            .withCapabilities(new ChromeOptions())
```

```
                .withRecordingMode(RECORD_ALL,
                                    tmpDirectory,
                                    VncRecordingFormat.MP4);
```

컨테이너 로그와 마찬가지로 이것은 테스트를 실행할 때마다 빌드 출력에 녹화를 생성한다. 이제 문제가 생기더라도 디버그에 필요한 모든 것이 바로 그 자리에 준비돼 있을 것이다.

이것은 테스트컨테이너를 통해 수행할 수 있는 작업의 일부에 불과하다. 이제 JUnit을 떠나서 다른 형식으로 테스트를 작성하는 것을 살펴보겠다. 이것이 더 읽기 쉬운 형식일 수 있다.

14.2 Spek과 코틀린을 사용한 명세 스타일 테스팅

JUnit이 메서드, 클래스, 애너테이션을 사용하는 방식은 자바 개발자에게는 매우 자연스럽다. 이것은 우리가 인지하든 인지하지 못하든 테스트를 표현하고 그룹화하는 방식에 영향을 미친다. 필수는 아니지만, 종종 하나의 테스트 클래스가 실제 프로덕션 클래스에 대응하고, 각각의 구현 메서드에 대한 느슨한 테스트 메서드 클러스터[2]가 형성되는 경우가 많다.

이에 대한 대안으로 명세 작성이라는 아이디어가 있다. 이것은 RSpec과 Cucumber 같은 프레임워크에서 비롯된 것으로, 코드가 어떻게 형성되는지에 초점을 맞추기보다는 사람이 요구 사항을 논의하는 방식에 더 알맞은, 더 높은 수준에서 시스템이 어떻게 작동하는지 명시하는 것을 지원하는 것을 목표로 한다.

이런 종류의 테스트 예는 Spek 프레임워크(https://www.spekframework.org/ 참조)를 통해 코틀린에서 사용할 수 있다. 앞으로 살펴보겠지만, 코틀린의 많은 내장 기능은 명세를 매우 다른 방식으로 구성하고 느낄 수 있도록 해준다.

Spek을 설치하는 방법은 일반적인 의존성 프로세스를 따른다. Spek은 주로 명세를 어떻게 구조화할지에 중점을 두며, 가정문과 테스트 실행 같은 기능은 생태계에 의존한다. 여기에서는 간단하게 하기 위해 JUnit 5에서 제공하는 가정문과 테스트 실행기를 사용해서 보여줄 것이다. 다만 선호하는 다른 라이브러리가 있는 경우에는 반드시 이를 따를 필요는 없다.

---

2   [옮긴이] 관련된 기능을 테스트하는 비슷한 유형을 가진 일련의 테스트 메서드들을 뜻한다.

메이븐에서는 11.2.6절의 `maven-surefire-plugin`에 명세 파일에 대한 정보를 제공하기만 하면 되는데, 여기서는 다음과 같이 파일 이름에 Spek을 포함해서 표시한다. 또한 11.2.5절에서 설명한 코틀린 지원도 필요하다(길이 때문에 여기서 반복하지는 않겠다).

```xml
<build>
  <plugins>
    <plugin>
      <artifactId>maven-surefire-plugin</artifactId>
      <version>2.22.2</version>
      <configuration>
        <includes>
          <include>**/*Spek*.*</include>      ◄─── 우리가 사용하는 파일의 패턴으로
        </includes>                                  인해, 메이븐에게 어떤 것을 실행할 지
      </configuration>                               알려줘야 한다.
    </plugin>
  </plugins>
</build>
<dependencies>
  <dependency>
    <groupId>org.junit.jupiter</groupId>
    <artifactId>junit-jupiter-api</artifactId>   ◄─── JUnit의 가정문 API를
    <version>5.7.1</version>                           사용한다.
    <scope>test</scope>
  </dependency>
  <dependency>
    <groupId>org.spekframework.spek2</groupId>
    <artifactId>spek-dsl-jvm</artifactId>
    <version>2.0.15</version>
    <scope>test</scope>
  </dependency>
  <dependency>
    <groupId>org.spekframework.spek2</groupId>
    <artifactId>spek-runner-junit5</artifactId>   ◄─── Spek의 JUnit 테스트
    <version>2.0.15</version>                           러너와의 통합을 사용한다.
    <scope>test</scope>
  </dependency>
</dependencies>
```

그래들에서는 기본 `test` 작업에 Spek의 엔진을 연결하고, 이를 JUnit 플랫폼에 알려주는 방식을 사용한다. 다음 코드에서 확인할 수 있듯이, 터미널에서 명령어로 테스트를 실행할 때는 엔진 라인 없이도 테스트 명세를 인식할 수 있다. 하지만 IDE와 같은 다른 시스템에서는 이를 놓치는 경우가 있을 수 있다.

```
dependencies {
  testImplementation(          ← JUnit의 가정문 API를
                                  사용한다.
      "org.junit.jupiter:junit-jupiter-api:5.7.1")

  testImplementation("org.spekframework.spek2:spek-dsl-jvm:2.0.15")  ┐ Spek과 JUnit 테스트 러너
  testRuntimeOnly(          ←───────────────────────────────────────┘ 간의 통합을 활용한다.
      "org.spekframework.spek2:spek-runner-junit5:2.0.15")
}
                                    테스트 작업을 찾아서, 그것이 Test 타입임을
                                    알려준다. 이렇게 하면 useJUnitPlatform과
                                    이후의 메서드에 접근할 수 있다.
tasks.named<Test>("test") {  ←
  useJUnitPlatform() {
    includeEngines("spek2")  ←─┐ 더 나은 IDE 통합을 위해
  }                            └ JUnit에 엔진을 알린다.
}
```

이제 첫 번째 명세를 작성할 수 있다. 이를 살펴보기 위해 `InMemoryCachedPrice` 클래스에 대해 수
행한 이전의 테스트를 가져와서 Spek이 테스트의 구조와 흐름을 어떻게 변경하는지 살펴보겠다.

```
import org.spekframework.spek2.Spek
import org.junit.jupiter.api.Assertions.assertEquals
import java.math.BigDecimal

object InMemoryCachedPriceSpek : Spek({
    group("empty cache") {
        test("gets default value") {
            val stubbedPrice = StubPrice()
            val cachedPrice = InMemoryCachedPrice(stubbedPrice)

            assertEquals(BigDecimal(10), cachedPrice.initialPrice)
        }

        test("gets same value when called again") {
            val stubbedPrice = StubPrice()
            val cachedPrice = InMemoryCachedPrice(stubbedPrice)

            val first = cachedPrice.initialPrice
            val second = cachedPrice.initialPrice
            assertTrue(first === second)  ←─┐ ===는 참조 동등성을 위한
        }                                   │ 코틀린의 연산자이므로 호출 간에
    }                                       │ 동일한 값이 아니라 정확히 동일한
})                                          └ 객체를 가져오는지 확인한다.
```

첫 번째 명세는 빈 캐시에 대한 동작을 설명한다. 여러 가지 코틀린 기능이 작동하는 것을 볼 수 있다. 우선, 명세는 클래스 대신 싱글톤 object로 선언된다. 이렇게 함으로써 JUnit의 경우, 테스트 실행기가 클래스별로 하나의 테스트 인스턴스를 생성하거나 개별 테스트 메서드마다 생성하는 등의 테스트의 수명 관련 문제를 명확하게 해결할 수 있다.

주요 명세는 람다 표현식 내에서 선언되며, 이것은 Spek 클래스의 매개변수로 전달된다. 람다 내에서는 group과 test라는 두 가지 중요한 함수를 사용할 수 있다. 각각에는 전체 문자열 설명이 제공된다. 설명을 읽기 쉽게 하기 위해 카멜 표기법, 언더스코어underscore 또는 기타의 트릭이 필요하지 않다. group은 관련된 여러 테스트 호출을 함께 묶는 데 사용된다. 원한다면 그룹 구조를 중첩할 수도 있다.

만약 이런 형식의 재구성이 명세 스타일 테스팅이 가져오는 전부라면 그리 흥미롭지 않을 것이다. 그러나 그룹화는 단순히 이름을 지정하는 것 이상의 의미가 있다. 왜냐하면 우리는 여러 테스트 간에 설정을 공유하는 **픽스처**fixture[3]를 다음과 같이 선언할 수 있기 때문이다.

```kotlin
object InMemoryCachedPriceSpek : Spek({
    group("empty cache") {
        lateinit var stubbedPrice : Price
        lateinit var cachedPrice : InMemoryCachedPrice

        beforeEachTest {
            stubbedPrice = StubPrice()
            cachedPrice = InMemoryCachedPrice(stubbedPrice)
        }

        test("gets default value") {
            assertEquals(BigDecimal(10), cachedPrice.initialPrice)
        }

        test("gets same value when called again") {
            val first = cachedPrice.initialPrice
            val second = cachedPrice.initialPrice
            assertTrue(first === second)
        }
    }
})
```

3　[옮긴이] 테스트에서 사용하는 초기 상태 또는 설정을 나타낸다. 테스트는 어떤 조건에서 코드가 올바르게 동작하는지 확인하기 위해 실행되며, 이를 위해서는 특정한 상황이나 데이터가 필요하다. 이러한 초기 상태나 설정을 픽스처라고 부른다.

"empty cache" 그룹에서 stubbedPrice와 cachedPrice라는 두 개의 픽스처를 선언한다. stubbedPrice는 캐시를 설정하는 데 사용되고, cachedPrice 인스턴스는 테스트할 대상이다. 이 group의 구성원인 모든 test 호출은 이런 픽스처의 동일한 뷰를 얻게 된다.

픽스처에 대한 권장 패턴은 lateinit을 사용하고, beforeEachTest 내에서 초기화하는 것이다. 이런 늦은 초기화의 필요성은 실제로 Spek이 탐색과 실행, 두 단계로 명세를 실행한다는 점을 반영한다.

명세 스타일 테스팅의 탐색 단계에서는 명세의 최상위 람다가 실행된다. group 람다는 즉시 평가되지만 test 호출은 아직 실행되지 않는다. 대신 이후 실행을 위해 알림을 받는다. 모든 명세 그룹이 평가된 후에는 테스트 람다가 실행된다. 이런 분리는 각 group의 콘텍스트를 개별 test가 실행되기 전에 더 잘 제어할 수 있도록 한다.

```
object InMemoryCachedPriceSpek : Spek({
    group("empty cache") {
        lateinit var stubPrice : Price                          ◀──┐  탐색 단계에서
        lateinit var cachedPrice : InMemoryCachedPrice          ◀──┘  실행된다.

        beforeEachTest {                                        ◀──
            stubPrice = StubPrice()                             ◀──
            cachedPrice = InMemoryCachedPrice(stubPrice)        ◀──
        }                                                       ◀──

        test("gets default value") {                            ◀──
            assertEquals(BigDecimal(10),                        ◀──   실행 단계에서
                        cachedPrice.initialPrice)               ◀──   실행된다.
        }                                                       ◀──
                                                                ◀──
        test("gets same value when called again") {            ◀──
            val first = cachedPrice.initialPrice               ◀──
            val second = cachedPrice.initialPrice              ◀──
            assertTrue(first === second)                       ◀──
        }
    }
})
```

lateinit 사용은 조금 어색할 수 있다. 그래서 Spek은 코틀린의 **위임 프로퍼티**delegated propertie를 사용해서 이를 좀 더 간편하게 처리한다. Lateinit로 선언하는 대신 픽스처 뒤에 by memoized 위임자를 사용해서 호출과 람다로 값을 제공할 수 있다.

NOTE 'by memoized'는 '한 번 계산된 값이 이후 사용을 위해 캐시되는 값'을 가리키는 용어다(memorized가 아니다).

이런 결과는 테스트하려는 동작의 결과로 사용하지 말자. 결과는 다음과 같이 test 람다 내에서 직접 처리해야 한다.

```
object InMemoryCachedPriceSpek : Spek({
    val stubbedPrice : Price by memoized { StubPrice() }

    group("empty cache") {
        val cachedPrice by memoized { InMemoryCachedPrice(stubbedPrice) }

        test("gets default value") {
            assertEquals(BigDecimal(10), cachedPrice.initialPrice)
        }

        test("gets same value when called again") {
            val first = cachedPrice.initialPrice
            val second = cachedPrice.initialPrice
            assertTrue(first === second)
        }
    }
})
```

코틀린 코드의 일반적인 실행을 통해 발생하는 테스트 탐색 단계는 JUnit에서 사용 가능한 것보다 훨씬 간단한 매개변수화를 수행할 수 있다. 추가적인 애너테이션과 리플렉션 기반의 조회가 필요하지 않으며, 다음과 같이 단순히 루프를 사용해서 반복 호출할 수 있다.

```
object InMemoryCachedPriceSpek : Spek({
    group("parameterized example") {
        listOf(1, 2, 3).forEach {
            test("testing $it") {        ◀──  루프를 통한 반복마다 it을 사용하면
                assertNotEquals(it, 0)        "testing 1", "testing 2", "testing 3"을
            }                                 테스트할 수 있다.
        }
    }
})
```

다른 생태계에서 명세 스타일 테스팅의 경험이 있는 경우(루비의 RSpec 또는 자바스크립트의 Jasmine 같은), 다음과 같이 group과 test 메서드를 대신하여 더 자연스러운 서술적인 흐름을 위해 describe와 it을 사용할 수 있다.

```
object InMemoryCachedPriceSpek : Spek({
    val stubbedPrice : Price by memoized { StubPrice() }

    describe("empty cache") {
        val cachedPrice by memoized { InMemoryCachedPrice(stubbedPrice) }

        it("gets default value") {
            assertEquals(BigDecimal(10), cachedPrice.initialPrice)
        }

        it("gets same value when called again") {
            val first = cachedPrice.initialPrice
            val second = cachedPrice.initialPrice
            assertEquals(true, first === second)
        }
    }
})
```

명세를 작성하는 또 다른 일반적인 형식은 Cucumber 테스팅 도구에서 인기 있는 Gherkin 구문 (https://cucumber.io/docs/gherkin/reference/)이다. 이 구문은 설정given, 동작when, 결과then의 일련의 명세를 선언한다. 이러한 구조를 강제하면 명세가 코드뿐만 아니라 자연어로 더 읽기 쉬울 수 있다.

이전의 테스트를 Gherkin 스타일로 다시 작성하면 `Given`은 비어 있는 캐시, `when`은 가격 계산, `then`은 기본값 조회다. 이것을 Spek의 Gherkin 지원으로 전환하면 다음과 같다.

```
object InMemoryCachedPriceSpekGherkin : Spek({
    Feature("caching") {
        val stubbedPrice by memoized { StubPrice() }

        lateinit var cachedPrice : Price
        lateinit var result : BigDecimal

        Scenario("empty cache") {
            Given("an empty cache") {
                cachedPrice = InMemoryCachedPrice(stubbedPrice)
            }

            When("calculating") {
                result = cachedPrice.initialPrice
            }

            Then("it looks up the default value") {
```

```
                assertEquals(BigDecimal(10), result)
            }
        }
    }
})
```

이렇게 하면 우리는 `Feature`와 `Scenario`로 명세를 나눔으로써 Cucumber의 추가적인 그룹화를 가져온 것을 알 수 있다. 그 후에 given-when-then의 구성을 적용한다.

명세는 나중에 코드를 읽는 사람들에게 더 나은 방식으로 테스트 코드의 순서를 전달하는 다른 방법을 제공한다. 그러나 여전히 모든 경우를 수동으로 작성해야 하는 점에 유의해야 한다. 클로저는 어떻게 테스트 데이터를 선택하는지에 대한 다양한 가능성을 제시한다.

14.3 클로저를 사용한 속성 기반 테스트

자바나 코틀린과 달리 클로저는 표준 라이브러리인 `clojure.test`에 테스트 프레임워크가 함께 제공된다. 이 라이브러리를 자세히 다루지는 않겠지만, 클로저 테스트 생태계의 다른 이색적인 부분을 살펴보기 전에 기본 사항을 숙지해보겠다.

14.3.1 clojure.test

10장 전체에서 했던 것과 마찬가지로 클로저 REPL을 통해 테스트를 연습해보겠다. 이 10장을 건너뛰었거나 읽은지 오래됐다면, 혹은 이 테스트 중 따라하기 어려운 것이 있다면 지금이 클로저의 기본을 복습하기에 좋은 시기다.

클로저와 함께 직접 제공되기는 하지만, `clojure.test`는 코드에 자동으로 묶여서 제공되지 않는다. `require`를 통해 라이브러리를 요청해야 한다. REPL에 다음을 입력하면 `:as`를 통해 선언하는 접두사 `test`를 사용해서 `clojure.test`의 모든 함수를 사용할 수 있다.

```
user=> (require '[clojure.test :as test])
nil
user=> (test/is (= 1 1))
true
```

또는 다음과 같이 접두사 없이 `:refer`를 통해 특정 함수를 사용할 수 있다.

```
user=> (require '[clojure.test :refer [is]])
nil
user=> (is (= 1 1))
true
```

`is` 함수는 `clojure.test`에서 가정문의 기반을 나타낸다. 가정문이 통과하면 함수가 `true`를 반환하는 것을 볼 수 있다. 실패하면 어떨까?

```
user=> (is (= 1 2))

FAIL in () (NO_SOURCE_FILE:1)
expected: (= 1 2)
  actual: (not (= 1 2))
false
```

모든 술어는 `is`와 함께 사용할 수 있다. 예를 들어 함수가 예상한 예외를 던지는지 확인하는 방법은 다음과 같다.

```
user=> (defn oops [] (throw (RuntimeException. "Oops")))    ◀──  항상 RuntimeException을
#'user/oops                                                      던지는 함수

user=> (is (thrown? RuntimeException (oops)))
#error {    ◀──  실패 메시지가 아닌 #error값을
 :cause "Oops"      수신한다. 이는 가정문이
 :via               통과했음을 나타낸다.
 [{:type java.lang.RuntimeException
   :message "Oops"
   :at [user$oops invokeStatic "NO_SOURCE_FILE" 1]}]
   ...    ◀──  오류에는 전체 스택 추적도
                포함되지만 여기서는 지면
                관계상 제외했다.
```

이제 가정 선언문을 사용해서 테스트를 만들 준비가 됐다. 이를 위한 기본 방법은 다음에 표시된 `deftest` 함수다.

```
user=> (require '[clojure.test :refer [deftest]])
nil
user=> (deftest one-is-one (is (= 1 1)))
#'user/one-is-one
```

테스트를 정의한 후에는 실행해야 한다. 이를 위해 `run-tests` 함수를 사용할 수 있는데, 이 함수는 현재 네임스페이스에 정의된 모든 테스트를 찾아 실행한다. REPL에서는 `user`라는 기본 네임스페이스가 자동으로 생성되며, 이곳에 우리가 `deftest`로 정의한 테스트가 들어간다.

```
user=> (require '[clojure.test :refer [run-tests]])
nil
user=> (run-tests)

Testing user

Ran 1 tests containing 1 assertions.
0 failures, 0 errors.
{:test 1, :pass 1, :fail 0, :error 0, :type :summary}
```

물론 REPL에서 테스트를 작성하고 실행하는 것은 학습에는 좋지만 프로젝트에서 장기적으로 사용하기에는 적합하지 않다. 결국에는 테스트 러너를 설정하는 것이 좋다. 그러나 자바 세계와는 달리 클로저에서는 주로 JUnit을 사용하지 않는다. 대신 몇 가지 다른 옵션이 있는데, 고려할 만한 몇 가지 옵션은 다음과 같다.

- Leiningen(https://leiningen.org/): 메이븐이나 그래들과 비슷한 방식으로 테스트를 지원하는 인기 있는 클로저 빌드 도구다.
- Cognitect Labs 테스트 러너(https://github.com/cognitect-labs/test-runner): 클로저의 네이티브 의존성을 기반으로 한 간단한 테스트 러너다.
- Kaocha(https://github.com/lambdaisland/kaocha): 모듈화된 디자인을 강조하는 전체 기능을 갖춘 테스트 러너다.

여기서는 그럼에도 불구하고, 계속해서 REPL에서 진행하겠다. 이제 클로저에서 제공하는 흥미로운 능력에 대해 살펴보겠다.

14.3.2 clojure.spec

클로저는 JVM과의 통합을 통해 클래스 및 객체와 자연스럽게 작업할 수 있지만, 함수형 프로그래밍은 동작을 데이터와 더 느슨하게 결합한다. 기본적인 원시 데이터로 구성된 데이터 구조에 대해 작동하는 함수를 가지는 것이 일반적이며, 특히 객체지향 프로그래밍에서 클래스와 연관된 데이터를 전달하는 동작에 맵을 사용하는 경우가 많다.

이렇게 되면 내장된 데이터 구조의 형태와 내용을 더 잘 테스트하기 위한 좋은 도구가 필요하다. 이러한 기능은 표준 라이브러리인 `clojure.spec`을 통해 제공된다. `clojure.test`와 마찬가지로 라이브러리에 접근하려면 다음과 같이 `require`를 사용해야 한다.

```
user=> (require '[clojure.spec.alpha :as spec])
nil
```

NOTE `clojure.spec`은 명세라는 용어를 사용하지만, 이는 코틀린의 Spek에서 본 명세와는 완전히 다른 의미다. `clojure.spec`은 데이터에 대한 명세를 정의하며 동작에 대한 명세와는 다르다.

이 라이브러리를 사용하면 `valid?` 함수를 이용해서 다양한 값을 검증할 수 있다. 이 함수는 전달하는 술어 함수를 해당 값에 적용하고, 그 결과를 불리언값으로 돌려준다. 즉 다음과 같이 작성할 수 있다.

```
user=> (spec/valid? even? 10)
true
user=> (spec/valid? even? 13)
false
```

`conform` 함수는 다음 코드에서 보는 것처럼 다음 단계의 검사 기능을 제공한다. 값이 술어를 통과하면 해당 값을 반환한다. 그렇지 않으면 반환되는 값은 키워드 `:clojure.spec.alpha/invalid`이다.

```
user=> (spec/conform even? 10)
10
user=> (spec/conform even? 13)
:clojure.spec.alpha/invalid
```

`and` 함수를 사용해서 서로 다른 확인 작업을 결합할 수 있다. 직접 술어 함수를 작성해서 이 작업을 수행할 수도 있지만, 다음 코드에 기술된 `clojure.spec` 버전을 사용하면 우리가 만든 다양한 조합을 라이브러리가 이해한다. 이것이 어떻게 더 많은 정보를 제공하는지 잠시 후에 살펴보겠다.

```
user=> (spec/conform (spec/and int? even?) 10)
10
user=> (spec/conform (spec/and int? even?) 13)
```

```
:clojure.spec.alpha/invalid
user=> (spec/conform (spec/and int? even?) "not int")
:clojure.spec.alpha/invalid
```

and를 보고 나면 or 함수가 있다는 것은 그리 놀라운 일이 아닐 것이다. 그러나 다음과 같이 and 와 마찬가지로 or을 사용하려고 시도하면 문제가 발생한다.

```
user=> (spec/conform (spec/or int? string?) 10)
Unexpected error (AssertionError) macroexpanding spec/or at (REPL:1:15).
Assert failed: spec/or expects k1 p1 k2 p2..., where ks are keywords
(c/and (even? (count key-pred-forms)) (every? keyword? keys))
```

이 오류 메시지는, or이 우리가 전달한 술어 앞에 키워드가 있을 것이라고 기대한다는 것을 알려준다. 이것은 간단한 **불 함수**Boolean function에 대해 이상한 요구 사항처럼 보일 수 있다. 그러나 conform에 주어진 or 조건의 결과를 더 자세히 살펴보면 그 이유가 더욱 명확해진다.

```
user=> (spec/conform (spec/or :a-number int? :a-string string?) "hello")
[:a-string "hello"]
user=> (spec/conform (spec/or :a-number int? :a-string string?) 10)
[:a-number 10]
user=> (spec/conform (spec/or :a-number int? :a-string string?) nil)
:clojure.spec.alpha/invalid
```

이 라이브러리는 단순히 값이 명세가 일치하는지 여부만 알려주는 것이 아니라, 값이 or 조건의 어느 분기를 충족시키는지도 알려준다. 우리의 명세는 단순한 참/거짓 유효성을 넘어서 해당 값이 왜 통과됐는지를 동시에 알려주는 것이다.

명세를 반복해서 작성하는 것은 지루하고, 실제 프로젝트에서는 이렇게 작업을 반복하는 것은 좋지 않은 코드라는 표시(**코드 스멜**code smell)다. clojure.spec은 명세를 특정 네임스페이스에 등록할 수 있도록 해준다. 그다음 등록된 키워드를 사용해서 conform 함수를 호출할 수 있다.

```
user=> (spec/def :well/even (spec/and int? even?))
:well/even
user=> (spec/conform :well/even 10)
10
user=> (spec/conform :well/even 11)
:clojure.spec.alpha/invalid
```

클로저 REPL은 유용한 doc 함수를 함께 제공하는데, 명세와 아주 잘 통합된다. 등록된 키워드를 doc 함수에 전달하면 깔끔한 형식이 적용된 버전의 명세를 얻을 수 있다.

```
user=> (doc :well/even)
-------------------------
:well/even
Spec
  (and int? even?)
```

conform은 성공적인 일치에 대한 피드백을 제공하지만 :clojure.spec.alpha/invalid 키워드는 실패에 대해 상대적으로 불명확하다. explain 함수는 다음에서 볼 수 있듯이, 명세가 이미 갖고 있는 지식을 활용해서 왜 특정값이 실패하는지를 알려준다.

```
user=> (spec/explain :well/even 10)
Success!
nil
user=> (spec/explain :well/even 11)
11: failed: even? spec: :well/even
nil
user=> (spec/explain :well/even "")
"": failed: int? spec: :well/even
nil
```

이제 값에 대한 재사용 가능한 명세를 정의했으므로, 다음과 같이 직접 단위 테스트에서 이를 적용할 수 있다.

```
(deftest its-even
    (is (spec/valid? :well/even 4)))

(deftest its-not-even
    (is (not (spec/valid? :well/even 5))))
```

지금까지 우리의 사양은 개별값을 확인하는 데 중점을 두었다. 그러나 맵과 함께 작업할 때는 추가적인 질문이 생긴다. 제공된 데이터의 형태가 우리의 기대와 일치하는지 어떻게 확인할 수 있을까? 이것은 keys 함수를 사용해서 확인할 수 있다.

극장 티켓 예약 시스템의 일부가 클로저로 작성되는 상황을 상상해보자. 전달받은 모든 티켓에서

id와 amount가 필수라는 것을 확인하고 싶다. 선택적으로 notes도 허용한다. 이를 위한 명세는 다음과 같이 정의할 수 있다.

```
user=> (spec/def :well/ticket (spec/keys
                                :req [:ticket/id :ticket/amount]
                                :opt [:ticket/notes]))
:well/ticket
```

여기서 사용된 키들은 모두 :ticket으로 네임스페이스가 지정돼 있다. 이것은 클로저 맵의 키로 사용하기에 좋은 형식이다. 예를 들면 티켓의 amount와 공연 장소의 좌석 amount 같은 항목들 간에 구분을 유지할 수 있게 해준다. 네임스페이스가 지정되지 않은 키를 사용해야 하는 경우, req와 같은 다양한 함수들은 -un을 추가하여 대체 버전을 제공한다(예: req-un).

맵에 대해 conform을 호출해서 지정한 키가 존재하는지 확인한다. 또한 다음과 같이 필수 키와 함께 지정되지 않은 키도 허용한다.

```
user=> (spec/conform :well/ticket
                        {:ticket/id 1
                         :ticket/amount 100
                         :ticket/notes "Noted"})
#:ticket{:id 1, :amount 100, :notes "Noted"}

user=> (spec/conform :well/ticket
                        {:ticket/id 1
                         :ticket/amount 100
                         :ticket/other-stuff true})
#:ticket{:id 1, :amount 100, :other-stuff true}

user=> (spec/conform :well/ticket {:ticket/id 1})
:clojure.spec.alpha/invalid
```

네임스페이스namespace로 된 키를 사용하면 이전 값 검증과 원활하게 통합할 수 있다는 이점이 있다. 만약 키 이름이 등록된 명세를 가지고 있다면, 해당 값은 confirm 함수를 사용해서 유효성을 검증할 때 검증된다.

```
user=> (spec/def :ticket/amount int?)
:ticket/amount
```

```
user=> (spec/conform :well/ticket
                     {:ticket/id 1 :ticket/amount 100})
#:ticket{:id 1, :amount 100]}

user=> (spec/conform :well/ticket {:ticket/id 1 :ticket/amount "100"})
:clojure.spec.alpha/invalid
```

`clojure.spec`은 데이터를 검증하는 다양한 능력을 제공한다. 그러나 클로저의 데이터와의 상호작용에 대한 강조는 여기서 끝나지 않는다.

14.3.3 test.check

테스트를 작성할 때 코드를 실행할 알맞은 데이터를 고르는 데 많은 시간을 할애한다. 대표적인 객체를 구축하든 유효성의 경곗값을 찾는 것이든, 무엇을 테스트할지 찾는 데 많은 에너지가 투입된다.

속성 기반 테스팅은 이 관계를 뒤집는다. 실행할 예제를 구성하는 대신에, 함수에 대해 참이어야 하는 속성을 정의하고 그 속성이 참임을 확인하기 위해 무작위 데이터를 입력으로 제공한다.

> **NOTE** 속성 기반 테스팅에 대한 최근의 화제는 하스켈[4] 라이브러리인 QuickCheck(https://hackage.haskell.org/package/QuickCheck)에 기인한다. 파이썬의 Hypothesis(https://hypothesis.readthedocs.io/en/latest/), 클로저의 `test.check` 라이브러리와 같이 다른 언어에도 유사한 도구가 있다.

이 테스팅 패러다임은 대부분의 사람들이 경험한 전통적인 단위 테스트와는 상당한 차이점이 있다. 우리가 지금까지 본 종류의 테스팅에서는 100% 결정론적인 결과를 기대한다. 테스트 실행에서 어떤 불안정성이라도 잘못된 테스트를 나타내는 조짐으로 여기며 이를 없애야 한다.

속성 기반 테스트가 무작위 데이터를 허용할 뿐만 아니라 의존하는 방식이 다른 이유는 무엇일까? 우선, 입력이 무작위로 이뤄지더라도 실패는 테스트에 결함이 있음을 의미하는 것이 아니라, 우리가 정의한 속성으로 표현되는 시스템에 대한 이해가 잘못됐음을 나타낸다. 사실상 속성 기반 테스트는 수동으로 선택한 데이터에서 놓쳤을 수도 있는 에지 케이스를 찾아낸다.

그렇다고 해서 기존의 단위 테스트를 완전히 포기하자는 주장은 아니다. 특히 들어오는 데이터가 매우 다양하여 문제가 발생할 수 있는 영역에서는 속성 기반 테스트로 일반적인 테스트를 보완하

---

4 [옮긴이] 순수 함수형 프로그래밍 언어다.

는 것이 합리적이다.

`clojure.test`와 `clojure.spec`과는 달리, `test.check`는 클로저의 표준 라이브러리에 포함돼 있지 않은 별도의 패키지다. REPL에서 이를 사용하려면 클로저에 이 의존성에 대해 알려줘야 한다. 가장 간단한 방법은 `clj`를 실행하는 디렉터리와 동일한 디렉터리에 `deps.edn`이라는 파일을 놓는 것이다. 그 파일은 클로저에게 메이븐 저장소에서 라이브러리를 다운로드하도록 지시한다.

```
{
  :deps { org.clojure/test.check {:mvn/version "1.1.0"}}
}
```

`deps.edn` 파일을 생성한 후 `clj` REPL을 다시 시작해야 하고, REPL을 처음 시작할 때 필요한 JAR을 다운로드한다는 메시지가 표시돼야 한다.

속성 기반 테스트는 크게 두 가지로 나뉜다. 코드에 대해 확인할 속성을 정의하는 방법과 속성을 테스트하기 위한 무작위 데이터를 생성하는 방법이다. 먼저, 확인할 수 있는 속성에 대한 영감을 얻을 수 있는 데이터 생성기를 설정하는 것부터 시작하겠다.

`test.check`는 무작위 데이터를 생성하기 위한 주요 지원 기능을 제공하는데, 이것은 `generators` 패키지에서 제공된다. 전체 패키지를 가져와서 조금 더 간결하게 사용하기 위해 'gen'이라는 별칭을 붙였다.

```
user=> (require '[clojure.test.check.generators :as gen])
nil
```

무작위 데이터 생성의 시작점 역할을 하는 두 가지 주요 함수는 `generate`와 `sample`이다. `generate`는 단일값을 가져오고, `sample`은 값의 집합을 가져온다. 각 함수는 생성기generator를 필요로 하는데, 많은 내장 생성기가 존재한다. 예를 들어 다음과 같이 불값을 무작위로 생성해서 동전 던지기를 시뮬레이션할 수 있다.

```
user=> (gen/generate gen/boolean)
false

user=> (gen/sample gen/boolean)
(true false true false false false true true false false)
```

```
user=> (gen/sample gen/boolean 5)
(true true true true true)
```

test.check에서 제공하는 기본 생성기는 클로저의 원시 타입을 위해 필요한 대부분의 것을 다
룬다. 다음은 사용 예시다. 자세한 내용과 일부 생성기가 사용하는 추가적인 옵션 매개변수는
http://mng.bz/6XoD 문서를 참조하자.

```
user=> (gen/sample gen/nat)          ◄──── 작은 자연수(음수가 아닌)
(0 1 0 2 3 5 5 7 4 5)

user=> (gen/sample gen/small-integer)  ◄──── 음수를 포함한 작은 정수
(0 -1 1 1 2 4 0 5 -7 -8)

user=> (gen/sample gen/large-integer)  ◄──── 음수를 포함한 큰 정수
(-1 0 -1 -3 3 -1 -8 9 26 -249)

user=> (gen/sample (gen/choose 10 20))  ◄──── 제공된 정수 범위에서 선택
(11 20 17 16 11 16 14 19 14 13)

user=> (gen/sample gen/any)          ◄──── 모든 클로저값
(#{} (true) (-3.0) () (Xs/B 553N -4460N) {} #{-3 W_/R? :? \} () #{} [])

user=> (gen/sample gen/string)       ◄──── 모든 유효한 클로저 문자열
("" "" "" "ØI_" "" "rý" "ƒHODÄ" "fÿí'ß" "ü<Ò29eXÔ" ",Å£kθ®<")
                                              영숫자 문자열 임의의
user=> (gen/sample gen/string-alphanumeric)  ◄─┐ 문자열
("" "" "3" "G" "pB9" "e2" "oRt98" "l8" "T61T75k4" "b8505NXt")

user=> (gen/sample (gen/elements [:a :b :c]))  ◄──── 요소 목록에서 선택
(:b :c :b :a :c :b :a :c :a :b)

                                              제공된 생성기를
                                              기반으로 목록 생성
user=> (gen/sample (gen/list gen/nat))  ◄─┘
(() (1) (1) (0 2 1) (0 3) (3 3) (1) (1 6 5 1 2 4 4) (4 7 3 4 7 0) (3 2))
```

이러한 생성기는 **퍼징**fuzzing이라는 유형의 테스트에 유용할 수 있다. 퍼징은 보안 분야에서 자주
사용되며 다양한, 특히 유효하지 않은 데이터를 시스템에 제공해서 어디에서 문제가 발생하는지
를 확인한다. 종종 우리가 하는 테스트는 상상력이 충분하지 않은데, 특히 외부에서 입력을 받는
경우에는 더욱 그렇다. 생성기를 사용하면 생각하지 못한 데이터로 테스트를 강화할 수 있는 간편
한 방법이 제공된다.

예를 들어 티켓 예매 애플리케이션에서는 노트에 개방형 텍스트 입력을 허용하지만, 키워드를 추출해보고 싶을 수도 있다. 애플리케이션이 인터넷에 공개돼 있다면, 해당 기능이 예기치 않은 예외를 던지지 않도록 하고 싶을 것이다. 다음과 같이 해당 기능에 퍼징을 해볼 수 있다.

```
user=> (defn validate-input [s]
; imagine implementation here that should never throw
)
#'user/validate-input

user=> (deftest never-throws
         (doall (map (gen/sample gen/string)    ◄──── doall은 지연 연산을 강제로 평가하도록 한다.
                     validate-input)))                클로저는 map 함수의 반환값이 사용되지
                                                       않으면 연산을 미루는데, doall을 사용하면
user=> (run-tests)                                     미루지 않고 즉시 연산을 수행한다.

Testing user

Ran 1 tests containing 0 assertions.
0 failures, 0 errors.
{:test 1, :pass 0, :fail 0, :error 0, :type :summary}
```

퍼징은 유용한 첫 번째 단계일 수 있지만, 함수에 대한 흥미로운 속성은 예상 밖의 충돌을 방지하는 것 이상의 것을 제공할 수 있다.

극장 티켓 시스템을 다시 살펴본 결과, 소유주들은 이제 사람들이 티켓에 입찰할 수 있는 새로운 기능에 관심이 생겼다. 주어진 입찰 가격 범위에서 구매할 사람의 수를 최대화하기 위해 머신러닝 컨설팅 업체로부터 복잡한 알고리즘을 구입했다. 이 알고리즘은 제공된 입찰 가격 범위를 벗어나는 가격을 제시하지 않도록 보장한다.

아직 코드를 받지 못했지만, 코드가 도착하면 문제를 확인할 수 있도록 준비하고 싶다. 그때까지 다음에 표시된 스텁 구현을 제공했으며, 입찰 가격 목록이 주어지면 무작위로 하나를 선택한다.

```
user=> (defn bid-price [prices] (rand-nth prices))
#'user/bid-price
user=> user=> (bid-price [1 2 3])
1
user=> (bid-price [1 2 3])
3
```

test.check를 사용해서 입찰 함수에 대한 속성을 정의하는 방법을 알아보겠다. 앞에서 가져온 생성기 외에도, clojure.test.check와 clojure.test.check.properties의 함수들을 다음과 같이 require를 통해 가져와야 한다.

```
user=>(require '[clojure.test.check :as tc])
nil

user=>(require '[clojure.test.check.properties :as prop])
nil
```

가장 먼저 확인해야 할 속성(극장 소유주에게 가장 중요한 속성)은 누군가가 제시한 입찰가보다 작은 입찰가는 절대 반환하지 않는다는 것이다.

```
user=>(def bigger-than-minimum
  (prop/for-all [prices (gen/not-empty (gen/list gen/nat))]
    (<= (apply min prices) (bid-price prices))))
#'user/bigger-than-minimum
```

이 작은 코드에서는 많은 일이 일어나고 있으므로 자세히 살펴보겠다. 먼저, def bigger-than-minimum는 나중에 참조할 수 있도록 프로퍼티에 이름을 지정하는 것이다. 이것은 프로퍼티를 정의하는 것일 뿐, 아직 프로퍼티를 실제로 확인하는 것은 아니다.

다음 줄은 prop/for-all을 선언하는 부분이다. 이것은 확인하려는 속성을 선언하는 방식이다. 데이터를 생성하는 방법과 해당 값을 바인딩할 대상을 결정하는 목록이 따른다. [prices (gen/not-empty (gen/list gen/nat))]이다. prices는 생성된 각 값을 순차적으로 가져온다. 이 경우 비어 있지 않은 자연수(음수가 아닌 정수)의 리스트를 요구한다.

마지막 줄은 마지막으로 속성의 실제 로직을 표현한다. (<= (apply min prices) (bid-price prices))는 생성된 리스트에서 최솟값을 찾고, 해당 리스트에 대한 입찰 함수를 호출하여 입찰가가 최솟값보다 작지 않은지 확인한다.

이제 test.check에 다음과 같이 속성에 생성된 값의 집합을 대입하고 실행하도록 요청할 수 있다. quick-check 함수는 시도할 반복 횟수와 확인할 속성을 요구한다.

```
user=> (tc/quick-check 100 bigger-than-minimum)
{:result true, :pass? true, :num-tests 100,
 :time-elapsed-ms 13, :seed 1631172881794}
```

속성이 통과했다. 요청된 다른 조건, 즉 다른 사람이 입찰한 가격보다 높은 가격을 제시하지 않는다는 조건은 다음에 표시된 것처럼 이미 작성한 내용을 쉽게 확장할 수 있다.

```
user=>(def smaller-than-maximum
  (prop/for-all [prices (gen/not-empty (gen/list gen/nat))]
    (>= (apply max prices) (bid-price prices))))
#'user/smaller-than-maximum

user=>(tc/quick-check 100 smaller-than-maximum)
{:result true, :pass? true, :num-tests 100,
 :time-elapsed-ms 13, :seed 1631173295156}
```

속성이 통과하는 것은 좋지만, 실패하는 경우에 대해서도 확인해보겠다. 이를 위한 쉬운 방법은 입찰 함수에 조금 높은 값을 추가하고 속성을 다시 확인하는 것이다. 다음과 같이 하면 된다.

```
user=>(defn bid-price [prices] (+ (rand-nth prices) 2))
#'user/bid-price

user=>(tc/quick-check 100 smaller-than-maximum)
{:shrunk {:total-nodes-visited 3, :depth 1, :pass? false, :result false,
:result-data nil, :time-shrinking-ms 1, :smallest [(0)]},
:failed-after-ms 5, :num-tests 1, :seed 1631173486892, :fail [(2)] }
```

이제 뭔가 달라 보인다. 예상대로 검사에 실패했으며, 여기에 실패 사례에 대해 알아야 할 모든 정보가 있다. 특히 :smallest [(0)] 키는 실행 중에 나타난 정확한 실패값을 나타낸다. 이전 결과에서 :seed를 보았다. 동일한 값을 생성해서 프로퍼티를 다시 실행하려면 다음과 같이 호출에 해당 시드를 전달하면 된다.

```
user=>(tc/quick-check 100 smaller-than-maximum     이전과 동일한 시드값을 전달하면
          :seed 1631173486892) ◄──────            동일한 실패를 얻는다.
{:shrunk {:total-nodes-visited 3, :depth 1, :pass? false, :result false,
:result-data nil, :time-shrinking-ms 1, :smallest [(0)]},
:failed-after-ms 5, :num-tests 1, :seed 1631173486892, :fail [(2)] }
```

반응에서 주목할 점은 :shrunk라는 키다. `test.check`가 실패를 발견하면 그냥 중단하고 실패 내용을 보고하는 것이 아니라, 실패한 생성된 데이터에서 더 작은 조합을 만들어 최소한의 경우를 찾아내는 **축소**shrinking 과정을 거친다. 이 과정은 특히 더 복잡한 무작위 데이터에서 매우 유용하다. 가장 작고 간단한 입력을 찾아내는 것은 디버깅에 큰 도움이 된다.

`test.check`는 기본적인 `clojure.test` 라이브러리와 통합돼 있다. `defspec` 함수는 다음에서 볼수 있듯이 테스트(`deftest`와 유사한)와 속성을 동시에 정의한다.

```
user=> (require '[clojure.test.check.clojure-test :refer [defspec]])
nil

user=> (defspec smaller-than-maximum
  (prop/for-all [prices (gen/not-empty (gen/list gen/nat))]
    (>= (apply max prices) (bid-price prices))))
#'user/smaller-than-maximum

user=> (run-tests)
Testing user
{:result true, :num-tests 100, :seed 1631516389835,
 :time-elapsed-ms 36, :test-var "smaller-than-maximum"}

Ran 1 tests containing 1 assertions.
0 failures, 0 errors.
{:test 1, :pass 1, :fail 0, :error 0, :type :summary}
```

속성 기반 테스트에서 가장 어려운 부분은 코딩이 아니라 속성 자체를 결정하는 것일 때가 많다. 티켓 예매 예제나 정렬과 같은 많은 기본 알고리즘은 명확한 속성을 가지기 쉽지만, 현실의 시나리오는 그렇지 않은 경우가 많다.

시스템에서 속성을 찾을 수 있는 몇 가지 아이디어는 다음과 같다.

- **유효성 검사와 범위:** 만약 함수가 실행될 때 값의 한계, 리스트의 길이, 문자열 내용과 같은 조건을 확인하는 경우, 이는 속성을 정의하기에 좋은 위치다.
- **데이터 왕복:** 많은 시스템에서 데이터를 다양한 형식으로 변환하는 작업은 흔한다. 웹 요청에서 한 유형의 데이터를 받아 데이터베이스에 저장하기 전에 다른 형태로 변환해야 할 수도 있다. 이러한 경우에는 값을 변환하고 원래 형식으로 손실 없이 성공적으로 돌아올 수 있는 속성을 정의할 수 있다.

- **오라클:**[5] 때로는 성능 개선, 더 나은 가독성 또는 다른 이유로 기존 기능의 대체를 작성해야 할 때가 있다. 우리가 '옳다'고 생각하는 대체 경로가 있다면, 이것은 대체 기능을 개발하는 동안에 비교할 수 있는 유용한 속성의 출처가 될 수 있다.

14.3.4 clojure.spec과 test.check

`test.check`는 클로저의 기본 요소들에 대한 다양한 생성기를 제공하지만, 우리는 대부분 더 복잡한 구조와 함께 작업하게 된다. 이러한 더 복잡한 형태에 정확한 생성기를 작성하는 것은 귀찮고 어려울 수 있다.

다행히도 `clojure.spec`은 이러한 격차를 좁히도록 도움을 준다. `clojure.spec`을 사용하면 높은 수준의 데이터 구조를 일반적으로 설명할 수 있으며, 이를 자동으로 `test.check`와 호환되는 생성기로 변환할 수 있다. 이렇게 생성기를 수동으로 정의하는 것은 번거롭고 어려운 작업일 수 있는데, `clojure.spec`은 이러한 작업을 단순화한다.

다시 한번 확인해보면, 티켓 구조에 대한 정의는 다음과 같다. 여기에는 속성들에 대한 요구 사항과 값에 대한 제약 조건이 포함돼 있다.

```
user=> (spec/def :well/ticket (spec/keys
                                :req [:ticket/id :ticket/amount]
                                :opt [:ticket/notes]))
:well/ticket

user=> (spec/def :ticket/amount int?)
:ticket/amount

user=> (spec/def :ticket/id int?)
:ticket/id

user=> (spec/def :ticket/notes string?)
:ticket/notes
```

`gen` 함수는 `clojure.spec.alpha`에서 제공되며, 이 함수를 사용하면 spec을 생성기로 변환할 수 있다. 그다음 이 생성기를 이전에 사용한 `test.check` 함수와 메서드에 전달하여 다음과 같이 무작위 데이터를 생성할 수 있다.

---

5   [옮긴이] 대체 경로를 뜻한다.

```
user=> (gen/generate (spec/gen :well/ticket))
#:ticket{:notes "fZBvSkOAWERawpNz", :id -3, :amount 233194633}
```

이 무작위 티켓은 이미 명세에서 고려하지 않았을 수도 있는 코너 케이스를 드러낸다. 정말 음수 ID가 필요할까? 티켓의 금액에 대한 범위를 강제해야 할까? 더 많은 명세와 테스트를 거쳐야 할 것 같다.

요약

- 테스트는 획일적인 것이 아니다. 다양한 기술은 서로 다른 강점을 가지고 있다. 테스트 코드는 강점을 강화하기 위해 라이브러리와 언어를 조합하는 데 훌륭한 장소다.

- 코틀린이나 클로저 같은 다른 언어를 사용하면 자바에서는 수행하기 어려운 테스트 스타일을 구현할 수 있다.

- 데이터 저장소나 기타 서비스와 상호작용하는 통합 테스트는 까다롭고 오류가 발생하기 쉽다. 테스트컨테이너는 12장에서 배운 컨테이너에 대한 지식을 활용하여 이러한 외부 의존성에 접근하기 위한 원활한 통합을 제공한다.

- 우리가 명세를 어떻게 작성하느냐는 시스템에 대한 사고 방식에 영향을 미친다. 코틀린의 Spek과 다른 언어의 비슷한 명세 스타일 테스트 프레임워크는 코드 중심의 JUnit 형태의 테스트에 대안을 제공한다. 이를 통해 테스트의 커뮤니케이션 수준을 높일 수 있는 방법을 확인했다.

- 마지막으로 클로저에서 속성 기반 테스팅으로 '예제를 작성하고 결과를 확인'하는 완전히 다른 접근 방식을 살펴보았다. 무작위 데이터를 생성하고 시스템의 전역 속성을 정의하고, 오류를 가능한 한 최소한의 입력으로 축소하는 것까지, 속성 기반 테스트는 시스템 품질을 보장하는 새로운 길을 보여준다.

자바의 새 영역

이 파트에서는 다른 파트에서 살펴본 많은 기술과 개념을 한데 모았다.

10장의 클로저 소개에 이어 맵, 필터, 리듀스의 기본을 넘어 함수형 프로그래밍에 대해 자세히 살펴본다. 자바의 설계와 역사가 함수형 스타일에 몇 가지 장벽을 제시하는 이유를 상세하게 살펴볼 것이다. 그다음 함수형 언어의 고급 기술이 코드를 간소화하고 기능을 강화하기 위해 코틀린과 클로저에 어떻게 나타나는지 자세히 살펴본다.

2부의 동시성 주제를 기반으로 안전하고 성능이 뛰어난 애플리케이션을 빌드할 수 있는 다른 가능성도 살펴볼 것이다. F/J 같은 최근 자바에 도입된 기능부터 코틀린의 코루틴, 클로저의 에이전트에 이르기까지 최신 컴퓨팅의 멀티코어, 멀티스레드 환경을 관리할 수 있는 더 많은 옵션에 대해 알게 될 것이다.

그다음에는 JVM의 내부를 살펴보면서 마무리한다. 리플렉션이 왜 느린지, 동적 언어가 어떻게 JVM을 타깃으로 삼을 수 있는지 궁금했다면 17장에서 그 궁금증을 해소할 수 있을 것이다.

마지막으로 현재 진행 중인 주요 OpenJDK 프로젝트와 그 목표, 향후 릴리스와 각 프로젝트에서 기대할 수 있는 사항을 소개한다.

PART V

Java frontiers

15

고급 함수형 프로그래밍

. . . .

이 장의 주요 내용

■ 함수형 프로그래밍 개념

■ 자바 함수형 프로그래밍의 한계

■ 코틀린 고급 함수형 프로그래밍

■ 클로저 고급 함수형 프로그래밍

. . . .

이 책의 앞부분에서 함수형 프로그래밍 개념을 이미 다루었지만, 이 장에서는 그 내용을 종합하여 한 단계 더 발전시키고자 한다. 업계에서 **함수형 프로그래밍**functional programming, FP에 대한 많은 이야기가 있지만, 아직 잘 정의되지 않은 개념으로 남아 있다. 유일하게 합의된 사항은 함수형 프로그래밍 언어에서 코드는 일급 데이터 항목으로 표현할 수 있다는 것, 즉 지연된 계산의 일부를 변수에 할당할 수 있는 값으로 표현할 수 있어야 한다는 것이다.

물론 이 정의는 터무니없이 광범위하지만, 지난 30년간 모든 주류 언어(극소수의 예외를 제외하면)가 이 정의를 충족한다. 따라서 여러 프로그래머 그룹이 FP에 대해 논의할 때 서로 다른 것에 대해 이야기한다. 여러 프로그래밍 그룹이나 커뮤니티들은 함수형 프로그래밍에 대해 이야기할 때, 'FP'라는 용어가 포함하는 내용에 대해 서로 다른 이해를 가지고 있다.

다시 말해, OO와 마찬가지로 '함수형 프로그래밍 언어'가 무엇인지에 대한 근본적으로 합의된 정의는 존재하지 않는다. 또는 모든 것이 FP 언어라면 아무것도 아닌 것이 될 수도 있다.

기본기가 탄탄한 개발자는 프로그래밍 언어를 원하는 하나의 축으로 시각화하는 것이 좋다(또는 언어의 여러 가지 특성이 있는 다차원 공간의 한 점으로 시각화하는 것이 더 좋다). 언어는 단순히 다른 언어보다 더 함수적이거나 덜 함수적일 뿐이지, 절대적인 척도로 평가되는 것이 아니다. '코드는 데이터'라는 다소 단순한 개념을 넘어, 함수형 프로그래밍 언어들이 공유하는 일반적인 개념이나 기능에 대한 몇 가지 개념을 살펴보자.

15.1 함수형 프로그래밍 개념 소개

이 장에서는 함수에 대해 자주 언급하겠지만, 자바 언어나 JVM에는 이러한 개념이 없다. 모든 실행 코드는 클래스 내에서 정의, 링크, 로드되는 메서드로 표현돼야 한다. 그러나 JVM이 아닌 다른 언어에서는 실행 코드에 대한 개념이 다르므로 이 장에서 함수를 언급할 때는 자바 메서드와 대략적으로 일치하는 실행 가능한 코드를 의미한다는 점을 이해해야 한다.

15.1.1 순수 함수

순수 함수pure function는 다른 엔티티의 상태를 변경하지 않는 함수다. 때때로 부작용이 없는 함수라고도 한다. 이는 함수가 수학 함수의 개념과 유사하게 동작한다는 의미로, 인수를 받아 어떤 방식으로도 인수에 영향을 주지 않고 전달된 값에만 의존하는 결과를 반환한다는 뜻이다.

순수성의 개념과 관련된 개념으로 **참조 투명성**referential transparency이 있다. 이것은 다소 유감스러운 이름이지만 자바 프로그래머가 이해하는 참조와는 아무런 관련이 없다. 대신, 함수 호출이 동일한 인수를 가진 동일한 함수에 대한 이전 호출의 결과로 대체할 수 있음을 의미한다.

모든 순수 함수가 참조 투명하다는 것은 분명하지만, 순수하지 않으면서도 참조 투명성을 갖는 함수도 존재할 수 있다. 이러한 방식으로 순수하지 않은 함수를 고려하려면 코드 분석에 기반한 공식적인 증명이 필요하다. 순수성은 코드에 관한 것이지만 불변성은 데이터에 관한 것이며, 이것이 우리가 다음에 살펴볼 FP 개념이다.

15.1.2 불변성

불변성immutability이란 객체가 생성된 후에는 그 상태를 변경할 수 없음을 의미한다. 자바의 기본값은 객체를 변경할 수 있다. `final`이라는 키워드는 자바에서 다양한 방식으로 사용되지만 여기서는 생성 후 필드의 수정을 방지하는 데 사용된다. 다른 언어에서는 불변성을 선호할 수 있으며, 프로그래머가 명시적으로 `mut` 수정자를 사용하여 변수를 변경 가능하게 만들어야 하는 러스트와 같이 다양한 방식으로 이러한 경향을 나타낼 수 있다.

불변성은 코드를 더 쉽게 추론할 수 있게 해준다. 객체는 단순한 상태 모델을 가지는데, 이것은 객체가 생성된 상태가 유일한 상태이기 때문이다. 그 외의 장점으로는, 스레드끼리도 객체를 안전하게 복사하고 공유할 수 있다.

> **NOTE** 불변성의 매력적인 속성 중 일부(또는 대부분)를 여전히 유지하는 데이터에 대한 '거의 불변적인' 접근 방식이 존재하는지 의문을 가질 수 있다. 사실, 우리가 이미 살펴본 자바의 `CompletableFuture` 클래스가 그러한 예 중 하나다. 이에 대해서는 다음 장에서 더 자세히 설명하겠다.

불변객체는 변경할 수 없기 때문에 시스템에서 상태 변화를 표현할 수 있는 유일한 방법은 불변값에서 시작하여 거의 동일하지만 일부 필드가 변경된 완전히 새로운 불변값을 생성하는 것뿐이다. 이는 **위더**withers(`with*()` 메서드)를 사용하면 가능하다.

예를 들어 `java.time` API는 불변 데이터를 매우 광범위하게 사용하며, 이와 같은 위더를 사용하여 새로운 인스턴스를 생성할 수 있다.

```
LocalDate ld = LocalDate.of(1984, Month.APRIL, 13);
LocalDate dec = ld.withMonth(12);
System.out.println(dec);
```

불변 접근 방식은 수정된 값을 생성할 때 이전 값의 구성 요소를 복사해야 하므로 메모리 서브시스템에 잠재적으로 큰 영향을 미칠 수 있는 결과를 초래할 수 있다. 즉 제자리 변경이 성능 측면에서 훨씬 저렴하다는 뜻이다.

15.1.3 고차 함수

고차 함수higher-order function는 사실 매우 간단한 개념으로, 함수를 데이터 항목으로 표현할 수 있다면 다른 값처럼 취급할 수 있어야 한다는 통찰력으로 설명할 수 있다.

고차 함수는 다음 중 하나 또는 둘 모두를 수행하는 함숫값으로 정의할 수 있다.

- 함숫값을 매개변수로 받는다.

- 함숫값을 반환한다.

예를 들어 여기에 표시된 것처럼 자바의 `String`을 받아 함수 객체를 생성하는 정적 메서드를 생각해보자.

```
public static Function<String, String> makePrefixer(String prefix) {
    return s -> prefix +": "+ s;
}
```

이것은 함수 객체를 만드는 간단한 방법을 제공한다. 이제 이 메서드를 다음에 표시된 다른 정적 메서드와 결합해서 이번에는 함수 객체를 입력으로 받도록 해보겠다.

```
public static String doubleApplier(String input,
                                   Function<String, String> f) {
    return f.apply(f.apply(input));
}
```

이것은 다음과 같은 간단한 예를 제공한다.

```
var f = makePrefixer("NaNa");     ◄── 함수 객체를 생성한다.
System.out.println(doubleApplier("Batman", f));   ◄── 함수 객체를 다른 메서드에
                                                      매개변수로 전달한다.
```

하지만 다음에서 살펴볼 것처럼 이것이 자바의 전부는 아니다.

15.1.4 재귀

재귀recursive 함수는 함수 내의 코드 경로 중 적어도 일부에서 자기 자신을 호출하는 함수다. 이로 인해 프로그래밍에서 가장 오래된 농담이 나오게 됐다. '재귀를 이해하려면 먼저 재귀를 이해해야 한다.'

엄밀하게 말하자면 다음과 같이 쓸 수 있다. 재귀를 이해하려면 다음을 먼저 이해해야 한다.

- 재귀
- 물리적으로 구현 가능한 시스템에서 모든 재귀 호출 체인은 결국 종료되고 값을 반환해야 한다는 것

두 번째 요점이 중요하다. 프로그래밍 언어는 호출 스택을 사용해서 함수가 다른 함수를 호출할 수 있도록 하는데, 이는 메모리 공간을 차지한다. 따라서 재귀는 깊은 재귀 호출이 잠재적으로 너무 많은 메모리를 사용해서 충돌crash을 일으킬 수 있다는 문제가 있다.

이론적인 컴퓨터 과학의 관점에서 재귀는 다양한 이유로 흥미롭고 중요하다. 가장 중요한 것 중 하나는 재귀가 계산 이론과 **튜링 완전성**Turing completeness(모든 비소수 계산 시스템이 계산을 수행할 수 있는 이론적 능력이 동일하다는 느슨한 개념) 같은 아이디어를 탐구하는 기초로 사용할 수 있다는 점이다.

15.1.5 closure

closure는 일반적으로 주변 콘텍스트에서 어떤 상태를 '캡처'하는 람다 표현식으로 정의된다. 하지만 이 정의를 이해하기 위해서는 캡처 개념의 의미를 설명할 필요가 있다.

우리가 값을 생성하고 로컬 변수에 할당하면 그 변수는 코드의 어떤 지점까지 존재하고 사용할 수 있다. 이 어떤 지점은 해당 변수가 선언된 함수나 블록의 끝일 수도 있다. 이렇게 변수가 존재하고 사용될 수 있는 코드 영역을 변수의 스코프라고 한다.

함숫값을 생성할 때 함수 본문 내에서 선언된 로컬 변수는 함숫값을 호출할 때까지 스코프 안에 존재한다. 이 호출은 함숫값이 만들어진 시점보다 뒤에 일어난다. 그러나 함숫값을 만들 때, 함수 본문 밖에서 선언된 변수나 상태를 참조한다면, 그 함숫값들은 그 상태를 '닫았다closed over'라고 하며 이 함숫값은 closure라고 부른다.

나중에 closure가 호출되면 캡처가 선언된 범위와 다른 범위에서 호출이 발생하더라도 캡처된 변수에 대한 전체 접근 권한을 갖는다.

다음 자바 코드를 보겠다.

```java
public static Function<Integer, Integer> closure() {
    var atomic = new AtomicInteger(0);
    return i -> atomic.addAndGet(i);
}
```

이 정적 메서드는 자바에서 closure를 반환하는 고차 함수다. 이 메서드는 메서드 내부에서 로컬 변수로 선언된 `atomic`을 참조하는 람다 표현식을 반환하기 때문이다. 즉 람다 표현식은 메서드 내에서 선언됐으며 해당 메서드의 스코프에 있던 변수를 참조한다. `closure()`에서 반환된 closure는 여러 번 호출할 수 있으며, 각 호출 시에 상태를 수집한다.

15.1.6 지연

10장에서 **지연**laziness의 개념에 대해 간략하게 언급했다. 기본적으로 지연 평가를 사용하면 표현식의 값에 대한 계산을 실제로 값이 필요할 때까지 연기할 수 있다. 이와 대조적으로 표현식을 즉시 평가하는 것을 **조급한 평가**eager evaluation(또는 **엄격한 평가**strict evaluation)라고 한다.

늦은 평가의 개념은 간단하다. 필요하지 않은 작업은 하지 않는 것이다. 간단하게 들리지만 프로그램 작성 방식과 성능에 깊은 영향을 미친다. 이 추가적인 복잡성의 핵심 부분은 프로그램이 이미 완료된 작업과 완료되지 않은 작업을 추적해야 한다는 것이다.

모든 프로그래밍 언어가 늦은 평가를 지원하는 것은 아니다. 많은 프로그래머들은 이 시점까지 조급한 평가만 접해왔을 수 있다. 그러나 이것은 전혀 문제가 되지 않는다.

예를 들어 자바의 경우 지연에 대한 일반적인 언어 수준의 지원이 없기 때문에 이 기능에 대한 명확한 예를 제시하기는 어렵다. 구체적으로 설명하려면 코틀린에 대해 이야기할 때까지 기다려야 할 것이다.

자바 프로그래머에게는 지연이 자연스럽지 않을 수 있지만, 함수형 프로그래밍에서는 굉장히 유용하고 강력한 기술이다. 실제로 하스켈 같은 일부 함수형 프로그래밍 언어에서는 늦은 평가가 기본적인 동작이다.

15.1.7 커링과 부분 적용

안타깝게도 **커링**Currying은 음식과는 아무런 관련이 없다. 대신, 이것은 하스켈 커리Haskell Curry(하스켈 프로그래밍 언어 또한 그의 이름을 따서 붙여졌다)의 이름을 따서 명명된 프로그래밍 기술이다. 이를 설명하기 위해 구체적인 예제부터 시작해보겠다.

두 개의 인수를 가지고 계산을 수행하고 바로 평가되는 순수한 함수를 생각해보자. 두 인수를 모두 제공하면 값을 얻을 수 있고 함수 호출은 모든 곳에서 결괏값으로 대체될 수 있다(참조 투명성). 하지만 두 인수를 모두 제공하지 않고 하나만 제공하면 어떻게 될까?

직관적으로는 결과를 계산하는 데 단 하나의 인수만 필요한 새로운 함수가 생성되는 것이라고 생각할 수 있다. 이 새로운 함수를 **커리 함수**curried function[1](또는 **부분 적용 함수**partially-applied function)라고 한다. 자바는 커리를 직접 지원하지 않으므로 구체적인 예제를 만드는 것은 이 장의 뒷부분으로 미루겠다.

더 멀리 보면, 일부 프로그래밍 언어에서는 여러 개의 인수 목록을 가진 함수 개념을 지원하거나 프로그래머가 이를 위장할 수 있는 구문을 가지고 있다. 이 경우 커링을 생각하는 또 다른 방법은 함수의 변환으로 생각하는 것이다. 수학적 표기법으로 보면, `f(a, b)`로 호출되는 다중 인수 함수를 `(g(a))(b)`로 호출 가능한 함수로 변환하는 것이다. 여기서 `g(a)`를 부분 적용 함수라고 한다.

지금까지 살펴본 다른 언어들은 함수형 프로그래밍에 대한 지원 수준이 서로 다르다. 예를 들어 클로저는 이 절에서 논의한 많은 개념을 매우 잘 지원한다. 반면에 자바는 다음 절에서 살펴볼 것처럼 매우 다른 이야기다.

15.2 함수형 프로그래밍 언어로서 자바의 한계

좋은 소식부터 말하면, 자바는 `java.util.function`의 타입과 런타임이 제공하는 광범위한 내부 조사 지원(예: 리플렉션과 메서드 핸들)을 통해 '코드를 데이터로 표현'한다는 다소 낮은 기준을 통과한다.

NOTE 함수 객체를 시뮬레이션하기 위해 내부 클래스를 사용하는 기술은 자바 8 이전부터 사용됐으며 구글 구아바 Guava와 같은 라이브러리에서도 사용됐으므로, 엄밀히 말하면 코드를 데이터로 표현하는 자바의 기능은 해당 버전에 국한된 것이 아니다.

버전 8 이후 자바 언어는 스트림이 도입되면서 최소한의 기능에서 한 단계 더 발전했으며, 스트림과 함께 지연 연산의 영역이 크게 제한됐다. 그러나 스트림이 도입됐더라도 자바는 당연히 함수형 환경이 아니다. 이것은 플랫폼의 역사와 지금까지의 수십 년간의 디자인 결정에 기인한 것이다.

NOTE 자바는 25년 역사를 가진 명령형 언어로, 지속적인 개발이 이뤄져왔다. 그중 일부 API는 함수형 프로그래밍, 불변 데이터 등을 지원하기에 적합하며, 일부는 그렇지 않다. 이렇듯 오랫동안 살아남고 발전했지만 여전히 하위 호환성을 유지하는 언어로 작업하고 있는 것이 현실이다.

그래서 전반적으로 자바는 '약간 함수형 프로그래밍 언어'로 표현하는 것이 아마 가장 적절할 것

---

1   [옮긴이] 여러 개의 인수를 받는 함수를 하나의 인수를 받는 함수들의 연속으로 변환하는 것으로, 예를 들면 add(2, 3)을 add(2)(3)처럼 표현할 수 있다.

이다. 자바는 FP를 지원하는 데 필요한 기본 기능을 갖추고 있으며 스트림 API를 통해 filter-map-reduce와 같은 기본 패턴에 접근할 수 있지만, 대부분의 고급 함수형 기능은 불완전하거나 완전히 빠져 있다. 자세히 살펴보자.

15.2.1 순수 함수

4장에서 살펴본 것처럼 자바의 바이트코드는 연산, 스택 조작, 흐름 제어, 특히 호출과 데이터 저장과 조회를 포함해 다양한 종류의 작업을 수행한다. 이미 JVM 바이트코드를 잘 이해하는 개발자들에게는 메서드의 순수성을 바이트코드의 영향을 가지고 표현할 수 있다. 구체적으로 JVM 언어에서 순수한 메서드는 다음을 수행해야 한다.

- 객체나 정적 상태를 수정하지 않는다(`putfield` 또는 `putstatic`을 포함하지 않음).
- 외부의 변경 가능한 객체나 정적 상태에 의존하지 않는다.
- 어떤 순수하지 않은 메서드도 호출하지 않는다.

이는 매우 제한적인 조건이며 순수 함수형 프로그래밍의 기반으로 JVM을 사용하는 것이 어렵다는 것을 강조한다.

또한 JDK에 존재하는 다양한 인터페이스의 의미, 즉 의도에 대한 의문도 있다. 예를 들어 `Callable`(java.util.concurrent)과 `Supplier`(java.util.function)는 모두 기본적으로 동일한 작업을 수행하며, 다음과 같이 어떤 계산을 수행하고 값을 반환한다.

```java
@FunctionalInterface
public interface Callable<V> {
    V call() throws Exception;
}

@FunctionalInterface
public interface Supplier<T> {
    T get();
}
```

두 인터페이스 모두 `@FunctionalInterface`이며, 람다의 대상 타입으로 자주 사용한다. 인터페이스의 시그니처는 예외 처리를 다루는 방식을 제외하고는 동일하다.

그러나 이들은 다른 역할을 가지고 있다고 볼 수 있다. `Callable`은 반환될 값을 생성하기 위해 호출된 코드에서 잠재적으로 적지 않은 양의 작업을 의미한다. 반면에 Supplier라는 이름은 캐시된 값만 반환하는 등 작업량이 적은 것으로 보인다.

15.2.2 가변성

자바는 변경 가능한 언어이며, 변경 가능성은 초창기부터 설계에 반영돼 있다. 부분적으로 이것은 역사적 우연이다. 1990년대 후반(자바가 등장한 시점부터)의 컴퓨터는 메모리 측면에서 (현대 표준에 따라) 매우 제한적이었다. 불변성의 데이터 모델은 메모리 관리 서브시스템의 스트레스를 크게 증가시키고 훨씬 더 빈번한 가비지 컬렉션 이벤트를 유발해서 처리량을 훨씬 더 악화시켰을 것이다.

그러므로 자바의 설계는 수정된 사본을 만드는 대신 **가변성**mutability을 선호한다. 따라서 **인-플레이스 가변성**in-place mutation은 25년 전의 성능 트레이드오프에서 발생한 설계적인 선택으로 볼 수 있다.

그러나 상황은 그보다 훨씬 더 심각하다. 자바는 참조를 통해 모든 복합 데이터를 다루며, final 키워드는 참조에 적용되고 데이터에 적용되지 않는다. 예를 들어 필드에 final이 적용되면 필드는 한 번만 할당할 수 있다.

이것은 모든 필드가 final인 객체라 하더라도 객체가 어떤 nonfinal 필드를 가진 다른 객체에 대한 final 참조를 가질 수 있기 때문에 복합 상태가 여전히 가변적일 수 있다는 것을 의미한다. 이는 5장에서 논의한 **얕은 불변성**shallow immutability 문제로 이어진다.

> [NOTE] C++ 프로그래머를 위한 정보: 자바에는 const 개념이 없으며 (사용하지 않는) 키워드로만 존재한다.

예를 들어 5장에서 살펴본 불변 Deposit 클래스의 약간 향상된 버전은 다음과 같다.

```java
public final class Deposit implements Comparable<Deposit> {
    private final double amount;
    private final LocalDate date;
    private final Account payee;

    private Deposit(double amount, LocalDate date, Account payee) {
        this.amount = amount;
        this.date = date;
        this.payee = payee;
    }

    @Override
    public int compareTo(Deposit other) {
```

```
        return Comparator.nullsFirst(LocalDate::compareTo)
                        .compare(this.date, other.date);
    }

    // 다른 메서드들은 생략함.
}
```

이 클래스의 불변성은 Account와 그것의 모든 간접적인 의존성도 불변이라는 가정에 기반한다. 즉 기본적으로 자바의 데이터 모델과 JVM은 불변성에 친화적이지 않기 때문에 할 수 있는 작업에 제한이 있다.

바이트코드에서 다음과 같이 final 필드가 필드 메타데이터의 일부로 표시되는 것을 볼 수 있다.

```
$ javap -c -p out/production/resources/ch13/Deposit.class
Compiled from "Deposit.java"
public final class ch13.Deposit
    implements java.lang.Comparable<ch13.Deposit> {

    private final double amount;

    private final java.time.LocalDate date;

    private final ch13.Account payee;

    // ...
    }
```

자바에서 상태를 불변으로 다루려고 하는 것은 물이 새는 배의 누수를 막으려는 것과 같다. 모든 참조에 대해 변경 가능성을 확인해야 하며, 하나라도 누락되면 전체 객체 그래프를 변경할 수 있다.

더 심각한 문제는 다음과 같이 JVM의 리플렉션과 기타 하위 시스템에서도 불변성을 우회할 수 있는 방법을 제공한다는 것이다.

```
var account = new Account(100);
var deposit = Deposit.of(42.0, LocalDate.now(), account);
try {
    Field f = Deposit.class.getDeclaredField("amount");
    f.setAccessible(true);
    f.setDouble(deposit, 21.0);
    System.out.println("Value: "+ deposit.amount());
```

```
    } catch (NoSuchFieldException e) {
        e.printStackTrace();
    } catch (IllegalAccessException e) {
        e.printStackTrace();
    }
```

이 모든 것을 종합하면 자바나 JVM 모두 불변 데이터를 사용한 프로그래밍에 특별한 지원을 제공하는 환경이 아니다. 클로저와 같은 언어는 더 강력한 요구 사항을 가지고 있으므로, 결국 자체 언어 런타임에서 많은 작업을 수행해야 한다.

15.2.3 고차 함수

고차 함수의 개념은 자바 프로그래머에게 놀랍지 않을 것이다. 접두사 문자열을 받아 함수 객체를 반환하는 정적 메서드 `makePrefixer()`의 예제를 이미 살펴봤다. 코드를 다시 작성해서 정적 팩토리를 다음과 같이 다른 함수 객체로 변경해보겠다.

```
Function<String, Function<String, String>> prefixer =
                              prefix -> s -> prefix +": "+ s;
```

이 코드는 처음에는 조금 어려울 수 있으므로 무슨 일이 일어나는지 명확하게 이해하기 위해 필요하지 않은 구문을 추가해보겠다.

```
Function<String, Function<String, String>> prefixer = prefix -> {
    return s -> prefix +": "+ s;
};
```

이 확장된 보기에서 `prefix`는 함수에 대한 인수이고 반환된 값은 `Function <String, String>`을 구현하는 람다(실제로는 자바 closure)임을 알 수 있다.

함수 유형 `Function<String, Function<String, String>>`의 모양에 주목하자. 입력과 출력 유형을 정의하는 두 개의 타입 매개변수가 있다. 두 번째(출력) 타입 매개변수가 다른 타입인데, 이 경우에는 다른 함수 타입이다. 이것은 자바에서 `Function`(고차 함수 타입) 타입, 즉 타입 매개변수 중하나로 `Function`이 있는 함수(또는 다른 함수 타입)를 인식하는 한 가지 방법이다.

마지막으로 언어 구문이 중요하다는 점을 언급하겠다. 결국 함수 객체는 다음과 같이 익명 구현으로 생성할 수 있다.

```java
public class PrefixerOld
    implements Function<String, Function<String, String>> {

    @Override
    public Function<String, String> apply(String prefix) {
        return new Function<String, String>() {
            @Override
            public String apply(String s) {
                return prefix +": "+ s;
            }
        };
    }
}
```

이 코드는 Function 타입이 그 당시에 존재했다면 자바 5까지(애너테이션과 제네릭을 제거하면 자바 1.1까지) 유효한 코드였을 것이다. 하지만 가독성이 엉망이다. 구조를 보기가 매우 어렵기 때문에 많은 프로그래머가 함수형 프로그래밍이 자바 8쯤에서야 등장한 것으로 생각한다.

15.2.4 재귀

javac 컴파일러는 자바 소스 코드를 바이트코드로 간단하게 변환한다. 다음에서 볼 수 있듯이 이 것은 재귀 호출에도 적용된다.

```java
public static long simpleFactorial(long n) {
    if (n <= 0) {
        return 1;
    } else {
        return n * simpleFactorial(n: 1);
    }
}
```

이 코드는 다음과 같은 바이트코드로 컴파일된다.

```
public static long simpleFactorial(long);
    Code:
        0: lload_0
```

```
 1: lconst_0
 2: lcmp
 3: ifgt           8
 6: lconst_1
 7: lreturn
 8: lload_0
 9: lload_0
10: lconst_1
11: lsub
12: invokestatic  #37              // Method simpleFactorial:(J)J
15: lmul
16: lreturn
```

물론 이와 관련해서는 몇 가지 주요 제약 사항이 있다. 이 경우 `simpleFactorial(100000)`과 같은 호출을 하면 바이트 12에서 `invokestatic` 호출이 발생하여 스택에 각 재귀 호출에 대한 인터프리터 프레임이 추가되기 때문에 `StackOverflowError`가 발생한다.

[NOTE] 재귀 메서드는 자신을 호출하는 메서드다. 꼬리 재귀 메서드는 메서드가 수행하는 마지막 작업이 자체 호출인 경우다.

재귀 호출을 피할 방법을 찾아보자. 하나의 접근 방식은 팩토리얼 코드를 꼬리 재귀 형태로 다시 작성하는 것인데, 이를 자바에서 가장 쉽게 할 수 있는 방법은 다음과 같이 비공개 도우미 메서드를 사용하는 것이다.

```java
public static long tailrecFactorial(long n) {
    if (n <= 0) {
        return 1;
    }
    return helpFact(n, 1);
}

private static long helpFact(long i, long j) {
    if (i == 0) {
        return j;
    }
    return helpFact(i: 1, i * j);
}
```

진입 메서드인 `tailrecFactorial()`은 재귀를 수행하지 않는다. 그저 꼬리 재귀 호출을 설정하고 더 복잡한 시그니처의 세부 정보를 사용자에게 숨기는 역할을 한다. 이 메서드의 바이트코드는 기본적으로 단순하지만 완성을 위해 포함해보겠다.

```
public static long tailrecFactorial(long);
    Code:
       0: lload_0
       1: lconst_0
       2: lcmp
       3: ifgt          8
       6: lconst_1
       7: lreturn
       8: lload_0
       9: lconst_1
      10: invokestatic  #49              // Method helpFact:(JJ)J
      13: lreturn
```

보시다시피 루프도 없고, 바이트코드 3에서 단일 분기만 있다. 실제 작업(그리고 재귀)은 helpFact()에서 발생한다. 이것은 여전히 javac에 의해 바이트코드로 컴파일되며, 그중에 재귀 호출이 포함돼 있음을 볼 수 있다.

```
private static long helpFact(long, long);
    Code:
       0: lload_0
       1: lconst_0
       2: lcmp
       3: ifne          8       ◀── Long은 8바이트이므로
       6: lload_2                      각각 두 개의 로컬 변수
       7: lreturn  ◀── i==0 경로에서 반환       슬롯이 필요하다.
       8: lload_0
       9: lconst_1
      10: lsub
      11: lload_0
      12: lload_2
      13: lmul
      14: invokestatic  #49  // Method helpFact:(JJ)J  ◀── 꼬리 재귀 호출
      17: lreturn
```

이 형태에서는 이 메서드를 통해 두 가지 경로가 있음을 알 수 있다. 간단한 i == 0 경로는 바이트 코드 0에서 시작하여 if 조건문인 바이트코드 3을 거치고 바이트코드 7에서 j를 반환한다. 더 일반적인 경우는 0에서 3, 8에서 14로 재귀 호출을 트리거하는 경우다.

따라서 메서드 호출이 있는 유일한 경로에서의 호출은 재귀적이며 항상 return 전에 마지막으로

발생하는 것, 즉 호출이 **꼬리 위치**tail position에 있다. 그러나 대신 다음과 같은 바이트코드로 컴파일하면 호출을 피할 수 있다.

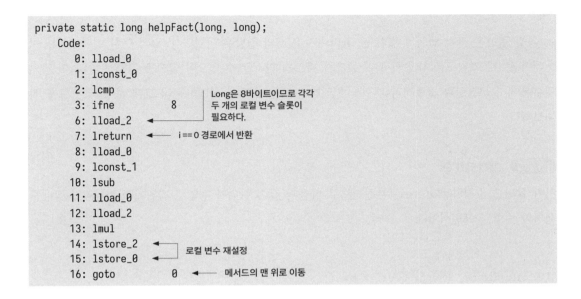

그러나 나쁜 소식은 javac가 이 작업을 자동으로 수행하지 않는다는 것이다. 이것은 컴파일러가 자바 소스를 가능한 한 정확하게 바이트코드로 변환하려고 시도하는 또 다른 예다.

NOTE 이 책과 함께 제공되는 리소스 프로젝트에는 javac가 재귀 코드에서 앞의 바이트코드 시퀀스를 생성하지 않기 때문에 ASM 라이브러리를 사용해서 이전 바이트코드 시퀀스를 구현하는 클래스를 만드는 방법의 예가 있다.

보충 설명을 위해 언급해야 할 사항은, 팩토리얼 함수는 매우 큰 값을 생성하게 되는데, 이 값이 long의 허용 범위를 초과하기 전에 메모리 부족 오류 등의 문제가 발생하지 않는다는 것이다. 그래서 long값에 대한 팩토리얼을 재귀 호출로 구현해도 큰 문제가 발생하지 않을 것이라는 점이다. 예를 들면 다음과 같다.

```
$ java TailRecFactorial 20
2432902008176640000

$ jshell
jshell> 2432902008176640000L + 0.0
$1 ==> 2.43290200817664E18

jshell> Long.MAX_VALUE + 0.0
$2 ==> 9.223372036854776E18
```

따라서 `factorial(21)`은 이미 JVM이 표현할 수 있는 가장 큰 크기의 `long`보다 크다. 이 간단한 예에서는 스택 오버플로가 발생하지 않겠지만, 자바의 모든 재귀 알고리즘이 스택 오버플로에 잠재적으로 취약하다는 사실은 바뀌지 않는다.

이 특정 결함은 자바 언어의 결함 중 하나이지 JVM의 결함은 아니다. JVM의 다른 언어에서는 어노테이션이나 키워드를 사용해서 이 문제를 다르게 처리할 수 있으며 실제로 그렇게 한다. 이 장의 뒷부분에서 코틀린과 클로저가 재귀를 처리하는 방법에 대해 설명하는데 그때 이에 대한 예를 살펴보겠다.

15.2.5 closure

이미 살펴본 것처럼 closure는 본질적으로 다음과 같이 람다가 선언된 범위에서 가시적인 상태를 캡처하는 람다 표현식이다.

```
int i = 42;
Function<String, String> f = s -> s + i;
// i = 37;
System.out.println(f.apply("Hello "));
```

이 코드는 예상대로 `Hello 42`를 출력한다. 그러나 `i`의 값을 재할당하는 줄의 주석을 해제하면 다른 결과가 발생한다. 코드가 아예 컴파일되지 않는다.

이런 현상이 발생하는 이유를 이해하기 위해 컴파일된 코드를 살펴보겠다. 17장에서 보겠지만, 자바의 람다 표현식 자체는 비공개 정적 메서드로 변환된다. 이 경우 다음과 같이 변환된다.

```
private static java.lang.String lambda$main$0(int, java.lang.String);
    Code:
       0: aload_1
       1: iload_0
       2: invokedynamic #32,  0 // InvokeDynamic #1:makeConcatWithConstants:
                                 // (Ljava/lang/String;I)Ljava/lang/String;
       7: areturn
```

단서는 `lambda$main$0()`의 시그니처에 있다. 이 함수는 하나가 아닌 두 개의 매개변수를 받는다. 첫 번째 매개변수는 closure가 생성될 때 전달되는 `i`값 42다(두 번째 매개변수는 람다가 실행될 때 취하는 `String` 매개변수다). 자바 closure에는 변수가 아닌 비트 패턴(원시타입 또는 객체 참조)인 값의 복사본이 포함된다.

NOTE 자바는 엄밀히 말해 '값에 의한 전달' 언어이며, 핵심 언어에서 '참조에 의한 전달'이나 '이름에 의한 전달'이 불가능하다.

closure 본문 외부에서 포착된 상태를 변경하거나 다른 범위에서 상태를 변경하려면, 다음과 같이 포착된 상태가 변경 가능한 객체여야 한다.

```
var i = new AtomicInteger(42);
Function<String, String> f = s -> s + i.get();     변경 가능한 객체 상태에 값을
i.set(37);                                          재할당하는 것은 작동한다.
// i = new AtomicInteger(37);        이것은 컴파일되지
System.out.println(f.apply("Hello "));     않을 것이다.
```

사실, 이전 버전의 자바에서는 명시적으로 `final`로 표시된 변수만 자바 closure가 값을 포착할 수 있었다. 그러나 자바 8 이후부터는 이 제한이 변수가 '사실상 final'인 경우로 변경됐다. 즉 변수가 `final`처럼 사용되면(`final` 키워드가 변수 선언에 없더라도) 값이 closure에 의해 포착된다.

이것은 실제로 더 심각한 문제의 징후다. JVM에는 공유 힙, 메서드 비공개 로컬 변수, 메서드 비공개 평가 스택이 전부다. 다른 언어와 비교할 때 JVM이나 자바 언어에는 환경이나 심볼 표의 개념이나 안에 있는 항목에 대한 참조를 전달할 수 있는 기능이 없다.

JVM에서 이러한 개념을 가진 자바 이외의 언어는 해당 언어의 런타임에서 이를 지원해야 한다. 이것은 JVM 자체가 이러한 개념에 대한 내부적인 지원을 제공하지 않기 때문이다. 따라서 일부 프로그래밍 언어 이론가들은 추가적인 수준의 간접 참조가 필요하기 때문에 자바가 제공하는 것이 실제로는 진정한 closure가 아니라고 결론지을 수 있다. 자바 프로그래머는 캡처된 변수를 직접 변경하는 대신 객체값의 상태를 변경해야 한다.

15.2.6 지연 평가

자바는 일반값에 대해 핵심 언어에서 늦은 평가를 위한 내부적인 지원을 제공하지 않는다. 그러나 **지연 평가**lazy evaluation가 사용되는 것을 볼 수 있는 흥미로운 곳 중 하나가 자바 스트림 API 내에 있다. 스트림에 대한 자세한 내용은 부록 B에서 확인할 수 있다.

NOTE 지연은 JVM과 프로그래밍 환경의 일부에서 역할을 한다(예: 클래스 로딩의 일부 측면은 지연을 사용한다).

자바 컬렉션에서 `stream()`을 호출하면 `Stream` 객체가 생성되는데, 이는 사실상 요소들 집합의 느린 표현이다. 일부 스트림은 자바 컬렉션으로 표현할 수도 있지만, 스트림은 더 일반적인 것으로, 모든 스트림을 컬렉션으로 표현할 수 있는 것은 아니다.

일반적인 자바 `filter()`와 `map()` 파이프라인을 다시 한번 살펴보겠다.

```
              stream()  filter()  map()      collect()
Collection -> Stream -> Stream -> Stream -> Collection
```

`stream()` 메서드는 `Stream` 객체를 반환한다. `map()`과 `filter()` 메서드(거의 모든 `Stream`에 대한 연산과 마찬가지로)는 늦은 평가를 수행한다. 파이프라인의 다른 끝에서는 남은 `Stream`의 내용을 `Collection`으로 구체화하는 `collect()` 연산이 있으며, 이 **터미널 메서드**terminal method는 즉시 평가되므로 전체 파이프라인은 다음과 같이 동작한다.

```
              lazy      lazy      lazy       eager
Collection -> Stream -> Stream -> Stream -> Collection
```

컬렉션으로 다시 구체화하는 것뿐만 아니라, 플랫폼은 얼마나 많은 스트림을 평가할지에 대한 완전한 제어권을 가지고 있다. 이는 **즉시 평가 방식**eager approach만으로는 할 수 없는 다양한 최적화의 기회를 열어준다.

가끔은 자바 스트림의 늦은, 함수형 모드를 과학 소설이나 영화의 초공간 여행과 유사하다고 생각하는 것이 도움이 될 수 있다. `stream()`을 호출하는 것은 '일반 공간'에서 규칙이 다른(객체지향적이고 조급한 평가 대신 함수적이고 느린 평가로) 하이퍼스페이스hyperspace 영역으로 점프하는 것과 동일하다.

연산 파이프라인의 끝에서 터미널 스트림 연산은 스트림을 `Collection`으로 다시 구체화하거나(예: `toList()`) 스트림을 집계하거나(예: `reduce()` 또는 기타 연산을 통해) 느리고 함수적인 세계에서 다시 '정상 공간'으로 빠져나온다.

지연 평가를 사용하려면 프로그래머가 더 많은 주의를 기울여야 하지만, 이런 부담은 주로 JDK 개발자와 같은 라이브러리 작성자가 진다. 그러나 자바 개발자는 스트림의 지연 특성에 대한 몇 가지 측면의 규칙을 알고 따라야 한다. 예를 들어 일부 `java.util.function` 인터페이스(예: `Predicate`,

Function)의 구현은 내부 상태를 변경하거나 부수적인 효과를 일으키지 않아야 한다. 개발자가 이러한 가정을 위반한 구현이나 람다를 작성하면 큰 문제가 발생할 수 있다.

스트림의 또 다른 중요한 측면은 스트림 객체 자체(스트림 호출 파이프라인 내에서 중간 객체로 본 Stream의 인스턴스)가 한 번 사용되면 무효로 간주돼야 한다는 것이다. 다시 말해, 개발자는 스트림 객체를 저장하거나 재사용하려고 시도해서는 안 되며, 그렇게 하면 부정확한 결과가 발생하고 시도할 때 오류가 발생할 수 있다.

> **NOTE** 스트림 객체를 임시 변수에 넣는 것은 거의 항상 문제가 있는 코드의 징후로 간주된다. 그러나 개발 중에 스트림과 관련된 복잡한 제네릭 문제를 디버깅할 때는, 디버깅이 끝나면 사용된 스트림 임시 변수를 제거한다는 전제하에 허용될 수 있다.

스트림 지연의 또 다른 측면은 컬렉션보다 더 일반적인 데이터를 모델링할 수 있다는 점이다. 예를 들어 Stream.generate()를 생성 함수와 결합하여 무한 스트림을 구성할 수 있다. 한 번 살펴보겠다.

```java
public class DaySupplier implements Supplier<LocalDate> {
    private LocalDate current = LocalDate.now().plusDays(1);

    @Override
    public LocalDate get() {
        var tmp = current;
        current = current.plusDays(1);
        return tmp;
    }
}

final var tomorrow = new DaySupplier();
Stream.generate(() -> tomorrow.get())
      .limit(10)
      .forEach(System.out::println);
```

이렇게 하면 무한한(또는 원하는 만큼 큰) 날짜 스트림이 생성된다. 이것은 공간 부족으로 인해 컬렉션으로 나타내기 불가능하므로 스트림이 더 일반적임을 보여준다.

이 예제는 또한 값에 의한 전달 같은 자바의 제약으로 인해 디자인 공간이 다소 제한된다는 것을 보여준다. LocalDate 클래스는 변경 불가능하므로 현재를 가리키는 가변 필드인 current를 포함하는 클래스가 있어야 하고, get() 메서드 내에서 current를 변경해서 LocalDate 객체의 시퀀스를 생성할 수 있는 상태 저장 메서드를 제공해야 한다.

참조에 의한 전달을 지원하는 언어에서는 DaySupplier와 같은 타입이 필요하지 않았을 것이다. 왜냐하면 current는 tomorrow와 같은 범위에서 로컬 변수로 선언할 수 있으며, 그 후 람다로 사용할 수 있기 때문이다.

15.2.7 커링과 부분 적용

이미 자바에는 커링을 지원하는 언어 수준의 지원이 없다는 것을 알고 있지만, 어떻게 추가할 수 있는지 간단히 살펴보겠다. 예를 들어 java.util.function의 BiFunction 인터페이스에 대한 선언은 다음과 같다.

```java
@FunctionalInterface
public interface BiFunction<T, U, R> {
    R apply(T t, U u);

    default <V> BiFunction<T, U, V> andThen(
                        Function<? super R, ? extends V> after) {

        Objects.requireNonNull(after);
        return (T t, U u) -> after.apply(apply(t, u));
    }
}
```

인터페이스의 기본 메서드 기능을 사용해서 BiFunction의 표준 apply() 메서드 외에 추가적인 메서드인 andThen()을 정의하는 방법에 주목하자. 예를 들어 다음과 같이 두 개의 새로운 기본 메서드를 정의해서 커링에 대한 일부 지원을 제공하는 데 동일한 기법을 사용할 수 있다.

```java
default Function<U, R> curryLeft(T t) {
        return u -> this.apply(t, u);
    }

    default Function<T, R> curryRight(U u) {
        return t -> this.apply(t, u);
    }
```

이렇게 하면 원래의 BiFunction에서 하나의 인수를 받는 함수인 자바 Function 객체를 생성하는 두 가지 방법이 정의된다. 주어진 값을 캡처하고 나중에 함수를 실제로 적용할 때 사용하기 위해

closure로 구현됐다는 점에 주목하자. 그런 다음 추가한 기본 메서드를 다음과 같이 사용할 수 있다.

```
BiFunction<Integer, LocalDate, String> bif =
                          (i, d) -> "Count for "+ d + " = "+ i;

Function<LocalDate, String> withCount = bif.curryLeft(42);
Function<Integer, String> forToday = bif.curryRight(LocalDate.now());
```

그러나 이 구문은 어색하다. 두 가지 가능한 커링에 대해 서로 다른 두개의 메서드가 필요하고, 타입 소거로 인해 다른 이름을 가져야 한다. 이 모든 것을 고려하더라도 결과 기능은 제한적으로만 사용되므로 이 접근 방식은 실제로 구현되지 않았고, 앞서 설명한 바와 같이 자바는 커링을 기본적으로 지원하지 않는다.

15.2.8 자바의 타입 시스템과 컬렉션

함수형 프로그래밍에 적합하지 않은 자바에 대한 안타까운 이야기를 마무리하기 위해 자바의 타입 시스템과 컬렉션에 대해 이야기해보겠다. 자바 언어의 이러한 부분과 관련된 다음 세 가지 주요 문제가 함수형 프로그래밍 스타일에 적합하지 않은 원인이 된다.

- 단일 루트가 없는 타입 시스템
- void
- 자바 컬렉션의 설계

먼저, 자바는 단일 루트가 없는 타입 시스템을 가지고 있다(즉 `Object`와 `int`의 공통 상위 타입이 없음). 이로 인해 자바에서 `List<int>`와 같은 코드를 작성하는 것이 불가능하며, 결과적으로 자동 박싱[2]과 관련된 문제가 발생한다.

[NOTE] 많은 개발자가 컴파일 중에 제네릭 타입의 매개변수가 소거되는 것에 대해 불평하지만 컬렉션의 제네릭에 실제로 문제를 일으키는 것은 단일 루트가 아닌 타입 시스템인 경우가 더 많다.

또한, 자바는 단일 루트가 없는 타입 시스템과 관련한 또 다른 문제를 가지고 있는데, 바로 `void`다.

---

2   [옮긴이] 자동 박싱(autoboxing)은 자바 컴파일러가 원시 타입과 해당 객체 래퍼 클래스 간에 수행하는 자동 변환을 말한다. 예를 들어 int를 Integer로 변환하고, double을 Double로 변환하는 등의 작업을 수행한다. 변환이 반대 방향으로 진행되는 경우 이를 언박싱이라고 한다.

이 키워드는 메서드가 값을 반환하지 않음을 나타낸다(또는 다른 관점에서 메서드가 반환될 때 평가 스택이 비어 있음을 의미한다). 따라서 이 키워드는 메서드가 무엇을 하든 순전히 부수적으로 작용한다는 의미를 지니며, 어떤 의미에서는 '순수'와 반대되는 의미다.

`void`가 존재한다는 것은 자바가 문장과 표현식을 모두 가지고 있지만 일부 함수형 프로그래밍 전통에서 매우 중요하게 여기는 '모든 것이 표현식이다'라는 설계 원칙을 구현하는 것은 불가능하다는 것을 의미한다.

> **NOTE** 18장에서는 프로젝트 발할라Project Valhalla에 대해 논의할 것이다. 이 프로젝트는 다른 목표와 함께 자바 언어의 디자이너들에게 자바 타입 시스템의 비단일 루트nonsingle-rooted 특성을 재검토할 수 있는 기회를 제공한다.

다른 문제는 자바 컬렉션 인터페이스의 모양과 특성에 관련이 있다. 이 인터페이스들은 1998년 12월에 출시된 자바 2(버전 1.2)와 함께 자바 언어에 추가됐지만, 함수형 프로그래밍을 고려해서 설계되지 않았다.

자바 컬렉션으로 함수형 프로그래밍을 수행할 때 가장 큰 문제는 가변성이라는 가정이 모든 곳에 내장돼 있다는 것이다. 컬렉션 인터페이스는 규모가 크고 `List<E>`에서 다음과 같은 메서드를 명시적으로 가지고 있다.

- `boolean add(E e)`
- `E remove(int index)`

이들은 변경 메서드들이다. 이들의 시그니처는 해당 Collection 객체 자체가 그 자리에서 수정됐음을 의미한다.

불변 리스트의 해당 메서드는 `List<E> add(E e)`와 같은 시그니처를 가지지만, 목록의 새로운 복사본을 수정해서 반환해야 한다. `remove()`의 경우는 구현이 어려울 수도 있다. 자바는 메서드에서 여러 값을 반환할 수 없는 한계가 있다.

> **NOTE** 실제 문제는 `remove()` 메서드가 함수형 프로그래밍에 맞게 설계되지 않았다는 것이다. 이것은 우리가 10.4절에서 논의한 `Iterator`와 비슷한 상황이다.

이 모든 것은 결과적으로 컬렉션의 모든 구현이 암묵적으로 변경 가능하다는 것을 의미한다. 6.5.3절에서 논의했던 `UnsupportedOperationException`을 사용하는 끔찍한 해결책이 있지만, 이것은 기본기가 탄탄한 자바 개발자가 할만한 것은 아니다.

자바 이외의 다른 언어에서는 컬렉션 타입의 개념을 다른 인터페이스(또는 해당 개념을 지원하는 언어의 다른 특성)로 표현하여 가변성과 분리한다. 이를 통해 구현은 별도의 인터페이스를 구현할지를 선택해서 타입 수준에서 변경 가능 여부를 지정할 수 있다.

이 모든 배경에는 자바의 주요 가치 중 하나이자 가장 중요한 설계 원칙인 **역호환성**backward compatibility이 있다. 이로 인해 언어를 더 함수적으로 만들기 위한 측면 중 일부를 변경하는 것이 어렵거나 불가능하다. 예를 들어 컬렉션의 경우, 컬렉션 인터페이스에 직접적으로 함수형 메서드를 추가하려는 대신, 컬렉션 인터페이스의 동작 방식을 변경하지 않고 새로운 컨테이너 유형으로 작용하는 `Stream`이라는 것이 도입됐다.

물론, 새로운 컨테이너 타입과 API를 도입하는 것만으로는 이미 컬렉션을 사용하는 수백만 줄의 기존 코드를 변경하는 데 아무런 도움이 되지 않는다. 또한 API가 이미 컬렉션 타입을 기반으로 표현된 일반적인 경우에도 전혀 도움이 되지 않는다.

NOTE 이 문제는 스트림/컬렉션 구분에만 국한된 문제가 아니다. 예를 들어 자바 리플렉션은 자바 1.1에 도입됐으며 컬렉션이 등장하기 전에 도입됐다. 그 결과 이 API는 요소 컨테이너로 배열을 사용하기 때문에 사용하기가 매우 어렵다.

이 절에서는 자바에서 함수형 프로그래밍 지원 상태에 관한 다소 우울한 사실들을 보여줬다. 여기서 중요한 점은 간단한 함수형 패턴(예: filter-map-reduce)을 사용할 수 있다는 것이다. 이런 패턴은 모든 종류의 애플리케이션에 매우 유용할 뿐만 아니라 동시(및 분산) 애플리케이션에도 잘 일반화되지만, 자바가 할 수 있는 일의 한계라고 볼 수 있다. 이제 자바 이외의 언어를 살펴보고 더 나은 소식이 있는지 살펴보자.

15.3 코틀린 함수형 프로그래밍

앞서 함수형 프로그래밍 패러다임에서 최신 자바가 몇 가지 기본적이고 일반적인 패턴을 처리하는 방법을 설명했다. 함수형 프로그래밍을 선호하는 독자들을 위해 간결함과 몇 가지 추가적인 아이디어를 제공하는 것은 놀라운 일이 아닐 것이다.

이 절에서는 핵심적인 내용을 다루지만, 더 자세히 알아보려면 마르코 버뮬런Marco Vermeulen, 루나르 비아르드나손Rúnar Bjarnason, 폴 치우사노Paul Chiusano가 쓴 《코틀린 함수형 프로그래밍》(에이콘출판사, 2023)을 살펴보자.

9.2.4절에서 코틀린의 함수에 대해 소개했다. 코틀린에서 함수는 타입 시스템의 일부이며, `(Int) -> Int`와 같은 구문으로 표현된다. 괄호 안의 내용은 인수의 타입이며 화살표 오른쪽은 반환 타입이다.

이 표기법을 사용해서 다른 함수를 인수로 받거나 함수를 반환하는 함수, 즉 고차 함수의 시그니처를 쉽게 작성할 수 있다. 코틀린은 이러한 고차 함수의 사용을 자연스럽게 장려한다. `map`과 `filter` 같은 컬렉션 작업과 관련된 대부분의 API는 실제로 이러한 고차 함수를 기반으로 구축됐으며, 자바와 클로저 같은 다른 프로그래밍 언어에서 제공하는 비슷한 언어 기능과 유사하다.

하지만 고차 함수는 컬렉션과 스트림에만 국한되지 않는다. 예를 들어 다음은 `compose`라는 고전적인 함수형 프로그래밍 함수를 예로 들 수 있다. `compose`는 인수로 전달된 각 함수를 호출하는 함수를 반환한다.

```
fun compose(callFirst: (Int) -> Int,
            callSecond: (Int) -> Int): (Int) -> Int {
  return { callSecond(callFirst(it)) }  ◀──── compose 함수는 함수를 반환하기
}                                              때문에 이 줄이 실행될 때 callFirst와
                                               callSecond가 호출되지 않는다.

                                        두 개의 람다를 전달하며, 이때 람다의
                                        단일 인수를 명시적으로 나열하는 대신
val c = compose({ it * 2 }, { it + 10 }) ◀──── 9장에서 설명한 it 축약형을 사용한다.
c(10)  ◀──── compose에 의해 반환된 함수를
             호출하고 실행한다. 이 함수는
             30을 반환한다.
```

코틀린은 필요에 따라 함수에 대한 핸들을 가져오는 여러 가지 방법을 제공한다. 앞서 설명한 대로 람다 표현식을 선언할 수 있다(9장에서 설명한 다른 여러 가지 방법과 기능). 또는 다음과 같이 `::` 구문을 통해 명명된 함수를 참조할 수 있다.

```
fun double(x: Int): Int {
  return x * 2
}

val c = compose(::double, { it + 10 })
c(10)  ◀──── 이전 예제와 동일한 결과다.
```

`::`는 최상위 함수 그 이상을 알고 있다. 다음과 같이 특정 객체 인스턴스에 속하는 함수를 참조할 수도 있다.

```
data class Multiply(var factor: Int) {
  fun apply(x: Int): Int = x * factor
}

val m = Multiply(2)
val c = compose(m::apply, { it + 10 })     ◄─── 인스턴스 m에 바인딩된
c(10)                                            Multiply 클래스의 apply
                                                 메서드를 참조한다.
```

안타깝게도, 자바와 마찬가지로 코틀린은 특정 함수의 순수성을 보장하는 내장된 방법을 제공하지 않는다. 최상위 함수(클래스 외부에서 정의)를 정의하고 데이터의 불변성을 보장하기 위해 `val`을 사용하는 것은 많은 부분에서 도움이 되지만, 함수의 참조 투명성은 보장하지 않는다.

15.3.2 closure

람다 표현식에서 표면적으로 명확하지 않을 수 있는 한 가지 측면은 람다 표현식이 주변 코드와 상호작용하는 방식이다. 예를 들어 다음 코드는 람다 내에서 `local`이 선언되지 않았음에도 불구하고 작동한다.

```
var local = 0
val lambda = { println(local) }
lambda()      ◄─── 0을 출력한다.
```

이를 closure라고 한다(즉 람다가 볼 수 있는 값을 가둔다). 중요한 것은 자바와 달리, 람다가 접근할 수 있는 변수의 값뿐만 아니라, 다음과 같이 실제로는 변수 자체에 대한 참조를 유지한다는 것이다. 다음과 같다.

```
var local = 0
val lambda = { println(local) }
lambda()      ◄─── 0을 출력한다.

local = 10         ┌── 람다가 호출된 시점에
lambda()      ◄────┤   업데이트된 local의 값인
                   └── 10을 출력한다.
```

이 변수에 대한 closure는 변수 자체가 범위를 벗어났을 경우에도 계속 유지된다. 다음은 람다를 반환해서 일반적으로 접근할 수 없는 변수에 대한 참조를 유지하는 예다.

```
fun makeLambda(): () -> Unit {
  val inFunction = "I'm from makeLambda"    ◄────  람다 표현식이 해당 람다가 정의된
  return { println(inFunction) }                   스코프의 변수를 포함하는 closure를
}                                                  형성하기 때문에 반환된 람다 함수에서
                                                   사용이 가능하다.

val lambda = makeLambda()      inFunction은 일반적으로
lambda()    ◄────              makeLambda가 완료되면
                               범위를 벗어난다.
```

> **NOTE** 일반적인 범위 밖에서 참조를 가지고 있는 람다는 예상치 못한 객체 누수의 원인이 될 수 있다.

람다 표현식의 선언 위치는 closure에서 무엇을 캡처할 수 있을지를 결정한다. 예를 들어 클래스 내에서 선언된 경우 람다는 다음과 같이 객체 내의 속성을 closure로 가둘 수 있다.

```
class ClosedForBusiness {
  private val amount = 100            check 변수에 저장된 람다는
  val check = { println(amount) }  ◄  private 속성인 amount를
}                                     closure로 가둔다.

fun getTheCheck(): () -> Unit {       이 함수는 해당 람다를 반환하며
  val closed = ClosedForBusiness()    amount에 대한 참조를 유지한다. 이렇게
  return closed.check    ◄────        하면 함수가 완료된 후에도 일반적으로
}                                     인스턴스가 살아 있는 상태를 유지한다.

val check = getTheCheck()
check()   ◄────        호출 시 100을 출력한다. check 변수가 범위를
                       벗어나면 closed 인스턴스도 최종적으로
                       가비지 컬렉션의 대상이 된다.
```

고차 함수와 함께 사용하는 closure는 이전 함수를 기반으로 새로운 함수를 만드는 풍부한 기반을 제공한다.

15.3.3 커링과 부분 적용

코틀린에서의 커링은 자바에서와 매우 유사한 개념이다. 다음 예제를 살펴보겠다.

```
fun add(x: Int, y: Int): Int {
  return x + y
}

fun partialAdd(x: Int): (Int) -> Int {
  return { add(x, it) }
}
```

```
val addOne = partialAdd(1)
println(addOne(1))
println(addOne(2))

val addTen = partialAdd(10)
println(addTen(1))
println(addTen(2))
```

이것은 사실은 단지 구문적인 트릭으로, `()` 연산자는 `apply()` 메서드 호출로 변환된다. 바이트코드 수준에서, 이것은 사실상 자바 예제와 동일하다. 우리는 자동으로 커리를 생성하는 데 도움이 되는 헬퍼 구문을 상상할 수 있다. 아마도 다음과 같이 어떤 문법을 사용할 수 있을 것이다.

```
val addOne: (Int) -> Int = add(1, _)
println(addOne(10))
```

그러나 코틀린 핵심 언어는 이를 직접 지원하지 않는다. 다양한 서드파티 라이브러리는 이와 유사한, 약간 더 번거로운 기능을 제공하는데, 흔히 **확장 메서드**extension method를 통해 이를 구현한다.

15.3.4 불변성

15.1.2절에서 불변성을 함수형 프로그래밍의 핵심 기술로 소개했다. 순수 함수가 주어진 입력에 대해 동일한 데이터를 반환하는 경우, 객체가 나중에 변경되는 것은 순수성이 제공하는 보장을 깨뜨린다.

불변성을 추구하는 데 도움이 되는 코틀린의 주요 기능은 `val` 선언이다. `val`은 자바의 `final`과 마찬가지로 객체를 생성하는 동안에만 속성을 작성할 수 있도록 보장한다. 실제로 `val`은 자바의 `final var` 조합과 사실상 동일하지만 프로퍼티에도 적용 가능하며 작성하기가 훨씬 덜 어색하다.

9장에서는 코틀린에서 `val/var` 사용을 지원하는 여러 위치를 다루고 있지만, 함수형 프로그래밍을 성공적으로 수행하려면 불변성을 받아들이고 `var` 대신 `val`을 선호하는 것을 권장한다. 또한 다음과 같이 코틀린의 내장된 속성 지원은 자바에서 필요한 `getter` 상용구도 제거해주기 때문에 매우 편리하다.

```
class Point(val x: Int, val y: Int)

val point = Point(10, 20)
```

```
println(point.x)
// point.x = 20  // x가 불변이어서 컴파일되지 않는다.
```

하지만 불변객체의 가장 큰 단점은 실제로 무언가를 변경하고 싶을 때 어려움이 있다는 것이다. 불변성을 유지하려면 완전히 새로운 인스턴스를 생성해야 하지만 이 작업은 번거롭고 실수하기 쉽다. 자바에서는 이러한 문제를 정적 팩토리 메서드, 빌더 객체, 위더 메서드 등으로 해결해서 문제를 줄인다.

코틀린의 data class 생성자는 이러한 접근 방식에 대한 좋은 대안을 제공한다. 9.3.1절에서 다룬 생성자와 등호 연산 외에도 데이터 클래스에는 copy 메서드도 있다. copy 메서드와 코틀린의 이름을 가진 인수를 함께 사용하면 다음과 같이 실제로 원하는 변경 사항만 작성해서 새로운 인스턴스를 생성할 수 있다.

```
data class Point(val x: Int, val y: Int)

val point = Point(10, 20)
val offsetPoint = point.copy(x = 100)
```

copy 메서드는 몇 가지 중요한 주의 사항이 있다. 첫째, 얕은 복사라는 점이다. 필드 중 하나가 객체인 경우 전체 객체 자체가 아니라 해당 객체에 대한 참조를 복사한다. 자바에서와 마찬가지로 객체 체인 중 하나라도 변형을 허용하면 불변성에 대한 보장이 깨진다. 진정한 불변성을 위해서는 관련된 모든 객체가 함께 작동해야 하는데, 언어가 이를 강제하지는 않는다.

또 다른 주의 사항은 copy 메서드가 클래스의 생성자만을 기반으로 생성된다는 것이다. 우리가 규칙을 어기고 객체의 다른 위치에 var 필드를 넣으면 다음 예제에서 볼 수 있듯이, copy 메서드는 이러한 추가 필드에 대해 알지 못하며, 모든 복사본이 기본값만 갖게 된다.

```
data class Point(val x: Int, val y: Int) {
  var shown: Boolean = false
}

val point = Point(10, 20)
point.shown = true

val newPoint = point.copy(x = 100)
println(newPoint.shown) ◀——— copy 메서드는 생성자에서 지정한
                             필드만 복사하므로 이외의 위치에서
                             선언된 필드는 영향을 받지 않기 때문에
                             false를 출력한다.
```

하지만 애초에 변경 가능한 필드가 우리의 불변객체에 슬그머니 끼어들도록 허용하지 않아야 한다.

객체의 가변성을 제어하는 것이 중요한 첫 번째 단계이지만, 대부분의 복잡한 코드는 개별 인스턴스분만 아니라 객체들의 컬렉션을 다룰 때가 많다. 9장에서도 보았듯이 코틀린의 컬렉션을 생성하는 함수들은(예: `listOf`, `mapOf`) `java.util`과 달리 읽기 전용으로 처리되는 `kotlin.collections.List`와 `kotlin.collections.Map` 같은 인터페이스를 반환한다. 이것은 시작을 위한 좋은 출발점이지만, 원하는 보장을 제공하지는 않는다.

이러한 객체들의 불변성을 신뢰할 수 없는 이유는 가변성을 지원하는 인터페이스가 읽기 전용 인터페이스를 확장하기 때문이다. `List`를 전달할 수 있는 곳이라면 다음과 같이 `MutableList`를 전달할 수 있다.

```
fun takesList(list: List<String>) {
  println(list.size)
}

val mutable = mutableListOf("Oh", "hi")
takesList(mutable)

mutable.add("there")
takesList(mutable)
```

`takesList`는 두 번의 호출에서 동일한 객체를 받지만 호출 결과는 다르다. 이로 인해 함수의 순수성이 깨진다.

NOTE `listOf`와 같은 읽기 전용 도우미 함수들은 내부적으로 JDK 컬렉션을 사용하며 수정할 수 없는 객체를 반환한다. 예를 들어 `listOf`는 기본적으로 요소를 추가할 수 없는 배열 기반 리스트 구현을 사용한다. 이것은 코틀린의 가변 인터페이스와 표준 읽기 전용 인터페이스를 혼합하면 문제가 발생할 수 있는 이유 중 하나다.

JDK 클래스를 통해 이런 컬렉션을 구현하는 것은 인터페이스끼리 캐스팅에서 발생할 수 있는 몇 가지 문제를 남겨둘 수 있다. 코틀린은 자바 컬렉션과의 원활한 상호 운용성을 목표로 하기 때문에 `listOf()`에서 반환된 결과물을 코틀린의 가변 인터페이스와 고전적인 `java.util.List<T>`로 캐스팅할 수 있으며, 이를 통해 컬렉션을 수정하려고 시도할 수 있다. 그러나 다음과 같은 코드는 컴파일 오류는 없지만 실행 시에 오류가 발생한다.

```
fun takesMutableList(muted: MutableList<Int>) {
  muted.add(4)
}

val list = listOf(1,2,3)                          이 호출은 java.lang.UnsupportedOpera
takesMutableList(list as MutableList<Int>)  ◄──  tionException을 throw할 것이다.
```

이러한 실제 불변성의 부족은 특히 동시성에 대해 이야기할 때 문제가 된다. 6장에서 살펴본 것처럼 여러 스레드 간에 변경 가능한 컬렉션을 안전하게 만드는 데는 상당한 노력이 필요하다. 하지만 진정한 불변성을 가진 컬렉션 인스턴스가 있다면 여러 실행 스레드 간에 자유롭게 배포할 수 있고 모든 사람이 동일한 그림을 볼 수 있다.

코틀린에는 표준 라이브러리에 이러한 기능이 없지만, kotlinx.collections.immutable 라이브러리(http://mng.bz/nNjg 참조)는 다양한 불변 및 영구 데이터 구조를 제공한다. 구아바나 아파치 커먼즈처럼 자주 사용되는 라이브러리에도 유사한 옵션이 많다.

컬렉션이 영구적이라는 것은 무엇을 의미할까? 여러 번 설명했듯이 불변성이란 객체를 '변경'해야 할 때 대신 객체의 새로운 인스턴스를 생성하는 것을 의미한다. 대규모 컬렉션의 경우 이는 매우 비효율적일 수 있다. 영구적인 컬렉션은 변경 비용을 낮추기 위해 불변성을 활용하며, 내부 스토리지의 불변 부분을 안전하게 공유하도록 구축한다. 변경 사항을 적용하려면 여전히 새로운 객체를 만들어야 하지만, 다음 같이 새로운 객체는 전체 사본보다 훨씬 작을 수 있다.

```
import kotlinx.collections.immutable.persistentListOf

val pers = persistentListOf(1, 2, 3)
val added = pers.add(4)
println(pers)    ◄──  [1, 2, 3] 출력
println(added)   ◄──  [1, 2, 3, 4] 출력
```

이 라이브러리의 핵심은 ImmutableList와 PersistentList 같은 인터페이스를 중심으로 두 그룹의 인터페이스를 구현한다. 맵, 세트, 일반 컬렉션에 대응하는 쌍도 존재한다. ImmutableList는 List를 확장하지만 기본 인터페이스와 달리 어떤 인스턴스도 변경할 수 없음을 보장한다. 따라서 ImmutableList는 목록을 전달하고 불변성을 강제하려는 모든 위치에서 사용할 수 있다. PersistentList는 ImmutableList를 기반으로 '수정 및 반환' 메서드를 제공하여 컬렉션을 수정하는 기능을 제공한다.

이 라이브러리에는 다른 컬렉션을 영구적인 버전으로 변환하는 데 사용할 수 있는 다음과 같은 익숙한 확장 기능도 포함돼 있다.

```
val mutable = mutableListOf(1,2,3)
val immutable = mutable.toImmutableList()
val persistent = mutable.toPersistentList()
```

이쯤 되면 왜 '만일을 대비해' 모든 `listOf`를 `persistentListOf`로 변경하지 않는지 궁금할 것이다. 그러나 이것이 기본 구현이 아닌 데는 이유가 있다. 영구 데이터 구조는 복사 비용을 낮추지만, 여전히 기존의 변경 가능한 데이터 구조의 속도를 따라잡을 수는 없다. 복사 횟수가 적다고 해서 복사가 없는 것은 아니다. 비용은 얼마나 들까?

7장에서 설명했듯이, 사용 사례에서 직접 측정해보는 것이 유일한 방법이다. 하지만 스레드 간에 컬렉션에 대한 동시 액세스가 필요한 경우 이러한 영구적인 데이터 구조의 성능과 동기화된 표준 복사의 성능을 비교해보는 것이 좋다. 이제 데이터를 변경 불가능하게 만들기 위한 코틀린의 툴킷을 손에 넣었으니 재귀 함수의 세계에서 이 툴킷이 제공하는 기능을 살펴보겠다.

15.3.5 꼬리 재귀

15.2.4절에서는 자바의 재귀 함수에 대해 살펴보았다. 재귀 함수를 연속적으로 호출할 때마다 스택 프레임이 추가돼 결국 사용 가능한 공간이 소진되기 때문에 재귀 함수에는 큰 한계가 있다. `simpleFactorial` 함수를 코틀린으로 변환한, 다음의 결과에서 알 수 있듯이 코틀린도 기본 재귀와 동일한 제한이 있다(반환값으로 코틀린 `if` 표현식을 사용하는 것을 주의하자).

```
fun simpleFactorial(n: Long): Long {
  return if (n <= 0) {
    1
  } else {
    n * simpleFactorial(n: 1)
  }
}
```

이렇게 하면 다음과 같은 바이트코드가 생성되며, 이 바이트코드는 자바 함수에 대해 `javac`가 출력한 것과 동일하다.

```
public final long simpleFactorial(long);
    Code:
       0: lload_1
       1: lconst_0
       2: lcmp
       3: ifgt            10
       6: lconst_1
       7: goto            22
      10: lload_1
      11: aload_0
      12: checkcast       #2                  // Factorial 클래스
      15: lload_1
      16: lconst_1
      17: lsub
      18: invokevirtual #19                   // simpleFactorial:(J)J 메서드
      21: lmul
      22: lreturn
```

약간의 추가적인 유효성 검사(바이트 12)와 여러 개의 `lreturn` 명령 대신 `goto`를 사용한다는 점을 제외하면 근본적으로 동일하다. 바이트 18에서 `simpleFactorial`을 `invokevirtual`로 호출하는 재귀 호출은 결국 다음과 같이 스택을 날려버릴 것이다.

```
java.lang.StackOverflowError
    at Factorial.simpleFactorial(factorial.kts:32)
    at Factorial.simpleFactorial(factorial.kts:32)
    at Factorial.simpleFactorial(factorial.kts:32)
  ...
```

일반적인 경우에는 이 문제를 피할 수 없지만, 함수가 꼬리 재귀적인 경우 코틀린이 도움을 줄 수 있다. 꼬리 재귀 함수는 재귀가 전체 함수에서 마지막 연산인 함수를 말한다. 앞서 바이트코드 수준에서 스택 프레임을 추가하는 대신 상태를 재설정하고 함수의 맨 위로 이동(goto)하는 방법을 보여줬다. 이렇게 하면 스택을 오버플로할 위험 없이 재귀 호출을 루프로 변환할 수 있다. 자바에서는 이 작업을 수행할 수 있는 방법이 제공되지 않았지만 코틀린에서는 가능하다.

[NOTE] 모든 재귀 함수는 꼬리 재귀가 되도록 재작성할 수 있다. 이를 수행하기 위해 추가적인 매개변수, 변수, 트릭이 필요할 수 있지만, 변환은 항상 가능하다. 꼬리 재귀 함수를 단순한 루프로 변환할 수 있다는 점을 감안하면 루프 구조체만 사용해서 모든 재귀 함수를 반복적으로 구현할 수 있음을 알 수 있다.

팩토리얼 재귀 호출을 마지막 위치로 옮기려면 약간의 작업이 필요하다. 자바에서와 마찬가지로

함수를 분할해서 사용자에게 편리한 단일 인수의 형태를 유지하고, 여러 인수가 필요한 더 복잡한 재귀 함수는 다음과 같이 별도의 함수에 넣는다.

```kotlin
fun tailrecFactorial(n: Long): Long {
  return if (n <= 0) {
    1
  } else {
    helpFact(n, 1)
  }
}

tailrec fun helpFact(i: Long, j: Long): Long {
  return if (i == 0L) {
    j
  } else {
    helpFact(i: 1, i * j)
  }
}
```

이 도우미 함수는 tailrec 키워드로 표시돼 있어서 코틀린이 꼬리 재귀를 찾을 수 있다.

입력 함수 `tailrecFactorial`의 바이트코드에 놀라운 부분은 없다. 이 함수는 시작 범위 확인을 수행한 후 다음과 같이 꼬리 재귀 도우미 함수로 전달한다.

```
public final long tailrecFactorial(long);
    Code:
       0: lload_1
       1: lconst_0
       2: lcmp
       3: ifgt          10
       6: lconst_1
       7: goto          19
      10: aload_0
      11: checkcast     #2                  // Factorial 클래스
      14: lload_1
      15: lconst_1
      16: invokevirtual #10                 // helpFact:(JJ)J 메서드
      19: lreturn
```

위 코드에서 0~3바이트는 6~7바이트에서 구현된 조건을 확인해서 조기 반환 여부를 결정한다. 재귀 호출이 필요한 경우, 바이트 16에서 `helpFact` 메서드에 대한 `invokevirtual`을 수행하기 위해 필요한 값을 로드한다.

`tailrec` 키워드가 도입하는 중요한 차이점은 다음에 보여지는 `helpFact` 메서드의 바이트코드에 나타난다.

```
public final long helpFact(long, long);
    Code:
        0: lload_1
        1: lconst_0
        2: lcmp
        3: ifne          10
        6: lload_3
        7: goto          26
       10: aload_0
       11: checkcast     #2                    // Factorial 클래스
       14: pop
       15: lload_1
       16: lconst_1
       17: lsub
       18: lload_1
       19: lload_3
       20: lmul
       21: lstore_3
       22: lstore_1
       23: goto          0
       26: lreturn
```

이 메서드의 대부분은 팩토리얼의 논리적인 확인과 산술 연산을 수행하지만, 핵심은 23바이트에 있다. 꼬리 재귀를 위한 `invokevirtual`을 수행하는 대신, 간단히 0으로 이동(`goto`)해서 함수를 다시 시작한다. `invoke` 명령이 없으므로 스택 오버플로의 위험이 없으며, 이는 좋은 소식이다. 항상 `goto`가 위험하다고 말하는 사람이 있지만 그렇지 않은 경우도 있다.

꼬리 재귀는 함수를 적절한 형태로 재작성할 수 있을 때 유용한 설루션이다. 하지만 다음과 같이 꼬리 재귀가 아닌 함수에서 꼬리 재귀를 요청한다면 어떨까?

```
tailrec fun simpleFactorial(n: Long): Long {     ◀─  마지막 호출이 자기 자신이 아닌
    return if (n <= 0) {                              경우에 tailrec을 부적절하게
        1                                            요청하는 것은 적절하지 않다.
    } else {                                         이 경우, 최종 작업은 재귀 호출의
        n * simpleFactorial(n: 1)                    결과에 대한 * 연산이다.
    }
}
```

코틀린에서는 문제를 감지하고 꼬리 재귀를 활용하기 위해 바이트코드를 변환할 수 없다는 경고를 표시하며, 다음과 같이 끝부분의 호출을 직접 가리켜 경고한다.

```
factorial.kts:28:1: warning: a function is marked as tail-recursive
                           but no tail calls are found

tailrec fun simpleFactorial(n: Long): Long {
^
factorial.kts:32:9: warning: recursive call is not a tail call
    n * simpleFactorial(n: 1)
         ^
```

꼬리 재귀 구현이 만들어진 후에 꼬리 재귀가 아닌 것으로 미묘하게 수정될 수 있기 때문에 경고를 발생시키는 것이 컴파일러에게는 특별히 강력한 동작이 아니다. 이런 코드는 빌드 프로세스가 경고를 플래그 설정하지 않았다면 프로덕션 환경으로 이어질 수 있고, 실행 중에 `StackOverflowError`를 발생할 수 있다. 따라서 일부 다른 언어(예: 스칼라)에서처럼 꼬리 재귀 함수를 `tailrec`로 선언하면 컴파일 오류가 발생하도록 하는 것이 더 나은 방법일 수 있다.

15.3.6 지연 평가

이 장에서 이전에 언급한 바와 같이, 하스켈과 같은 많은 함수형 언어는 지연 평가에 크게 의존한다. 코틀린은 JVM 언어로, 핵심 실행 모델에서 지연 평가를 중심으로 두지 않는다. 그러나 `Lazy<T>` 인터페이스를 통해 필요한 곳에 지연을 위한 최상의 지원을 제공한다. 이것은 처리를 지연시키거나 아예 건너뛰려고 할 때, 표준 구조를 제공한다.

일반적으로 `Lazy<T>`를 직접 구현하지 않고 `lazy()` 함수를 사용해서 인스턴스를 생성한다. 가장 간단한 형태로 `lazy()`는 람다를 취하며 해당 람다의 반환 타입이 반환된 인터페이스 `T`의 타입을 결정한다. 람다는 `value`가 명시적으로 요청할 때까지 실행되지 않는다. 또한 다음과 같이 이미 값을 계산했는지 확인할 수도 있다.

```
val lazing = lazy {
  42
}

println("init? ${lazing.isInitialized()}")   ◄──  초기화됐는지 확인한다.
                                                  false를 보고한다.
println("value = ${lazing.value}")           ◄──  값에 접근하면 람다가
                                                  강제로 실행하고
                                                  결과를 저장한다.
println("init? ${lazing.isInitialized()}")   ◄──  초기화됐는지 확인한다.
                                                  이번엔 true를 보고한다.
```

여러 스레드에서 실행해야 하는 불필요한 연산을 미뤄야 할 필요가 있을 수 있다. 이런 경우 lazy()는 LazyThreadSafetyMode 열거형을 받아 이를 제어한다. 열거형값은 SYNCHRONIZED(lazy() 의 기본값), PUBLICATION과 NONE이며, 설명은 다음과 같다.

- SYNCHRONIZED는 초기화 람다의 실행을 동기화하기 위해 Lazy<T> 인스턴스 자체를 사용한다.
- PUBLICATION은 초기화 람다의 다중 동시 실행을 허용하지만 처음으로 본 값만 저장한다.
- NONE은 동기화를 건너뛰며, 동시에 액세스되는 경우 정의되지 않은 동작을 한다.

NOTE LazyThreadSafetyMode.NONE은 다음 두 가지 조건이 충족될 때만 사용해야 한다. 1) Lazy 인스턴스에서 동기화가 실제 성능 문제임을 측정한 경우, 2) 해당 객체에 여러 스레드에서 액세스하지 않을 것이라고 보장할 수 있는 경우다. 다른 옵션인 SYNCHRONIZED와 PUBLICATION은 초기화 람다가 여러 번 동시에 실행되는지에 따라 선택할 수 있다.

Lazy<T> 인터페이스는 코틀린의 또 다른 고급 기능인 위임 프로퍼티과 함께 사용하도록 설계됐다. 클래스에서 속성을 정의할 때 값 또는 사용자 지정 getter/setter를 제공하는 대신 by 키워드로 객체를 제공할 수 있다. 해당 객체는 getValue()와 (var 속성의 경우) setValue()의 구현이 있어야 한다. Lazy<T>는 다음과 같이 이 명세를 따르므로 자연스러운 코틀린 구문을 유지하면서 클래스 내 속성 초기화를 지연시킬 수 있다.

```
class Procrastinator {
  val theWork: String by lazy {          모든 것이 작동하는지
    println("Ok, I'm doing it...")   ◄──  쉽게 증명할 수 있는
    "It's done finally"                  확인 메시지
  }
}

val me = Procrastinator()          theWork를 처음 호출하면
                                   람다가 실행되고 작업
                                   메시지가 인쇄된다.
println(me.theWork)   ◄──
println(me.theWork)   ◄──   마지막 두 줄에서 볼 수 있듯이
println(me.theWork)   ◄──   theWork에 대한 추가 호출은 이미
                            계산된 동일한 값을 반환한다.
```

마치 불변성과 비슷하게, 지연은 일반적인 객체에 대해서는 훌륭하지만 컬렉션과 반복에 대한 의문은 남는다. 다음에는 컬렉션을 스트림 처리할 때 코틀린의 Sequence<T> 인터페이스로 실행 흐름을 더 잘 제어할 수 있는 방법을 살펴보겠다.

15.3.7 시퀀스

코틀린의 컬렉션 함수는 편리하지만, 대부분 전체 컬렉션에 해당 함수를 즉시 적용한다고 가정한다. 다음과 같은 함수 체인은 각 단계마다 중간 컬렉션이 생성되는데, 실제로 전체 결과가 필요하지 않다면 낭비가 될 수 있다.

```
val iter = listOf(1, 2, 3)
val result = iter
    .map { println("1@ $it"); it.toString() }        ← ["1", "2", "3"]으로 중간
    .map { println("2@ $it"); it + it }                 컬렉션을 생성한다.
    .map { println("3@ $it"); it.toInt() }    ←      ["11", "22", "33"]으로 중간 컬렉션을
                                          최종 결과인     생성한다.
                                          [11, 22, 33]을 생성한다.
```

그림 15.1처럼 실행을 따라가면 각 `map` 호출 단계가 다음 `map`이 실행되기 전에 전체 목록에서 발생하는 것을 볼 수 있다.

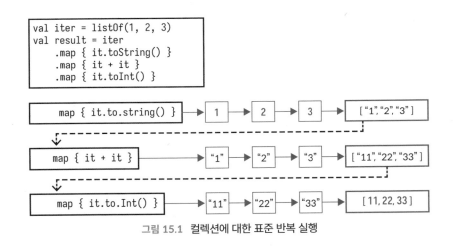

그림 15.1 컬렉션에 대한 표준 반복 실행

그 결과 다음과 같은 출력이 생성된다.

```
1@ 1
1@ 2
1@ 3
2@ 1
2@ 2
2@ 3
3@ 11
3@ 22
3@ 33
```

리소스 낭비 가능성 외에도 입력값이 무한대로 늘어날 수 있는 사용 사례도 있다. 사용자가 중단을 요청할 때까지 가능한 한 많은 숫자에 이 매핑을 계속하고 싶다면 어떻게 해야 할까? 미리 목록을 만들어서 단계별로 모든 것을 처리할 수는 없다.

이를 처리하기 위해 코틀린에는 시퀀스가 있다. 시퀀스의 핵심은 `Iterable<T>`와 비슷해 보이지만 그 안에는 완전히 새로운 기능을 제공하는 `Sequence<T>` 인터페이스가 있다.

`sequenceOf()` 함수를 사용해 새로운 시퀀스를 생성한 다음 익숙한 컬렉션과 마찬가지로 함수를 적용할 수 있다. 다음 예제에서는 목록을 시퀀스로 바꾸고 무슨 일이 일어나고 있는지 확인할 수 있도록 출력을 그대로 두었다.

```
val seq = sequenceOf(1, 2, 3)
val result = seq
    .map { println("1@ $it"); it.toString() }
    .map { println("2@ $it"); it + it }     ◀─┐ 여기서 +는 숫자 덧셈이 아닌
    .map { println("3@ $it"); it.toInt() }      문자열 연결이라는 점에 유의하자.
```

이 짧은 프로그램을 실행하면 아무것도 출력되지 않는다는 것을 알 수 있다. 시퀀스의 주요 특징은 평가가 느리다는 것이다. 이 프로그램의 어떤 것도 실제로 맵 호출의 반환을 필요로 하지 않으므로 코틀린은 `map` 호출을 실행하지 않는다. 하지만 다음 코드를 사용하여 시퀀스를 리스트로 바꾸면 프로그램이 모든 것을 강제로 평가하게 되고 시퀀스의 제어 흐름이 어떻게 실행되는지 확인할 수 있다.

```
val seq = sequenceOf(1, 2, 3)
val result = seq
    .map { println("1@ $it"); it.toString() }
    .map { println("2@ $it"); it + it }
    .map { println("3@ $it"); it.toInt() }
    .toList()
```

그림 15.2에서 시퀀스의 각 요소는 다음 요소가 처리되기 전에 먼저 1, 그다음 2 등 각기 `map` 체인을 통과하는 것을 볼 수 있다.

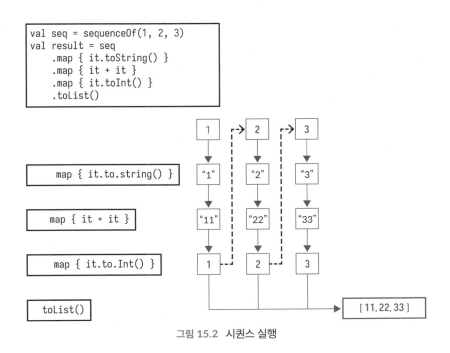

```
val seq = sequenceOf(1, 2, 3)
val result = seq
    .map { it.toString() }
    .map { it + it }
    .map { it.toInt() }
    .toList()
```

그림 15.2 시퀀스 실행

다음과 같은 출력을 얻을 수 있다.

```
1@ 1
2@ 1
3@ 11
1@ 2
2@ 2
3@ 22
1@ 3
2@ 3
3@ 33
```

이것은 흥미로운 내용이지만, 상대적으로 작고 정적인 리스트의 경우에는 아마도 그다지 흥미로운 부분이 아닐 것이다. 제대로 된 측정이 필요하지만, 내부 상태를 추적하기 위한 작업이 중간 컬렉션을 만들지 않는 이점을 상쇄시킬 수 있다. 시퀀스의 힘은 시퀀스를 생성하는 다른 방법을 통해 더욱 명확해진다.

가장 먼저 살펴볼 함수는 asSequence() 함수다. 이 함수는 당연히 반복 가능한iterable 것을 시퀀스로 변환한다. 하지만 이 함수는 예상할 수 있는 리스트와 컬렉션뿐만 아니라 **범위**range로도 호출될 수 있다.

우리는 이미 9.2.6절에서 코틀린의 숫자 범위를 만났는데, 이때 범위는 when 표현식으로 포함 여부를 확인하는 데 사용됐다. 그러나 범위는 반복될 수도 있다. asSequence()와 결합하여 번거로운 타이핑이나 과도한 할당 없이 다음과 같이 긴 숫자 목록을 만들 수 있다.

```
(0..1000000000)     ◀──  범위는 시작과 끝만 추적하므로
  .asSequence()          10억 개의 요소를 만들지 않는다.
  .map { it * 2 }
```

범위가 크다 해도 여전히 경계가 있는 범위의 특성이 제한적이라고 느껴진다면 표준 라이브러리의 kotlin.sequences에 있는 generateSequence()로 해결할 수 있다. 이 함수는 옵션으로 시작값을 사용해서 새로운 일반적인 시퀀스 객체를 생성한다. 다음 요소가 필요할 때마다 이전 값을 인수로 전달하면서 제공된 람다를 실행한다.

```
generateSequence(0) { it + 2 }   ◀──  짝수의 무한 시퀀스
```

무한한 Iterable<T>는 첫 번째 호출이 반환되지 않기 때문에 메서드를 연결하는 것이 불가능하다. Sequence<T>는 필요한 것만 가져오고 나머지는 나중을 위해 남겨둔다. 이것은 다음과 같이 특정 수의 요소를 새롭고 경계가 지정된 시퀀스로 가져오도록 요청할 수 있는 take() 함수와 잘 어울린다.

```
generateSequence(0) { it + 2 }      처음 세 개의 요소를 가진
  .take(3) ◀───                      시퀀스를 생성한다.
  .forEach { println(it) } ◀───      시퀀스를 통해 평가를
                                     강제하고 받은 내용을
                                     출력한다.
```

시퀀스에서의 forEach()는 종료 함수로, 시퀀스의 지연을 끝내고 모든 것을 평가한다. 이미 toList()와 같은 다른 종료 함수를 보았는데, 이 함수는 리스트를 생성하기 위해 반드시 모든 요소를 통과해야 한다.

코틀린은 시퀀스를 생성하는 다른 옵션을 제공하는데, 어떤 이유로든 시퀀스의 이전 요소에서 작업하기가 어려울 경우, 다음과 같이 sequence()와 yield()를 결합해서 완전히 임의의 시퀀스를 생성할 수 있다.

```
val yielded = sequence {
  yield(1)
  yield(100)
  yieldAll(listOf(42, 3))
}
```
> yieldAll() 함수는 생성하는 것과
> 동일한 타입의 iterable을 가져와서
> 요청이 있을 때마다 각 요소를
> 생성한다.

예상대로 시퀀스에서 람다는 다음 요소를 결정하기 위해 지연 실행된다. 그러나 여기에서 독특한 점은 다음 요소를 요청할 때마다 람다가 다음 yield까지만 실행된 다음 일시 중지된다는 것이다. 다른 요소를 요청하면 람다가 일시 중지한 위치에서 다시 시작하고 다음 yield까지 실행된다. 이 것을 시각화하면 그림 15.3과 같다.

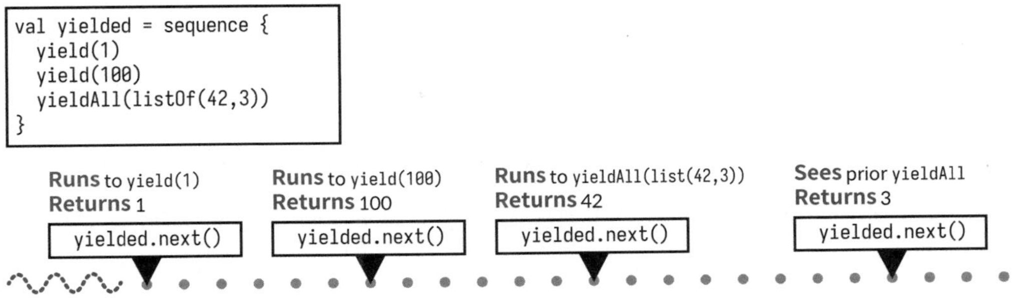

그림 15.3 yeild 실행의 타임라인

yield는 **일시 중단 함수**suspend function로 알려진 코틀린 기능을 사용한다. 이름에서 알 수 있듯이 이 함수는 코드 실행에서 중단 및 재개할 수 있는 지점을 코틀린에서 인식하는 함수다. 이 경우 코틀린은 값을 yield할 때마다 sequence 람다의 실행을 다음 값을 요청할 때까지 일시 중지해야 한 다는 것을 인식한다. 코드는 단순한 람다처럼 보이지만 실제로는 코틀린 컴파일러가 뒤에서 많은 추가적인 작업을 수행한다.

일시 중단 함수는 코틀린의 대체 동시성 모델인 코루틴과 깊게 관련이 있으며, 이에 대한 소개는 9.4절에서 했고, 16장에서 자세히 다룰 예정이다. 그러나 주목할 만한 특징은 우리가 종종 동시 성에 비추어 고려하는 기능이 함수형 프로그래밍의 고유한 방법도 열어준다는 점은 흥미롭다.

15.4 클로저 함수형 프로그래밍

10장에서는 (map)과 같은 형식을 통해 **클로저 함수형 프로그래밍**Clojure functional programming의 기본 을 살펴봤다. 또한 불변성과 고차 함수 같은 개념에 대해서도 일찍 소개했는데, 이러한 아이디어와 기능은 클로저 프로그래밍 모델의 핵심에 매우 가깝기 때문이다.

따라서 이 절에서는 자바와 코틀린에 대해 논의한 기능을 클로저 관점에서 소개하는 대신, 이러한 기초를 넘어서 클로저의 더 고급 함수형 기능 중 일부가 어떻게 작동하는지를 보여줄 것이다. 이를 위해 **리스트 컴프리헨션**list comprehension[3]에 대한 노트로 시작하겠다.

15.4.1 컴프리헨션

함수형 프로그래밍에서 중요한 개념 중 하나는 **컴프리헨션**comprehension이다. 이 용어는 집합 또는 다른 데이터 구조에 대한 '완전한 설명'을 의미한다. 이 개념은 수학에서 파생됐는데, 수학에서는 종종 집합을 설명하기 위해 다음과 같이 집합의 이론적 표기법을 사용한다.

```
{ x ∈ N : (x / 2) ∈ N }
```

여기서 ∈는 '속해 있다'를 의미한다. N는 모든 **자연수**natural number(또는 카운팅 숫자)의 무한 집합을 나타낸다. 이 숫자는 객체를 세는 데 사용되는 숫자다(1, 2, 3 등). :는 조건 또는 **제한**restriction을 정의한다.

따라서 이 컴프리헨션은 특별한 속성을 가진 셀 수 있는 숫자들의 집합을 설명한다. 이 집합의 모든 숫자는 2로 나눌 때 셀 수 있는 숫자가 되는 특성을 가지고 있다. 물론 이미 이 집합은 다른 이름을 알고 있다. 바로 짝수의 집합이다.

중요한 점은 짝수의 집합을 요소를 나열해서 지정하지 않았다는 것이다(무한히 많기 때문에 그것은 불가능하다). 대신 자연수에서 시작해서 각 원소가 새로운 집합에 포함되기 위해 충족해야 하는 추가적인 조건을 지정해서 '짝수'를 정의했다.

만약 이것이 `filter`와 같은 함수형 기법의 사용처와 비슷하게 들린다면, 그렇게 들리는 것이 맞다. 두 개념은 매우 밀접하게 관련된 개념이다. 그러나 함수형 언어에서는 종종 컴프리헨션과 `filter-map`을 모두 제공한다. 각 접근 방식이 서로 다른 상황에서 개념적으로 더 쉽게 사용할 수 있기 때문이다.

---

3 옮긴이 함수형 프로그래밍 언어와 스크립트 언어에서 주로 사용되는 기능 중 하나다. 이것은 기존 리스트나 컬렉션에서 새로운 리스트나 컬렉션을 만들기 위한 간결한 방법을 제공한다.

클로저는 (for) 폼을 사용해서 리스트 컴프리헨션을 구현한다. (for) 폼은 리스트(또는 경우에 따라 반복자)를 반환하도록 설계됐다. 그래서 10장에서 클로저 루프를 소개할 때 (for)를 소개하지 않았다. (for)는 실제 루프가 아니다. 실제로 동작하는 방법을 보자.

```
user=> (for [x [1 2 3]] (* x x))
(1 4 9)
```

(for) 폼은 두 개의 인수를 받는다. 하나는 인수 벡터이고, 다른 하나는 (for)가 반환할 전체 목록의 일부로 **산출**yeild될 값을 나타내는 폼이다.

인수 벡터에는 쌍(또는 여러 쌍)의 요소가 포함되며, 각 쌍은 '임시 변수'와 '입력을 제공하는 시퀀스'로 구성된다. 이 임시 변수는 각 값을 차례대로 바인딩하는 데 사용된다. 물론 이것은 다음과 같은 맵으로 쉽게 작성할 수 있다.

```
user=> (map #(* % %) [1 2 3])
(1 4 9)
```

그렇다면 어디에 (for)를 사용할 수 있을까? 예를 들어 다음과 같이 복잡한 구조를 만들 때 사용할 수 있다.

```
(for [num [1 2 3]
      ch [:a :b :c]]
  (str num ch))
("1:a" "1:b" "1:c" "2:a" "2:b" "2:c" "3:a" "3:b" "3:c")
```

위 코드는 숫자(num)와 문자(ch)의 모든 조합을 생성해서 문자열로 변환한 결과를 반환한다. 이런 작업은 맵을 사용하여 수행할 수 있지만, (for)를 사용하면 더 명확하고 간단한다. 필터의 효과를 얻으려면 다음과 같이 (for)에 제한 역할을 할 수 있는 추가적인 한정자를 사용할 수도 있다.

```
user=> (for [x (range 8) :when (even? x)] x)
(0 2 4 6)
```

이제 클로저가 지연을 어떻게 구현하는지, 특히 시퀀스에 적용할 때 어떻게 구현하는지 살펴보겠다.

15.4.2 지연 시퀀스

클로저에서 지연은 단일값의 늦은 평가보다는 시퀀스로 작업할 때 주로 나타난다. 시퀀스의 경우 지연은 시퀀스에 있는 모든 값의 전체 목록을 보유하는 대신 필요할 때(예: 필요에 따라 함수를 호출하여 값을 생성하는 방식) 값을 얻을 수 있다는 것을 의미한다.

자바 컬렉션에서는 이런 아이디어를 구현하려면 사용자 정의 구현된 `List` 같은 것이 필요하다. 대량의 상용구 코드 없이 편리하게 작성할 수 있는 방법이 없다. 반면에 `ISeq` 구현을 사용하면 다음과 같이 작성할 수 있다.

```
public class SquareSeq implements ISeq {
    private final int current;

    private SquareSeq(int current) {
        this.current = current;
    }

    public static SquareSeq of(int start) {
        if (start < 0) {
            return new SquareSeq(-start);
        }
        return new SquareSeq(start);
    }

    @Override
    public Object first() {
        return Integer.valueOf(current * current);
    }

    @Override
    public ISeq rest() {
        return new SquareSeq(current + 1);
    }
}
```

이 코드에서는 값을 저장하지 않고 대신 시퀀스의 각 새로운 요소가 필요할 때 생성된다. 이로써 무한한 시퀀스를 모델링할 수 있다. 다음 예를 고려해보자.

```
public class IntGeneratorSeq implements ISeq {
    private final int current;
    private final Function<Integer, Integer> generator;
```

```
    private IntGeneratorSeq(int seed,
                            Function<Integer, Integer> generator) {
        this.current = seed;
        this.generator = generator;
    }

    public static IntGeneratorSeq of(int seed,
                                     Function<Integer, Integer> generator) {
        return new IntGeneratorSeq(seed, generator);
    }

    @Override
    public Object first() {
        return generator.apply(current);
    }

    @Override
    public ISeq rest() {
        return new IntGeneratorSeq(generator.apply(current), generator);
    }
}
```

이 코드 샘플은 함수를 적용한 결과를 다음 시퀀스의 시드(입력)로 제공하는 방식을 사용한다. 이것은 생성자 함수가 순수한 경우에는 문제가 없지만, 물론 자바에서는 그런 것을 보장할 수 없다. 이제 클로저에서 **지연 시퀀스**lazy sequence를 작성하는 데 도움이 되는 강력한 클로저 매크로를 살펴보겠다.

지연 성질을 가지면서 잠재적으로 무한한 수열을 어떻게 표현할 수 있을지 생각해보자. 한 가지 확실한 선택은 함수를 사용해서 시퀀스에서 항목을 생성하는 것이다. 함수는 두 가지 작업을 수행해야 한다.

- 시퀀스의 다음 항목을 반환한다.
- 고정되고 유한한 수의 인수를 받는다.

수학자들은 이러한 함수가 **재귀 관계**recurrence relation를 정의한다고 말할 것이다. 이러한 관계의 이론은 바로 재귀가 적절한 방법임을 시사한다.

스택 공간과 기타 제약 조건이 없는 컴퓨터가 있다고 가정하고, 무한 시퀀스를 만드는 스레드와 이를 사용하는 스레드 두 개의 실행 스레드를 설정할 수 있다고 가정해보자. 그다음 재귀를 사용해서 다음과 같은 의사 코드로 생성 스레드에서 지연 시퀀스를 정의할 수 있다.

```
(defn infinite-seq <vec-args>
  (let [new-val (seq-fn <vec-args>)]
    (cons new-val (infinite-seq <new-vec-args>))
  ))
```

> 그러나 이것은 실제로 작동하지 않는다.
> 왜냐하면 (infinite-seq)에 대한 재귀
> 호출이 스택을 날려버린다.

해결책은 재귀를 최적화하고 필요한 경우에만 재귀를 진행하도록 클로저에 지시하는 구조체, 즉 (lazy-seq) 매크로를 추가하는 것이다. 다음 코드에서 어떤 숫자 k에 대해 지연 시퀀스 k, k+1, k+2, ...를 정의하는 간단한 예를 살펴보자.

코드 15.1 지연 시퀀스 예시

```
(defn next-big-n [n] (let [new-val (+ 1 n)]
  (lazy-seq    ◄──── (lazy-seq) 표시
    (cons new-val (next-big-n new-val))    ◄──── 무한 재귀
  )))

(defn natural-k [k]
  (concat [k] (next-big-n k)))    ◄──── (concat)은 재귀를 제한한다.

1:57 user=> (take 10 (natural-k 3))
(3 4 5 6 7 8 9 10 11 12)
```

핵심은 무한 재귀가 발생할 수 있는 지점을 표시하는 (lazy-seq) 폼과 이를 안전하게 처리하는 (concat) 폼이다. 그다음 (take) 폼을 사용해서 지연 시퀀스에서 필요한 수의 요소를 가져올 수 있다. 지연 시퀀스는 매우 강력한 기능이다. 연습을 통해 클로저에서 매우 유용한 도구라는 것을 알게 될 것이다.

15.4.3 클로저에서의 커링

클로저에서 함수를 커링하는 것은 다른 언어와 비교해서 추가적인 복잡성을 가진다. 이는 클로저 폼들이 대부분 가변적이라는 사실 때문에 발생한다. 이에 대해서는 10장에서 논의했다.

가변 인수 함수는 '사용자가 두 개의 인수를 가진 폼을 커링하려는 것인가 아니면 인수가 하나인 폼을 수행하려는 것인가?'와 같은 질문을 제기하므로 복잡한 문제인데, 특히나 클로저는 함수를 즉시 평가하기 때문에 더욱 그렇다.

해결책은 (partial) 폼인데, 이것은 클로저 함수이며 매크로가 아니다. 이것을 실제로 살펴보겠다.

```
user=> (filter (partial = :b) [:a :b :c :b :d])
(:b :b)
```

이 함수 =는 1개 이상의 인수를 받을 수 있기 때문에 (= :b)는 즉시 `true`로 평가될 것이다. 그러나 `(partial)`의 사용은 이를 커리 함수로 변환한다. `(filter)` 호출에서의 사용으로 인해 이 함수는 인수 하나를 받는 함수로 인식되며(사실상, 단일 인수 오버로드), 그다음 벡터의 각 요소를 테스트하는 데 사용된다.

NOTE `(partial)`은 그 자체로 폼의 첫 번째 매개변수만 커링한다. 다른 매개변수를 커리화하려면 함수 적용 전에 인수 목록을 순열 처리하는 폼과 함께 `(partial)`을 결합해야 한다.

클로저는 지금까지 살펴본 세 가지 언어 중 가장 기능적인 언어이며, 여기서 다룬 내용이 호기심을 자극했다면 더 탐구해볼 만한 것이 많다. 지금까지 다룬 내용은 시작에 불과하며, 이를 통해 JVM 자체가 함수형 프로그래밍에 적합한 환경임을 보여준다. 함수형 스타일로 프로그래밍하는 데 어려움을 초래하는 것은 주로 자바 언어 그 자체다.

이 장에서는 자바 스트림의 전통적인 filter-map-reduce 패러다임 이상으로 함수형 프로그래밍을 심층적으로 다뤘다. 주로 자바 외의 다른 JVM 언어를 가지고 실현했다.

물론, 여기서 더 나아갈 수 있다. 함수형 프로그래밍의 두 가지 주요 학파가 있다. 동적 타입 학파는 클로저를 대표로 하고(그리고 JVM 외의 언어인 얼랭Erlang과 같은 언어도 해당된다), 정적 타입 학파는 코틀린을 포함하지만 아마도 스칼라(그리고 JVM 외의 언어인 하스켈도 해당된다)가 더 적절하게 대표한다.

그러나 자바의 주요 설계 가치 중 하나인 하위 호환성은 잠재적인 약점으로도 볼 수 있다. 25년 전인 버전 1.0용으로 컴파일된 자바 코드는 최신 JVM에서 수정 없이 실행된다. 하지만 이 놀라운 성과에는 대가가 따른다. 자바의 API 및 바이트코드와 JVM의 설계는 지금은 변경하기 어렵거나 불가능한 설계 결정을 가지고 가야 하는데, 함수형 프로그래밍에는 특히 친화적이지 않다. 이것이 자바 외의 JVM 언어로 이동하려는 개발자들이 함수형 스타일을 사용하려고 하는 주요 이유다.

요약

- filter-map-reduce는 함수형 프로그래밍의 종점이 아니라 시작점이다.

- 자바는 지연 평가, 커링, 꼬리 재귀 최적화와 같은 기본 제공 기능이 없기 때문에 함수형 스타일에 특히 적합한 언어가 아니다.

- JVM의 다른 언어는 코틀린의 `Lazy<T>`와 클로저의 지연 시퀀스 같은 기능을 통해 함수형 프로그래밍을 더 잘 지원할 수 있다.

- JVM 수준에서는 프로그래밍 언어 선택을 변경한다고 해서 근본적으로 해결할 수 없는 데이터의 기본 가변성과 같은 문제가 여전히 존재한다.

16

고급 동시성 프로그래밍

- -

이 장의 주요 내용

- Fork/Join API
- work stealing 알고리즘
- 동시성과 함수형 프로그래밍
- 코틀린 코루틴 내부 살펴보기
- 클로저 동시성
- 소프트웨어 트랜잭션 메모리
- 에이전트

- -

이 장에서는 이전 장들의 여러 주제를 한데 모을 것이다. 특히 이전 장의 함수형 프로그래밍 개념
과 6장의 자바 동시성 라이브러리를 함께 엮어보겠다. 이 장의 후반부에는 코틀린과 클로저의 새
로운 동시성 측면이 등장하는 등 자바 이외의 언어도 언급된다.

NOTE 이 장의 코루틴과 에이전트(일명 액터)와 같은 개념도 자바 동시성 환경의 일부로 점점 더 많이 사용되고 있다.

먼저 자바 Fork/Join API라는 약간 독특한 주제로 시작하겠다. 이 프레임워크는 6장에서 본 실행
자보다 효율적으로 특정 유형의 동시성 문제를 처리할 수 있게 해준다.

16.1 Fork/Join 프레임워크

7장에서 설명했듯이 최근 몇 년 동안 프로세서 속도(더 정확하게는 CPU의 트랜지스터 수)가 크게 증가했다. 하지만 입출력 성능은 그에 비해 눈에 띄게 향상되지 않았고, 그 결과 입출력을 기다리는 것은 이제 흔한 상황이 됐다. 이는 컴퓨터 내부의 처리 능력을 더 잘 활용할 수 있음을 시사한다. Fork/Join(F/J) 프레임워크가 바로 이를 위한 것이다.

F/J는 사용자에게 보이지 않는 스레드 풀에서 작업을 자동으로 스케줄링하는 것이다. 이를 위해서는 작업이 사용자가 지정한 방식으로 분할될 수 있어야 한다. 많은 응용 프로그램에서 F/J는 프레임워크에 매우 자연스러운 '작은small' 작업과 '큰large' 작업의 개념을 가지고 있다.

F/J와 관련된 주요 사항과 기본 개념 몇 가지를 간단히 살펴보겠다.

- 이 프레임워크는 `ForkJoinPool`이라는 새로운 종류의 실행자 서비스를 소개한다.
- `ForkJoinPool`은 `Thread`보다 '작은' 동시성 단위인 `ForkJoinTask`를 처리한다.
- `ForkJoinTask`는 `ForkJoinPool`에 의해 더 가벼운 방식으로 스케줄링될 수 있다.
- F/J는 다음 두 종류의 작업을 사용한다(둘 다 `ForkJoinTask`의 인스턴스로 표현된다):
  - '작은' 작업은 너무 많은 프로세서 시간을 소비하지 않고 즉시 수행할 수 있는 작업이다.
  - '큰' 작업은 직접 수행되기 전에 (한 번 이상) 분할돼야 하는 작업이다.
- 프레임워크는 큰 작업을 분할하기 위한 기본적인 방법을 제공한다.
- 프레임워크는 자동 스케줄링과 재스케줄링을 지원한다.

이 프레임워크의 한 가지 중요한 특징은 이러한 가벼운 작업이 그들의 부모 작업을 실행한 스레드 풀에서 다른 `ForkJoinTask`의 인스턴스를 생성할 수 있으며, 이러한 작업은 동일한 스레드 풀에서 스케줄될 것으로 예상된다는 것이다. 이 패턴은 때로 **분할 정복**divide and conquer이라고도 한다.

F/J 프레임워크를 사용하는 간단한 예제로 시작한 다음, 이러한 유형의 병렬 처리 접근 방식에 적합한 문제의 특징에 대해 간략하게 살펴보겠다. 그다음 F/J에서 사용하는 work stealing이라는 기능과 더 넓은 맥락에서의 중요성에 대해 간략하게 다루겠다. F/J를 시작하는 가장 좋은 방법은 예제를 통해 시작하는 것이다.

간단한 F/J 예제

F/J 프레임워크가 수행할 수 있는 간단한 예제로 다음과 같은 경우를 생각해보자. 여러 시간에 생성된 여러 거래 객체가 있다. 이를 나타내기 위해 Transaction 클래스를 사용할 것이며, 이 클래스는 5장과 6장에서 만난 TransferTask 클래스의 진화된 버전이다.

```java
public class Transaction implements Comparable<Transaction> {
    private final Account sender;
    private final Account receiver;
    private final int amount;
    private final long id;
    private final LocalDateTime time;

    private static final AtomicLong counter = new AtomicLong(1);

    Transaction(Account sender, Account receiver,
                int amount, LocalDateTime time) {
        this.sender = sender;
        this.receiver = receiver;
        this.amount = amount;
        this.id = counter.getAndIncrement();
        this.time = time;
    }

    public static Transaction of(Account sender, Account receiver,
                                 int amount) {
        return new Transaction(sender, receiver,
                               amount, LocalDateTime.now());
    }

    @Override
    public int compareTo(Transaction other) {
        return Comparator.nullsFirst(LocalDateTime::compareTo)
                         .compare(this.time, other.time);
    }

    // Getter 및 기타 메서드(equals, hashcode 등) 생략
}
```

이제 시간순으로 정렬된 트랜잭션 목록을 얻고자 한다. 이를 달성하기 위해 멀티 스레드 정렬로 F/J를 사용할 것이다. 이는 사실 **합병 정렬**merge sort 알고리즘의 변형이다.

우리의 예제는 RecursiveAction을 사용한다. 이것은 ForkJoinTask의 특수한 하위 클래스다. 이것

은 전체적인 결과가 없음을 명시적으로 나타내기 때문에 일반적인 `ForkJoinTask`보다 간단하며(거래는 그 자리에서 재배열될 것이기 때문에), 작업의 재귀적 성격을 강조한다.

`TransactionSorter` 클래스는 `Transaction` 객체의 `compareTo()` 메서드를 사용해서 업데이트 목록을 정렬하는 방법을 제공한다. `compute()` 메서드는 `RecursiveAction` 슈퍼클래스에서 추상 메서드이기 때문에 구현해야 하는데, 이 메서드는 다음 코드에서 볼 수 있듯이 기본적으로 트랜잭션의 배열을 생성 시간별로 정렬한다.

코드 16.1 RecursiveAction으로 정렬하기

```java
public class TransactionSorter extends RecursiveAction {
    private static final int SMALL_ENOUGH = 32;      // 32개 이하인 경우
    private final Transaction[] transactions;        // 순차적으로 정렬된다.
    private final int start, end;
    private final Transaction[] result;

    public TransactionSorter(List<Transaction> transactions) {
        this(transactions.toArray(new Transaction[0]),
            0, transactions.size());
    }

    public TransactionSorter(Transaction[] transactions) {
        this(transactions, 0, transactions.length);
    }

    public TransactionSorter(Transaction[] txns, int start, int end) {
        this.start = start;
        this.end = end;
        this.transactions = txns;
        this.result = new Transaction[this.transactions.length];
    }

    /**
     * This method implements a simple Mergesort. Please consult a suitable
     * textbook if you are interested in the implementation details.
     *
     * @param left
     * @param right
     */
    private void merge(TransactionSorter left, TransactionSorter right) {
        int i = 0;
        int lCount = 0;
        int rCount = 0;

        while (lCount < left.size() && rCount < right.size()) {
```

```
            int comp = left.result[lCount].compareTo(right.result[rCount]);
            result[i++] = (comp < 0)
                    ? left.result[lCount++]
                    : right.result[rCount++];
        }

        while (lCount < left.size()) {
            result[i++] = left.result[lCount++];
        }

        while (rCount < right.size()) {
            result[i++] = right.result[rCount++];
        }
    }

    public int size() {
        return end - start;
    }

    public Transaction[] getResult() {
        return result;
    }

    @Override                              RecursiveAction에서
    protected void compute() {   ◄─────    정의된 메서드
        if (size() < SMALL_ENOUGH) {
            System.arraycopy(transactions, start, result, 0, size());
            Arrays.sort(result, 0, size());
        } else {
            int mid = size() / 2;
            TransactionSorter left =
                new TransactionSorter(transactions, start, start + mid);
            TransactionSorter right =
                new TransactionSorter(transactions, start + mid, end);
            invokeAll(left, right);

            merge(left, right);
        }
    }
}
```

이제 다음과 같은 코드를 통해 사용할 수 있는데, 이 코드는 몇 가지 거래를 생성하고 섞은 다음,
앞서 작성한 정렬 알고리즘에 전달한다. 결과는 정렬된 업데이트다.

```
var transactions = new ArrayList<Transaction>();
var accs = new Account[] {
                new Account(1000),
                new Account(1000)};

for (var i = 0; i < 256; i = i + 1) {
  transactions.add(Transaction.of(accs[i % 2], accs[(i + 1) % 2], 1));
  Thread.sleep(1);
}
Collections.shuffle(transactions);

var sorter = new TransactionSorter(transactions);
var pool = new ForkJoinPool(4);

pool.invoke(sorter);

for (var txn : sorter.getResult()) {
  System.out.println(txn);
}
```

F/J의 프로미스promise는 매력적으로 보이지만, 실제로 모든 문제가 방금 설명한 멀티스레드 MergeSort처럼 간단한 형태로 쉽게 축소되는 것은 아니다.

이는 '쉬운 케이스는 원래 쉽다'라는 안티패턴의 한 예로, 개발자는 아주 적은 노력으로 쉬운 작업을 수행할 수 있는 단순해 보이는 기술에 현혹될 수 있지만 그 기술이 어려운 케이스로 잘 확장되거나 일반화되지 않는다는 사실을 숨길 수 있다. 우리는 F/J를 사용해서 해결할 수 있는 문제와 다른 접근 방식이 더 나은 문제 유형에 대해 생각해봐야 한다.

16.1.2 F/J를 위한 병렬화 문제

다음은 F/J(분할 및 병합) 접근 방식에 매우 적합한 몇 가지 문제의 예다.

- 대량의 간단한 객체 움직임을 시뮬레이션하는 것(예: 입자 효과)
- 로그 파일 분석
- 집계된 입력에서 양을 계산하는 데이터 작업(예: 맵-리듀스 작업)

다른 관점으로 볼 때, F/J에 적합한 좋은 문제는 그림 16.1에 나와 있는 것처럼 분할할 수 있는 문제라고 말할 수 있다.

문제가 잘 축소될 가능성이 있는지 판단하는 실용적인 방법 중 하나는 문제와 그 하위 작업에 다음 체크리스트를 적용하는 것이다.

- 하위 작업들이 명시적인 협력이나 동기화 없이 작동할 수 있는가?
- 하위 작업들이 데이터 변경 없이 데이터로부터 값을 계산할 수 있는가(즉 순수 함수인가)?
- 하위 작업들에 대한 분할과 정복은 자연스러운가?

앞의 질문에 대한 답이 '예!' 또는 '대부분 그렇지만 예외적인 경우가 있다'라면 문제가 F/J 접근 방식에 적합할 수 있다. 반면에 이러한 질문에 대한 답이 '아마도' 또는 '별로 그렇지 않다'라면 F/J의 성능이 좋지 않을 수 있으며 다른 접근 방식이 더 효과적일 수 있다.

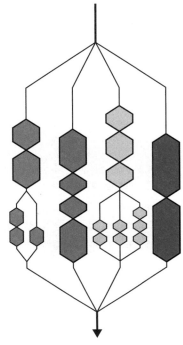

그림 16.1 Fork/Join

좋은 멀티스레드 알고리즘을 설계하는 것은 어렵고, F/J가 모든 상황에서 작동하는 것은 아니다. 고유의 적용 영역 내에서 매우 유용하지만, 결국에는 문제가 프레임워크에 적합한지 여부를 결정해야 한다. 그렇지 않다면 자신만의 설루션을 개발할 준비가 돼 있어야 하며, 이는 아마도 `java.util.concurrent`의 훌륭한 도구 상자를 기반으로 구축하는 것을 의미할 것이다.

16.1.3 work stealing 알고리즘

`ForkJoinTask`는 `RecursiveAction`의 슈퍼클래스다. 이것은 작업(`RecursiveAction`은 `ForkJoinTask<Void>`를 확장한다)의 반환 타입에 대한 제네릭 클래스다. 따라서 `ForkJoinTask`는 데이터 집합을 요약하고 결과를 반환하거나 (`RecursiveAction`의 경우처럼) 부수적인 효과로 작동하는 맵 리듀스 접근 방식에 매우 적합하다.

`ForkJoinTask` 타입의 객체는 특별히 이러한 가벼운 작업을 위해 설계된 새로운 유형의 실행자 서비스인 `ForkJoinPool`에 예약된다. 이 서비스는 각 스레드에 대한 작업 목록을 유지하며, 하나의 작업이 완료되면, 작업을 완전히 로드된 바쁜 스레드에서 유휴 상태인 스레드로 재할당할 수 있다. 이러한 과정은 그림 16.2에서 볼 수 있다.

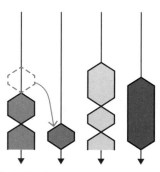

그림 16.2 work stealing: 두 번째 스레드가 작업을 완료하면 서비스가 아직 바쁜 첫 번째 스레드에서 작업을 두 번째 스레드로 재할당한다.

work stealing 알고리즘이 없으면 두 가지 크기의 작업과 관련한 스케줄링 문제가 발생할 수 있다. 일반적으로 크기가 다른 두 가지 작업은 실행하는 데 매우 다른 시간이 걸릴 수 있다.

예를 들어 한 스레드는 작은 작업만 가진 실행 대기열을 가질 수 있으며, 다른 스레드는 큰 작업만 가질 수 있다. 작은 작업이 큰 작업보다 5배 빨리 실행된다면, 작은 작업만 가진 스레드는 큰 작업 스레드가 완료되기 전에 유휴 상태가 될 수 있다.

WARNING work stealing은 작업들이 서로 독립적이라는 가정에 의존한다. 이 가정이 유효하지 않으면 계산 결과가 실행마다 다를 수 있다.

work stealing은 이 문제를 해결하고 F/J 작업의 생명 주기 동안 풀의 모든 스레드를 사용할 수 있도록 구현됐다. 이 기능은 완전히 자동으로 수행되며, work stealing의 이점을 누리기 위해 특별한 작업을 수행할 필요가 없다. 이것은 런타임 환경이, 개발자가 동시성 관리를 수동으로 하지 않도록 도움을 주기 위해 더 많은 작업을 수행하는 또 다른 예다. 문서에서도 이를 명시하고 있다. `ForkJoinPool`은 조인되지 않는 이벤트 스타일 작업과 함께 사용하기에 적합할 수도 있다.

NOTE `ForkJoinPool`은 자바/JVM 라이브러리에서도 널리 사용된다. 예를 들면 스칼라와 자바에서 액터 기반 동시성 시스템인 Akka 시스템에서도 사용된다.

`ForkJoinPool`과 상호작용하기 위한 클래스는 다음과 같은 주요 메서드를 노출해야 한다.

- `execute()`: 비동기 실행을 시작한다.
- `invoke()`: 실행을 시작하고 결과를 대기한다.
- `submit()`: 실행을 시작하고 결과를 위한 퓨처를 반환한다.

자바 8부터 런타임에 **공용 풀**common pool이 포함됐으며, 이 풀은 `ForkJoinPool.commonPool()`을 통해 접근할 수 있다. 이는 주로 work stealing 기능을 위해 제공되며, 많은 프로그램이 재귀적 분해recursive decomposition[1]에 사용하지 않을 것으로 예상한다.

공용 풀에는 병렬성 수준(사용할 스레드 수)과 공통 풀에 대한 새로운 스레드를 만들기 위해 사용되는 스레드 팩토리 클래스 같은, 여러 구성이 가능한 속성들이 있다.

16.2 동시성과 함수형 프로그래밍

5장에서는 불변객체의 개념을 살펴보고, 불변객체가 많은 동시성 문제의 핵심인 공유된 가변 상태shared mutable state 문제를 회피하기 때문에 **동시성 프로그래밍**concurrent programming에 매우 유용하다는 것을 보여줬다. 따라서 불변성을 활용하는 함수형 기법은 동시 애플리케이션을 구축하는 데 중요한 도구라고 생각할 수 있다. 이는 사실이지만, 불변성에 대한 작은 확장도 동시성 프로그래밍과 관련이 있다.

16.2.1 CompletableFuture 다시 보기

6장에서 우리는 `CompletableFuture` 클래스를 만났다. 이 타입은 불변은 아니지만 다음과 같이 매우 간단한 상태 모델을 갖고 있다.

- 완료되지 않은 상태에서 시작한다.
- 완료되지 않은 상태에서 모든 `get()` 시도는 블록된다.
- 나중에 게시publication 이벤트가 발생한다.
- 이것으로 값이 설정되고 `get()`을 차단한 모든 스레드에 전달된다.
- 게시된 값은 이제 변경되지 않는다.

다음 그림 16.3은 퓨처 및 게시 이벤트를 보여준다.

1　[옮긴이] 주어진 작업이 더 작은 작업으로 계속 분할하는 프로세스를 말한다. 일반적으로 큰 문제를 작은 부분으로 나누어 해결함으로써 전체 문제를 해결하는 기법이다.

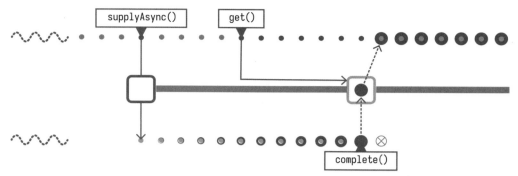

그림 16.3 게시 이벤트가 값을 설정하고 get()에서 블로킹된 모든 스레드에 전달한다.

`CompletableFuture`의 한 가지 큰 장점은 결과로 함수를 구성할 수 있고, 결과가 느리게 평가돼 값이 도착할 때까지 함수가 실행되지 않는다는 것이다.

이 함수 구성은 동기식 또는 비동기식으로 이뤄질 수 있다. 몇 가지 예제를 실행해보면 쉽게 알 수 있다. 예를 들어 6장의 `NumberService` 아이디어를 재사용해서 가상의 구현을 사용해보겠다.

```java
public class NumberService {
    public static long findPrime(int n) {
        try {
            Thread.sleep(5_000);
        } catch (InterruptedException e) {
            throw new CancellationException("interrupted");
        }
        return 42L;
    }
}
```

이것은 분명히 실제로 소수를 계산하지는 않지만, 목표인 스레딩 동작을 보여주기에는 충분하다. 이를 구동하려면 다음과 같이 약간의 코드가 필요하다.

```java
var n = 1000;
var future =
  CompletableFuture.supplyAsync(() -> {          // 비동기적으로 실행할 계산을 제공한다.
  System.out.println("Starting on: "+ Thread.currentThread().getName());
  return NumberService.findPrime(n);
});                                              // 비동기적으로 실행한 계산의
var f2 = future.thenApply(l -> {                 // 결과에 적용할 함수를 제공한다.
                                                 // 동기적으로 함수를 적용한다.
  System.out.println("Applying on: "+ Thread.currentThread().getName());
  return l * 2;
```

```
});
var f3 = future.thenApplyAsync(l -> {          ← 비동기적으로 실행한 계산의 결과에
  System.out.println("Async on: "+ Thread.currentThread().getName());   적용할 다른 함수를 제공한다.
  return l * 3;                                     비동기적으로 함수를 적용한다.
});

try {
  System.out.println("F2: "+ f2.get());
  System.out.println("F3: "+ f3.get());
} catch (InterruptedException | ExecutionException e) {
  e.printStackTrace();
}
```

이 코드를 실행하면 다음과 같은 출력을 얻을 수 있다.

```
Starting up on thread: ForkJoinPool.commonPool-worker-19
Applying on thread: ForkJoinPool.commonPool-worker-19
Applying async on thread: ForkJoinPool.commonPool-worker-5
F2: 84
F3: 126
```

future를 사용해 thenApply()로 생성된 f2는 future와 동일한 스레드에서 실행되는 반면, thenApplyAsync()를 사용한 f3는 풀의 다른 스레드에서 실행된다.

기본적으로 CompletableFuture 코드의 실행은 모두 공용 풀을 사용한다는 것을 알 수 있다. 이 풀은 이전 출력에서 볼 수 있듯이 ForkJoinPool.commonPool이라는 이름으로 표시된다.

상황에 따라 개발자는 다른 스레드 풀을 사용하고 싶을 수 있다. 예를 들어 공용 풀은 사용할 수 있는 최대 스레드 수를 구성할 수 없으므로 특정 워크로드에 적합하지 않을 수 있다. 다행히 CompletableFuture의 팩토리 메서드인 supplyAsync()와 같은 CompletableFuture의 일부 메서드는 추가적인 옵션으로 Executor라는 인수를 제공할 수 있다. 이를 통해 퓨처를 특정 스레드 풀에서 실행할 수 있다.

thenApply() 메서드뿐만 아니라 CompletableFuture는 thenCompose() 메서드도 제공한다. 일부 개발자는 두 메서드의 차이점을 혼동할 수 있으므로 잠시 설명하겠다.

thenApply()는 T -> U로 매핑하는 Function을 인수로 받는다. 이 함수는 원래의 퓨처가 완료된 후 해당 CompletableFuture가 실행 중인 스레드에 동기적으로 적용된다.

반면, `thenCompose()`는 `T -> CompletableFuture<U>`로 매핑하는 함수를 받는다(실제 반환 유형은 `CompletableFuture<U>`가 아닌 `CompletionStage<U>`이지만, 자세한 설명은 여기서는 생략하겠다). 이것은 사실상 비동기 함수다(다른 스레드에서 실행될 수도 있다). 구체적인 예를 살펴보자.

```
Function<Long, CompletableFuture<Long>> f = l ->
  CompletableFuture.supplyAsync(() -> {
      System.out.println("Applying on thread: " +
                         Thread.currentThread().getName());
      return l * 2;
  });
```

이 함수를 `thenApply()`에 전달할 수는 있지만, 결과는 `CompletableFuture<CompletableFuture<Long>>`가 될 것이다. 대신, `thenCompose()`는 결과를 다시 `CompletableFuture<Long>`으로 펼친다. 이는 자바 스트림 API의 `flatMap()` 메서드가 동작하는 방식과 유사하다. `flatMap()` 메서드는 `Stream<T>`를 반환하는 함수를 스트림 객체에 적용하지만, `Stream<Stream<T>>`을 반환하는 대신 별도의 스트림을 펼치고flatten[2] 하나의 스트림으로 결합한다.

`CompletableFuture`는 `join()`도 지원하는데, 본질적으로 스레드 조인과 비슷하게 작동하지만 값을 반환한다. 또한 퓨처 중 하나(또는 둘 다)가 완료된 후에 실행되도록 하는 코드를 사용해서 퓨처를 '함께 결합'할 수도 있다. 다음은 그 예다.

```
var n = 1000;
var future = CompletableFuture.supplyAsync(() -> {
    System.out.println("Starting up: "+ Thread.currentThread().getName());
    return NumberService.findPrime(n);
});

var future2 = CompletableFuture.supplyAsync(() -> {
    System.out.println("Starting up: "+ Thread.currentThread().getName());
    return NumberService.findPrime(n);
});

Runnable dontKnow = () -> System.out.println("One of the futures finished");
future.runAfterEither(future2, dontKnow);
```

---

2   옮긴이 여러 레벨의 중첩된 구조를 단일 레벨로 펼치는 것을 의미한다. 다른 말로는 '평평하게 만든다' 또는 '단일 수준으로 펼친다' 라고 생각할 수 있다.

이제 이전 장에서 함수형 프로그래밍에 대해 논의한 내용을 여기서의 개념과 결합해보자.

`CompletableFuture`의 결과에 적용하려는 함수가 순수하고 입력값 외에는 어떤 값에도 의존하지 않는다면, 퓨처에 함수를 적용하는 작업은 결과에 함수를 적용하는 것과 동일하다. 다시 말해, 값을 담는 컨테이너 타입으로 퓨처를 생각하면 컨테이너는 값이 도착한 후 값에 적용되는 함수에 대해 '투명'하다.

특히 참조 투명성의 두 가지 주요 이점(예: 순수 함수 사용)은 다음과 같다.

- 메모이제이션memoization
- 이동성transportability

첫 번째는 순수 함수 호출을 이미 계산된 값으로 대체할 수 있다는 것인데, 이미 답이 무엇인지 알고 있기 때문에 동일한 인수를 사용해서 함수 호출을 다시 실행할 필요가 없다는 뜻이다. 둘째, 물론 순수 함수를 계산하는 경우에는 어떤 스레드에서 수행되는지는 중요하지 않으므로 함수를 동기 또는 비동기로 적용했는지의 여부는 결과에 영향을 미치지 않는다.

[NOTE] 앞서 설명한 것처럼 자바는 상당히 순수하지 않은 언어이므로 프로그래머가 전체적으로 순수한 함수와 불변 데이터를 주의해서 사용하는 경우에만 이러한 많은 이점이 있다.

동시적인 함수형 프로그래밍을 논할 때, Streams API의 병렬 스트림에 대해서 잘못 이해하는 개발자들이 많다는 점과 관련해 이야기해보겠다.

16.2.2 병렬 스트림

5장에서는 데이터의 병렬 처리와 관련된 동시성에 대한 핵심 결과 중 하나인 암달의 법칙을 소개했다. 이 법칙은 매우 유사하고 모두 거의 동일한 방식으로 처리해야 하는 대량의 데이터가 있을 때 자주 사용하는 동시성 접근 방식이다. 일반적으로 데이터 병렬 처리 접근 방식은 다음 조건에 모두 해당되는 경우에 유용하다.

- 동일한(또는 매우 유사한) 방식으로 처리해야 할 데이터가 많은 경우
- 순서는 중요하지 않다.
- 항목이 서로 독립적이다.
- 특정 처리 단계가 병목 현상인 경우

병렬 스트림parallel stream은 데이터 병렬 처리의 한 유형으로, 자바 8에 포함됐을 때 많은 자바 개발자들이 매우 흥미로워했다. 그러나 곧 살펴보겠지만, 현실은 처음의 기대와는 다소 다르게 나타났다. 다음에 표시된 API는 매우 간단해보인다.

```
// stream()을 parallelStream()으로 바꾸기만 하면 된다.
List<String> origins = musicians
    .parallelStream()
    .filter(artist -> artist.getName().startsWith("The"))
    .map(artist -> artist.getNationality())
    .collect(toList());
```

내부적으로 작업은 F/J 프레임워크를 사용하여 배포되며 work-stealing 알고리즘을 사용해서 여러 계산을 여러 코어로 분산한다. 다음 내용은 너무 좋아 보인다.

- 작업은 프레임워크가 관리한다.
- API는 명시적이지만 방해되지 않게 설계됐다.
- 데이터에 의해 분산된다.
- parallelStream()은 프로그래머가 순차적이나 병렬로 전환할 수 있게 한다.
- 속도 향상은 덤이다.

사실, 이것은 너무 좋아 보이지만 실제로는 그렇지 않다. 첫 번째로 가장 명백한 문제는 암달의 법칙이다. 순차적인 작업을 병렬로 실행할 수 있는 여러 청크로 분할하려면 작업, 즉 계산 시간이 필요하다. 더 많은 준비와 통신 오버헤드가 있는 경우, 복수의 프로세서가 제공하는 이점이 줄어든다. 이것이 암달의 법칙의 본질이다.

선형 운용 비용 대비 분할의 상대적인 비용을 쉽고 신뢰성 있게 추정할 일반적인 방법이 없다. 프레임워크는 병렬성이 실제로 가치 있는지를 결정하는 데 필요한 인지적 비용을 개발자에게 전가한다. 이미 '자동 병렬화'가 약속된 땅이 아닌 것처럼 들린다. 오히려 최종 사용자는 병렬 처리와 관련된 많은 복잡한 세부 사항을 사용자가 명확하게 알고 있어야 한다.

한 가지 예를 들자면, 분할 및 재결합 작업은 JVM 내의 스레드 풀에서 이뤄져야 한다. JVM이 생성하는 스레드가 많을수록 CPU 시간을 두고 더 많은 경쟁을 벌이게 된다. 스트림 API는 현재 프로세스 내에 병렬 스트림의 다른 인스턴스가 몇 개나 존재하는지 사전에 알지 못한다. 따라서 다음과 같이 똑같이 좋지 않은 두 가지 전략이 가능하다.

- 병렬 스트림 호출마다 새로운 전용 스레드 풀을 생성한다.
- 스레드 풀의 단일 인스턴스(가상머신 내부에서만 사용 가능)를 만들고 모든 병렬 스트림 호출에 사용한다.

첫 번째 옵션은 잠재적으로 스레드가 무제한으로 생성돼 궁극적으로 JVM을 고갈시키거나 충돌을 일으킬 수 있다. 이러한 이유로 자바 8에서는 병렬 스트림의 기반이 되는 단일 공유 스레드 풀, `ForkJoinPool.commonPool()`이 있다. 이 선택은 잠재적으로 공유 리소스에 대한 경합으로 이어진다(7장에서 살펴본 바와 같이 많은 성능 문제의 실제 원인이다).

해결 방법이 있다. 다음과 같이 병렬 스트림을 `ForkJoinPool`에서 태스크로 실행하면 공통 풀을 사용하지 않고 해당 풀에서 실행된다.

```
// 사용자 정의 풀을 사용
var forkJoinPool = new ForkJoinPool(4);
List<String> origins2 = forkJoinPool.submit(() -> musicians
    .parallelStream()
    .filter(artist -> artist.getName().startsWith("The"))
    .map(artist -> artist.getNationality())
    .collect(toList())).get();
forkJoinPool.shutdown();
```

명시적으로 종료해야 하며, 그렇지 않으면 새 작업을 기다리며 메모리에 남아 메모리와 스레드를 누수시킬 수 있다는 점에 유의하자.

일반적으로 병렬 스트림에 대한 가장 좋은 조언은 병렬 처리를 맹목적으로 적용하지 않는 것이다. 대신 실제로 사용할 곳이 있는지를 보여줘야 한다. 항상 그렇듯이, 병렬 스트림이 도움이 될지를 확인하기 전에 먼저 스트림 작업이 실제로 병목 현상을 일으키는지 측정하고 보여줌으로써 이 작업을 수행한다.

안타깝게도 병렬 스트림이 도움이 될 것으로 예상되는 일반적인 문제 유형은 없다. 각 예상 사례는 첫 번째 원칙부터 검토하고 테스트해야 한다. 그래야만 스트림에 병렬 처리를 적용하고 가치 있는 개선을 달성할 수 있다는 것을 데이터로 증명할 수 있다.

16.3 코틀린 코루틴에 한 발 더 들어가기

9장에서 소개한 바와 같이 코틀린은 스레드 모델에 대한 대안으로 코루틴을 통한 동시성을 제공한다. 코루틴은 전체 운영체제 스레드의 리소스 비용이 없는 '경량 스레드'로 생각할 수 있다. 이는 자바의 F/J와 어느 정도 유사하다. 코틀린은 어떻게 이런 대체 실행 수단을 제공할까? 표면 아래에서 무슨 일이 일어나고 있는지 더 깊이 이해할 필요가 있다.

16.3.1 코루틴의 작동 방식

9장에서 살펴본 내용을 다음과 같이 수정한 예제에서 시작해보겠다.

```
package com.wgjd

import kotlinx.coroutines.GlobalScope
import kotlinx.coroutines.delay
import kotlinx.coroutines.launch

fun main() {
  GlobalScope.launch {
    delay(1000)
    sus()
  }

  Thread.sleep(2000)
}

suspend fun sus() {
  println("Totally sus...")
}
```

여기서는 `GlobalScope.launch`를 사용하여 새로운 코루틴을 시작한다. 스코프는 코루틴이 어떻게 실행돼야 하는지 나타내는 데 사용되며, 다음 절에서 자세히 살펴볼 것이다.

여기서 생성한 코루틴은 `delay` 함수를 사용해서 1초 동안 대기한 다음, 함수 `sus`를 호출한다. 마지막으로 전체 프로그램이 종료되기 전에 코루틴이 완료되는 데 충분한 시간을 확보하기 위해 2초 동안 `Thread.sleep`을 사용한다.

코루틴이 스레드와 다른 점 중 하나는 특정 지점에서 실행을 일시 중지할 수 있다는 점이다. 코루틴이 일시 중지할 수 있는 위치를 어떻게 알 수 있을까? 이는 `sus` 함수(및 라이브러리에서 제공하는

delay 함수)에 넣은 suspend 키워드를 통해 알 수 있다. suspend 함수는 코틀린이 실행 단위로 취급하는 코드 블록을 표시한다.

suspend 함수가 코루틴에서 일시 중지할 수 있는 코드 덩어리를 표시하므로 코루틴의 실행을 관리하기 위한 **상태 머신**state machine을 생성할 수 있다. 이 상태 머신을 통한 진행은 생성된 코드에 의해 추적되며, suspend로 정의된 블록이 해당 머신의 단계를 제공한다.

코루틴을 다음과 같이 상태 머신으로 변환해보겠다.

```
GlobalScope.launch {
  delay(1000)
  sus()
}
```

코루틴의 단계는 다음과 같으며 그림 16.4에 설명돼 있다.

- launch를 호출해서 새로운 코루틴 인스턴스를 생성한다.
- delay를 실행한다.
- 코틀린에 제어가 반환되고 요청한 1초를 기다린다.
- delay 후 다시 시작하고 sus를 통해 실행한다.
- 이번에는 일시 중단이 필요하지 않고 코틀린에 제어를 반환한다.
- sus 후 다시 시작하고 코루틴을 완료한다.

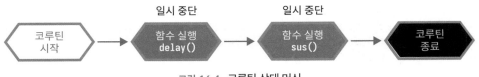

그림 16.4 **코루틴 상태 머신**

이렇게 단계를 세분화하면 코루틴을 '협력적 멀티태스킹'이라고 설명하는 이유가 명확해진다. suspend 함수 호출 사이의 코드는 동기적으로 실행되며, suspend 지점만이 일시 중지하고 다른 코루틴 단계를 실행할 수 있는 유일한 기회를 제공한다. delay와 sus 사이에 무한 루프가 있다고 상상해보자. 이 루프는 실행 중인 스레드를 영원히 차단한다.

이 상태 머신은 단순한 아이디어뿐만 아니라 코틀린이 직접 생성하는 코드다. 생성된 코드를 살펴보자. 이전 함수의 출력을 살펴보고 어떻게 변환되는지 살펴보겠다(주의: 한정된 지면과 명확성을 위해 일부 세부 정보는 제외됐다).

기본 앱의 컴파일 결과에는 예상보다 많은 클래스 파일이 있다. 예를 들어 그래들의 빌드 디렉터리에 있는 결과 출력은 다음과 같다.

```
build
└── classes
    └── kotlin
        └── main
            └── com
                └── wgjd
                    ├── MainKt$main$1.class
                    └── MainKt.class
```

9장에서 `MainKt.class`를 만났다. JVM은 기본적으로 free-floating 함수를 지원하지 않기 때문에 모든 메서드 코드를 어떤 클래스에든 배치해야 한다. 이를 위해 코틀린은 최상위 함수를 위한 보관 클래스를 생성한다.

또한 `MainKt$main$1.class`라는 새로운 클래스가 있다. 이 클래스 파일을 해석하면 코틀린이 최상위 함수와 마찬가지로 코루틴에 대한 '비밀' 클래스를 만들어서 유사한 작업을 수행했음을 알 수 있다. 이 생성된 클래스는 코루틴의 단일 실행을 나타낸다. 다음 코드에서 볼 수 있듯이, 이 생성된 클래스는 우리가 작성한 코드와 코루틴으로 실행하는 데 필요한 코드를 혼합한 것이다.

```
final class com.wgjd.MainKt$main$1
    extends kotlin.coroutines.jvm.internal.SuspendLambda     ← 생성된 클래스는 코틀린의
    implements kotlin.jvm.functions.Function2<                  SuspendLambda에서
        kotlinx.coroutines.CoroutineScope,                      기능을 가져온다.
        kotlin.coroutines.Continuation<? super kotlin.Unit>,  ← 생성된 클래스는 호출 코드가
        java.lang.Object> {                                      코루틴을 호출하는 데 사용할
                                                                특정 인터페이스를 구현한다.
```

`MainKt.class`에서 생성된 `main` 함수의 코드를 확인하면 코틀린이 코루틴의 인스턴스를 생성한 다음 호출하는 것을 볼 수 있다.

```
Compiled from "Main.kt"
public final class com.wgjd.MainKt {
```

```
public static final void main();
   Code:
      0: getstatic      #41  // 필드
                             // kotlinx/coroutines/GlobalScope.INSTANCE:
                             // Lkotlinx/coroutines/GlobalScope;
      3: checkcast      #43  // class kotlinx/coroutines/CoroutineScope
      6: aconst_null
      7: aconst_null
      8: new            #45  // class com/wgjd/
                             // MainKt$main$1
     11: dup
     12: aconst_null
     13: invokespecial  #49  // Method com/wgjd/MainKt$main$1."<init>":
                             // (Lkotlin/coroutines/Continuation;)V
     16: checkcast      #51  // class kotlin/jvm/functions/Function2
     19: iconst_3
     20: aconst_null
     21: invokestatic   #57  // Method kotlinx/coroutines/
                             // BuildersKt.launch$
                             // default:(Lkotlinx/coroutines/CoroutineScope;
                             // Lkotlin/coroutines/CoroutineContext;
                             // Lkotlinx/coroutines/CoroutineStart;
                             // Lkotlin/jvm/functions/Function2;
                             // ILjava/lang/Object;)Lkotlinx/coroutines/Job;
     24: pop
     25: ldc2_w         #58  // long 20001
     28: invokestatic   #65  // Method java/lang/Thread.sleep:(J)V
     31: return
```

코루틴을 시작하는 데 사용할 GlobalScope 인스턴스를 가져온다.

작성된 코루틴 클래스의 새로운 인스턴스를 생성하고 초기화한다.

launch 메서드를 호출해서 스코프와 코루틴 인스턴스를 제공한다. 특히 코루틴 인스턴스는 Function2 매개변수로 전달된다.

launch 메서드 내의 코드는 생성된 코루틴 인스턴스에서 메서드를 호출해서 상태 머신을 실행한다. 이제 그 상태 머신을 구현하는 바이트코드를 살펴보겠다. 먼저, 코루틴 인스턴스에는 두 개의 별도 필드가 있다. 이 필드들은 코루틴 스코프와 상태 머신 내에서 현재 위치를 추적한다.

```
final class com.wgjd.MainKt$main$1
   extends kotlin.coroutines.jvm.internal.SuspendLambda
   implements kotlin.jvm.functions.Function2<
      kotlinx.coroutines.CoroutineScope,
      kotlin.coroutines.Continuation<? super kotlin.Unit>,
      java.lang.Object> {

java.lang.Object L$0;

int label;
```

현재 실행을 위한 CoroutineScope

현재 상태 머신의 단계를 나타내는 int값

상태 머신이 실행될 때, 핵심 부분은 이런 필드를 기반으로 다음 단계를 결정하는 메서드다. 코틀린은 바로 이러한 목적으로 invokeSuspend라는 메서드를 생성한다. invokeSuspend는 우리의 코드와 진행 상황을 추적하는 상태 머신의 혼합 형태가 된다. 코루틴의 수명 동안 코틀린은 코루틴이 다음 실행 단계를 위해 준비가 될 때마다 invokeSuspend를 반복적으로 호출할 것이다.

다음 코드는 invokeSuspend의 시작 부분과 상태 머신의 첫 번째 단계를 보여준다(코루틴 시작부터 delay를 호출할 때까지의 단계).

```
public final java.lang.Object invokeSuspend(java.lang.Object);
    Code:
        0: invokestatic    #36    // Method kotlin/coroutines/intrinsics/
                                   // IntrinsicsKt.getCOROUTINE_SUSPENDED:
                                   // ()Ljava/lang/Object;
        3: astore_3
        4: aload_0
        5: getfield         #40    // 필드 label:I           ◀── 상태 머신에서
        8: tableswitch      {      // 0 to 2                    다음 단계를 결정한다.
                        0: 36
                        1: 69
                        2: 104
                  default: 122
           }                              첫 번째 단계의
       36: aload_1          ◀──           시작(delay 호출까지)
       37: invokestatic    #46    // Method kotlin/ResultKt.throwOnFailure:
                                   // (Ljava/lang/Object;)V
       40: aload_0
       41: getfield         #48    // 필드 p$:Lkotlinx/coroutines/CoroutineScope;
       44: astore_2
       45: ldc2_w           #49    // long 1000l
       48: aload_0
       49: aload_0
       50: aload_2
       51: putfield         #52    // 필드 L$0:Ljava/lang/Object;
       54: aload_0
       55: iconst_1
       56: putfield         #40    // 필드 label:I
       59: invokestatic    #58    // Method kotlinx/coroutines/DelayKt.delay:
                                   // (JLkotlin/coroutines/Continuation;)
                                   // Ljava/lang/Object;
       62: dup
       63: aload_3
       64: if_acmpne        82
       67: aload_3
       68: areturn
```

```
                               두 번째 단계의 시작(sus 호출까지),
                               이 단계는 invokeSuspend가 다시
                               호출될 때 발생한다.
    69: aload_0  ◄
    70: getfield          #52  // 필드 L$0:Ljava/lang/Object;
    73: checkcast         #60  // class kotlinx/coroutines/CoroutineScope

    // 길이 때문에 추가적인 단계들은 제외한다.
    // 전체 목록을 보려면 이 책의 리소스를 참고하자.
```

현재 코루틴에 대한 정보를 수집한 후, 바이트 5는 `label` 필드에서 다음에 실행할 단계를 로드한다. 그다음 바이트 8에서 이전에 본 적이 없는 명령 코드 `tableswitch`를 사용한다. 이 명령 코드는 스택의 값을 살펴보고 정의된 값에 따라 점프한다. 이번이 `invokeSuspend`를 처음 사용하는 경우이므로 레이블의 값은 0이며, 36바이트로 이동한다. 거기서부터 순차적으로 실행한다. 바이트 55와 56에서 상태 레이블을 1로 업데이트하고 다음 단계로 진행한다. 바이트 59에서 `delay`를 호출한 다음 바이트 68, `invokeSuspend`에서 `areturn`을 수행한다.

이 시점에서 코루틴의 다음 단계를 실행할 시기를 결정하고 코루틴의 코드에 제어권을 부여한다. 적절한 시기가 됐다고 판단되면 동일한 코루틴 인스턴스에서 `invokeSuspend`를 호출한다. 상태 `label`은 1로 설정되고, 두 번째 단계의 코드를 실행하기 위해 `delay` 이후, `sus` 호출 이전으로 점프한다.

코루틴을 일상적으로 사용하기 위해 바이트코드 수준까지 내려갈 필요는 없지만, 메커니즘을 이해하는 것은 중요하다. 또한 기본기가 탄탄한 개발자라면 어떤 기능이 너무 마법처럼 보인다고 해서 만족해서는 안 된다. 결국 모든 것은 한 번에 하나의 명령어를 실행하는 코드일 뿐이며, 우리는 도구를 통해 이를 이해할 수 있다.

이번 연습에서는 15.3.7절에서 코틀린 시퀀스를 정의할 때 사용되는 `yield` 함수가 어떻게 동작하는지와 관련한 몇 가지 질문에 대한 답을 얻을 수도 있다. 당시에는 시퀀스를 정의하는 람다가 어떻게 실행을 '일시 중지'할 수 있는지에 대해 간단히 설명했다. 사실 이것은 `suspend` 함수를 기반으로 생성된 상태 머신과 동일한 메커니즘을 사용한다. `invokeSuspend`를 연속적으로 호출할 때마다 시퀀스의 다음 항목을 가져온다.

16.3.2 코루틴 스코프와 디스패치

코루틴은 표준 운영체제 스레딩 모델과는 다른 추상화를 제공하지만, 실제로는 여전히 코드가 스레드 어딘가에서 실행된다. 코틀린의 코루틴이 작업을 어떻게 분배하고 조정할지는 코루틴 스코프와 **디스패처**dispatcher가 관리한다.

코루틴의 각 단계가 실제로 실행되는 위치를 살펴보기 위해 예제를 수정해보겠다.

```
package com.wgjd

import kotlinx.coroutines.GlobalScope
import kotlinx.coroutines.delay
import kotlinx.coroutines.launch

fun main() {
  GlobalScope.launch {
    println("On thread ${Thread.currentThread().name}")
    delay(500)

    println("On thread ${Thread.currentThread().name}")
    delay(500)

    println("On thread ${Thread.currentThread().name}")
  }

  Thread.sleep(2000)
}
```

결과는 결정적이지는 않지만 다음과 같이 표시된다.

```
On thread DefaultDispatcher-worker-1
On thread DefaultDispatcher-worker-2
On thread DefaultDispatcher-worker-1
```

스레드 이름은 두 가지 흥미로운 정보를 제공한다. 디스패처(DefaultDispatcher)에 대한 이름과 사용 가능한 풀에서 어떤 스레드를 사용하고 있는지를 나타내는 번호다. 특정 스코프(이 경우에는 전체 애플리케이션 수명 동안 지속되는 GlobalScope)를 요청할 때, 우리는 작업이 실제로 어떻게 예약될지를 결정하는 디스패처를 선택할 수 있다.

작업 디스패치가 발생하는 방식을 더 강력하게 제어하고 싶다고 가정해보자. GlobalScope를 사용하는 대신 다음 그림과 같이 별도의 CoroutineScope 인스턴스를 만들 수 있다. 일반적으로 스코프는 시스템 내의 고유한 수명을 가진 다른 객체와 연관된다. 사용자 정의 스코프는 생성 시에 콘텍스트가 필요하며, 표준 함수 팩토리 메서드는 주로 디스패칭이 어떻게 구성됐는지에 따라 식별된다.

```
val context: CoroutineContext = newFixedThreadPoolContext(3, "New-Pool")

CoroutineScope(context).launch {
  println("On thread ${Thread.currentThread().name}")
  delay(500)

  println("On thread ${Thread.currentThread().name}")
  delay(500)

  println("On thread ${Thread.currentThread().name}")
}
```

다음 출력은 우리가 이전에 보았던 것과는 완전히 다른 스레드 세트에서 실행되고 있음을 보여
준다.

```
On thread New-Pool-1
On thread New-Pool-2
On thread New-Pool-1
```

NOTE newFixedThreadPoolContext와 기타 관련 함수는 더 이상 사용되지 않는 것으로 표시돼 있지만, 이 글을
작성하는 현재에는 사용할 만한 대체 함수가 없으므로 주의할 필요가 있다. 최신 정보는 코틀린 코루틴 설명서(https://
kotlin.github.io/kotlinx.coroutines)를 참조하자.

콘텍스트 클래스는 코루틴을 위한 디스패처 이상의 기능을 제공한다. 제공 가능한 추가적인 정보
의 예로는 코루틴의 이름(특히 많은 코루틴이 디스패처를 공유하는 경우 IDE에서 디버깅 환경을 개선할
수 있다)과 일반화된 오류 처리기가 있다. 각 요소는 다음과 같이 plus 함수를 사용하여 기존의 콘
텍스트 객체에 추가된다.

```
val context: CoroutineContext = newFixedThreadPoolContext(3, "New-Pool")
  .plus(CoroutineExceptionHandler { _, thrown ->
    println(thrown.message + "!!!!") })
  .plus(CoroutineName("Our Coroutine"))

CoroutineScope(context).launch {
  throw RuntimeException("Failed")
}
```

예외가 발생하면 코루틴이 자동으로 취소되는 것과 함께 CoroutineExceptionHandler가 실행돼
"Failed!!!!"를 출력한다. 프로덕션 애플리케이션에 대한 더 철저한 오류 처리 전략을 고려하는

것이 좋을 수 있지만, 코루틴은 필요한 후크를 제공하여 오류 처리에 대한 필수 도구를 제공한다. 이를 통해 예외 상황에 대한 효과적인 처리와 복구를 수행할 수 있다.

여러 단계를 병렬로 실행하고, 그다음에 해당 단계에서의 결과를 필요로 하는 것은 흔한 상황이다. 코루틴 내에서는 이런 작업을 지원하기 위해 `async` 함수를 사용할 수 있다. 이 함수는 `Deferred<T>`를 반환하는데, 이것은 사실상 대기와 값의 조회를 허용하는 코루틴 `Job`이다.

다음 예시에서는 이러한 기능을 보여준다.

```
GlobalScope.launch {
    val result: Deferred<Int> = async {
      10;
    }

    println("Got ${result.await()}")    ◀── 당연히 Got 10을 출력한다.
}
```

9.5절에서 기본적으로 코루틴은 다음과 같이 오류 발생 시 전체 코루틴 계층구조를 취소한다는 것을 살펴보았다.

```
val failed = GlobalScope.launch {
  launch { throw RuntimeException("Failing...") }
}

Thread.sleep(2000)    ◀── 실행을 완료할 시간을 준다.

println("Cancelled ${failed.isCancelled}")    ◀── Cancelled true 출력
```

필요한 경우에 이 동작은 매우 강력하다. 그러나 항상 바람직한 것은 아니다. 일부 하위 코루틴이 안전하게 실패할 수 있는 경우, 다음과 같이 `supervisorScope`로 래핑할 수 있다. 이것은 일반적인 코루틴 래퍼처럼 동작하지만 취소를 상위로 전파하지 않는다.

```
val supervised = GlobalScope.launch {
  supervisorScope {
    launch { throw RuntimeException("Failing...") }
  }
}
```

```
Thread.sleep(2000)  ◄──── 다시 실행이 완료될
                          시간이 필요하다.

println("Cancelled ${supervised.isCancelled}")  ◄────
```

다시 실행이 완료될 시간이 필요하다.

Cancelled false를 출력하며, 슈퍼바이저가 하위 코루틴이 실패해도 상위 코루틴을 취소하지 않았음을 나타낸다.

코루틴은 동시 실행을 처리하는 방법에 대한 여러 가지 옵션을 제공한다. 그러나 이것이 유일한 대안을 제공하는 것은 아니다. 이제 클로저가 어떤 것을 제공하는지 살펴보겠다.

16.4 클로저 동시성

자바의 상태 모델은 기본적으로 가변 객체의 개념을 기반으로 한다. 5장에서 보았듯이, 이것은 동시성 코드에서 안전성 문제로 직결된다. 객체 상태를 변경하는 동안 다른 스레드가 중간(또는 일관되지 않은) 객체 상태를 보지 못하도록 방지하기 위해 복잡한 잠금 전략을 도입해야 한다. 이러한 전략은 고안하기 어렵고, 디버그하기 어려우며, 테스트하기는 더 어렵다.

클로저는 다른 관점을 가지고 있으며, 동시성에 대한 추상화는 일부 측면에서 자바만큼 수준이 낮지 않다. 예를 들어 개발자가 전혀 제어할 수 없는 클로저 런타임으로 관리하는 스레드 풀을 사용하는 것이 이상해 보일 수 있다. 하지만 플랫폼(이 경우 클로저 런타임)이 관용적인 작업을 대신 수행하도록 함으로써, 전반적인 설계처럼 훨씬 더 중요한 작업에 집중할 수 있게 한다.

전반적으로 클로저를 이끄는 철학은 스레드를 서로 분리하는 것이며, 이것은 기본적으로 언어가 동시 타입의 안전성을 갖추는 데 큰 도움이 된다. '무엇도 공유할 필요가 없다'라는 기준을 가정하고 불변값을 가짐으로써 클로저는 자바의 많은 문제를 회피하고, 동시성 프로그래밍을 위해 상태를 안전하게 공유하는 방법에 집중할 수 있다.

[NOTE] 안전성을 증진하기 위해 클로저 런타임은 스레드 간의 조율을 위한 메커니즘을 제공하고, 이러한 메커니즘을 사용하는 것을 권장한다. 자바 관용구를 사용하거나 고유의 동시성 구조를 만들려고 시도하기보다는 이런 메커니즘을 사용하는 것이 좋다.

이제 이런 빌딩 블록 중 첫 번째를 살펴보겠다. 바로 영구 데이터 구조다.

16.4.1 영구 데이터 구조

영구 데이터 구조persistent data structure는 수정 시 이전 버전을 보존하는 데이터 구조다. 결과적으로 이러한 데이터 구조는 스레드에 안전하며, 기존 리더reader들이 볼 때 구조를 변경하지 않고 항상

새로 업데이트된 객체를 생성하기 때문이다.

모든 클로저 컬렉션은 영구적이며 **구조적 공유**structural sharing를 사용해서 수정된 복사본을 효율적으로 생성할 수 있다. 컬렉션은 본질적으로 스레드에 안전하고 효율적이도록 설계됐다.

중요한 점은 클로저의 영구 컬렉션은 요소의 인위적인 변경이나 삭제를 허용하지 않는다는 것이다. 이러한 컬렉션은 자바 Collections 인터페이스(예: `List` 또는 `Map`)의 해당 메서드들을 호출하면 `UnsupportedOperationException`을 throw한다. 대신 리스프 전통에 따라 영구 컬렉션은 `(cons)`와 `(conj)` 같은 연산을 통해 수행할 것으로 기대한다.

모든 컬렉션은 다음과 같은 기본 메서드를 지원한다.

- `count`: 컬렉션의 크기를 가져온다.
- `cons`와 `conj`: 컬렉션에 추가한다.
- `seq`: 컬렉션을 순회할 수 있는 시퀀스를 가져온다.

따라서 모든 시퀀스 함수는 `seq`의 지원을 통해 모든 컬렉션과 함께 사용할 수 있다. 예를 들어 클로저의 `PersistentVector`는 `(cons)`를 사용해 반복적으로 새로운 요소를 추가해서 구축한다. 이를 보여주기 위해 자바 코드로 시작하는 예제를 살펴보겠다.

```
var aList = new ArrayList<PersistentVector>();
var vector = PersistentVector.EMPTY;
for (int i=0; i < 32; i = i + 1) {
    vector = vector.cons(i);
    aList.add(vector);
}
System.out.println(aList);
```

코드를 실행하면 다음과 같이 출력된다.

```
[[0], [0 1], [0 1 2], [0 1 2 3],

...

[0 1 2 3 4 5 6 7 8 9 10 11 12 13 14 15 16 17 18 19 20 21 22 23 24 25 26 27
 28 29 30 31]]
```

이것은 영구적인 벡터의 이전 버전을 유지하는 것이 가능하다는 것을 보여준다. 또한 이것은 벡터를 스레드 간에 전달하고 각 스레드가 다른 스레드에 영향을 미치지 않고 수정할 수 있음을 의미한다.

이 데이터 구조가 어떻게 구현되는지 간략히 살펴보자. 다른 언어의 배열 기반 데이터 구조(예: 벡터)는 일반적으로 연속적인 메모리 청크를 기반으로 구현된다. 이 구현은 조회와 같은 인덱스 기반 작업을 빠르게 수행할 수 있지만 (원본을 유지하면서) 벡터의 변경된 사본을 만드는 것과 같은 작업에는 전체 백업 배열을 복사해야 한다.

클로저의 `PersistentVector`는 매우 다르다. 대신, 클로저는 벡터의 요소를 32개 요소로 구성된 청크로 저장한다. 일반적으로 요소가 추가되면 32개의 요소 중 현재 꼬리 부분만 복사하면 된다. 벡터에 32개 이상의 요소가 추가되면 32개 요소의 배열을 포함하는 **노드**node라는 구조가 생성되며, 이 노드는 32개 요소로 된 전체 배열을 가진 노드에 대한 참조다.

NOTE `PersistentVector`는 클로저의 핵심 개념 중 하나이며, 기본적인 클로저 언어 런타임의 구동 절차에 필요하기 때문에 실제로 클로저가 아닌 자바로 구현됐다.

클래스 정의는 다음과 같다(명확성을 위해 약간 단순화했다).

```java
public class PersistentVector extends APersistentVector
                              implements IObj, ... {

    // ...

    public final PersistentVector.Node root;
    public final Object[] tail;
    private final int cnt;

    // ...

    public static final PersistentVector EMPTY;
    public static final PersistentVector.Node EMPTY_NODE;

    // ...
}
```

내부 클래스 `PersistentVector.Node`는 다음과 같이 정의돼 있다.

```java
public static class Node implements Serializable {
        public final transient AtomicReference<Thread> edit;
```

```
        public final Object[] array;

        public Node(AtomicReference<Thread> edit, Object[] array) {
            this.edit = edit;
            this.array = array;
        }

        Node(AtomicReference<Thread> edit) {
            this.edit = edit;
            this.array = new Object[32];
        }
    }
```

주목할 점은 배열 필드인 `array`가 그냥 `Object[]`이다. 이것은 클로저의 동적 타입 특성으로, 여기
에는 제네릭이 없다.

또한 클로저는 핵심 부분에서 자주 `public final` 필드를 사용하며, 접근자 메서드를 항상 정의하
지는 않는다. 따라서 데이터 구조 내부를 들여다보고 노드가 어떻게 작동하는지 확인할 수 있다.
예를 들어 다음을 보자.

```
var vector = PersistentVector.EMPTY;
for (int i = 0; i < 32; i = i + 1) {
    vector = vector.cons(i);
}
System.out.println(Arrays.toString(vector.tail));
System.out.println(Arrays.toString(vector.root.array));
System.out.println("----------------");
for (int i=32; i < 64; i = i + 1) {
    vector = vector.cons(i);
}
System.out.println(Arrays.toString(vector.tail));
System.out.println(Arrays.toString(vector.root.array));
var earlier = (PersistentVector.Node)(vector.root.array[0]);
System.out.println("Earlier: "+ Arrays.toString(earlier.array));
```

앞의 코드는 다음과 같은 출력을 생성한다.

```
[0, 1, 2, 3, ... 31]
[null, null, null, null, ... null]
----------------
[32, 33, 34, 35,  ... 63]
```

```
[clojure.lang.PersistentVector$Node@783e6358, null, null, null, ... null]
Full Tail: [0, 1, 2, 3, ... 31]
```

64개의 요소가 추가된 후에, `tail`은 `[32, ... 63]`이며 `root.array`에는 `[0, ... 31]`을 요소로 가지는 단일 `PersistentVector.Node`가 있다. 간단히 말해, 0에서 32개의 요소까지의 벡터는 그림 16.5와 같다.

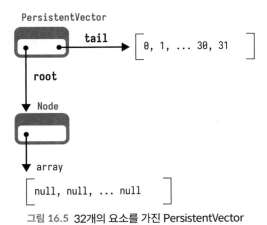

그림 16.5 32개의 요소를 가진 PersistentVector

요소 수가 32보다 크고 64보다 작은 경우, 구조는 그림 16.6과 같다.

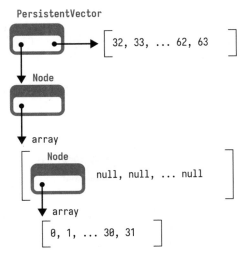

그림 16.6 64개의 요소를 가진 PersistentVector

요소의 수가 64개에서 96개인 경우에는 그림 16.7과 같은 구조가 된다.

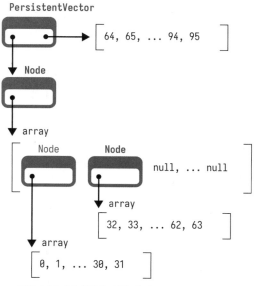

그림 16.7 96개의 요소를 가진 PersistentVector

모든 노드의 배열 슬롯이 가득 차면 어떻게 되는지 궁금할 수 있다. 이는 벡터에 32 + (32 × 32), 즉 1056개의 요소가 포함될 때 발생한다. 여러분은 이 숫자가 1024라고 예상할 수 있지만, 32개의 요소를 포함하는 꼬리도 있으므로 사실상 **오프바이원 효과**off-by-one effect가 발생한다. 그림 16.8에서 `Node` 레벨이 한 단계인 전체 `PersistentVector`를 볼 수 있다.

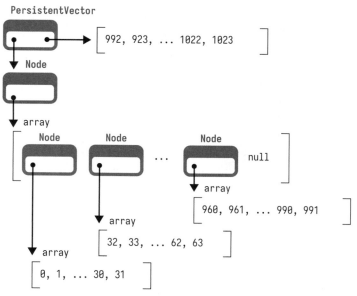

그림 16.8 1056개의 요소를 가진 PersistentVector

요소를 계속 추가하면 그림 16.9와 같이 트리 구조가 한 단계 더 커진다.

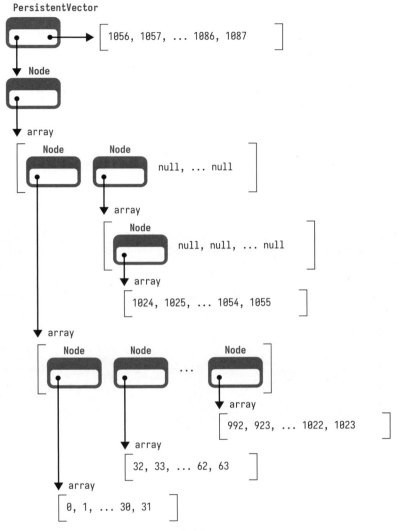

그림 16.9 요소가 많은 PersistentVector

이를 코드에서 확인하려면 다음과 같은 코드를 실행하면 된다.

```
var vector = PersistentVector.EMPTY;
for (int i = 0; i < 1088; i = i + 1) {
    vector = vector.cons(i);
}
System.out.println(Arrays.toString(vector.tail));
System.out.println(Arrays.toString(vector.root.array));
System.out.println();
```

```
var v0 = (PersistentVector.Node) (vector.root.array[0]);
var v1 = (PersistentVector.Node) (vector.root.array[1]);
System.out.println("r.a[0] : " + Arrays.toString(v0.array));
System.out.println("r.a[1] : " + Arrays.toString(v1.array));
System.out.println();

var v0A0 = (PersistentVector.Node)(((PersistentVector.Node)v0).array[0]);
var v0A31 = (PersistentVector.Node)(((PersistentVector.Node)v0).array[31]);
var v1A0 = (PersistentVector.Node)(((PersistentVector.Node)v1).array[0]);
System.out.println("r.a[0].a[0] : " + Arrays.toString(v0A0.array));
System.out.println("r.a[0].a[31] : " + Arrays.toString(v0A31.array));
System.out.println("r.a[1].array[0] : " + Arrays.toString(v1A0.array));
```

앞의 코드는 다음과 같은 출력을 생성한다.

```
[1056, 1057, 1058, 1059, ... 1087]
[clojure.lang.PersistentVector$Node@2344fc66,
clojure.lang.PersistentVector$Node@458ad742, null, null, ... null]

r.a[0] : [clojure.lang.PersistentVector$Node@735f7ae5,
          clojure.lang.PersistentVector$Node@180bc464, ... ,
          clojure.lang.PersistentVector$Node@617c74e5]
r.a[1] : [clojure.lang.PersistentVector$Node@6ea12c19, null, ... , null]

r.a[0].a[0] : [0, 1, ... , 31]
r.a[0].a[31] : [992, 993, ... , 1023]
r.a[1].a[0] : [1024, 1025, ... , 1055]
```

이 예제에서 주목해야 할 점은 `v0`와 `v1`의 배열 필드에 더 이상 정수 요소가 아니라 `Node` 객체가 포함돼 있다는 것이다. 이것은 배열 필드가 `Object[]`로 형식이 지정돼 있어 이런 유형의 동적 타이핑을 허용하기 때문이다.

[NOTE] 계속해서 요소를 추가하면 다중 레벨 구조를 구축하게 되며, 이는 `PersistentVector`가 모든 크기의 벡터를 처리할 수 있게 한다(더 큰 벡터에 대한 추가 비용 증가를 포함한다).

그러나 클로저가 성공적인 동시 언어가 되기 위해 데이터 구조만 필요한 것은 아니다. 예를 들어 동시성 모델과 실행에 대한 개념이 절대적으로 필요하다. 다행히도 closure는 이를 모두 지원한다.

실제 클로저는 `future`와 `pcall`, `ref`, `agent`처럼 여러 가지 동시성 모델을 제공하는 메서드를 사용한다. 각각 하나씩 살펴보겠다.

16.4.2 future와 pcall

먼저 언급할 것은 클로저의 자바에 대한 긴밀한 바인딩을 활용해, 언제든지 새로운 스레드를 시작할 수 있다는 점이다. 자바에서 할 수 있는 모든 작업은 클로저에서도 할 수 있으며, 클로저에서는 자바 동시성 코드를 매우 쉽게 작성할 수 있다.

그러나 자바의 추상화 중 일부는 클로저 내에서 정리된 형태로 제공된다. 예를 들어 클로저는 6장에서 자바에서 접했던 Future 개념에 대해 매우 깔끔한 접근 방식을 제공한다. 다음 코드는 간단한 예를 보여준다.

코드 16.2 클로저에서 Future

```
user=> (def simple-future
  (future (do
          (println "Line 0")
          (Thread/sleep 10000)
          (println "Line 1")
          (Thread/sleep 10000)
          (println "Line 2"))))

#'user/simple-future
Line 0  ◀──── 한 번에 실행이 시작된다.
user=> (future-done? simple-future)
user=> false
Line 1
user=> @simple-future  ◀──── 역참조할 때 블록된다.
Line 2
nil
user=>
```

이 코드에서는 (future)로 퓨처를 설정한다. 만들어지자마자 백그라운드 스레드에서 실행을 시작하기 때문에 클로저 REPL에서 Line 0(그리고 나중에 Line 1)의 출력을 볼 수 있다. 코드는 다른 스레드에서 실행이 시작됐기 때문이다.

이제 코드가 완료됐는지 테스트할 수 있다. (future-done?)을 사용하면 코드 완료 여부를 확인할 수 있다. 이는 자바의 isDone()과 유사한, 블로킹되지 않는 호출이다. 그러나 퓨처를 역참조_{dereference}하려고 시도하면 함수가 완료될 때까지 호출 스레드가 블록된다.

이것은 자바 퓨처에 대한 얇은 closure 래퍼로, 약간 더 깔끔한 구문을 사용한다. 또한 closure는 동시 프로그래머에게 매우 유용한 헬퍼 형식을 제공하는데, 인수가 없는 함수를 여러 개 받아 병렬로 실행하는 간단한 함수 중 하나가 (pcalls)이다.

NOTE (pcalls)은 자바의 도우미 메서드 `ExecutorService.invokeAll()`과 어느 정도 유사하다.

호출은 런타임에서 관리되는 스레드 풀에서 실행되며 결과의 지연된 seq를 반환한다. 아직 완료되지 않은 seq의 어떤 요소에 액세스하려고 하면 액세스하는 스레드가 블록된다.

코드 16.3은 (wait-with-for)라는 하나의 인수를 받는 함수를 설정한다. 이 함수는 10.2.5절에서 소개한 것과 유사한 루프 폼을 사용한다. 여기서 (wait-1), (wait-2) 등의 인수가 없는 함수를 여러 개 생성하고 (pcalls)에 공급할 수 있다.

코드 16.3 클로저에서 병렬 호출

```
user=> (defn wait-with-for [limit]
  (let [counter 1]
    (loop [ctr counter]
      (Thread/sleep 500)
      (println (str "Ctr=" ctr))
    (if (< ctr limit)
      (recur (inc ctr))
    ctr))))
#'user/wait-with-for

user=> (defn wait-1 [] (wait-with-for 1))
#'user/wait-1

user=> (defn wait-2 [] (wait-with-for 2))
#'user/wait-2

user=> (defn wait-3 [] (wait-with-for 3))
#'user/wait-3

user=> (def wait-seq (pcalls wait-1 wait-2 wait-3))
#'user/wait-seq
Ctr=1
Ctr=1
Ctr=1
Ctr=2
Ctr=2
Ctr=3

user=> (first wait-seq)
1
```

```
user=> (first (next wait-seq))
2
```

스레드 `sleep`값이 500ms에 불과하면 대기 함수_{wait function}가 매우 빠르게 완료된다. 시간 제한을 10초로 연장하는 등 시간 제한을 변경해보면 `(pcalls)`가 반환하는 `wait-seq`라는 지연 시퀀스가 설명한 차단 동작을 가지고 있는지 쉽게 확인할 수 있다.

이 간단한 멀티스레드 구조에 대한 접근 방식은 상태를 공유할 필요가 없는 경우에는 괜찮지만, 많은 애플리케이션에서는 서로 다른 처리 스레드가 실행 중에 통신을 해야 하는 경우가 많다. 클로저에는 이를 처리하기 위한 몇 가지 모델이 있다. 그중 하나가 `(ref)` 폼으로 활성화된 공유 상태를 처리하는 방법이다.

16.4.3 소프트웨어 트랜잭션 메모리

상태를 공유하는 가장 첫 번째이자 가장 확실한 방법은 상태를 공유하지 않는 것이다. 실제로 지금까지 사용한 클로저 구성 요소인 `var`는 실제로 공유할 수 없다. 서로 다른 두 개의 스레드가 동일한 이름의 변수를 상속받아 스레드 내에서 리바인딩하면 해당 리바인딩은 해당 개별 스레드 내에서만 볼 수 있으며, 다른 스레드에서는 절대 공유할 수 없다.

이것은 의도적으로 그렇게 설계됐으며, 클로저는 스레드 간에 상태를 공유하는 다른 방법인 `ref`를 제공한다. 이 개념은 여러 스레드에서 확인해야 하는 상태 변경을 런타임에서 제공하는 모델에 의존한다. 이 모델은 사실 값을 나타내는 심볼과 값 사이에 추가로 간접적인 레벨을 도입한다. 즉 심볼은 값에 직접적으로 연결되는 것이 아니라 값에 대한 참조에 바인딩된다.

이 시스템은 본질적으로 트랜잭션이며, 기본값에 대한 변경은 클로저 런타임에 의해 조정된다. 이것은 그림 16.10에 설명돼 있다.

이러한 간접성은 `ref`를 변경하거나 업데이트하기 전에 반드시 트랜잭션 내에 위치해야 함을 의미한다. 트랜잭션이 완료되면 업데이트 중 하나 이상이 모두 적용되거나 전혀 적용되지 않을 것이다. 이것은 데이터베이스의 트랜잭션과 명백한 유사성이 있다.

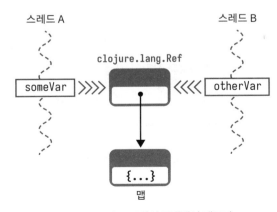

그림 16.10 소프트웨어 트랜잭션 메모리

이 개념은 약간 추상적으로 보일 수 있으므로 이전 예제로 돌아가서 5장과 6장에서 논의한 Account 클래스를 다시 살펴보겠다. 자바에서는 업데이트 손실과 같은 동시성 문제를 피하기 위해 모든 중요한 데이터를 다음과 같이 잠금으로 보호해야 한다.

```
// ...

private final Lock lock = new ReentrantLock();
private int balance;

public boolean withdraw(final int amount) {
    // 생략된 코드 - amount가 0보다 큰지 확인하고, 그렇지 않은 경우 throw

    lock.lock();
    try {
        if (balance >= amount) {
            balance = balance: amount;
            return true;
        }
    } finally {
        lock.unlock();
    }
    return false;
}

// ...
```

클로저에서 이와 유사하게 작성하려면 어떻게 해야 할지 살펴보겠다. 그러나 여기서 개념적인 문제가 나타난다

자바에서는 기본적으로 변경 가능한 상태를 사용하는데, 이전 코드가 바로 이 경우다. withdraw() 메서드는 amount라는 단일 매개변수를 받으면 다음 세 가지 중 하나가 발생한다.

- **amount가 0보다 작거나 같음**: 유효한 인출이 아니므로 IllegalArgumentException이 발생한다.
- **출금 성공**: 잔액이 업데이트되고 true가 반환된다.
- **출금 실패(사용 가능한 금액이 충분하지 않음)**: 잔액이 업데이트되지 않고 false가 반환된다.

유효하지 않은 경우는 제쳐두고 여기서 두 가지 측면, 즉 변경 가능한 상태를 업데이트하고 반환 코드를 통해 작업 성공 여부를 알리는 작업이 별도로 이뤄진다.

함수형 프로그래밍에서는 일반적으로 변경 가능한 상태를 업데이트하는 대신, 업데이트된 상태가 포함된 새로운 값을 반환한다. 하지만 출금이 실패하면 코드 사용자는 잔액이 업데이트됐는지 어떻게 알 수 있을까? 반환 코드를, 한 쌍의 반환 코드나 업데이트된 값으로 변경하는 것을 상상할 수 있지만, 이는 다소 어색하다.

대신, 다음 코드에 나오는 약간 다른 단일 스레드 버전부터 시작하겠다. 여기서의 의미는 `(debit)` 폼은 계좌를 나타내는 맵에서 작동하고, 출금이 성공하면 새로운 맵을 반환하고, 실패하면 예외를 `throw`한다는 것이다.

코드 16.4 클로저의 간단한 계정 모델

```
(defn make-new-acc [account-name opening-balance]
  {:name account-name :bal opening-balance})

(defn debit [account amount]
  (let [balance (:bal account) my-name (:name account)]
    (if (<= amount 0)
      (throw (AssertionError. "Withdrawal amount cannot be < 0")))
    (if (> balance amount)
      (make-new-acc my-name (- balance amount))
      (throw (AssertionError. "Withdrawal amount cannot exceed balance"))
    )))

(debit (make-new-acc "Ben" 5000) 1000)
```

이 코드가 자바 버전에 비해 얼마나 간결한지에 주목하자. 물론 이 코드는 여전히 단일 스레드이지만 자바에 필요한 코드의 양보다 훨씬 적다. 코드를 실행하면 예상한 결과를 얻을 수 있다. 잔액 4000을 가진 맵이 생성된다.

비록 이 코드가 상대적으로 간단하다고 할 수 있지만, 이는 완전히 만족스럽지 않다. 실제로는 다른 의미를 가진 다른 문제를 해결하고 있다. 다음은 다중 스레드 버전으로 일반화해서 문제 일부를 해결할 수 있는지 확인해보겠다.

이 코드를 동시 버전으로 만들려면 클로저의 참조를 도입해야 한다. 이는 `(ref)` 폼으로 생성되며 타입이 `clojure.lang.Ref`인 JVM 객체다. 일반적인 상태를 보유하기 위해 클로저 맵으로 설정된다.

또한 트랜잭션을 설정하는 (dosync) 폼이 필요하다. 이 트랜잭션 내에서 참조의 내용을 수정하는 데 사용할 수 있는 (alter) 폼도 사용할 것이다. 다음 예제에서는 계좌 내용에 대한 다중 스레드 접근을 위해 참조를 사용하는 방법을 보여준다.

코드 16.5 다중 스레드 계좌 처리

```
user=> (defn safe-debit [ref-account amount]
  (dosync
    (alter ref-account debit amount)
    ref-account))
#'user/safe-debit

user=> (def my-acc (make-new-acc "Ben" 5000))
#'user/my-acc

user=> (def r-my-acc (ref my-acc))
#'user/r-my-acc

user=> (safe-debit r-my-acc 1000)
#object[clojure.lang.Ref 0x6b1e7ad3 {:status :ready,
                                     :val {:name "Ben", :bal 4000}}]
```

앞서 언급한 대로, (alter) 폼은 인수를 가진 함수를 ref에 적용해서 작동한다. 작용된 값은 트랜잭션 중 이 스레드에서 볼 수 있는 로컬값으로, 이를 '트랜잭션 중인 값in transaction value'이라고 한다. 반환된 값은 (alter) 함수가 반환한 후 ref의 새로운 값이다. 이 값은 (dosync)로 정의된 트랜잭션 블록을 벗어날 때까지 변경을 수행한 스레드 외부에서는 볼 수 없다.

여러 트랜잭션을 동시에 실행할 수 있다. 클로저 소프트웨어 트랙잭셔널 메모리software transactional memory, STM 시스템은 이러한 모든 트랜잭션을 추적하며, 현재 실행 중인 트랜잭션이 시작된 후에 커밋된 다른 트랜잭션과 일치하는 경우에만 해당 트랜잭션이 완료되고 결과를 커밋한다. 그러나 현재 실행 중인 트랜잭션이 다른 트랜잭션과 일치하지 않는 경우에는 해당 트랜잭션이 취소되고, 변경된 전체 상태를 반영해서 다시 시도할 수 있다.

이 재시도 동작은 트랜잭션이 로그 파일이나 기타 출력 같은 부수적인 작업을 수행하는 경우에 문제를 일으킬 수 있다. 트랜잭션 부분을 함수형 프로그래밍 관점에서 가능한 한 단순하고 순수하게(즉 부가적인 동작이 없도록) 유지하는 것은 개발자의 몫이다.

일부 다중 스레드 접근 방식에서는 이 낙관적인 트랜잭션을 위한 행위가 상당히 번거로운 방법처럼 느껴질 수 있다. 일부 동시성 애플리케이션은 스레드 간에 가끔만 통신하고, 어떤식으로든 비대칭적으로 통신해야 하는 경우가 있다. 다행히 클로저는 이런 상황을 처리하기 위한 더 단순하고 빠른 동시성 메커니즘을 제공하는데, 다음 절에서 이에 대해 자세히 다룰 것이다.

16.4.4 에이전트

에이전트agent는 클로저의 또 다른 동시성 기본 요소 중 하나다. 에이전트는 공유 상태 대신에 비동기면서 메시지 지향적인 실행 객체다. 다른 언어(예: 스칼라나 얼랭Erlang)에서의 액터actor 개념과 유사하다.

에이전트는 다른 스레드(또는 동일한 스레드)에서 보낸 메시지(함수 형태로)를 수신할 수 있는 실행 콘텍스트다. 새로운 에이전트는 `(agent)` 함수를 사용해서 선언하고, 메시지는 `(send)`를 사용해 에이전트에 보낼 수 있다.

> "그 선물은 분명 배달을 시켜야 할 거야." 그리고 앨리스는 생각했다. "그렇게 하는 것은 얼마나 우습게 보일까? 자신의 발에다가 선물을 보내다니. 그리고 그 주소는 얼마나 이상하게 보일까!"
>
> **루이스 캐럴**Lewis Carroll

에이전트 자체는 스레드가 아니라 스레드보다 작은 실행 객체다. 이들은 클로저 런타임에서 관리하는 스레드 풀에서 스케줄된다(일반적으로 프로그래머가 직접적으로 스레드 풀에 접근할 수 없다).

NOTE 클로저 에이전트는 일반적으로 제한된 수명을 가지는 자바 스레드 풀의 작업 객체와 달리 잠재적으로 오랜 수명을 가진다.

런타임은 또한 외부에서 볼 수 있는 에이전트의 값이 격리되고 원자적임을 보장한다. 즉 사용자 코드는 에이전트의 이전 또는 이후 상태의 값만 볼 수 있다.

NOTE 18장에서 스레드보다 작은 실행 객체의 또 다른 예를 만나볼 것이다.

다음 코드는 에이전트에 대한 간단한 예제를 보여준다. 이 예제는 퓨처를 논의할 때 사용한 예제와 유사하다.

코드 16.6 클로저의 에이전트

```
user=> (defn wait-and-log [coll str-to-add]
  (do (Thread/sleep 10000)
    (let [my-coll (conj coll str-to-add)]
      (Thread/sleep 10000)
      (conj my-coll str-to-add))))
#'user/wait-and-log

user=> (def str-coll (agent []))
#'user/str-coll

user=> (send str-coll wait-and-log "foo")
#object[clojure.lang.Agent 0x38499e48 {:status :ready, :val []}]

user=> @str-coll
[]

// 메시지가 처리되도록 기다린다.

user=> @str-coll
["foo" "foo"]
```

(send) 호출은 (wait-and-log) 호출을 에이전트에 보내며, REPL을 사용해서 이를 역참조해보면 약속한 대로 에이전트의 중간 상태는 볼 수 없고 최종 상태("foo" 문자열이 두 번 추가된 상태)만 표시되는 것을 볼 수 있다.

에이전트 접근 방식에서 이미 두 개의 스레드가 주소 공간을 공유하는데도 불구하고 에이전트에 메시지를 보내는 것이 이상하게 느껴질 수 있다. 하지만 동시성에서 여러 번 접한 주제 중 하나는 추상화를 추가해서 더 간단하고 명확하게 사용할 수 있다면 장점이 될 수 있다는 것이다.

이러한 시너지 효과는 클로저가 스레딩과 동시성 제어의 많은 저수준 측면을 런타임에 위임하고 있다는 점에서 명확하다. 이를 통해 프로그래머는 우수한 멀티스레드 설계와 더 높은 수준의 문제에 집중할 수 있다. 이는 자바의 가비지 컬렉션 기능을 통해 메모리 관리의 세부 사항에서 벗어날 수 있는 방식과 유사하다.

요약

- 각 언어는 실행의 핵심 개념을 각자의 방식으로 확장했다.
- 자바는 Fork/Join 라이브러리를 통해 분해 가능한 작업과 워크 스틸링을 소개했다. 코틀린은 고급 컴파일러 기법을 사용해서 코루틴 버전을 생성한다. 그리고 클로저는 에이전트 개념을 사용해서 액터 모델의 형태를 내장한다.
- 상태 처리는 이 세 가지 언어 간에 서로 다르며 동시성 프로그래밍에 핵심적인 역할을 한다.
- 자바에서는 가변성이 기본이며 `CompletableFuture`와 같은 몇 가지 개선 사항이 있다.
- 코틀린은 불변성에 더 중점을 두지만 근본적으로 공유되고 변경 가능한 상태라는 동일한 세계관에서 출발한다.
- 클로저는 소프트웨어 트랜잭션 메모리를 통해 불변성에 중점을 두지만, 덜 친숙한 프로그래밍 모델과 자바 컬렉션과의 통합이 밀접하지 않다는 대가를 감수해야 한다.

최신 내부 구조

자바의 가상머신은 수십 년 동안 안정성과 프로덕션급 엔지니어링을 우선시해온 매우 정교한 런타임 환경이다. 이러한 이유로 많은 자바 개발자는 대부분의 경우, 내부를 들여다볼 필요가 없기 때문에 내부에 관심을 두지 않아도 된다.

반면에 이번 장은 더 많은 것을 알고 싶고, 장막을 걷어내고 JVM이 어떻게 구현되는지에 대한 세부 사항을 보고 싶어 하는 호기심 많은 사람들을 위한 것이다. 메서드 호출부터 시작하겠다.

17.1 JVM 내부 구조 소개: 메서드 호출

시작하기 위해 `Pet`, `Cat`, `Bear` 클래스와 `Furry` 인터페이스로 정의된 간단한 예제를 살펴보겠다. 이것은 그림 17.1에서 볼 수 있다.

명확하게 하기 위해 다이어그램에 표시되지 않은 `Pet`의 다른 서브클래스(예: `Dog` 및 `Fish`)가 존재한다고 가정할 수 있다. 하지만 다이어그램에는 명확성을 유지하기 위해 표시하지 않았다. 이

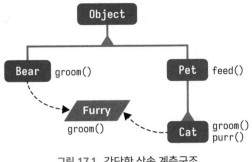

그림 17.1 간단한 상속 계층구조

예시를 통해 다양한 `invoke` 명령이 어떻게 작동하는지 자세히 설명하겠다. `invokevirtual`로 시작하자.

17.1.1 가상 메서드 호출 메서드

가장 일반적인 메서드 호출 유형은 `invokevirtual` 바이트코드를 사용해서 특정 클래스의 객체(또는 하위 클래스)에서 인스턴스 메서드를 호출하는 것이다. 이것은 **가상 메서드**virtual method(또는 가상 디스패치visual dispatch라고도 함) **디스패치**dispatch(즉 호출)로 알려져 있으며, 컴파일 시간이 아닌 런타임에서 객체의 실제 타입을 살펴보고 호출할 정확한 메서드를 결정한다는 것을 의미한다. JVM으로 이 코드를 실행하면 다음과 같다.

```
Pet p = getPet();
p.feed();
```

메서드가 실행돼야 하는 시점에 실제로 호출되는 `feed()`의 구현이 결정된다.

구현은 `p`가 `Cat`인지 `Dog`인지(또는 슈퍼클래스가 추상적이지 않다고 가정하면 `Pet`인지)에 따라 달라질 수 있다. 또한 프로그램 실행 중 서로 다른 시점에 `getPet()`이 서로 다른 하위 유형의 `Pet` 객체를 반환할 수도 있다. 그것은 메서드를 실행할 때마다 호출할 구현이 조회되므로 문제가 되지 않는다. 다소 장황한 설명이지만, 이 설명은 여러분이 처음 자바를 배운 이래로 자바 메서드가 항상 작동해온 방식이다.

내부적으로 이 작업을 수행하기 위해 JVM은 클래스별로 해당 타입에 대한 메서드 정의가 들어 있는 표를 저장하는데, 이를 'vtable(가상 메서드 테이블)'이라고 한다(C++ 프로그래머는 이를 '가상 함수 표'라고 부른다). 이 표는 가상머신에 필요한 메타데이터를 보관하는 JVM 내부의 메타스페이스 metaspace라는 특수한 메모리 영역에 저장된다.

NOTE 자바 7과 그 이전 버전에서는 이 메타데이터가 **permgen**이라고 불리는 자바 힙 영역의 영역에 저장됐다.

vtable이 어떻게 사용되는지 확인하려면 클래스에 대한 JVM의 메타데이터를 간략히 살펴볼 필요가 있다. 자바에서 모든 객체는 자바 힙 내에 존재하며 참조로만 처리된다. 핫스팟은 힙에 있는 다양한 내부 데이터 구조를 참조하기 위해 일반 객체 포인터ordinary object pointer라는 일반적인 용어로 oop를 사용한다.

모든 자바 객체에는 다음 두 가지 타입의 메타데이터를 포함하는 **객체 헤더**object header가 있어야 한다.

- 클래스의 특정 인스턴스에 고유한 메타데이터(mark word)
- 클래스의 모든 인스턴스가 공유하는 메타데이터(klass word)

공간을 절약하기 위해 클래스별 메타데이터의 복사본은 하나만 저장되며, 해당 클래스에 속하는 각 객체는 해당 메타데이터에 대한 포인터인 **klass word**를 가진다. 그림 17.2는 로컬 변수에 보관된 자바 참조가 힙에 있는 자바 객체 헤더의 시작 부분을 가리키는 것을 표현한다.

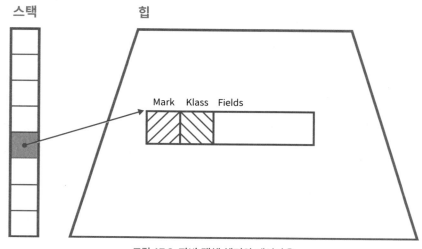

그림 17.2 자바 객체 헤더와 레이아웃

klass는 런타임 시점에서 자바 클래스에 대한 JVM 내부 표현이다. 이것은 메타스페이스에 저장되며 JVM이 런타임에서 해당 클래스와 작업하는 데 필요한 모든 정보를 포함한다(예: 메서드 정의와 필드 레이아웃).

klass와 관련된 일부 정보는 해당 타입의 Class<?> 객체를 통해 자바 프로그래머에게 제공되지만, klass와 Class는 별개의 개념이다. 특히, klass에는 일반 응용 프로그램 코드의 액세스를 명시적으로 제한하기 위해 숨겨진 정보가 포함돼 있다.

NOTE klass 철자의 선택은 매우 의도적이다. 이것은 문서를 쓸 때 class라는 단어의 다른 용도와 명확하게 구분하기 때문이다. 하지만 유감스럽게도 영어로 발음할 때는 그렇지 않다. 'clazz'나 'clz'라는 단어를 볼 수도 있다. 이러한 단어들은 일반적으로 Class 객체를 포함하는 자바 변수의 이름으로 사용된다.

이제 가상 메서드(invokevirtual 바이트코드로 구현됨)를 klass와 같은 내부 JVM 구조, 특히 vtable의 관점에서 설명할 수 있다. JVM이 실행할 invokevirtual 명령을 만나면 현재 메서드의 평가 스택에서 수신 객체와 메서드에 대한 모든 인수를 팝pop한다.

NOTE 수신 객체는 인스턴스 메서드를 호출한 객체다.

JVM 객체 헤더 레이아웃은 mark 워드로 시작하고 바로 뒤에 klass 워드가 있다. 따라서 실행할 메서드를 찾기 위해 JVM은 메타스페이스로 포인터를 따라가 klass의 vtable을 확인해서 정확히 어떤 코드를 실행해야 하는지 확인한다. 이 과정은 그림 17.3에서 확인할 수 있다.

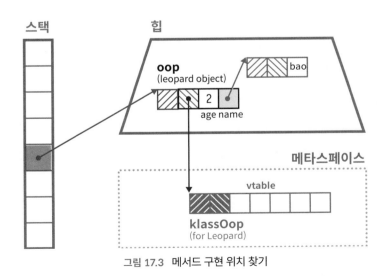

그림 17.3 메서드 구현 위치 찾기

만약 klass에 해당 메서드의 정의가 없다면, JVM은 직접 상위 클래스에 해당하는 klass로 포인터를 따라가 다시 시도한다. 이 과정은 JVM에서 메서드 오버라이딩의 기초다.

효율을 위해 vtable은 특정한 방식으로 배치된다. 각 klass는 부모 타입이 정의하는 메서드가 가장 먼저 나타나도록 vtable을 배치한다. 이런 메서드는 정확히 부모 타입이 정의한 순서대로 배치된다. 새롭게 해당 타입에만 추가되고 부모 타입에서 선언되지 않은 메서드는 vtable의 끝에 나타난다.

하위 클래스가 메서드를 오버라이딩하면 해당 메서드는 vtable에서 오버라이딩되는 구현과 동일한 오프셋에 위치하게 된다. 이렇게 하면 재정의된 메서드를 조회하는 것이 완전히 간단해진다. vtable의 오프셋이 부모와 동일하기 때문이다. 그림 17.4에서는 예제에서 일부 클래스에 대한 vtable의 레이아웃을 볼 수 있다.

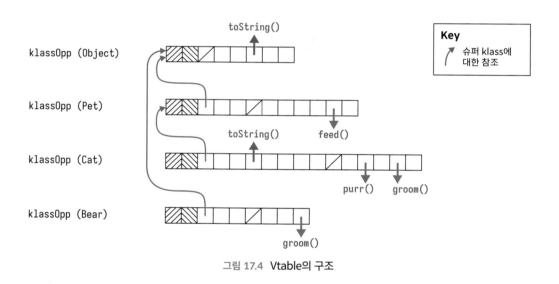

그림 17.4 **Vtable의 구조**

따라서 `Cat::feed`를 호출하면 JVM은 `Cat` 클래스에 오버라이드가 없으므로 대신 `Pet`의 klass로 상위 클래스 포인터를 따라간다. `Pet`에는 `feed()`를 위한 구현이 있으므로 이 코드가 호출된다.

[NOTE] 자바는 클래스의 단일 상속만 구현하기 때문에 이러한 vtable 구조와 효율적인 오버라이딩 구현이 잘 작동한다. 모든 유형의 직접적인 슈퍼클래스는 단 하나뿐이다(슈퍼클래스가 없는 `Object` 제외).

17.1.2 인터페이스 메서드 호출

`invokeinterface`의 경우 상황은 조금 더 복잡하다. 예를 들어 `groom()` 메서드가 `Furry`의 모든 구현에 대해 `vtable`의 동일한 위치에 나타나지 않을 수 있다는 점에 유의해야 한다. `Cat::groom`과 `Bear::groom`의 다른 오프셋은 그들의 클래스 상속 계층이 다르기 때문이다. 이로 인해 컴파일 시간에 인터페이스 타입만 알려진 객체에서 메서드가 호출될 때는 약간의 추가적인 조회가 필요하다.

NOTE 인터페이스 호출의 조회를 위해서는 조금 더 많은 작업을 수행해야 하지만, 인터페이스를 피해 마이크로 최적화를 시도하지 말자. JVM에는 JIT 컴파일러가 있으며, 이를 통해 두 사이의 성능 차이를 거의 제거한다.

예제를 살펴보겠다. 다음 코드를 고려해보자.

```
Cat tom = new Cat();
Bear pooh = new Bear();
Furry f;

tom.groom();
pooh.groom();
f = tom;
f.groom();
f = pooh;
f.groom();
```

앞의 코드는 다음과 같은 바이트코드를 생성한다.

```
0: new             #2                    // class ch15/Cat
   3: dup
   4: invokespecial #3                   // Method ch15/Cat."<init>":()V
   7: astore_1
   8: new           #4                    // class ch15/Bear
  11: dup
  12: invokespecial #5                   // Method ch15/Bear."<init>":()V
  15: astore_2
  16: aload_1
  17: invokevirtual #6                   // Method ch15/Cat.groom:()V
  20: aload_2
  21: invokevirtual #7                   // Method ch15/Bear.groom:()V
  24: aload_1
  25: astore_3
  26: aload_3
```

```
     27: invokeinterface #8,  1              // InterfaceMethod
                                             // ch15/Furry.groom:()V
     32: aload_2
     33: astore_3
     34: aload_3
     35: invokeinterface #8,  1              // InterfaceMethod
                                             // ch15/Furry.groom:()V
```

27번과 35번의 두 호출은 자바 코드에서 동일한 것처럼 보이지만 실제로는 `f`의 런타임 내용이 다르기 때문에 다른 메서드를 호출한다. 27번의 호출은 실제로 `Cat::groom`을 호출하는 반면, 35번의 호출은 `Bear::groom`을 호출한다.

17.1.3 특수한 메서드 호출

`invokevirtual`과 `invokeinterface`의 이해를 바탕으로 `invokespecial`의 동작은 이제 이해하기 쉽다. `invokespecial`로 메서드가 호출되면 가상 조회를 거치지 않는다. 대신 JVM은 요청된 메서드를 정확한 vtable의 정확한 위치에서만 찾는다.

`invokespecial`은 두 가지 경우에 사용된다. 슈퍼클래스 메서드에 대한 호출과 생성자 본문에 대한 호출(바이트코드에서 `<init>`라고 불리는 메서드로 변환된다)이다. 이 두 경우 모두 가상 조회와 오버라이딩 가능성이 명시적으로 제외된다.

`invokespecial`(exact dispatch라고도 함)의 사용을 제안하는 것처럼 보일 수 있는 두 가지 코너 케이스를 추가로 살펴보자. 첫 번째는 `private` 메서드다. `private` 메서드는 오버라이딩할 수 없으며, 클래스가 컴파일될 때 호출할 정확한 메서드가 알려져 있으므로 `invokespecial`을 통해 호출해야 한다고 생각할 수 있다. 그러나 이 상황은 보이는 것보다 복잡하다. 예제를 통해 살펴보겠다.

```java
public class ExamplePrivate {

  public void entry() {
    callThePrivate();
  }

  private void callThePrivate() {
    System.out.println("Private method");
  }
}
```

먼저 자바 8로 컴파일해보겠다. javap을 사용해 디컴파일하면 다음과 같이 표시된다.

```
$ javap -c ch15/ExamplePrivate.class
Compiled from "ExamplePrivate.java"
public class ch15.ExamplePrivate {
  public ch15.ExamplePrivate();
    Code:
      0: aload_0
      1: invokespecial #1   // Method java/lang/Object."<init>":()V
      4: return

  public void entry();
    Code:
      0: aload_0
      1: invokespecial #2   // Method callThePrivate:()V
      4: return
}
```

Javap가 -p 스위치 없이 호출되고 있으므로 private 메서드의 디컴파일이 나타나지 않는다. 지금까지는 괜찮다. private 메서드는 실제로 invokespecial을 통해 호출된다. 그러나 자바 11로 다시 컴파일하고 자세히 살펴보면 다음과 같이 다른 결과를 볼 수 있다.

```
$ javap -c ch15/ExamplePrivate.class
Compiled from "ExamplePrivate.java"
public class ch15.ExamplePrivate {
  public ch15.ExamplePrivate();
    Code:
      0: aload_0
      1: invokespecial #1 // 메서드 java/lang/Object."<init>":()V
      4: return

  public void entry();
    Code:
      0: aload_0
      1: invokevirtual #2 // 메서드 callThePrivate:()Vl   ◀──  이제 이것은
      4: return                                              invokevirtual이다.
}
```

보다시피 private 메서드 호출은 최신 자바에서 다르게 처리되며, 이는 17.5.3절에서 네스트메이트를 다룰 때 설명할 것이다.

17.1.4 final 메서드

또다른 특수한 경우는 `final` 메서드의 사용이다. 처음 봤을 때, `final` 메서드 호출도 `invokespecial` 명령어로 변환될 것처럼 보일 수 있다. 결국 `final` 메서드는 오버라이드할 수 없는데, 호출할 메서드의 구현이 컴파일할 때 알려졌기 때문이다. 그러나 자바 언어 명세에는 이러한 경우에 대해 다음과 같이 언급한다.

> `final`로 선언된 메서드를 더 이상 `final`로 선언되지 않도록 변경하더라도 기존의 바이너리와의 호환성은 깨지지 않는다.

하나의 클래스에 있는 코드가 다른 클래스의 `final` 메서드를 호출하고 있는 경우, 이 호출은 `invokespecial`로 컴파일된다. 그런 다음 `final` 메서드를 포함하는 클래스가 해당 메서드를 `final`로 선언하지 않도록 변경하고, 다시 컴파일한다면 해당 메서드는 하위클래스에서 오버라이드할 수 있게 된다.

이제 `final`이었던 메서드의 호출에 서브클래스의 인스턴스가 호출 메서드로 전달된다고 가정해보자. `invokespecial`이 실행되면서 원치 않는 메서드 구현이 호출될 것이다. 이는 객체지향 원칙 중 하나인 리스코프 치환 원칙Liskov substitution principle을 위반하는 것이다. 따라서 `final` 메서드 호출은 `invokevirtual` 명령으로 컴파일돼야 하는 것이 옳다.

NOTE 실제로 핫스폿에는 `final` 메서드의 경우를 감지하고 매우 효율적으로 실행하는 최적화가 포함돼 있다.

지금까지 가상 메서드 관점을 통해 핫스폿 내부의 기본 사항을 소개했다. 이 시점에서 7장의 JIT 컴파일 부분과 특히 단일형 디스패치와 인라인화에 대한 부분을 다시 읽어보면 흥미로울 것이다. 방금까지 이러한 기술이 구현되는 방식에 대한 몇 가지 세부적인 사항들을 살펴보았으므로 이 기술에 대한 더 깊이 이해할 수 있을 것이다.

17.2 리플렉션 내부

런타임에서 객체를 처리하고 메서드를 동적으로 호출하는 방법으로 4장에서 리플렉션을 살펴봤다. 이제 vtable에 대해 알게 됐으므로 JVM에서 리플렉션이 어떻게 구현되는지 조금 더 자세히 살펴볼 수 있다.

우리는 클래스 객체에서 `java.lang.reflect.Method` 객체를 얻고, 그 후에 다음과 같이 메서드를 호출할 수 있다(예외 처리를 생략한다).

```
Class<?> clazz = // ... 어떤 클래스
Method m = clazz.getMethod("toString");
Object ret = m.invoke(this);
System.out.println(ret);
```

그러나 이 Method 객체는 무엇을 나타내는 것일까? 이것은 실제로 '런타임에 특정 메서드를 동적으로 호출할 수 있는 기능'이다. 호출의 동적 특성은 컴파일된 코드에서 다음과 같이 Method에 대한 invoke() 메서드의 invokevirtual만 표시된다는 것을 의미한다.

```
 0: ldc           #7    // ... some class
 2: astore_1
 3: aload_1
 4: ldc           #24  // String toString
 6: iconst_0
 7: anewarray     #26  // class java/lang/Class          ← getMethod() 메서드 호출은
10: invokevirtual #28  // Method java/lang/              ← 가변인수(variadic) 형태이며,
                       // Class.getMethod:                 크기가 0인 Class 객체의
                       // (Ljava/lang/String;[Ljava/lang/Class;)   배열이 전달된다.
                       // Ljava/lang/reflect/Method;
13: astore_2
14: aload_2
15: aload_0
16: iconst_0
17: anewarray     #2   // class java/lang/Object         ← invoke() 메서드 호출은
20: invokevirtual #32  // Method java/lang/reflect/      ← 가변인수 형태이며, 크기가
                       // Method.invoke:                    0인 Object 객체의 배열이
                       // (Ljava/lang/Object;[Ljava/lang/Object;)   전달된다. 리플렉션을
                       // Ljava/lang/Object;                사용해서 메서드를 호출하는
23: astore_3                                               부분이다.
```

주목할 점은 toString()을 **메서드 기술자**method descriptor를 통해 참조하는 바이트코드가 없다는 것인데, java/lang/Object.toString:()Ljava/lang/String;과 같은 메서드 설명자를 사용하는 대신에 toString이라는 문자열로만 참조하고 있다.

이제 클래스 객체(예: String.class)가 일반적인 자바 객체라는 것을 상기해보자. 이들은 일반적인 자바 객체의 특성을 가지며 oops로 표현된다. 클래스 객체에는 해당 클래스의 각 메서드에 대한 Method 객체가 포함되며, 이런 메서드 객체도 일반적인 자바 객체다.

<code>Method</code> 객체는 클래스 로딩 후에 지연 생성된다. 때때로 IDE의 코드 디버거에서 이 효과의 흔적을 볼 수 있다.

그렇다면 JVM은 실제로 어떻게 리플렉션을 구현할까? <code>Method</code> 클래스의 소스를 조금 살펴보고 몇 가지 필드를 살펴보겠다.

```
private Class<?>            clazz;      ◄── 이 메서드가 속한 클래스        vtable에서 이 메서드가
private int                slot;  ◄──                              있는 위치의 오프셋
// 이 부분은 1.4 버전의 리플렉션 구현에서 가상머신이 내부화할 것이라고 보장한다.
private String             name;
private Class<?>           returnType;
private Class<?>[]         parameterTypes;
private Class<?>[]         exceptionTypes;
private int                modifiers;
// 제너릭(Generic)과 애너테이션 지원
private transient String   signature;
// 일반 정보 저장소 지연 초기화 됨
private transient MethodRepository genericInfo;
private byte[]             annotations;
private byte[]             parameterAnnotations;
private byte[]             annotationDefault;
private volatile MethodAccessor methodAccessor;  ◄──  실제 호출을 수행하는
                                                      대리자
```

자바에서 인스턴스 메서드를 호출하려면 vtable에서 메서드를 조회해야 한다는 것은 이미 알고 있다. 따라서 개념적으로 우리는 vtable과 <code>Class</code> 객체가 보유한 <code>Method</code> 객체 배열 사이의 중복을 활용하고자 한다. 그림 17.5에서 이런 중복을 볼 수 있는데, <code>Entry.class</code>에서 보유한 <code>Method</code> 객체 배열이 <code>Entry</code>의 klassOop의 vtable과 중복되는 것을 볼 수 있다.

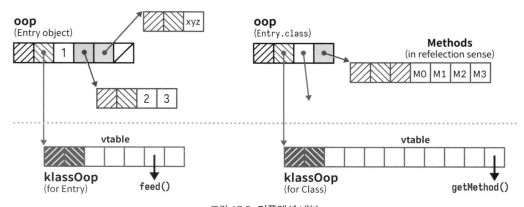

그림 17.5 리플렉션 내부

이제 `Method`가 중복을 활용해서 리플렉션을 구현하는 방법을 살펴보겠다. 핵심은 `MethodAccessor` 객체다.

NOTE 이후에 나오는 코드 중 일부는 메커니즘을 이해하기 위해 단순화됐으며, 현재 자바 11과 이후 버전의 프로덕션 코드는 더 복잡하다.

`Method`의 `invoke()` 메서드는 다음과 같다.

```
public Object invoke(Object obj, Object... args)
    throws IllegalAccessException, IllegalArgumentException,
        InvocationTargetException {
                          ┌─ 보안 액세스 검사를 수행한다
                          │  (setAccessible()이 아닌 경우).
  if (!override) { ◀──────┘
    if (!Reflection.quickCheckMemberAccess(clazz, modifiers)) {
      Class<?> caller = Reflection.getCallerClass();
      checkAccess(caller, clazz, obj, modifiers);
    }
  }
                                              ┌─ Accessor의
                                              │  volatile 읽기
  MethodAccessor ma = methodAccessor; ◀───────┘
  if (ma == null) {
    ma = acquireMethodAccessor();
  }
  return ma.invoke(obj, args); ◀──── MethodAccessor에게
}                                     위임한다.
```

이 메서드를 처음 리플렉션으로 호출할 때, `acquireMethodAccessor()`는 `NativeMethodAccessorImpl`에 대한 참조를 보유하는 `DelegatingMethodAccessorImpl`의 인스턴스를 생성한다. 이 두 클래스는 `sun.reflect`에 정의된 클래스이며 둘 다 `MethodAccessor`를 구현한다. 이 클래스들은 `java.base` 모듈의 API의 일부가 아니며 직접 호출할 수 없다.

다음은 `DelegatingMethodAccessorImpl`의 전체 코드다.

```
class DelegatingMethodAccessorImpl extends MethodAccessorImpl {
  private MethodAccessorImpl delegate;

  DelegatingMethodAccessorImpl(MethodAccessorImpl delegate) {
    setDelegate(delegate);
  }

  public Object invoke(Object obj, Object[] args)
        throws IllegalArgumentException, InvocationTargetException {
```

```
      return delegate.invoke(obj, args);
  }

  void setDelegate(MethodAccessorImpl delegate) {
    this.delegate = delegate;
  }
}
```

그리고 `NativeMethodAccessorImpl`은 다음과 같다.

```
class NativeMethodAccessorImpl extends MethodAccessorImpl {
  private Method method;
  private DelegatingMethodAccessorImpl parent;
  private int numInvocations;

  // ...

  public Object invoke(Object obj, Object[] args)
        throws IllegalArgumentException, InvocationTargetException {

    if (++numInvocations >                              ◄── 호출 임곗값이
         ReflectionFactory.inflationThreshold()) {           도달하면 진입한다.
      MethodAccessorImpl acc = (MethodAccessorImpl)
        new MethodAccessorGenerator()
           .generateMethod(method.getDeclaringClass(),
                           method.getName(),
                           method.getParameterTypes(),
                           method.getReturnType(),
                           method.getExceptionTypes(),      MethodAccessorGenerator를
                           method.getModifiers());  ◄──     사용해서 리플렉션 호출을
                                                            구현하는 사용자 정의 클래스를
      parent.setDelegate(acc);  ◄──                         생성한다.
    }                             현재 객체를 새로운
                                  사용자 정의 클래스의
                                  인스턴스로 대체한다.
    return invoke0(method, obj, args);  ◄──  아직 임곗값에 도달하지
  }                                          않은 경우, 네이티브 호출을
                                             계속 진행한다.
  private static native Object invoke0(Method m, Object obj, Object[] args);

  // ...
}
```

동적으로 생성된 새로운 바이트코드 접근자_{accessor}로 패치할 수 있는 위임 접근자를 사용하는 이 기술은 그림 17.6에서 확인할 수 있다. 형변환을 위한 사용자 정의 접근자 클래스는 `Method AccessorImpl`의 서브 클래스다.

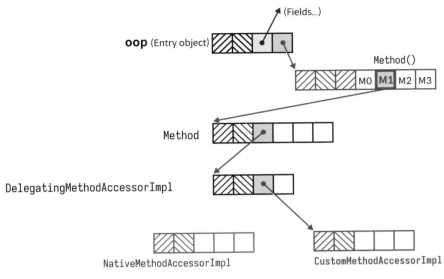

그림 17.6 리플렉션 구현

성능에 관해 한 가지 이야기할 것이 있다. 이 메커니즘은 두 가지 서로 다른 속도 저하 원인을 절충하는 방식을 사용한다. 먼저, 네이티브 접근자는 네이티브 호출을 사용하는데, 이는 자바 메서드 호출보다 느리고 JIT 컴파일이 불가능하다. 다른 하나는 `MethodAccessorGenerator`에서 바이트코드를 동적으로 생성하는 것은 잠재적으로 느릴 수 있는데, 이것은 리플렉션으로 드물게 호출되는 메서드에 대해서는 피해야 할 나쁜 트레이드 오프다. 접근자 객체를 지연 로드한 다음 호출 사이트를 동적으로 패치하는 이 트릭은 이 장의 뒷부분에서 다른 형태로 다시 만날 것이다.

또 주목할 점은, 리플렉션은 인라인화와 JVM이 잘 최적화할 수 있는 표준 메서드 디스패치도 무력화한다는 점이다. `DelegatingMethodAccessorImpl`의 메서드 호출 사이트는, 디스패치 후에 각 `Method`마다 동적으로 생성된, 서로 다른 메서드 접근자 객체를 가지기 때문에 **메가모픽** megamorphic(메서드에 대한 가능한 한 많은 구현)이라고 할 수 있다. 따라서 JVM의 일부 주요 최적화 메커니즘이 리플렉션을 사용한 호출에서 잘 작동하지 않을 수 있다.

따라서 네이티브 접근자에서 위임과 패치를 사용하는 것은 드물게 호출되는 리플렉티브 메서드에서 수용 가능한 성능과 JIT의 장점 중 일부를 보존하는 것 사이의 균형을 맞추기 위한 절충안이다. 이러한 절충안과 리플렉션의 다른 문제들(4장에서 논의한)은 동적 호출과 가벼운 메서드 객체의 문제에 대한 더 나은 접근 방식을 찾는 연구로 이어졌다. 다음 절에서는 그 연구의 첫 번째 결과인 메서드 핸들 API를 소개한다.

17.3 메서드 핸들

메서드 핸들 APImethod handle API는 자바 7 버전에서 도입됐다. 이 API의 핵심은 `java.lang.invoke` 패키지이며, 특히 `MethodHandle` 클래스다. 이 클래스의 인스턴스는 메서드를 호출할 수 있는 능력을 나타내며, `java.lang.reflect.Method` 객체와 유사하게 직접 실행할 수 있다.

이 API는 17.4절에서 설명하는 `invokedynamic`을 JVM에 도입하기 위한 프로젝트의 일부로 생성됐다. 메서드 핸들 객체는 `invokedynamic` 사용 사례를 넘어서 프레임워크와 일반 사용자 코드의 다양한 애플리케이션에서 사용되고 있다.

먼저 메서드 핸들의 기본 기술을 소개한 다음, 메서드 핸들을 일부 대안과 비교하고 차이점을 요약하는 확장 예제를 살펴보겠다.

17.3.1 MethodHandle

`MethodHandle`이란 무엇일까? 공식적인 답변은 직접 실행 가능한 메서드에 대한 형식화된 참조라는 것이다. 다른 말로 하면 `MethodHandle`은 메서드를 안전하게 호출할 수 있는 기능을 표현한 객체다.

> **NOTE** `MethodHandle`은 다양한 측면에서 `java.lang.reflect`의 `Method` 객체와 유사하지만 API는 일반적으로 더 나은 설계로 덜 번거롭고, 몇 가지 중요한 설계 결함이 수정됐다.

메서드 핸들을 사용하는 데는 두 가지 측면이 있다. 첫 번째는 메서드 핸들을 얻는 것이고, 두 번째는 메서드 핸들을 사용하는 것이다. 두 번째 측면, 즉 사용하는 것은 매우 쉽다. 메서드 핸들을 호출하는 매우 간단한 예제를 살펴보겠다. 지금 당장은 메서드 핸들을 반환하는 정적 도우미 메서드 `getTwoArgMH()`가 있다고 가정하자. 이 메서드 핸들은 수신 객체 `obj`와 하나의 호출 인수 `arg0`를 받아 `String`을 반환한다.

나중에 이와 일치하는 메서드 핸들을 어떻게 얻을 수 있는지 설명하겠지만, 일단은 메서드 핸들을 생성해주는 도우미 메서드가 있다고 가정한다. 다음 사용 예제는 리플렉티브 호출reflective call과 비슷해야 한다.

```
MethodHandle mh = getTwoArgMH();     ◀── 도우미 메서드에서 메서드
                                         핸들을 가져온다.
try {
```

```
    String result = mh.invokeExact(obj, arg0);  ◄──────  수신자와 하나의 인수를
} catch (Throwable e) {                                   전달하여 호출을 수행한다.
  e.printStackTrace();
}
```

이것은 4.5.1절에서 본 것처럼 메서드에 대한 리플렉션 호출처럼 보인다. `MethodHandle`에서 `invokeExact()`를 사용하고, `Method`에서는 `invoke()`를 사용하는 것 외에는 거의 유사해 보일 것이다. 그러나 이것은 실제로 메서드 핸들 객체가 있는 경우에만 가능한데, 그렇다면 어떻게 메서드 핸들을 얻을 수 있을까?

메서드 핸들을 얻으려면 **조회 콘텍스트**lookup context를 통해 메서드를 조회해야 한다. 일반적으로 콘텍스트를 얻는 방법은 정적 도우미 메서드 `MethodHandles.lookup()`를 호출하는 것이다. 이렇게 하면 현재 실행 중인 메서드를 기반으로 하는 조회 콘텍스트가 반환된다. 조회를 통해 `findVirtual()`나 `findConstructor()`와 같은 `find*()` 메서드 중 하나를 호출해서 메서드 핸들을 얻을 수 있다.

조회 콘텍스트 객체는 조회가 생성된 실행 콘텍스트에서 볼 수 있는 모든 메서드에 대한 메서드 핸들을 제공할 수 있다. 그러나 메서드에 대한 조회 콘텍스트뿐만 아니라 메서드 핸들을 얻고자 하는 메서드의 시그니처를 어떻게 나타낼지도 고려해야 한다.

6장에서 다룬 `Callable` 인터페이스를 상기해보자. 이는 실행할 코드 블록을 나타내며 메서드 핸들과 유사하다. 그러나 `Callable`의 한 가지 문제는 매개변수가 없는 메서드만 모델링할 수 있다는 것이다.

모든 타입의 메서드를 모델링하려면 타입 매개변수의 수가 증가하는 다른 인터페이스를 만들어야 한다. 결국 다음과 같은 인터페이스 집합을 갖게 될 것이다.

```
Function0<R>
Function1<R, P>
Function2<R, P1, P2>
Function3<R, P1, P2, P3>
...
```

이런 방식으로 인터페이스가 급격하게 늘어날 것이다. 이 접근 방식은 일부 비자바 언어(예: 스칼라)에서 채택되지만 자바에서는 그렇지 않다.

또한 클로저의 방식을 고려하는 것도 유익하다. `IFn` 인터페이스에는 모든 다양한 함수 종류(20개 이상의 인수를 취하는 함수에 대한 가변인수 포함)를 나타내는 `invoke` 메서드가 있다. 우리는 10장에서 `IFn`의 간소화된 버전을 살펴보았다.

그러나 클로저는 동적으로 타입이 지정되므로 모든 `invoke` 메서드는 모든 매개변수에 대해 `Object`를 사용하고, `Object`를 반환한다. 이로 인해 제네릭 처리의 복잡성이 모두 제거된다. 또한 클로저 형식은 자연스럽게 가변 인수로 작성할 수 있으며, 클로저는 타입이 잘못된 인수로 호출될 경우 런타임 예외를 throw한다. 자바는 이러한 접근 방식을 사용하지 않는다.

대신 자바의 메서드 핸들은 수많은 작은 클래스를 생성하지 않고 모든 메서드 시그니처를 모델링할 수 있는 접근 방식을 구현하는데, 이것은 `MethodType` 클래스를 통해 수행된다.

17.3.2 MethodType

`MethodType`은 메서드의 타입 시그니처를 나타내는 불변객체다. 모든 메서드 핸들에는 반환 타입과 인수 타입을 포함하는 `MethodType` 인스턴스가 있다. 그러나 메서드의 이름이나 수신자 타입(인스턴스 메서드가 호출되는 타입)은 포함되지 않는다.

새로운 `MethodType` 인스턴스를 얻는 간단한 방법 중 하나로 `MethodType` 클래스의 팩토리 메서드를 사용할 수 있다. 다음은 몇 가지 예시다.

```
var mtToString = MethodType.methodType(String.class);
var mtSetter = MethodType.methodType(void.class, Object.class);
var mtStringComparator = MethodType.methodType(int.class,
                                      String.class, String.class);
```

이들은 `toString()`, (`Object` 타입의 멤버에 대한) 세터 메서드setter method와 `Comparator<String>`에 의해 정의된 `compareTo()` 메서드의 타입 시그니처를 나타내는 `MethodType` 인스턴스다. 일반적인 인스턴스는 다음과 같이 반환 타입이 먼저 전달된 다음, 인수의 타입(모두 `Class` 객체)이 전달되는 동일한 패턴을 따른다.

```
MethodType.methodType(RetType.class, Arg0Type.class, Arg1Type.class, ...);
```

보다시피, 이제 각 시그니처에 대해 새로운 타입을 정의할 필요 없이 다양한 메서드 시그니처를 일반적인 인스턴스 객체로 표현할 수 있다. 이는 또한 가능한 한 많은 타입 안전성을 보장하는 간단한 방법을 제공한다. 특정 인수 집합을 가지고 메서드 핸들을 호출할 수 있는지 알고 싶다면 핸들에 속한 `MethodType`을 검사하면 된다.

NOTE 단일 `MethodType` 객체를 전달하는 것이 리플렉션에서 억지로 사용하는 `Class[]`보다 훨씬 편리하다.

이제 `MethodType` 객체가 **인터페이스 급증**interface proliferation 문제를 해결하는 방법을 보았으니, 이제 타입에서 메서드를 가리키는 메서드 핸들을 생성하는 방법을 살펴보겠다.

17.3.3 메서드 핸들 조회

이번에는 현재 클래스의 `toString()` 메서드를 가리키는 메서드 핸들을 얻는 방법을 살펴보겠다. `mtToString`은 `toString()`의 시그니처와 정확히 일치해야 한다. 즉 반환 형식은 `String`이고 인수를 전달하지 않는다. 해당하는 `MethodType` 인스턴스는 `MethodType.methodType(String.class)`여야 한다. 다음은 예시다.

```
public MethodHandle getToStringMH() {
  MethodHandle mh;
  var mt = MethodType.methodType(String.class);
  var lk = MethodHandles.lookup();   ◀── 조회 콘텍스트를 얻는다.

  try {
    mh = lk.findVirtual(getClass(), "toString", mt);   ◀── 콘텍스트에서 핸들을
                                                            찾는다.
  } catch (NoSuchMethodException | IllegalAccessException mhx) {
    throw (AssertionError)new AssertionError().initCause(mhx);
  }

  return mh;
}
```

메서드 핸들을 조회 콘텍스트 객체에서 가져오려면 원하는 메서드를 보유한 클래스, 메서드의 이름과 적절한 시그니처를 나타내는 `MethodType`을 제공해야 한다. 메서드 유형은 메서드 오버로드를 다루기 위해 필요하다.

보통은 현재 클래스의 메서드를 찾는 데 조회 콘텍스트를 사용하는 것이 일반적이지만 실제로는 JDK 타입을 포함한 모든 타입의 메서드 핸들을 얻기 위해 콘텍스트를 사용할 수 있다. 물론 다른 패키지나 모듈의 클래스를 사용해서 핸들을 가져오는 경우, 조회 콘텍스트는 액세스할 수 있는 메

서드만 볼 수 있다(예: 내보낸 패키지의 public 클래스에 대한 `public` 메서드). 이것은 메서드 핸들 API 의 중요한 측면 중 하나다. 메서드 핸들의 접근 제어는 핸들을 실행할 때가 아닌 메서드를 찾을 때 검사된다.

메서드 핸들을 얻은 후에는 더 이상 접근 제어를 검사할 필요가 없으므로 항상 안전하게 호출할 수 있다. 메서드 핸들은 액세스가 허용된 한 콘텍스트에서 생성한 다음, 액세스가 허용되지 않는 다른 콘텍스트로 전달하더라도 실행된다. 이것은 리플렉션과의 중요한 차이점이다.

NOTE 메서드 핸들 호출에 대한 접근 제어는 리플렉티브 호출과 달리 우회할 수 없다. 4장에서 살펴본 리플렉션 `setAccessible()` 해킹과 같은 방법은 존재하지 않는다.

이제 메서드 핸들이 생겼으니 자연스럽게 이를 실행하겠다. API는 이를 위한 두 가지 주요 메서드, 바로 `invokeExact()`와 `invoke()` 메서드를 제공한다.

`invokeExact()` 메서드는 인수 타입이 기본 메서드가 예상하는 것과 정확히 일치해야 한다. `invoke()` 메서드는 타입이 정확히 일치하지 않는 경우, 몇 가지 변환을 수행하여 타입을 일치시키려고 시도한다(예: 필요에 따라 박싱 또는 언박싱).

이 소개 이후에는 메서드 핸들이 다른 기술들을 대체하는 더 긴 예제를 보여줄 것이다. 이것은 리플렉션과 기능을 프록시로 사용하는 작은 내부 클래스와 같은 다른 기술들을 대체하는 데 메서드 핸들이 어떻게 사용될 수 있는지에 대한 것이다

17.3.4 리플렉션 vs. 프록시 vs. 메서드 핸들

리플렉션이 많이 포함된 코드베이스를 다뤄본 적이 있다면 리플렉션 코드에서 오는 고통에 대해 잘 알고 있을 것이다. 이 절에서는 메서드 핸들을 사용해서 많은 리플렉션을 사용한 상용구를 대체하고, 코딩 생활을 조금 더 쉽게 만드는 방법을 보여주고자 한다.

메서드 핸들과 다른 기법 간의 차이점을 알려주기 위해 클래스 외부에서 `callThePrivate()`라는 비공개 메서드에 접근하는 세 가지 방법을 보여주겠다. 리플렉션과 프록시 역할을 하는 내부 클래스 사용이라는 두 가지 표준 기법이 있다. 이를 `MethodHandle` 기반의 최신 접근 방식과 비교할 수 있다. 다음 코드에 세 가지 대안의 예가 나와 있다.

코드 17.1 접근을 제공하는 세 가지 방법

```java
public class ExamplePrivate {
    //일부 상태...

    public void entry() {
        callThePrivate();
    }

    private void callThePrivate() {          // 우리가 접근하려는
        System.out.println("Private method");   // private 메서드
    }

    public Method makeReflective() {
        Method meth = null;

        try {
            Class<?>[] argTypes = new Class[] { Void.class };
            meth = ExamplePrivate.class
                        .getDeclaredMethod("callThePrivate", argTypes);
            meth.setAccessible(true);
        } catch (IllegalArgumentException |
                    NoSuchMethodException |
                    SecurityException e) {
            throw (AssertionError)new AssertionError().initCause(e);
        }

        return meth;
    }

    public static class Proxy {
        private Proxy() {}

        public static void invoke(ExamplePrivate priv) {
            priv.callThePrivate();
        }
    }

    public MethodHandle makeMh() {                       // MethodType 생성:
        MethodHandle mh;                                  // 여기서는 boxing이
        var desc = MethodType.methodType(void.class);     // 필요하지 않고, 정확한
                                                          // 타입을 사용할 수 있다.
        try {
            mh = MethodHandles.lookup()
                    .findVirtual(ExamplePrivate.class,
                        "callThePrivate", desc);          // MethodHandle 조회
        } catch (NoSuchMethodException | IllegalAccessException e) {
            throw (AssertionError)new AssertionError().initCause(e);
```

```
        }

        return mh;
    }
}
```

예제 클래스에서는 `callThePrivate()`라는 비공개 메서드에 액세스할 수 있는 세 가지 함수를 제공한다. 실제로는 보통 이 함수 중 하나만 제공하지만, 여기서는 세 가지 함수의 차이점을 설명하기 위해 세 가지를 모두 보여준다. 실제로는 API 사용자로서 어떤 접근 방식이 사용되는지는 신경쓸 필요가 없다.

표 17.1에서 리플렉션의 가장 큰 장점은 익숙함이라는 것을 알 수 있다. 간단한 사용 사례에서는 포록시가 더 이해하기 쉬울 수 있지만, 메서드 핸들은 두 가지 장점을 모두 가지고 있다. 모든 새로운 애플리케이션에서 메서드 핸들을 사용할 것을 강력히 권한다.

표 17.1 자바의 간접 메서드 액세스 기술 비교

기능	리플렉션	내부 클래스/람다	메서드 핸들
접근 제어	`setAccessible()`을 사용해야 한다. 활성화된 보안 관리자가 허용하지 않을 수도 있다.	내부 클래스는 제한된 메서드에 액세스할 수 있다.	현재 콘텍스트에서 허용된 모든 메서드에 대한 전체 액세스. 보안 관리자 관련 문제가 없다.
타입 규칙	타입 규칙이 없으며 불일치 시 예외가 발생한다.	정적이며 너무 엄격할 수 있으며 모든 프록시에 대해 많은 메타스페이스가 필요할 수 있다.	런타임에서 타입 안정성을 제공하며 메타스페이스를 거의(또는 전혀) 소비하지 않는다.
성능	대안에 비해 느리다.	다른 메서드 호출과 동일한 속도로 작동한다.	다른 메서드 호출과 동일한 속도를 목표로 한다.

메서드 핸들이 제공하는 한 가지 추가적인 기능은 정적 콘텍스트에서 현재 클래스를 확인할 수 있는 기능이다. 다음과 같은 로깅 코드(예: log4j)를 작성해본 적이 있다면 다음과 같은 경우의 코드가 취약하다는 것을 알 것이다.

```
Logger lgr = LoggerFactory.getLogger(MyClass.class);
```

코드가 슈퍼클래스super class나 서브클래스sub class로 이동하기 위해 리팩터링하는 경우, 명시적인 클래스 이름이 문제를 일으킬 수 있다. 그러나 메서드 핸들을 사용하면 다음과 같이 작성할 수 있다.

```
Logger lgr = LoggerFactory.getLogger(MethodHandles.lookup().lookupClass());
```

이 코드에서 `lookupClass()` 표현식은 정적 콘텍스트에서 사용할 수 있는 `getClass()`와 동등한 것으로 생각할 수 있다. 이는 일반적으로 클래스마다 로거가 있는 로깅 프레임워크를 처리하는 상황 등에서 특히 유용하다.

NOTE 메서드 핸들은 매우 성공적인 API로 입증됐다. 실제로 자바 18(하지만 11 또는 17은 해당하지 않음)에서는 앞선 절에서 다뤘던 리플렉션의 구현 기술 대신에 이 구현 기술을 의존하도록 변경됐다.

메서드 핸들 기술을 사용할 수 있는 기술에 추가하고 4장에서 배운 바이트코드에 대한 실무 지식을 갖춘 지금, `invokedynamic` 명령어의 세부 사항을 자세히 살펴보겠다. 이 명령어는 자바 7에서 도입됐으며 (지금까지) JVM의 명령어 세트에 추가된 유일한 명령어다. `invokedynamic`의 초기 사용 사례는 JVM을 플랫폼으로 사용하는 비자바 언어가 플랫폼으로서 JVM을 최대한 활용할 수 있도록 지원하는 것이었지만, 앞으로 살펴볼 것처럼 이것은 플랫폼 내에서 주요한 변화의 요소가 됐다.

17.4 Invokedynamic

이 절에서는 최신 자바에서 기술적으로 가장 정교한 새로운 기능 중 하나를 다룬다. 매우 강력하지만 모든 현업 개발자가 직접 사용할 수 있는 기능은 아니다. 대신 이 기능은 현재 주로 프레임워크 개발자와 비자바 언어의 구현자들을 위한 기능이다.

따라서 처음 읽을 때는 이 절을 건너뛰어도 괜찮다. 이 장을 최대한 활용하려면 이제부터 알아보고자 하는, 이 장의 앞부분에 있는 `invoke` 명령어 실행에 대한 설명을 읽고 이해해야 한다.

이번 장에서는 `invokedynamic`이 작동하는 방식에 대해 자세히 살펴보고 새로운 바이트코드를 사용하는 호출 사이트를 디컴파일하는 몇 가지 예를 살펴보겠다. `invokedynamic`을 활용하는 언어와 프레임워크를 사용하기 위해 이를 완전히 이해할 필요는 없지만, 이 장은 내부 구조에 대한 장이므로 자세한 내용을 살펴보겠다.

이름에서 짐작할 수 있듯이 `invokedynamic`은 메서드 호출에 사용되는 새로운 타입의 호출 명령어다. 어떤 메서드를 호출할지 결정하는 것을 런타임까지 연기해야 한다고 JVM에 알리는 데 사용된다.

이는 큰 문제가 아닌 것처럼 보일 수 있다. 결국 `invokevirtual`과 `invokeinterface` 모두 런타임에 호출할 구현을 결정하기 때문이다. 그러나 이러한 명령 코드들의 호출 대상 선택은 자바 언어의 상속 규칙과 타입 시스템의 제약 조건에 따라 결정된다. 따라서 컴파일 시간에는 적어도 일부는 호출 대상의 정보가 알려져 있다.

반면에 `invokedynamic`은 이러한 제약 조건을 완화하기 위해 만들어졌으며 이를 위해 호출 대상 메서드를 결정하는 도우미 메서드(**부트스트랩 메서드**bootstrap method 또는 **BSM**이라고 함)를 호출함으로써 이를 수행한다.

NOTE `invokedynamic`을 사용하는 경우 호출할 메서드는 자바의 상속 규칙과 무관하게 사용자가 원하는 방식대로 정의할 수 있다.

`invokedynamic` 명령 코드는 호출의 동적 특성을 지원하기 위해 확장된 항목들을 가지고 있는 클래스 상수 풀의 특별한 섹션을 참조해서 이런 유연성을 허용한다. 이런 항목은 BSMs를 지원하기 위한 것으로, 모든 `invokedynamic` 호출 사이트는 BSM에 대한 상수 풀 항목을 가지고 있다.

BSM은 호출 사이트에 대한 정보를 받아 동적 호출을 연결하는 역할을 한다. BSM은 최소 세 개의 인수를 받고 `CallSite` 객체를 반환한다. 표준 인수는 다음과 같은 타입이다.

- `MethodHandles.Lookup`: 호출 사이트 클래스에 대한 조회 콘텍스트 객체
- `String`: `NameAndType`에 언급된 이름
- `MethodType`: 찾은 `NameAndType`의 타입 기술자

이런 인수들 다음에는 BSM에서 필요로 하는 추가적인 인수가 있을 수 있다. 문서에서는 이를 **추가적인 정적 인수**additional static argument라고 부른다. 반환된 호출 사이트CallSite는 실제로 어떤 메서드를 호출할 것인지를 결정하는 특별한 정보를 가진 `MethodHandle`을 가지고 있는데, 이것을 사용해서 실제로 해당 메서드를 호출한다.

NOTE 특정 `invokedynamic` 호출 사이트와 BSM을 연결하기 위해, 클래스 파일classfile 형식에 새로운 상수 풀 항목 타입인 `InvokeDynamic`이 추가됐다.

`invokedynamic` 명령어의 호출 사이트는 클래스 로딩 시 'unlaced(연결이 풀려 있는)' 상태라고 말한다. 호출 사이트와 연결된 대상 메서드가 없는 상태는 호출 사이트에 도달할 때까지 (즉 JVM이 해당 `invokedynamic` 명령어를 링크하고 실행하려고 시도할 때까지) 유지될 것이다.

이 시점에서 BSM은 어떤 메서드를 실제로 호출해야 하는지 결정하기 위해 호출된다. BSM은 항상 `CallSite` 객체(이 객체에는 `MethodHandle`이 포함됨)를 반환하며 이것은 호출 사이트에 'laced(연결된)' 상태가 된다. `CallSite`가 연결되면 실제 메서드 호출을 수행할 수 있으며 이것은 `CallSite`가 보유한 `MethodHandle`을 통해 이뤄진다.

가장 간단한 예로 `ConstantCallSite`를 사용하는 경우, 조회가 한 번 수행되면 반복되지 않는다. 대신, 호출 사이트에서의 호출 대상은 추가적인 작업 없이 향후 모든 호출에서 직접 호출된다. `CompletableFuture<CallSite>`와 비슷한 방식으로 동작한다. 실제로 이것은 호출 사이트가 이제 안정적이며 따라서 JIT 컴파일러와 같은 다른 JVM 하위 시스템에 친화적이라는 것을 의미한다. `MutableCallSite`(또는 `VolatileCallSite`)와 같은 더 복잡한 선택도 가능하며, 이런 선택을 통해 시간이 지남에 따라 다른 호출 대상 메서드를 가리킬 수 있도록 호출 사이트를 다시 연결할 수 있게 해준다.

상수가 아닌 호출 사이트는 프로그램의 수명 동안 여러 다른 메서드 핸들을 호출 대상으로 할 수 있다. 사실, 특정 호출 사이트에서 호출되는 메서드를 변경할 수 있는 능력은 비자바 언어에서 중요한 기술일 수 있다.

예를 들어 자바스크립트나 루비에서는 특정 타입의 개별 객체가 클래스의 다른 인스턴스에는 없는 메서드를 정의할 수 있다. 이것은 자바에서는 불가능하다. 자바에서는 클래스가 로드될 때 vtable을 구성하는 데 사용되는 메서드 집합을 정의하고 모든 인스턴스가 동일한 vtable을 공유한다. 그러나 `invokedynamic`과 변경 가능한 호출 사이트를 사용하면 자바에서는 지원하지 않는 이러한 비자바 기능을 효율적으로 구현할 수 있다.

주목해야 할 중요한 점은 일반 메서드 호출에서 `javac`(Java 컴파일러)가 `invokedynamic`을 생성할 수 없다는 것이다. 자바 메서드 호출은 항상 4장에서 다룬 네 가지 '일반적인' invoke 명령 코드들 중 하나로 변환된다. 대신에, 자바 프레임워크와 라이브러리(포함하여 JDK)는 다양한 목적으로 `invokedynamic`을 사용한다. 람다 함수는 이러한 목적 중 하나를 잘 보여주는 사례다. 여기에 대해 좀 더 자세히 살펴보겠다.

17.4.1 람다 표현식 구현하기

람다 표현식은 자바 프로그래밍에서 빈번하게 사용되지만 많은 자바 프로그래머들은 이것이 어떻게 구현되는지 정확하게 알지 못한다. 다음 간단한 예제를 시작으로 구현 방식을 알아보겠다.

```
public class LambdaExample {
    private static final String HELLO = "Hello World!";

    public static void main(String[] args) throws Exception {
        Runnable r = () -> System.out.println(HELLO);
        Thread t = new Thread(r);
        t.start();
        t.join();
    }
}
```

람다가 단순히 Runnable의 익명 구현체에 대한 신택틱 슈거일 것이라고 생각할 수도 있다. 그러나 이전 클래스를 컴파일하면 LambdaExample.class라는 단일 파일만 생성되며 (8장에서 논의한 대로 내부 클래스가 배치될 것이었던) 두 번째 클래스 파일이 없다. 따라서 더 많은 무엇인가가 있음을 알 수 있다.

대신 디컴파일해보면 람다 본문이 사실은 메인 클래스에 나타나는 private static 메서드로 컴파일됐음을 볼 수 있다.

```
private static void lambda$main$0();
    Code:
        0: getstatic      #7    // java/lang/System.out:Ljava/io/PrintStream; 필드에 접근
        3: ldc            #9    // 상수 풀에서 문자열 "Hello World!"을 가져옴
        5: invokevirtual #10   // java/io/PrintStream.println:(Ljava/lang/String;)V 메서드를
                                // 호출해서 "Hello World!" 를 출력
        8: return
```

그리고 main 메서드는 다음과 같을 것이다.

```
public static void main(java.lang.String[]) throws java.lang.Exception;
    Code:
        0: invokedynamic #2,  0 // InvokeDynamic #0:run:
                                 // ()Ljava/lang/Runnable;
        5: astore_1
        6: new            #3    // java/lang/Thread 객체를 생성합니다.
        9: dup
       10: aload_1
       11: invokespecial #4    // java/lang/Thread."<init>"
                                // :(Ljava/lang/Runnable;)V 메서드를 호출해 Runnable을 전달
       14: astore_2
       15: aload_2
```

```
  16: invokevirtual #5        // java/lang/Thread.start:()V 메서드를 호출해 스레드를 시작
  19: aload_2
  20: invokevirtual #6        // java/lang/Thread.join:()V 메서드를 호출해 스레드 종료 대기
  23: return
```

invokedynamic은 특이한 형태의 팩토리 메서드 호출로 작동한다. 이 호출은 Runnable을 구현한 어떤 타입의 인스턴스를 반환한다. 바이트코드에서 정확한 타입이 지정되지 않으며 기본적으로 중요하지 않다. 실제 반환되는 타입은 컴파일 시간에 존재하지 않으며 런타임에 필요에 따라 생성된다.

invokedynamic 사이트는 항상 해당되는 부트스트랩 메서드를 가지고 있다는 것을 알고 있다. 이 간단한 Runnable 예제에서는 다음과 같이 클래스 파일의 해당 섹션에 단일 부트스트랩 메서드가 있다.

```
BootstrapMethods:
  0: #28 REF_invokeStatic java/lang/invoke/LambdaMetafactory.metafactory:
        (Ljava/lang/invoke/MethodHandles$Lookup;Ljava/lang/String;
        Ljava/lang/invoke/MethodType;Ljava/lang/invoke/MethodType;
        Ljava/lang/invoke/MethodHandle;Ljava/lang/invoke/MethodType;)
        Ljava/lang/invoke/CallSite;
    Method arguments:
      #29 ()V
      #30 REF_invokeStatic LambdaExample.lambda$main$0:()V
      #29 ()V
```

이것은 읽기가 조금 어려울 수 있으므로 같이 해석해보자. 이 호출 사이트의 부트스트랩 메서드는 상수 풀의 항목 #28인데, MethodHandle 타입의 항목이다. 이 메서드는 java.lang.invoke 패키지의 정적 팩토리 메서드인 LambdaMetafactory.metafactory()를 가리킨다. metafactory 메서드는 많은 인수가 필요하지만, 대부분 부트스트랩 메서드에 속하는 추가적인 정적 인수(항목 #29 및 #30)에서 제공한다.

단일 람다 표현식은 부트스트랩 메서드에 전달되는 세 개의 정적 인수를 생성하는데, 바로 람다의 시그니처, 람다의 실제 최종 호출 대상 메서드 핸들(즉 람다 본문), 시그니처의 지워진 형태[1]다.

1 　[옮긴이] 일반적으로 제네릭 타입이나 제네릭 메서드를 사용할 때 나타나는 형태를 가리킨다. 메서드의 시그니처(매개변수 타입 및 반환 타입)이 제네릭 타입을 포함하면, 컴파일러가 제네릭 타입 정보를 지워버리고 일반적인 타입(Object)으로 대체한 형태로 표현한다.

코드를 따라 `java.lang.invoke` 패키지로 들어가, 플랫폼이 metafactory를 사용해서 람다 표현식의 호출 대상 타입을 동적으로 생성하는 방법을 살펴보자. 부트스트랩 메서드, 즉 `metafactory` 메서드를 호출하면 항상 CallSite 객체가 반환된다. `invokedynamic` 명령이 실행될 때 호출 사이트에 포함된 메서드 핸들은 람다의 호출 대상 타입을 구현한 클래스의 인스턴스를 반환할 것이다.

[NOTE] `invokedynamic` 명령이 실행되지 않으면 동적으로 생성된 클래스가 생성되지 않는다.

`metafactory` 메서드의 소스 코드는 다음과 같이 비교적 간단하다.

```
public static CallSite metafactory(MethodHandles.Lookup caller,
                                   String invokedName,
                                   MethodType invokedType,
                                   MethodType samMethodType,
                                   MethodHandle implMethod,
                                   MethodType instantiatedMethodType)
        throws LambdaConversionException {
    AbstractValidatingLambdaMetafactory mf;
    mf = new InnerClassLambdaMetafactory(caller, invokedType,
                                         invokedName, samMethodType,
                                         implMethod,
                                         instantiatedMethodType,
                                         false, EMPTY_CLASS_ARRAY,
                                         EMPTY_MT_ARRAY);
    mf.validateMetafactoryArgs();
    return mf.buildCallSite();
}
```

조회(Lookup) 객체는 `invokedynamic` 명령이 존재하는 콘텍스트를 나타낸다. 여기서는 람다가 정의된 클래스와 동일한 클래스다. 따라서 조회 콘텍스트는 람다 본문이 컴파일된 비공개 메서드에 액세스할 수 있는 올바른 권한을 갖는다.

`invokedynamic`의 `invokedName`과 `invokedType`은 JVM에서 제공되며 구현의 세부적인 사항이다. 나머지 세 개의 매개변수는 부트스트랩 메서드에서 나오는 추가적인 정적 인수들이다.

현재의 람다 구현에서는 `metafactory` 메서드가 대상 유형을 구현하는 내부 클래스를 생성하기 위해 내부적으로 가려진 ASM 바이트코드 라이브러리의 복사본을 사용하는 코드를 위임한다. 그러나 이런 구현의 세부 사항은 향후에 변경될 수 있다.

마지막으로 `invokedynamic`를 사용해서 특별한 작업을 수행하는 사용자 정의 클래스를 만드는 것이 가능하다. 그러나 이러한 클래스를 생성하려면 바이트코드를 조작할 수 있는 라이브러리를 사용해서 invokedynamic 명령이 포함된 .class 파일을 생성해야 한다. 이를 위한 좋은 선택이 ASM 라이브러리(https://asm.ow2.org/)다. 우리는 이 라이브러리를 여러 번 언급했는데, 이 라이브러리는 잘 알려진 자바 프레임워크(JDK 자체를 포함해서 앞에서 언급한 대부분)에서 사용되는 강력한 라이브러리다. 이것으로 invokedynamic에 대한 이야기를 마치고, 이제 내부 구현에 대한 몇몇 작은 변경 사항에 대해 이야기해보자.

17.5 내부의 작은 변화들

때로는 작은 변경이 언어에 큰 영향을 미칠 수 있다. 이 절에서는 성능에 도움이 되거나 플랫폼의 오래된 결함을 수정하는 세 가지 작은 내부 변경 사항을 살펴보겠다. 먼저 문자열에 대해 이야기해보겠다.

17.5.1 문자열 연결

자바에서 String의 인스턴스는 사실상 불변이라는 점을 기억하자. 그렇다면 + 연산자로 두 문자열을 연결하면 어떻게 될까? JVM은 새로운 String 객체를 생성해야 하지만, 여기에서는 당장 눈에 보이는 것보다 더 많은 일이 진행되고 있다.

다음과 같이 main() 메서드가 있는 간단한 클래스를 생각해보자.

```java
public static void main(String[] args) {
  String str = "foo";
  if (args.length > 0) {
    str = args[0];
  }
  System.out.println("this is my string: " + str);
}
```

이 코드에 해당하는 자바 8의 바이트코드는 다음과 같다.

```
public static void main(java.lang.String[]);
Code:
  0: ldc #17            // 상수 풀에서 문자열 "foo"를 가져온다.
  2: astore_2
  3: aload_1
```

```
    4: arraylength          배열이 비어 있으면 명령문
    5: ifle 12          ◀   12로 이동한다.
    8: aload_1
    9: iconst_0
   10: aaload                                                    System.out을 스택에
   11: astore_2                                                     로드한다.
   12: getstatic #19      // java/lang/System.out:Ljava/io/PrintStream; 필드에 접근 ◀
   15: new #25           // java/lang/StringBuilder 클래스                        ◀
   18: dup                                                                      ◀
   19: ldc #27           // 상수 풀에서 문자열 "this is my string:"을 가져온다. ◀    StringBuilder를
   21: invokespecial #29 // 메서드 java/lang/                                   ◀   설정한다.
                         // StringBuilder."<init>"                            ◀
                         // :(Ljava/lang/String;)V                           ◀
   24: aload_2
   25: invokevirtual #32 // 메서드 java/lang/StringBuilder.append
                         // (Ljava/lang/String;)Ljava/lang/StringBuilder;
   28: invokevirtual #36 // 메서드 java/lang/
                         // StringBuilder.toString:        ◀   StringBuilder에서
                         // ()Ljava/lang/String;           ◀   문자열을 만든다.
   31: invokevirtual #40 // 메서드 java/io/                ◀
                         // PrintStream.println:           ◀   문자열을 출력한다.
                         // (Ljava/lang/String;)V          ◀
   34: return
```

이 바이트코드에서 몇 가지 주목할 점이 있다. 특히 StringBuilder의 등장은 약간 놀라울 수 있다. 우리는 몇 가지 문자열을 연결하도록 요청했지만, 바이트코드는 실제로 추가적인 객체를 생성하고 append()를 호출한 다음 toString()을 호출한다.

명령문 15~23은 임시 StringBuilder 객체를 만들기 위한 객체 생성 패턴(new, dup, invokespecial)을 보여준다. 그러나 이 경우에는 dup 이후에 ldc(상수 로드)도 포함된다. 이 변형된 패턴은 void가 아닌 생성자인 StringBuilder(String)를 호출하는 것을 나타낸다.

이 모든 이유는 자바의 문자열이 (효과적으로) 불변이기 때문이다. 문자열 내용을 연결해서 수정할 수 없으므로 대신 새로운 객체를 만들어야 한다. StringBuilder는 이를 수행하는 편리한 방법 중 하나다.

그런데 자바 11에서의 바이트코드 형태는 완전히 다르다.

```
public static void main(java.lang.String[]);
Code:
   0: ldc            #2      // String foo
```

```
 2: astore_1
 3: aload_0
 4: arraylength
 5: ifle         12
 8: aload_0
 9: iconst_0
10: aaload
11: astore_1
12: getstatic     #3        // 필드 java/lang/System.out:
                            // Ljava/io/PrintStream;
15: aload_1
16: invokedynamic #4,  0    // InvokeDynamic #0:makeConcatWithConstants:
                            // (Ljava/lang/String;)Ljava/lang/String;
21: invokevirtual #5        // Method java/io/PrintStream.println:
                            // (Ljava/lang/String;)V
24: return
```

첫 12개의 명령어는 자바 8에서와 동일하지만 그 이후에는 그렇지 않다. 가장 눈에 띄는 변경 사항 중 하나는 임시 객체 StringBuilder가 완전히 없어진 것이다. 대신, 명령어 16에 invokedynamic이 있다. 이것은 물론 부트스트랩 메서드를 필요로 한다.

```
BootstrapMethods:
  0: #23 REF_invokeStatic java/lang/invoke/StringConcatFactory.
     makeConcatWithConstants:(Ljava/lang/invoke/MethodHandles$Lookup;
     Ljava/lang/String;Ljava/lang/invoke/MethodType;
     Ljava/lang/String;[Ljava/lang/Object;)Ljava/lang/invoke/CallSite;
    Method arguments:
     #24 this is my string: \u0001
```

이것은 java.lang.invoke 패키지의 StringConcatFactory 클래스에 존재하는 정적 팩토리 메서드인 makeConcatWithConstants()의 동적 호출이다. 이 팩토리 메서드는 문자열(이 문자열은 특정 인수들을 연결하는 규칙 또는 방법을 나타낸다)을 입력으로 받아서 CallSite를 생성하며 이렇게 생성된 CallSite는 이 특정 경우를 처리하기 위해 사용된다.

일반적으로 이것은 JVM의 구현 코드 내부 깊숙한 곳에 있는 기능이다. 대부분의 보통 자바 코드들은 이런 메서드를 직접 호출하지 않고, 대신 JDK 코드나 라이브러리/프레임워크에 의존할 것이다.

NOTE 부트스트랩 메서드의 정적 인수에는 \u0001(유니코드 포인트 0001) 문자가 포함되는데, 이것은 연결 레시피(문자열 연결 방법)에 삽입될 보통의 인수를 나타내며, 연결 레시피에 동적으로 값을 삽입하여 문자열을 만드는 데 사용된다.

invokedynamic의 `CallSite`는 재사용할 수 있으며, 필요한 경우 구현 클래스를 동적으로 생성할 수 있다. 이런 구현은 `StringBuilder`의 일부로 공개하기 어려운 제로 카피_{zero copy} `String` 생성자와 같은 비공개 API에도 액세스할 수 있다.

17.5.2 콤팩트 문자열

자바를 처음 배울 때 원시 타입을 소개받았으며 자바에서 `char`는 2바이트라는 것을 배웠을 것이다. 내부적으로 자바 문자열은 문자열의 개별 문자를 보관하기 위해 `char[]`를 사용해서 구현된다는 것을 추측하는 것은 그리 어렵지 않다.

하지만 이것은 사실이 아니다. 자바 8과 이전 버전에서는 `String`의 내용이 `char[]`로 표시된다. 그러나 이 표현 방식은 명백하지 않은 효율성 문제를 일으킬 수 있으므로 조금 더 깊이 파헤쳐보겠다.

자바의 2바이트 문자(UTF-16 문자를 나타냄)는 서유럽 언어의 문자만 포함된 문자열의 경우, 각 문자의 첫 바이트가 항상 0이기 때문에 낭비가 있다. 이는 해당 언어의 문자열 저장 공간의 거의 50%를 낭비하며, 이는 매우 흔한 문제다.

이 문제를 해결하기 위해 자바 9에서는 문자열당 (현재) 두 가지 표현을 선택할 수 있는 성능 최적화 기능을 도입했는데, 각 문자열을 Latin-1(서유럽 언어의 경우) 또는 UTF-16(원래 표현)으로 인코딩할 수 있다.

> **NOTE** Latin-1은 표준 번호 ISO-8859-1로도 알려져 있다. 버터의 수분 함량을 측정하는 국제 표준인 ISO-8851과 혼동하지 말자.

내부적으로 문자열의 표현이 `byte[]`로 변경됐으며, 문자열이 Latin-1인 경우 `n`개의 문자로 구성된 문자열이 `n`바이트로, 그렇지 않은 경우 `n * 2`바이트로 표시된다. `java.lang.String`의 코드는 다음과 같다.

```
private final byte[] value;

/**
 * {@code value}의 바이트를 인코딩하는 데 사용되는 인코딩의 식별자로 여기에 지원되는
값은 다음과 같다.
 *
 * LATIN1
 * UTF16
 *
```

```
 * @implNote 이 필드는 가상머신에 의해 신뢰받으며, String 인스턴스가 상수인 경우에는 상수 폴딩의
대상이다.
 * 생성 후에 이 필드를 덮어쓰면 문제가 발생한다.
 */
private final byte coder;

static final byte LATIN1 = 0;
static final byte UTF16  = 1;
```

워크로드의 성격에 따라 일반적인 Latin-1의 경우 상당한 절감이 가능할 수 있다. 반면에 한중일 언어(중국어, 일본어, 한국어, 베트남어) 중 하나로 주로 텍스트를 처리하는 애플리케이션은 이러한 내부 변경으로 인한 공간 절약 효과를 볼 수 없다.

현장에서 서양 언어를 사용하는 애플리케이션은 이 변경만으로 자바 8에서 11로 전환할 때 최대 30% 또는 40%의 힙 크기를 절약할 수 있다. 힙 크기가 작아진다는 것은 컨테이너가 작아진다는 것을 의미하며, 이는 애플리케이션의 클라우드 컴퓨팅 비용을 눈에 띄게 절감할 수 있다는 의미로 해석할 수 있다.

이 논의를 마무리하기 위해 이 변경이 성능에 미치는 영향에 대해 간단히 언급하자면, 이는 성능을 실험 과학으로 간주하고 위에서 아래로 측정해야 하는 이유를 보여주는 좋은 예가 된다. 두 가지 다른 String 표현이 있다고 한다면, 문자열 연산을 Latin-1용과 UTF-16용으로 각각 구현해야 하므로 더 많은 코드를 실행해야 하며, 코드가 coder를 검사하고 결과에 따라 분기해야 한다.

그러나 성능에 대한 핵심적인 질문은 '추가적인 코드가 중요한가?' 즉 이점이 '복잡성 수준'으로 인한 비용보다 더 큰가 하는 것이다. 변경에 의한 이점은 다음과 같다.

* 더 작은 힙 크기
* 잠재적으로 더 빠른 가비지 컬렉션 시간
* Latin-1 문자열에 대한 더 나은 캐시 지역성

또한 추가된 비교 및 분기 연산이 실제로 실행되는 코드 양에 얼마나 영향을 미치는지에 대한 의문을 제기할 수 있다. JIT 컴파일러는 명확하지 않은 최적화를 많이 수행하고, 캐시가 누락된 데이터를 기다리는 시간을 활용할 수 있으므로 콤팩트 문자열에 필요한 추가 작업이 성능에 미치는 영향은 미미할 수 있다.

일반적으로 '실행된 명령어를 세는 것'은 자바 성능을 판단하는 좋은 방법이 아니다.

다양한 요소들 간의 이 상반된 상충 관계의 균형은 대규모 관측치의 측정에 의해서만 결정할 수 있는데, 이 성능 모델이 바로 우리가 7장에서 논의한 것이다. 이 경우에는 더 작은 힙 크기가 더 작은 컨테이너를 사용할 수 있기 때문에 클라우드 호스팅 비용을 직접적으로 줄일 수 있다.

17.5.3 네스트메이트

네스트메이트nestmate는 JEP 181: 네스트 기반 접근 제어nest based access control에서 명시됐으며, 이 변경은 기본적으로 자바 1.1부터 내부 클래스와 관련된 구현 해킹implementation hack[2]을 수정한 것이다. 예제를 살펴보고 네스트메이트를 지원하기 위해 바이트코드에 적용된 변경 사항을 살펴보겠다.

```
public class Outer {
    private int i = 0;

    public class Inner {
        public int i() {
            return i;
        }
    }
}
```

이 코드를 컴파일하면 자바 8로 컴파일하든 17로 컴파일하든 두 개의 개별 클래스 파일이 생성된다. 그러나 바이트코드는 각 경우에 따라 다르다. javap을 사용하여 두 경우의 차이를 살펴볼 수 있다. 다음은 자바 8의 경우다.

```
Compiled from "Outer.java"
public class Outer {
  private int i;

  public Outer();
    Code:
       0: aload_0
       1: invokespecial #2         // Method java/lang/Object."<init>":()V
       4: aload_0
       5: iconst_0
       6: putfield       #1         // 필드 i:I
```

---

2   (옮긴이) 일반적으로 원래 설계에서 의도하지 않은 방식으로 시스템을 수정하거나 동작을 변경하는 것을 가리키는 용어다.

```
        9: return

   static int access$000(Outer);   ◄─┐   컴파일러가 이 브릿지
      Code:                          │   메서드(bridge method)를
         0: aload_0                  │   삽입했다.
         1: getfield      #1      // 필드 i:I
         4: ireturn
}
```

내부 클래스에 대한 별도의 클래스 파일은 다음과 같다.

```
Compiled from "Outer.java"
public class Outer$Inner {
  final Outer this$0;

  public Outer$Inner(Outer);
    Code:
       0: aload_0
       1: aload_1
       2: putfield       #1     // 필드 this$0:LOuter;
       5: aload_0
       6: invokespecial #2     // Method java/lang/Object."<init>":()V
       9: return

  public int i();
    Code:
       0: aload_0
       1: getfield       #1     // 필드 this$0:LOuter;     브릿지 메서드가 여기서
       4: invokestatic  #3     // Method     ◄─────────     사용된다.
                               // Outer.access$000:(LOuter;)I

       7: ireturn
}
```

합성 접근 메서드synthetic access method(또는 브릿지 메서드) access$000가 외부 클래스에 추가돼 내부 클래스에서 접근하는 private 필드에 package-private 접근을 제공한다는 점에 주목하자. 이제 소스를 자바 17(또는 11)에서 다시 컴파일해서 바이트코드에 어떤 일이 발생하는지 살펴보겠다.

```
Compiled from "Outer.java"
public class Outer {
  private int i;

  public Outer();
```

```
    Code:
       0: aload_0
       1: invokespecial #2          // Method java/lang/Object."<init>":()V
       4: aload_0
       5: iconst_0
       6: putfield      #1          // 필드 i:I
       9: return
}
```

인위적으로 만들어진 액세스 메서드가 완전히 사라졌다. 대신 다음에 표시된 내부 클래스를 보자.

```
Compiled from "Outer.java"
public class Outer$Inner {
  final Outer this$0;

  public Outer$Inner(Outer);
    Code:
       0: aload_0
       1: aload_1
       2: putfield      #1       // 필드 this$0:LOuter;
       5: aload_0
       6: invokespecial #2       // Method java/lang/Object."<init>":()V
       9: return

  public int i();
    Code:
       0: aload_0
       1: getfield      #1       // 필드 this$0:LOuter;
       4: getfield      #3       // 필드 Outer.i:I
       7: ireturn
}
```

이제 다음과 같이 private 필드에 직접 액세스할 수 있다.

```
SourceFile: "Outer.java"
NestMembers:
  Outer$Inner
InnerClasses:
  public #6= #5 of #3;                   // Inner=class Outer$Inner of class Outer
```

자바 11에서는 중첩 클래스nested class라는 기존 개념을 일반화한 네스트 개념을 도입했다. 이전 버전의 자바에서는 동일한 접근 제어 콘텍스트를 공유하려면 한 클래스의 소스 코드가 다른 클래스의 소스 코드 내부에 물리적으로 위치해야 했다. 새로운 개념에서는 클래스 파일 그룹이 네스트를 형성할 수 있으며, 네스트메이트는 공통 접근 제어 메커니즘을 공유하고, private 멤버를 포함해서 서로에 대해 무제한으로 직접(및 리플렉션을 사용한) 액세스 권한을 가진다.

[NOTE] 네스트메이트의 등장으로 앞서 `invokespecial`에 대해 논의할 때 본 것처럼 `private`의 의미가 미묘하게 바뀌었다.

이 변경은 실제로 작은 변화이지만, 완벽하지 않은 구현상의 일부 결함을 제거할 뿐만 아니라 향후 플랫폼의 변화를 위해 필요하다. 이제 작은 변경 사항에서 한 걸음 더 나아가 JVM 내부의 주요(그리고 가장 악명 높은?) 측면 중 하나인 `Unsafe` 클래스에 대해 논의해보겠다.

17.6 Unsafe

자바 플랫폼에서 어떤 기능이나 동작이 '마법 같다'라는 느낌을 준다면, 일반적으로 이를 수행하기 위해 세 가지 주요 메커니즘 중 하나를 사용하는 것이다. 리플렉션, 클래스 로딩(바이트코드 변환 포함) 또는 `Unsafe`이다.

자바의 고급 사용자는 필요할 때만 사용하더라도 이 세 가지 기술을 모두 이해하려고 노력할 것이다. '무엇이든 할 수 있다고 해서 반드시 해야 하는 것은 아니다'라는 원칙은 소프트웨어 설계에서도 다른 곳과 마찬가지로 디자인을 선택할 때 적용된다.

이 세 가지 중에서 `Unsafe`가 가장 잠재적으로 위험한(동시에 강력한) 이유는 플랫폼의 잘 정립된 규칙을 어기지 않으면 불가능한 특정 작업을 수행할 수 있는 방법을 제공하기 때문이다. 예를 들어 `Unsafe`를 사용하면 자바 코드가 다음과 같은 작업을 수행할 수 있다.

- 하드웨어 CPU 기능에 직접 액세스할 수 있다.
- 객체의 생성자를 실행하지 않고 객체를 생성할 수 있다.
- 일반적인 검증 과정을 거치지 않고 진정한 익명 클래스를 생성할 수 있다.
- 오프 힙 메모리를 수동으로 관리할 수 있다.
- 다양한 '불가능한' 작업을 수행할 수 있다.

자바 8의 `Unsafe` 클래스인 `sun.misc.Unsafe`는 그 자체의 성격을 바로 알려준다. 클래스 이름뿐만 아니라 위치한 패키지도 함께 고려해야 한다. `sun.misc` 패키지는 내부적인 구현에 관한 위치로서, 자바 코드가 직접 접근해서는 안 된다.

자바 9 이상 버전에서는 해당 기능이 `jdk.unsupported`라는 모듈로 이전됐기 때문에 Unsafe에 대한 위험성이 더욱 명확해졌다.

물론 자바 라이브러리는 이러한 유형의 구현 세부 정보에 직접 연결해서는 안 된다. 이러한 관점을 강화하기 위해 자바 플랫폼 유지 보수자들은 오랫동안 규칙을 위반하고 내부 세부 정보에 연결하는 최종 사용자는 스스로 위험을 감수해야 한다는 태도를 견지해왔다.

그러나 불편한 진실은 이 API가 현재 지원되지 않는 상태임에도 라이브러리 작성자들이 광범위하게 사용하고 있다는 것이다. 자바의 공식 표준은 아니지만, 다양한 안전성을 위해 필요한 플랫폼 기능의 쓰레기 처리장이 됐다.

이를 설명하기 위해 Unsafe의 고전적인 사용 사례 중 하나인 '비교 및 교체compare and swap' 또는 CAS로 알려진 하드웨어 기능을 살펴보겠다. 이 기능은 현대의 거의 모든 CPU에서 사용 가능하지만, 자바의 메모리 모델에는 포함되지 않은 것으로 잘 알려져 있다.

이 예제에서는 5장에서 만났던 Account 클래스를 떠올려보겠다. 기술적인 이유로 이 절에서는 잔액이 double이 아닌 int라고 가정하겠다.

Account 인터페이스는 다음과 같이 정의된다.

```java
public interface Account {
    boolean withdraw(int amount);

    void deposit(int amount);

    int getBalance();

    boolean transferTo(Account other, int amount);
}
```

두 가지 방법으로 구현해보겠다. 먼저 규칙을 준수하고 동기화를 사용하는 방법을 사용할 것이다. 인터페이스의 두 가지 메서드는 SynchronizedAccount에서 다음과 같이 구현된다.

```java
public class SynchronizedAccount implements Account {
    private int balance;
```

```
    public SynchronizedAccount(int openingBalance) {
        balance = openingBalance;
    }

    @Override
    public int getBalance() {
        synchronized (this) {
            return balance;
        }
    }

    @Override
    public void deposit(int amount) {
        // 금액이 0보다 큰지 확인하고, 그렇지 않은 경우 throw
        synchronized (this) {
            balance = balance + amount;
        }
    }
}
```

이제 이를 원자적이고 Unsafe를 사용한 구현과 비교해보겠다. 이 구현은 리플렉션을 통해 Unsafe 클래스에 접근해야 하므로 상당한 양의 상용구 코드가 포함된다.

```
public class AtomicAccount implements Account {
    private static final Unsafe unsafe;        ◄─── Unsafe 객체의 복사본
    private static final long balanceOffset;   ◄──────────────── 객체 시작 위치와 관련된
                                                                 balance 필드에 대한
                                                                 포인터 오프셋의 숫자값
    private volatile int balance = 0;          ◄─── 실제 balance 필드

    static {
        try {
            Field f = Unsafe.class.getDeclaredField("theUnsafe");
            f.setAccessible(true);                리플렉션을 통해
            unsafe = (Unsafe) f.get(null);   ◄─┘ Unsafe 객체 조회
            balanceOffset = unsafe.objectFieldOffset(  ◄─── 포인터 오프셋을 계산
                            AtomicAccount.class
                                .getDeclaredField("balance"));
        } catch (Exception ex) { throw new Error(ex); }
    }

    public AtomicAccount(int openingBalance) {
        balance = openingBalance;
    }

    @Override
```

```
    public double getBalance() {
        return balance;    ◀─── 잠금 없이 balance를 읽는다
    }                           (volatile 키워드 사용).

    @Override
    public void deposit(int amount) {
        // 금액이 0보다 큰지 확인하고, 그렇지 않은 경우 throw
        unsafe.getAndAddInt(this,
                         balanceOffset, amount);    ◀─── compare-and-swap(CAS)
    }                                                    연산을 사용해서 balance
                                                         업데이트
    // ...
```

이 예제에서는 자바에서 불가능한 것으로 여겨지는 여러 가지 작업을 수행한다. 첫째로, AtomicAccount 객체의 시작 위치를 기준으로 필드 value가 위치한 포인터의 오프셋(필드값이 객체 시작 위치로부터 얼마나 떨어져 있는지)을 계산한다. 이것은 JVM 바이트코드 명령의 순서로 이를 제공할 수 있는 방법은 없으며, JVM의 내부 데이터 구조에 직접 액세스하는 네이티브 코드만 가능하다. Unsafe 객체의 objectFieldOffset() 메서드를 사용하면 이 작업을 수행할 수 있다.

둘째로, 잔고balance에 대해 락 없이 원자적인 더하기add 작업을 수행한다. 자바 메모리 모델의 조건 내에서 이것은 불가능하다. 왜냐하면 volatile은 읽기 또는 쓰기 중 하나만 허용하지만 더하기는 읽기와 쓰기 모두 필요하기 때문이다. 이 작업이 어떻게 수행되는지 보기 위해 Unsafe 클래스의 getAndAddInt() 메서드의 코드를 살펴보겠다.

```
    public final int getAndAddInt(Object o, long offset, int delta) {
        int v;
        do {
            v = getIntVolatile(o, offset);    ◀─┐ 프로그래밍 방식의
        } while (!compareAndSetInt(o, offset, v, v + delta));    volatile 접근
        return v;                                    ◀─── 저수준 compare-and-
    }                                                     swap 연산
```

이 코드에서는 변수가 선언된 방식이 아닌 메모리 액세스 모드(이 경우 volatile)를 선택하고 있으며, 포인터 오프셋을 통해 직접 메모리에 액세스한다. 이것 역시 일반적인 자바에서는 불가능한 작업이다.

NOTE JDK 11 이상의 구현에서는 캡슐화 이유로 '내부 Unsafe' 객체를 사용한다. 내부 Unsafe를 사용하는 코드가 바로 앞에 설명한 코드다.

compare-and-swap 메서드의 의미는 다음과 같다. 주어진 객체 `o`에서, 객체 헤더의 시작 위치로부터 주어진 오프셋에 있는 필드에 대해 다음과 같은 단일 CPU 작업을 수행한다.

- 메모리 위치(4 바이트)의 현재 상태를 `int v`와 비교한다.
- `v`의 값이 일치하는 경우, 그 값을 `v + delta`로 업데이트한다.
- 교체가 성공하면 `true`를 반환하고, 실패하면 `false`를 반환한다.

교체가 실패하는 경우는 다른 CPU에서 활성화돼 실행 중인 스레드가 volatile 읽기와 CAS 사이에서 메모리 위치를 업데이트했을 때다. 그럴 경우 `compareAndSetInt()` 메서드는 `false`를 반환하며, `do-while` 루프는 또 다른 시도를 하도록 돌린다.

따라서 이러한 타입의 연산은 잠금이 없지만 루프가 없진 않다. 많은 스레드가 작업 중인 경합이 심한 필드의 경우 원자적 덧셈이 성공하기 전까지 루프를 한참 돌려야 할 수도 있지만, 업데이트 손실의 가능성은 없다.

[NOTE] JDK 코드를 더 자세히 살펴보면 `AtomicInteger`에 대해 JDK가 실제로 수행하는 것과 거의 유사한 구현임을 알 수 있다.

완성도를 높이기 위해 `withdraw()` 구현도 함께 살펴보자.

```
@Override
public boolean withdraw(int amount) {
    // 금액이 0보다 큰지 확인하고, 그렇지 않은 경우 throw
    var currBal = balance;   ◄─── balance의 volatile 읽기
    var newBal = currBal: amount;
    if (newBal >= 0) {                    저수준 compare-and-
        if (unsafe.compareAndSwapInt(this,   swap을 통해 balance를
                                          ◄─── 업데이트하려는 시도
                            balanceOffset,
                            currBal, newBal)) {
            return true;
        }
    }
    return false;
}
```

이 경우는 조금 다른데, balance 업데이트에 저수준 API를 직접 사용하기 때문이다. 이는 계정 잔액이 마이너스가 돼서는 안 된다는 제약 조건을 유지해야 하기 때문에 필요하다. 이를 위해서는 `newBal`에 대한 검사 같은 추가적인 작업이 필요하다.

입금의 경우, 상위 수준 API를 사용해서 성공할 때까지 반복할 수 있다. 하지만 이는 계좌의 상태에 관계없이 항상 돈을 입금할 수 있다. 여기서 동일한 기술을 사용하면 계좌에 충분한 금액이 없을 수도 있기 때문에 인출이 무한정 반복될 수 있다.

대신 한 번만 시도하고 CAS 연산이 실패하면 인출에 실패하는 접근 방식을 취한다. 이렇게 하면 동일한 자금을 청구하려는 두 출금 작업의 경쟁 조건이 제거되지만, 다른 스레드에서 발생하는 입금으로 인해(volatile 읽기 후 잔고를 변경함으로써) 성공해야 할 출금이 임의로 실패할 수 있다는 부작용이 있다.

> **NOTE** 임의의 실패를 줄이기 위해 인출 코드에 `for` 루프를 도입할 수 있지만, 이것은 반드시 끝이 날 수 있는 루프여야 한다.

성능적인 면에서, 이 두 접근법 간의 차이는 상당히 크다. 현대 하드웨어에서 Unsafe 구현은 대략 2배에서 3배 정도 더 빠르다. 그러나 이러한 기술을 엔드 유저 코드에서 사용해서는 안 된다. 이미 언급한 대로 현대의 대부분의 프레임워크는 이미 Unsafe를 사용한다. 프레임워크에서 제공하는 것을 사용하는 대신, Unsafe에 직접 코딩하는 경우에는 성능상의 혜택이 거의 없을 것이다.

무엇보다 중요한 것은 이렇게 하면 사용자 코드의 규칙을 반드시 따르지 않는 내부 기능을 사용함으로써 자바 명세의 규칙을 위반하게 된다는 것이다. 다음 절에서는 최신 버전의 자바가 지원되지 않는 API를 줄이고 완전히 지원되는 대안으로 대체하려는 시도에 대해 설명한다.

17.7 지원되는 API로 Unsafe 대체하기

2장에서 자바 모듈을 만났던 것을 기억할 것이다. 이 캡슐화 메커니즘은 엄격한 내보내기 기능을 제공하며 내부 패키지에서 코드를 호출할 수 있는 기능을 제거한다. 이것이 Unsafe와 이를 사용하는 코드에 어떤 영향을 미칠까?

리플렉션으로 Unsafe에 대한 액세스를 허용하지 않는 자바 버전으로 업그레이드하는 것은 Unsafe에 의존하는 많은 프레임워크와 라이브러리로 인해 불가능할 것이다.

> **NOTE** Unsafe 객체는 이미 자바 플랫폼에서 JDK 코드가 아닌 코드에 대한 직접적인 액세스를 막기 때문에 리플렉션을 사용해 액세스해야 한다.

자바 11+에서 모듈 시스템은 `jdk.unsupported` 모듈을 제공한다. 이 모듈은 다음과 같이 선언된다.

```
module jdk.unsupported {
    exports sun.misc;
    exports sun.reflect;
    exports com.sun.nio.file;

    opens sun.misc;
    opens sun.reflect;
}
```

이 코드는 명시적으로 지원되지 않는 모듈에 의존하는 모든 애플리케이션에 액세스 권한을 제공하며, 중요한 점은 sun.misc라는 Unsafe를 포함한 패키지에 대한 제한 없는 리플렉션으로 액세스도 제공한다. 이렇게 하면 Unsafe를 더 모듈 친화적인 형태로 전환하는 데 도움이 되지만, 이러한 문제가 되는 액세스를 얼마나 오래 유지해야 하는지에 대한 의문이 생길 수 있다.

이것은 Unsafe에 일시적인 허용을 용인해주는 것으로, 진짜 해결책은 자바 플랫폼 팀이 sun.misc.Unsafe를 '안전한' 기능으로 대체할 수 있는 새로 지원되는 API를 생성하고, 자바 라이브러리 작성자가 새로운 API로 마이그레이션할 시간을 가진 후에 jdk.unsupported 모듈을 제거하거나 비활성화하는 것이다.

NOTE Unsafe를 비활성화하는 것은 매우 다양한 프레임워크를 사용하는 모든 사람에게 영향을 미친다. 자바 생태계의 거의 모든 복잡한 응용 프로그램이 어떤 식으로든 간접적으로 Unsafe에 의존한다고 해도 과언이 아니다.

제거해야 할 주요 Unsafe API 중 하나는 getIntVolatile()과 같은 메모리에 대한 프로그래밍 방식의 액세스 모드다. 이를 대체할 수 있는 것이 다음 절의 주제인 VarHandles API다.

17.7.1 VarHandles

자바 9에 도입된 VarHandles API는 메서드 핸들 개념을 확장해서 필드와 메모리 액세스에 유사한 기능을 제공한다. 5장에서 설명한 것처럼 자바 메모리 모델에서는 일반 액세스와 volatile('CPU 캐시를 무시하고 메인 메모리에서 다시 읽고 읽기가 완료될 때까지 대기')이라는 두 가지 메모리 액세스 모드만 제공된다. 그뿐만 아니라 자바 언어는 필드 수준에서 이런 모드를 표시할 수 있는 방법을 제공한다. 필드가 명시적으로 volatile로 선언되지 않는 한 모든 액세스는 일반 모드에서 수행되며, volatile로 선언된 경우 해당 필드에 대한 모든 액세스는 volatile 모드에서 수행된다. 이러한 규정이 최신 애플리케이션에 적합하지 않은 경우에는 어떻게 해야 할까?

Volatile은 자바 언어에서 가상의 개념이다. 메모리는 단지 메모리일 뿐이며 Volatile 액세스 메모리 칩과 일반 액세스 메모리 칩의 공간이 별도로 존재하지 않는다.

VarHandles의 중요한 목표 중 하나는 메모리에 새로운 액세스 방식을 허용하는 것이다. 즉 CAS나 일반적인 volatile 액세스와 같은 작업을 수행하는 Unsafe 사용에 대해 지원이 가능한 더 나은 대안적인 방법을 제공하는 것이다.

이를 실제로 확인하기 위해 간단한 예제를 살펴보자. 예제에서는 계정(Account) 클래스에서 Unsafe를 대체하기 위해 VarHandles를 사용하는 방법을 보여준다.

```java
public class VHAccount implements Account {
    private static final VarHandle vh;
    private volatile int balance = 0;

    static {
        try {
            var l = MethodHandles.lookup();          ◄── Lookup 객체를 생성한다.
            vh = l.findVarHandle(VHAccount.class,
                                 "balance", int.class);   ◄── 잔액에 대한 VarHandle을
                                                              가져와 캐시한다.
        } catch (Exception ex) { throw new Error(ex); }
    }

    @Override
    public void deposit(int amount) {
        // amount > 0인지 확인하고 그렇지 않으면 throw
        vh.getAndAdd(this, amount);      ◄── VarHandle이 가진 volatile 메모리
    }                                         시멘틱[3]을 따르는 메서드들을
                                              사용해서 필드에 액세스한다.
    // ...
}
```

이것은 Unsafe를 사용하는 버전과 기능적으로 동일하지만 이제 완전히 지원되는 API만을 사용한다.

MethodHandles.Lookup의 사용은 중요한 변경 사항이다. 리플렉션과는 달리 Lookup 객체는 private 필드에 액세스하기 위해 setAccessible()을 사용하는 대신 호출 콘텍스트가 가진 권한을 가지고 있는데, 이는 private 필드 balance에 대한 액세스를 포함한다.

---

3 [옮긴이] 컴퓨팅 및 병렬 처리에서 메모리 의미론(memory semantic)은 공유 메모리 위치에 대한 액세스를 제어하거나 더 높은 수준에서 여러 스레드나 프로세서가 있는 공유 변수에 대한 액세스를 제어하는 데 사용되는 프로세스 로직을 표현한다.

리플렉션에서 메서드나 필드 핸들로의 마이그레이션은 자바 8의 Unsafe에 있던 여러 메서드가 이제 지원되지 않는unsupported API에서 제거될 수 있음을 의미하며, 여기에는 다음이 포함된다.

- compareAndSwapInt()
- compareAndSwapLong()
- compareAndSwapObject()

이런 메서드에 대응하는 메서드는 VarHandle에서 찾을 수 있으며 유용한 접근자 메서드도 포함돼 있다. 또한 일반 및 volatile 액세스 모드에는 모두 원시 타입과 객체에 대한 get, put 메서드와 효율적인 더하기 연산을 구성하는 데 사용되는 다음과 같은 메서드들도 있다.

- getAndAddInt()
- getAndAddLong()
- getAndSetInt()
- getAndSetLong()
- getAndSetObject()

VarHandles의 또 다른 주요 목표 중 하나는 JDK 9 이후에 제공되는 새로운 메모리 순서 모드에 대한 저수준 액세스를 허용하는 것이다. 자바 9의 이런 새로운 동시성 배리어barrier 모드는 자바 메모리 모델에 다소 간단한 업데이트를 필요로 한다.

전반적으로 Unsafe의 실질적인 API 대안을 만드는 데 있어 분명한 진전이 있었다. 예를 들어 이제 Unsafe의 getCallerClass() 함수는 VarHandles 외에도 JEP 259에 정의된 스택 워킹 API stack walking API에서 사용할 수 있다(https://openjdk.java.net/jeps/259 참조). 하지만 아직 해야 할 일이 더 많은 것이 사실이다.

17.7.2 히든 클래스

히든 클래스hidden class는 JEP 371(https://openjdk.java.net/jeps/371)에서 설명한 내부 기능으로, 주로 플랫폼 및 프레임워크 작성자를 위해 설계됐다. 이 JEP는 Unsafe를 사용하는 가장 일반적인 용도로, 다른 클래스에서 직접 사용할 수 없지만 간접적으로 처리할 수 있는 클래스를 동적으로 생성하고자 할 때 지원되는 API를 제공하는 것을 목표로 한다.

이런 클래스는 때로 **익명 클래스**anonymous class로 언급되기도 하며, `Unsafe`의 메서드로 `defineAnonymousClass()`라고 불린다. 그러나 이 용어는 일반적인 자바 애플리케이션 코드의 맥락에서, 다음과 같이 정적 유형을 인터페이스로 선언하는 일부 인터페이스의 중첩 구현을 의미하기 때문에 개발자에게는 혼란을 줄 수 있다.

```java
public class Scratch {
    public void foo() {
        Runnable r = new Runnable() {
            @Override
            public void run() {
                System.out.println("Only way possible before lambdas!");
            }
        };
    }
}
```

이를 보통 'Runnable의 익명 구현'이라고 부르지만, 이와 같은 클래스는 실제로 익명이 아니라 컴파일러가 Scratch$1과 같은 이름의 실제 사용 가능한 자바 클래스를 생성한다. 자바 소스 코드에서는 클래스 이름을 사용할 수 없지만 해당 이름을 사용해서 클래스를 찾아 리플렉션으로 액세스한 다음, 다른 클래스와 마찬가지로 사용할 수 있다.

히든 클래스 역시 진정한 익명 클래스가 아니며, 해당 클래스 객체에서 직접 `getName()`을 호출해서 사용할 수 있는 이름이 있다. 이 이름은 진단diagnostic, JVMTI 또는 JFRJDK Flight Recorder 이벤트를 비롯한 여러 다른 위치에도 표시될 수 있다. 그러나 히든 클래스는 클래스로더나 리플렉션을 사용하는 등의 일반 클래스를 찾을 수 있는 방법(예: `Class.forName()`을 통한 방법)으로는 찾을 수 없다.

히든 클래스는 일반 클래스와 명시적으로 다른 네임스페이스에 배치하는 방식으로 이름을 지정하여, 다른 모든 클래스에서 해당 클래스를 효과적으로 보이지 않게 만드는 매우 특이한 형식의 이름을 사용한다.

이 명명 체계는 JVM에서 클래스가 일반적으로 두 가지 형태의 이름을 가지는 사실을 이용한다. 첫 번째는 이진 이름(`com.acme.Gadget`)이며, 이는 클래스 객체에서 `getName()`을 호출해서 반환된다. 두 번째는 내부 형식(`com/acme/Gadget`)이다. 히든 클래스의 이름은 이러한 패턴과 일치하지 않도록 지정된다. 대신, 히든 클래스의 클래스 객체에 `getName()`을 호출하면 `com.acme.Gadget/1234`와 같은 이름이 반환된다. 이것은 이진 이름도 내부 형식도 아닌 것이며, 이 이름과 일치하는 일반 클래스를 만들려고 시도하면 실패한다. 히든 클래스를 만드는 예제를 간단히 살펴보겠다.

```
var fName = "/Users/ben/projects/books/resources/Ch15/ch15/Concat.class";
var buffy = Files.readAllBytes(Path.of(fName));
var lookup = MethodHandles.lookup();
var hiddenLookup = lookup.defineHiddenClass(buffy, true);
var klazz = hiddenLookup.lookupClass();
System.out.println(klazz.getName());
```

이러한 명명 체계의 한 가지 장점(그리고 이러한 방식으로 히든 클래스를 구분하는 것)은 JVM의 클래스 로딩 메커니즘이 적용하는 통상적인 엄격한 조사를 받을 필요가 없다는 것이다. 이것은 히든 클래스가 일반적인 자바 클래스에 적용되는 보편적인 검사를 벗어난 기능이 필요한 프레임워크 작성자와 기타 사용자가 사용하기 위한 것이라는 전체적인 설계에 부합한다.

NOTE 히든 클래스는 자바 15의 일부로 제공됐으며 자바 11에서는 사용할 수 없다.

`Unsafe` 클래스의 맥락에서, JEP 371은 `Unsafe` 클래스에서 `defineAnonymousClass()` 메서드를 더 이상 사용하지 않는 것을 목표로 하며, 향후 릴리스에서 이 메서드를 제거하는 것이 최종 목표다. 이것은 순전히 내부적인 변경 사항으로, 적어도 처음에는 히든 클래스의 도입이 자바 프로그래밍 언어를 어떤 방식으로 든 변경할 것을 제안하지 않는다. 그러나 `LambdaMetaFactory`, `StringConcatFactory`, 기타 유연한 팩토리flexible factory 메서드와 같은 클래스의 구현은 새로운 API를 사용하도록 업데이트될 가능성이 높다.

요약

자바는 C++과 같은 언어에서 쉽게 사용할 수 없는 런타임 인트로스펙션과 동적 동작을 위한 여러 가지 기능을 제공한다.

- 리플렉션
- 메서드 핸들
- `invokedynamic`
- `Unsafe`

CHAPTER 18

앞으로의 자바

. . . .

이 장의 주요 내용

- **프로젝트 앰버**
- **프로젝트 파나마**
- **프로젝트 룸**
- **프로젝트 발할라**
- **자바 18**

. . . .

이 장에서는 자바 17 출시 이후의 자바 언어와 플랫폼의 개발 사항을 다루며, 아직 출시되지 않은 향후 업데이트에 대한 이야기로 구성된다. 자바 언어와 플랫폼의 새로운 방향은 JEP에 의해 관리되지만, 이는 특정 기능의 구현에 대한 설명이다. 더 높은 수준에서는 현재 진행 중이거나 향후 몇 년 동안 제공될 주요 변경 사항을 구현하는 여러 대규모의 장기 프로젝트가 OpenJDK 내에 있다.

각 프로젝트를 차례로 살펴본 다음 자바 18을 살펴보겠다. 먼저 패턴 매칭에 대한 자세한 이야기와 패턴 매칭이 중요한 기능인 이유를 들어보는 프로젝트 앰버부터 시작하겠다.

18.1 프로젝트 앰버

현재 OpenJDK의 주요 프로젝트 중 완성 단계에 가장 근접한 것은 **프로젝트 앰버**Project Amber다. 또한 개발자의 일상적인 작업 측면에서 상대적으로 이해하기 쉽다는 장점도 있다. 프로젝트 헌장에 따르면 다음과 같다.

> 프로젝트 앰버의 목표는 더 작고 생산성 지향적인 자바 언어의 기능을 탐색하고 인큐베이터하는 것이다.
>
> 프로젝트 앰버(https://openjdk.java.net/projects/amber/)

프로젝트의 주요 목표는 다음과 같다.

- 로컬 변수 타입 추론(제공됨)
- switch 표현식(제공됨)
- 레코드(제공됨)
- Sealed 타입(제공됨)
- 패턴 매칭

보다시피, 이러한 기능 중 상당수가 자바 17부터 제공됐으며 매우 유용하다!

앰버의 마지막 주요 기능은 **패턴 매칭**pattern matching이다. 3장에서 살펴본 바와 같이, 패턴 매칭은 단계적으로 도입되고 있는데, 그 첫 번째가 `instanceof`에서 타입 패턴을 사용하는 것이다. 또한 `switch`에서 패턴의 프리뷰 버전도 만나보았다.

다른 프로젝트 앰버의 기능들처럼, `switch` 패턴도 비슷한 생명 주기를 따를 것으로 예상하는 것이 합리적이다. 즉 처음에는 첫 번째 프리뷰(프리뷰) 단계를 거쳐서, 그다음에 두 번째 프리뷰 단계를 거치고, 그 후에 표준 기능으로 제공될 것으로 예상된다.

앞으로 더 많은 JEP들이 계획돼 있다. 패턴 매칭의 기본적인 형태를 완료하는 것뿐만 아니라 추가적인 형태의 패턴들도 추가될 예정이다. 이것은 릴리스 주기가 '2년마다 장기 지원 버전' 모델로 변경되면서, 자바 18이나 19에서 처음에 프리뷰로 제공된 내용들이 다음으로 예정된 장기 지원 버전에서 정식 버전으로 출시할 수 있다는 것을 의미한다.

예를 들어 현재 프리뷰 버전의 패턴 매칭에서 Sealed 타입이 얼마나 효과적으로 사용되는지 이미 살펴보았다. Sealed 타입이 없었다면 지금과 같은 형태의 패턴 매칭도 그다지 유용하지 않았을 것이다. 비슷한 방식으로, 패턴에서 레코드의 가장 중요한 사용 방법 중 일부는 아직 제공되지 않았다. 특히 **구조 분해 패턴**deconstruction pattern은 패턴의 일부로 레코드를 그 구성 컴포넌트들로 분해할 수 있게 해줄 것이다.

[NOTE] 파이썬이나 자바스크립트 또는 다른 언어로 프로그래밍한 적이 있다면, 구조 분해에 익숙할 수 있다. 자바에서의 구조 분해 개념은 그것들과 유사하지만 자바의 명목 타입 시스템에 따라 안내된다.

이것은 레코드가 구성 컴포넌트들이 가진 의미에 의해 정의되기 때문에 가능한데, 레코드는 말 그대로 컴포넌트들의 합에 불과하다. 따라서 레코드를 컴포넌트들을 함께 조합해서 생성할 수 있다면, 컴포넌트의 의미나 동작에는 영향을 미치지 않고 그 구성 컴포넌트로 분해할 수 있다는 것을 의미한다.

이 글을 쓰는 시점에 이 기능은 아직 메인 라인 JDK 개발이나 앰버 전용 JDK 레포지토리에 적용되지 않았다. 그러나 구문은 다음과 같을 것으로 예상된다.

```
FXOrder order = // ...

// 경고: 이 코드 구문은 예상으로 작성된 것이다!!!

var isMarket = switch (order) {
    case MarketOrder(int units, CurrencyPair pair, Side side,
                     LocalDateTime sent, boolean allOrNothing) -> true;
    case LimitOrder(int units, CurrencyPair pair, Side side,
                    LocalDateTime sent, double price, int ttl) -> false;
};
```

이 코드에는 레코드의 구성 컴포넌트들에 대한 명시적인 타입이 포함돼 있다. 또한 컴파일러가 타입을 추론할 수도 있다고 예상할 수도 있다.

배열도 추가적인 의미를 가지지 않는 요소들의 컨테이너로 사용되기 때문에 배열을 분해하는 것도 가능해야 한다. 그런 경우의 구문은 다음과 같이 보일 수 있다.

```
// 경고: 이 코드 구문은 예상으로 작성된 것이다!

if (o instanceof String[] { String s1, String s2, ... }){
    System.out.println(s1 + s2);
}
```

두 예제 모두 요소들의 컨테이너에 대해 레코드이든 배열이든 바인딩을 선언하지 않았다는 점에 유의하자.

여기서 한 가지 더 언급해야 할 점은 자바 직렬화serialization가 레코드와 배열에 미치는 영향이다. 일반적으로 자바 직렬화는 자바에서 캡슐화가 작동하는 방식에 대한 몇 가지 기본 규칙을 위반하기 때문에 문제가 된다.

> 직렬화는 보이지 않지만, 공개 생성자와 내부 상태에 대한 공개 접근자를 구성한다.
>
> 브라이언 게츠Brian Goetz

다행히도 레코드와 배열은 모두 매우 간단하다. 내용을 투명하게 전달하는 컨테이너일 뿐이므로 직렬화 메커니즘의 세부 사항에서 이상한 것을 호출할 필요가 없다. 대신 언제든지 공용 API와 표준 생성자를 사용해서 레코드를 직렬화하거나 역직렬화할 수 있다. 이러한 기반을 바탕으로 직렬화 메커니즘을 부분적으로 또는 완전히 제거하고, 구조 분해를 일부(또는 모든) 자바 클래스로 확장하는 등 매우 광범위할 수 있는 제안들도 존재한다.

앰버의 메시지는 전반적으로 다음과 같다. 다른 프로그래밍 언어에서 이러한 기능을 이미 알고 있다면 좋다. 하지만 그렇지 않더라도 걱정하지 말자. 이미 알고 있는 자바 언어에 적합하고 코드에서 쉽게 사용할 수 있도록 설계됐다.

일부 작은 기능도 있고 다른 큰 기능도 있지만, 모두 변경 사항의 크기와 비례하여 코드에 긍정적인 영향을 미칠 수 있다. 일단 사용하기 시작하면 프로그램에 실질적인 이점을 제공한다는 것을 알게 될 것이다. 이제 다음 주요 프로젝트인 코드네임 파나마로 넘어가 보겠다.

18.2 프로젝트 파나마

프로젝트 파나마 Project Panama는 프로젝트 페이지의 표현을 빌리자면 다음과 같다.

> C 프로그래머가 일반적으로 사용하는 많은 인터페이스를 포함해서, 잘 정의된 '외부(비자바)' API와 JVM 간의 연결을 개선하고 강화하는 것이다.
>
> 프로젝트 파나마(https://openjdk.org/projects/panama/)

'파나마'라는 이름은 두 개의 큰 대륙을 연결하는 좁은 땅줄기인 **지협**isthmus이라는 개념에서 유래했으며, 두 대륙이란 JVM과 네이티브 코드로 생각된다. JEP는 크게 두 가지 영역으로 구성된다.

- 외부 함수와 메모리 API
- 벡터 API

이 중 이 절에서는 외부 함수와 메모리 API에 대해서만 설명하겠다. 벡터 API는 아직 완전하지 않으며, 이에 대한 이유는 이 장의 후반부에서 설명하겠다.

18.2.1 외부 함수와 메모리 API

자바는 자바 1.1부터 네이티브 코드 호출을 위한 자바 네이티브 인터페이스를 제공해왔지만, 다음과 같은 주요 문제점이 오랫동안 인식됐다.

- JNI는 많은 복잡한 설정과 추가 파일이 필요하다.
- JNI는 실제로 C 및 C++로 작성된 라이브러리와만 잘 상호 운용된다.
- JNI는 자바의 타입 시스템과 C의 타입 시스템 간의 자동 매핑을 제공하지 않는다.

추가 파일은 개발자들이 비교적 잘 알고 있는 부분이다. `native` 메서드의 자바 API뿐만 아니라 JNI에는 자바 API에서 파생된 C 헤더(`.h`) 파일과 네이티브 라이브러리로 호출할 C 구현 파일이 필요하다. 다른 측면 중 일부는 잘 알려지지 않았는데, 예를 들어 네이티브 메서드를 사용하여 JVM이 빌드된 것과 다른 호출 규칙을 사용하는 언어로 작성된 함수를 호출할 수 없다는 사실 등이 있다.

JNI가 처음 등장한 이후 몇 년 동안 JNA와 같은 더 나은 대안을 제공하기 위한 많은 시도가 있었다. 그러나 JVM이 아닌 다른 언어들은 네이티브 코드와의 상호 운용을 훨씬 더 잘 지원한다. 예를 들어 파이썬이 머신러닝에 좋은 언어라는 명성을 얻은 것은 네이티브 라이브러리를 패키징하여 파이썬 코드로 쉽게 사용할 수 있기 때문이다.

파나마 외래 API는 이러한 격차를 줄이기 위한 시도로, 다음과 같은 기능을 자바에서 직접 지원할 수 있도록 한다.

- 외부 메모리 할당
- 구조화된 외부 메모리 조작
- 외부 리소스의 생명 주기 관리
- 외부 함수 호출

API는 `jdk.incubator.foreign` 모듈의 `jdk.incubator.foreign` 패키지에 있다. 이 모듈은 17장에서 살펴본 `MethodHandles`과 `VarHandles`을 기반으로 한다.

[NOTE] 외부 API는 자바 17의 인큐베이터 모듈에 포함돼 있다. 인큐베이터 모듈과 그 중요성에 대해서는 1장에서 설명했다. 이 절의 코드 예제를 실행하려면 모듈 경로에 인큐베이터 모듈을 명시적으로 추가해야 한다.

API의 첫 번째 부분은 `MemorySegment`, `MemoryAddress`, `SegmentAllocator`와 같은 클래스에 의존한다. 이는 오프 힙 메모리의 할당과 처리에 대한 액세스를 제공한다. 이 API는 `ByteBuffer` API 및 `Unsafe`의 사용에 대한 더 나은 대안을 제공하는 것을 목표로 한다. 외부 API는 세그먼트 크기가 2GB로 제한되는 문제와 힙 밖의 메모리 사용을 명시적으로 고려하지 않은 `ByteBuffer`의 성능 문제 같은 제약 사항을 피하고자 한다. 동시에 외부 API는 `Unsafe`의 사용보다 더 안전하도록 설계돼야 한다. `Unsafe`를 사용하면 기본적으로 제한되지 않은 메모리 액세스가 허용되며, 버그로 인해 JVM이 충돌하기 쉬운 위험성을 가지고 있다.

[NOTE] 이 절의 나머지 부분에서는 C 언어 개념에 익숙하고, 소스에서 C/C++ 프로그램을 빌드하고 C 컴파일, 링크 등의 단계를 이해한다고 가정한다.

실제로 어떻게 동작하는지 살펴보겠다. 시작하려면 https://jdk.java.net/panama/에서 파나마의 초기 접근 빌드_{early access build}를 다운로드해야 한다. JDK 17에는 프리뷰 모듈이 포함돼 있지만 중요한 `jextract` 도구는 포함돼 있지 않으므로 이를 사용하려면 다운로드해야 한다.

파나마의 초기 접근 빌드를 설치한 후, `jextract -h` 명령을 사용해서 테스트할 수 있다. 이렇게 하면 다음과 유사한 출력을 볼 수 있다.

```
WARNING: Using incubator modules:
         jdk.incubator.jextract, jdk.incubator.foreign
Non-option arguments:
[String] -- header file

Option                              Description
------                              -----------
-?, -h, --help                      print help
-C <String>                         pass through argument for clang
-I <String>                         specify include files path
-d <String>                         specify where to place generated files
--dump-includes <String>            dump included symbols into specified file
--header-class-name <String>        name of the header class
--include-function <String>         name of function to include
```

```
--include-macro <String>       name of constant macro to include
--include-struct <String>      name of struct definition to include
--include-typedef <String>     name of type definition to include
--include-union <String>       name of union definition to include
--include-var <String>         name of global variable to include
-l <String>                    specify a library
--source                       generate java sources
-t, --target-package <String>  target package for specified header files
```

예제에서는 C로 작성된 간단한 PNG 라이브러리인 LibSPNG(https://libspng.org/)을 사용할 것이다.

❶ 예제: LibSPNG

먼저 jextract 도구를 사용해서 사용할 수 있는 기본 자바 패키지 세트를 가져온다. 구문은 다음과 같다.

```
$ jextract --source -t <target Java package> -l <library name> \
    -I <path to /usr/include> <path to header file>
```

맥에서는 다음과 같이 실행한다.

```
$ jextract --source -t org.libspng \
  -I /Applications/Xcode.app/Contents/Developer/Platforms/MacOSX.platform/ \
     Developer/SDKs/MacOSX.sdk/usr/include \
  -l spng /Users/ben/projects/libspng/spng/spng.h
```

생성하는 헤더 파일의 버전에 따라 약간의 경고가 표시될 수 있지만, 성공하면 현재 디렉터리에 디렉터리 구조가 생성된다. 이 디렉터리 구조에는 나중에 자바 프로그램 내에서 사용할 수 있는 org.libspng라는 패키지에 많은 자바 클래스가 있을 것이다.

또한 프로그램을 실행할 때 링크할 공유 객체shared object를 빌드해야 한다. 이 작업은 프로젝트의 빌드 지침(http://mng.bz/v6dJ)에 따라 수행하는 것이 가장 좋다.

설치는 프로젝트 내에서 로컬로 libspng.dylib를 생성해서 시스템 공유system shared 위치에 설치한다. 프로젝트를 실행할 때 파일이 시스템 속성 java.library.path에 나열된 경로의 어딘가에 있는지 확인하거나 해당 속성에 직접 해당 위치를 포함하도록 설정해야 한다. Mac에서 기본 디렉터리의 예는 ~/Library/Java/Extensions/이다. 코드 생성이 완료되고 라이브러리가 설치됐으면 이제 자바 프로그래밍을 시작할 수 있다.

파나마의 목표는 연결하려는 C 라이브러리의 심볼명(및 매개변수 타입의 자바 버전)과 일치하는 자바 정적 메서드를 제공하는 것이다. 따라서 생성된 자바 코드의 심볼은 C 명명 규칙을 따르며, 자바의 이름과는 많이 다르게 보일 것이다.

자바 프로그래머에게는 전반적으로 C 함수를 직접 호출하는 것처럼 보일 것이다. 실제로는 메서드 핸들과 같은 기술을 사용해서 복잡성을 숨기는 파나마의 마법이 내부에서 어느 정도 일어나고 있다. 일반적인 상황에서 대부분의 개발자들은 파나마가 정확히 어떻게 동작하는지에 대한 세부 사항을 걱정할 필요가 없다.

C 라이브러리를 사용해 PNG 파일에서 몇 가지 기본 데이터를 읽는 프로그램을 예로 들어보겠다. 이 코드를 적절한 모듈형 빌드로 설정한다. 모듈 기술자descriptor인 module-info.java는 다음과 같다.

```
module wgjd.png {
  exports wgjd.png;

  requires jdk.incubator.foreign;
}
```

이 코드는 C 코드에서 자동 생성한 org.libspng 패키지와 하나의 익스포트export된 패키지인 wgjd.png로 구성된다. 중요한 이해를 돕기 위해 다음과 같이 임포트와 기타 내용이 모두 표시된 하나의 파일이 포함돼 있다.

```
package wgjd.png;

import jdk.incubator.foreign.MemoryAddress;        ◀── C 스타일 메모리 관리를 위한
import jdk.incubator.foreign.MemorySegment;        ◀── 파나마 클래스들이다.
import jdk.incubator.foreign.SegmentAllocator;     ◀──
import org.libspng.spng_ihdr;

import static jdk.incubator.foreign.CLinker.toCString;
import static jdk.incubator.foreign.ResourceScope.newConfinedScope;
import static org.libspng.spng_h.*;
```

```
public class PngReader {
    public static void main(String[] args) {
        if (args.length < 1) {
            System.err.println("Usage: pngreader <fname>");
            System.exit(1);
        }

        try (var scope = newConfinedScope()) {
            var allocator = SegmentAllocator.ofScope(scope);
                                                          spng.h 파일의 C 함수를
                                                          위한 자바 래퍼다.
            MemoryAddress ctx = spng_ctx_new(0);    ◄───
            MemorySegment ihdr = allocator.allocate(spng_ihdr.$LAYOUT());
                                                        C 상수를 위한
                                                        자바 래퍼다.
            spng_set_crc_action(ctx, SPNG_CRC_USE(),  ◄───
                                SPNG_CRC_USE());
                                             64M 크기의 데이터
                                             청크를 읽는다.        spng.h 파일의 C 함수를
            int limit = 1024 * 1024 * 64;   ◄───               위한 자바 래퍼다.
            spng_set_chunk_limits(ctx, limit, limit);  ◄───

            var cFname = toCString(args[0], scope);   ◄───   자바 문자열의 내용을
            var cMode = toCString("rb", scope);       ◄───   C 문자열로 복사한다.
            var png = fopen(cFname, cMode);    ◄───          C 표준 라이브러리
            spng_set_png_file(ctx, png);    ◄───             함수를 위한 자바 래퍼다.
                                            spng.h 파일의 C
                                            함수를 위한 자바
            int ret = spng_get_ihdr(ctx, ihdr);    ◄───      래퍼다.

            if (ret != 0) {
                System.out.println("spng_get_ihdr() error: " +
                                    spng_strerror(ret));
                System.exit(2);
            }

            final String colorTypeMsg;
            final byte colorType = spng_ihdr.color_type$get(ihdr);

                                                  C 상수를 위한
            if (colorType ==                      자바 래퍼다.
                    SPNG_COLOR_TYPE_GRAYSCALE()) {  ◄───
                colorTypeMsg = "grayscale";
            } else if (colorType ==
                    SPNG_COLOR_TYPE_TRUECOLOR()) {        ◄───
                colorTypeMsg = "truecolor";
            } else if (colorType ==
                    SPNG_COLOR_TYPE_INDEXED()) {          ◄───    C 상수를 위한
                colorTypeMsg = "indexed color";                   자바 래퍼다.
            } else if (colorType ==
                    SPNG_COLOR_TYPE_GRAYSCALE_ALPHA()) {  ◄───
                colorTypeMsg = "grayscale with alpha";
            } else {
```

```
                colorTypeMsg = "truecolor with alpha";
        }

            System.out.println("File type: " + colorTypeMsg);
        }
    }
}
```

다음과 같은 그래들 빌드 스크립트로 빌드된다.

```
plugins {
  id("org.beryx.jlink") version("2.24.2")
}

repositories {
  mavenCentral()
}

application {
  mainModule.set("wgjd.png")
  mainClass.set("wgjd.png.PngReader")
}

java {
    modularity.inferModulePath.set(true)
}

sourceSets {
  main {
    java {
      setSrcDirs(listOf("src/main/java/org",
                        "src/main/java/wgjd.png"))
    }
  }
}

tasks.withType<JavaCompile> {
  options.compilerArgs = listOf()
}

tasks.jar {
  manifest {
    attributes("Main-Class" to application.mainClassName)
  }
}
```

그리고 다음과 같이 실행한다.

```
$ java --add-modules jdk.incubator.foreign \
    --enable-native-access=ALL-UNNAMED \
    -jar build/libs/Panama.jar <FILENAME>.png
```

그러면 이미지 파일에 대한 기본 메타데이터를 제공하는 몇 가지 출력이 생성된다.

❷ 파나마에서 네이티브 메모리 처리하기

메모리 처리의 한 가지 핵심적인 측면은 네이티브 메모리의 수명에 관한 문제다. C에는 가비지 컬렉터가 없으므로 모든 메모리를 수동으로 할당하고 해제해야 한다. 물론 이는 오류가 발생하기 쉬울 뿐만 아니라 자바 프로그래머에게는 전혀 자연스럽지 않은 작업이다.

이 문제를 해결하기 위해 파나마는 자바 핸들로 사용되는 여러 클래스를 C 메모리 관리 작업을 위해 제공한다. 핵심은 `ResourceScope` 클래스로, 결정론적인 애셋 정리를 제공하는 데 사용할 수 있다. 이것은 일반적인 자바 방식으로는 `try-with-resources`를 통해 처리된다. 예를 들어 이전 코드에서는 네이티브 메모리 처리에 대한 **렉시컬 스코프**lexically scope 수명을 사용했다.

```
try (var scope = newConfinedScope()) {
    var allocator = SegmentAllocator.ofScope(scope);

    // ...

}
```

`allocator` 객체는 `SegmentAllocator` 인터페이스를 구현한 인스턴스다. 이것은 스코프를 가지고 팩토리 메서드를 통해 생성되며, 다시 `allocator`에서 `MemorySegment` 객체를 생성할 수 있다.

`MemorySegment` 인터페이스를 구현하는 객체들은 연속적인 메모리 블록을 나타낸다. 일반적으로 이런 객체들은 네이티브 메모리 블록으로 지원되지만, 힙 내의 배열로 메모리 세그먼트를 지원할 수도 있다. 이는 자바 NIO API의 `ByteBuffer`의 경우와 유사하다.

[NOTE] 파나마 API에는 `MemoryAddress`도 포함돼 있으며, 이는 사실상 C 포인터를 나타내는 자바 래퍼다(`long`값으로 표현된다).

스코프가 자동으로 닫힐 때 allocator는 호출돼 보유하고 있던 모든 애셋을 해제하고 풀어준다. 이것을 **리소스 획득 초기화**Resource Acquisition Is Initialization, RAII 패턴이라고 하며, 자바에서 `try-with-resources`를 사용해서 구현돼 있는 것이 네이티브 코드로 이어지는 방식이다. 스코프와 allocator 객체는 네이티브 리소스에 대한 참조를 보유하고 TWRTry-With-Resources 블록이 종료될 때 자동으로 해제한다.

또는 네이티브 메모리는 `MemorySegment` 객체가 가비지 컬렉션될 때 자동으로 정리될 수 있다. 이는 당연히 가비지 컬렉션이 실행될 때마다 정리가 비결정적으로 일어남을 의미한다. 일반적으로 명시적인 스코프를 사용하는 것이 좋으며, 특히 힙 밖 메모리를 처리할 때 잠재적 문제에 익숙하지 않은 경우는 더욱 그렇다.

이 책의 작성 시점에 `jextract`는 C 헤더 파일만 이해한다. 즉 현재 기타 네이티브 언어(예: 러스트)에서 사용하려면 먼저 C 헤더를 생성해야 한다는 의미다. 이상적으로는 이런 헤더를 자동으로 생성하는 도구가 있으면 좋겠지만, 이런 도구는 `rust-bindgen` 도구처럼 반대 방향으로 작동한다.

넓게 말하면 시간이 지남에 따라 `jextract`는 일반적으로 다른 언어를 지원할 가능성이 있다. 이 도구는 이미 언어에 독립적인 LLVMlow level virtual machine을 기반으로 하고 있으므로 이론적으로는 LLVM이 인식하는 모든 언어의 C 함수 호출 규칙을 처리할 수 있어야 한다.

외부 API는 2023년 9월 기준으로 자바 21에서 프리뷰 단계에 있다.

벡터 API는 API 설계자들이 프로젝트 발할라(이 프로젝트에 대한 자세한 내용은 이 장의 뒷부분에서 다룬다)의 기능을 사용할 수 있을 때까지 기다리기로 결정했기 때문에 덜 발전한 상태다. 따라서 이 API는 발할라가 표준 기능으로 제공될 때까지 인큐베이팅 상태에서 벗어나지 않을 것이다.

18.3 프로젝트 룸

OpenJDK의 **프로젝트 룸**Project Loom을 한마디로 요약하면 다음과 같다.

> 자바 플랫폼에서 사용하기 쉽고 처리량이 많은 경량 동시 실행 및 새로운 프로그래밍 모델이다.
>
> 프로젝트 룸(https://wiki.openjdk.org/display/loom/Main)

동시성에 대한 이 새로운 접근 방식이 필요한 이유는 무엇일까? 좀 더 역사적인 관점에서 자바를 생각해보자.

자바를 바라보는 흥미로운 관점 중 하나는 1990년대 후반에 소프트웨어의 진화 방향에 대해 여러 가지 의견과 전략적인 베팅을 했던 언어이자 플랫폼이라는 점이다. 현재 관점에서 볼 때 이러한 베팅은 대체로 성공을 거두었다(물론 운에 의한 것인지 판단에 의한 것인지는 논쟁의 여지가 있다).

스레딩threading을 예로 들어보겠다. 자바는 스레드를 핵심 언어로 구워낸 최초의 주류 프로그래밍 플랫폼이었다. 스레드가 등장하기 전에는 여러 프로세스와 여러 가지 불만족스러운 메커니즘(유닉스 공유 메모리를 아는가?)을 사용하여 프로세스 간에 통신(IPC)하는 것이 최신 기술이었다.

운영체제 수준에서 스레드는 프로세스에 속하는 독립적으로 스케줄링된 실행 단위다. 각 스레드에는 실행 명령 카운터와 호출 스택이 있지만, 같은 프로세스에 있는 다른 모든 스레드와 힙을 공유한다.

그뿐만 아니라 자바의 힙은 프로세스 힙의 연속적인 단일 하위 집합에 불과하므로(적어도 핫스폿 구현에서는 그렇다. 다른 JVM은 다를 수 있다) OS 수준에서 스레드의 메모리 모델은 자연스럽게 자바 언어 영역으로 이어진다.

스레드의 개념은 자연스럽게 가벼운 콘텍스트 전환이라는 개념으로 이어진다. 동일한 프로세스에서 두 개의 스레드 간에 전환하는 것이 그렇지 않은 경우보다 비용이 저렴하다. 이는 주로 가상 메모리 주소를 실제 주소로 변환하는 매핑 표가 동일한 프로세스의 스레드에서도 대부분 동일하기 때문이다.

NOTE 스레드를 생성하는 것도 프로세스를 생성하는 것보다 저렴하다. 이것이 얼마나 정확한지는 해당 운영체제의 세부 사항에 따라 다르다.

우리의 경우 자바 사양은 자바 스레드와 운영체제 스레드 간의 특정 매핑을 의무화하지 않는다(호스트 OS에 적절한 스레드 개념이 있다고 가정할 때, 항상 그런 것은 아니다). 실제로 초기 자바 버전에서는 **그린 스레드**green thread 또는 **M:1 스레드**라고 불리는 방식으로 JVM 스레드가 OS(일명 플랫폼) 스레드에 멀티플렉싱 됐다(실제로는 단일 플랫폼 스레드만 사용했기 때문이다).

그러나 이러한 관행은 자바 1.2/1.3 시대(그리고 그보다 조금 더 이른 Sun Solaris OS)에 사라졌고, 주류 운영체제에서 실행되는 최신 자바 버전은 대신 '하나의 자바 스레드 = 정확히 하나의 운영체제 스레드'라는 규칙을 구현한다. `Thread.start()`를 호출하면 스레드 생성 시스템 호출(예: 리눅스의 `clone()`)이 호출돼 실제로 새로운 OS 스레드가 생성된다.

OpenJDK의 프로젝트 룸의 주요 목표는 코드를 실행할 수 있는 새로운 Thread 객체를 활성화하는 것인데, 이 스레드 객체는 전용 운영체제 스레드가 없는, 다른 말로 하면 실행 콘텍스트를 나타내는 객체가 반드시 운영체제에 의해 스케줄링돼야 하는 것이 아닌 실행 모델을 생성하는 것이다.

따라서 어떤 면에서 룸은 그린 스레드와 유사한 것으로 돌아가는 것이다. 그러나 그사이 몇 년 동안 세계는 많이 변했으며, 때로는 컴퓨팅 분야에서 시대를 앞서가는 아이디어가 있다.

예를 들어 **엔터프라이즈 자바 빈**Enterprise Java Bean, EJB을 가상화의 한 형태로 볼 수 있는데, 환경을 가상화하려는 지나치게 야심찬 시도라고 볼 수 있다. 아마도 이것들은 현대 PaaS 시스템에서 인기를 얻는 아이디어의 원형으로, 그리고 도커/쿠버네티스에서는 그렇게 크지는 않지만 어느 정도 그 아이디어의 형태로 생각할 수 있을 것이다.

그러므로 룸이 그린 스레드 아이디어로의 부분적인 회귀라면, 이를 다루는 한 가지 방법은 다음과 같은 질문으로 접근하는 것일 수도 있다. 과거에는 유용하지 않다고 여겨졌던 오래된 아이디어를 다시 고려할 만큼 환경에 어떤 변화가 있었을까?

이 질문을 조금 더 자세히 살펴보기 위해 한 가지 예를 살펴보자. 구체적으로 스레드를 너무 많이 생성해서 JVM을 충돌시켜보겠다. 충돌 가능성에 대비하지 않는 한 이 예제의 코드를 실행해서는 안 된다.

```java
//
// 이 코드를 실제로 실행하지 말 것. JVM이나 노트북에 충돌이 발생할 수 있다.
//
public class CrashTheVM {
    private static void looper(int count) {
        var tid = Thread.currentThread().getId();
        if (count > 500) {
            return;
        }
        try {
            Thread.sleep(10);
            if (count % 100 == 0) {
                System.out.println("Thread id: "+ tid +" : "+ count);
            }
        } catch (InterruptedException e) {
            e.printStackTrace();
        }
        looper(count + 1);
    }
```

```
    public static Thread makeThread(Runnable r) {
        return new Thread(r);
    }

    public static void main(String[] args) {
        var threads = new ArrayList<Thread>();
        for (int i = 0; i < 20_000; i = i + 1) {
            var t = makeThread(() -> looper(1));
            t.start();
            threads.add(t);
            if (i % 1_000 == 0) {
                System.out.println(i + " thread started");
            }
        }
        // 모든 스레드를 조인한다.
        threads.forEach(t -> {
            try {
                t.join();
            } catch (InterruptedException e) {
                e.printStackTrace();
            }
        });
    }
}
```

이 코드는 2만 개의 스레드를 시작하고 각 스레드에서 최소한의 처리를 수행하려고 시도하며, 실제로는 정상 상태에 도달하기 전에 종종 시스템이 다운되거나 잠길 수 있다.

NOTE 시스템이나 운영체제가 제한돼 있어 리소스 고갈을 유발할 만큼 빠르게 스레드를 생성하지 못할 경우에는 이 예제를 완료할 때까지 실행할 수 있다.

물론 이 예제가 완전히 대표적이지는 않지만, 예를 들어 연결당 하나의 스레드를 사용하는 웹 서비스 환경에서 어떤 일이 발생할지 보여주기 위한 것이다. 최신 고성능 웹서버가 20,000개의 동시 연결을 처리하는 것은 매우 합리적이지만, 이 예는 이런 경우 연결당 하나의 스레드라는 아키텍처의 문제를 명확하게 보여준다.

NOTE 룸Loom에 대해 생각해볼 수 있는 또 다른 방법은 최신 자바 프로그램에서 스레드를 생성할 수 있는 것보다 훨씬 더 많은 실행 콘텍스트를 추적해야 할 수도 있다는 것이다.

또 다른 관점에서 생각할 수 있는 것은 스레드가 우리가 생각하는 것보다 훨씬 비싸며, 현대 JVM 애플리케이션의 확장 병목 현상을 나타낼 수 있다는 것이다. 개발자들은 이 문제를 몇 년 동안 해결하기 위해 스레드의 비용을 효과적으로 관리하거나 스레드가 아닌 실행 콘텍스트를 사용하는 방법으로 이 문제를 해결하려고 시도해왔다.

이를 달성하기 위해 시도한 한 가지 방법이 **단계적 이벤트 중심 아키텍처**staged event driven architecture, SEDA로, 쉽게 말해 도메인 객체가 다단계 파이프라인을 따라 A에서 Z로 이동하고 그 과정에서 다양한 변환이 발생하는 시스템이다. 이는 메시징 시스템을 사용하는 분산 시스템에서 구현하거나 각 단계별로 블로킹 큐와 스레드 풀을 사용해서 단일 프로세스에서 구현할 수 있다.

각 단계에서 도메인 객체의 처리는 단계 변환을 구현한 코드를 가진 자바 객체로 설명된다. 이것이 올바르게 작동하려면 코드가 종료되도록 보장돼야 한다. 무한 루프는 없어야 하며 이는 프레임워크에서 강제할 수 없다.

이 방식에는 몇 가지 주목할 만한 단점이 있다. 특히 프로그래머가 아키텍처를 효과적으로 사용하기 위해서는 특별한 규칙을 잘 따라야 한다. 더 나은 대안을 살펴보겠다.

18.3.1 가상 스레드

프로젝트 룸은 다음과 같은 새로운 구성을 JVM에 추가하여 오늘날의 대규모 애플리케이션에 더 나은 경험을 제공하는 것을 목표로 한다.

- 가상 스레드virtual thread
- 한정 후속문delimited continuation
- 꼬리 물기 제거tail call elimination

이 기능의 핵심은 가상 스레드다. 가상 스레드는 프로그래머에게 '일반 스레드'처럼 보이도록 설계됐다. 그러나 가상 스레드는 자바 런타임에 의해 관리되며 OS 스레드에 대한 일대일 래퍼가 아니다. 대신 자바 런타임에 의해 사용자 공간에서 구현된다. 가상 스레드가 제공하는 주요 이점은 다음과 같다.

- 생성과 블로킹이 저렴한다.
- 표준 자바 실행 스케줄러(스레드 풀)를 사용할 수 있다.
- 스택에 대한 OS 수준의 데이터 구조가 필요하지 않다.

가상 스레드의 생명 주기에서 운영체제의 개입을 제거하면 확장성 병목 현상이 제거된다. JVM 애플리케이션은 수백만 개 또는 수십억 개의 오브젝트를 처리할 수 있는데, 왜 운영체제에서 스케줄링 가능한 오브젝트가 수천 개로 제한돼 있을까(스레드가 무엇인지 생각하는 한 가지 방법)? 이러한 한계를 깨고 새로운 동시성 프로그래밍 스타일을 구현하는 것이 프로젝트 룸의 주요 목표다.

가상 스레드를 실제로 사용해보자. 룸 베타 버전을 다운로드하고(https://jdk.java.net/loom/), 프리뷰 모드를 활성화해서 룸 기능을 활성화한 후 다음과 같이 `jshell`을 실행하자.

```
$ jshell --enable-preview
|  Welcome to JShell -- Version 18-loom
|  For an introduction type: /help intro

jshell> Thread.startVirtualThread(() -> {
   ...>        System.out.println("Hello World");
   ...> });
Hello World
$1 ==> VirtualThread[<unnamed>,<no carrier thread>]

jshell>
```

출력에서 가상 스레드 구성을 바로 확인할 수 있다. 또한 람다를 새로운 실행 콘텍스트, 즉 가상 스레드에서 시작하기 위해 새로운 정적 메서드 `startVirtualThread()`를 사용한다. 간단하다.

여기서 중요한 규칙은 기존 코드베이스는 룸 출현 이전과 정확히 동일한 방식으로 계속 실행돼야 한다. 다시 말해, 가상 스레드를 선택하는 것은 선택 사항이어야 한다. 모든 기존 자바 코드는 지금까지 동작해온 OS 스레드에 대한 경량 래퍼가 정말로 필요하다는 보수적인 가정을 해야 한다.

가상 스레드의 등장은 다른 방식으로 새로운 지평을 열었다. 지금까지 자바 언어는 새로운 스레드를 생성하는 두 가지 주요 방법을 제공했다.

- `java.lang.Thread`의 서브클래스를 생성하고 상속된 `start()` 메서드를 호출한다.
- `Runnable`의 인스턴스를 생성하고 이를 `Thread` 생성자에게 전달한 다음, 결과 객체를 시작한다.

스레드가 무엇인지에 대한 개념이 바뀐다면, 스레드를 생성하는 데 사용하는 방법도 재검토하는 것이 합리적이다. 앞서 본 것처럼 '실행 후 망각fire and forget' 형식의 가상 스레드에 대한 새로운 정적 팩토리 메서드가 있지만, 기존 스레드 API도 몇 가지 다른 측면에서 개선이 필요하다.

18.3.2 스레드 빌더

한 가지 중요한 새로운 개념은 `Thread`의 내부 클래스로 추가된 `Thread.Builder` 클래스다. 플랫폼 및 가상 스레드용 빌더에 대한 액세스를 제공하기 위해 `Thread`에 두 개의 새로운 팩토리 메서드가 추가됐으며, 다음은 그 예시다.

```
jshell> var tb = Thread.ofPlatform();
tb ==> java.lang.ThreadBuilders$PlatformThreadBuilder@312b1dae

jshell> var tb = Thread.ofVirtual();
tb ==> java.lang.ThreadBuilders$VirtualThreadBuilder@506e1b77
```

이 빌더를 동작시키기 위해 18.3절에서의 첫 예제에서 `makeThread()` 메서드를 다음 코드로 바꿔보자.

```
// 룸 전용 코드
public static Thread makeThread(Runnable r) {
    return Thread.ofVirtual().unstarted(r);
}
```

이것은 `ofVirtual()` 메서드를 호출해서 명시적으로 가상 스레드를 생성하고 `Runnable`을 실행할 것이다. 물론 `ofPlatform()` 팩토리 메서드를 대신 사용할 수도 있는데, 그런 경우에는 전통적인 OS 스케줄 가능한 스레드 객체가 만들어졌을 것이다. 그러나 그런 방법은 재미가 없다.

만약 가상 버전의 `makeThread()`을 대체하고 룸을 지원하는 자바 버전으로 예제를 다시 컴파일하면 결과 코드를 실행할 수 있다. 이번에는 프로그램이 문제없이 완료된다. 이는 룸 철학이 작동하는 좋은 예다. 애플리케이션이 수행해야 하는 변경을 스레드를 생성하는 코드 위치로 국한하는 것이다.

새로운 스레드 라이브러리가 개발자로 하여금 이전의 패러다임에서 벗어나도록 장려하는 한 가지 방법은 `Thread`의 서브클래스는 가상이 될 수 없다는 것이다. 따라서 `Thread`를 서브클래스하는 코드는 계속 기존 OS 스레드를 사용해서 생성된다.

> [NOTE] 시간이 흐름에 따라 가상 스레드가 더 일반적으로 사용되고 개발자들이 가상 스레드와 OS 스레드 간의 차이에 무관해지면, 서브 클래스화 메커니즘의 사용을 억제해야 한다. 왜냐하면 서브 클래스화 메커니즘이 항상 OS 스케줄 가능한 스레드를 생성하기 때문이다.

이는 `Thread`의 서브클래스를 사용하는 기존 코드를 보호하고 '놀람 최소화 원칙principle of least surprise'[1]을 따르기 위한 것이다.

스레드 라이브러리의 다른 여러 부분도 룸을 더 잘 지원하기 위해 업그레이드해야 한다. 예를 들어 `ThreadBuilder`는 다음과 같이 다양한 실행자에게 전달할 수 있는 `ThreadFactory` 인스턴스를 빌드할 수도 있다.

```
jshell> var tb = Thread.ofVirtual();
tb ==> java.lang.ThreadBuilders$VirtualThreadBuilder@312b1dae

jshell> var tf = tb.factory();
tf ==> java.lang.ThreadBuilders$VirtualThreadFactory@506e1b77

jshell> var tb = Thread.ofPlatform();
tb ==> java.lang.ThreadBuilders$PlatformThreadBuilder@1ddc4ec2

jshell> var tf = tb.factory();
tf ==> java.lang.ThreadBuilders$PlatformThreadFactory@b1bc7ed
```

가상 스레드가 실행되려면 실제 OS 스레드에 연결해야 한다. 가상 스레드가 실행되는 이러한 OS 스레드를 **캐리어 스레드**carrier thread라고 한다. 이전 예제 중에서 일부 `jshell` 출력에서 캐리어 스레드를 이미 보았다. 그러나 하나의 가상 스레드가 여러 개의 다른 캐리어 스레드에서 실행될 수 있다. 이는 일반 스레드가 시간이 지남에 따라 서로 다른 물리적 CPU 코어에서 실행되는 방식과 다소 유사하다. 둘 다 실행 스케줄링의 예다.

18.3.3 가상 스레드를 사용한 프로그래밍

가상 스레드의 등장은 사고방식의 변화를 가져왔다. 현재 존재하는 자바로 동시 애플리케이션을 작성해온 프로그래머는 스레드의 내재된 확장 제한을 의식적이든 무의식적이든 다뤄야 하는 것에 익숙한다.

우리는 소중한 스레드 리소스를 절약하기 위해 존재하는 스레드 풀의 지원을 받아 종종 `Runnable` 또는 `Callable`을 기반으로 작업 객체를 생성하고 이를 실행자에게 전달하는 데 익숙하다. 이 모

---

1 옮긴이 사용자 인터페이스와 소프트웨어 설계에 적용되는 원칙이다. '필요한 기능에 크게 깜짝 놀랄 만한 요소가 있다면 해당 기능을 다시 설계할 필요가 있을 수 있다'라는 것이 이 원칙의 일반적인 공식이다.

든 것이 갑자기 달라진다면 어떨까?

프로젝트 룸은 기존 개념보다 저렴하고 OS 스레드에 직접 매핑되지 않는 새로운 개념의 스레드를 도입해서 스레드의 확장 한계를 해결하려고 한다. 그러나 이 새로운 기능은 자바 프로그래머가 이미 이해하고 있는 스레드처럼 보이고 작동한다.

개발자가 완전히 새로운 프로그래밍 스타일(예: 연속 전달 스타일 또는 Promise/Future 접근 방식 또는 콜백)을 배우도록 요구하는 대신, 룸 런타임은 가상 스레드에서 오늘날 스레드에서 알고 있는 것과 동일한 프로그래밍 모델을 유지한다. 가상 스레드는 적어도 프로그래머에게 있어서는 스레드와 같다.

 가상 스레드는 명시적으로 양보할 필요가 없어서 선점형preemptive이다. 스케줄링 지점은 가상 스케줄러와 JDK가 자동으로 결정한다. 사용자는 언제 스케줄링이 발생하는지 가정하면 안 되는데, 이는 가상 스레드의 내부 동작 방식에 대한 구현 세부 사항이기 때문이다. 그러나 가상 스레드가 어떻게 다른지 이해하려면 스케줄링의 기반이 되는 운영체제 이론의 기본을 이해하는 것이 좋다.

운영체제가 플랫폼 스레드를 스케줄할 때, CPU의 **타임슬라이스**timeslice를 스레드에 할당한다. 타임슬라이스가 끝나면 하드웨어 인터럽트가 발생하고, 커널은 제어를 재개하고 실행 중인 플랫폼(사용자) 스레드를 제거하고 다른 스레드로 교체할 수 있다.

NOTE 이 메커니즘은 수십 년 전 컴퓨터에 처리 코어가 하나뿐이던 시대에도 유닉스(및 기타 여러 운영체제)가 여러 작업 간에 프로세서의 시간 공유time sharing를 구현할 수 있었던 방식이다.

그러나 가상 스레드는 플랫폼 스레드와 다르게 처리된다. 기존 가상 스레드용 스케줄러 중 어느 것도 가상 스레드를 선점하기 위해 타임슬라이스를 사용하지 않는다.

NOTE 가상 스레드의 선점을 위해 타임 슬라이스를 사용하는 것은 가능하며, 가상머신은 이미 자바 스레드의 실행을 제어할 수 있다. 예를 들어 JVM 세이프포인트에서 그렇게 한다.

대신 가상 스레드는 차단blocking 호출(예: I/O와 같은)이 발생할 때 자동으로 자신의 캐리어 스레드를 양보(또는 yield)한다. 이는 라이브러리와 런타임에 의해 처리되며 프로그래머의 명시적인 제어를 받지 않는다.

따라서 룸은 프로그래머에게 yield를 명시적으로 관리하거나 비동기 또는 콜백 기반 작업의 복잡성에 의존하지 않고, 자바 프로그래머가 전통적인 스레드 순차 스타일로 코드를 작성할 수 있게 한다. 이로 인해 디버거와 프로파일러가 평소와 같이 작동할 수 있는 추가적인 이점이 있다. 도구 제작자와 런타임 엔지니어는 가상 스레드를 지원하기 위해 약간의 추가 작업을 해야 하지만, 이는 최종 사용자인 자바 개발자에게 추가적인 인지 부담을 강제하는 것보다 나은 방법이다. 특히 이 접근 방식은 일부 다른 프로그래밍 언어에서 채택한 `async`/`await` 접근 방식과는 다르다.

룸의 설계자들은 가상 스레드는 풀링할 필요가 없기 때문에 풀링해서는 안 되며, 대신 가상 스레드를 제약 없이 생성하는 모델을 사용해야 한다고 생각한다. 이를 위해 **언바운드 실행기**unbounded executor가 추가됐다. 이 실행기는 새로운 팩토리 메서드인 `Executors.newVirtualThreadPerTaskExecutor()`를 통해 액세스할 수 있다. 가상 스레드의 기본 스케줄러는 `ForkJoinPool`에 도입된 work-stealing 스케줄러다.

> **NOTE** `ForkJoinPool`에 도입된 work stealing 측면이 작업의 재귀적 분해보다 훨씬 더 중요해졌다는 점이 흥미롭다.

현재와 같은 룸의 설계는 개발자가 애플리케이션의 여러 스레드에 존재하는 계산 오버헤드를 이해하는 것을 전제로 한다. 간단히 말해, 방대한 수의 스레드가 모두 지속적으로 많은 CPU 시간을 필요로 하는 경우, 애플리케이션에 애셋 부족이 발생해서 스케줄링으로는 해결할 수 없다. 반대로 몇 개의 스레드만 CPU 바운드가 될 것으로 예상된다면, 이러한 스레드들을 별도의 풀에 넣고 플랫폼 스레드로 공급해야 한다.

가상 스레드는 가끔 CPU에 바운드되는 많은 스레드가 있는 경우에도 잘 작동하도록 의도됐다. 의도는 work-stealing 스케줄러가 CPU 사용률을 조절하고 실제 코드가 언젠가는 양보 지점(예: 차단 I/O)을 통과하는 작업을 호출할 것으로 기대하는 것이다.

18.3.4 프로젝트 룸은 언제 출시되나?

룸 개발은 JDK 메인 라인이 아닌 별도의 레포지토리에서 진행 중이다. 초기 액세스early access 바이너리를 사용할 수 있지만, 아직 거친 부분이 있으며 여전히 오류가 발생하지만 점점 줄어들고 있다. 기본 API가 구체화되고 있지만 아직 완전히 완성된 것은 아니다.

가상 스레드를 프리뷰 기능으로 통합하기 위해 JEP 425(https://openjdk.java.net/jeps/425)가 제출됐지만, 이 책의 작성 시점에 이 JEP는 아직 어떤 릴리스에도 적용되지 않았다. 자바 19에 프리뷰로 포함되지 않는다면, 이 기능의 최종 버전은 자바 21(자바의 다음 장기 지원 버전이 될 가능성이 높다)에 포함되지 않을 것이라고 가정하는 것이 합리적이다. 구조적 동시성 및 기타 고급 기능 등 가상 스레드 위에 구축되는 API에 대해 아직 해야 할 작업이 많이 남아 있다.

개발자들이 항상 궁금해하는 한 가지 핵심 질문은 성능에 관한 것이지만, 새로운 기술의 개발 초기 단계에서는 대답하기 어렵다. 룸의 경우 아직 의미 있는 비교를 할 수 있는 단계에 이르지 못했으며, 현재 성능이 최종 버전을 제대로 반영하지 못한다고 생각한다.

OpenJDK 내의 다른 장기 프로젝트와 마찬가지로, 대답은 준비가 되면 공개될 것이다. 현재로서는 프로토타입으로 실험을 시작하고 향후 자바 개발이 어떤 모습일지 미리 맛볼 수 있는 정도로 충분하다. 지금 논의하고 있는 네 가지 주요 OpenJDK 프로젝트 중 마지막 프로젝트에 주목해보겠다. 발할라다.

18.4 프로젝트 발할라

JVM이 메모리를 배치하는 방식을 현대 하드웨어의 성능 특성에 맞게 조정한다.

브라이언 게츠 Brian Goetz

현재 자바 메모리 레이아웃 모델이 한계에 도달하고 붕괴되기 시작하는 지점을 이해하기 위해 예제부터 살펴보겠다. 그림 18.1에서 원시 정수 배열을 볼 수 있다. 이런 값은 객체가 아닌 원시 타입이므로 인접한 메모리 위치에 배치된다.

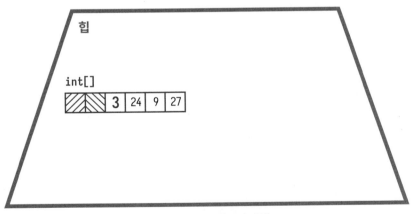

그림 18.1 원시 정수의 배열

객체 배열과의 차이점을 알아보기 위해 박스형 정수의 경우와 대조해보겠다. 그림 18.2와 같이 `Integer` 객체 배열은 참조의 배열이 될 것이다.

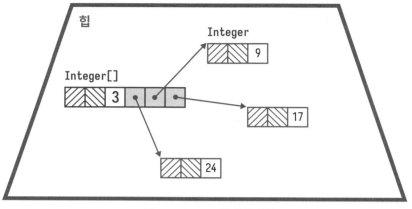

그림 18.2 Integer 객체의 배열

각 Integer는 객체이므로 이전 장에서 설명한 것처럼 객체 헤더가 필요하다. 그래서 종종 각 객체가 자바 객체가 되기 위해서는 '헤더 세금'을 지불해야 한다고 말한다.

20년 넘게 이 메모리 레이아웃 패턴은 자바 플랫폼이 작동하는 방식이었다. 이 방식에는 단순성이라는 장점이 있지만, 객체 배열을 처리하는 데는 피할 수 없는 포인터 간접 참조와 이에 따른 캐시 미스 발생이라는 성능 상충 문제가 있다.

예를 들어 3차원 공간에서 점을 나타내는 클래스인 Point3D 타입을 생각해보겠다. 이 클래스는 실제로 세 개의 공간 좌표로만 구성되며, 자바 17에서는 다음과 같이 세 개의 필드(또는 이와 동등한 레코드)를 가진 객체 타입으로 표현할 수 있다.

```
public final class Point3D {
    private final double x;
    private final double y;
    private final double z;

    public Point3D(double a, double b, double c) {
        x = a;
        y = b;
        c = z;
    }

    // 그 밖에 추가적인 메서드들, e.g getters, toString() etc.
}
```

핫스폿에서는 그림 18.3과 같이 포인트 객체의 배열이 메모리에 배치된다.

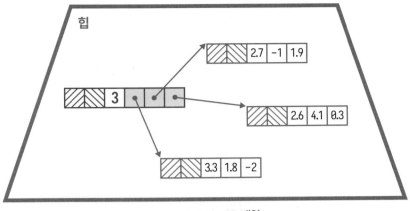

그림 18.3 Point3D 배열

이 배열을 처리할 때 각 요소는 각 점의 좌표를 얻기 위해 추가 간접 참조indirection를 통해 액세스된다. 이로 인해 배열의 각 점에 대한 캐시 누락이 발생해서 성능이 이유 없이 저하된다.

성능을 중요하게 생각하는 프로그래머에게는 메모리에 더욱 효과적으로 배치가 가능한 타입을 정의할 수 있는 기능이 매우 유용할 것이다. 또한 `Point3D`값으로 작업할 때 객체의 식별성identity이 프로그래머에게 실질적인 이점이 없다는 것에 유의해야 한다. 왜냐하면 두 점은 모든 필드가 같을 경우에만 같아야 하기 때문에 `Point3D` 객체에 대한 식별성이 도움이 되지 않기 때문이다.

이 예제는 객체 식별성을 제거함으로써 가능해진 두 가지 별개의 프로그래밍 개념을 보여준다.

- **힙 평탄화**heap flattening: 식별성이 없는 객체에 대한 포인터 간접 참조를 제거해서 메모리 밀도를 높이다.
- **스칼라화**scalarization: 식별성이 없는 객체를 필드로 분할하고 필요하면 다른 곳에서 다시 재구성하는 기능이다.

이러한 개별 속성은 식별성이 없는 객체에 대한 사용자 모델에 영향을 미친다.

NOTE 가상머신이 원하는 만큼 값 객체를 분해하고 재구성할 수 있는 기능인 스칼라화는 의외로 유용하다는 것이 밝혀졌다. JVM에는 **이스케이프 분석**escape analysis이라는 JIT 기술이 포함돼 있어, 값 객체를 개별 필드로 분할해서 코드를 통해 개별적으로 처리할 수 있다는 이점을 크게 활용할 수 있다.

이러한 속성들을 근거로 다음과 같은 질문, 즉 '헤더 세금을 내지 않아도 될까?'라는 질문에서 출발해 발할라에 접근할 수도 있다. 대체로 다음과 같은 조건이 충족된다면 대답은 '예'다.

- 객체에 식별성 개념이 필요하지 않을 때

- 클래스가 `final`이어서 클래스 로딩 시에 모든 메서드 호출 대상을 알 수 있을 때

기본적으로 첫 번째 속성은 헤더의 마크 워드를 필요로 하지 않게 하며, 두 번째 속성은 클래스 로딩 시에 klass 워드에 대한 필요성을 크게 줄인다(klass에 대한 자세한 내용은 4장과 17장을 참조하자).

klass 워드는 객체가 힙에 있는 동안에는 여전히 필요하다. 객체가 다른 객체의 인스턴스 필드로 평탄화되거나 배열의 요소로 평탄화되지 않았다면 객체 필드 레이아웃을 설명해야 할 수 있기 때문이다. 예를 들어 가비지 컬렉션이 객체 그래프를 탐색할 수 있도록 할 수 있다. 그러나 객체가 스칼라화되면 헤더를 삭제할 수 있다.

따라서 개발자의 관점에서 볼 때, 발할라의 주요 결과 중 하나는 자바 생태계에 **값 클래스**value class의 인스턴스로 알려진 값 객체라는 새로운 형태의 값이 도입된 것이다. 이 새로운 타입들은 일반적으로 작고 불변이면서 식별성이 없는 타입으로 이해된다.

NOTE 값 클래스는 개발 과정에서 **원시 클래스**primitive class, **인라인 타입**inline type 등 여러 가지 다른 이름으로 불려왔다. 특히 언어 개념에 일반적인 이름을 많이 사용했을 것 같은 성숙한 언어에서는 이름을 짓는 것이 쉽지 않다.

값 클래스의 사용 예는 다음과 같다.

- 부호 없는 바이트, 128비트 정수, 반정밀도half-precision 부동 소수점 같은 새로운 종류의 숫자

- 복소수, 색상, 벡터, 기타 다차원 숫잣값

- 단위가 있는 숫자. 크기, 온도, 속도, 현금 흐름 등

- 맵 엔트리, 데이터베이스 행과 여러 반환값을 위한 타입

- 불변 커서, 하위 배열, 중간 스트림, 기타 데이터 구조 뷰 추상화

일부 기존 타입이 개조돼 값 클래스로 표현되도록 발전할 가능성도 있다. 예를 들어 `Optional`과 `java.time` 패키지의 대부분은 실현 가능한 것으로 입증될 경우 향후 릴리스에서 값 클래스가 될 수 있는 분명한 후보다.

NOTE 레코드는 그 자체로 값 클래스와 관련이 없지만, 많은 레코드가 식별성이 필요하지 않은 집계일 가능성이 높으므로 **값 레코드**value record라는 개념이 매우 유용할 수 있다.

이 새로운 형태의 값을 JVM에서 구현할 수 있다면 앞서 논의한 3D 포인트와 같은 클래스들에 대

해서는 그림 18.4와 같이 평탄화된 메모리 레이아웃이 훨씬 더 효율적일 것이다.

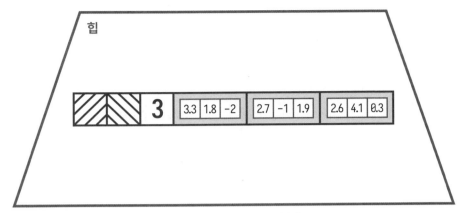

그림 18.4 인라인 포인트 배열

이 메모리 레이아웃은 C 프로그래머가 구조체 배열로 인식할 수 있는 것과 유사하지만, 낮은 수준의 메모리 액세스의 모든 위험을 노출하지 않는다. 평탄화된 레이아웃은 메모리 사용량뿐만 아니라 가비지 컬렉터의 부하도 줄여준다.

18.4.1 언어 모델 변경

가장 큰 변화 중 하나는 `java.lang.Object`의 개념을 범용 슈퍼클래스로 수정하는 것이다. 왜냐하면 이 클래스에는 본질적으로 객체 식별성과 연결된 `wait()` 및 `notify()` 등의 메서드가 있기 때문이다. 객체 헤더가 없으면 객체의 모니터를 저장할 마크 워드도 없고 대기할 것도 없다. 객체에는 실제로 정의된 수명이 없다. 왜냐하면 자유롭게 복사될 수 있으며 생성된 복사본들은 구별할 수 없기 때문이다. 대신에 `java.lang`에는 두 개의 새 인터페이스가 정의되는데, `IdentityObject`와 `ValueObject`다. JEP 401(https://openjdk.org/jeps/401 참조)에서는 값 객체에 대해 자세히 설명하고 있지만, 기본적으로 모든 값 클래스는 암묵적으로 `ValueObject`를 구현한다.

모든 식별 클래스는 암묵적으로 `IdentityObject`를 구현하며, 기존의 모든 구현 클래스들은 식별 클래스로 선택된다. 기존 인터페이스와 (대부분의) 추상 클래스는 새로운 인터페이스 중 어느 것도 확장하지 않는다. API 설계자는 자신의 인터페이스가 새로운 의미론과 호환되지 않는 경우, 인터페이스를 명시적으로 `IdentityObject`를 확장하도록 업데이트할 수 있다.

값 클래스는 `final`이어야 하며 `abstract`일 수 없다. (직접 또는 간접적으로) `IdentityObject`를 구현할 수 없다. `instanceof` 검사를 사용해서 객체가 값 객체인지를 확인할 수 있다.

값 객체에는 모니터가 없기 때문에 값 객체에서 `wait()`나 `notify()`를 사용할 수 없을 뿐만 아니라 `synchronized` 메서드나 블록을 가질 수 없다.

`Object` 클래스 자체는 `IdentityObject`나 `ValueObject`를 구현하지 않고 추상 클래스나 인터페이스와 더 유사해지기 때문에 미묘한 위치 변경을 하게 될 것이다.

다음과 같은 코드의 의미도 변경될 것으로 예상되는데, 이전 버전과의 호환성을 위해 `o`에는 `Object`의 익명 하위 클래스 인스턴스가 포함될 것으로 예상되며, 이는 하위 호환성을 위해 식별 클래스로 이해될 것이다.

```
var o = new Object();
```

초기에는 값 클래스의 목표가 명확해 보이지만, 실제로는 광범위한 결과를 초래하는 것으로 밝혀졌다. 프로젝트가 성공적으로 이뤄지려면 세 번째 형태의 값을 도입하는 데 대한 논리적 결과를 고려하는 것이 필요하다.

18.4.2 값 객체의 결과

값 객체의 할당은 매우 분명한 의미를 갖는다. 원시 타입의 경우와 마찬가지로 비트가 복사된다(참조 할당도 비트가 복사되지만, 이 경우 동일한 힙 위치에 대한 두 개의 참조가 생성된다). 원본과 완전히 동일하지는 않지만 수정된 복사본인 값 객체를 생성해야 한다면 어떻게 될까?

값 객체는 불변이면서 `final` 필드만 가지고 있다는 점을 기억하자. 즉 `putfield` 연산으로 그 상태를 변경할 수 없다. 대신 원본과 다른 상태의 값 객체를 생성하려면 다른 메커니즘이 필요하다. 이를 위해서는 다음과 같이 몇 가지 새로운 바이트코드가 필요하다.

- `aconst_init`
- `withfield`

새로운 `withfield` 명령어는 본질적으로 15장에서 설명한 위더(`with*()`) 메서드 사용과 동등한 바이트코드 수준에서 작동한다.

다른 새로운 명령어인 `aconst_init`은 값 클래스의 인스턴스에 대한 기본값을 제공한다. 이것이 왜 필요한지 자세히 살펴보겠다.

지금까지의 자바에서 원시 타입과 객체 참조는 '모든 비트가 0'에 해당하는 기본값을 갖는다고 이해해왔다. null은 참조에 대한 0 비트의 의미로 이해된다. 그러나 이러한 의미론을 값 객체를 다루도록 확장하려고 할 때 두 가지 문제가 발생한다.

- 일부 값 클래스는 기본 값 선택에 적합한 선택지가 없다.
- 값 티어링value tearing[2]의 가능성

쓸모없는 기본값no-good-default 문제는 본질적으로 값 객체가 아직 실제값이 아님을 나타내고 싶다는 바람에서 비롯된다. 그러나 자바는 이미 이를 표현할 수 있는 방법인 null을 제공한다. 게다가 사용자들은 초기화되지 않은 값을 다룰 때 null 포인터 예외null point exception, NPE에 익숙하다.

두 번째 문제, 티어링은 사실 새로운 모습으로 등장한 오래된 문제다. 이전 버전의 자바에서는 32비트 하드웨어에서 64비트 값(예: long값)을 처리할 때 몇 가지 미묘한 잠재적 문제가 있었다. 특히 long값에 대한 쓰기는 두 개의 개별적인(32비트) 쓰기로 수행됐기 때문에, 읽기 스레드가 32비트 쓰기 중 하나만 완료된 상태에서 값을 읽어 들일 수 있었다. 이렇게 하면 읽기 스레드가 long에 대해 '티어링된' 값, 즉 이전 상태도 이후 상태도 아닌 값을 읽을 수 있다.

값 타입은 이 문제를 다시 일으킬 가능성이 있다. 값을 스칼라화할 수 있다면 쓰기의 원자성을 어떻게 보장할 수 있을까?

해결책은 값 클래스가 새로운 데이터 형태를 한 가지만 나타내는 것이 아니라 두 가지를 나타낸다는 것을 인식하는 것이다. 티어링을 피하려면 참조를 사용해야 한다. 이는 간접적인 레이어를 사용하면 값을 티어링되지 않게 업데이트할 수 있다는 것은 잘 알려진 개념이다.

또한 일부 클래스에는 0비트에 해당하는 합리적인 기본값이 없는 경우도 있다. 예를 들어 LocalDate가 값 클래스로 마이그레이션한 후의 기본값은 무엇일까? 일부는 제로 비트를 에포크(즉 1970년 1월 1일)부터 제로 오프셋으로 해석해야 한다고 주장할 수 있지만, 이는 오류가 발생할 가능성이 매우 높다.

이렇게 하면 기본적으로 식별성을 제거한 객체, 즉 **식별성 없는 참조**identity-free reference라는 개념에

---

2   [옮긴이] 값 객체의 일부가 동시에 여러 스레드에서 수정되는 상황에서, 한 스레드에서 읽는 도중에 객체가 일관된 상태를 유지하지 못하는 현상을 의미한다. 값 객체는 보통 불변성을 가지기 때문에 수정이 발생하면 새로운 객체가 생성돼야 하지만, 여러 스레드에서 동시에 다뤄질 때 일부분만 수정돼 일관성이 깨지는 것을 말한다.

도달하게 된다. 낮은 수준에서는 JIT에서 호출 규칙 최적화(예: 스칼라화된 값 전달) 및 JIT 코드에서의 스칼라화를 허용하지만 힙에서의 메모리 개선을 포기한다. 이런 객체는 식별 객체와 마찬가지로 항상 참조로 처리되며 기본값은 `null`이다. 객체에 대한 복잡한 기본값 설정은 생성자나 팩토리 메서드에서 처리돼야 한다.

또한 고급 사용 사례를 위한 **원싯값 타입**primitive value type도 있다. 이는 내장된 '진정한 원시 타입'처럼 작동하며 힙에서 평탄화를 허용하고 값 객체에서 허용되는 스칼라화를 허용한다. 하지만 기본값으로 0비트를 허용해야 한다는 점과 업데이트 시에 데이터 경합이 발생해서 티어링이 발생할 수 있다는 점 등 추가적인 이점이 있지만 관련된 비용이 수반된다.

NOTE 원싯값 타입은 실제로 작은 값(오늘날의 하드웨어에서는 64~128비트 이하)에만 사용되며, 이를 사용해서 프로그래밍할 때는 추가적인 주의가 필요하다.

티어링은 잠재적인 보안 문제에 사용자를 노출시키지만, 데이터 경합이 있는 '나쁜' 프로그램에서만 문제가 된다고 말할 수 있다. 어쨌든 새로운 형태의 동시성 버그가 발생할 수 있으며 이를 적절히 방어하려면 잠금이 필요하다.

원싯값 클래스의 또 다른 측면은 이들을 메모리에 어떻게 배치할지를 런타임이 알아야 한다는 것이다. 이런 이유로 원싯값 클래스의 필드를 만들어서 (직접적이든 간접적이든) 선언 클래스를 참조하는 것은 불가능하다. 다시 말해 원싯값 클래스의 인스턴스는 원싯값 클래스의 순환 데이터 구조를 포함할 수 없다. 이들은 힙에서 평평하게 배치할 수 있도록 고정 크기의 레이아웃을 가져야 한다. 전반적으로 대부분의 사용자가 식별자가 없는 값 객체를 사용하려고 할 것이며 확장된 원싯값은 훨씬 더 드물게 사용될 것으로 예상된다.

이 절을 마무리하기 위해 값 클래스가 바이트코드로 표현되는 방식에 대한 또 다른 측면을 살펴보겠다. 4장에서 타입 기술자descriptor의 개념을 살펴보았다. 식별자 참조 타입은 문자열의 경우 `Ljava/lang/String`과 같은 **L-타입 기술자**를 통해 바이트코드로 표시된다.

원시 클래스의 값들을 기술하기 위해 새로운 기본 타입인 **Q-타입 기술자**가 추가되고 있다. Q로 시작하는 기술자는 L 기술자와 동일한 구조를 갖는다(예: 원시 클래스 `Point3D`의 경우 `QPoint3D`). Q와 L의 값은 모두 동일한 바이트코드 집합, 즉 a로 시작하는 바이트코드(예: `aload` 또는 `astore`)에 의해 조작된다.

Q-기술자를 통해 참조되는 값들(가끔 '베어bare' 객체라고 불린다)은 값 객체에 대한 참조와 다음과 같은 주요 차이점이 있다.

- 모든 객체 참조와 마찬가지로 값 객체에 대한 참조는 `null`이 될 수 있지만, 베어값은 널이 될 수 없다.

- 참조의 로드와 저장은 서로에 대해 원자적인 반면, 충분히 큰 베어값의 로드와 저장은 32비트 구현에서 long과 double의 경우처럼 티어링될 수 있다.

- Q-기술자에 나타난 객체 간의 관계를 통해 연결된 경우, 객체 그래프는 환형일 수 없다. 클래스 **C 클래스**C class는 그 레이아웃에서 직접 또는 간접적으로 `QC;`를 참조할 수 없다.

- 기술적인 이유로 JVM은 Q-기술자로 명명된 클래스를 L-기술자로 명명된 클래스보다 훨씬 더 일찍 로드해야 한다.

이런 속성들은 우리가 이미 만난 값과 원시 객체의 몇 가지 속성들을 바이트코드 수준에서 인코딩한 것이다.

발할라에서 넘어가기 전에 마지막으로 간단히 고려해야 할 퍼즐 조각이 하나 더 있는데, 바로 제네릭 타입이라는 주제를 다시 살펴볼 필요가 있다는 점이다. 이것은 값과 원시 객체 도입의 자연스러운 결과다.

18.4.3 제네릭 다시 보기

만약 자바가 값 클래스를 포함하려면, 자연스럽게 값 클래스를 제네릭 타입에서 사용할 수 있는지에 대한 의문이 생긴다. 예를 들어 값 클래스가 타입 매개변수의 값으로 사용될 수 있는지 여부다. 그렇지 않으면, 이 기능의 유용성이 크게 제한될 것이다. 따라서 고수준 설계에는 항상 값 클래스가 최종적으로 개선된 제네릭의 타입 매개변수의 값으로 사용 가능하다고 가정됐다.

다행히도 발할라에서는 `Object`의 역할이 미묘하게 변경돼, 값 객체와 식별 객체 모두의 슈퍼클래스로 소급해서 변경됐다. 이를 통해 기존 제네릭의 영역 내에 값 객체를 포함할 수 있게 됐다. 그러나 원시 타입을 이 모델에 통합하는 것도 바람직하다.

장기적인 의도는 제네릭을 확장해서 값 클래스와 기존 원시 타입(및 `void`)을 포함한 모든 타입에 대한 추상화를 허용하는 것이다. 이 프로젝트가 성공하려면 이러한 기능을 충분히 활용할 수 있도록 기존 라이브러리, 특히 JDK 라이브러리를 호환성 있게 발전시킬 수 있어야 한다.

부분적으로 이 작업은 기본값 타입(`int`, `boolean` 등)을 기본값 클래스로 업데이트하는 것을 포함한다. 그러면 원싯값이 원시 객체로 전환된다. 이는 또한 래퍼 클래스가 원시 클래스 모델에 맞게 용도가 변경된다는 것을 의미한다.

이런 제네릭의 확장은 일종의 원시 타입에 대한 **제네릭 전문화**generic specialization가 이뤄진다. 이는 C++의 템플릿과 같은 다른 언어에서 발견되는 제네릭 프로그래밍 시스템과 유사한 측면을 가져온다. 이 글을 쓰는 시점에 제네릭에 대한 작업은 아직 초기 단계에 있으며, 이와 관련된 모든 JEP는 아직 초안 상태다.

18.5 자바 18

미래를 내다보려는 모든 텍스트는 읽힐 때 이미 더 이상 최신이 아니게 될 운명을 가지고 있다. 글을 쓰는 시점에서 자바 17이 이미 제공됐고, 자바 18은 2022년 3월에 제공됐다. 다음 JEP는 자바 18을 대상으로 하며 새로운 릴리스 내용이다.

- JEP 400 UTF-8 기본 설정
- JEP 408 간단한 웹서버
- JEP 413 자바 API 문서에서 코드 예제
- JEP 416 메서드 핸들로 코어 리플렉션 재구현
- JEP 417 Vector API (세 번째 인큐베이터)
- JEP 418 인터넷 주소 해결 SPI
- JEP 419 Foreign 함수 및 메모리 API (두 번째 인큐베이터)
- JEP 420 switch를 위한 패턴 매칭 (두 번째 프리뷰)
- JEP 421 파이널라이제이션finalization 제거를 위한 디프리케이트

이 중 UTF-8 변경, 코어 리플렉션 변경, 파이널라이제이션 사용 중단은 내부 변경 사항으로, 내부 정리와 단순화를 제공하며, 향후 릴리스에서 이를 기반으로 발전시킬 수 있는 기반을 마련하는 역할을 한다.

Vector 및 Foreign API 업데이트는 파나마를 향한 여정의 다음 이정표이며, 패턴 매칭의 다음 반복은 앰버의 다음 단계다. 자바 18에는 룸 또는 발할라의 어떤 부분도 해당하는 JEP가 포함돼 있

지 않다. 룸의 첫 번째 버전은 자바 19에서 프리뷰 기능으로 제공됐으며, 2023년 9월 자바 21에서 정식 출시됐다.

요약

자바의 원래 설계 원칙 중 하나는 언어가 신중하게 진화해야 한다는 것, 즉 언어 전체에 미치는 영향을 완전히 이해할 때까지 언어 기능을 구현해서는 안 된다는 것이었다. 다른 언어들은 자바보다 더 빠르게 발전할 수 있고, 실제로도 발전하고 있으며, 이로 인해 개발자들로부터 '자바가 더 빨리 발전해야 한다'라는 불만이 종종 제기되기도 한다. 그러나 이에 대한 뒷면은 다른 언어가 종종 '빠른 속도로 전진하고 나중에 후회한다'라는 것이다. 결함이 있는 설계는 언어에 통합된 후 본질적으로 영원히 그 자리에 남아 있게 된다.

반면에 자바의 접근 방식은 보수적으로 진행하여 기능을 적용하기 전에 모든 결과를 포함하여 기능을 충분히 이해했는지 확인하는 것이다. 다른 언어가 새로운 지평을 열도록 내버려둔 다음(냉소적인 표현을 빌리자면 '먼저 하게 해'쯤이 되겠다), 그 실험을 통해 어떤 결론을 도출할 수 있는지 살펴보는 것이다.

사실 이러한 종류의 영향, 언어 개념의 상호 교차적인 차용은 언어 디자인의 공통된 특징이다. 이는 종종 '위대한 예술가는 훔친다'라는 아이디어로 표현한다. 이 인용문은 종종 스티브 잡스가 인용한 것으로, 그가 이 말을 만든 것이 아니라 다른 사상가들로부터 빌려온(또는 훔친) 것일 뿐이다.

실제로 이 말은 여러 번 번안된 것으로 보이지만 확실히 추적할 수 있는 원래 형태 중 하나는 다음과 같다.

> 가장 확실한 시험은 시인이 차용하는 방식이다. 미성숙한 시인은 모방한다. 성숙한 시인은 도둑질을 한다. 나쁜 시인은 자신이 취한 것을 훼손하고, 좋은 시인은 그것을 더 나은 것, 적어도 다른 것으로 만든다.
>
> **T. S. 엘리엇**Thomas Stearns Eliot

엘리엇의 요점은 시인과 마찬가지로 언어 설계자에게도 쉽게 적용된다. 정말 훌륭한 프로그래밍 언어(및 언어 디자이너)는 서로 자유롭게 빌려오거나 훔친다. 한 언어로 처음 표현된 좋은 아이디어는 그 언어에만 국한되지 않으며, 사실 그것이 애초에 그 아이디어가 좋았다는 것을 아는 방법 중 하나다.

이번 마지막 장에서는 현재 진행 중인 네 가지 주요 프로젝트에 대해 살펴보았다. 이 프로젝트들을 종합해보면 완전히 다른 버전의 미래 자바를 제공하는 것이 목표다. 이 프로젝트 중 일부는 매우 야심차고 다른 프로젝트는 그에 비해 소박하다. 이 프로젝트들은 모두 정기적인 자바 릴리스의 일부로 제공될 예정이다. 지금부터 1년 또는 3년 후에 우리가 작성하는 자바는 오늘날 우리가 작성하는 것과는 상당히 다를 수 있다.

개편될 것으로 예상되는 주요 측면은 다음과 같다.

- **객체 프로그래밍과 함수형 프로그래밍의 통합**: 앰버는 이런 모델을 통합하는 새로운 언어 기능을 도입한다.
- **스레딩**: 룸은 I/O에 참여하는 스레드에 대한 새로운 모델을 도입할 것이다.
- **메모리 레이아웃**: 발할라는 메모리 밀도를 향상시키고 제네릭을 확장하여 여러 가지 문제를 해결한다.
- **향상된 기본 상호 운용성**: 파나마는 JNI 및 기타 네이티브 기술과 관련된 설계 문제를 해결하고 개선하는 데 도움이 된다.
- **지속적인 내부 정리**: 더 이상 필요하지 않은 플랫폼의 측면들을 천천히 제거하는 일련의 JEP들이다.

미래 자바의 궁극적인 형태는 아직 결정되지 않았으며, 현재로서는 미래가 정해지지 않았다. 하지만 확실한 것은 25년이 지난 지금도 자바는 여전히 강력하다는 것이다. 이미 소프트웨어 업계에서 몇 차례의 주요 전환기를 거치며 살아남았으며, 이는 자랑스러운 기록이자 미래에 대한 좋은 징조다.

APPENDIX

자바 선택하기

오라클 JDK 배포 및 지원이 변경됨에 따라 오라클 JDK와 오라클 OpenJDK 빌드 및 다른 공급업체의 OpenJDK 빌드를 사용할 수 있는 권한에 대한 불확실성이 상당히 커졌다. 여러 공급업체에서 제공하는 무료 업데이트(보안 포함)와 (신규 및 기존) 유료 지원 모델을 받을 수 있는 다양한 방법을 고려해볼 수 있다. 이 주제에 대한 완벽한 설명은 자바 챔피언Java Champions(https://dev.java/community/jcs/) 커뮤니티에서 제공한 Java Is Still Free라는 주요 가이드(http://mng.bz/Qvdw)에서 확인할 수 있다. 자바 챔피언은 산업에서 독립적인 자바 리더들로 구성된 독립적인 단체다.

A.1 자바는 여전히 무료다

GPLv2+CE 라이선스(https://openjdk.java.net/legal/gplv2+ce.html 참조)에 따라 여러 제공 업체(오라클 포함)에서 제공하는 OpenJDK 빌드를 여전히 무료로 받을 수 있다. 오라클 JDK는 일부 상황에서 여전히 무료(비용 제외)로 제공된다. 이에 대한 정확한 세부 사항은 이 절의 나머지 부분을 참조하자.

A.1.1 자바 SE/OpenJDK/오라클 OpenJDK 빌드/오라클 JDK

OpenJDK 커뮤니티는 자바 커뮤니티 프로세스Java Community Process, JCP에 의해 관리되고 각 기능 릴리스에 대한 포괄적인 자바 스펙 요구서를 통해 정의된 자바 SE 사양의 오픈소스 참조 구현(RI)을 생성 및 유지 관리한다(GPLv2+CE). 자바 SE의 구현(대부분 OpenJDK 기반)은 알리바바, 아마존,

Azul, BellSoft, Eclipse Adoptium(AdoptOpenJDK의 후속 버전), IBM, 마이크로소프트, 레드햇, 오라클, SAP 등과 같은 다양한 업체에서 제공된다.

오라클 JDK 8은 '공개 업데이트 종료' 프로세스를 거쳤으며, 이는 2019년 4월 이후의 업데이트는 프로덕션 사용을 위한 지원 계약이 필요하다는 것을 의미한다. 앞서 언급했듯이 다른 공급업체에서 완전히 무료로 라이선스가 부여된 OpenJDK 8, 11 및 17 빌드를 받을 수 있다. 또한 오라클은 오라클 JDK 17용 바이너리를 무료로 제공한다.

JDK를 구할 수 있는 몇 가지 옵션이 있는데, 이 문서에서는 Java SE 8, 11 및 17에 중점을 둔다.

A.2 자바 SE 8 유지

여러 가지 이유로 자바 SE 8을 계속 사용하고자 하는 사람들이 있다.

1. 2019년 4월 업데이트 이후 오라클 JDK 8은 상업적 사용이 제한됐다. 업데이트된 자바 SE 8 바이너리를 받기 위해서는 오라클 JDK 8에 대한 유료 지원 플랜을 받거나 다른 공급업체의 자바 SE 8/OpenJDK 8 바이너리를 사용할 수 있다.

2. 오라클 JDK 8을 사용하지 않는 경우, 현재 사용 중인 자바 SE 8/OpenJDK 8 제공 업체가 업데이트 또는 유료 지원 플랜을 제공할 수 있다.

A.2.1 무료 자바 SE 8

자바 SE 8의 무료 업데이트(보안 포함)를 받으려면 아마존, Azul, BellSoft, Eclipse Adoptium, IBM, 마이크로소프트, 레드햇, SAP 등과 같이 TCK~Technology Compatibility Kit~를 통과한 OpenJDK 배포를 사용하자.

A.3 자바 SE 11 받기

다음 옵션 중에서 선택할 수 있다. 특히 오라클 JDK가 자바 SE 11의 릴리스와 업데이트를 관리하는 방법을 주의 깊게 읽어보기 바란다.

1. 자바 SE 11의 경우, 오라클은 다음을 통해 (OpenJDK 기반) JDK를 제공한다.

   – **오라클 OpenJDK 11 빌드**: GPLv2+CE 라이선스 적용

- **오라클 JDK**: 유료 상업 라이선스 하에 제공되지만 개인 사용, 개발, 테스트, 프로토타이핑, 특정 유형의 응용 프로그램에 대해서는 무료로 이용할 수 있다. 이는 GPLv2+CE를 사용하고 싶지 않거나 오라클 제품이나 서비스와 함께 오라클 JDK를 사용하는 경우에 해당한다.

2. 다양한 다른 제공 업체로부터 자바 SE/OpenJDK 바이너리 배포판을 받을 수도 있다. 이러한 제공 업체는 다양한 기간 동안 업데이트(보안 포함)를 제공하지만 일반적으로 장기 지원 버전의 경우 더 오래 제공된다.

A.3.1 무료 자바 SE 11

자바 SE 11의 무료 업데이트(보안 포함)를 받으려면 아마존, Azul, BellSoft, Eclipse Adoptium, IBM, 마이크로소프트, 레드햇, SAP 등과 같이 TCK를 통과한 OpenJDK 배포를 사용하자.

A.4 자바 SE 17(장기 지원 버전) 받기

다음 옵션 중에서 선택할 수 있다. 특히 오라클 JDK가 자바 SE 17의 릴리스와 업데이트를 관리하는 방법을 주의 깊게 읽어보기 바란다.

- 자바 SE 17부터 오라클은 다음을 통해 (OpenJDK 기반) JDK를 제공한다.
  - **오라클 OpenJDK 빌드**: GPLv2+CE 라이선스 적용
  - **오라클 JDK**: 3년간 무료 사용 조건(NFTC) 라이선스, 그 이후에는 일반 상용 라이선스로 제공된다.
- 그 외 다양한 공급업체에서 자바 SE/OpenJDK 바이너리 배포를 받을 수도 있다. 이러한 제공 업체는 다양한 기간 동안 업데이트(보안 포함)를 제공하지만 일반적으로 장기 지원 버전의 경우 더 오래 제공된다.

NOTE NFTC 라이선스에는 오라클 JDK 17의 무료 재배포에 일부 제한이 있다. 자세한 내용은 라이선스를 읽어보기 바란다.

A.4.1 무료 자바 SE 17

무료 업데이트(보안 업데이트 포함)를 받고 싶다면, 아마존, Azul, BellSoft, Eclipse Adoptium, IBM, 마이크로소프트, 레드햇, SAP 등과 같은 TCK를 통과한 OpenJDK 배포판을 사용하자.

A.5 유료 지원

Azul, BellSoft, IBM, 오라클, 레드햇 등 여러 제공 업체에서는 자바 SE/OpenJDK 8, 11, 17 바이너리에 대한 다양한 유료 지원 옵션이 제공된다. Azul은 중간 기간 지원medium term support 버전도 제공한다.

B

자바 8에서의
스트림에 대한 요약

이 부록은 자바 8 스트림과 그와 관련된 기본적인 함수형 프로그래밍 측면에 대한 개요다. 자바 8 람다 표현식의 기본 구문이나 그 설계 기반에 대해 익숙하지 않다면 《모던 자바 인 액션》(한빛미디어, 2019)와 같은 기본적인 글을 읽어서 해당 개념을 익히는 것이 좋다. 자바 8은 람다 표현식을 프로젝트 람다의 일부로 소개했으며, 이의 전반적인 목표는 다음과 같이 요약할 수 있다.

- 개발자가 더 깔끔하고 간결한 코드를 작성할 수 있도록 지원한다.
- 자바 컬렉션 라이브러리에 대한 최신 업그레이드를 제공한다.
- 기본 기능 관용구를 편리하게 사용할 수 있는 추상화를 도입한다.

이 부록에서는 컬렉션 라이브러리의 업그레이드, 기본 메서드와 데이터 요소에 대한 함수형 컨테이너 타입으로서의 `Stream` 추상화에 대해 설명한다.

B.1 하위 호환성

자바 플랫폼에서 가장 중요한 개념은 하위 호환성이다. 이전 버전의 플랫폼용으로 작성 또는 컴파일된 코드는 이후 버전의 플랫폼에서도 계속 작동해야 한다는 것이 기본 철학이다. 이 원칙을 통해 개발자는 자바 플랫폼 소프트웨어의 업그레이드가 현재 작동 중인 애플리케이션에 영향을 미치지 않는다는 확신을 가질 수 있다.

이전 버전과의 호환성으로 인해 플랫폼이 발전할 수 있는 방식에 제한이 존재하며 이러한 제한은 개발자에게 영향을 미친다.

> **NOTE** 이전 버전과의 호환성을 위해 자바 플랫폼은 JDK 내의 기존 인터페이스에 추가적인 메서드를 추가하지 않을 수 있다.

이것이 왜 이런지 보기 위해 다음을 생각해보자. 만약 특정 인터페이스 `IFoo`의 새 버전이 자바 플랫폼의 릴리스 N에서 새로운 메서드 `newWithPlatformReleaseN()`을 추가했다면, 플랫폼 버전 N-1(또는 그 이전 버전)에서 컴파일된 `IFoo`의 모든 이전 구현에는 이 새로운 메서드가 누락돼 자바 플랫폼 버전 N에서 `IFoo`의 이전 구현을 연결할 때 새로운 메서드가 빠져 있어 실패할 수 있다.

이 제한은 람다 표현식의 JDK 8 구현에서 심각한 문제였다. 주요 설계 목표는 함수형 프로그래밍 기법의 코딩 관용구를 구현하기 위해 표준 JDK 데이터 구조를 업그레이드하는 것이었기 때문이다. 그 의도는 자바 컬렉션 라이브러리 전체에 걸쳐 함수형의 아이디어를 표현하기 위해 람다 표현식을 사용하는 새로운 메서드(예: `map()` 및 `filter()`)를 추가하는 것이었다.

B.2 디폴트 메서드

이 문제를 해결하기 위해 완전히 새로운 메커니즘이 필요했다. 목표는 **디폴트 메서드**default method를 추가해서 자바 플랫폼의 새로운 릴리스에서 인터페이스를 업그레이드할 수 있도록 하는 것이었다.

> **NOTE** 자바 8부터는 디폴트 메서드(때로는 선택적 메서드라고도 함)를 어떤 인터페이스가 됐든 추가할 수 있다. 이는 **디폴트 구현**default implementation이라고 불리는, 인터페이스 정의 내에서 직접 작성된 구현을 포함해야 한다. 이 변경은 인터페이스 정의의 진화를 나타내며 하위 호환성을 깨뜨리지 않는다.

디폴트 메서드에 적용되는 규칙은 다음과 같다.

- 인터페이스의 모든 구현은 디폴트 메서드를 구현할 수 있지만 반드시 구현해야 하는 것은 아니다.
- 구현 클래스가 디폴트 메서드를 구현하는 경우, 해당 클래스의 구현이 사용된다.
- 구현 클래스가 디폴트 메서드를 구현하지 않는 경우 인터페이스 정의의 디폴트 구현이 사용된다.

예제를 간단히 살펴보겠다. JDK 8에서 `List`에 추가된 기본 메서드 중 하나는 `sort()` 메서드다. 정의는 다음과 같다.

```
public default void sort(Comparator<? super E> c) {
    Collections.<E>sort(this, c);
}
```

즉 모든 `List` 객체에는 알맞은 `Comparator`를 사용해서 목록을 스스로 정렬하는 데 사용할 수 있는 인스턴스 메서드 `sort()`가 있다. `List`의 모든 구현은 `sort()` 동작에 대한 자체 재정의 기능을 제공할 수 있지만, 그렇지 않은 경우 `Collections` 도우미 클래스에서 제공되는 구현을 디폴트로 사용할 수 있다.

디폴트 메서드의 메커니즘은 클래스 로딩을 통해 작동한다. 인터페이스의 구현이 로드될 때 클래스 파일을 검사하여 모든 선택적인 메서드가 존재하는지 확인한다. 메서드가 있는 경우 클래스 로딩이 정상적으로 계속된다. 그렇지 않은 경우 구현의 바이트코드가 패치돼 누락된 메서드의 기본 구현이 추가된다.

NOTE 디폴트 메서드는 자바의 객체지향 접근 방식에서 근본적인 변경을 나타낸다. 자바 8 이후로는 인터페이스가 구현 코드를 포함할 수 있다. 많은 개발자가 이것을 자바의 엄격한 단일 상속 규칙을 완화하는 것으로 보고 있다.

개발자는 디폴트 메서드의 작동 방식에 대한 한 가지 세부 사항, 즉 **디폴트 구현 충돌**default implementation clash의 가능성을 이해해야 하는데, 이는 두 가지로 나뉜다. 첫째, 구현 클래스에 새로운 디폴트 메서드와 동일한 이름과 서명을 가진 메서드가 이미 있는 경우에는 기존 구현이 항상 디폴트 구현보다 우선적으로 사용된다.

둘째, 클래스가 동일한 이름과 서명을 가진 디폴트 메서드를 포함하는 두 개의 인터페이스를 구현하는 경우 클래스는 해당 메서드를 구현해야 하며, 여기서 인터페이스 디폴트로 위임하거나 완전히 다른 작업을 수행하도록 선택할 수 있다. 이로 인해 인터페이스에 디폴트 메서드를 추가하면 클라이언트 코드가 이미 디폴트 메서드를 가진 다른 인터페이스를 구현하고 있는 경우에는 구현 충돌의 가능성이 있으므로 클라이언트 코드가 손상될 수 있다. 그러나 실제로 이러한 상황은 매우 드물며, 이러한 가능성은 기본 메서드가 가져다주는 다른 이점을 위해 지불해야 하는 작은 대가로 간주된다.

B.3 스트림

프로젝트 람다 Project Lambda의 목표 중 하나는 자바 언어에 함수형 프로그래밍 기법을 쉽게 표현할 수 있는 능력을 제공하는 것이다. 예를 들어 이는 자바가 `map()` 및 `filter()` 상용구를 작성하는 간단한 방법을 습득했음을 의미한다.

자바 8의 원래 설계 스케치에서는 이러한 관용구를, 기존의 자바 컬렉션 인터페이스에 디폴트 메서드로 직접 추가해서 구현했다. 그러나 이 접근 방식은 몇 가지 이유로 만족스럽지 못했다.

첫째, `map()` 및 `filter()`는 비교적 흔한 이름이기 때문에 기존 구현이 새로운 메서드의 의미와 다를 위험이 너무 높다고 느껴졌다. 많은 사용자가 작성한 Collections의 구현에는 새로운 메서드의 의도된 의미를 준수하지 않는 기존의 메서드가 많을 것으로 예상됐다.

그 대신 `Stream`이라는 새로운 추상화가 발명됐다. `Stream`은 컨테이너 타입으로, 컬렉션 및 집계 데이터를 처리하는 함수형 접근 방식을 위한 것으로 어떤 면에서 반복자iterator와 유사하다.

`Stream` 인터페이스는 `map()`, `filter()`, `reduce()`, `forEach()`, `flatMap()`과 같은 새로운 **함수 지향** functionally orientated 메서드가 위치한 곳이다. Stream의 메서드들은 람다 표현식과 같은 함수형 인터페이스 타입을 널리 사용한다.

`Stream`은 소비 가능한 요소들의 시퀀스로 생각하는 것이 가장 좋다. 이는 `Stream`에서 요소를 가져온 후에는 더 이상 사용할 수 없다는 것을 의미하며, 마치 `Iterator`처럼 동작한다.

NOTE Stream 객체는 소비가 가능하기 때문에 재사용하거나 임시 변수에 저장해서는 안 된다. Stream값을 로컬 변수에 할당하는 것은 거의 항상 나쁜 코드를 나타내는 신호(코드 스멜)다.

`List` 및 `Set`과 같은 기본 `Collections` 클래스에는 `stream()`이라는 새로운 기본 메서드가 추가됐다. 이 메서드는 기존의 컬렉션을 사용하는 코드에서 `iterator()`가 사용된 방식과 유사하게 컬렉션에 대한 `Stream` 객체를 반환한다.

B.3.1 예제

다음 코드 조각은 `Stream`과 람다 표현식을 사용하여 filter를 사용하는 방법을 보여준다.

```
List<String> myStrings = getSomeStrings();
String search = getSearchString();
```

```
System.out.println(myStrings.stream()
                             .filter(s -> s.equals(search))
                             .collect(Collectors.toList()));
```

`filter()`는 또 다른 `Stream`을 반환하므로 `collect()`를 호출해야 한다. 필터 작업 후에 `Collection` 타입을 얻으려면 `Stream`을 명시적으로 컬렉션으로 변환해야 한다.

전체적인 접근 방식은 다음과 같다.

```
           stream()  filter()   map()   collect()
Collection -> Stream -> Stream -> Stream -> Collection
```

개발자가 스트림에 적용해야 하는 작업들의 '파이프라인'을 구축하는 것이 아이디어다. 작업의 실제 내용은 각 작업에 대해 람다 표현식을 사용해서 표현된다. 파이프라인의 끝에서 결과를 컬렉션으로 만들어야 하므로 `collect()` 메서드가 사용된다.

`Stream` 인터페이스의 일부 정의를 살펴보겠다(`map()` 및 `filter()` 메서드 정의).

```
public interface Stream<T> extends BaseStream<T, Stream<T>> {
    Stream<T> filter(Predicate<? super T> predicate);

    <R> Stream<R> map(Function<? super T, ? extends R> mapper);

    // ...
}
```

NOTE 이 정의에서 난해해 보이는 제네릭 사용절에 대해 걱정하지 말자. `"? super"` 및 `"? extends"` 절은 모두 '스트림의 객체가 하위 클래스를 가질 때 올바른 작업을 수행하라'라는 의미다.

이 정의에는 두 가지 새로운 인터페이스가 포함되는데, `Predicate`와 `Function`이다. 이 두 인터페이스는 모두 `java.util.function` 패키지에서 찾을 수 있다. 두 인터페이스 모두 디폴트가 없는 메서드 하나만을 가지고 있다. 따라서 람다 표현식을 작성하면 올바른 타입의 인스턴스로 자동 변환[1]된다.

---

1   (옮긴이) 컴파일러는 람다 표현식이 사용된 위치에서 해당 표현식을 특정 인터페이스의 메서드로 매칭시키고, 그 인터페이스의 인스턴스로 변환한다.

타입 추론을 통해 올바른 함수형 인터페이스 타입으로 변환하는 것은 자바 플랫폼이 람다 표현식을 만날 때 항상 수행하는 작업이라는 점을 기억하자.

예제 코드를 살펴보겠다. 수달의 개체 수를 모델링한다고 가정해보겠다. 일부는 야생이고 일부는 야생 동물 공원에 있다. 우리는 훈련생 사육사들이 우리에 갇힌 수달을 몇 마리나 돌보고 있는지 알고 싶다. 람다 식과 스트림을 사용하면 다음과 같이 쉽게 수행할 수 있다.

```
Set<Otter> ots = getOtters();
System.out.println(ots.stream()
    .filter(o -> !o.isWild())
    .map(o -> o.getKeeper())
    .filter(k -> k.isTrainee())
    .collect(Collectors.toList())
    .size());
```

먼저, 야생이 아닌 수달만 처리되도록 스트림을 필터링한다. 그다음 `map()`을 수행해서 수달 스트림이 아닌 사육사 스트림을 가져온다(이 스트림의 유형이 `Stream<Otter>`에서 `Stream<Keeper>`로 변경됐음에 유의하자). 그다음 다시 필터링하여 훈련 중인 사육사만 선택한 다음, 정적 메서드 `Collectors.toList()`를 사용하여 이를 구체적인 컬렉션 인스턴스로 만든다. 마지막으로 익숙한 `size()` 메서드를 사용해 구체적인 목록에서 개수를 반환한다.

이 예에서는 수달을 해당 수달을 담당하는 사육사로 변환했다. 이를 위해 어떤 수달의 상태도 변경하지 않았는데, 이를 부작용이 없는side effect free 상태라고도 한다.

자바에서는 `map()` 및 `filter()` 표현식 내부의 코드는 항상 부작용이 없어야 한다는 규칙이 있다. 그러나 이 규칙은 자바 런타임에 의해 강제되지 않으므로 주의해야 한다. 항상 코드에서 이 규칙을 따라야 한다.

외부 상태를 변경해야 하는 경우, 달성하려는 목적에 따라 두 가지 접근 방식 중 하나를 사용할 수 있다. 먼저, 집계 상태(예: 수달의 나이 합계)를 구축하려는 경우 `reduce()`를 사용할 수 있다. 또는 더 일반적인 상태 변환(예: 기존 사육사가 떠나면 수달을 새 사육사에게 이전)을 수행하려는 경우 `forEach()`가 더 적합하다.

다음 코드에서 `reduce()` 메서드를 사용하여 수달의 평균 연령을 계산하는 방법을 살펴보겠다.

```
var kate = new Keeper();
var bob = new Keeper();
```

```
var splash = new Otter();
splash.incAge();
splash.setKeeper(kate);
Set<Otter> ots = Set.of(splash);

double aveAge = ((double) ots.stream()
    .map(o -> o.getAge())
    .reduce(0, (x, y) -> {return x + y;} )) / ots.size();
System.out.println("Average age: "+ aveAge);
```

먼저 수달에서 나이까지 매핑한다. 다음으로 reduce() 메서드를 사용한다. 이 메서드에는 초깃값 (흔히 0이라고 함)과 단계별로 적용할 함수라는 두 가지 인수가 필요하다. 이 예제에서는 모든 수 달의 나이를 합하고 싶기 때문에 단순한 덧셈이다. 마지막으로 총 나이를 보유한 수달의 수로 나눈다.

reduce()의 두 번째 인수는 두 개의 인수를 가지는 람다라는 점에 주목하자. 두 인수 중 첫 번째 인수는 집계 연산의 '지금까지의 총계'이고 두 번째 인수는 컬렉션을 반복할 때 사실상 루프 변수 라고 생각하면 쉽게 이해할 수 있다.

마지막으로 상태를 변경하려는 경우를 살펴보자. 이를 위해 forEach() 연산을 사용하겠다. 이 예 제에서는 kate 사육사가 휴가를 떠나는 상황을 모델링하고 싶으므로, 케이트Kate의 모든 수달은 일단 밥Bob에게 넘겨야 한다. 이는 다음과 같이 쉽게 수행할 수 있다.

```
ots.stream()
.filter(o -> !o.isWild())
.filter(o -> o.getKeeper().equals(kate))
.forEach(o -> o.setKeeper(bob));
```

reduce()와 forEach()는 모두 collect()를 사용하지 않는다. reduce()는 스트림에서 실행될 때 상태를 수집하고 forEach()는 단순히 스트림의 모든 것에 액션을 적용하기 때문에 두 경우 모두 스트림을 다시 생성할 필요가 없다.

B.4 컬렉션의 한계

자바의 컬렉션은 언어에 매우 유용하게 사용되고 있다. 그러나 컬렉션은 컬렉션의 모든 요소가 존재하고 메모리 어딘가에 표현된다는 개념에 기반한다. 즉 무한 집합과 같은 일반적인 데이터는 표현할 수 없다.

예를 들어 모든 소수의 집합을 생각해보겠다. 모든 소수가 무엇인지 알 수 없고 모든 소수를 표현할 수 있는 힙 공간도 충분하지 않기 때문에 이를 `Set<Integer>`로 모델링할 수 없다. 자바의 초기 버전에서는 표준 컬렉션 내에서 이 문제를 해결하기가 매우 어려웠을 것이다.

데이터를 처리할 때 반복자를 중심으로 사용하고, 기본 컬렉션은 단지 데이터를 담는 그릇으로, 보조적인 역할로 사용하는 방식을 구성할 수 있다. 그러나 이는 규약이 필요하며 자바 컬렉션에 대한 즉각적인 접근 방식이 아니다. 과거에 개발자가 이런 접근 방식을 사용하려면 일반적으로 이 기능을 더 잘 지원하는 외부 라이브러리에 의존해야 했다.

다행스럽게도 자바 스트림은 `Stream` 인터페이스를 도입함으로써 이러한 사용 사례에 대응한다. `Stream`은 기본적인 유한 컬렉션보다 일반적인 데이터 구조를 처리하기에 더 적합한 추상화다. 즉 `Stream`은 `Iterator`나 `Collection`보다 더 일반적인 것으로 생각할 수 있다.

`NOTE` `Stream`은 요소의 저장소를 관리하지 않으며, 스트림에서 개별 요소에 직접 액세스할 수 있는 방법을 제공하지 않는다.

그러나 `Stream`은 실제로 데이터 구조가 아니라 데이터를 처리하는 추상화다. 두 경우의 구별은 다소 미묘할 수 있다.

B.5 무한 스트림

무한한 숫자들의 시퀀스를 모델링하는 개념을 좀 더 자세히 살펴보겠다. 여기서 우리는 몇 가지 결론에 도달한다.

- 전체 스트림을 컬렉션으로 구체화할 수 없기 때문에 `collect()`와 같은 메서드를 사용할 수 없다.
- 스트림에서 요소를 꺼내서 연산해야 한다.
- 필요할 때 다음 요소를 반환하는 코드가 필요하다.

이 접근 방식은 표현식의 값이 필요한 시점까지 계산되지 않음을 의미한다.

자바 8 이전까지는 표현식의 값이 변수에 바인딩되거나 함수에 전달되는 즉시 항상 계산됐다. 이를 조급한 평가라고 하며, 물론 이것은 대부분의 주류 프로그래밍 언어에서 표현식 평가의 기본 동작이다.

NOTE 버전 8에서는 가능한 한 지연 평가를 사용하는 새로운 프로그래밍 패러다임이 자바 `Stream`에 도입됐다.

지연 평가는 매우 강력한 새로운 기능이며, 익숙해지는 데 약간의 시간이 걸린다. 15장에서 지연 평가에 대해 더 자세히 설명한다. 자바에서 람다 표현식의 목적은 플랫폼에 추가적인 복잡성이 있더라도 일반 프로그래머의 삶을 간소화하는 것이다.

B.6 원시 타입 다루기

지금까지 간략하게 살펴본 Stream API의 한 가지 중요한 측면은 원시 타입을 처리하는 방법이다. 자바의 제네릭은 원시 타입을 타입 매개변수로 사용하는 것을 허용하지 않으므로 `Stream<int>`를 작성할 수 없다. 다행히도 `Streams` 라이브러리에는 이 문제를 해결하는 데 도움이 되는 몇 가지 트릭이 있다. 예제를 보자.

```
double totalAge = ((double) ots.stream()
                        .map(o -> o.getAge())
                        .reduce(0, (x, y) -> {return x + y;} ));

double aveAge = totalAge / ots.size();
System.out.println("Average age: "+ aveAge);
```

이것은 실제로 대부분의 파이프라인에서 원시 타입을 사용하므로, 이를 조금 더 자세히 살펴보고 코드 내에서 기본 타입이 어떻게 사용되는지 살펴보자.

우선, `double`로 형 변환하는 것을 헷갈려 하지 말자. 이것은 단순히 자바가 정수 나눗셈이 아닌 올바른 평균을 수행하도록 하는 것이다.

`map()`의 인수는 `Otter`를 받아 `int`를 반환하는 람다 표현식이다. 자바의 제네릭을 사용해서 작성할 수 있다면 람다 표현식은 `Function<Otter, int>`을 구현하는 객체로 변환될 것이다. 그러나 자바의 제네릭은 이를 허용하지 않으므로 반환 유형이 `int`라는 사실을 타입 이름에 넣어 다른 방식

으로 인코딩해야 하므로, 실제로 추론되는 타입은 `ToIntFunction<Otter>`이다. 이 타입은 함수 타입의 **원시 타입 특수화**primitive specialization로 알려져 있으며, `int`와 `Integer` 간의 박싱 및 언박싱을 피하기 위해 사용된다. 또 불필요한 객체 생성을 방지하고 사용되는 원시 타입에 특화된 함수 타입을 사용할 수 있게 한다.

평균 계산을 좀 더 자세히 살펴보겠다. 각 수달의 나이를 가져오기 위해 다음과 같은 표현식을 사용한다.

```
ots.stream().map(o -> o.getAge())
```

호출되는 `map()` 메서드의 정의는 다음과 같다.

```
IntStream map(ToIntFunction<? super T> mapper);
```

이로부터 우리는 특별한 함수 타입인 `ToIntFunction`을 사용하고 있으며 `int`의 스트림을 나타내기 위해 특수한 형태의 `Stream`을 사용한다는 것을 알 수 있다.

이후에는 다음과 같이 정의된 `reduce()`로 이동한다.

```
int reduce(int identity, IntBinaryOperator op);
```

이것은 또한 순전히 정수에서만 동작하는데, 두 개의 인수(두 인수 모두 정수)를 취하는 람다를 받아 reduction를 수행하는 특수한 형태다.

`reduce()`는 수집 연산(조급한 평가)이므로 파이프라인은 해당 시점에서 평가돼 단일값을 반환하고, 이 값은 `double`으로 형 변환돼 전체 평균으로 바뀐다.

원시 타입에 대한 이러한 세부 사항을 모두 놓쳤다고 해도 걱정하지 말자. 타입 추론의 좋은 점 중 하나가 이러한 차이점 대부분이 개발자에게는 숨겨져 있다는 점이다.

마지막으로 개발자들이 자주 오해하는 주제인 스트림의 병렬 연산 지원에 대해 이야기하면서 마무리하겠다.

B.7 병렬 연산?

이전 버전의 자바(7 이하)에서는 컬렉션에 대한 모든 연산이 직렬로 이뤄졌다. 작업 중인 컬렉션이 아무리 크더라도 작업을 실행하는 데는 하나의 CPU 코어만 사용된다. 데이터 세트가 커지면 이는 엄청난 낭비가 될 수 있으며, 프로젝트 람다의 가능한 목표 중 하나는 멀티코어 프로세서를 효율적으로 사용할 수 있도록 컬렉션에 대한 자바의 지원을 업그레이드하는 것이었다.

NOTE 스트림에 대한 지연 평가 접근 방식을 통해, 람다 표현식 프레임워크가 병렬 작업을 지원할 수 있게 됐다.

Stream API의 기본 가정은 (컬렉션에서든 다른 방법으로든) 스트림 객체를 생성하는 것은 저렴해야 하지만 파이프라인에서 일부 작업은 비용이 많이 들 수 있다는 것이다. 이 가정을 통해 다음과 같이 병렬 파이프라인을 구성할 수 있다.

```
s.stream()
    .parallel()
    // 일련의 스트림 작업
    .collect( ... );
```

`parallel()` 메서드는 직렬 스트림을 병렬 작업으로 변환한다. 이것의 의도는 일반 개발자가 `parallel()`을 투명한 병렬 처리를 위한 진입점으로 사용할 수 있게 하고, 병렬 지원의 부담을 최종 사용자가 아닌 라이브러리 작성자에게 지게 하려는 의도다.

이론적으로는 훌륭해 보이지만 실제로는 구현 및 기타 세부 사항으로 인해 `parallel()` 메커니즘의 유용성이 떨어지게 된다. 16장에서 이에 대해 더 자세히 다뤘다.

이러한 한계로 인해 병렬 스트림을 추가함으로써 애플리케이션에 이점이 있다는 것을 7장의 방법을 사용해서 증명할 수 없다면, 병렬 스트림을 사용하지 않을 것을 강력히 권장한다. 실제로 우리는 병렬 스트림이 실제로 효과적인 경우가 거의 없다는 것을 발견했다.